Produktionswirtschaft – Controlling industrieller Produktion

Dietger Hahn · Gert Laßmann

Produktionswirtschaft – Controlling industrieller Produktion

Band 3
Erster Teilband

Personal, Anlagen

Mit 136 Abbildungen

Springer-Verlag Berlin Heidelberg GmbH

Dipl.-Ing. Dipl.-Ing. Dr. rer. pol. Dr. h.c. DIETGER HAHN, o. Professor für Industriebetriebslehre und Unternehmungsplanung an der Justus-Liebig-Universität Gießen, Honorarprofessor an der Technischen Universität Berlin, Wissenschaftlicher Leiter des Instituts für Unternehmungsplanung (IUP), Gießen/Berlin

Dipl.-Kfm. Dr. rer. pol. GERT LASSMANN, o. Professor für Angewandte Betriebswirtschaftslehre, insbesondere Fertigung und Industriewirtschaft der Ruhr-Universität Bochum, Direktor des Instituts für Unternehmungsführung und Unternehmensforschung der Ruhr-Universität

ISBN 978-3-7908-0697-7   ISBN 978-3-642-58078-9 (eBook)
DOI 10.1007/978-3-642-58078-9

Dieses Werk ist urheberrechtlich geschützt. Die dadurch begründeten Rechte, insbesondere die der Übersetzung, des Nachdrucks, des Vortrags, der Entnahme von Abbildungen und Tabellen, der Funksendungen, der Mikroverfilmung oder der Vervielfältigung auf anderen Wegen und der Speicherung in Datenverarbeitungsanlagen, bleiben, auch bei nur auszugsweiser Verwertung, vorbehalten. Eine Vervielfältigung dieses Werkes oder von Teilen dieses Werkes ist auch im Einzelfall nur in den Grenzen der gesetzlichen Bestimmungen des Urheberrechtsgesetzes der Bundesrepublik Deutschland vom 9. September 1965 in der Fassung vom 24. Juni 1985 zulässig. Sie ist grundsätzlich vergütungspflichtig. Zuwiderhandlungen unterliegen den Strafbestimmungen des Urheberrechtsgesetzes.

© Springer-Verlag Berlin Heidelberg 1993
Ursprünglich erschienen bei Physica-Verlag Heidelberg 1993

Die Wiedergabe von Gebrauchsnamen, Handelsnamen, Warenbezeichnungen usw. in diesem Werk berechtigt auch ohne besondere Kennzeichnung nicht zu der Annahme, daß solche Namen im Sinne der Warenzeichen- und Markenschutz-Gesetzgebung als frei zu betrachten wären und daher von jedermann benutzt werden dürften.

Satz: Mitterweger Werksatz GmbH, Plankstadt

88/7130-543210 – Gedruckt auf säurefreiem Papier

Vorwort

Das vorliegende Werk will den heutigen Erkenntnisstand der Betriebswirtschaftslehre im Bereich der Industriellen Produktionswirtschaft vermitteln. Im Mittelpunkt steht die systematische Behandlung technisch-wirtschaftlicher Fragestellungen. Die Erarbeitung von Lösungsansätzen erfolgt aus der Sicht des Controlling mit dem Ziel einer ergebnisorientierten Unternehmungsführung. Zahlreiche Beispiele stellen den Bezug zur Unternehmungspraxis her.

Das Werk umfaßt drei Bände:

Band 1: Grundlagen, Führung und Organisation, Produkte und Produktprogramm, Material und Dienstleistungen
Band 2: Prozeßplanung, -steuerung und -kontrolle
Band 3: Personal, Anlagen, Informationssystem

Band 3 erscheint in zwei Teilbänden. Teilband 3.1 ist den Gebieten Personalwirtschaft und Anlagenwirtschaft, Teilband 3.2 der Informationswirtschaft gewidmet.

Im Mittelpunkt der Personalwirtschaft steht die soziale und funktionale Eingliederung der Arbeitskräfte in das personelle Beziehungsgefüge und in die Arbeitsprozesse einer Unternehmung. Hierbei wird besonders auch auf die rechtlichen Rahmenbedingungen hingewiesen. Nach Klärung dieser Grundfragen der Personalwirtschaft werden aus betriebswirtschaftlicher Sicht die Arbeitsgestaltung mit den Schwerpunkten Arbeitsplatz-, Betriebsmittel- und Arbeitsfeldgestaltung, die Arbeits- und Betriebszeitgestaltung, die Arbeitsentgeltgestaltung sowie der Aufbau und die inhaltliche Ausrichtung von Personalinformationssystemen behandelt. Besonderes Augenmerk wird hier auf die didaktische Aufbereitung der personalwirtschaftlichen Problemfelder Arbeits- und Betriebszeitmodelle sowie Lohnformen für den Produktionsbereich gelegt.

Im Rahmen der Anlagenwirtschaft werden die Planung, Steuerung, Dokumentation und Kontrolle des Anlagenbedarfs und der Anlagenbeschaffung , Anlagenanordnung, Anlageninstandhaltung sowie Anlagenveräußerung und -entsorgung unter Beachtung des Wirtschaftlichkeitsprinzips und von Grundanforderungen aus dem Humanbereich dargestellt. Nach Charakterisierung der wichtigsten Typen von Produktionsanlagen stehen die Anlagenkapazitäten und das Anlagenlayout in ihren Wirkungen auf produktionswirtschaftlich relevante Ziele in dynamischen Investitionsrechnungen sowie Nutzwertanalysen im Mittelpunkt. Im operativen Bereich dominiert die Anlageninstandhaltung bei den betriebswirtschaftlichen Analysen. Neuland wird vor allem bei der Konzipierung eines geschlossenen Anlageninformationssystems und bei der Anlagenentsorgung sowie bei der Erfassung von Automatisierungseinflüssen auf Organisation und Wirtschaftlichkeit von Produktionsprozessen betreten.

Teilband 3.2 enthält den neuesten Erkenntnisstand zum gesamtbetrieblichen Informationswesen. Alle Sachabläufe in einer Unternehmung sind mit Informationserfassungs- und -verarbeitungsprozessen unlösbar verbunden. Führung ist ein übergeordneter Informationsverarbeitungsprozeß; Produkt- und Produktprogrammwirtschaft, Material- und Dienstleistungswirtschaft, Personalwirtschaft, Anlagenwirtschaft und Prozeßwirtschaft werden durch Informationsverarbeitungsprozeduren beherrscht, d. h. ausgelöst, gelenkt, überwacht und begleitet. Daher umfaßt dieser Band nicht nur die klassischen Gebiete des Internen Rechnungswesens mit Istkostenrechnung, Normalkostenrechnung, Plankostenrechnung, Erlösrechnung und kurzfristiger Erfolgsrechnung. Vielmehr wird das periodenbezogene Betriebscontrolling mit dem projektbezogenen Investitionscontrolling, Produktlebenszykluscontrolling und Auftragscontrolling sowie einer produktionsprozeßbegleitenden Kosten- und Leistungskennziffernrechnung (Online-Prozeßcontrolling) verbunden. Dabei werden auch Sondergebiete wie Produktkalkulation, Bildung interner Verrechnungspreise, Gemeinkostencontrolling einschließlich Prozeßkostenrechnung und entwicklungsbegleitende Kalkulation mit Target Costing berücksichtigt. Außerdem wird auf die Ausgestaltungsmöglichkeiten von Führungsberichtssystemen im Produktionsbereich eingegangen. Für die Zusammenführung von betriebswirtschaftlichen und produktionstechnischen Informationssystemen auf der Basis einer übergreifenden Unternehmungsdatenbank wird eine integrative Konzeption im Sinne von Computer Integrated Manufacturing (CIM) entwickelt, wobei neueste Ansätze der Informatik und Kommunikationstechnik aufgegriffen werden. Abschließend werden unterschiedliche Möglichkeiten für die institutionelle Verankerung des Produktionscontrolling in der Unternehmungsorganisation gegenübergestellt.

Die Bücher wenden sich an Lehrende und Studierende der Wirtschaftswissenschaft und des Wirtschaftsingenieurwesens in Hochschulen und Fachhochschulen sowie an Führungskräfte und Fachberater sowie Auszubildende und Weiterzubildende in der Praxis, die sich über aktuelle Entwicklungen in der Wissenschaft auf den behandelten Gebieten informieren wollen.

Unseren Mitarbeitern Dr. Roland Alter, Dr. Erich Bröker, Dipl.-Ök. Ralf Gilles, Dr. Harald Hungenberg, Dr. Lutz Kaufmann MBA, Dipl.-Kfm. Guido Knittel, Dipl.-Ök. Martin Muhr, Dipl.-Ök. Stephan Riezler, Dipl.-Kfm. Michael Schneider, Dr. Markus Schramm, Dr. Peter Straube, Dipl.-Ing. Alexander Tourneau, Dipl.-Kfm. Ekkehard Veser und Dr. Udo Zimmermann danken wir für ihre intensive und konstruktive Mitwirkung bei der umfassenden Literaturauswertung und Abfassung der Texte zu den verschiedenen Spezialgebieten. Ausführliche Diskussionen und viele kritische Anregungen haben wesentlich zur Entstehung dieser beiden Teilbände beigetragen. Bei der Gesamtredaktion und technisch-organisatorischen Abwicklung der Drucklegung haben sich Dipl.-Kfm. Andreas Bausch und Dipl.-Ök. Stephan Riezler besondere Verdienste erworben. Wir danken unseren Sekretariatsmitarbeiterinnen Frau Gilda Hornung und Frau Brigitte Richter für geduldige Texteingaben bei der Manuskripterstellung sowie unseren studentischen Mitarbeitern und Mitarbeiterinnen für ihre Mitwirkung bei der Erstellung der zahlreichen Schaubilder. Dem Verlag danken wir für die zügige Abwicklung der Drucklegung und das Verständnis für die erheblichen Terminüberschreitungen bei der Ablieferung des Manuskriptes.

Dietger Hahn
Gert Laßmann

Inhaltsübersicht

Erster Teilband

Teil VII: Personalwirtschaft

1 Grundfragen der Personalwirtschaft
   1.1 Grundsätzliches
   1.2 Rechtliche Rahmenbedingungen der Personalwirtschaft
   1.3 Personalplanung
2 Arbeitsgestaltung
   2.1 Grundsätzliches zur Arbeitsgestaltung
   2.2 Arbeitsplatz- und Betriebsmittelgestaltung
   2.3 Arbeitsfeldgestaltung
   2.4 Führungsstile/-formen
3 Arbeits- und Betriebszeitgestaltung
   3.1 Grundsätzliches zur Arbeits- und Betriebszeitgestaltung
   3.2 Gestaltungsmöglichkeiten der individuellen Arbeitszeit
   3.3 Gestaltungsmöglichkeiten der Betriebszeit
4 Arbeitsentgeltgestaltung
   4.1 Grundsätzliches zur Arbeitsentgeltgestaltung
   4.2 Anforderungsorientierte Arbeitsentgeltgestaltung
   4.3 Qualifikationsorientierte Arbeitsentgeltgestaltung
   4.4 Leistungsorientierte Arbeitsentgeltgestaltung
   4.5 Sozialorientierte Arbeitsentgeltgestaltung
   4.6 Gestaltung von Erfolgsbeteiligungen
   4.7 Gestaltung des Betrieblichen Vorschlagswesens
5 Personalinformationssystem
   5.1 Grundsätzliches zum Personalinformationssystem
   5.2 Kernaufgaben des Personalinformationssystems
   5.3 Einsatz der EDV im Rahmen des Personalinformationssystems

Teil VIII: Anlagenwirtschaft

1 Grundsätzliches zur Anlagenwirtschaft
2 Anlagenbedarf und Anlagenbeschaffung
   2.1 Grundsätzliches zur Anlagenbedarfsbestimmung und -beschaffung
   2.2 Anlagenarten und Anlagenkapazität
   2.3 Technisch-betriebswirtschaftliche Beurteilung von Anlagen
3 Anlagenanordnung (Layout-Planung)
   3.1 Grundsätzliches zur Layout-Planung
   3.2 Ziele der Layout-Planung
   3.3 Grundlagen zur Vorgehensweise und zu den Verfahren der Layout-Planung
   3.4 Planung des Groblayout
   3.5 Planung des Feinlayout
4 Anlageninstandhaltung
   4.1 Grundsätzliches zur Instandhaltung von Anlagen
   4.2 Aufgaben der Instandhaltung mit strategischem Charakter
   4.3 Aufgaben der Instandhaltung mit operativem Charakter
   4.4 EDV-Einsatz im Rahmen der Instandhaltung
5 Anlagenentsorgung
   5.1 Grundsätzliches zur Anlagenentsorgung
   5.2 Ziele der Anlagenentsorgung
   5.3 Technisch-betriebswirtschaftliche Beurteilung der Alternativen der Anlagenentsorgung
6 Anlageninformationssystem unter besonderer Berücksichtigung der Anlagenkosten
   6.1 Aufgaben eines Anlageninformationssystems
   6.2 Anlagenkosten
   6.3 Anlagenleistungs-Kennzahlen
   6.4 Integrationen zwischen Anlageninformationssystem und technischem Prozeßinformationssystem im Rahmen von CIM

Zweiter Teilband

Teil IX: Informationswirtschaft

1 Grundlagen und Aufgaben der Informationswirtschaft für das Produktionscontrolling
   1.1 Grundlegende Charakterisierung der produktionsbezogenen Informationswirtschaft
   1.2 Aufgaben der produktionsbezogenen Informationswirtschaft
   1.3 Datenerfassung und -organisation als Grundlage produktionsbezogener Informationssysteme

2 Periodenbezogene Erfolgsrechnungen als Grundlage des Betriebscontrolling
   2.1 Grundstruktur der Kosten- und Erlösrechnung einschließlich kurzfristiger Erfolgsrechnung
   2.2 Systeme der Kosten- und Erlösrechnung einschließlich kurzfristiger Erfolgsrechnung
   2.3 Bedeutung der Kalkulation für das Betriebscontrolling
   2.4 Bedeutung interner Verrechnungspreise für das Betriebscontrolling
   2.5 Gemeinkostencontrolling

3 Projekterfolgsrechnungen als Grundlage des Projektcontrolling
   3.1 Investitionsrechnungen für Produktionsanlagen und Produktionsverfahren (Investitionscontrolling)
   3.2 Produktlebensdauerplanungs- und -überwachungsrechnungen bei Großserienfertigung (Produktlebenszykluscontrolling)
   3.3 Projekterfolgsplanungs- und -überwachungsrechnungen bei langfristiger Einzelfertigung (Auftragscontrolling)

4 Online-Kennziffernbildung als Grundlage des produktionsbegleitenden Controlling (Prozeßcontrolling)
   4.1 Grundkonzept des Prozeßcontrolling
   4.2 Produkt-, produktionsfaktor- und ablaufbezogene Kennziffern im Rahmen des Prozeßcontrolling

5 Führungsberichtssysteme unter besonderer Berücksichtigung des Produktionsbereichs
   5.1 Grundkonzeption von Führungsberichtssystemen
   5.2 Aufgaben und Gestaltungsmöglichkeiten von Führungsberichtssystemen für das Produktionscontrolling
   5.3 Darstellung eines Führungsberichtssystems für das Produktionscontrolling

6 Integration der technischen und betriebswirtschaftlichen
  Informationserfassungs- und -verarbeitungssysteme im CIM-Konzept
  6.1 Bedeutung von BDE-Systemen für technische und
      betriebswirtschaftliche Aufgaben
  6.2 Ausgewählte Integrationsgebiete von technischen und
      betriebswirtschaftlichen Informationssystemen
  6.3 Einsatzmöglichkeiten von Expertensystemen in
      der Informationswirtschaft
  6.4 Integration aller Teilbereiche der Informationswirtschaft
      im Informationsmanagement

7 Organisation des Produktionscontrolling
  7.1 Grundsätzliches zur Organisation des Controlling
  7.2 Aufbauorganisatorische Aspekte des Produktionscontrolling
  7.3 Ablauforganisatorische Aspekte des Produktionscontrolling
  7.4 Produktionscontrolling bei prozeßkettenorientierter Organisation

Inhaltsverzeichnis

Einführung XXI

Teil VII: Personalwirtschaft

1 **Grundfragen der Personalwirtschaft** 3
   1.1 Grundsätzliches 3
      1.1.1 Begriff, Ziele und Teilbereiche
           der Personalwirtschaft 3
      1.1.2 Erscheinungsformen menschlicher Arbeit 8
      1.1.3 Begriff, Ziele und Teilbereiche
           der Arbeitswissenschaft. 10
           1.1.3.1 Grundlagen der Arbeitswissenschaft 10
           1.1.3.2 Arbeitswissenschaftliche Teildisziplinen 11
      1.1.4 Gegenstände der produktionswirtschaftlichen
           Personalwirtschaft 20
   1.2 Rechtliche Rahmenbedingungen der Personalwirtschaft 22
      1.2.1 Grundlagen des Arbeitsrechts. 22
      1.2.2 Rechtsetzende vertragliche Vereinbarungen. 26
           1.2.2.1 Tarifvertrag 26
           1.2.2.2 Betriebsvereinbarung 28
           1.2.2.3 Arbeitsvertrag. 29
      1.2.3 Betriebliche Mitbestimmung der Arbeitnehmer
           und Arbeitnehmervertreter 30
           1.2.3.1 Grundsätzliches zur Mitbestimmung
                 in Unternehmungen 30
           1.2.3.2 Mitbestimmungsrechte im Rahmen
                 der betrieblichen Mitbestimmung 33
   1.3 Personalplanung 38
      1.3.1 Planung des Personalbedarfs und
           der Personalbeschaffung 39
           1.3.1.1 Planung des Personalbedarfs 39
           1.3.1.2 Planung der Personalbeschaffung 44

		1.3.2	Planung des Personaleinsatzes	48
		1.3.3	Planung der Personalentwicklung	49
		1.3.4	Planung der Personalerhaltung.	53
		1.3.5	Planung der Personalfreistellung.	55

2 Arbeitsgestaltung 57

2.1 Grundsätzliches zur Arbeitsgestaltung 57
2.2 Arbeitsplatz- und Betriebsmittelgestaltung 64

    2.2.1 Personenbezogene Arbeitsplatz- und
            Betriebsmittelgestaltung 64
            2.2.1.1 Ergonomische Gestaltung 64
            2.2.1.2 Organisatorische Gestaltung 67
            2.2.1.3 Technologische Gestaltung 67
    2.2.2 Gruppenbezogene Arbeitsplatz- und
            Betriebsmittelgestaltung 68

2.3 Arbeitsfeldgestaltung. 68

    2.3.1 Personenbezogene Arbeitsfeldgestaltung 68
    2.3.2 Gruppenbezogene Arbeitsfeldgestaltung. 72
    2.3.3 Arbeitsfeldgestaltung bei unterschiedlichen
            Produktionstypen 73
    2.3.4 Charakterisierung und ablauforganisatorische
            Gliederung von Arbeitssituationen 76

2.4 Führungsstile/-formen 81

3 Arbeits- und Betriebszeitgestaltung 85

3.1 Grundsätzliches zur Arbeits- und Betriebszeitgestaltung . . . 85
3.2 Gestaltungsmöglichkeiten der individuellen Arbeitszeit. . . . 91

    3.2.1 Starre Arbeitszeitgestaltung. 91
    3.2.2 Flexible Arbeitszeitgestaltung. 92
            3.2.2.1 Grundsätzliches. 92
            3.2.2.2 Modelle chronometrisch variabler
                        Arbeitszeit 94
            3.2.2.3 Modelle chronologisch variabler
                        Arbeitszeit 95
            3.2.2.4 Modelle chronometrisch und chronologisch
                        variabler Arbeitszeit. 97

3.3 Gestaltungsmöglichkeiten der Betriebszeit 101

    3.3.1 Starre Betriebszeitgestaltung 101
    3.3.2 Flexible Betriebszeitgestaltung 101

4 Arbeitsentgeltgestaltung 104

4.1 Grundsätzliches zur Arbeitsentgeltgestaltung 104

4.1.1 Bedeutung des Arbeitsentgeltes
in der Bundesrepublik Deutschland. 104

4.1.2 Ziele und Bestandteile
der betrieblichen Entlohnung. 106

4.2 Anforderungsorientierte Arbeitsentgeltgestaltung 113

4.2.1 Grundsätzliches zur anforderungsorientierten
Arbeitsentgeltgestaltung 113

4.2.2 Methoden der Arbeitsbewertung. 122

4.2.3 Ermittlung des anforderungsbezogenen
Arbeitsentgelts 137

4.2.4 Aktuelle Probleme anforderungsorientierter
Arbeitsentgeltgestaltung 139

4.3 Qualifikationsorientierte Arbeitsentgeltgestaltung 143

4.3.1 Grundsätzliches zur qualifikationsorientierten
Arbeitsentgeltgestaltung 143

4.3.2 Aktuelle Probleme qualifikationsorientierter
Arbeitsentgeltgestaltung 144

4.4 Leistungsorientierte Arbeitsentgeltgestaltung 148

4.4.1 Grundsätzliches zur leistungsorientierten
Arbeitsentgeltgestaltung 148

4.4.2 Methoden der Leistungsbewertung 151

4.4.3 Ermittlung des leistungsbezogenen Arbeitsentgeltes
(Lohnformen). 158

4.4.4 Aktuelle Probleme leistungsorientierter
Arbeitsentgeltgestaltung 167

4.5 Sozialorientierte Arbeitsentgeltgestaltung. 171

4.5.1 Begriff und Ziele betrieblicher Sozialleistungen 171

4.5.2 Ausgestaltungsmöglichkeiten betrieblicher
Sozialleistungen. 171

4.6 Gestaltung von Erfolgsbeteiligungen 174

4.6.1 Begriff und Ziele der Erfolgsbeteiligung. 174

4.6.2 Ausgestaltungsmöglichkeiten
der Erfolgsbeteiligung von Mitarbeitern 174

4.7 Gestaltung des Betrieblichen Vorschlagswesens 177

4.7.1 Begriff und Ziele des Betrieblichen
Vorschlagswesens. 177

4.7.2 Ausgestaltungsmöglichkeiten des Betrieblichen
Vorschlagswesens. 178

5 Personalinformationssystem ... 182

5.1 Grundsätzliches zum Personalinformationssystem ... 182
5.2 Kernaufgaben des Personalinformationssystems ... 182
    5.2.1 Personalverwaltung und Lohn-/Gehaltsabrechnung .. 182
    5.2.2 Personalkostenrechnung ... 187
        5.2.2.1 Grundsätzliches ... 187
        5.2.2.2 Erfassungsquellen und Abgrenzung der wichtigsten Personalkostenarten ... 193
        5.2.2.3 Einflußgrößenanalyse für Personalkosten ... 195
    5.2.3 Personalstatistik ... 199
    5.2.4 Humanvermögensrechnung und Sozialbilanz ... 202
5.3 Einsatz der EDV im Rahmen des Personalinformationssystems ... 203

Teil VIII: Anlagenwirtschaft

1 Grundsätzliches zur Anlagenwirtschaft ... 211

2 Anlagenbedarf und Anlagenbeschaffung ... 217

2.1 Grundsätzliches zur Anlagenbedarfsbestimmung und -beschaffung ... 217
2.2 Anlagenarten und Anlagenkapazität ... 218
    2.2.1 Anlagenarten ... 218
        2.2.1.1 Systematik der Anlagenarten ... 218
        2.2.1.2 Passive Produktionsanlagen ... 219
        2.2.1.3 Aktive Produktionsanlagen ... 222
            2.2.1.3.1 Energietechnische Anlagen ... 222
            2.2.1.3.2 Verfahrenstechnische Anlagen .. 223
            2.2.1.3.3 Fertigungstechnische Anlagen .. 225
            2.2.1.3.4 Materialflußtechnische Anlagen . 229
            2.2.1.3.5 Informationstechnische Anlagen . 233
    2.2.2 Anlagenkapazität ... 234
        2.2.2.1 Kapazitätsdefinition und Kapazitätsmessung ... 234
        2.2.2.2 Determinanten der Kapazität und Kapazitätsnutzung ... 241
2.3 Technisch-betriebswirtschaftliche Beurteilung von Anlagen . 246
    2.3.1 Grundsätzliches zur technisch-betriebswirtschaftlichen Beurteilung von Anlagen ... 246
    2.3.2 Anforderungen an Anlagen ... 248
        2.3.2.1 Grundsätzliches ... 248

	2.3.2.2	Sach- und sozialzielbezogene Anforderungen	248
	2.3.2.3	Wertzielbezogene Anforderungen	249
2.3.3	Verfahren zur Beurteilung von Anlagen		250
	2.3.3.1	Portfolioanalysen: Markt-, Technologie-, Ökologieportfolio	250
	2.3.3.2	Personal- und sozialorientierte Technologiewirkungsanalyse	255
	2.3.3.3	Investitionsrechnungsverfahren und Langfristkalkulation	256
	2.3.3.4	Nutzwertanalyse	263
	2.3.3.5	Gesamtunternehmungsbezogene, mehrperiodige Ergebnis- und Liquiditätsanalyse	265

3 Anlagenanordnung (Layout-Planung) ... 267

3.1 Grundsätzliches zur Layout-Planung ... 267
3.2 Ziele der Layout-Planung ... 271
3.3 Grundlagen zur Vorgehensweise und zu den Verfahren der Layout-Planung ... 274
3.4 Planung des Groblayout ... 281
3.5 Planung des Feinlayout ... 295

    3.5.1 Layout-Planung bei Werkstattproduktion ... 295
    3.5.2 Layout-Planung bei Fließproduktion mit fertigungstechnischen Produktionsanlagen ... 308
    3.5.3 Layout-Planung bei Fließ- und Chargenproduktion mit verfahrenstechnischen Produktionsanlagen ... 312
    3.5.4 Layout-Planung bei Zentrenproduktion ... 314

4 Anlageninstandhaltung ... 319

4.1 Grundsätzliches zur Instandhaltung von Anlagen ... 319

    4.1.1 Produktionswirtschaftliche Bedeutung und begriffliche Grundlagen der Anlageninstandhaltung ... 319
    4.1.2 Teilbereiche und informationelle Grundlagen der Instandhaltung ... 323
    4.1.3 Zusammenhänge zwischen Instandhaltung, Konstruktion und Modernisierung von Anlagen ... 326
    4.1.4 Ziele der Instandhaltung ... 328

4.2 Aufgaben der Instandhaltung mit strategischem Charakter ... 329

    4.2.1 Planung der Basisstrategien der Instandhaltung und der Instandhaltungspotentiale ... 329

        4.2.1.1 Planung der Basisstrategien der Instandhaltung ... 329
        4.2.1.2 Planung der Instandhaltungspotentiale ... 336

XVIII Inhaltsverzeichnis

    4.2.2 Planung der Organisation der Instandhaltung 340
       4.2.2.1 Organisatorische Integration der
          Instandhaltung in die Gesamtorganisation
          der Industrieunternehmung 340
       4.2.2.2 Organisatorische Gliederung innerhalb
          des Instandhaltungsbereiches 341
 4.3 Aufgaben der Instandhaltung mit operativem Charakter ... 341
    4.3.1 Instandhaltungsprogrammplanung............. 341
    4.3.2 Verbrauchsfaktorbedarfsplanung.............. 343
    4.3.3 Instandhaltungsprozeßplanung, -steuerung
       und -kontrolle......................... 346
       4.3.3.1 Instandhaltungsprozeßplanung 346
       4.3.3.2 Instandhaltungssteuerung und -kontrolle . . 349
    4.3.4 Instandhaltungskostenplanung und -kontrolle 350
       4.3.4.1 Grundsätzliches................... 350
       4.3.4.2 Periodenbezogene
          Instandhaltungskostenplanung 354
       4.3.4.3 Auftragsbezogene
          Instandhaltungskostenplanung 356
       4.3.4.4 Instandhaltungskostenkontrolle 357
 4.4 EDV-Einsatz im Rahmen der Instandhaltung 357

5 Anlagenentsorgung. 363
 5.1 Grundsätzliches zur Anlagenentsorgung.............. 363
 5.2 Ziele der Anlagenentsorgung..................... 367
 5.3 Technisch-betriebswirtschaftliche Beurteilung
   der Alternativen der Anlagenentsorgung 367
    5.3.1 Grundsätzliches....................... 367
    5.3.2 Beurteilung der Anlagenentsorgung mit Hilfe
       von Investitionsrechnungsverfahren............ 368

6 Anlageninformationssystem unter besonderer Berücksichtigung der Anlagenkosten 373
 6.1 Aufgaben eines Anlageninformationssystems 373
    6.1.1 Grundlagen eines integrierten
       Anlageninformationssystems 373
    6.1.2 Betriebswirtschaftliche Aufgabenfelder
       eines Anlageninformationssystems 374
       6.1.2.1 Strategische Aufgabenfelder
          eines Anlageninformationssystems 374
       6.1.2.2 Operative Aufgabenfelder
          eines Anlageninformationssystems 378

6.2 Anlagenkosten 380
  6.2.1 Direkte Anlagenkosten 380
    6.2.1.1 Anlagenabschreibungen 380
    6.2.1.2 Vorlaufkosten 386
    6.2.1.3 Instandhaltungskosten 389
    6.2.1.4 Anlagenwagniskosten 390
    6.2.1.5 Kalkulatorische Zinskosten 391
    6.2.1.6 Zusammenhänge zwischen Abschreibungen,
            Vorlaufkosten, Instandhaltungskosten
            und Zinskosten 394
  6.2.2 Indirekte Anlagenkosten 396
6.3 Anlagenleistungs-Kennzahlen 397
6.4 Integrationen zwischen Anlageninformationssystem
    und technischem Prozeßinformationssystem
    im Rahmen von CIM 400

Literaturverzeichnis 403

Sachverzeichnis 427

Einführung

Die **industrielle Produktionswirtschaft,** verstanden als Teil einer Betriebswirtschaftslehre der Industrie, läßt sich unterschiedlich in Teilgebiete gliedern. Im Mittelpunkt der Analyse stehen die spezifischen Führungsaufgaben, Output- und Inputgrößen der Produktion sowie der Produktionsprozeß.

Wie in dem folgenden Schaubild dargestellt, soll die Behandlung der **industriellen Produktionswirtschaft** in neun Teilgebiete gegliedert werden:

   I. *Grundlagen der industriellen Produktionswirtschaft*
  II. *Führung und Organisation im Produktionsbereich*
 III. *Produktwirtschaft*
  IV. *Produktprogrammwirtschaft*
   V. *Material- und Dienstleistungswirtschaft*
  VI. *Prozeßwirtschaft*
 VII. *Personalwirtschaft*
VIII. *Anlagenwirtschaft*
  IX. *Informationswirtschaft*

Im Mittelpunkt der Ausführungen stehen dabei die folgenden Gegenstände und Fragestellungen:

a) Klärung der Grundlagen, Begriffe und Ziele der industriellen Produktionswirtschaft. In diesem Zusammenhang soll eine Typologie vorgestellt werden, mit der für ökonomische Fragestellungen bedeutsame **Erscheinungen der Produktion** in Industrieunternehmungen beschrieben werden. Auf dieser Grundlage sollen Systeme der betriebswirtschaftlichen Planung, Steuerung und Kontrolle entwickelt werden, die in der Praxis beim Vorliegen der typenbildenden Merkmale anwendbar sind.
b) **Darstellung** der **wichtigsten Führungsaufgaben** in den einzelnen Bereichen der industriellen Produktion: Ziel- und Maßnahmenplanung, Steuerung, Motivation und Kontrolle auf der Basis entscheidungs- und verhaltenswissenschaftlicher Erkenntnisse.
Erläuterung der Möglichkeiten für die **organisatorische Einordnung und Gliederung des Produktionsbereichs.** In diesem Zusammenhang wird auch auf die Prinzipien der Zuordnung von Personen und Sachmitteln zur Erfüllung von Aufgaben – die Bildung von Arbeitssystemen und deren ablauforganisatorische Verkettung – für spezifische Produktionstypen eingegangen.

c) Ausgehend von den Ergebnissen der Produktionstheorie werden sodann die betriebswirtschaftlich relevanten **Eigenschaften von Produkten und Produktionsfaktoren** beschrieben und deren Bedeutung für die Planung untersucht. In diesem Zusammenhang sollen auch die Erkenntnisse angrenzender wissenschaftlicher Disziplinen Berücksichtigung finden, soweit sie sich aus ihrer Sicht mit den Elementargrößen der Produktion befassen – wie insbesondere Ingenieur- und Naturwissenschaften, Arbeitswissenschaft und Rechtswissenschaft. Die ökonomische Ausrichtung der Betrachtungen wird durch die Bezeichnungen Produkt- und Produktprogrammwirtschaft, Personalwirtschaft, Anlagenwirtschaft sowie Materialwirtschaft hervorgehoben.

In der **Produktwirtschaft** wird ausgehend von der strategischen Programmplanung schwerpunktmäßig die technisch-wirtschaftliche Produktgestaltung behandelt. Besonders betrachtet werden Produktplanung, Produkt- und Verfahrensentwicklung, Wertanalyse, Normung und Typung sowie Qualitätssicherung und Produkthaftung.

Im Rahmen der **Produktprogrammwirtschaft** werden sodann Lösungsansätze für die operative Programmplanung – die Programmplanung bei gegebenen Potentialen – dargestellt, insbesondere für synthetische bzw. zusammenbauende Produktion sowie für chemische Produktion.

Aus dem Bereich der **Materialwirtschaft** wird schwerpunktmäßig auf die Planung des qualitativen und quantitativen Material- und Dienstleistungsbedarfs sowie auf Lagerdispositionssysteme eingegangen.

Im Rahmen der **Personalwirtschaft** stehen Fragen der Personalplanung, der Arbeitssystem- und Arbeitszeitgestaltung sowie der Arbeitsentgeltfindung und der Gestaltung sonstiger Arbeitsanreize im Mittelpunkt.

In der **Anlagenwirtschaft** werden ausgehend von den wesentlichen Eigenschaften der Sachpotentiale die Planung von Kapazität, Layout, Instandhaltung und Entsorgung besonders herausgestellt.

d) Aufbauend auf der Analyse dieser elementaren Input- und Outputgrößen, die sich nach ihrer Funktion und ihren betriebswirtschaftlich bedeutsamen Eigenschaften grundsätzlich unterscheiden, werden die **Gestaltungs- und Lenkungsmöglichkeiten der spezifischen Produktionsabläufe** bei unterschiedlichen Produktionstypen dargestellt. Im Mittelpunkt dieser **Prozeßwirtschaft** stehen Fragen der Produktionsprozeßplanung, -steuerung und -kontrolle bei gegebenen Kapazitäten und unterschiedlicher Anordnung der Arbeitssysteme.

e) Produktgestaltung, Produktionsfaktorauswahl, Planung und Überwachung des zeitlichen und örtlichen Einsatzes der Produktionsfaktoren können aus betriebswirtschaftlicher Sicht nur mit Hilfe spezifischer Informationen zielgerecht bewältigt werden. Daher soll in zusammenhängender Form auf die Informationsbasis für ein erfolgsorientiertes Controlling im Produktionsbereich besonders eingegangen werden, wobei ein **zeitlich und methodisch differenziertes dreigliedriges Produktionscontrolling-Konzept** abgeleitet wird. Hauptzweige dieses Informationssystems sind periodenbezogene Erfolgsrechnungen

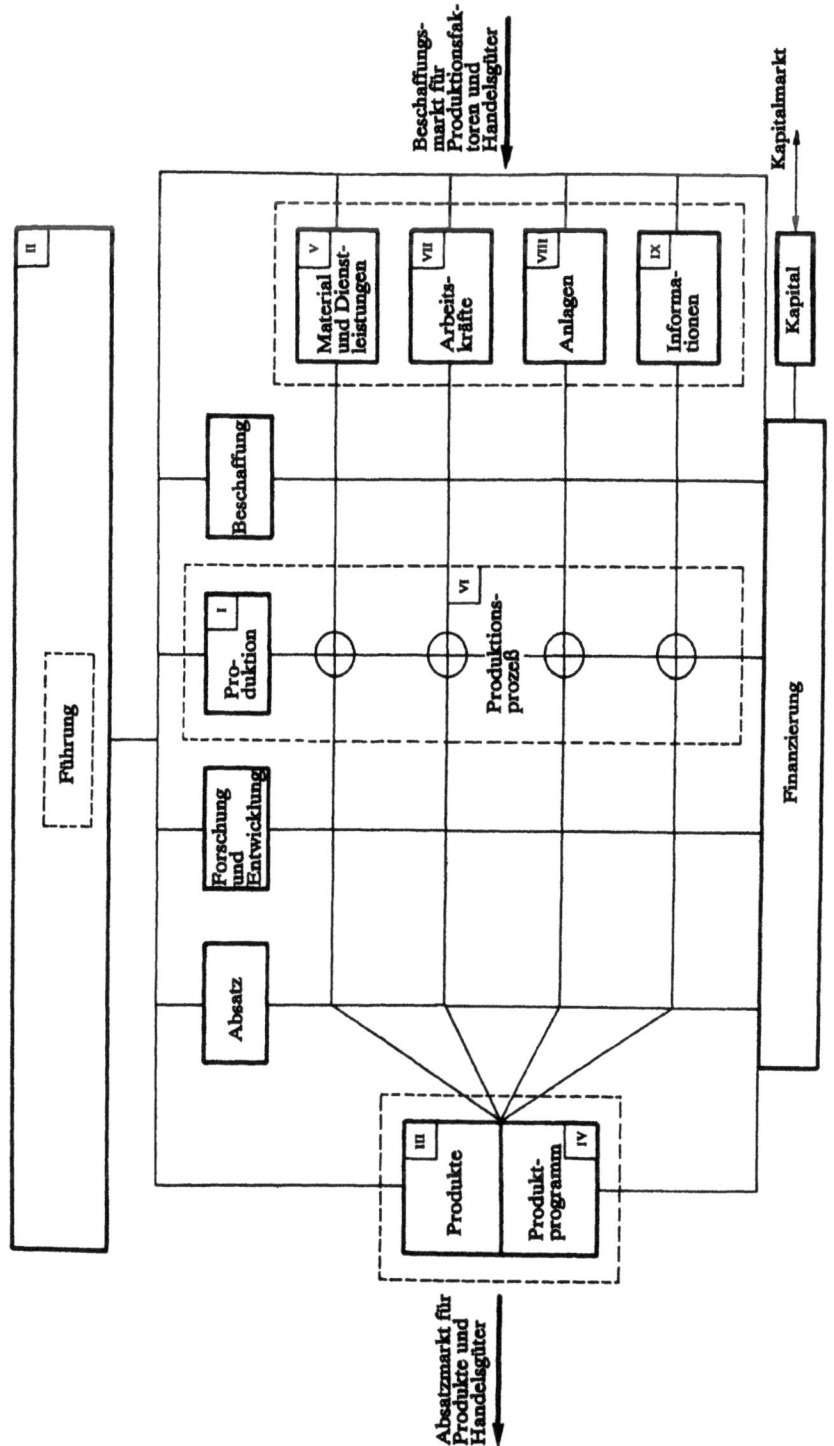

Teilgebiete einer industriellen Produktionswirtschaft

(Betriebscontrolling), periodenübergreifende Projekterfolgsrechnungen (Projektcontrolling) und Online-Kennziffernrechnungen (Prozeßcontrolling). Abschließend sollen die **Grundzüge eines geschlossenen computergestützten Informationssystems** entwickelt werden, das als **Führungsinstrument im Produktionsbereich** auch den herausgestellten technisch-betriebswirtschaftlichen Beziehungszusammenhängen und Anforderungen möglichst weitgehend gerecht wird.

Band 1 enthält die Teilgebiete Grundlagen, Führung und Organisation, Produktwirtschaft, Programmwirtschaft, Material- und Dienstleistungswirtschaft.

Band 2 umfaßt das Teilgebiet Prozeßwirtschaft.

Band 3 beinhaltet die Teilgebiete Personal- und Anlagenwirtschaft (Teilband 3.1) sowie Informationswirtschaft (Teilband 3.2).

Teil VII: **Personalwirtschaft**

1 Grundfragen der Personalwirtschaft

1.1 Grundsätzliches

1.1.1 Begriff, Ziele und Teilbereiche der Personalwirtschaft

Im Mittelpunkt der Personalwirtschaft steht der Mitarbeiter. Die Personalwirtschaft wird vor allem durch zwei unterschiedliche Problembereiche geprägt. Dabei handelt es sich zum einen um die **funktionale Eingliederung der Arbeitskräfte in Arbeitsprozesse** in Unternehmungen, zum anderen um die **personellen Verhaltensweisen und das komplexe personelle Beziehungsgefüge**, das zwischen den in einer Unternehmung tätigen Menschen besteht. Während lange Zeit der funktionale Aspekt im Vordergrund unternehmerischer Personalwirtschaft stand, kommt in den letzten Jahren und Jahrzehnten der Berücksichtigung des personellen Aspektes in Unternehmungen ständig wachsende Bedeutung zu.

Mit der **Erklärung und Beeinflussung personellen Leistungsverhaltens und personeller Beziehungsgefüge** in Unternehmungen beschäftigen sich verschiedene wissenschaftliche Teildisziplinen wie insbesondere Psychologie, Soziologie, Pädagogik sowie Rechts-, Kommunikations- und Organisationswissenschaft. Die Frage der **funktionalen Eingliederung von Arbeitskräften in Arbeitsprozesse** und deren Gestaltung aus Sicht des Menschen obliegt insbesondere der von den Ingenieurwissenschaften ausgehenden Arbeitswissenschaft. Aus der Beschäftigung so verschiedener Teildisziplinen mit der Tätigkeit von Menschen in Unternehmungen folgen zwangsläufig Überschneidungen, z.T. sogar Gegensätze bei den wissenschaftlichen Einzelaussagen. Erkenntnisfortschritt erscheint daher vor allem durch fächerübergreifende Forschung möglich.

Die **Personalwirtschaft im Rahmen der Betriebswirtschaftslehre** hat in diesem Zusammenhang vor allem die Aufgabe, die **ökonomische Dimension der Arbeit von Menschen in Unternehmungen** zu verdeutlichen, wobei sie auf Erkenntnisse aus allen relevanten wissenschaftlichen Teildisziplinen zurückgreift. **Gegenstand der Personalwirtschaft** sind in diesem Sinne Aussagen über „Aktivitäten für eine wirtschaftliche und personengerechte Ausstattung des betrieblichen Leistungsprozesses mit der erforderlichen menschlichen Arbeitskraft" (*Gaugler*, 1975a, Sp. 2959, im Original hervorgehoben).

Die Personalwirtschaft folgt damit grundsätzlich einer dualen Zielsetzung. Zunächst müssen personalwirtschaftliche Aktivitäten bzw. Maßnahmen auf die

Ziele einer Unternehmung ausgerichtet sein – sie müssen zur Erreichung unternehmerischer Sach-, Wert- und Sozialziele beitragen (vgl. Teil I, Kapitel 1.2.4). Hierzu müssen konkrete Ziele der Personalwirtschaft aus diesen generellen Unternehmungszielen abgeleitet werden. Derartige, abgeleitete personalwirtschaftliche Ziele können z. B. in einer sachgerechten Deckung des Personalbedarfs, einem kostenminimalen Einsatz des Personals und einer Pflege und Weiterentwicklung des Leistungsvermögens der Mitarbeiter bestehen.

Auf der anderen Seite macht aber die Definition des Gegenstandes der Personalwirtschaft deutlich, daß personalwirtschaftliche Maßnahmen nicht allein auf unternehmerische Ziele abstellen dürfen. Die Personalwirtschaft bezieht sich auf Menschen in Unternehmungen, die als selbständige Handlungsträger mit Denkvermögen, Initiative und vor allem mit eigenen Werten ihre Bedürfnisse und Ziele einbringen. Die Personalwirtschaft muß auch den individuellen **Zielen der Mitarbeiter** einer Unternehmung Rechnung tragen, um einen optimalen Einsatz des Personals im Rahmen der betrieblichen Leistungserstellung und -verwertung zu ermöglichen. Individualziele entstehen dabei aus dem Wunsch, individuelle Bedürfnisse zu befriedigen. In der Literatur werden als potentielle Individualziele u.a. ein hohes, langfristig gesichertes Einkommen, eine gesicherte Altersversorgung sowie eine interessante und selbständige Arbeit genannt, die in jüngerer Zeit zunehmend um Kommunikations-, Kooperations- und Partizipationsziele ergänzt werden (vgl. z.B. *Drumm*, 1989, S. 12ff.; *Herbert*, 1991, S. 54ff.; *Opaschowski*, 1991, S. 36ff.).

Bemerkenswert ist in diesem Zusammenhang, daß heute die Unternehmung unter personellen Aspekten überwiegend pluralistisch als Koalition oder Kooperation von Menschen interpretiert wird, die zwar zum Teil divergierende persönliche Ziele verfolgen, aber dennoch bereit sind, an der Erreichung von übergeordneten Unternehmungszielen angemessen mitzuwirken. Der Unternehmungsführung obliegt es dabei, im Rahmen ihrer Dispositionen ständig für eine möglichst weitgehende **Harmonisierung** – zumindest für einen tragfähigen **Kompromiß** – **zwischen Unternehmungszielen und Individualzielen** Sorge zu tragen (vgl. Teil I, Kapitel 1.2). Dies ist für die Entwicklung einer Unternehmung von ausschlaggebender Bedeutung, wie besonders in Krisenzeiten sichtbar wird, wenn weitreichende Maßnahmen zur betrieblichen Umstrukturierung erforderlich werden, beispielsweise grundlegende Veränderungen der Arbeitsbedingungen oder Betriebsschließungen. So waren in den letzten zwanzig Jahren in der Bundesrepublik tiefgreifende Strukturveränderungen in Unternehmungen der Textilindustrie, des Bergbaus, der Stahlindustrie und der Bauwirtschaft zu bewältigen, wobei die entsprechenden Zielkonflikte ganz unterschiedliche Ausmaße angenommen haben.

Die Beschäftigung von Arbeitskräften in der Unternehmung erfordert unter dieser Perspektive über die notwendige **Orientierung am Wirtschaftlichkeitsprinzip** hinaus in verstärktem Maße die Beachtung kultureller und ethischer Grundwerte, die für die Wahrung der Menschenwürde maßgebend sind. Gaugler spricht von einer „**Entsprechung gegenüber personalen und gesellschaftlichen Erwartungen**" als weiterem „Grundprinzip für das betriebliche Personalwesen" (vgl. *Gaugler*, 1975a, Sp. 2958). Er weist besonders darauf hin, daß die aus diesem Grundprinzip folgenden Erwartungen in einer dynamischen Wirtschaft und Gesellschaft **Wandlungen im Zeitablauf** unterworfen sind. In den vergangenen Jahren wurde dieser Veränderungsprozeß insbesondere unter der Bezeichnung „**Humanisierung der Arbeitswelt**" vollzogen. In diesem Zusammenhang verdient das Problem, daß die wirtschaftlichen und gesellschaftlichen Bedingungen für den Personaleinsatz in der Unternehmung partiell den Individualzielen der Arbeitskräfte widersprechen können, besondere Beachtung. Dies gilt erfahrungsgemäß vor allem in bezug auf angestrebte Arbeitsinhalte, Flexibilität von Arbeitseinsatz und Arbeitszeit, Umfang von Freizeit und Entgelthöhe. **Konflikte** erwachsen dabei vielfach auch aus technologischen Veränderungen, die mit wesentlichen Modifikationen der Arbeitsbedingungen und -anforderungen verbunden sind.

Beispielsweise wurden durch die Industrialisierungsprozesse in den letzten hundert Jahren einerseits die Arbeitsteilung und -aufgliederung, andererseits die Spezialisierung der Arbeitskräfte sehr weit vorangetrieben. Die weitreichende Arbeitsaufgliederung bildete eine wesentliche Voraussetzung für die zunehmende Mechanisierung und (Teil-)Automatisierung von Produktionsprozessen. Daraus folgten wiederum wesentliche Leistungssteigerungen bei den Arbeitssystemen sowie Arbeitserleichterungen für die Beschäftigten, verbunden mit essentiell erhöhter Wirtschaftlichkeit der Produktionsprozesse. Arbeitsteilung und Spezialisierung von Arbeitskräften stoßen jedoch in hochentwickelten Industriewirtschaften auf immer enger werdende Grenzen. Dies hängt einmal mit gesundheitlichen Belastungen zusammen, die sich aus vielen hochspezialisierten kurzzyklischen Arbeitsverrichtungen ergeben haben, und zum anderen mit dem angesprochenen Wandel bei den gesellschaftlichen Wertevorstellungen. Mit der Einführung neuer Technologien werden heute vielfach die hochspezialisierten Arbeitsverrichtungen auf computergesteuerte Handhabungsgeräte, Be- und Verarbeitungsmaschinen sowie Steuerungsgeräte übertragen. Daraus folgen für die Beschäftigten teilweise wieder inhaltsreichere Arbeitsaufgaben am einzelnen Arbeitsplatz im Sinne der Arbeitserweiterung und Arbeitsbereicherung (vgl. im einzelnen Kapitel 2.3). Nicht alle Arbeitskräfte stehen dieser Entwicklung positiv gegenüber, da die Qualifikationsanforderungen, Arbeitsbelastungen und Arbeitsverantwortung wesentlich verändert werden.

Die Beilegung der in diesem Zusammenhang entstehenden personellen Konflikte sollte in der Regel durch **partnerschaftliches Zusammenwirken im Rahmen der Personalführung** gesucht werden. Hierbei gefundene **Kompromisse** können stets nur ein **labiles Gleichgewicht** bilden, das im Zeitablauf infolge der sich wandelnden gesellschaftlichen Grundnormen und der Veränderungen in den Arbeitsbedingungen sowie der wirtschaftlichen Lage einer Unternehmung gestört werden kann. Dann sind jeweils neue Kompromisse auszuhandeln und der Personalpolitik für eine angemessene Zeit zugrundezulegen. Dies ist jedoch kein selbständig ablaufender Prozeß; er bedarf vielmehr der Steuerung und Beeinflussung durch Unternehmungsführung und Arbeitnehmer(vertretung). Daraus folgt ein nicht zu unterschätzender Einfluß auf die Leistungsmotivation der in der Unternehmung Tätigen und auf das „Betriebsklima" (Harmonie/Disharmonie im sozialen Beziehungsgefüge). Führungsgrundsätze und Führungsorganisation, die von der Unternehmungsspitze zu erarbeiten sind, bilden die wichtigste Grundlage für eine in diesem Spannungsfeld erfolgreiche Unternehmungsführung. Sie sind Richtschnur und Bedingungsrahmen aller personalpolitischen Maßnahmen (vgl. *Bisani*, 1976).

Der allgemein abgegrenzte Gegenstand der Personalwirtschaft – **die Gestaltung der Arbeit von Menschen in Unternehmungen unter dualer Zielsetzung** – läßt sich durch die Ableitung personalwirtschaftlicher Aufgaben- bzw. Handlungsfelder konkretisieren. Folgende **Aufgabenfelder bzw. Teilbereiche der Personalwirtschaft**, die in der Praxis überwiegend von der als Personalwesen bezeichneten betrieblichen Institution wahrgenommen werden, sollen hier differenziert werden (vgl. ähnlich z.B. *Remer*, 1978; *Marr/Stitzel*, 1979; *Mag*, 1986; *Drumm*, 1989; *Berthel*, 1989):

- **Personalbedarfsermittlung und Personalbeschaffung**: Hierzu zählen Maßnahmen zur Ermittlung des Personalbedarfs in qualitativer, quantitativer, zeitlicher und örtlicher Hinsicht als Basis einer bedarfsgerechten internen und/oder externen Beschaffung von Mitarbeitern.
- **Personaleinsatz**: Hierunter ist vor allem die eignungsgerechte Zuordnung von Mitarbeitern zu spezifischen Arbeitsplätzen zu verstehen, die durch die Aufgabe der Einführung bzw. Einarbeitung dieser Mitarbeiter ergänzt wird.
- **Personalentwicklung**: Sie umfaßt alle Maßnahmen, durch die die unternehmungsrelevanten Qualifikationen von Mitarbeitern positiv verändert, d.h. bestehende Qualifikationen verbessert, erweitert und/oder vertieft und neue Qualifikationen vermittelt werden sollen.
- **Personalerhaltung**: Maßnahmen der Personalerhaltung dienen dazu, das Leistungsvermögen der in einer Unternehmung tätigen Mitarbeiter sicherzustellen und zu stimulieren – ihr Schwerpunkt liegt hierbei in der Sicherung und Stimulierung der Leistungsbereitschaft der Mitarbeiter.
- **Personalfreistellung**: Hierzu zählen alle Maßnahmen, die dem Abbau von qualitativ, quantitativ, zeitlich oder örtlich bedingten Personalüberhängen bzw. -überschüssen dienen.

Die einzelnen Handlungsfelder der Personalwirtschaft und die darin enthaltenen **Aufgaben der Personalbedarfsermittlung und Personalbeschaffung, des Personaleinsatzes, der Personalentwicklung, der Personalerhaltung und der Personalfreistellung** stehen in einem engen inhaltlichen Zusammenhang miteinander. Sie ergänzen und unterstützen sich in ihren Maßnahmen und Wirkungen gegenseitig, z.T. überschneiden sie sich auch. Hierbei fallen in allen Teilbereichen **Aufgaben mit strategischem Charakter** und **Aufgaben mit eher operativem Charakter** an. Tätigkeiten der **Planung, Steuerung und Kontrolle** sowie **Durchführungs- und Dokumentationsmaßnahmen** führen zur **zielorientierten Erfüllung dieser Aufgaben**.

Hierbei basieren alle personalwirtschaftlichen Maßnahmen auf einem **Personal-Informationssystem**, das das informatorische Fundament einer erfolgreichen Personalwirtschaft darstellt (vgl. Schaubild VII.1). In der Praxis handelt es sich hierbei um einen Aufgabenkomplex, zu dem die Personalverwaltung, Personalkostenrechnung, Personalstatistik, Humanvermögensrechnung und Sozialbilanz gehören (vgl. Kapitel 5). Die personalwirtschaftlichen Primäraufgaben der Personalbedarfsermittlung und Personalbeschaffung, des Personaleinsatzes, der Personalentwicklung, der Personalerhaltung und der Personalfreistellung bedürfen der Unterstützung durch Sekundäraufgaben administrativer Art, die unter die personalwirtschaftliche Querschnittsfunktion **Personalverwaltung** subsumiert werden können (vgl. *Berthel*, 1989, S. 353; *Gossens*, 1974, S. 751; *Scholz*, 1991, S. 6f.).

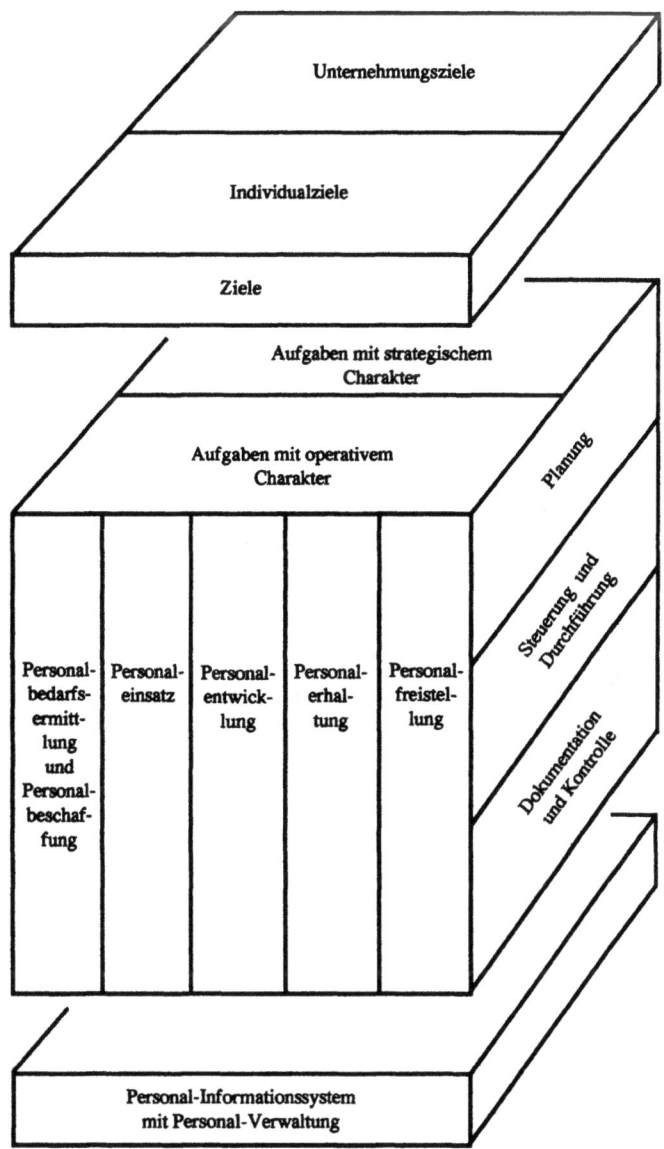

Schaubild VII.1. Systematisierung der Personalwirtschaft

1.1.2 Erscheinungsformen menschlicher Arbeit

Die Personalpolitik kann nur menschen- und sachgerecht erfolgen, wenn die unterschiedlichen Erscheinungsformen der menschlichen Arbeit berücksichtigt werden. REFA definiert **Arbeit** im Rahmen des Arbeitsstudiums als „Erfüllung der Aufgabe eines Arbeitssystems durch das Zusammenwirken von Mensch und Betriebsmittel mit dem Arbeitsgegenstand" (*REFA*, 1984, S. 17). Dabei vollziehen die Arbeitskräfte

- körperlich-physische Werkverrichtungen und/oder
- geistig-psychische Prozesse insbesondere bei der
    - Aufnahme, Verarbeitung und Abgabe produktionsbezogener Informationen,
    - Willensbildung zur Sicherung ihrer Einsatzbereitschaft und
    - Übernahme von Verantwortung für Arbeitskollegen, Produktionsanlagen und Produkte.

Grundsätzlich ist zwischen **dispositiver und ausführender** Tätigkeit zu unterscheiden. Die **dispositive Arbeit** umfaßt Planungs-, Steuerungs- und Kontrollaufgaben (nach REFA Planen, Entscheiden, Anordnen, Anleiten und Überwachen). Der Träger dispositiver Funktionen kann selbständige (Eigentümerunternehmer) oder unselbständige unternehmerische Betätigung ausüben (leitender Angestellter, Auftragsunternehmer wie z.B. Vorstand einer Publikums-Aktiengesellschaft, nicht am Kapital beteiligter Geschäftsführer einer GmbH). Bei den **ausführenden Tätigkeiten** sind von den körperlichen und geistigen Arbeitsverrichtungen, die eine Produktentstehung **unmittelbar** bewirken, solche zu unterscheiden, die **mittelbar** zur Produktentstehung beitragen. Hierzu sind u.a. Bedienungs- und Überwachungsleistungen sowie Instandhaltungstätigkeiten an maschinellen Einrichtungen zu zählen.

In den verschiedenen Planungs- und Entlohnungsperioden wirken einzelne Arbeitskräfte vielfach auch an mehreren Produktionsprozessen bei wechselnden Leistungsanforderungen mit. Die ursachengerechte Zurechnung von Produktionsergebnissen auf einzelne Arbeitskräfte und die Messung der erbrachten Leistungen bei unterschiedlichen Verrichtungsarten erweist sich dabei in der Praxis als äußerst schwierig. Für Arbeitsplanung und -überwachung sowie Entlohnung müssen jedoch entsprechende Maßgrößen eingeführt werden, die rational erfaßbar und operational sind. Neben Mengengrößen (je Zeiteinheit produzierte Stückzahlen, über bestimmte Entfernungen transportierte Gewichts- oder Volumenmengen, Zahl vollzogener Werkverrichtungen usw.) haben sich in der Praxis vor allem unterschiedlich gewichtete Zeitgrößen bewährt (Anwesenheitszeiten, Tätigkeitszeiten, Rüstzeiten, Erholungszeiten usw.).

Die **fortschreitende Mechanisierung der Produktionsvorgänge** und die **zunehmende Automatisierung** der Produktionssteuerung haben die **unmittelbar produktbezogene** „ausführende Hand- und Beinarbeit" (Mensch als „Kraft- und Arbeitsmaschine") sowie die zugehörigen Dispositionsleistungen stark reduziert. Maschinen können Wiederholtätigkeiten mit wesentlich größerer Präzision, Gleichförmigkeit und Geschwindigkeit als menschliche Arbeitskräfte im kontinuierlichen oder rhythmisch unterbrochenen Dauereinsatz durchführen. Die Fehlerquoten sind beim Maschineneinsatz weit geringer als beim Arbeitskräfteeinsatz für vergleichbare Tätigkeiten. Die Mitwirkung der Arbeitskräfte erstreckt sich bei hochtechnisierten Prozessen im wesentlichen auf mittelbare Funktionen wie Produktionsvorbereitung, Bedienung und Überwachung von Produktions- und Transporteinrichtungen, Anlageninstandhaltung, nur zum Teil noch Verbrauchsgüterzuführung und Produktentnahme sowie Prozeß- und Produktqualitätssicherung. Die Tätigkeiten stellen teilweise höhere geistige und psychische Anforderungen, denen nur Arbeitskräfte mit entsprechender Eignung, Ausbildung und Einübung (Qualifikation) gerecht werden können, teilweise sind aber auch sehr einfache Hilfstätigkeiten auszuüben, die nach kurzer Anlernzeit ausgeführt werden können. Eine „**Vollautomatisierung**" von Produktionsvorbereitung, -durchführung und -überwachung auf Dauer ist jedoch grundsätzlich nicht erreichbar. Trotz möglicher Verkettungen von Teilprozessen zu automatisch gesteuerten Abläufen und trotz Einsatzstoffzuführungs- und Produktentnahmerobotern bleiben für das Personal Aufgaben der Arbeitsvorbereitung/Softwareerstellung, Start-, Anhalte-, Überwachungs- und Instandhaltungsverrichtungen – mit teilweise sehr hohen Qualifikationsanforderungen an das Personal – zu erfüllen. Arbeitsvorbereitungstätigkeiten, Überwachungs- und Bedienungsverrichtungen sowie Instandhaltungsmaßnahmen können bei automatisierten Prozessen in zunehmendem Umfang in zeitlicher Unabhängigkeit voneinander, d.h. auch parallel durchgeführt werden. Damit wird der Flexibilitätsspielraum beim Arbeitskräfteeinsatz u.U. wesentlich gesteigert, wodurch einerseits die Möglichkeiten der Zuordnung verschiedener Tätigkeitsarten auf die gleichen Arbeitspersonen vergrößert werden, andererseits die verfügbaren Hauptnutzungszeiten der Produktionsanlagen bis hin zu mannlosen „Geisterschichten" ausgedehnt werden können (vgl. *Laßmann/Maßberg/Rademacher*, 1987, S. 334 ff.; vgl generell *Hahn*, 1992c, S. 88 ff.).

Ein wichtiger Aspekt der menschlichen Arbeitskraft ist nicht zuletzt ihr **Potentialcharakter.** Im Rahmen der vertraglich festgelegten Arbeitszeit muß eine Arbeitskraft ihr Fähigkeits- und Leistungspotential – ihre qualitative und quantitative Kapazität – voll zur Verfügung stellen. Diese kann aber einerseits nur entsprechend dem jeweiligen physischen und psychisch-geistigen Kräftevorrat, andererseits entsprechend den technologischen Anforderungen der Prozeßabläufe genutzt werden.

Daraus folgen Abstimmungsprobleme im Rahmen der Arbeitssysteme vor allem dann, wenn Maschinen- und Arbeitsverrichtungen nicht simultan und zeitlich kontinuierlich vollziehbar sind. Außerdem sind die Arbeitskräfte im Gegensatz zu Maschinen nur während begrenzter Zeitspannen (tarifliche Arbeitszeit abzüglich Pausen) innerhalb des Tages einsetzbar; dabei sind die meisten betrieblichen Arbeitsverrichtungen nicht speicherbar. Anders ist dies z.B. bei vielen Maßnahmen der Arbeitsvorbereitung, die in Computerprogrammen festgehalten werden und dann zur Durchführung von „Geisterschichten" verwendbar sind (etwa bei einer computergestützten Steuerung des Werkstück- und Werkzeugeinsatzes zur Teilebearbeitung in flexiblen Fertigungssystemen).

1.1.3 Begriff, Ziele und Teilbereiche der Arbeitswissenschaft

1.1.3.1 Grundlagen der Arbeitswissenschaft

Für den Erkenntnisfortschritt über die Arbeit von Menschen in Unternehmungen sowie für deren Gestaltung ist insbesondere die Arbeitswissenschaft von zentraler Bedeutung (vgl. allgemein zur Arbeitswissenschaft *Hackstein/Heeg*, 1992, Sp. 429 ff.). Die **Arbeitswissenschaft** hat ihren Ausgang im wesentlichen im ingenieurwissenschaftlichen Bereich genommen, sich aber schnell zu einer interdisziplinären Wissenschaft entwickelt. Sie kann im weitesten Sinne als „Lehre vom arbeitenden Menschen" (*Hettinger*, 1975, Sp. 416) verstanden werden, die versucht, die spezifischen **Wechselbeziehungen zwischen Mensch und Arbeit** zu ergründen. Die Arbeitswissenschaft befaßt sich mit allen Fragen im Zusammenhang mit der Gestaltung sowie dem Vollzug von Arbeitsprozessen durch Menschen. Ihr grundsätzliches Ziel ist dabei, unter Beachtung ökonomischer Interessen Arbeitsbedingungen zu schaffen, die den physischen und psychischen Fähigkeiten sowie den sozialen Bedürfnissen des arbeitenden Menschen möglichst gut angepaßt sind.

Traditioneller Schwerpunkt der Arbeitswissenschaft ist das **Arbeitsstudium**, das wegen seiner arbeitstechnologisch orientierten Vorgehensweise vereinzelt auch als Arbeitstechnologie bezeichnet wird (vgl. *Hackstein*, 1974, Sp. 276). „Das Arbeitsstudium befaßt sich mit methodischen Untersuchungen der Arbeit und hat das Ziel, für den Menschen angemessene Arbeitsbedingungen zu schaffen und eine ausreichende Wirtschaftlichkeit der Arbeit zu sichern" (*Schulte*, 1975, Sp. 369).

Als **Begründer des heutigen Arbeitsstudiums** sind in erster Linie **Taylor** (1856–1915) und **Gilbreth** (1868–1924), ferner auch **Fayol** (1841–1925) und **Bedaux** (1888–1944) zu nennen. Während Taylor die Zeitmessung als Grundlage des Arbeitsstudiums ansah, ging Gilbreth bei seinen Untersuchungen von der Bewegungsstudie aus. Fayol leistete wesentliche Beiträge zum Arbeitsstudium mit Untersuchungen über die Grundsätze der Organisation der Arbeit. Bedaux entwickelte ein System der Leistungsmessung und -bewertung.

In Deutschland ist die Entwicklung des Arbeitsstudiums eng mit dem **„Reichsausschuß für Arbeitszeitermittlung (REFA)"** verknüpft, dessen Gründung auf Initiative des VDI 1924 in Berlin erfolgte. Im ersten Jahrzehnt seiner Tätigkeit wurden vorwiegend Grundsätze und Verfahren zur Arbeitszeitermittlung für die Metallindustrie erarbeitet, die durch die allmähliche Einbeziehung anderer Industriezweige zu branchenunabhängigen Grundsätzen und Verfahrensweisen für die Arbeitszeitermittlung erweitert wurden. In den folgenden Jahren wurde eine Erweiterung der bisherigen Zeitstudien um Arbeitsgestaltungs- und Arbeitswertstudien vorgenommen, später wurde dann auch mit einer arbeitspsychologischen und arbeitsphysiologischen Untermauerung der Arbeitsstudien begonnen. Dieser materiellen Umwandlung des REFA-Gedankenguts folgte schon 1936 eine Umbenennung in „Reichsausschuß für Arbeitsstudien"; nach Ende des zweiten Weltkrieges in „Verband für Arbeitsstudien – REFA e.V.". Seit 1977 ist der Verband unter der Benennung **„REFA – Verband für Arbeitsstudien und Betriebsorganisation e.V."** tätig (vgl. zur Geschichte des Arbeitsstudiums sowie des REFA-Verbandes *REFA*, 1984, S. 28 ff.).

Nach REFA besteht das Arbeitsstudium „in der Anwendung von Methoden und Erfahrungen zur Untersuchung und Gestaltung von Arbeitssystemen mit dem Ziel, die Arbeit unter Beachtung der Leistungsfähigkeit und der Bedürfnisse des Menschen zu verbessern sowie die Wirtschaftlichkeit des Betriebes zu erhöhen" (*REFA*, 1984, S. 12). Zu den **Kerngebieten des Arbeitsstudiums** zählen vor allem folgende Aufgabenbereiche:

- Die **Arbeitssystemgestaltung** (Arbeitsgestaltung) beinhaltet die Gestaltung des Zusammenwirkens von Menschen und Betriebsmitteln zur Erfüllung von Arbeitsaufgaben im Rahmen eines Arbeitssystems.
- Das **Arbeitszeitstudium** (Datenermittlung) ermittelt den Zeitverbrauch für die ordnungsgemäße und menschlich verträgliche Durchführung eines Auftrags (z. B. Vorgabezeitermittlung bei REFA-Normalleistung). Hilfsmittel des Arbeitszeitstudiums sind spezifische Methoden der Vorgabezeitermittlung, wie insbesondere das Zeitaufnahmeverfahren nach REFA, Multimomentaufnahmen sowie die Systeme vorbestimmter Zeiten. Soll-Zeit und Ist-Zeit dienen der Leistungsbewertung.
- Das **Arbeitswertstudium** (Anforderungsermittlung) hat die Aufgabe, den Schwierigkeitsgrad der Arbeit bzw. eines Arbeitssystems auf der Basis spezifischer Anforderungsmerkmale mit Hilfe von Arbeitsbewertungsverfahren (Verfahren der summarischen und analytischen Arbeitsbewertung) zu erfassen.
- Mit verschiedenen **Entlohnungssystemen** (Entgeltdifferenzierung) werden Grundsätze für die Entgeltfindung für geleistete Arbeit bei unterschiedlichen Arbeitsbedingungen und unterschiedlichen tarifvertraglichen Vereinbarungen festgelegt. Traditionell wird dabei von den Ergebnissen der Arbeits- und Leistungsbewertung ausgegangen. Darüber hinaus können teilweise auch qualifikationsbezogene und soziale Merkmale der Arbeitsperson mit berücksichtigt werden.

1.1.3.2 Arbeitswissenschaftliche Teildisziplinen

Die Arbeitswissenschaft setzt sich aus einer Reihe von Teildisziplinen zusammen, die gemeinsam die Grundlage für das Arbeitsstudium darstellen. Schaubild VII.2 gibt diese zusammen mit ausgewählten Aufgabenfeldern innerhalb der einzelnen Teildisziplinen wieder.

(1) Arbeitsphysiologie

Die Arbeitsphysiologie untersucht die Beziehungen zwischen dem menschlichen Körper und der Arbeit. Sie ist ein Spezialzweig der allgemeinen medizinischen Physiologie und sieht ihre Aufgabe vor allem darin, die Veränderungen

12　Personalwirtschaft

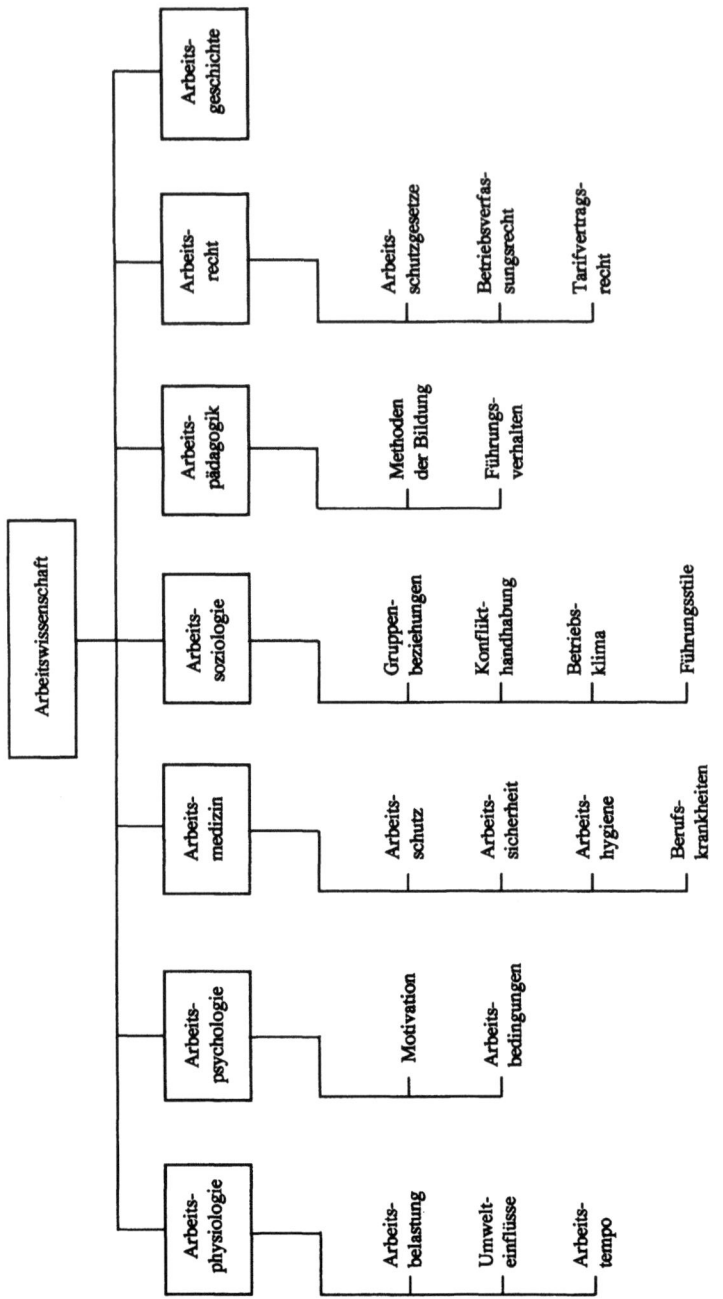

Schaubild VII.2. Teildisziplinen der Arbeitswissenschaft als Grundlage des Arbeitsstudiums (vgl. *Panne/Schult*, 1978, S. 205)

der Körpervorgänge unter den Bedingungen der Arbeit zu erforschen, um so zu einer Gestaltung der menschlichen Arbeit beizutragen, die für den menschlichen Organismus bestmöglich geeignet ist. Diese Zielsetzung soll die soziale Forderung nach einem Schutz des arbeitenden Menschen mit der ökonomischen Forderung nach einem wirtschaftlichen Arbeitseinsatz verbinden (vgl. z. B. *Lehmann*, 1961, S. 6; *Müller-Limmroth*, 1975, Sp. 268 ff.; *Rohmert*, 1968, S. 23).

In Deutschland sind die Grundlagen der Arbeitsphysiologie vor allem durch Arbeiten von Carl von Voit (1863–1908) und Max von Pettenkofer (1818–1901) mit ihrer Analyse des Energieumsatzes (Stoffwechsels) im menschlichen Körper geschaffen worden. Traditionelles Zentrum der Arbeitsphysiologie im deutschsprachigen Raum ist das von Rubner 1912 gegründete Institut für Arbeitsphysiologie, das heute als Institut der Max-Planck-Gesellschaft – Max-Planck-Institut für Systemphysiologie – mit Sitz in Dortmund tätig ist (vgl. *Generalverwaltung der Max-Planck-Gesellschaft (Hrsg.)*, 1989, S. 355 ff.).

Im Mittelpunkt der arbeitsphysiologischen Forschung stehen heute folgende Problemfelder:

- **personaler Energieumsatz im Körper** (Stoffwechsel) – insbesondere bei unterschiedlicher Leistungsabgabe;
- **personale Ermüdung** – insbesondere in Abhängigkeit von der Tageszeit und vom Arbeitsablauf;
- **Beziehungen zwischen Alter und Geschlecht** auf der einen **und Leistungsfähigkeit** auf der anderen Seite.

Während eine Maschine im Ruhezustand i.d.R. weder Energie aufnimmt noch abgibt, laufen im menschlichen Organismus die **energieumsetzenden Prozesse** weiter (Grundumsatz). Bei Durchführung von Arbeiten steigt der Energieumsatz in Abhängigkeit von Art und Dauer der ausgeübten Tätigkeit (Arbeitsumsatz). Die Messung des arbeitsbedingten Energieverbrauchs (gemessen in Kilo-Joule) und die Ableitung relevanter Aussagen über den arbeitsspezifischen Joule-Bedarf sind Gegenstand dieser Forschungsrichtung der Arbeitsphysiologie (vgl. *Lehmann*, 1972).

Ermüdung kann als eine Art „Selbstschutz" des Körpers gegen Erschöpfung und Verausgabung der Kräfte verstanden werden. Sie drückt sich am Arbeitsplatz in einer nachlassenden Leistungsfähigkeit des Menschen aus, die durch Erholung kompensiert werden kann. Schaubild VII.3 zeigt eine auf Graf zurückgehende Darstellung der **physiologischen Leistungsfähigkeit** eines Menschen im Tagesverlauf in Form von prozentualen Abweichungen vom Tagesdurchschnitt (vgl. *Graf*, 1961, S. 795, der diese Trendparabel nach mathematisch-statistischen Methoden der Ausgleichsrechnung aus den Reziprokwerten von ca. 75.000 Fehlleistungen errechnete, die von Bjerner, Holm und Svensson in schwedischen Großbetrieben ermittelt wurden).

Die Kurve zeigt einen steilen Anstieg der Leistungsfähigkeit in den frühen Morgenstunden. Sie sinkt dann in den späten Mittagsstunden auf das Durchschnittsniveau; anschließend folgt wiederum bis etwa 20 Uhr ein Anstieg. Nach 20 Uhr tritt ein steiler Abfall der Leistungsfähigkeit bis weit unter den Tages-

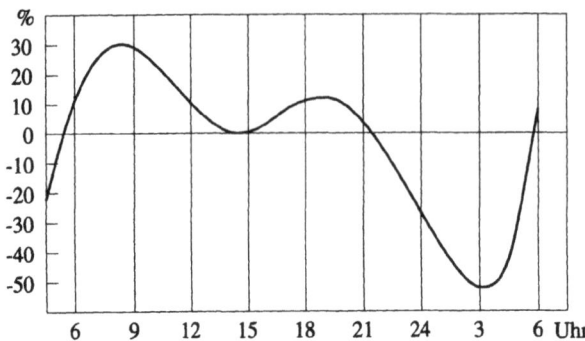

Schaubild VII.3. Schema des Verlaufs der physiologischen Leistungsfähigkeit über 24 Stunden (prozentuale Abweichung vom Tagesdurchschnitt) (vgl. *Graf*, 1961, S. 795)

durchschnitt ein, der seinen tiefsten Punkt gegen 3 Uhr nachts erreicht. Der dann eintretende Aufwärtstrend mündet in den Vormittagsanstieg ein. Weitergehende Forschungen haben gezeigt, daß der gesamte menschliche Organismus biologischen Rhythmen unterliegt, die dem ermittelten Verlauf der physiologischen Leistungsbereitschaft sehr ähneln (vgl. *Hackstein*, 1977a, S. 5ff.).

Aus diesen Erkenntnissen lassen sich wichtige **Folgerungen für die betriebliche und die individuelle Arbeitsorganisation und -gestaltung** ableiten:

- Die Mehrzahl der Menschen verfügt in den Vormittagsstunden über die höchste Leistungsfähigkeit. Die schwierigsten Arbeitsaufgaben sollten in diese Zeit eingeplant werden.
- Die Leistungsfähigkeit ist in den Nachmittagsstunden geringer als am Vormittag; daher sollten nach Möglichkeit in diese Zeitspanne Arbeitsaufgaben mit relativ geringem Schwierigkeitsgrad gelegt werden.
- In den Nachtstunden ist die Leistungsfähigkeit besonders gering; Nachtarbeit sollte deshalb unter arbeitsphysiologischen Gesichtspunkten soweit wie möglich unterbleiben.

Aus arbeitsphysiologischer Sicht werden als weitere wichtige Forderungen für die betriebliche Ablauforganisation in der Literatur erhoben (vgl. *Müller-Limmroth*, 1975, Sp. 275 ff.):

- Das Arbeitstempo sollte zu keiner Mobilisierung von Leistungsreserven führen (erkennbar an einem plötzlichen überproportionalen Pulsfrequenzanstieg);
- ein hohes Wach(-seins)niveau kann nur über wenige Minuten aufrechterhalten werden, weshalb häufige Kurzpausen gegenüber wenigen längeren Pausen vorzuziehen sind.

Alter und Geschlecht sind wesentliche Bestimmungsfaktoren menschlicher Leistungsfähigkeit. Die Frage ihrer Bedeutung für die individuelle Leistungsfähigkeit stellt deshalb einen weiteren Forschungsschwerpunkt der Arbeitsphysiologie dar. Mit zunehmendem **Alter** verändert sich grundsätzlich die Leistungsfähigkeit des Menschen, wobei in Anlehnung an *Schmidbauer-*

Jurascheck (vgl. *Schmidbauer-Jurascheck*, 1961, S. 133 ff.) drei große Lebensperioden unterschieden werden können:

- Aufbau- und Wachstumsperiode,
- Hauptleistungsperiode,
- Abbauperiode.

Die genannten Lebensperioden weisen **periodenspezifische physiologische Leistungsmerkmale** auf, die bei der Gestaltung betrieblicher Arbeitsbedingungen sowie insbesondere bei der Planung des Personaleinsatzes zu berücksichtigen sind. Gleiches gilt im übrigen für bestimmte **geschlechtsspezifische Ausprägungen der physiologischen Leistungsfähigkeit.**

Neben den genannten Kernproblemen der Arbeitsphysiologie beschäftigt sich diese u.a. mit folgenden Fragestellungen:

- Körperhaltung, -stellung, -bewegungen und Körperbeanspruchung,
- Arbeitstempo,
- physiologisch ausgerichtete Produktionsmittelgestaltung und -anordnung,
- klimatische Bedingungen,
- gesundheitsbelastende Umweltbedingungen,
- Beleuchtung,
- Arbeitshygiene,
- Arbeitskleidung (Schutzkleidung) – auch im Zusammenhang mit dem Unfallschutz,
- Sonderbedingungen auf Grund von Körperbehinderungen.

(2) Arbeitspsychologie

Die Arbeitspsychologie untersucht die Beziehungen zwischen menschlicher Psyche und Arbeit. Als Teilgebiet der angewandten Psychologie befaßt sie sich im Kern mit der **Erforschung der psychischen Grundlagen des menschlichen Leistungsverhaltens und damit der menschlichen Arbeit** sowie der Untersuchung der psychischen Anforderungen der Arbeit an den Menschen und seiner **(psychischen) Reaktion auf Art und Dauer der ausgeübten Tätigkeit** (vgl. *Hackstein*, 1977, S. 54 ff.). In der Vergangenheit haben dabei vor allem zwei Forschungsschwerpunkte besonderes Interesse gefunden:

- Arbeitsmotivation bzw. Motivationspsychologie,
- Gestaltung von Arbeitsbedingungen unter Berücksichtigung psychologischer Erkenntnisse.

Die Forschungsarbeiten auf dem Gebiet der **Arbeitsmotivation bzw. Motivationspsychologie** versuchen zu erklären, durch welche Faktoren und Prozesse menschliches Verhalten und menschliche Leistung aktiviert und gesteuert werden. In der Vergangenheit ist eine Reihe von derartigen **Motivationstheorien** entwickelt und diskutiert worden, die in der Literatur üblicherweise zu zwei Typen zusammengefaßt werden (vgl. z. B. *Berthel*, 1989, S. 13; *Drumm*, 1989, S. 255):

- **Inhaltstheorien der Motivation**: Sie beschäftigen sich mit der Frage nach Art und Inhalt der Motive von Menschen. Hierzu zählen z. B. die Ansätze von Maslow, Alderfer, Herzberg und McClelland.
- **Prozeßtheorien der Motivation**: Sie versuchen zu erklären, wie Motivation und ein bestimmtes Verhalten formal, losgelöst von Motivinhalten, entstehen. Hierzu zählen z. B. die Ansätze von Vroom sowie Porter und Lawler.

Die einflußreichste Theorie auf dem Gebiet der Arbeitsmotivation, die auch in der unternehmerischen Praxis weite Beachtung gefunden hat, ist zweifellos die **Motivationstheorie von Maslow** (vgl. *Maslow*, 1943, S. 370 ff.). Sie basiert auf einer Differenzierung von fünf Bedürfniskategorien, die bezüglich ihrer Dringlichkeit eine hierarchische Ordnung bilden (**Bedürfnishierarchie/ Bedürfnispyramide** – vgl. Schaubild VII.4). Die erste Gruppe von Bedürfnissen, die zugleich die unterste Stufe der Bedürfnishierarchie repräsentiert, enthält die sogenannten **physiologischen Bedürfnisse** (z. B. Hunger, Durst, Schlafbedürfnis, Schutz vor Witterungseinflüssen usw.), deren Befriedigung der körperlichen Selbsterhaltung des Menschen dient. Die zweite Stufe umfaßt **Sicherheitsbedürfnisse**, die ein Streben nach Erhaltung der physischen und psychischen Existenzgrund-

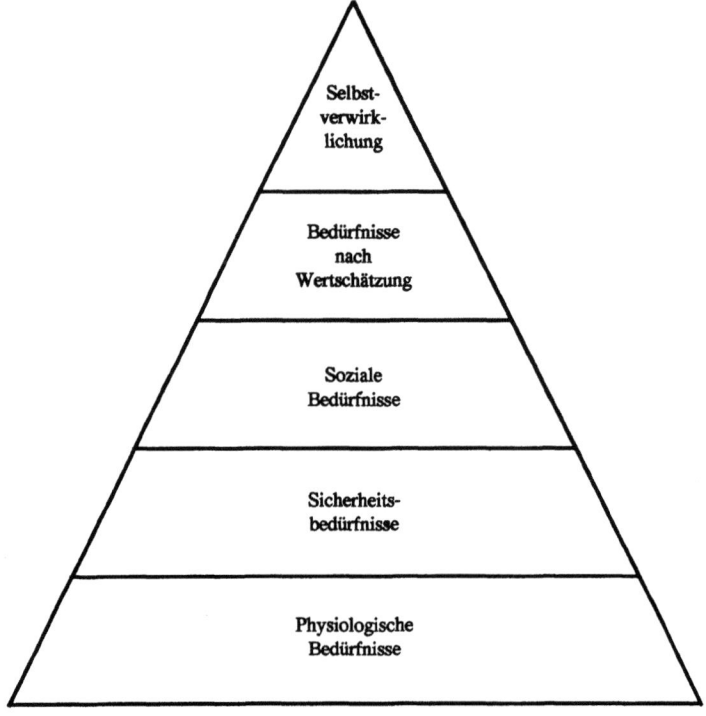

Schaubild VII.4. Bedürfnispyramide nach Maslow

lagen z. B. durch Schutz vor Gefahren sowie Sicherung des Einkommens, des Arbeitsplatzes und der Erwerbsfähigkeit ausdrücken. In der dritten Stufe der Bedürfnishierarchie kommen **soziale Bedürfnisse** wie der Wunsch nach Freundschaft oder Zugehörigkeit zu einer bestimmten sozialen Gruppe zum Ausdruck. Eng verbunden mit der dritten Stufe der Bedürfnishierarchie ist die vierte Stufe, in der **Bedürfnisse nach Wertschätzung** in ihren Ausprägungen als Streben nach Selbstachtung und nach Fremdachtung, d. h. sozialem Ansehen (Prestige, Status, Macht), zusammengefaßt werden. An der Spitze der Bedürfnishierarchie steht als fünfte Stufe das **Streben nach Selbstverwirklichung** im Sinne einer bestmöglichen Entfaltung aller individuellen Anlagen. Die Motivation ist Ausdruck der Stärke, mit der die Befriedigung eines gegebenen Bedürfnisses angestrebt wird (vgl. *Drumm*, 1989, S. 256). Hierbei geht Maslow davon aus, daß ein übergeordnetes Bedürfnis erst dann verhaltensrelevant wird, wenn die jeweils untergeordneten Bedürfnisse befriedigt worden sind, wobei befriedigte Bedürfnisse – mit Ausnahme der Selbstverwirklichung – nicht mehr motivieren. Andere Untersuchungen weisen allerdings darauf hin, daß auch Überlappungen und Vorrangverhältnisse zwischen den Bedürfnisarten in Abhängigkeit von den herrschenden Umweltbedingungen und dem Bildungsniveau des jeweiligen Menschen auftreten können (vgl. Schaubild VII.5) (vgl. *Neuberger*, 1974, S. 107 sowie umfassend zu den unterschiedlichen Ansätzen und den wesentlichen Ergebnissen der Motivationsforschung *Wunderer/Grundwald*, 1980, S. 168 ff.).

Einen weiteren Forschungsschwerpunkt der modernen Arbeitspsychologie bilden Untersuchungen darüber, **wie unter Berücksichtigung psychologischer Erkenntnisse Arbeitsbedingungen so gestaltet werden können**, daß sie zu einer möglichst geringen seelischen Belastung sowie zu einer möglichst geringen Streß-Belastung führen. In diesem Zusammenhang stehen insbesondere Probleme psychologisch bedingter Arbeitshemmungen und geistiger Ermüdung im Vordergrund (vgl. *Potthoff*, 1974, S. 49 f.).

(3) Arbeitsmedizin

In sehr engem Zusammenhang mit der Arbeitsphysiologie und der Arbeitspsychologie steht die **Arbeitsmedizin** als spezielle Fachrichtung der Humanmedizin. Sie ist allgemein gesprochen die **Lehre von den Wechselbeziehungen zwischen Arbeit und Gesundheit** (vgl. *Weichardt*, 1975, Sp. 221). Die Arbeitsmedizin beruht auf dem Studium physischer und psychischer Reaktionen des Menschen auf Arbeitsverrichtungen und Arbeitsumwelt und damit verbunden auf einer Analyse arbeitsbedingter Gesundheitsschäden. Ziele der Arbeitsmedizin sind die möglichst weitreichende Verhütung gesundheitlicher Schäden sowie die optimale Behandlung aufgetretener gesundheitlicher Schäden einschließlich der Bewältigung ihrer Folgen.

Neben Arbeitspsychologie und Arbeitsphysiologie, die in einer engen Beziehung zur Arbeitsmedizin stehen, bildet insbesondere die **Arbeitspathologie** den klinischen Schwerpunkt der Arbeitsmedizin. Sie befaßt sich im wesent-

18 Personalwirtschaft

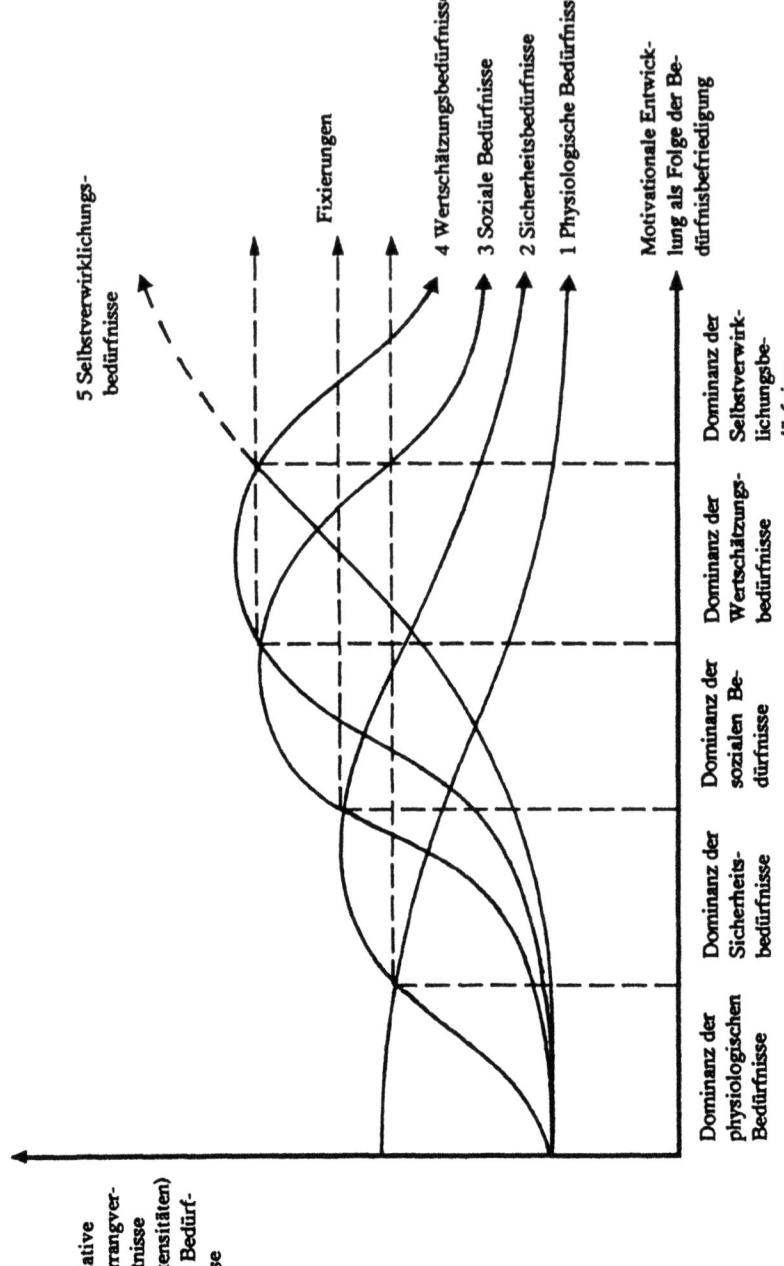

Schaubild VII.5. Relative Vorrangverhältnisse menschlicher Bedürfnisse
(vgl. *Nick*, 1974, S. 31)

lichen mit den Berufskrankheiten, aber auch mit sonstigen berufsbedingten Gesundheitsschäden (vgl. *Weichardt*, 1975, Sp. 224 ff.).

Hierauf aufbauend sind in der **Ergonomie** – als angewandte Lehre von der menschlichen Arbeit – alle Erkenntnisse zusammengefaßt, die einerseits für eine menschengerechte Gestaltung von Produktionsanlagen und Arbeitsbedingungen bedeutsam sind und andererseits Anregungen für möglichst gesundheitsfördernde und belastungsminimierende Verhaltensweisen der Menschen im Arbeitsprozeß geben.

(4) Arbeitssoziologie

Die Arbeitssoziologie untersucht die Beziehungen zwischen dem Sozialgefüge (der sozialen Gruppenumwelt) und der individuellen Arbeit – unter Betonung informaler Organisationsphänomene. Sie versucht so, die sozialen Erscheinungen des Arbeitslebens zu erkennen. Die Arbeitssoziologie basiert maßgeblich auf der auf Mayo (1946) und Roethlisberger/Dickson (1939) zurückgehenden „Human-Relations-Bewegung", die als eine Art Gegenbewegung zu der durch Taylor geprägten mechanistischen und vorrangig physiologisch orientierten Betrachtungsweise des „Scientific-Management" interpretiert werden kann (vgl. *Hoffmann*, 1973, S. 88 ff.; *Organ/Bateman*, 1986, S. 14 ff.). Im deutschsprachigen Raum gehen soziologische Betrachtungen im Rahmen betriebswirtschaftlicher Fragestellungen insbesondere auf Max Weber (1864–1920) sowie auf Arbeiten des Vereins für Sozialpolitik zurück (vgl. *Dahrendorf*, 1956, S. 20 ff.).

Die **moderne Arbeitssoziologie** als eine Teildisziplin der Soziologie befaßt sich vor allem mit zwei Forschungsschwerpunkten. Einerseits untersucht sie die **Ursachen und die Beeinflussung der menschlichen Verhaltensweisen und Beziehungen durch die Arbeit**, d. h. sie versucht, die in der Unternehmung ablaufenden Arbeitsprozesse bezüglich ihrer Auswirkungen auf den Menschen, vor allem auf Gruppen bzw. Gruppenbeziehungen zu erforschen. Andererseits befaßt sie sich mit der Unternehmung als Sozialgebilde und untersucht die **Auswirkungen sozialer Sachverhalte und Vorgänge auf die menschliche Arbeit und den Arbeitsablauf** (vgl. *Ebers/Albaum/Euler/Sierigk/Stevens*, 1976, S. 60; *Hackstein*, 1974, Sp. 275 f.).

(5) Arbeitspädagogik

Die **Arbeitspädagogik** behandelt vornehmlich Fragen der beruflichen Bildung und der Arbeitsunterweisung als Grundlage der praktischen Aus-, Weiter- und Fortbildung. Weiterhin hat die Arbeitspädagogik die Aufgabe, auf der Basis arbeitspädagogischer Erkenntnisse die Fähigkeit von Führungskräften zur Menschenführung zu verbessern. In diesem Zusammenhang wird im Rahmen der Arbeitspädagogik neben der Vermittlung von Wissen und Können speziell die Entwicklung von Verhaltensweisen angesprochen (vgl. *Bunk*, 1982).

(6) Arbeitsgeschichte

Die **Arbeitsgeschichte** ist ein wichtiger Bestandteil der Kulturgeschichte des Menschen (vgl. *REFA*, 1984, S. 21 ff.). Ihre Aufgabe besteht in der Sammlung und Aufbereitung historischer Daten und Fakten über den arbeitenden Menschen und in der Analyse des historischen Materials im Hinblick auf aktuelle Fragestellungen der Arbeitswissenschaft. Die historische Betrachtung der menschlichen Arbeit berücksichtigt vor allem philosophische, soziologische, rechtliche, politische, technologische und wirtschaftliche Aspekte.

Gerade die Arbeitsgeschichte verdeutlicht den eingangs erwähnten **übergreifenden, interdisziplinären Charakter der Arbeitswissenschaft**. Die Arbeitswissenschaft ist heute zu einer echten **Interdisziplin** herangewachsen, die in der Lage ist,

- Widersprüche zwischen den Einzelaussagen verschiedener Wissenschaften aufzudecken,
- Lücken, welche bei der Verschmelzung unterschiedlicher Theorien entstehen, durch weiterführende Forschungen zu beseitigen,
- neue Erkenntnisse zu gewinnen, die sich keiner Einzeldisziplin mehr zuordnen lassen,
- die teilweise noch erheblichen Differenzen zwischen Forschung und Praxis abzubauen.

1.1.4 Gegenstände der produktionswirtschaftlichen Personalwirtschaft

Die **Arbeitswissenschaft** hat ihren Ausgang im wesentlichen im ingenieurwissenschaftlichen Bereich genommen, weist aber infolge der weitgehenden Identität des Erkenntnisobjektes **beträchtliche Überschneidungen zur betriebswirtschaftlichen Personalwirtschaft** auf. Erkenntnisobjekt beider Disziplinen ist die menschliche Arbeit in Unternehmungen; zentrales Problem der Arbeitswissenschaft wie auch der Personalwirtschaft ist es, unternehmerische und individuelle Ziele in Einklang zu bringen.

Die Arbeitswissenschaft, speziell das Arbeitsstudium, stellt in vielen Bereichen eine der wichtigsten Grundlagen der Personalwirtschaft dar. Tätigkeiten der Personalbedarfsermittlung und -beschaffung, des Personaleinsatzes sowie der Personalentwicklung, -erhaltung und ggf. -freisetzung sind ohne Nutzung der Erkenntnisse der Arbeitssystemgestaltung, der Arbeitszeit- und Arbeitswertstudien sowie der arbeitswissenschaftlichen Entlohnungsgestaltung nicht sinnvoll durchführbar. Schaubild VII.6 verdeutlicht die Beziehungen zwischen Arbeitswissenschaft und Personalwirtschaft.

Das Arbeitsstudium stellt gerade auch für die **Personalwirtschaft im Rahmen der industriellen Produktionswirtschaft** eine zentrale Grundlage dar. Die folgende Diskussion der **Personalwirtschaft im Rahmen der Produktion** soll daher in besonderer Weise auf die Erkenntnisse des Arbeitsstudiums Bezug nehmen und sich in ihrer Struktur an den Teilkomplexen des Arbeitsstudiums

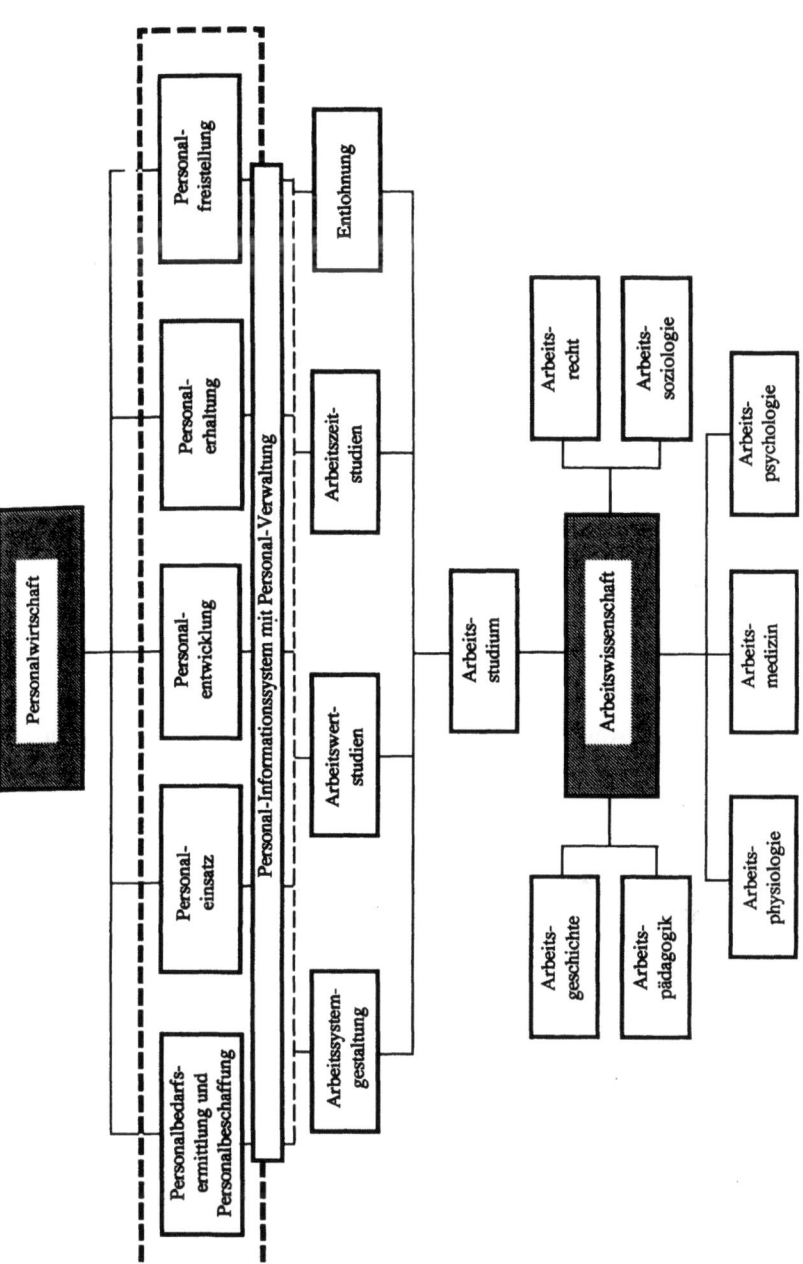

Schaubild VII.6. Beziehungen zwischen Arbeitswissenschaft und Personalwirtschaft

orientieren. Hierbei sollen im folgenden primär die Führungsaufgaben im Zusammenhang mit der Personalwirtschaft – im Sinne des Personalmanagement – betrachtet werden. In den weiteren Kapiteln dieses Teils soll daher auf **folgende Problemkreise näher eingegangen** werden:

- Die **Arbeitssystemgestaltung** ist ein Kerngebiet der Personalwirtschaft im Rahmen der Produktion. Sie befaßt sich primär mit den Fragen der Arbeitsplatz- und Betriebsmittelgestaltung sowie der Arbeitsfeldgestaltung in der Produktion aus individueller und gruppenbezogener Sicht.
- Ein weiteres Kerngebiet der produktionswirtschaftlichen Personalwirtschaft ist die **Arbeitszeitgestaltung**. Sie befaßt sich mit den Gestaltungsmöglichkeiten der individuellen Arbeitszeit sowie der Betriebszeit.
- Die **Arbeitsentgeltgestaltung und die Gestaltung sonstiger Arbeitsanreize** vervollständigt die Kernaufgaben der Personalwirtschaft aus Sicht der industriellen Produktionswirtschaft. Hier geht es um Fragen der anforderungs-, leistungs-, zeit-, qualifikations- und sozialorientierten Entlohnung, der Gestaltung von Erfolgsbeteiligungen sowie der Gestaltung des betrieblichen Vorschlagwesens.
- Das **Personal-Informationssystem** einer Unternehmung stellt die informatorische Basis auch für die Personalwirtschaft im Rahmen der Produktion dar und soll daher in der produktionswirtschaftlichen Personalwirtschaft behandelt werden.

Den weiteren Ausführungen vorangestellt werden eine Darstellung der wichtigsten **rechtlichen Rahmenbedingungen der Personalwirtschaft** – als für alle personalwirtschaftlichen Teilgebiete übergreifend relevante Gestaltungsdeterminanten – sowie eine Darstellung der Aufgaben der **Personalplanung** als Basis unternehmerischer Personalwirtschaft.

1.2 Rechtliche Rahmenbedingungen der Personalwirtschaft

1.2.1 Grundlagen des Arbeitsrechts

Der rechtliche Gestaltungsrahmen der Personalwirtschaft wird entscheidend durch das Arbeitsrecht geprägt. Das **Arbeitsrecht** ist das Sonderrecht für die Personen, die fremdbestimmte bzw. unselbständige Arbeit leisten – man bezeichnet diese Personen als Arbeitnehmer. Entscheidend für die Arbeitnehmereigenschaft ist nicht eine wirtschaftliche Abhängigkeit, sondern die prinzipielle Abhängigkeit einer Person vom Arbeitgeber – der Person, in dessen Dienst der Arbeitnehmer steht – im Hinblick auf Art, Inhalt und Erfüllungsweise der eigenen Tätigkeit. Dies ist z. B. bei der Einbeziehung in eine fremde, arbeitsteilige Unternehmung gegeben (vgl. *Hueck/Nipperdey*, 1968, S. 3; *Söllner*, 1987, S. 1 und S. 17 ff.).

Das Arbeitsrecht regelt die Beziehungen zwischen Arbeitnehmer und Arbeitgeber. Das heutige Arbeitsrecht ist dabei in vielen Teilbereichen nur aus seiner **historische Entwicklung** heraus zu verstehen (vgl. zum folgenden *Söllner*, 1987, S. 10 ff.):

- Die **eigentliche Entstehung des Arbeitsrechts** in Deutschland kann dem **19. und beginnenden 20. Jahrhundert** zugeordnet werden. Kern des Arbeitsrechts waren erste Regelungen über den Arbeitsschutz (z. B. von Kindern und Jugendlichen), die Errichtung der Sozialversicherung, die dem Arbeitnehmer eine Existenzsicherung bei Krankheit, Unfall und Invalidität sowie eine Altersversorgung gewährte, sowie die erstmalige Regelung des Koalitions- und Tarifvertragsrechts.
- Die **Zeit zwischen 1918 und 1933** war eine Periode der **umfassenden Entfaltung** des Arbeitsrechts. Die Weiterentwicklung des Tarifvertragsrechts – aufbauend auf der in der Weimarer Verfassung garantierten Koalitionsfreiheit –, die Arbeitszeitregelung (grundsätzliche Einführung des Achtstundentages), das Betriebsrätegesetz, das Arbeitsgerichtsgesetz, die Regelung der Erwerbslosenfürsorge u.a. trugen hierzu maßgeblich bei.
- Die **Zeit zwischen 1933 und 1945** stellte eine Zäsur in der Entwicklung des Arbeitsrechts dar. Durch die nationalsozialistische Gesetzgebung wurden die meisten der zuvor erlassenen arbeitsrechtlichen Regelungen aufgehoben oder ersetzt. An die Stelle von Tarifverträgen traten staatlich festgelegte Tarifordnungen und an die Stelle des Betriebsrats sogenannte Vertrauensräte. Gewerkschaften wurden aufgelöst und durch die „Deutsche Arbeitsfront" als politische Einheitsorganisation von Arbeitnehmern und Arbeitgebern ersetzt.
- **Nach 1945** wurde im Prinzip die **Entwicklung der zwanziger Jahre fortgesetzt**, wobei insbesondere die Unabhängigkeit der Sozialpartner betont wurde, wesentliche das Arbeitsverhältnis betreffende Regelungen in Eigenverantwortung zu bestimmen.

In der Bundesrepublik Deutschland liegt gegenwärtig keine geschlossene Kodifikation des Arbeitsrechts vor. Die **Quellen des Arbeitsrechts** reichen von internationalem Recht über Verfassungsrecht und einfache Gesetze bis hin zu Rechtsordnungen sowie Verwaltungsrichtlinien. Schaubild VII.7 zeigt die wichtigsten arbeitsrechtlichen Bestimmungen in der Bundesrepublik Deutschland im Überblick.

Aus Sicht der betriebswirtschaftlichen Personalwirtschaft sind im Rahmen des Arbeitsrechts vor allem die Regelungen des Kollektiv- und Individualvertragsrechts im Hinblick auf **Tarifverträge, Betriebsvereinbarungen und Arbeitsverträge** als **rechtsetzende vertragliche Vereinbarungen** von besonderer Bedeutung. Dies gilt ebenfalls für das **Betriebsverfassungsrecht**, das vor allem die **betriebliche Mitbestimmung der Arbeitnehmer und Arbeitnehmervertreter** in Unternehmungen regelt. Schaubild VII.8 zeigt diese Bestimmungen in ihrer Verknüpfung zu weiteren, ausgewählten arbeitsrechtlichen Regelungen.

1. Recht des Arbeitsvertrages und Arbeitsverhältnisses
- Bürgerliches Gesetzbuch
- Beschäftigungsförderungsgesetz 1985
- Handelsgesetzbuch
- Gewerbeordnung
- Seemannsgesetze vom 26.7.1957 (m. spät. Änd.)
- Handwerksordnung i.d.F. vom 28.12.1965 (m. spät. Änd.)
- Gesetz zur Verbesserung der betrieblichen Altersversorgung
- Gesetz über Arbeitnehmererfindungen
- Gesetz über die Fristen für die Kündigung von Angestellten vom 9.7.1926
- Kündigungsschutzgesetz
- Hochschulrahmengesetz
- Gesetz über befristete Arbeitsverträge mit wissenschaftlichem Personal an Forschungseinrichtungen
- Gesetz zur Regelung der Lohnzahlung an Feiertagen
- Bundesurlaubsgesetz
- Arbeitsplatzschutzgesetz

2. Arbeitsschutzrecht
- Gewerbeordnung
- Zivilprozeßordnung (Lohnpfändung)
- Arbeitszeitordnung
- Mutterschutzgesetz
- Jugendarbeitsschutzgesetz
- Schwerbehindertengesetz
- Heimarbeitsgesetz
- Erziehungsgeldgesetz

3. Arbeitslosenversicherung, Arbeitsvermittlung, Arbeitsbeschaffung
- Arbeitsförderungsgesetz vom 25.6.1969 (m. spät. Änd.)

4. Berufsausbildung und Ausbildungsförderung
- Berufsbildungsgesetz
- Berufsausbildungsförderungsgesetz
- Bundesausbildungsförderungsgesetz
- Arbeitsförderungsgesetz
- Bildungsurlaubsgesetze der Länder

5. Arbeitsgerichtsbarkeit
- Arbeitsgerichtsgesetz i.d.F. vom 2.7.1979

6. Tarif- und Schlichtungsrecht
- Tarifvertragsgesetz i.d.F. vom 25.8.1969

7. Betriebs-, Personal- und Unternehmungsverfassung
- Betriebsverfassungsgesetz 1952
- Betriebsverfassungsgesetz vom 15.1.1972
- Mitbestimmungsgesetz vom 4.5.1976
- Montan-Mitbestimmungsgesetz vom 21.5.1951
- Mitbestimmungsergänzungsgesetz vom 7.8.1956

Schaubild VII.7. Die wichtigsten arbeitsrechtlichen Bestimmungen in der Bundesrepublik Deutschland im Überblick (vgl. *Schaub*, 1987, S. 12 f.)

Grundfragen der Personalwirtschaft 25

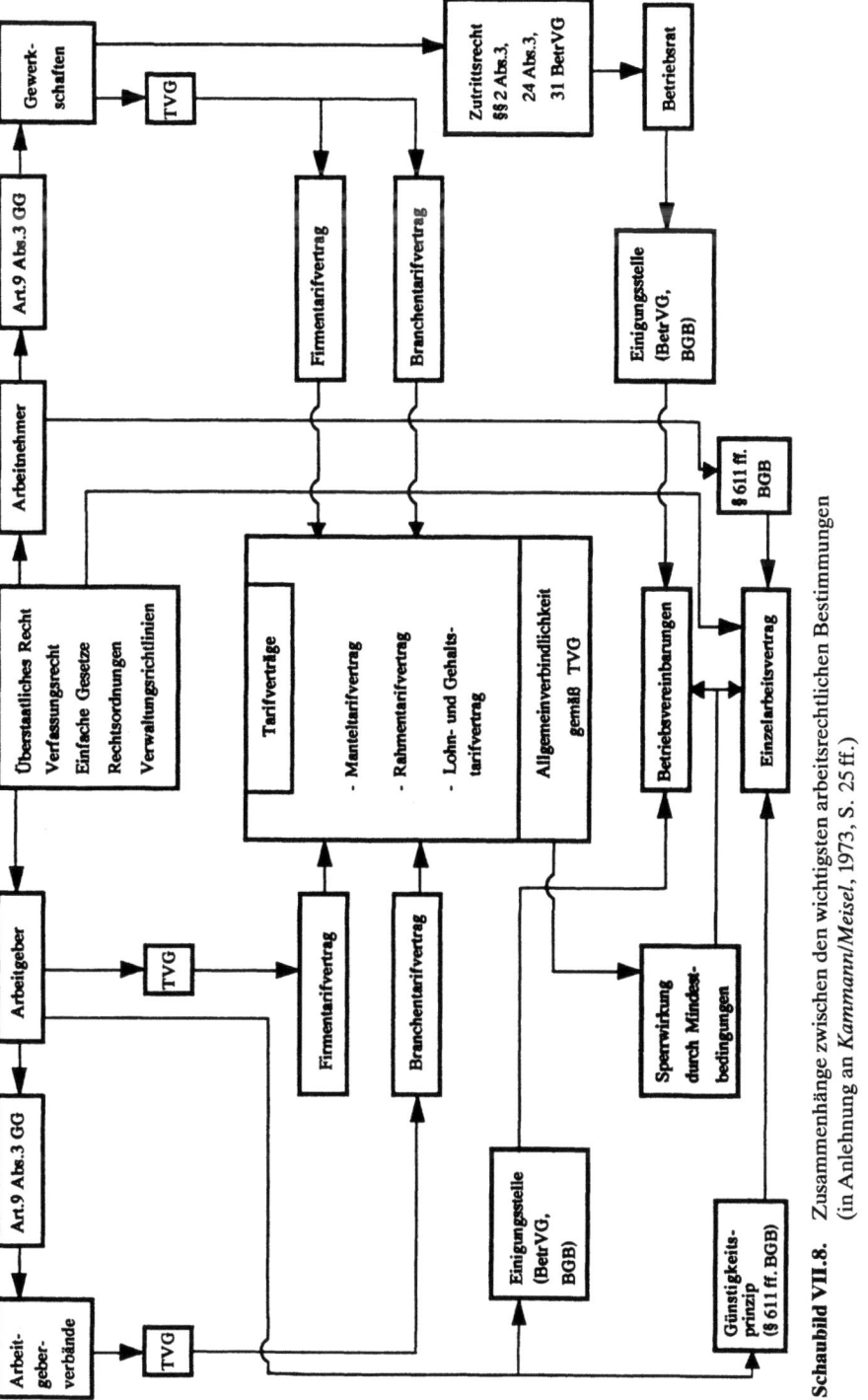

Schaubild VII.8. Zusammenhänge zwischen den wichtigsten arbeitsrechtlichen Bestimmungen (in Anlehnung an *Kammann/Meisel*, 1973, S. 25 ff.)

1.2.2 Rechtsetzende vertragliche Vereinbarungen

1.2.2.1 Tarifvertrag

Unter einem **Tarifvertrag** versteht man einen schriftlichen Vertrag zwischen einem oder mehreren Arbeitgebern oder auch Arbeitgeberverbänden und einer oder mehreren Gewerkschaften, der im Kern zwei Arten von Regelungen enthält (vgl. *Hueck/Nipperdey*, 1968, S. 191; *Söllner*, 1987, S. 119 ff.):

- Schuldrechtliche Bestimmungen, die im **schuldrechtlichen Teil** eines Tarifvertrages definiert werden;
- Normative Bestimmungen, die im **normativen Teil** eines Tarifvertrages geregelt werden.

Im **schuldrechtlichen Teil** eines Tarifvertrags sind alle jene Bestimmungen enthalten, die die arbeitsrechtlichen **Rechte und Pflichten der Tarifvertragsparteien untereinander**, nicht aber ihrer einzelnen Mitglieder, d. h. Arbeitnehmer und Arbeitgeber, regeln. Die wichtigsten schuldrechtlichen Bestimmungen sind die **Einwirkungspflicht**, durch die die Tarifvertragsparteien gegenseitig verpflichtet werden, ihre Mitglieder zur Vertragstreue anzuhalten, sowie die **Friedenspflicht**, durch die die Parteien verpflichtet werden, während der Laufzeit eines Tarifvertrages auf Kampfmaßnahmen zur Durchsetzung tariflich geregelter Fragen (relative Friedenspflicht) oder grundsätzlich auf jegliche Kampfmaßnahmen (absolute Friedenspflicht) zu verzichten. Diese beiden Pflichten sind dem Tarifvertrag immanent und brauchen nicht ausdrücklich begründet zu werden. Darüber hinaus können weitere Pflichten durch ausdrückliche Vereinbarung begründet werden (vgl. *Söllner*, 1987, S. 136 f.).

Der **normative Teil** erfüllt i.d.R. den eigentlichen Zweck eines Tarifvertrages. Er dient der **Schaffung von Rechtsnormen**, die materielle Gesetzeskraft und – im Gegensatz zum schuldrechtlichen Teil – direkte Rechtswirkung für die Mitglieder der Tarifvertragsparteien haben. Im einzelnen können folgende Typen derartiger Rechtsnormen unterschieden werden (vgl. *Grossmann/Schneider*, 1974, S. 194 f.):

- Inhaltsnormen,
- Abschlußnormen,
- Normen über betriebliche Fragen,
- Normen über betriebsverfassungsrechtliche Fragen,
- Normen über gemeinsame Einrichtungen der Tarifparteien.

Die **Inhaltsnormen** regeln den Inhalt der Arbeitsverhältnisse, insbesondere im Hinblick auf Löhne und Gehälter, Sozialleistungen, Arbeitszeit, Urlaub sowie Kündigung. Die **Abschlußnormen** stellen Vorschriften über die Begründung von Arbeitsverhältnissen dar und enthalten u.a. Formvorschriften, Abschlußge- und -verbote sowie Wiedereinstellungspflichten, z. B. nach Arbeitskämpfen. Die **Normen über betriebliche Fragen** beziehen sich auf die Gesamtheit oder auf Teile der Belegschaft und betreffen insbesondere Angelegenheiten des Arbeitsschutzes, Kontroll- und Disziplinarmaßnahmen usw. Die **Normen über betriebsverfassungsrechtliche Fragen** umfassen Ausführungsbestimmungen zur Mitbestimmungsgesetzgebung und können u.a. Erweiterungen der Mitbestimmung des Betriebsrates in sozialen Angelegenheiten gemäß § 87 BetrVG festlegen. Die **Normen über gemeinsame Einrichtungen** der Tarifvertragsparteien regeln Fragen wie Urlaubskasse, Ausbildungsstätten, Wohlfahrtseinrichtungen u.a. mehr.

In Abhängigkeit von der zeitlichen und inhaltlichen Reichweite dieser Normen sind Manteltarifverträge, Rahmentarifverträge (Lohnrahmenabkommen) und Lohn- und Gehaltstarifverträge (Lohnabkommen) zu unterscheiden. **Manteltarifverträge** betreffen die allgemeinen, relativ langfristig gültigen Bedingungen der Arbeitsverhältnisse (z.B. Grundanforderungen an Lohn- und Gehaltsregelung, Arbeitszeit, Urlaub usw.). In den **Rahmentarifverträgen** werden z.B. die Lohn- und Gehaltsgruppen sowie die allgemeinen Bedingungen und Verfahren der Lohnermittlung definiert. **Lohn- und Gehaltstarifverträge** werden heute meist jährlich zur Fixierung der absoluten Entgelthöhe abgeschlossen (Gehaltshöhe, Stundenlöhne, Zulagen, Akkordzuschläge usw.). Daneben finden sich **Tarifverträge zu speziellen Sachbereichen** wie z.B. Rationalisierungsschutzabkommen, Tarifverträge über vermögenswirksame Leistungen usw.

Tarifvertragsparteien sind dabei i.d.R. die jeweils sachlich und räumlich zuständigen Fach- bzw. Einzelgewerkschaften sowie die entsprechenden Arbeitgeberverbände oder auch einzelne Arbeitgeber (Firmentarifverträge). Kennzeichnend für den zwischen diesen Parteien abgeschlossenen Tarifvertrag ist, daß es sich bei diesem um einen **privatrechtlichen Kollektivvertrag** (§§ 145 ff. BGB i.V. mit dem Tarifgesetz – TVG –) handelt. Die Regelungen des Tarifvertrages erfassen die Tarifvertragsparteien sowie – hinsichtlich ihres normativen Teils – kraft der Drittwirkung von Tarifverträgen die Mitglieder der jeweils tarifvertragschließenden Gewerkschaft und des jeweiligen Arbeitgeberverbandes.

Neben dem fachlichen und regionalen Geltungsbereich zeichnen sich Tarifverträge durch einen bestimmten **personellen Geltungsbereich** aus, durch den die Arbeitnehmer bestimmt werden, für die ein Tarifvertrag gelten soll. Dabei ist die Abgrenzung von tarifgebundenen Arbeitnehmern zu nicht tarifgebundenen, d.h. außertariflichen Arbeitnehmern und leitenden Angestellten von besonderer Bedeutung.

Die **Arbeitsverhältnisse der tarifgebundenen Arbeitnehmer** werden unmittelbar und zwingend von den Tarifnormen erfaßt und so ausgestaltet, wie es dem Tarifvertrag entspricht (Prinzip der **Unmittelbarkeit**). Die Tarifvertragsnormen sind dabei jedoch Mindestbedingungen, die es den Arbeitsvertragsparteien freistellen, für den Arbeitnehmer günstigere Arbeitsbedingungen zu vereinbaren, als im Tarifvertrag vorgesehen (**Günstigkeitsprinzip**) (vgl. *Hueck/Nipperdey*, 1968, S. 195; *Remppel*, 1968, S. 5ff.; *Löwisch*, 1975, Sp. 1931; *Söllner*, 1987, S. 139). Die Aufrechterhaltung oder Neuvereinbarung von Arbeitsbedingungen, die zum Nachteil der tarifgebundenen Arbeitnehmer von den Mindestbedingungen des Tarifvertrages abweichen, ist nur dann möglich, wenn dies vom Tarifvertrag gestattet wird (Prinzip der **Unabdingbarkeit**). Auch kann ein Arbeitnehmer nicht wirksam auf entstandene tarifvertragliche Rechte verzichten (vgl. *Löwisch*, 1975, Sp. 1931).

Ein tarifgebundener Arbeitgeber ist aufgrund des Tarifvertrages nicht verpflichtet, die tarifvertraglichen Regelungen auf **nicht tarifgebundene Arbeitnehmer** anzuwenden. Der Arbeitgeber kann diese Regelungen jedoch freiwillig auch für diese Arbeitnehmer übernehmen. Lediglich tarifliche Regelungen über betriebliche und betriebsverfassungsrechtliche Fragen gelten aus Praktikabilitätsgründen grundsätzlich für alle Arbeitnehmer des tarifgebundenen Arbeitgebers.

1.2.2.2 Betriebsvereinbarung

Unter einer **Betriebsvereinbarung**, die Richardi treffend als „die kleine Schwester des Tarifvertrags" bezeichnet (*Richardi*, 1975, Sp. 716), versteht man einen „schriftlichen Vertrag, der für den Betrieb zwischen dem Arbeitgeber und dem Betriebsrat im Rahmen seines Aufgabenbereichs für die von ihm repräsentierte Belegschaft zur Festsetzung von Rechtsnormen über den Inhalt, den Abschluß und die Beendigung von Arbeitsverhältnissen sowie über betriebliche und betriebsverfassungsrechtliche Fragen geschlossen wird" (*Hueck/Nipperdey*, 1968, S. 327).

Die Betriebsvereinbarung ist zu unterscheiden von der formlosen **Betriebsabsprache**, die häufig auch als betriebliche Einigung oder Regelungsabrede bezeichnet wird, und im Gegensatz zur Betriebsvereinbarung keine normative Wirkung besitzt. Weiterhin ist die Betriebsvereinbarung zu unterscheiden von **arbeitsvertraglichen Einheitsregelungen, Gesamtzusagen des Arbeitgebers bzw. Allgemeinen Arbeitsbedingungen** in einer Unternehmung. Diese werden ebenfalls formlos festgelegt und zudem nicht mit dem Betriebsrat ausgehandelt. Sie erhalten nur dann rechtsverbindlichen Charakter, wenn sie Bestandteile von Einzelarbeitsverträgen werden oder nach den Grundsätzen der Vertrauenshaftung zu einer rechtlichen Bindung des Arbeitgebers führen (vgl. *Richardi*, 1975, Sp. 715).

Gegenstand von Betriebsvereinbarungen können grundsätzlich alle Angelegenheiten einer Unternehmung sein, für die der Betriebsrat zuständig ist. Ausgehend von ihrer Anspruchsgrundlage lassen sich erzwingbare und freiwillige Betriebsvereinbarungen unterscheiden.

- **Erzwingbar** sind **Betriebsvereinbarungen** dann, wenn sie einen Gegenstand betreffen, der zwingenden Mitbestimmungsrechten des Betriebsrates unterliegt. Hierbei sind in erster Linie die formellen Arbeitsbedingungen gemäß § 87 BetrVG (z.B. Betriebsordnung, Urlaubspläne, Entlohnungsgrundsätze), die materiellen Arbeitsbedingungen gemäß § 91 BetrVG (z.B. Arbeitsplatzgestaltung, Arbeitsablauf, Arbeitsumgebung) sowie die Auswahlrichtlinien bezüglich Einstellungen, Versetzungen, Umgruppierungen und Kündigungen gemäß § 95 BetrVG zu nennen.
- Objekte **freiwilliger Betriebsvereinbarungen** sind demgegenüber in erster Linie formelle und materielle Arbeitsbedingungen gemäß § 88 BetrVG

(z. B. zusätzliche Maßnahmen zur Verhütung von Arbeitsunfällen und Gesundheitsschädigungen sowie zur Förderung der Vermögensbildung, die Errichtung von Sozialeinrichtungen u.a.).

Der Bereich der durch Betriebsvereinbarungen gestaltungsfähigen Sachverhalte wird begrenzt durch die **Sperrwirkung von Gesetzen und Tarifverträgen**. Diese Sperrwirkung besagt insbesondere, daß Arbeitsentgelte und Arbeitsbedingungen, die bereits durch Tarifvertrag geregelt sind oder üblicherweise durch diese geregelt werden, nicht Gegenstand von Betriebsvereinbarungen sein können. Hiermit liegt im Prinzip eine Durchbrechung des allgemeinen Günstigkeitsprinzips vor. Möglich ist jedoch eine sogenannte **Öffnungsklausel** in Tarifverträgen, die Regelungen durch Betriebsvereinbarungen ausdrücklich zuläßt.

Die **Rechtswirkung der Betriebsvereinbarungen** ist unmittelbar und zwingend. Allerdings gilt auch für Betriebsvereinbarungen im Hinblick auf Einzelarbeitsverträge grundsätzlich das Günstigkeitsprinzip. Danach kann durch Einzelarbeitsvertrag zugunsten eines Arbeitnehmers von Betriebsvereinbarungen abgewichen werden. Eine Ausnahme bilden hierbei solche Betriebsvereinbarungen, die Fragen der betrieblichen Ordnung regeln. Sie werden als günstigkeitsneutral betrachtet (vgl. *Richardi*, 1975, Sp. 718).

1.2.2.3 Arbeitsvertrag

Unter einem **Arbeitsvertrag** versteht man einen schuldrechtlichen Vertrag, durch den sich einerseits der **Arbeitnehmer** zur Einordnung, d. h. zur Übernahme einer bestimmten Funktion innerhalb eines fremden Arbeits- oder Lebensbereichs, verpflichtet, und sich andererseits der **Arbeitgeber** zur Leistung einer Vergütung verpflichtet (vgl. *Wiese*, 1975, Sp. 395). Der Inhalt von Arbeitsverträgen bezieht sich dementsprechend im wesentlichen auf folgende Komplexe (vgl. *Grossmann/Schneider*, 1974, S. 58 ff.; *Söllner*, 1987, S. 254 ff. und 260 ff.):

- Arbeits- und Treuepflicht des Arbeitnehmers,
- Entlohnungs- und Fürsorgepflicht des Arbeitgebers.

Der in diesem Sinne interpretierte **entgeltliche Arbeitsvertrag** stellt eine Unterart des **Dienstvertrages** gemäß § 611 BGB dar, unterscheidet sich jedoch von diesem dadurch, daß der zur Dienstleistung Verpflichtete seinen Tätigkeitsablauf und seine Arbeitszeit im wesentlichen frei bestimmen kann, während dies beim Arbeitsvertrag üblicherweise nicht der Fall ist. Vom **Gesellschaftsvertrag** gemäß § 705 BGB unterscheidet sich der Arbeitsvertrag dadurch, daß in ihm notwendigerweise ein Über-/ Unterordnungsverhältnis zwischen Arbeitgeber und Arbeitnehmer festgeschrieben ist, während der Gesellschaftsvertrag von einem Gleichordnungsverhältnis zwischen den Gesellschaftern ausgeht. Vom **Werkvertrag** gemäß § 631 BGB unterscheidet sich der Arbeitsvertrag schließlich dadurch, daß der Arbeitnehmer sich im

Arbeitsvertrag lediglich verpflichtet, tätig zu werden, ohne daß wie im Werkvertrag die Gegenleistung des Arbeitgebers vom herbeizuführenden Erfolg des Tätigwerdens abhängig gemacht wird (vgl. *Hueck/Nipperdey*, 1968, S. 43 ff.; *Wiese*, 1975, Sp. 395).

Formvorschriften bezüglich des Abschlusses eines Arbeitsvertrages existieren im Unterschied zum Tarifvertrag und zur Betriebsvereinbarung nicht. Der Arbeitsvertrag kann mündlich, schriftlich und sogar durch konkludentes Verhalten der Vertragspartner abgeschlossen werden. Vertragspartner können dabei auf der Seite der Arbeitgeber jede vertretungsberechtigte natürliche oder juristische Person oder Personengesamtheit und auf der Seite der Arbeitnehmer nur natürliche Personen sein. **Voraussetzung für einen wirksamen Vertragsabschluß** ist lediglich die Geschäftsfähigkeit der Vertragspartner sowie bei Unternehmungen mit mehr als 20 Arbeitnehmern die Zustimmung des Betriebsrats, die dieser nur aus den in § 99 Abs. 2 BetrVG bestimmten Gründen verweigern kann. Eine Zustimmung des Arbeitsamtes sowie die Vorlage von Arbeitspapieren sind – außer bei ausländischen Arbeitnehmern – grundsätzlich nicht erforderlich (vgl. *Wiese*, 1975, Sp. 296 ff.; *Grossmann/Schneider*, 1974, S. 46 ff.).

Ein auf unbestimmte Zeit eingegangener Arbeitsvertrag kann durch **Kündigung** fristgerecht aufgelöst oder durch einen Aufhebungsvertrag jederzeit beendet werden. Für die arbeitgeberseitige Kündigung des Arbeitsvertrages sind Kündigungsschutzvorschriften zu beachten, die die Arbeitnehmer gemäß Kündigungsschutzgesetz vor sozial ungerechtfertigten Kündigungen schützen sollen. Eine wirksame Kündigung setzt darüber hinaus die Zustimmung des Betriebsrats voraus, die dieser nur aus den in § 102 BetrVG bestimmten Gründen verweigern kann. Im Streitfall entscheidet hier das Arbeitsgericht.

1.2.3 Betriebliche Mitbestimmung der Arbeitnehmer und Arbeitnehmervertreter

1.2.3.1 Grundsätzliches zur Mitbestimmung in Unternehmungen

Neben diesen rechtsetzenden vertraglichen Vereinbarungen stellt die Mitbestimmung der Arbeitnehmer und Arbeitnehmervertreter die personalwirtschaftlich bedeutsamste rechtliche Rahmenbedingung dar (vgl. allgemein zur Mitbestimmung *Richardi*, 1992, Sp. 1419 ff.).

Mitbestimmung kann allgemein verstanden werden als die Beteiligung der Arbeitnehmer und Arbeitnehmervertreter an Entscheidungsprozessen oder allgemeiner an Führungsprozessen in Unternehmungen (vgl. *Hahn*, 1992b, S. 560). Mitbestimmung ist heute eine Form der Partizipation, die sich durch ihre gesetzliche Legitimierung und Formalisierung auszeichnet (vgl. *Hentze/Brose*, 1985, S. 45 ff.). In der Bundesrepublik Deutschland können vornehmlich drei Gruppen der **gesetzlichen Regelung der Mitbestimmung** differenziert werden:

- **Betriebsverfassungsgesetz** 1952/1972 (BetrVG);
- **Montanmitbestimmungsgesetze**, vor allem das Gesetz über die Mitbestimmung der Arbeitnehmer in den Aufsichtsräten und Vorständen der Unternehmen des Bergbaus und der Eisen und Stahl erzeugenden Industrie von 1951 (MontanMitbestG), das Montanmitbestimmungs-Ergänzungsgesetz 1956/1967, das Montanmitbestimmungs-Fortgeltungsgesetz 1971 sowie die Änderung des Montanmitbestimmungs-Ergänzungsgesetzes von 1988;
- **Mitbestimmungsgesetz** 1976 (Gesetz über die Mitbestimmung der Arbeitnehmer – MitbestG).

Durch diese gesetzlichen Regelungen werden Mitbestimmungsmöglichkeiten der Arbeitnehmer und Arbeitnehmervertreter definiert, die generell in den folgenden **Intensitätsformen** auftreten können (vgl. *Alewell/Hahn*, 1972, S. 882 f.). Schaubild VII.9 verdeutlicht das Verhältnis dieser Mitbestimmungsformen zum Führungsprozeß.

- **Informationsrechte**: Hierzu zählen Rechte, über bestimmte Sachverhalte informiert zu werden (passive Informationsrechte) sowie Rechte, sich über derartige Sachverhalte selbst zu informieren (aktive Informationsrechte).
- **Äußerungsrechte**: Hierzu zählen Initiativ- und Vorschlagsrechte sowie Anhörungsrechte und Beratungsrechte, die keinen formal gesicherten Ein-

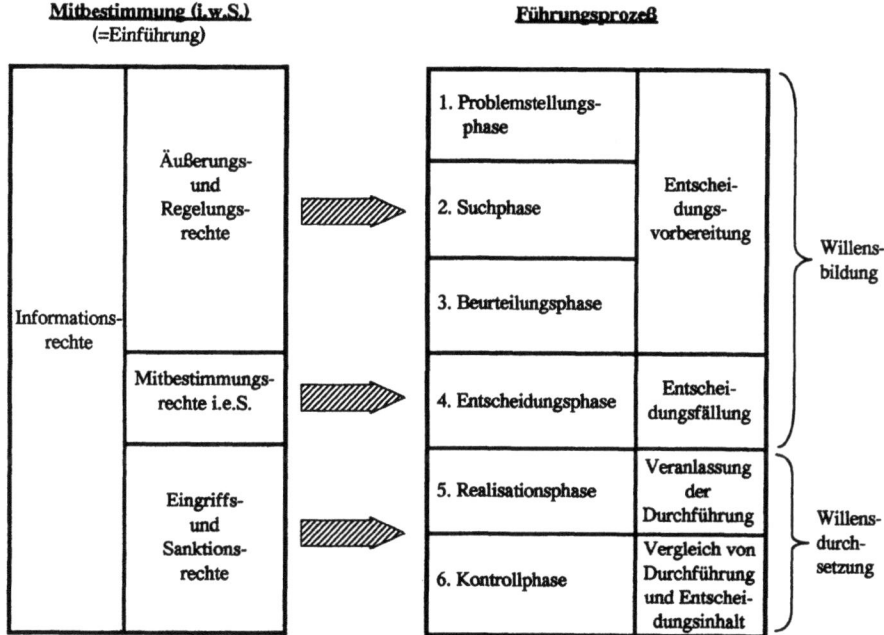

Schaubild VII.9. Formen der Mitbestimmung und Führungsprozeß
(vgl. *Alewell/Hahn*, 1972, S. 883)

fluß auf Entscheidungsergebnisse gewähren, jedoch vielfach faktisch eine Einwirkung ermöglichen.
- **Regelungsrechte**: Hierzu zählen Rechte auf die Mitbestimmung bei Verfahrensregelungen und bei der Festlegung von Richtlinien für Entscheidungskriterien. Regelungsrechte gewähren somit mittelbare, Entscheidungsprozesse normierende Rechte ohne aber unmittelbare Einwirkungsrechte auf den einzelnen Entscheidungsprozeß zu begründen.
- **Mitbestimmungsrechte i. e. S.**: Hierzu zählen Widerspruchsrechte, Zustimmungsrechte sowie Mitentscheidungsrechte, deren Bestehen dazu führt, daß rechtsgültige Entscheidungen nur zustande bzw. zum Tragen kommen, wenn die Mitbestimmungsberechtigten unmittelbar an der einzelnen Entscheidung beteiligt waren, ihr zustimmen oder ihr nicht widersprechen.
- **Eingriffs- und Sanktionsrechte**: Hierzu zählen Rechte, die den Mitbestimmungsberechtigten einen Eingriff in die Durchführung getroffener Führungsentscheidungen oder bestimmte Sanktionsmöglichkeiten zubilligen.

In Abhängigkeit vom jeweiligen Ansatzpunkt dieser Mitbestimmungsrechte können grundsätzlich zwei **Ebenen der Mitbestimmung** unterschieden werden (vgl. z. B. *Hentze/Brose*, 1985, S. 39 ff.; *Drumm*, 1989, S. 19 ff. sowie Schaubild VII.10):

- **Mitbestimmung auf Unternehmungsebene** (unternehmerische Mitbestimmung): Hierbei handelt es sich vor allem um die Mitbestimmung der Arbeitnehmer und Arbeitnehmervertreter in den obersten Führungsgremien bestimmter Unternehmungen durch Beteiligung an den unternehmerischen Führungsaufgaben dieser Gremien. Die unternehmerische Mitbe-

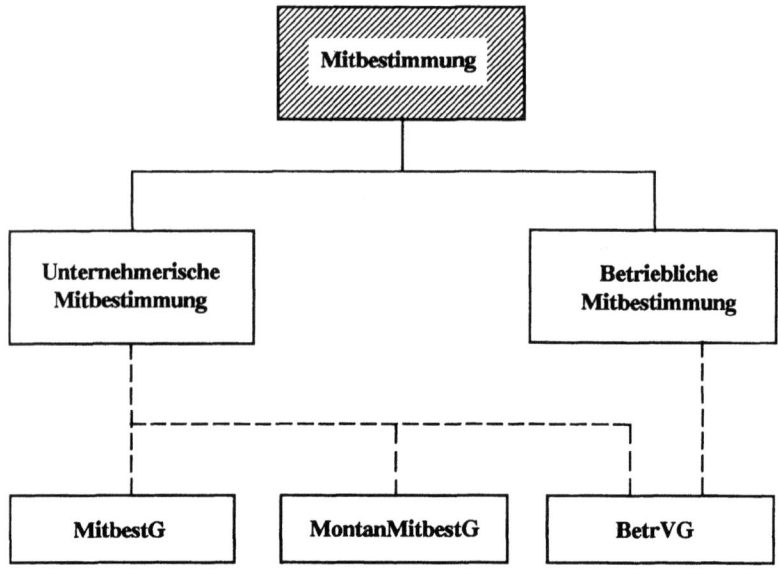

Schaubild VII.10. Ebenen der Mitbestimmung und ihre gesetzlichen Grundlagen

stimmung wird durch das Betriebsverfassungsgesetz (1952/1972) sowie speziell das Montanmitbestimmungsgesetz (1951) und das Mitbestimmungsgesetz (1976) geregelt.
- **Mitbestimmung auf Betriebsebene** (betriebliche Mitbestimmung): Hierbei handelt es sich um die Mitbestimmung der Arbeitnehmer und Arbeitnehmervertreter im Hinblick auf abgegrenzte soziale, personelle und organisatorische Fragestellungen des Arbeitsvollzuges innerhalb eines Betriebes. Die betriebliche Mitbestimmung wird im Kern durch das Betriebsverfassungsgesetz (1952/1972) geregelt.

Die unternehmerische Mitbestimmung berührt die Personalwirtschaft grundsätzlich nur indirekt im Hinblick auf personalwirtschaftliche Grundsatzfragen sowie den für Personalaufgaben Zuständigen im obersten Führungsgremium einer Unternehmung. **Personalwirtschaftlich bedeutsam sind deshalb vor allem Fragen der betrieblichen Mitbestimmung** (vgl. auch *Drumm*, 1989, S. 21).

1.2.3.2 Mitbestimmungsrechte im Rahmen der betrieblichen Mitbestimmung

Die Mitbestimmungsrechte auf Betriebsebene (betriebliche Mitbestimmung) sind im Kern im **Betriebsverfassungsgesetz von 1972** (BetrVG) geregelt. Das Betriebsverfassungsgesetz sieht zum einen Mitbestimmungsrechte der einzelnen Arbeitnehmer, zum anderen Mitbestimmungsrechte der Arbeitnehmervertreter vor.

Mitbestimmungsrechte der einzelnen Arbeitnehmer umfassen im wesentlichen Informations- und Äußerungsrechte. Hierzu zählen:

- Die **Unterrichtungs- und Erörterungspflicht** des Arbeitgebers gegenüber dem Arbeitnehmer über dessen Aufgaben und Verantwortlichkeiten sowie über die Art seiner Tätigkeit und ihre Einordnung in den Arbeitsablauf des Betriebes (§ 81 BetrVG). Der Arbeitnehmer ist über Veränderungen in seinem Arbeitsbereich, speziell über Planungen von technischen Anlagen, Arbeitsverfahren, Arbeitsabläufen oder Arbeitsplätzen und deren Auswirkungen auf seinen jeweiligen Arbeitsplatz, seine Arbeitsumgebung und seine Tätigkeit zu unterrichten. In diesem Zusammenhang eventuell erforderliche berufliche Qualifizierungsmaßnahmen sind mit dem Arbeitnehmer zu erörtern.
- Das **Anhörungs- und Erörterungsrecht** des Arbeitnehmers in betrieblichen Angelegenheiten, die seine Person betreffen (§ 82 BetrVG). Der Arbeitnehmer ist berechtigt, Stellungnahmen zu Maßnahmen abzugeben, die ihn betreffen und Vorschläge für die Gestaltung von Arbeitsplatz und Arbeitsablauf einzureichen. Er besitzt das Recht, sich die Berechnung und Zusammensetzung des Arbeitsentgeltes, die Beurteilung der eigenen Leistung sowie die Möglichkeiten der eigenen beruflichen Entwicklung erläutern zu lassen.

- Das **Recht auf Einsichtnahme des Arbeitnehmers** in die über ihn geführten **Personalakten** (§ 83 BetrVG) sowie zur Abgabe von Erklärungen über deren Inhalt.
- Das **Beschwerderecht des Arbeitnehmers**, wenn er sich vom Arbeitgeber oder von anderen Arbeitnehmern des Betriebes benachteiligt, ungerecht behandelt oder in sonstiger Weise beeinträchtigt fühlt (§ 84 BetrVG).

Zur Ausübung der **Mitbestimmungsrechte der Arbeitnehmervertreter** sieht das Betriebsverfassungsgesetz mehrere **Mitbestimmungsorgane bzw. Mitbestimmungsinstitutionen** vor.

Zentrales Mitbestimmungsorgan ist der **Betriebsrat**. Er ist in Betrieben mit mindestens fünf Arbeitnehmern, von denen drei wählbar sind, einzurichten (§ 1 BetrVG). Der Betriebsrat wird von allen volljährigen Arbeitnehmern eines Betriebes für vier Jahre (vor 1989: drei Jahre) gewählt. Seine Größe und Zusammensetzung hängen von der Beschäftigtenzahl eines Betriebes ab (§§ 7 ff. BetrVG). Gewählte Mitglieder des Betriebsrates führen ihr Amt grundsätzlich unentgeltlich als Ehrenamt; sie sind aber in dem Umfang ohne Minderung ihres Arbeitsentgelts von ihrer beruflichen Tätigkeit zu befreien, in dem dies zur ordnungsgemäßen Erfüllung ihrer Aufgaben erforderlich ist. Zur Objektivierung dieser Regelung bestimmt das Betriebsverfassungsgesetz die Anzahl von Betriebsratsmitgliedern, die in Abhängigkeit von der Beschäftigtenzahl eines Betriebes mindestens freizustellen sind (§§ 37, 38 BetrVG). Bestehen in einer Unternehmung mehrere Betriebsräte, so muß gemäß §§ 47–53 BetrVG ein **Gesamtbetriebsrat** gebildet werden. In Konzernen kann gemäß §§ 54–59 BetrVG ein **Konzernbetriebsrat** gebildet werden.

Der Betriebsrat ist die **Interessenvertretung der Arbeitnehmer gegenüber dem Arbeitgeber**. Allerdings wird eine einseitige Interessenvertretung durch den Betriebsrat nach § 2 Abs. 1 BetrVG ausdrücklich ausgeschlossen: Die Zusammenarbeit zwischen der Betriebs- oder Unternehmungsleitung – dem Arbeitgeber – und dem Betriebsrat hat vertrauensvoll zu sein und **dem Wohl des Personals und des Betriebs zu dienen**. Arbeitgeber und Betriebsrat sind gehalten, über strittige Fragen mit dem ernsten Willen zur Einigung zu verhandeln und Vorschläge für die Beilegung von Meinungsverschiedenheiten zu erarbeiten (§ 74 Abs. 1 BetrVG). Zur Lösung von Konflikten kann bei Bedarf oder als ständige Einrichtung eine **Einigungsstelle** gebildet werden. Sie besteht aus einem unparteiischen Vorsitzenden, auf dessen Person sich beide Seiten einigen müssen (bei Nichteinigung entscheidet das Arbeitsgericht), und aus Beisitzern, die von beiden Seiten in jeweils gleicher Zahl zu bestellen sind. In Angelegenheiten, in denen der Betriebsrat ein zwingendes Mitbestimmungsrecht besitzt, ersetzt im Falle der Nichteinigung der Betriebspartner der Spruch der Einigungsstelle die fehlende Vereinbarung zwischen Arbeitgeber und Betriebsrat.

Im Rahmen der Zusammenarbeit zwischen Arbeitgeber und Betriebsrat weist das Betriebsverfassungsgesetz dem Betriebsrat allgemeine und spezielle Aufgaben zu.

Die **allgemeinen Aufgaben des Betriebsrats** werden durch § 80 Abs. 1 BetrVG festgelegt. Unter diesen Aufgaben ist die Überwachung des Arbeitgebers im Hinblick auf die Einhaltung von Gesetzen, Verordnungen, Tarifverträgen, Betriebsvereinbarungen u.a. Bestimmungen, die zugunsten der Arbeitnehmer gelten, hervorzuheben. Ferner zählen hierzu die Umsetzung von Anregungen der Mitarbeiter, die Beantragung von Verbesserungen zugunsten von Betrieb und Arbeitnehmern sowie eine Reihe von Fürsorgepflichten gegenüber jugendlichen, schwerbeschädigten, alten und ausländischen Mitarbeitern.

Die **speziellen Aufgaben des Betriebsrats** sind in den §§ 87–113 des Betriebsverfassungsgesetzes beschrieben. Sie beziehen sich auf **Mitbestimmungsrechte i.w.S. in sozialen, arbeitssystemgestaltenden, personellen und wirtschaftlichen Angelegenheiten**. Schaubild VII.11 gibt einen Überblick über die wichtigsten derartigen Mitbestimmungsrechte des Betriebsrats.

Dem Betriebsrat steht ein **Mitbestimmungsrecht i.e.S.** in bestimmten, in § 87 Abs. 1 BetrVG erschöpfend aufgezählten **sozialen Angelegenheiten** zu. Hierzu zählen vor allem die Betriebsordnung sowie grundsätzliche Regelungen über die Arbeitszeit, den Urlaub, die Kontroll- und Sozialeinrichtungen, den Arbeits- und Unfallschutz, die betriebliche Lohngestaltung und -auszahlung u.a. Ohne Zustimmung des Betriebsrats können derartige Regelungen nicht verabschiedet werden. Darüber hinaus kommen ihm gemäß § 89 BetrVG Informations- und Äußerungsrechte im Hinblick auf den Arbeitsschutz und die Unfallverhütung zu.

Im Rahmen der **arbeitssystemgestaltenden Angelegenheiten** stehen dem Betriebsrat **Informations- und Äußerungsrechte** bei der Planung von Neu-, Um- und Erweiterungsbauten sowie der Änderung von technischen Anlagen, Arbeitsverfahren, Arbeitsabläufen und Arbeitsplätzen zu (§ 90 BetrVG). Der Betriebsrat ist in derartige Planungen so rechtzeitig einzubeziehen, daß seine Vorschläge und Bedenken bei der Planung berücksichtigt werden können. Wenn beabsichtigte Änderungen den gesicherten arbeitswissenschaftlichen Erkenntnissen über die menschengerechte Gestaltung der Arbeit offensichtlich widersprechen und die Arbeitnehmer hierdurch in besonderer Weise belastet werden, so hat der Betriebsrat ein **Mitbestimmungsrecht**, um angemessene Maßnahmen zur Abwendung, Milderung oder zum Ausgleich der Belastungen zu verlangen und ggf. über die Einigungsstelle durchzusetzen (§ 91 BetrVG).

Im Rahmen der **personellen Angelegenheiten** besitzt der Betriebsrat ein **Informationsrecht** über die Personalplanung (§ 92 BetrVG) – hier kann er auch eigene Vorschläge bezüglich deren Durchführung machen – und bezüglich der Einstellung oder personellen Veränderung leitender Angestellter. **Äußerungsrechte** hat der Betriebsrat im Hinblick auf die Förderung der Berufsbildung (§ 96 BetrVG) sowie deren Einrichtungen und Maßnahmen (§ 97 BetrVG). Zudem ist der Betriebsrat vor jeder Kündigung zu hören (§ 102 Abs. 1 BetrVG). **Regelungsrechte** kommen ihm nach § 93 BetrVG bei der Ausschreibung von Arbeitsplätzen (Stellenausschreibung), bei der Formulierung von Personalfragebögen und Beurteilungsgrundsätzen (§ 94 BetrVG) sowie bei der Definition von Auswahlrichtlinien für Arbeitnehmer (§ 95 BetrVG) zu. **Mitbestimmungsrechte i.e.S.** hat der Betriebsrat bei der Durchführung von Maßnahmen der betrieblichen Berufsbildung (§ 98 BetrVG), bei personellen Einzelmaßnahmen gemäß §§ 99 f., zu denen er seine Zustimmung bei Vorliegen der in § 99 Abs. 2 BetrVG genannten Gründe verweigern kann, sowie vorläufigen

Formen der Mitwirkungs- und Mitbestimmungsrechte \ Sachbereiche	Bereich der sozialen Angelegenheiten	Bereich der Gestaltung von Arbeitsplatz, -ablauf und -umgebung	Bereich der personellen Angelegenheiten	Bereich der wirtschaftlichen Angelegenheiten
Informationsrechte	- Arbeitsschutz und Unfallverhütung (§ 89 II)	- Planung von Bauten, technischen Anlagen, Arbeitsverfahren, -abläufen, -plätzen (§ 90)	- Personalplanung (§ 92 I) - Einstellung oder personelle Veränderung leitender Angestellter (§ 105)	- wirtschaftliche Angelegenheiten (§ 106 II, III) Wirtschaftsausschuß - wirtschaftliche Lage und Entwicklung der Unternehmung (§ 110) - Betriebsänderungen mit evtl. Nachteilen für Belegschaft oder Teile der Belegschaft (§ 111)
Äußerungsrechte - Initiativ- und Vorschlagsrechte - Anhörungsrechte - Beratungsrechte	- Arbeitsschutz und Unfallverhütung (§ 89 I)	- Planung von Bauten, technischen Anlagen, Arbeitsverfahren, -abläufen, -plätzen (§ 90)	- Personalplanung (§ 92) - Förderung der Berufsausbildung (§ 96) - Einrichtungen und Maßnahmen der Berufsbildung (§ 97) - Kündigungen (§ 102)	- wirtschaftliche Angelegenheiten (§ 106 I) Wirtschaftsausschuß - Betriebsänderungen mit evtl. Nachteilen für Belegschaft oder Teile der Belegschaft (§ 111)
Regelungsrechte - Mitbestimmung bei Verfahrensregelungen - Mitbestimmung bei Festlegung von Richtlinien			- Ausschreibung von Arbeitsplätzen (§ 93) - Personalfragebogen, Beurteilungsgrundsätze (§ 94) - Auswahlrichtlinien (§ 95)	
Mitbestimmungsrechte (i.e.S.) - Widerspruchsrechte - Zustimmungsrechte - Mitentscheidungsrechte	- Beginn und Ende der täglichen Arbeitszeit (§ 87 I, Z. 2) - vorrübergehende Verkürzung oder Verlängerung der betriebsüblichen Arbeitszeit (§ 87 I, Z. 3) - Zeit, Ort und Art der Arbeitsentgeltauszahlung (§ 87 I, Z. 4) - Fragen der betr. Lohngestaltung (§ 89 I, Z.10) - Festsetzung der Akkord- und Prämiensätze (§ 87 I, Z. 11) u.a. in § 87 I	- Abwendung, Milderung oder Ausgleich von besonderen Belastungen durch Änderungen der Arbeitsplätze, des -ablaufs oder der Arbeitsumgebung (§ 91)	- Durchführung betr. Bildungsmaßnahmen (§ 98) - personelle Einzelmaßnahmen (§ 99) - vorläufige personelle Einzelmaßnahmen bei Dringlichkeit (§ 100) - Kündigung (§ 102 II, III) - a.o. Kündigungen in besonderen Fällen (§ 103) - Entfernung betriebsstörender Arbeitnehmer (§ 104)	- Sozialplan bei Betriebsänderung (§ 112)
Eingriffsrechte in die Durchführung von Entscheidungen sowie Sanktionsrechte			- Durchführung betr. Bildungsmaßnahmen (§ 98 V) - personelle Einzelmaßnahmen (§ 101) - Entfernung betriebsstörender Arbeitnehmer (§ 104)	- Nachteilsausgleich bei Abweichung vom Sozialplan bei Betriebsänderung durch Arbeitgeber (§ 113)

Schaubild VII.11. Überblick über die wichtigsten Mitbestimmungsrechte des Betriebsrates nach dem Betriebsverfassungsgesetz von 1972

personellen Einzelmaßnahmen gemäß § 100 BetrVG. Weiterhin verfügt er über Mitbestimmungsrechte bei Kündigungen (§ 102 BetrVG), bei außerordentlichen Kündigungen in besonderen Fällen (§ 103 BetrVG) und bei der Entfernung betriebsstörender Arbeitnehmer (§ 104 BetrVG). Bei der Entfernung betriebsstörender Mitarbeiter sowie bei der Durchführung personeller Einzelmaßnahmen und bei der Durchführung betrieblicher Bildungsmaßnahmen hat der Betriebsrat überdies **Eingriffs- und Sanktionsrechte**.

In **wirtschaftlichen Angelegenheiten** wird die Erfüllung der Mitbestimmungsaufgaben des Betriebsrats durch den **Wirtschaftsausschuß** unterstützt, der in Betrieben mit mehr als 100 Arbeitnehmern zu bilden ist. Der Wirtschaftsausschuß hat die Aufgabe, wirtschaftliche Angelegenheiten mit dem Arbeitgeber zu beraten und den Betriebsrat entsprechend zu informieren (§ 106 BetrVG). Der Wirtschaftsausschuß besitzt **Informations- und Äußerungsrechte** insbesondere im Hinblick auf die in § 106 Abs. 3 BetrVG aufgezählten wirtschaftlichen Angelegenheiten:

- Die wirtschaftliche und finanzielle Lage des Betriebs oder der Unternehmung,
- die Produktions- und Absatzlage,
- das Produktions- und Investitionsprogramm,
- Rationalisierungsvorhaben
- Fabrikations- und Arbeitsmethoden, insbesondere die Einführung neuer Arbeitsmethoden
- die Einschränkung oder Stillegung von Betrieben oder von Betriebsteilen,
- die Verlegung von Betrieben oder Betriebsteilen,
- den Zusammenschluß von Betrieben
- die Änderung der Betriebsorganisation oder des Betriebszwecks sowie
- sonstige Vorgänge und Vorhaben, welche die Interessen der Arbeitnehmer der Unternehmung wesentlich berühren können.

Darüber hinaus sind die Arbeitnehmer nach § 110 BetrVG regelmäßig über die wirtschaftliche Lage und Entwicklung der Unternehmung zu unterrichten. Dem Betriebsrat kommen zudem **Informations- und Äußerungsrechte** bei Betriebsänderungen im Sinne von § 111 BetrVG zu, die wesentliche Nachteile für die Belegschaft oder erhebliche Teile der Belegschaft zur Folge haben können. Hierbei haben sich beide Parteien um einen Interessenausgleich in bezug auf die geplante Betriebsänderung zu bemühen (§ 111 BetrVG). Grundsätzlich unabhängig von dem Zustandekommen eines Interessenausgleichs hat der Betriebsrat ein **Mitbestimmungsrecht** bei der Aufstellung eines Sozialplans, durch den wirtschaftliche Nachteile aus Betriebsänderungen für die davon betroffenen Arbeitnehmer ausgeglichen oder gemildert werden sollen (§ 112 BetrVG). In der Praxis bilden die Beratungen und Einigungen über die Betriebsänderung (Interessenausgleich) und über den Sozialplan zumeist eine Einheit. Weicht der Arbeitgeber von einem vereinbarten Interessenausgleich ab oder wurde ein Interessenausgleich gar nicht versucht, so stehen dem Betriebsrat **Eingriffs- und Sanktionsrechte** nach § 113 BetrVG zu.

Neben dem Betriebsrat sowie Einigungsstelle und Wirtschaftsausschuß sieht das Betriebsverfassungsgesetz als weiteres Mitbestimmungsorgan eine **Jugendvertretung** vor (§§ 60-73 BetrVG). Die Jugendvertretung, die in allen Betrieben einzurichten ist, in denen mindestens fünf jugendliche Arbeitnehmer (unter 18 Jahren) beschäftigt sind, nimmt speziell die Interessen dieser Arbeitnehmer im Betrieb wahr. Die Jugendvertreter haben im Betriebsrat bei speziellen Angelegenheiten der Jugendlichen beschränkte Antrags-, Beratungs- und Stimmrechte.

Nicht geregelt ist im Betriebsverfassungsgesetz die **Mitbestimmung der leitenden Angestellten**, auf die die Regelungen des Betriebsverfassungsgesetzes grundsätzlich keine Anwendung finden. Leitende Angestellte sind nach § 5 Abs. 3 BetrVG Mitarbeiter, die nach ihrem Arbeitsvertrag und ihrer Dienststellung

- zur selbständigen Einstellung und Entlassung von Arbeitnehmern berechtigt sind oder
- Generalvollmacht oder Prokura haben und die Prokura auch im Verhältnis zum Arbeitgeber nicht unbedeutend ist oder
- im wesentlichen weisungsungebunden und eigenverantwortlich Aufgaben wahrnehmen, die von Bedeutung für den Bestand und die Entwicklung eines Betriebes sind und deren Erfüllung besondere Qualifikationen voraussetzt.

Zudem sieht der mit dem „Gesetz zur Änderung des Betriebsverfassungsgesetzes, über Sprecherausschüsse der leitenden Angestellten und zur Sicherung der Montan-Mitbestimmung vom 20. Dezember 1988" in das BetrVG eingefügte § 5 Abs. 4 bestimmte Kriterien vor, nach denen im Zweifelsfall leitende Angestellte u.a. anhand ihrer Hierarchieebene und ihres Jahresentgelts abgegrenzt werden.

Die Mitbestimmung der leitenden Angestellten ist im **Sprecherausschußgesetz von 1988** (SprAuG) geregelt und sieht vor, daß diese – analog dem Betriebsrat – in Betrieben mit mindestens zehn leitenden Angestellten einen **Sprecherausschuß** je Betrieb sowie ggf. einen Unternehmungssprecherausschuß und einen Konzernsprecherausschuß bilden. Die Aufgaben des Sprecherausschusses sind in den §§ 25-32 SprAuG definiert und ähneln denen, die der Betriebsrat für die nicht-leitenden Angestellten wahrnimmt.

Ein besonders wichtiges Gebiet der Personalwirtschaft bilden die Personalplanung sowie hier auch die Förderung, Einrichtung und Durchführung von Bildungsmaßnahmen. Interessanterweise hat der Betriebsrat hier Informations- und Äußerungsrechte, z.T. auch Mitbestimmungsrechte (siehe Schaubild VII.11).

1.3 Personalplanung

Die **Personalplanung** ist die Basis der Personalwirtschaft. Sie beinhaltet die gedankliche Vorwegnahme zukünftigen Geschehens im Hinblick auf das Personal, d.h. hier im Hinblick auf die in einer Unternehmung tätigen Menschen.

Es geht um die systematisch vorbereitete Festlegung von Zielen der Personalwirtschaft und der zu ihrer Erreichung notwendigen personalwirtschaftlichen Maßnahmen. Angesichts der zentralen Funktion des Personals für die Erhaltung und erfolgreiche Weiterentwicklung einer Unternehmung kommt der Personalplanung besondere und zukünftig weiter wachsende Bedeutung zu. Sie wird hier in der Produktionswirtschaft auch deshalb besonders hervorgehoben, da in vielen Industrieunternehmungen der größte Teil des Personals im Bereich Produktion beschäftigt ist.

Die **Personalplanung** steht in einer engen Verbindung mit der generellen Zielplanung sowie den strategischen und operativen Planungen in einer Unternehmung. Sie ist dabei in weiten Bereichen **eine abgeleitete Planung**. So sind im Rahmen der strategischen Planung vor allem die Planungen von Produkten und Produktprogrammen (Geschäftsfeldplanungen), durch die die unternehmerischen Sachaufgaben determiniert werden, und die Organisationsplanung, die diese Sachaufgaben zu Aufgabenbündeln zusammenfaßt und strukturiert, die wichtigsten Determinanten der Personalplanung. Die grundlegende Personalplanung kann dabei selber der strategischen Planung zugerechnet werden – sie ist Bestandteil der Potentialplanung im Rahmen der Geschäftsfeldplanung – während die laufende Personalplanung in den Funktionsbereichen der operativen Planung zuzurechnen ist (vgl. *Hahn*, 1985, S. 72 ff. sowie Teil IX). Diese funktionsbereichs- und planungshierarchieübergreifende Rolle der Personalplanung verdeutlicht, daß **Personalplanung sinnvoll nur als integraler Bestandteil eines unternehmerischen Planungssystems durchgeführt werden kann**.

Die Personalplanung bezieht sich grundsätzlich auf alle Aufgaben- bzw. Handlungsfelder der Personalwirtschaft. Dementsprechend können folgende **Teilkomplexe der Personalplanung** unterschieden werden (vgl. z. B. *Mag*, 1986; *Drumm*, 1989, S. 117 ff.; *Hentze*, 1989, S. 91 ff.):

- Planung des Personalbedarfs und der Personalbeschaffung;
- Planung des Personaleinsatzes;
- Planung der Personalentwicklung;
- Planung der Personalerhaltung;
- Planung der Personalfreistellung.

1.3.1 Planung des Personalbedarfs und der Personalbeschaffung

1.3.1.1 Planung des Personalbedarfs

Die Personalbedarfsplanung steht am Anfang aller personalplanerischen Überlegungen. Sie hat die Ermittlung des Personalbedarfs zum Gegenstand. Der Begriff **Personalbedarf** umschreibt dabei die Gesamtheit der Arbeitskräfte (personellen Potentiale), die zu bestimmten Zeitpunkten oder Zeitabschnitten zur Erfüllung der betrieblichen Aufgaben erforderlich sind. Personalbedarf kann in qualitativer, quantitativer, zeitlicher und lokaler Hinsicht definiert und konkretisiert werden (vgl. *Mag*, 1986, S. 45 ff.). Dementsprechend lassen sich folgende **Arten des Personalbedarfs** differenzieren:

- **Qualitativer** Personalbedarf spiegelt die Gesamtheit der von den Mitarbeitern zu erfüllenden Anforderungen wider.
- **Quantitativer** Personalbedarf gibt das erforderliche personelle Leistungsvolumen bzw. die Anzahl der benötigten Mitarbeiter je Mitarbeitergruppe an.
- **Zeitlicher** Personalbedarf beschreibt, wann und wie lange entsprechende Mitarbeiter benötigt werden.
- **Lokaler** Personalbedarf steht für den Ort, an dem entsprechende Mitarbeiter benötigt werden.

Höhe und Struktur des Personalbedarfs hängen von einer Reihe interner und externer Bestimmungsfaktoren ab (siehe Schaubild VII.12). Die wichtigsten **internen Determinanten des Personalbedarfs** sind Unternehmungsphilosophie und -kultur, generelle Unternehmungsziele sowie insbesondere die strategischen Planungen, die die langfristige Entwicklung des Personalbedarfs beeinflussen. Kurzfristig wirksame interne Determinanten sind vor allem das operative Produktprogramm, davon abhängig Beschäftigungsgrad/Auslastung sowie Arbeitszeit und Arbeitsbedingungen. **Externe Determinanten des Personalbedarfs** sind demgegenüber relevante Veränderungen in den ökonomischen, sozio-kulturellen, technologischen, ökologischen sowie politisch-rechtlichen

Wirksamkeit Herkunft	langfristig	kurzfristig
intern	Unternehmungsphilosophie/ Unternehmungskultur Generelle Unternehmungsziele Strategische Planungen	Operatives Produktprogramm Beschäftigungsgrad/Auslastung Arbeitszeit/Arbeitsbedingungen
extern	Veränderungen im - ökonomischen Umfeld - sozio-kulturellen Umfeld - technologischen Umfeld - ökologischen Umfeld - gesetzlich-politischen Umfeld	Tarifliche Regelungen (Arbeitszeit, Urlaub) Arbeitsrechtliche Bestimmungen Arbeitsmedizinische Erkenntnisse

Schaubild VII.12. Determinanten des Personalbedarfs

Umfeldern der Unternehmungen – diese Veränderungen sind langfristig wirksam – sowie als kurzfristig wirksame Bestimmungsgrößen vor allem tarifliche Regelungen, arbeitsrechtliche Bestimmungen und arbeitsmedizinische Erkenntnisse (vgl. *Hungenberg*, 1990).

Die Ermittlung des Personalbedarfs beinhaltet eine dreistufige Vorgehensweise. Zunächst ist der **Brutto-Personalbedarf** zu bestimmen. Dies ist die Gesamtheit der zu einem relevanten zukünftigen Zeitpunkt (Ende der Planungsperiode) benötigten Arbeitskräfte: der Soll-Personalbestand. Dem Soll-Personalbestand ist in einem zweiten Schritt der zu diesem Zeitpunkt **erwartete Ist-Personalbestand**, das sind die voraussichtlich verfügbaren Arbeitskräfte, gegenüberzustellen. Der Vergleich von Soll- und Ist-Personalbestand für diesen zukünftigen Zeitpunkt liefert die letztlich geforderte Information über den **Netto-Personalbedarf**, d.h. die bis zum Ende der Planungsperiode zu beschaffenden (positiver Bedarf) oder freizusetzenden (negativer Bedarf) Arbeitskräfte.

(1) Ermittlung des Brutto-Personalbedarfs

Bei der Ermittlung des Brutto-Personalbedarfs können zwei grundlegende Formen unterschieden werden (vgl. *Gaugler/Huber/ Rummel*, 1974, S. 55 ff.; *Berthel*, 1989, S. 136 ff.):

– globale langfristige Ermittlung des Personalbedarfs,
– detaillierte kurzfristige Ermittlung des Personalbedarfs.

Die **globale langfristige Ermittlung des Personalbedarfs** kann grundsätzlich vergangenheits- oder zukunftsorientiert erfolgen.

Die **vergangenheitsorientierte Ermittlung** basiert auf Erfahrungswerten aus der Vergangenheit und versucht, diese Erfahrungswerte vornehmlich unter **Nutzung statistischer Methoden** auf die Zukunft zu übertragen. Hier werden u.a. Verfahren wie Trendextrapolation sowie Regressions- und Korrelationsmodelle eingesetzt, die den Personalbedarf in Abhängigkeit von der Entwicklung einer Variable oder mehrerer Variablen bestimmen. Die vergangenheitsorientierte Ermittlung des Personalbedarfs geht stets von der Annahme der Gültigkeit der unterstellten Beziehungen auch für die Zukunft aus. Sie ist daher angesichts der Dynamik der personalwirtschaftlich relevanten Umfelder zunehmend problematisch und sollte durch eine zukunftsorientierte Ermittlung des Personalbedarfs zumindest ergänzt werden (vgl. detailliert *Gaugler/ Huber/Rummel*, 1974, S. 56 ff.).

Die **zukunftsorientierte Ermittlung** des Personalbedarfs orientiert sich an der voraussichtlichen **zukünftigen Unternehmungsentwicklung** und versucht, den Personalbedarf aus zukunfts- bzw. planungsbezogenen Informationen abzuleiten. Eine an der langfristigen Unternehmungsentwicklung orientierte Bedarfsplanung folgt sinnvollerweise drei Schritten, die in Schaubild VII.13 wiedergegeben sind (vgl. zur Vorgehensweise detailliert *Drumm*, 1989, S. 959 ff.; *Hungenberg*, 1990, S. 102 f.):

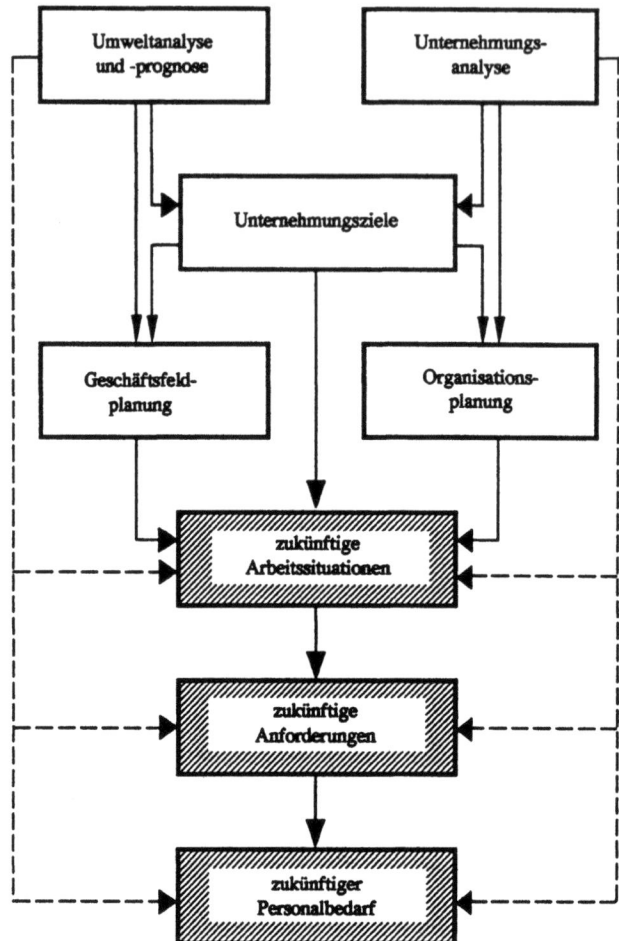

Schaubild VII.13. Langfristige, globale Planung des Personalbedarfs

- Qualitative **Prognose der Konsequenzen von Umwelt- und Unternehmungswandel auf die zukünftigen Arbeitssituationen** (Tätigkeitsfelder) von Mitarbeitern. Neben Unternehmungs- sowie Umweltanalysen und -prognosen – z.B. auch unter Einsatz der Szenario-Technik – stellen vor allem die generelle Zielplanung sowie die Geschäftsfeld- und Organisationsplanung die wichtigsten Grundlagen dieser Prognose dar (vgl. *Hahn*, 1992a, S. 401 ff.).
- **Analyse**, wie sich infolge der prognostizierten Veränderungen der Arbeitssituationen die **erforderlichen personellen Leistungsvoraussetzungen** von Mitarbeitern – zumindest als grob skizzierte Anforderungskomponenten beschrieben – voraussichtlich entwickeln werden.
- **Bündelung von Aufgaben und Anforderungen** im Hinblick auf vorhandene und neue Stellen bzw. Stellengruppen – naturgemäß in engster Abstim-

mung mit der strategischen Organisationsplanung – zur Bestimmung des zukünftigen Personalbedarfs.

Die **detaillierte kurzfristige Ermittlung des Personalbedarfs** erfolgt auf der Basis von Personalinformationen und Dokumentationen organisatorischer Regelungen (organisationsorientiert) sowie durch Einsatz spezifischer Modelle des Operations Research.

Die Organisation einer Unternehmung ist eine der wichtigsten Determinanten des Personalbedarfs. Dokumentationen **organisatorischer Regelungen** stellen daher eine zentrale Grundlage der Personalbedarfsermittlung in qualitativer und quantitativer Hinsicht dar. Organisatorische Regelungen kommen grundlegend in **Organisationsplänen bzw. Organigrammen** zum Ausdruck. Dieses sind visualisierte Dokumentationen aufbauorganisatorischer Regelungen, die die Aufgabenverteilung auf Führungsstellen einer Unternehmung und den institutionellen Zusammenhang zwischen diesen für den Ist- und Soll-Zustand in übersichtlicher Form wiedergeben. Wird diese Darstellung um eine entsprechende Darstellung aller Stellen einer Unternehmung ergänzt, spricht man von einem **Stellenplan**. Ein Stellenplan gibt damit die Aufgabenkomplexe und die zu deren Erfüllung jeweils erforderliche Stellenanzahl als Grundlage für die Personalbedarfsermittlung wieder. Basis der Bestimmung der erforderlichen Stellenzahl sind dabei häufig – speziell im Produktionsbereich – spezifische Verfahren der Arbeitszeitermittlung (vgl. z. B. *REFA*, 1978). Zur weiteren – vor allem qualitativen – Konkretisierung der Stellenpläne können **Stellenbeschreibungen** herangezogen werden, die die Aufgaben, Kompetenzen und Verantwortlichkeiten jeweils einer Stelle schriftlich fixieren. Stellenbeschreibungen existieren in der Praxis zumeist aber nur für die Ist- und nicht für die Soll-Organisation; ihre Bedeutung für die Personalbedarfsplanung ist dann nur beschränkt.

Im Rahmen des **Operations Research** ist eine Reihe von Modellansätzen zur Bestimmung des Personalbedarfs entwickelt worden. Hinsichtlich ihres primären Ansatzpunktes können produktionsprogrammorientierte, ablauforientierte und organisationstheoretisch orientierte Modelle unterschieden werden (vgl. *Gaugler/Huber/Rummel*, 1974, S. 67 ff.; *Berthel*, 1989, S. 139). Produktionsprogrammorientierte Modelle ermitteln den Personalbedarf als abhängige Variable einer Produktionsfunktion mit dem Produktionsprogramm als unabhängiger Variable. Ablauforientierte Modelle, die primär für die kurzfristige Personalbedarfs- und -einsatzrechnung geeignet sind, ermitteln den Personalbedarf auf der Basis von Prozeßanalysen für enge Arbeitsbereiche und genau spezifizierte Arbeitsabläufe. Organisationstheoretisch orientierte Modelle stellen zumeist auf den Bedarf an Führungskräften ab und ermitteln diesen mit Hilfe von vorgegebenen Leitungsspannen.

(2) Ermittlung des voraussichtlichen Ist-Bestands

Um den tatsächlich zu deckenden Personalbedarf zu ermitteln, ist dem Brutto-Personalbedarf der voraussichtlich zum betrachteten Zeitpunkt verfügbare

Personalbestand gegenüberzustellen. Zu dessen Ermittlung ist zunächst der gegenwärtig verfügbare Personalbestand detailliert qualitativ und quantitativ zu analysieren und sind dann Aussagen über seine voraussichtliche Veränderung abzuleiten.

Die Ermittlung des **gegenwärtig vorhandenen Personalbestandes** (Ist-Personalbestand) ist i.d.R. wenig problematisch. Er kann durch Auswertung der gegenwärtigen Stellenpläne und Stellenbesetzungspläne in qualitativer und quantitativer Hinsicht ermittelt werden. Auf der Basis eines funktionsfähigen Personalinformationssystems (vgl. Kapitel 5) können diese Informationen über den Personalbestand weiter im Hinblick auf spezifische qualitative Merkmale – z. B. Berufserfahrung, Qualifikationsprofile, Qualifikationspotential usw. – konkretisiert und differenziert analysiert werden.

Die **voraussichtlichen Veränderungen des Personalbestands** bis zum betrachteten Zeitpunkt, die Veränderungen während der Planungsperiode also, resultieren aus Mitarbeiterabgängen und Mitarbeiterzugängen. **Mitarbeiterabgänge** können einerseits durch eine Unternehmung veranlaßt werden (Kündigungen durch die Unternehmung, bereits feststehende Versetzungen etc.) oder andererseits durch die Mitarbeiter selber veranlaßt werden. Letztere lassen sich nur zum Teil relativ sicher voraussehen (z. B. Pensionierungen, Beurlaubungen), teilweise sind sie nur auf der Basis statistischer Untersuchungen prognostizierbar (z. B. Todesfälle, Kündigungen durch Mitarbeiter). **Mitarbeiterzugänge** werden durch bereits feststehende Zusagen (z. B. Einstellungen, Reintegration von Arbeitskräften, Versetzungen) und vorgesehene Zusagen verursacht. Ermittelte Veränderungen des Personalbestands sollten – analog der Analyse des Ist-Bestandes – nach unterschiedlichen Kriterien qualitativ differenziert ausgewiesen werden. Unter Berücksichtigung der erwarteten Veränderungen kann dann der qualitativ und quantitativ beschriebene **voraussichtliche Ist-Personalbestand** festgelegt werden.

(3) Ermittlung des Netto-Personalbedarfs

Der letzte Schritt der Personalbedarfsplanung besteht in der **Gegenüberstellung** des für den relevanten Zeitpunkt ermittelten **Brutto-Personalbedarfs (Soll-Personalbestand)** und des **voraussichtlichen Ist-Personalbestands zur Ermittlung des Netto-Personalbedarfs**. Diese Gegenüberstellung kann für einzelne Organisationseinheiten differenziert erfolgen und sukzessive aggregiert werden. Ergebnis des Vergleichs von Soll- und Ist-Personalbestand kann ein **positiver Bedarf** – ein Personalfehlbestand – oder ein **negativer Bedarf** – ein Personalüberhang – sein. Diese sind durch Maßnahmen der Personalbeschaffung oder der Personalfreisetzung zu decken.

1.3.1.2 Planung der Personalbeschaffung

Unter **Personalbeschaffung** versteht man die **Suche, Gewinnung und Bereitstellung von Personal**, das zur Beseitigung einer personellen Unterdeckung in qualitativer, quantitativer, zeitlicher und örtlicher Hinsicht geeignet ist. Die **Personalbeschaffungsplanung** hat die Aufgabe, die Beschaffung des benötigten Personals so gedanklich vorzubereiten und festzulegen, daß eine Deckung von Personalbedarf und Personalbestand bis zum Ende der Planungsperiode sichergestellt ist. Sie bezieht sich dabei auf alle Tätigkeiten und Teilaufgaben, die im Zusammenhang mit der Personalbeschaffung durchzuführen sind. Dies sind im Kern Auswahl und Gestaltung der Beschaffungsalternativen sowie Auswahl und Einstellung der Arbeitskräfte (vgl. *Mag*, 1986, S. 64 ff.).

Voraussetzungen der Personalbeschaffungsplanung sind zum einen konkrete **Vorgaben hinsichtlich Art und Menge des gesuchten Personals**. Diese werden durch den in der Personalbedarfsplanung definierten Netto-Personalbedarf bestimmt. Zum anderen sind **Analysen der relevanten Arbeitsmärkte** einer Unternehmung zentrale Voraussetzungen der Planung der Personalbeschaffung. Erst durch das Wissen um Arbeitskräfteangebot und -nachfrage auf den Arbeitsmärkten werden Arbeitskräftepotentiale und Ansatzpunkte zur Formulierung von Beschaffungsalternativen geboten. Im Hinblick auf den externen Arbeitsmarkt einer Unternehmung kommt hier der betrieblichen Arbeitsmarktforschung, im Hinblick auf den internen Arbeitsmarkt dem Personalinformationssystem zentrale Bedeutung zu (vgl. *Drumm*, 1989, S. 184 sowie detailliert *Hentze*, 1989, S. 224 ff).

Zentraler Gegenstand der Personalbeschaffungsplanung sind die **Auswahl und Gestaltung von Beschaffungsalternativen**. Hier stehen grundsätzlich interne und externe Beschaffungsalternativen zur Disposition, die Schaubild VII.14 im Überblick wiedergibt.

Die **interne Personalbeschaffung** ist die Deckung des bestehenden Personalbedarfs durch bereits in der Unternehmung tätige Mitarbeiter. Interne Personalbeschaffung umfaßt im Kern **Maßnahmen der Versetzung und Beförderung** von Mitarbeitern. Vereinzelt werden darüber hinaus auch Formen der Mehrarbeit (z.B. durch Überstunden und Sonderschichten sowie durch Umwandlung von Teilzeitarbeit in Vollzeitarbeit) ebenfalls als Maßnahmen der Personalbeschaffung interpretiert; diese können jedoch auch als Möglichkeiten zur Verringerung eines relativ kurzfristig auftretenden Personalbedarfs verstanden werden. Zentrales Instrument der internen Personalbeschaffung ist die **interne Stellenausschreibung**, die nach § 93 BetrVG für neugeschaffene und freiwerdende Stellen – mit Ausnahme der Stellen für leitende Angestellte – durchgeführt werden soll.

Externe Personalbeschaffung liegt vor, wenn ein bestehender Personalbedarf durch Mitarbeiter gedeckt wird, die bislang noch nicht in der betreffenden Unternehmung tätig sind – die also vom externen Arbeitsmarkt gewonnen werden. Dies kann einerseits durch den Abschluß von Arbeitnehmerüberlassungsverträgen (Personalleasing), andererseits durch den Abschluß neuer Arbeitsverträge erfolgen.

Unter **Personalleasing** ist die gewerbsmäßige Arbeitnehmerüberlassung zu verstehen, die im Arbeitnehmerüberlassungsgesetz (AÜG) von 1972 geregelt ist (vgl. *Hentze*, 1989, S. 245). Personalleasing ist durch das Dreiecksverhältnis zwischen Verleiher, Entleiher und Leiharbeitnehmer charakterisiert. Der Leiharbeitnehmer schließt hierbei mit dem Verleiher, also dem Personalleasing-

46   Personalwirtschaft

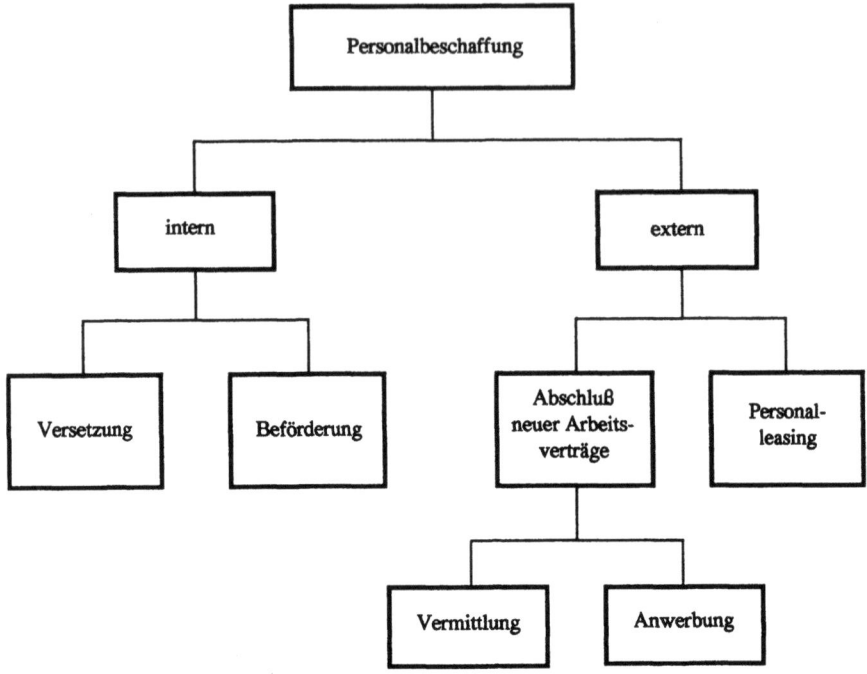

Schaubild VII.14.   Interne und externe Alternativen der Personalbeschaffung

Arbeitgeber, einen Arbeitsvertrag ab. Vertragliche Bindungen zwischen Leiharbeitnehmer und Entleiher bestehen grundsätzlich nicht. Letzterer schließt einen Vertrag mit dem Verleiher, durch den der Anspruch auf Arbeitsleistung und das Weisungsrecht, nicht aber das Arbeitgeberrisiko auf den Entleiher übergehen. Personalleasing ist vor allem geeignet, kurzfristig, z.B. durch Krankheit auftretenden Personalbedarf zu decken, ohne dabei langfristig den Personalbestand zu verändern. Besteht ein Personalbedarf nicht nur kurzfristig, sind i.d.R. andere Formen der externen Beschaffung ökonomisch sinnvoller (vgl. auch *Friese*, 1982, S. 375 ff.).

Durch den **Abschluß neuer Arbeitsverträge** gewinnt eine Unternehmung i.d.R. langfristig neue Arbeitskräfte vom externen Arbeitsmarkt. Dies kann vor allem aufgrund von Arbeitsvermittlung oder Anwerbung von Arbeitskräften erfolgen. Bei der **Arbeitsvermittlung** werden Institutionen in Anspruch genommen, die ihrerseits direkten Kontakt zu externen Arbeitsmärkten haben. In der Bundesrepublik Deutschland sind dies in erster Linie Arbeitsämter sowie Personalberatungs-Unternehmungen, wobei letztere vor allem bei der Vermittlung höher qualifizierter Arbeitskräfte von Bedeutung sind. Die **Anwerbung** von Arbeitskräften kann mit Hilfe verschiedener Suchmedien erfolgen. Neben weitgehend gebräuchlichen Formen, wie z.B. der öffentlichen Stellenanzeige in Zeitungen und Zeitschriften, kommt hier der direkten Anwerbung von potentiellen Arbeitskräften – und hier speziell der direkten Anwerbung bereits in Ausbildungsinstitutionen – zunehmende Bedeutung zu.

Diese aktive Form der Personalbeschaffung zielt vorrangig auf Nachwuchskräfte, speziell auf Nachwuchs-Führungskräfte. Sie kann beispielsweise durch die Durchführung allgemeiner Informationsveranstaltungen, durch Aufbau und Pflege enger Kontakte zu bestimmten Lehrkräften oder durch das Angebot ausbildungsbegleitender Praktika unterstützt werden (vgl. *Arbeitskreis „Integrierte Unternehmungsplanung"*, 1989, S. 121 ff.; *Drumm*, 1989, S. 188).

In der unternehmerischen Praxis zeichnet sich eine Präferenz für die interne Beschaffung von Personal ab. Die **Vorteile der internen gegenüber der externen Personalbeschaffung** liegen vor allem in den zumeist niedrigeren Beschaffungs- und Einarbeitungskosten, dem geringeren Auswahlrisiko, der Vertrautheit der Mitarbeiter mit der Unternehmung und deren Strategie, Struktur und Kultur, sowie der positiven Anreizwirkung interner Personalbeschaffung auf die individuelle Motivation und das Verhalten der Mitarbeiter (vgl. z. B. *Mag*, 1986, S. 71; *Berthel*, 1989, S. 158 f.). Als wesentlicher Nachteil der internen Personalbeschaffung wird vielfach die Gefahr des Auftretens von „Betriebsblindheit" angeführt. Diese Gefahr geht jedoch tendenziell zurück, wenn die interne Beschaffung systematisch durch Maßnahmen der Personalentwicklung unterstützt und ergänzt wird. Dies ist vor allem dann der Fall, wenn beide Aufgabenkomplexe in ein Konzept der integrierten Nachfolge- und Karriereplanung eingebunden sind, wie es vor allem bei Führungskräften zwingend erforderlich ist (vgl. *Arbeitskreis „Integrierte Unternehmungsplanung"*, 1989). Allerdings darf nicht übersehen werden, daß es in manchen Fällen unmöglich ist, eine interne Personalbeschaffung durchzuführen, da intern nicht die entsprechend qualifizierten Arbeitskräfte verfügbar sind. Dies ist häufig bei grundlegenden strategischen Neuausrichtungen der Fall. In dieser Situation ist eine externe Personalbeschaffung unumgänglich.

Weiterhin gilt es im Rahmen der Personalbeschaffung, aus der Gesamtheit der intern oder extern angesprochenen Bewerber eine für die Besetzung einer bestimmten Stelle geeignete **Arbeitskraft auszuwählen und einzustellen**. Die **Auswahl** der einzustellenden Arbeitskräfte sollte auf einem Vergleich der Anforderungen der zu besetzenden Stelle und der Qualifikationen des jeweiligen Bewerbers basieren. Es ist dabei stets jener Bewerber auszuwählen, dessen Qualifikationen die gegebenen Stellenanforderungen bestmöglich erfüllen. Die Bewerberauswahl ist von zentraler Bedeutung für die Personalbeschaffung, da eine Fehlbesetzung vielfach nur unter erheblichen rechtlichen, finanziellen und persönlichen Problemen wieder korrigiert werden kann. Im Rahmen der Personalbeschaffungsplanung sind deshalb die Maßnahmen und Verfahren der Bewerberauswahl systematisch gedanklich vorzubereiten und festzulegen.

Die **Bewerberauswahl** sollte sinnvollerweise auf der Basis eines mehrstufigen, zunehmend selektierenden **Prozesses** erfolgen (vgl. *May*, 1986; *Drumm*, 1989, S. 194 ff.).

In einer ersten Stufe sind – zumindest bei externen Bewerbern – die **Bewerbungsunterlagen** (z. B. Zeugnisse, Lebenslauf etc.) der potentiellen Arbeitskräfte zu prüfen. Allerdings lassen diese die relevanten Qualifikationen der Bewerber nur sehr begrenzt erkennen; sie eignen sich i.d.R. nur zur Gewinnung allgemeiner Informationen und zur Beurteilung der Erfüllung von bestimmten Mindestanforderungen. Bei internen Bewerbern kann hier auf die

Ergebnisse der periodischen Personalbeurteilung zurückgegriffen werden, wodurch generell eine fundiertere Beurteilung der Qualifikationen interner Bewerber ermöglicht wird.

Die Qualifikationen jener Bewerber, die die relevanten Mindestanforderungen erfüllen, sollten dann im Rahmen eines **Bewerbungsgesprächs** detaillierter beurteilt werden. An einem Bewerbungsgespräch, das grundsätzlich sowohl für externe als auch für interne Bewerber durchgeführt werden kann, sollten Führungskräfte der betroffenen Fachabteilung und der Personalabteilung teilnehmen. Bewerbungsgespräche können in Form von Einzel-, Jury- oder Gruppengesprächen erfolgen (vgl. *May*, 1986, S. 73).

Der Auswertung der Bewerbungsunterlagen und dem Bewerbungsgespräch sollte eine weitergehende Beurteilung mittels spezifischer **Eignungs- und Leistungstests** folgen. In einigen Unternehmungen wird zur Bewerberauswahl das Assessment Center Verfahren eingesetzt, das vor allem durch die Merkmale Verhaltensorientierung, Methodenvielfalt und Mehrfachbeurteilung gekennzeichnet ist (vgl. z.B. *Cohen/Moses/Byham*, 1974, S. 22 ff.; *Norton*, 1977, S. 442 ff.; *Friedman/Mann*, 1981, S. 69 ff.). Seine Anwendung beschränkt sich wegen der typischerweise hohen Verfahrenskosten jedoch weitgehend auf die Auswahl von Führungs- und Nachwuchs-Führungskräften (vgl. detailliert z.B. *Finkle*, 1976, S. 861 ff.; *Neubauer*, 1980, S. 125).

Auf der Basis eines derartigen, durch die Personalbeschaffungsplanung systematisch zu gestaltenden Auswahlprozesses kann die Personalbeschaffung durch Auswahl der jeweils bestmöglich geeigneten Arbeitskräfte und deren **Einstellung** abgeschlossen werden. Durch den **Abschluß eines Arbeitsvertrages** (vgl. Kapitel 1.2) wird das zu beschaffende Personal an die Unternehmung gebunden – wird ein Bewerber zum Mitarbeiter – und wird hierdurch ein bestehender Personalbedarf gedeckt.

1.3.2 Planung des Personaleinsatzes

Die Personaleinsatzplanung geht von einem quantitativ und qualitativ gegebenen Personalbestand aus. Ihre generelle Aufgabe besteht in der gedanklichen Vorwegnahme der **Zuordnung von verfügbaren Mitarbeitern auf die vorhandenen Arbeitsplätze**. Hierbei wird grundsätzlich eine Zuordnung der Mitarbeiter angestrebt, die zu einer möglichst weitgehenden Übereinstimmung der arbeitsplatzspezifischen **Anforderungen** (Anforderungsprofile) und der personenspezifischen **Qualifikationen** (Qualifikationsprofile) führt. Man spricht in diesem Fall auch von einem **eignungsgerechten Personaleinsatz**. Die Qualifikationen einer Arbeitskraft sollten dabei die Anforderungen weder erheblich über- noch unterschreiten, da sowohl Unter- als auch Überforderung die Leistungsbereitschaft – und langfristig auch die Leistungsfähigkeit – der Mitarbeiter negativ beeinflussen (vgl. *Mag*, 1986, S. 84 ff.; *Hungenberg*, 1990, S. 18 ff.).

Die Personaleinsatzplanung, durchgeführt von der Personalabteilung und/ oder der jeweiligen Fachabteilung, umfaßt Aufgaben, die in einem engen Zusammenhang zu allen anderen personalwirtschaftlichen Funktionen stehen. In letzter Konsequenz dienen sowohl Personalbedarfsermittlung, Personalbeschaffung und Personalfreisetzung als auch Personalentwicklung und Personalerhaltung einem optimalen Personaleinsatz. Die Personaleinsatzplanung kann deshalb auch als das „**Kernstück der Personalplanung**" (*Mag*, 1986, S. 85) bezeichnet werden. In Abhängigkeit vom relevanten Planungshorizont kann die Personaleinsatzplanung in eine **mittel- bis langfristige** und eine **kurzfristige Personaleinsatzplanung** untergliedert werden.

Die Aufgaben der **mittel- bis langfristigen Planung des Personaleinsatzes** werden in der Literatur in unterschiedlicher Weise abgegrenzt (vgl. z. B. *Marx*, 1963; *Gaugler/Huber/Rummel*, 1974; *Domsch*, 1980; *Dielmann*, 1981; *Mag*, 1986; *Berthel*, 1989). Gemeinsamer Bestandteil dieser Begriffsfassungen der Personaleinsatzplanung ist dabei die Aufgabe der gedanklichen Vorwegnahme der **Einführung und Einarbeitung neuer Mitarbeiter** als Voraussetzung einer eignungsgerechten Integration der Mitarbeiter in den betrieblichen Leistungsprozeß. Die **Einführung** dient dabei primär der **Integration eines Mitarbeiters in eine neue organisatorische Einheit**. Sie ist i.d.R. insbesondere für extern beschaffte Mitarbeiter problematisch, da diese sich in eine Arbeitssituation einarbeiten müssen, bei der sich nicht nur Gruppenspezifika, sondern das gesamte Arbeitsumfeld – einschließlich der relevanten Unternehmungskultur – geändert haben. Hier sind häufig Einführungsprogramme wie Orientierungsveranstaltungen und Einführungsseminare oder auch Patenkonzepte sinnvoll. Eine **Einarbeitung** ist dagegen grundsätzlich für alle Mitarbeiter erforderlich. Sie umfaßt im Kern das eher **arbeitstechnische Vertrautmachen mit neuartigen Aufgaben** (vgl. *Berthel*, 1989, S. 178ff.; *Hentze*, 1989, S. 401ff.).

Die **kurzfristige Personaleinsatzplanung** dient im Produktionsbereich primär der **Sicherung einer zielorientierten Realisierung des gewünschten Produktprogramms** durch die Festlegung des zeitlichen und örtlichen Einsatzes des Personals (der Humanpotentiale) – grundsätzlich auf der Basis gegebener Kapazitäten. Die **kurzfristige Personaleinsatzplanung steht damit in enger Beziehung zur Produktionsprozeßplanung und -steuerung**, deren Aufgabe in der Planung und Steuerung der zeitlichen und örtlichen Reihenfolge von Aktionen und des damit verbundenen zeitlichen und örtlichen Einsatzes der Potentiale zur Herstellung von Vor-, Zwischen- und/oder Endprodukten mit definierter Qualität (Sachziele) besteht – und zwar unter Beachtung des Wirtschaftlichkeitsprinzips (Wertziel) und von Anforderungen aus dem Humanbereich (Sozialziele). Hier spielen gerade im Produktionsbereich Springer sowie kurzfristige Produktionsprogramm- und -prozeßplanungsänderungen eine wichtige Rolle (vgl. im einzelnen Teil VI).

1.3.3 Planung der Personalentwicklung

Die Personalentwicklungsplanung bereitet den Vollzug der Personalentwicklung vor. Unter **Personalentwicklung** sollen jene Tätigkeiten zusammengefaßt werden, die der **positiven Veränderung der (unternehmungsrelevanten) Qualifikationen** des Personals einer Unternehmung dienen. Eine **positive Veränderung** kann in der Verbesserung, Erweiterung und/oder Vertiefung bestehender sowie der Vermittlung neuer Qualifikationen bestehen (vgl. *Flohr/Niederfeicht-*

ner, 1982, S. 13). Hierbei umschreibt der Begriff der **Qualifikation** die Gesamtheit der personellen Leistungsvoraussetzungen von Mitarbeitern – sowohl Komponenten der Leistungsfähigkeit (Wissen, Fähigkeiten) als auch Komponenten der Leistungsbereitschaft (z. B. Einstellungen, Wertvorstellungen, Motive) zählen zur Qualifikation (vgl. *Berthel*, 1989, S. 202).

Personalentwicklung dient generell dem Ziel, **stellenspezifische Anforderungen und individuelle Qualifikationen dauerhaft in Übereinstimmung zu bringen** – letztlich um hierdurch gegenwärtig und vor allem zukünftig eine verbesserte Erreichung der generellen Unternehmungsziele zu erreichen. Darüber hinaus muß es aber auch ein Ziel der Personalentwicklung sein, **individuelle Ziele des Personals zu verwirklichen**. Bei der Personalentwicklung wird der allgemeine Zieldualismus der Personalwirtschaft besonders deutlich, denn Personalentwicklung gegen die Interessen und Individualziele der betroffenen Mitarbeiter ist zwecklos (vgl. *Flohr/Niederfeichtner*, 1982, S. 14; *Drumm*, 1989, S. 220). Da Unternehmungs- und Individualziele i.d.R. nicht unmittelbar in Einklang stehen, müssen hier häufig auf dem Wege einer Abstimmung **tragfähige Zielkompromisse gesucht werden**.

Die Personalentwicklung richtet sich grundsätzlich an alle Mitarbeiter einer Unternehmung. Nach dem Berufsbezug der Qualifizierungsmaßnahmen kann dabei zwischen **berufsvorbereitender, berufsbegleitender und berufsverändernder Personalentwicklung** unterschieden werden (vgl. *Mentzel*, 1989, S. 32 f. und Schaubild VII.15).

Die **berufsvorbereitende Personalentwicklung** umfaßt alle Qualifizierungsmaßnahmen, die dem erstmaligen Einsatz in einer beruflichen Tätigkeit dienen. Hierzu zählen die Berufsausbildung, die Einarbeitung von Anzulernenden, die Betreuung von Praktikanten und Volontären sowie die Einführung von Hochschulabsolventen.

Die **berufsbegleitende Personalentwicklung** kann auch als Personalentwicklung i. e. S. bezeichnet werden. Sie wendet sich an Mitarbeiter, die bereits im Berufsleben stehen und über ein gewisses Maß an Berufserfahrung verfügen. Berufsbegleitende Personalentwicklung hat die Aufgabe, diesen Mitarbeitern die Qualifikationen zu vermitteln, die sie zur Anpassung an veränderte Anforderungen eines Arbeitsplatzes (Anpassungsqualifikation) oder zum beruflichen Aufstieg (Aufstiegsqualifikation) benötigen. Dazu kann die Vermittlung von nicht arbeitsplatzbezogenen Qualifikationen im Sinne einer Ergänzungsqualifikation treten.

Auch die **berufsverändernde Personalentwicklung** wendet sich an bereits im Berufsleben stehende Mitarbeiter. Sie umfaßt Maßnahmen der beruflichen Umschulung und Rehabilitation. Die Personalentwicklung übernimmt hier in gewissem Umfang gesellschaftspolitische Aufgabenstellungen.

Im Rahmen der **Personalentwicklungsplanung** sind derartige Maßnahmen gedanklich vorwegzunehmen. Eine systematische Planung der Personalentwicklung kann dabei grundsätzlich in **zwei Aufgabenkomplexe** unterteilt werden (Vgl. Schaubild VII.16):

– Ermittlung des Entwicklungsbedarfs,
– Festlegung von Entwicklungsmaßnahmen.

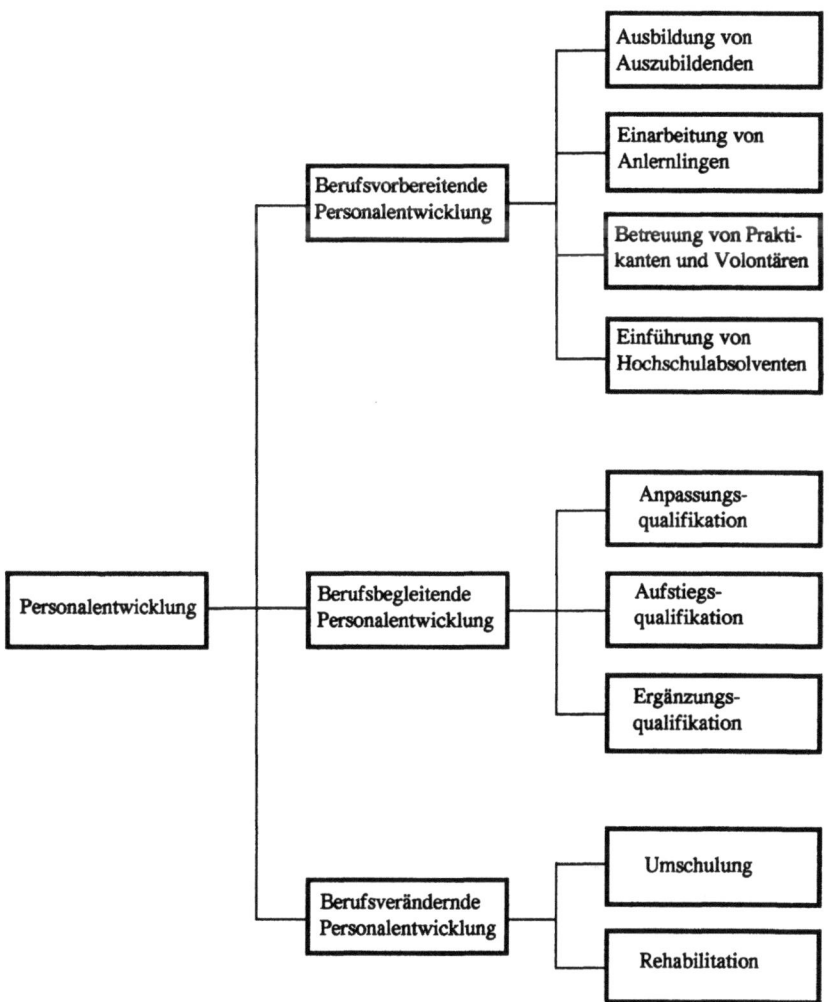

Schaubild VII.15. Bereiche der Personalentwicklung (Vgl. *Mentzel*. 1989, S. 33)

Die **Ermittlung des Entwicklungsbedarfs** der Mitarbeiter ist die Voraussetzung einer systematischen Personalentwicklung. Entwicklungsbedarf entsteht bei Abweichungen vom Idealzustand der Stellenbesetzung – also wenn die Anforderungen einer Stelle nicht durch die individuellen Qualifikationen eines Mitarbeiters erfüllt werden. Entwicklungsbedarfsermittlung beinhaltet damit in erster Linie die **Ermittlung und Gegenüberstellung stellenspezifischer Anforderungen und individueller Qualifikationen** (vgl. *Berthel*, 1977, S. 80 ff.; *Humm*, 1978, S. 16 ff.).

Personalentwicklung bezieht sich jedoch nicht nur auf die gegenwärtigen Stellen der Mitarbeiter, sondern bezieht ausdrücklich auch die Vorbereitung zur Übernahme zukünftig anderer Stellen ein. Um die Übernahme neuer Stel-

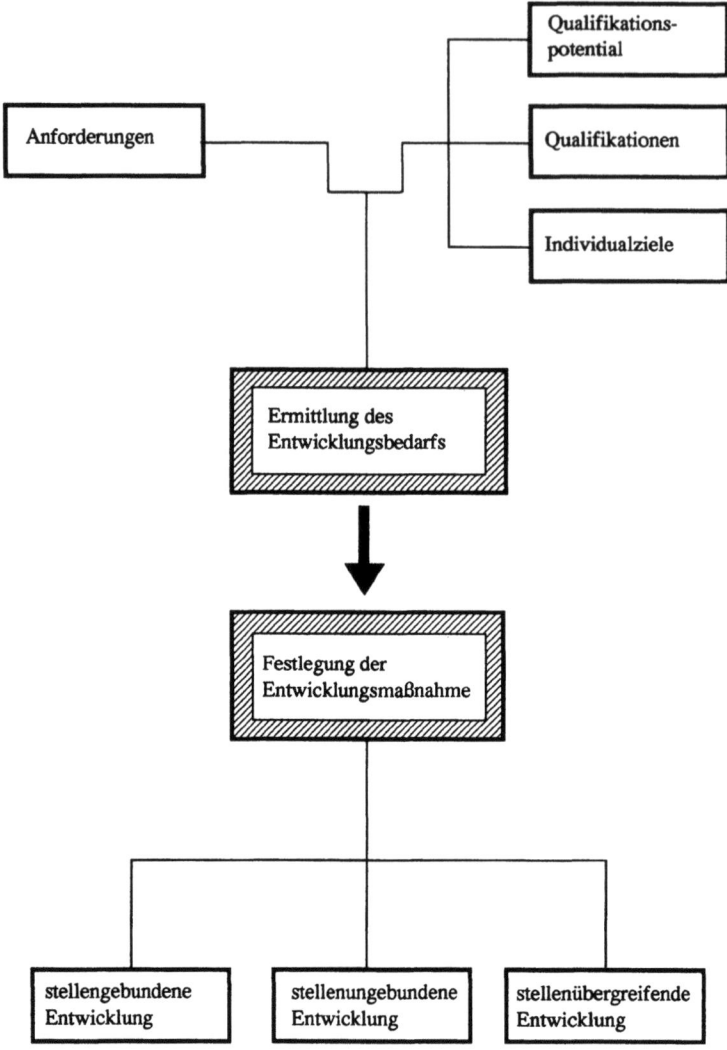

Schaubild VII.16. Planung der Personalentwicklung (vgl. *Hungenberg*, 1990, S. 43)

len durch Maßnahmen der Personalentwicklung zielorientiert vorbereiten zu können, müssen deshalb Informationen über das **individuelle Qualifikationspotential (Entwicklungspotential)** eines Mitarbeiters ebenfalls in die Entwicklungsbedarfsermittlung eingehen.

Angesichts der geforderten dualen Zielsetzung der Personalentwicklung sind bei der Entwicklungsbedarfsermittlung darüber hinaus Informationen über die **individuellen Entwicklungsziele und -bedürfnisse** der betroffenen Mitarbeiter einzubeziehen. Ihre Berücksichtigung rundet eine umfassende unternehmungs- und individualorientierte Entwicklungsbedarfsermittlung ab (vgl.

umfassend zu den für die Entwicklungsbedarfsermittlung relevanten Informationen und deren Gewinnung *Berthel*, 1989, S. 109 ff. und 208 ff.).

Die Ermittlung individuellen Entwicklungsbedarfs bildet eine unerläßliche Voraussetzung für die Personalentwicklung. Deren Kernaufgabe besteht jedoch in der Deckung erkannten Entwicklungsbedarfs durch die positive Veränderung von Qualifikationen. Die **Festlegung der hierzu erforderlichen Entwicklungsmaßnahmen** wird damit zur zentralen Aufgabe der Personalentwicklungsplanung.

Alternative Maßnahmen der Personalentwicklung lassen sich z. B. anhand der Merkmale **Beteiligung der zu Entwickelnden** (aktiv/passiv), **Anzahl der Teilnehmer** (individuell/kollektiv), **Trägerschaft** (intern/extern) sowie **Grad der Stellenbindung** (stellengebunden/stellenungebunden/stellenübergreifend) systematisieren und charakterisieren (vgl. *Hackstein/Nüssgens/Uphus*, 1972, S. 98 ff.; *Remer*, 1978, S. 335 ff.; *Mentzel*, 1989, S. 174 ff.; *Mag*, 1986, S. 138). Dabei bietet der letztgenannte Systematisierungsansatz die trennschärfste methodische Unterscheidung. Hiernach können folgende **Maßnahmen der Personalentwicklung** unterschieden werden, die Schaubild VII.17 im einzelnen wiedergibt:

- **Stellengebundene Entwicklungsmaßnahmen**: Hier findet die Qualifikationsvermittlung in enger Bindung zur regulären Stelle eines Mitarbeiters und damit im direkten Zusammenhang mit der Ausübung produktiver Tätigkeiten statt. Man spricht daher auch von „Entwicklung on the job".
- **Stellenübergreifende Entwicklungsmaßnahmen**: Sie sind dadurch charakterisiert, daß Entwicklungsprozesse durch den planmäßigen Wechsel zweier oder mehrerer Arbeitsplätze ggf. im Rahmen gruppenorientierter Arbeitsformen hervorgerufen werden sollen. Dabei stellt nicht die Erfüllung der Arbeitsplatzaufgaben, sondern der Wechsel zwischen Arbeitsplätzen den wichtigsten Aspekt der individuellen Qualifizierung dar. Man spricht hier auch von „Job Rotation".
- **Stellenungebundene Entwicklungsmaßnahmen**: Hier findet die Qualifikationsvermittlung losgelöst, ohne direkte Bindung zur regulären Stelle eines Mitarbeiters statt. Sie steht damit in keinem unmittelbaren Zusammenhang zur Ausübung produktiver Tätigkeiten. Man spricht daher auch von „Entwicklung off the job".

1.3.4 Planung der Personalerhaltung

Bei der Personalerhaltung geht es wie bei der Personalentwicklung darum, das Leistungsvermögen der Mitarbeiter dauerhaft für eine Unternehmung zu erhalten. Die **Personalerhaltung zielt dabei schwerpunktmäßig auf die Sicherung der Leistungsbereitschaft** („Wollen") – weniger auf die Sicherung der Leistungsfähigkeit („Können").

Im Mittelpunkt der **Planung der Personalerhaltung** steht damit die Frage der **Gestaltung der Anreize bzw. des Anreizsystems** für die Mitarbeiter einer Unternehmung. Im Rahmen der Personalerhaltungsplanung sind Anreize, d. h. situative Gegebenheiten in Form von Stimuli, die das Verhalten von Men-

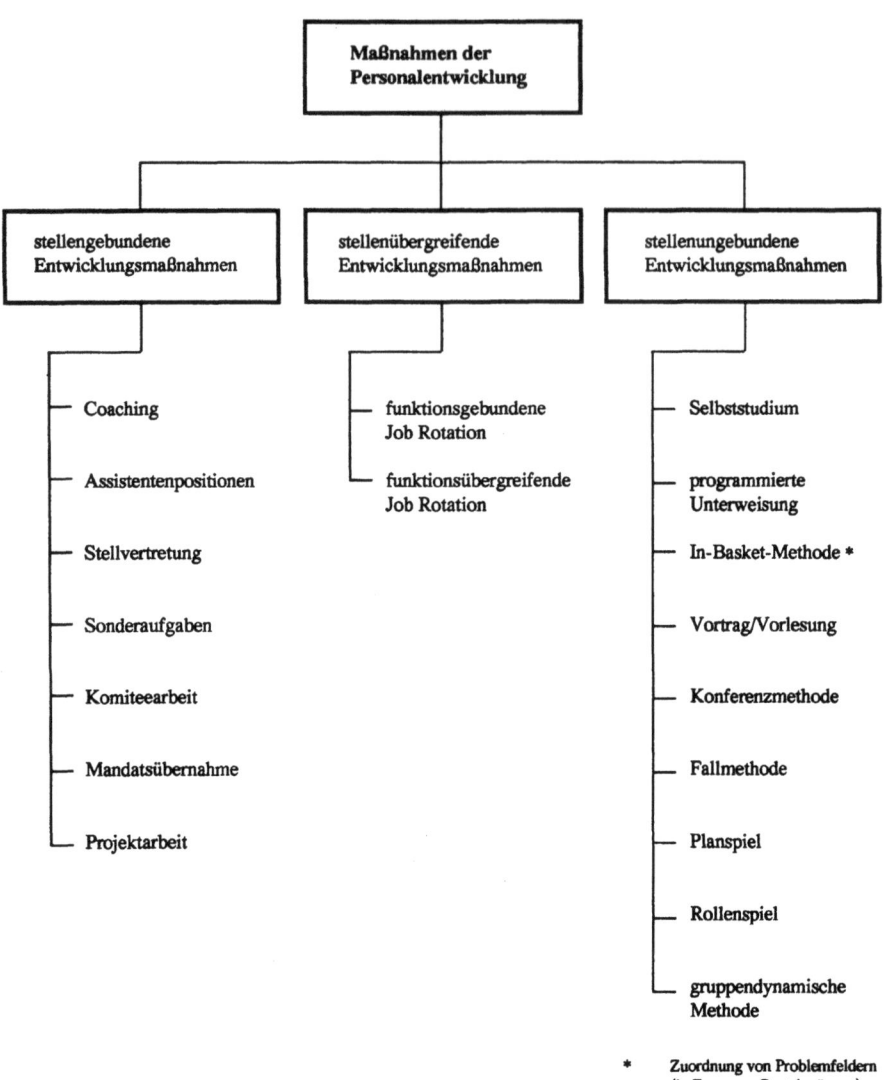

Schaubild VII.17. Maßnahmen der Personalentwicklung

schen zielorientiert beeinflussen, so zu gestalten, daß vorhandene Mitarbeiter einer Unternehmung erhalten bleiben, neue Mitarbeiter gewonnen werden können und das Leistungsvermögen aller Mitarbeiter bestmöglich aktiviert werden kann (vgl. *Mag*, 1986, S. 105 ff.). Dabei können grundsätzlich **materielle und immaterielle Anreize** zum Einsatz kommen (vgl. *Hahn*, 1988, S. 135):

- Bei den **materiellen Anreizen** steht die Planung der Entlohnung (Arbeitsentgeltgestaltung) im Vordergrund, die auf der Basis der Anforderungs-, Qualifikations- und Leistungsbewertung vorzunehmen ist. Hinzu kommen weitere materielle Leistungen einer Unternehmung wie Erfolgsbeteiligungen, betriebliche Sozialleistungen sowie weitere geldliche und sachliche Zusatzleistungen. Auf die Frage der Gestaltung der materiellen Arbeitsanreize im Produktionsbereich wird detailliert in Kapitel 4 dieses Teils eingegangen.
- Bei den **immateriellen Anreizen** handelt es sich um die Gewährung von Leistungen, die der Befriedigung sozialer Bedürfnisse der Mitarbeiter dienen. Im einzelnen können diese durch Aufgabenfeld und Aufgabenentwicklung, individuelle Entscheidungsräume, gegebene Identifikationsmöglichkeiten sowie sozialen Status und soziale Einbindung beeinflußt werden (vgl. detailliert *Mag*, 1986, S. 122 ff.; *Hentze*, 1990, S. 151 ff.).

1.3.5 Planung der Personalfreistellung

Die **Personalfreistellungsplanung** baut wie die Personalbeschaffungsplanung auf der Planung des Personalbedarfs auf. Sie hat die Aufgabe, die **Beseitigung eines negativen Personalbedarfs** – d. h. einer personellen Überdeckung – durch Festlegung geeigneter Anpassungsmaßnahmen unter Bewältigung der hiermit für Unternehmung und Mitarbeiter verbundenen Probleme sicherzustellen.

Sind die ermittelten **Beschäftigungsrückgänge** nur **vorübergehender Natur**, so gilt es, die **Anpassungsmöglichkeiten im Rahmen flexibler Arbeitszeitmodelle auszuschöpfen**, wie z. B. Abbau von Mehrarbeit, Durchführung von Betriebsurlaub oder Kurzarbeit (vgl. Kapitel 3). Bei **dauerhaften Beschäftigungsrückgängen** kommen **Maßnahmen der Personalfreistellung** in Betracht. Hier stehen grundsätzlich folgende Alternativen zur Disposition (vgl. z. B. *Mag*, 1986, S. 155 ff.; *Berthel*, 1989, S. 183 ff.; *Hentze*, 1990, S. 247 ff.):

- **Versetzung** von Mitarbeitern in andere Unternehmungsbereiche oder -teile;
- **Veränderung bestehender Arbeitsverträge** (z. B. Übergang zu Teilzeitarbeit);
- **Beendigung bestehender Arbeitnehmerüberlassungsverträge** (Personalleasing);
- **Beendigung bestehender Arbeitsverträge**: Ausnutzung sogenannter natürlicher Personalabgänge (Tod, Pensionierung, Kündigung durch Arbeitnehmer) – vielfach verbunden mit Einstellungsstopps, Förderung des freiwilligen Ausscheidens (z. B. vorzeitige Pensionierung), Entlassung von Mitarbeitern.

Maßnahmen der Personalfreistellung sind vielfach **mit besonderen sozialen Problemen für die betroffenen Mitarbeiter** verbunden. Vielen Menschen verursacht der Arbeitsplatzwechsel, der Arbeitsplatzverlust, aber auch der Unternehmungswechsel erhebliche Schwierigkeiten. Hier ist es die zentrale

Aufgabe der Personalfreistellungsplanung, Freistellungsmaßnahmen mit einer minimalen sozialen Belastung der Betroffenen zu realisieren und Kompromisse zwischen den Erfordernissen der Unternehmung und den Interessen der Arbeitskräfte anzustreben (zum betriebsverfassungsrechtlichen „Interessenausgleich" und Anspruch auf „Sozialpläne" vgl. im einzelnen *Fitting/Auffrath/Kaiser*, 1984; *Mag*, 1986, S. 155 ff.).

2 Arbeitsgestaltung

2.1 Grundsätzliches zur Arbeitsgestaltung

Die **Arbeitsgestaltung** ist eines der Kerngebiete des Arbeitsstudiums, das speziell für die Personalwirtschaft im Rahmen der Produktion von zentraler Bedeutung ist. Nach REFA ist **Arbeitsgestaltung** „das Schaffen eines aufgabengerechten optimalen Zusammenwirkens von arbeitenden Menschen, Betriebsmitteln und Arbeitsgegenständen durch zweckmäßige Organisation von Arbeitssystemen unter Beachtung der menschlichen Leistungsfähigkeit und Bedürfnisse" (*REFA*, 1985, S. 70).

Die Arbeitsgestaltung zielt damit auf eine **Verfolgung des Wirtschaftlichkeitsziels bei Sicherstellung menschengerechter Arbeitsbedingungen**. Die inhaltliche Konkretisierung akzeptabler, d. h. menschengerechter Arbeitsbedingungen muß dabei unter Berücksichtigung der konkreten Gegebenheiten einzelner Arbeitsplätze und spezifischer Umweltbedingungen auf der Basis von physiologischen, psychologischen und sozialen Kriterien vorgenommen werden (vgl. *Kreikebaum*, 1977, S. 481 ff.). Diese Kriterien können in verschieden Kulturkreisen durchaus unterschiedlich sein und verändern sich im Zeitablauf; sie sind in die jeweilige historische Situation eingebettet.

In der Frühphase der Industrialisierung wurde so der **Sicherstellung menschengerechter Arbeitsbedingungen** nur wenig Bedeutung beigemessen. Die Arbeitsgestaltung richtete sich primär am Wirtschaftlichkeitsziel aus, so daß die Arbeitskräfte im Produktionsbereich – aus heutiger Sicht – vielfach überhöhten physischen und psychischen Belastungen und z.T. auch gesundheitlichen Gefährdungen ausgesetzt waren. Heute sind in hochentwickelten Industriegesellschaften Fragen der Gewährleistung einer menschengerechten Arbeit, die sich z.B. bei der Anwendung neuer Prozeßtechnologien und Automatisierungstechniken stellen, in den Mittelpunkt der Arbeitsgestaltung gerückt. Hierbei darf jedoch nicht übersehen werden, daß die langfristige **Sicherung der Wettbewerbsfähigkeit** einer Unternehmung unabdingbare Voraussetzung für die Sicherstellung menschengerechter Arbeitsbedingungen und die Erfüllung von Human- und Sozialzielen ist. Daher dürfen die durch die Humanisierungsmaßnahmen verursachten Kosten nicht die Wirtschaftlichkeit der Produktion gefährden. In der Praxis hat sich gezeigt, daß ein beachtlicher Teil der Humanisierungsmaßnahmen zugleich auch zu einer Verbesserung der Wirtschaftlichkeit beigetragen hat. Konflikte zwischen dem Wirtschaftlichkeits- und dem Humanisierungsziel treten somit nicht generell auf; wo sie jedoch auftreten, sind Maßnahmen zu suchen und zu ergreifen, die gleichzeitig den wirtschaftlichen und den humanen Zielen in angemessener Weise Rechnung tragen (vgl. *Laßmann*, 1976, S. 767 ff.). Bei der Bewältigung dieser Harmonisierungsaufgabe ist insbesondere zu berücksichtigen, daß sich die Einstellung der Menschen zur Arbeit und zur privaten Sphäre verändert, was allgemein als **Wertewandel** bezeichnet wird. Den betrieblichen Wiederholtätigkeiten und belastenden Umgebungseinflüssen bei weitgehender Fremdbestimmung stehen im privaten Bereich wachsende Entfaltungsmöglichkeiten bei zunehmendem Wohlstand und Bildungstand gegenüber (vgl. *Schmied*, 1982, S. 6 f.).

Maßnahmen der Arbeitsgestaltung müssen sich dabei in der Bundesrepublik Deutschland zwingend an einer Reihe von Gesetzen und Verordnungen orientierten, durch die der **Schutz der Arbeitskräfte vor arbeitsbedingten Belastungen und Gefährdungen** gesichert werden soll. Einen Schwerpunkt bilden dabei Vorschriften über **Unfallverhütungsmaßnahmen**. So ist die Unternehmungsführung gemäß § 618 BGB (Pflicht zu Schutzmaßnahmen bei Dienstverträgen) generell verpflichtet, die Arbeit und die Arbeitsbedingungen so zu regeln, daß die Arbeitskräfte gegen Gefahren für Leben und Gesundheit so weit geschützt werden, wie es die Natur der jeweiligen Arbeitsaufgabe gestattet. Die konkrete Ausgestaltung unterschiedlicher Arbeiten ist in einer Vielzahl von Einzelgesetzen, Verordnungen, Arbeitsschutzvorschriften (z. B. Unfallverhütungsvorschriften der Berufsgenossenschaften) und sogenannten Regeln der Sicherheitstechnik (z. B. DIN-Normen) festgelegt.

Als wohl älteste Bestimmung zum Schutz der Arbeitnehmer ist die **Gewerbeordnung** (GewO) aus dem Jahre 1869 anzusehen. Die §§ 120 a ff. bilden das rechtliche Fundament des technischen Arbeitsschutzes (vgl. *Stüdemann*, 1979, Sp. 1787). Als Generalklausel kann § 120 a GewO aufgefaßt werden (vgl. auch *Ellinger/Winter*, 1979, Sp. 716):

„1. Die Gewerbeunternehmer sind verpflichtet, die Arbeitsräume, Betriebsvorrichtungen, Maschinen und Gerätschaften so einzurichten und zu unterhalten und den Betrieb so zu regeln, daß die Arbeitnehmer gegen Gefahren für Leben und Gesundheit soweit geschützt sind, wie es die Natur des Betriebs gestattet.
2. Insbesondere ist für genügendes Licht, ausreichenden Luftraum und Luftwechsel, Beseitigung des bei dem Betrieb entstehenden Staubes, der dabei entwickelten Dünste und Gase sowie der dabei entstehenden Abfälle Sorge zu tragen.
3. Ebenso sind diejenigen Vorrichtungen herzustellen, welche zum Schutz der Arbeitnehmer gegen gefährliche Berührungen mit Maschinen oder Maschinenteilen oder gegen andere in der Natur der Betriebsstätte oder des Betriebs liegende Gefahren, namentlich auch gegen die Gefahren, welche aus Fabrikbränden erwachsen können, erforderlich sind.
4. Endlich sind diejenigen Vorschriften über die Ordnung des Betriebs und das Verhalten der Arbeiter zu erlassen, welche zur Sicherung eines gefahrlosen Betriebs erforderlich sind."

Als weitere wesentliche **spezielle Gesetze zum Arbeitsschutz** seien genannt:

- Das Gesetz über technische Arbeitsmittel von 1968 (sog. **Maschinenschutzgesetz**), das den Herstellern von technischen Arbeitsmitteln die Verantwortung für den Gefahrenschutz (Betriebsschutz) überträgt.
- **Das Betriebsverfassungsgesetz von 1972**, das den Arbeitnehmern bzw. dem Betriebsrat in den §§ **90, 91** sowohl Unterrichtungs-, Beratungs- und Beschwerderechte als auch weitergehende Mitbestimmungsrechte in bestimmten Fragen der Gestaltung von Arbeitsplatz, Arbeitsablauf und Arbeitsumgebung zugesteht, wie bereits in Kapitel 1.2.3 erwähnt.

Nach § 90 BetrVG hat der Arbeitgeber den Betriebsrat über die Planung

„1. von Neu-, Um- und Erweiterungsbauten von Fabrikations-, Verwaltungs- und sonstigen betrieblichen Räumen,
2. von technischen Anlagen,
3. von Arbeitsverfahren und Arbeitsabläufen oder
4. der Arbeitsplätze
rechtzeitig unter Vorlage der erforderlichen Unterlagen zu unterrichten".

Ferner sind die vorgesehenen Maßnahmen insbesondere im Hinblick auf ihre Auswirkungen auf die Art der Arbeit und die Anforderungen an die Arbeitnehmer mit dem Betriebsrat zu beraten. Arbeitgeber und Betriebsrat sollen dabei die gesicherten arbeitswissenschaftlichen Erkenntnisse über die menschengerechte Gestaltung der Arbeit berücksichtigen.

§ 91 BetrVG besagt darüber hinaus:

„Werden die Arbeitnehmer durch Änderungen der Arbeitsplätze, des Arbeitsablaufs oder der Arbeitsumgebung, die den gesicherten arbeitswissenschaftlichen Erkenntnissen über die menschengerechte Gestaltung der Arbeit offensichtlich widersprechen, in besonderer Weise belastet, so kann der Betriebsrat angemessene Maßnahmen zur Abwendung, Milderung oder zum Ausgleich der Belastungen verlangen. Kommt eine Einigung nicht zustande, so entscheidet die Einigungsstelle. Der Spruch der Einigungsstelle ersetzt die Einigung zwischen Arbeitgeber und Betriebsrat."

Die besondere Problematik besteht hierbei darin, daß nach dem Betriebsverfassungsgesetz von 1972 unter „menschengerechter Arbeitsgestaltung" eine den „gesicherten arbeitswissenschaftlichen Erkenntnissen" entsprechende Ausrichtung der Arbeitsbedingungen verstanden wird.

In den §§ 87–89 BetrVG ist überdies das Recht der Arbeitnehmer auf ungefährdete Arbeit sowie deren Verpflichtung, aktiv zur Unfallverhütung beizutragen, verankert.

- Das Gesetz über Betriebsärzte und Sicherheitsingenieure und andere Fachkräfte von 1973 (**Arbeitssicherheitsgesetz**), wonach der Arbeitgeber verpflichtet ist, Betriebsärzte und Sicherheitsingenieure in Abhängigkeit von der Beschäftigtenzahl und Gefahrenstärke zu engagieren, um dadurch

zur Reduzierung von Berufskrankheiten, Arbeitsunfällen und sonstigen arbeitsbedingten Erkrankungen beizutragen.
- Die Verordnung über Arbeitsstätten von 1975 (**Arbeitsstättenverordnung**), die unter Hinweis auf geltende Arbeitsschutz- und Unfallverhütungsvorschriften spezifische Aussagen über die menschengerechte Gestaltung der Arbeit in gewerblichen Betrieben beinhaltet.

Von großer Bedeutung bei Maßnahmen der Arbeitsgestaltung ist die Berücksichtigung der Auswirkungen auf das soziale Beziehungsgefüge in der Unternehmung. Dieses wird vor allem durch die formellen und informellen Organisationsbedingungen, persönliches Verhalten und Verantwortungsbewußtsein, die Motivation durch Unternehmungsleitung und Arbeitnehmervertretung sowie durch die gesellschaftliche Umwelt geprägt. Im einzelnen sind hierfür insbesondere maßgebend

- die Ausrichtung der einzelnen Mitarbeiter und Unternehmungsbereiche auf die Oberziele der Unternehmung,
- die Verteilung der Kompetenzen und Verantwortlichkeiten innerhalb der Aufbauorganisation der Unternehmung,
- die Schaffung von Sicht- und Sprechkontakten, um den sozialen Bedürfnissen der Arbeitskräfte am Arbeitsplatz Rechnung zu tragen,
- die Einrichtung von Gruppenarbeit bei Gewährung einer begrenzten Autonomie für die Aufgabenverteilung und -abwicklung, soweit dies mit der verwendeten Produktionstechnologie zu vereinbaren ist.

Der Arbeitsprozeß fordert den Arbeitspersonen Leistungen ab, für die von der Unternehmung einerseits Vergütungen gewährt und andererseits Anreize aus der Tätigkeit selbst vermittelt werden. Man spricht hier auch von „mittelbaren und unmittelbaren Gratifikationen".

Es leuchtet unmittelbar ein, daß die erwähnten mittelbaren und unmittelbaren Gratifikationen das Verhalten der Menschen im Arbeitsprozeß beeinflussen. Wenn hier auch kompensatorische Effekte bestehen, d. h. zum Beispiel unbefriedigende Arbeitsbedingungen durch erhöhte Entgelte ausgeglichen werden können und umgekehrt, so existieren unverzichtbare Mindestansprüche an die Arbeitsbedingungen. Allerdings ist eine allgemeinverbindliche Fixierung dieser Mindestbedingungen bisher nicht gelungen. Hiermit beschäftigen sich zur Zeit verschiedene arbeitswissenschaftliche und sozialwissenschaftliche Teildisziplinen. Es gibt jedoch schon eine Reihe von Festlegungen in Gesetzen und Verordnungen, die insbesondere die Arbeitszeitgestaltung, die Sicherheit am Arbeitsplatz, Schutzvorschriften für bestimmte Personengruppen wie Jugendliche, Behinderte, werdende Mütter u.a., betreffen. Eine rechtsverbindliche Konkretisierung für „menschengerechte Arbeitsbedingungen" etwa i.S. von § 90 BetrVG ist bisher noch nicht gelungen.

Im Mittelpunkt der hier zu behandelnden betriebswirtschaftlichen Überlegungen stehen die wirtschaftlichen Auswirkungen von arbeitsgestalterischen Maßnahmen. Arbeitsorganisatorische Umgestaltungen verursachen erhebliche Aufwendungen sowohl in der Planungsphase als auch in der Realisationsphase, denen an anderer Stelle u.U. Einsparungen oder zusätzliche Erträge gegenüberstehen können. Betriebswirtschaftlich wesentliche Veränderungen durch Arbeitsgestaltungsmaßnahmen vollziehen sich vorzugsweise „an den Arbeitssystemen selbst, im Zusammenspiel der zu einem Arbeitsfeld gehörigen Arbeitssysteme untereinander und mit ihren Arbeitsvorgesetzten sowie an den Berührungspunkten zwischen dem für die Neuerung vorgesehenen Arbeitsbereich und den unmittelbar angrenzenden Bereichen (vor- und nachgelagerte Fertigungsstufen, Fertigungshilfsfunktionen) ..." (*Schmied*, 1982, S. 171, 174). Einen Überblick über **betriebswirtschaftlich bedeutsame Auswirkungen arbeitsorganisatorischer Umgestaltungen** gibt Schaubild VII.18.

Von besonderer Bedeutung für die betriebswirtschaftliche Beurteilung der Arbeitsgestaltung ist der Tatbestand, daß die durch Arbeitsgestaltungsmaßnahmen ausgelösten zusätzlichen Ausgaben und Einnahmen vielfach über mehrere Perioden verteilt sind und die voraussichtlichen Nutzungsdauern von entsprechenden Neuorganisationen unterschiedlich sein können. Die projektabhängigen Einnahmen und Ausgaben fallen zudem in den einzelnen Perioden meistens in unterschiedlicher Höhe an. Daher sollte grundsätzlich auf investitionstheoretische Entscheidungskalküle zurückgegriffen werden (vgl. *Laßmann*, 1976, S. 772f.). Als Entscheidungskriterien können dabei insbesondere der Kapitalwert und der modifizierte interne Zinsfuß herangezogen werden (vgl. *Schmied*, 1982, S. 199f.).

Neben vorwiegend technisch-ablauforganisatorisch determinierten Größen kommt den Reaktionen der Arbeitspersonen auf arbeitsorganisatorische Umgestaltungen für die betriebswirtschaftliche Vorteilhaftigkeit einer Gestaltungskonzeption besondere Bedeutung zu. Die **Prognose der Verhaltenswirkungen** aufgrund einer Änderung wesentlicher Gestaltungsmerkmale der Arbeitssituation erfordert daher auch die Heranziehung verhaltenswissenschaftlich gewonnener Erkenntnisse zum Bereich der Arbeitsgestaltung.

Zur ganzheitlichen Beurteilung von Alternativen der Arbeitsgestaltung bietet sich insbesondere die **Nutzwertanalyse bzw. Entscheidungsmatrix** an. Allgemein ist die Nutzwertanalyse bzw. Entscheidungsmatrix ein Verfahren, das es gestattet, komplexe Probleme jeder Art durch Beurteilung der Wirkungen von Alternativen im Hinblick auf quantifizierbare, schwer und nichtquantifizierbare Ziele einer Lösung zuzuführen (vgl. auch *Hahn*, 1985, S. 39ff.; *Zangemeister*, 1976, S. 45; vgl. auch Teil II, Kapitel 1.2.2).

Maßnahmen der Arbeitsgestaltung dienen dem Schutz des arbeitenden Menschen vor arbeitsbedingten Überbelastungen und Gefährdungen. Unterschiedliche **Belastungsfaktoren werden dabei jedoch nicht von allen Menschen gleich bewertet**. Die persönliche Einstellung zu den verschiedenen Belastungsfaktoren industrieller Arbeit wird insbesondere vom Bildungs- und Ausbildungsstand, vom Qualifikationsniveau, von Alter und Geschlecht und anderen Faktoren bestimmt (vgl. *Warnecke/Lentes*, 1973, S. 698f.; *Laßmann*, 1976, S. 769). Sie hängt generell auch vom ökonomischen und sozialen Entwicklungsstand einer Gesellschaft und von der individuellen sozialen Position einer Arbeitskraft in dieser Gesellschaft ab. Im einzelnen können dabei vor allem folgende **technisch-organisatorische Bereiche für arbeitsbedingte Belastungen und Gefährdungen der Arbeitskräfte** verantwortlich sein (vgl.

62 Personalwirtschaft

A. Wirkungsbereich: Objektbezogene Produktionsfaktoren

1. Personal (Quantität, Qualität)

a) Austausch von Arbeitselementen, z. B. Handhabungszeiten wie Hinlegen, Greifen, Bringen, Vorrichten; Prüf- und Nachbesserungszeiten; Transportzeiten; Einrichtungszeiten für Anlagen: T, V[1)]
b) Variation des Leistungsgrades: V
c) Wartezeiten, z. B. entfallender Taktausgleich bei Auflösung der Arbeitsverkettung: T
d) Willkürliche Pausenzeiten: V
e) Anlern- und Einübungszeiten bei Versetzung in den Arbeitsbereich sowie bei Sortenwechsel: überwiegend T, zu einem geringen Teil V
f) Vorhaltung von Reservepersonal (Springer) für Fluktuation und Arbeitsabwesenheit: T, V
g) Lohn(gruppen)einstufung: T

2. Anlagen (Quantität, Qualität)

a) Aufgabenkonzeption je Arbeitssystem, z. B. Einbindung getrennt gebundener Justier- und Prüfarbeiten: T
b) Sukzessiv-/Parallelnutzung hochwertiger Anlagen durch mehrere Arbeitssysteme: T
c) Durchschnittliche Fertigungszeit je Produkteinheit: T, V
d) Pflegezustand und davon abhängige Vorhaltung von Reserven: V

3. Material (Quantität, Qualität)

a) Erzielte Fertigungsqualität (für Erzeugniseinsatzstoffe und erzeugnisgebundener Dienstleistungen): V
b) Anlagenbestand und -einsatz (für Betriebsstoffe und Betriebsdienstleistungen außer Instandhaltung): T, V
c) Pufferlagerung: T

1) T bedeutet: Das betrachtete Phänomen tritt zutage, ohne daß die intervenierende Variable "Verhalten der Arbeitsperson" eine Änderung zeigen muß.

V bedeutet: Das Phänomen tritt nur zutage, sofern die intervenierende Variable "Verhalten der Arbeitsperson" eine Änderung zeigt.

B. Wirkungsbereich: Dispositive/angrenzende/übergreifende Sektoren

1. Arbeitsvorgesetzte

a) Hilfsweiser objektbezogener Arbeitseinsatz zur Überbrückung aktueller Notstände: T
b) Beratung und Anleitung der Arbeitspersonen
 (1) während der Anlern- und Einübungsphase: T
 (2) während der laufenden Tätigkeit: T, zum geringen Teil V
c) Dispositiver Arbeitseinsatz: T

2. Innerbetrieblicher Transport

a) Transportmengen, Transportwege, Transportmittel: T
b) Qualifikation des Transport- und Beschickungspersonals: T

3. Qualitätswesen

a) Verlagerung qualitätsrelevanter Tätigkeiten: T
b) Angelieferte Fertigungsqualität: T, zu einem geringen Teil auch V

4. Ausbildungssektor

a) Durchschnittliche betriebliche Verweilzeit der Arbeitspersonen: V
b) Erforderliches Reservepersonal, das ebenfalls ausgebildet werden muß: T, V

5. Instandhaltung

a) Anlagenvorhaltung und -einsatz: T
b) Anlagenpflege durch das Fertigungspersonal: V

6. Sonstige inner- und außerbetrieblich wirksame Phänomene

a) Belastung der Personalabteilung durch Neueinstellungen: V
b) Belastung der Lohnabrechnung durch Berücksichtigung der Fehlzeiten: V
c) Raumbedarf: V
d) Verbesserungsvorschläge: V
e) Betriebsklima: V
f) Unternehmungsimage auf dem Absatz- und Beschaffungsmarkt (einschließlich Arbeitsmarkt): ? ?
g) Qualität der ausgelieferten Produkte: T, V
....
....

Schaubild VII.18. Wirkungsbereiche der Arbeitsgestaltung (vgl. *Schmied*, 1982, S. 172 f.)

Warnecke/Lentes, 1973, S. 573; *Hackstein*, 1977a, S. 161; *Schmied*, 1982, S. 5 ff.):

- **Art und Konstruktion der Produkte**: So gehen z. B. im Maschinenbau Belastungen und Gefährdungen von schwierigen Montagetätigkeiten wie Überkopfarbeiten sowie schwer zugänglichen Instandsetzungsoperationen aus.
- **Konstruktion und Ausstattung von Produktionsanlagen** und **Gestaltung verfahrensbedingter Umgebungseinflüsse**: So können z. B. Unfallgefährdungen, einseitige Körper- und Sinnesbelastungen sowie Hitze, Lärm, Staub, Gasentfaltung, Strahlenbelastung, Erschütterungen u. ä. Belastungen durch den Maschinen- und Anlagenbetrieb sowie die Prozeßabläufe und die Umfeldbedingungen verursacht werden.
- **Innerbetriebliche Anordnung (Layout) der Arbeitsplätze und Betriebsmittel**: So werden z. B. psychische Belastungen bei einer Anordnung von Arbeitsplätzen ohne ausreichende Sicht- und Sprechkontakte verursacht.
- **Horizontale Arbeitsteilung**: Hierunter ist die Zergliederung einer qualitativ homogenen Gesamtaufgabe in einzelne Teilverrichtungen und deren getrennte und langfristig gleichbleibende Zuordnung auf mehrere Arbeitssysteme der gleichen Hierarchiestufe zu verstehen. Im Extremfall entsteht so eine sich für die einzelnen Arbeitssysteme identisch wiederholende kurzzyklische Abfolge rein ausführender Tätigkeiten mit Monotonieeffekten und daraus resultierenden physiologischen und psychologischen Überlastungen der Arbeitskräfte.
- **Vertikale Arbeitsteilung**: Hierunter ist die Zergliederung einer qualitativ heterogenen Gesamtaufgabe in Teilverrichtungen zu verstehen, von denen die anspruchsvolleren Teile auf Arbeitssysteme höherer Hierarchiestufen konzentriert werden. Diese Aufgabenteilung kann infolge niedriger geistiger Anforderungen bei denjenigen Arbeitskräften, die mit rein ausführenden Tätigkeiten betraut sind, zu Frustration und verminderter Leistungsbereitschaft führen, die sich u. a. in überdurchschnittlich hohen Fluktuations- und Krankenstandsziffern ausdrücken.
- **Führungsstil**: So kann z. B. eine ausgeprägt autoritäre Führung mit Detailanweisungen zum Arbeitsvollzug und institutionalisierten Fremdkontrollen bei vielen, insbesondere bei sensiblen und selbst-motivierten Arbeitskräften zu psychischen Belastungen sowie qualitativem und quantitativem Leistungsabfall führen – häufig verbunden mit mangelnder Identifikation mit der Arbeit und kritiklosem Anpassungsverhalten.

Die Aufzählung der Ursachenbereiche arbeitsbedingter Belastungen und Gefährdungen von Arbeitskräften läßt erkennen, daß es im Rahmen der Arbeitsgestaltung **drei grundlegende Ansatzpunkte zur Verwirklichung eines optimalen Zusammenwirkens von Menschen, Betriebsmitteln und Arbeitsgegenständen** gibt:

- **Arbeitsplätze** und die diesen zugehörigen **Betriebsmittel**: Diese stellen den materiellen, sachlichen Aspekt eines Arbeitssystems bzw. einer Arbeitssituation dar.

- **Arbeitsfelder**: Diese charakterisieren den immateriellen, inhaltlichen Aspekt eines Arbeitssystems bzw. einer Arbeitssituation.
- **Führungsstile/-formen**: Diese prägen das Verhalten von Führungskräften im Führungsprozeß im Produktionsbereich und in kooperierenden Bereichen.

Arbeitsplatz- und Betriebsmittelgestaltung sowie **Arbeitsfeldgestaltung** bilden die primären Gestaltungsbereiche im Rahmen der Arbeitsgestaltung. Auf beide Bereiche wird im folgenden näher eingegangen, wobei jeweils die Besonderheiten der personenbezogenen und gruppenbezogenen Gestaltung differenziert betrachtet werden sollen. Abschließend wird der Problembereich Führungsstil/Führungsform grundlegend charakterisiert.

2.2 Arbeitsplatz- und Betriebsmittelgestaltung

2.2.1 Personenbezogene Arbeitsplatz- und Betriebsmittelgestaltung

2.2.1.1 Ergonomische Gestaltung

Die **ergonomische Gestaltung** von Arbeitssystemen zielt auf eine bestmögliche wechselseitige Anpassung zwischen dem arbeitenden Menschen und seinen Arbeitsbedingungen ab. Sie dient durch die Berücksichtigung des Körperbaus, psychischer Faktoren und spezifischer Fähigkeiten des Menschen der **Vermeidung physischer und psychischer Überbelastung**.

Die Teildisziplin der Arbeitswissenschaft, die sich mit den Anforderungen an einen Arbeitsplatz im Hinblick auf Körpermaße und -haltung des arbeitenden Menschen beschäftigt, wird auch **Anthropometrik** genannt. Von **Anthropotechnik** wird gesprochen, wenn bei den Anpassungsmaßnahmen lediglich das Zusammenwirken von Mensch und Maschine betrachtet wird (vgl. *Hackstein*, 1977, S. 113).

Da Menschen keine genormten Körpermaße aufweisen, geht man bei der Gestaltung der Betriebsmittel von gemittelten Werten von Körpermaßen aus. REFA hat eine arithmetische Mittelwerttabelle von Körpermaßen veröffentlicht, in der Unter- und Obergrenzen für die arbeitsrelevanten Körperteile angegeben werden, die so gewählt sind, daß 95 % aller Personen erfaßt werden (vgl. *REFA*, 1984, S. 193).

Die anthropometrische Gestaltung bezieht sich primär auf die

- Ermittlung der körpergerechten **Arbeitsplatzhöhe** (vgl. Schaubild VII.19), die davon abhängt, ob die Arbeitsaufgabe stehend oder sitzend ausgeführt werden kann. Wegen der geringeren physischen Belastung sind Sitzarbeitsplätze grundsätzlich vorzuziehen.
- Festlegung eines **optimalen Griffbereiches**, der durch die Entfernung und Richtung der Arbeitsbewegungen bestimmt wird und nach den Grundsät-

Arbeitsgestaltung 65

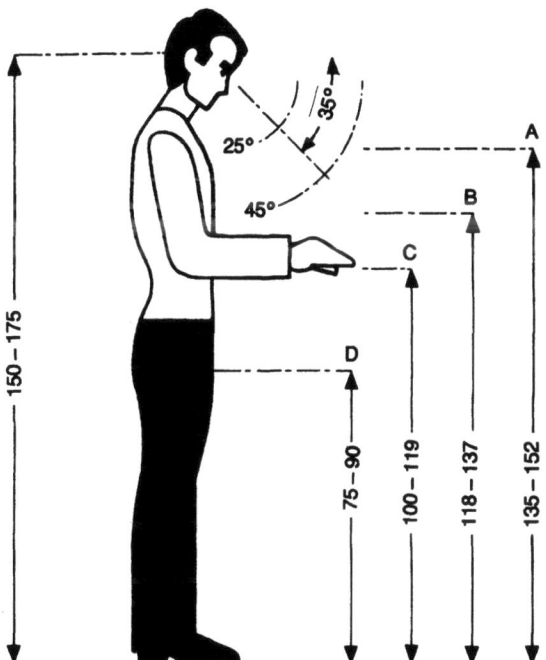

A Höhe von Objekten, die dauernd beobachtet werden müssen
B Werkzeughöhe bei Maschinenarbeit
C Handarbeit ohne genaue Augenkontrolle, aber mit Ellenbogenfreiheit
D Arbeitshöhe beim Hantieren mit schweren Gegenständen

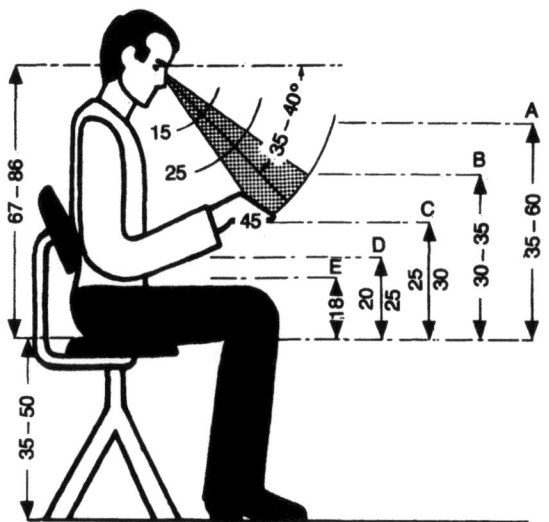

A Objekthöhe bei Feinarbeit

B Werkzeughöhe bei Maschinenarbeit
   Handarbeiten mit Augenkontrolle

C Schreibtisch

D Schreibmaschinentisch
   Handarbeit ohne genaue Augenkontrolle, aber mit Ellenbogenfreiheit

E Minimaler Knieraum

Schaubild VII.19. Arbeitshöhen bei stehender (für Männer) und sitzender Haltung in cm (*REFA*, 1984, S. 199 und S. 196)

zen der Bewegungsökonomik unter Beachtung von Energieverbrauch, Kraftaufwand und Bewegungsgenauigkeit ermittelt werden sollte. Beispielhaft sei hier auf die Vermeidung von Überkopfarbeiten im Automobilbau hingewiesen.
- Zu beachten ist ferner der Wahrnehmungsbereich des Auges, das **Gesichtsfeld**. Das Sehvermögen weist innerhalb des Gesichtsfeldes keine Konstanz auf, sondern nimmt zum Rand hin ab, kann aber durch Variation der **Ausleuchtung** verändert werden und ist um so größer, je höher die Leuchtdichte ist (vgl. *Hettinger/Kaminsky/Schmale*, 1980, S. 215 ff.). Eine gleichmäßige Ausleuchtung des Arbeitsplatzes bzw. -raumes führt zu geringerer Ermüdung und dadurch zu geringeren Ausschußquoten; damit ist vielfach auch eine steigende Arbeitsleistung bei sinkenden Unfallraten verbunden. Eine zu hohe Leuchtdichte führt jedoch zur Blendung und damit zur Umkehrung der genannten positiven Effekte.
- **Formgebung und Anordnung von Maschinen, Werkzeugen, Vorrichtungen, Bedienungselementen und Anzeigen** mit dem Ziel, die Handlungsausführungen zu erleichtern und die Beanspruchung des Menschen zu minimieren. Bei Steuerungs- und Prüfvorgängen soll die Informationsaufnahme (z. B. Ablesen von Messanzeigen) soweit wie möglich erleichtert werden, um Fehlleistungen zu minimieren (vgl. *Kirchner/Rohmert*, 1974, S. 63 ff.). Werden im Produktionsprozeß Daten im Dialogverfahren eingegeben bzw. abgerufen, sind an die Gestaltung der **Bildschirmarbeitsplätze** besondere ergonomische Anforderungen wie z. B. günstige Farbgebung von Bildschirmhintergrund und Zeichen, Flimmerfreiheit des Bildes, verstellbare Bildschirmoberfläche, bedienungsgerechte Anordnung und Gestaltung des Tastenfeldes zu stellen (vgl. z. B. *Janßen*, 1990, S. 36 ff.).
- **Sicherheitsorientierte Konstruktion von Maschinen und Vorrichtungen** sowie **Arbeitskleidung** zur Unfallverhütung. Hierzu zählen z. B. Zweihandbedienungsmechanismen bei Pressen, Schutzgitter bei Walzenstraßen, hitzeabweisende Arbeitsanzüge bei Hochofenarbeitern.

Als Instrumente für die ergonomische Gestaltung von Handarbeitsplätzen stehen bereits Computerprogramme zur Verfügung. So erlaubt die interaktiv nutzbare, modular aufgebaute Planungssoftware **ERGOMAS (Ergonomische Gestaltung und Optimierung manueller Arbeitssysteme)** beliebig viele verschiedene Grafikdarstellungen. **Simulierte Körperbewegungen** können gleichzeitig **in zweidimensionaler wie in dreidimensionaler Darstellung** am Bildschirm visualisiert werden.

Neben der Ermittlung idealer Arbeitsplatzabmessungen sowie maximaler Kräfte und Momente kann mit dieser Software das Heben und Handhaben von Lasten beurteilt werden. Im modularen Programmaufbau ist eine Integration der ergonomischen Arbeitsgestaltung mit der Anlagenplanung und der ablauforganisatorischen Arbeitsgestaltung vorgesehen. **Aus der Arbeitsgestaltung** können dann **Arbeitsplatzbewertungen und Vorgabezeitanalysen abgeleitet** werden. Schnittstellen zu verschiedenen externen Systemen ermöglichen den Datenaustausch mit Datenbanken und CAD-Systemen (vgl. *Helms/Lay/Menges*, 1990, S. 25 ff. sowie *Lay*, 1988).

2.2.1.2 Organisatorische Gestaltung

Im Zentrum der organisatorischen Gestaltung im Bereich der personenbezogenen Arbeitsplatz- und Betriebsmittelgestaltung steht der **Übergang von Humanpotentialen als Aufgabenträger zu Sachpotentialen als Aufgabenträger**. Die Substitution des Menschen durch Maschinen zielt primär auf die Verminderung der physischen und psychischen Arbeitsbelastung sowie auf die Steigerung des Qualitätsniveaus und der quantitativen Leistung. In der mechanisch-synthetischen Fertigung und in der chemisch-analytischen Erzeugung kommt es hier zur **Teil- und/oder Vollautomation** maschineller Anlagen (vgl. hierzu DIN 19 233 in *Deutsches Institut für Normung e.V. (Hrsg.)*, 1972).

Probleme können in diesem Zusammenhang im Montagebereich auftreten, wenn die Nachahmung komplexer Auge-Hand-Koordinationen und -Kombinationen sowie die Nachbildung des differenzierten Tastsinns beim Greifen oder des analytischen Hörens von Tönen zu bewältigen sind. Durch die Entwicklung frei programmierbarer Arbeitsmaschinen, die mit Hilfe von Greifern und Sensoren in der Lage sind, menschliche Bewegungs- und Sinnesfunktionen teilweise nachzuahmen, sind auf diesem Gebiet in den letzten Jahren erhebliche Fortschritte erzielt worden.

In der Praxis werden beim Ausbau der Automation Arbeitsabläufe bevorzugt, die mit hohen physischen und/oder psychischen Belastungen der Arbeitspersonen verbunden sind.

Primäre Einsatzgebiete von Industrierobotern sind

- die Materiallagerbedienung und der innerbetriebliche Materialtransport,
- die Werkstückhandhabung wie z. B. Pressenbeschickung, Handhabung an Schneidemaschinen, Druck- und Spritzgußmaschinen,
- der Werkzeugwechsel und
- die Werkzeughandhabung wie z. B. Beschichten, Punkt- und Bahnschweißen.

Teleoperatoren, die zur Gruppe der Handhabungsgeräte gehören und deren Manipulatoren durch Menschen ferngesteuert werden können, tragen z. B. bei großer Hitzeentwicklung, radioaktiver Strahlung und dergl. ebenfalls zur Entlastung der Arbeitskräfte bei.

2.2.1.3 Technologische Gestaltung

Eine **Verringerung oder Vermeidung von schädlichen bzw. unangenehmen Emissionen** wie vor allem Schwingungen, Lärm, Stäube, Gase, Wärme fördern das Wohlbefinden und die Leistungsbereitschaft der Arbeitskräfte (vgl. *Berthel*, 1989, S. 278 ff.; *Blohm u.a.*, 1987, S. 97; *Gerhardt*, 1983, S. 164 ff.). **Ansatzpunkte** zur Verbesserung der Umgebungseinflüsse bieten sich im Bereich technologischer Gestaltung vor allem durch

- Prozeßänderungen;
- konstruktive und bauliche Veränderungen an bestehenden und/oder neu zu erstellenden Produktionsanlagen;

- Abschirmungen von Emissionsquellen durch Dämmung, Abkapselung, Absaugung oder sonstige technische Maßnahmen zur Reduktion schädlicher Belastungen;
- Trennung von Arbeitspersonen und Emissionsquelle – u.U. durch die erwähnten organisatorisch-technologischen Möglichkeiten der Fernbedienung oder Automation sowie Körperschutzmaßnahmen.

2.2.2 Gruppenbezogene Arbeitsplatz- und Betriebsmittelgestaltung

Während bei der **personenbezogenen** Arbeitsplatz- und Betriebsmittelgestaltung materielle, sachliche Aspekte von Arbeitssituationen mit Bezug auf **Einzelpersonen** im Zentrum der Diskussion standen, beschäftigt sich die **gruppenbezogene** Arbeitsplatz- und Betriebsmittelgestaltung mit den materiellen, sachlichen Aspekten einer Arbeitssituation im Hinblick auf **mehrere Personen**. Daraus wird deutlich, daß die gruppenbezogene Arbeitsplatz- und Betriebsmittelgestaltung nie von der personenbezogenen isoliert behandelt werden kann; vielmehr greifen **beide Komplexe thematisch ineinander**.

Die gruppenbezogene Arbeitsplatz- und Betriebsmittelgestaltung dient primär der **Verbesserung von Kontaktmöglichkeiten zwischen den Arbeitskräften** (vgl. hierzu auch *Rosenstiel*, 1987, S. 99). Dies kann durch **Änderungen des Layout** erreicht werden, die – wie die Beispiele in Schaubild VII.20 aus dem Bereich der Fließfertigung zeigen – Verbesserungen der Seh- und Sprechkontakte ermöglichen.

Bei der Mercedes-Benz AG in Bremen wurde ein CAD-Anwendungsprogramm zur Arbeitsgestaltung entwickelt, das neben der **Gestaltung einzelner (Mikro-)Arbeitssysteme** auch deren **Einbindung in die Gegebenheiten der Anlagenanordnung/des Hallenlayouts** explizit berücksichtigt. Das entsprechende Modul des Systems **FAPLIS (Fabrikplanungs- und Informationssystem)** erreicht somit eine über das einzelne Arbeitssystem hinausgehende ganzheitliche Betrachtung und trägt gruppenbezogenen Aspekten der Arbeitsplatz- und Betriebsmittelgestaltung Rechnung (vgl. *Bracht/Oelker/Huber*, 1990, S. 164 ff.).

Vielfach werden Änderungen der räumlichen Betriebsmittelanordnung auch bei der Neugestaltung von Arbeitsfeldstruktur(en) erforderlich.

2.3 Arbeitsfeldgestaltung

2.3.1 Personenbezogene Arbeitsfeldgestaltung

Arbeitsfelder können inhaltlich durch Art und Anzahl von Tätigkeiten gekennzeichnet werden, wobei diese Arbeiten bzw. Aktionen/Aktionsfolgen in bestimmten Beziehungen zueinander und ggf. auch zu anderen Aktionen/Aktionsfolgen stehen. Unter **Arbeitsfeldgestaltung** versteht man die Zuordnung

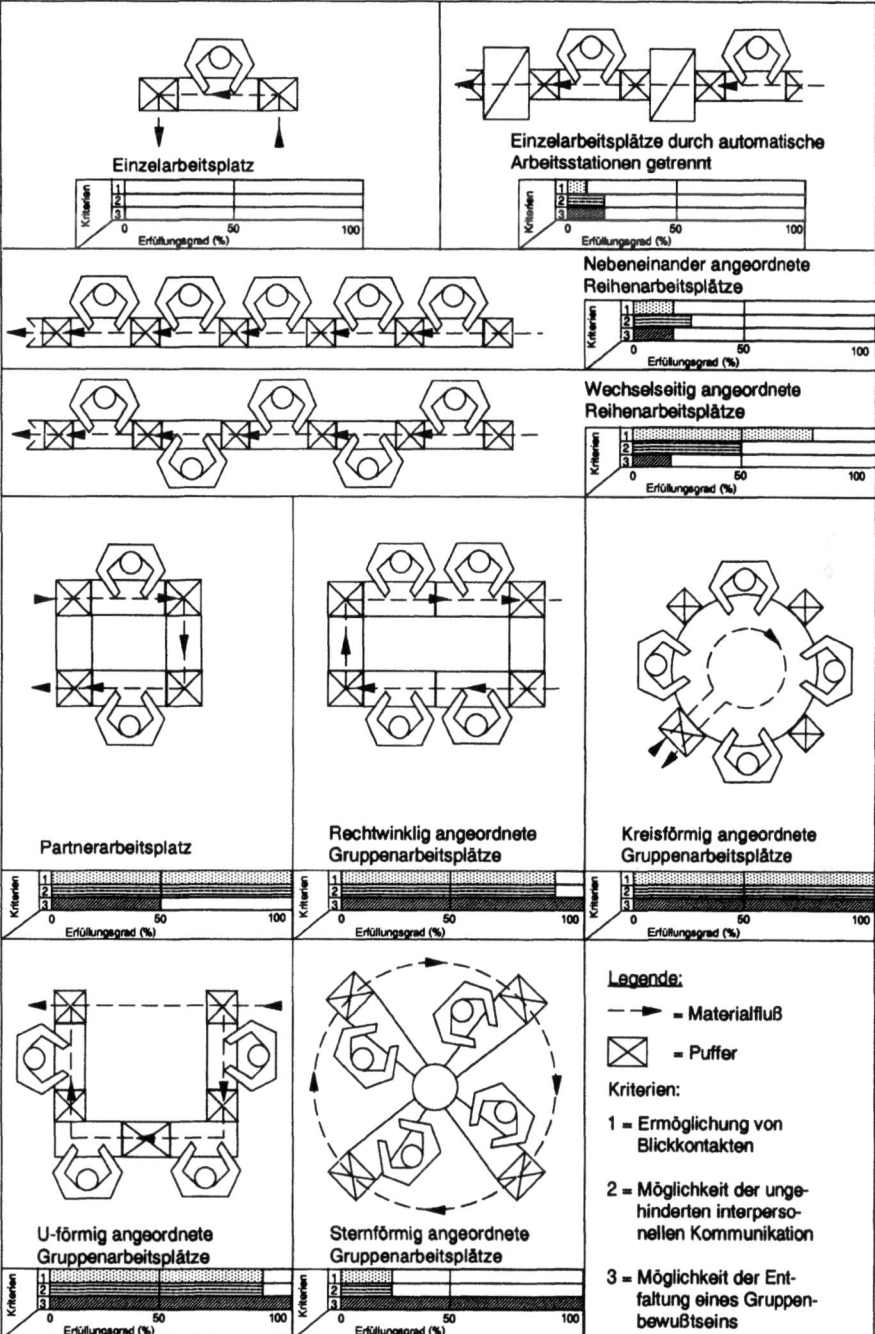

Schaubild VII.20. Anordnungsmöglichkeiten von Arbeitsplätzen bei Fließfertigung

der Gesamtheit von Aktionen nach Art und Menge in einer bestimmten Bezugsperiode zu einzelnen oder mehreren Arbeitskräften. **Ziel der Arbeitsfeldgestaltung** ist die wechselseitige Anpassung von Arbeitsinhalten einerseits sowie Fähigkeiten und Zielen der Arbeitskräfte andererseits bei gleichzeitiger Steigerung, mindestens aber Wahrung der Wirtschaftlichkeit. Schaubild VII.21 visualisiert die Grundformen der Arbeitsfeldgestaltung.

Gegenstand der **personenbezogenen Arbeitsfeldgestaltung** ist die qualitative und/oder quantitative Veränderung der Gesamtheit der Aufgaben (zielorientierten Tätigkeiten) einzelner Arbeitskräfte, während die **gruppenbezogene Arbeitsfeldgestaltung** das inhaltliche Zusammenwirken mehrerer Arbeitskräfte zum Gegenstand hat und somit auch ablauforganisatorische Aspekte beinhaltet.

Arbeitsfelder können in den Dimensionen Quantität und/oder Qualität vergrößert und/oder verkleinert werden. Im Vordergrund der Diskussion stand in den letzen Jahren die **Arbeitsfeldvergrößerung**, um negativen Auswirkungen des Industrialisierungsprozesses auf die Arbeitskräfte entgegenzuwirken. Grundsätzlich sind jedoch auch Arbeitsfeldverkleinerungen in Betracht zu ziehen (vgl. *Berthel*, 1989, S. 227; *Hahn/Link*, 1975, S. 65 ff.; *Laßmann*, 1976, S. 769; *Schmied*, 1982, S. 95 ff.).

Durch die **quantitative Arbeitsfeldvergrößerung** wird die Zahl der verschiedenen Arbeitsoperationen an einem Arbeitsplatz vergrößert, wobei die qualitative Komponente, d.h. das Mischungsverhältnis von Entscheidungs- und Realisationstätigkeiten eines bestimmten Anforderungsniveaus, weitgehend konstant bleibt. Die **personenbezogene quantitative Arbeitsfeldvergrößerung** wird als **Arbeitserweiterung („Job Enlargement")** bezeichnet. Hierbei werden einer Arbeitskraft bzw. einem Arbeitssystem je Arbeitszyklus mehrere gleichartige Arbeitsvorgänge zugeordnet. Damit verbunden wird die durchschnittliche Zykluszeit entsprechend verlängert, da der geforderte Leistungsgrad nicht verändert werden soll. So werden z.B. einem Montageplatz zu den bisherigen 10 Arbeitsoperationen 8 weitere Operationen ähnlicher Art zugeordnet, und die Vorgabezeit wird von 4 auf 7,2 Minuten erhöht.

„Job Enlargement" wie auch die noch zu charakterisierende i.d.R. gruppenbezogene „Job Rotation" verringern die einseitige Belastung der Arbeitsperson durch kurzzeitige Wiederholung gleichartiger Arbeitsoperationen. Allerdings vermindern sie in der Regel kaum die Monotonie der Arbeit, da die Gleichförmigkeit des Arbeitsablaufes bestehen bleibt. Auch ist mit einer Vergrößerung der Arbeitsaufgabe eine entsprechende Verlängerung der Anlern- und Einübungszeit verbunden. Die angestrebte Normalleistung wird dann erst später erreicht, was zu wirtschaftlichen Nachteilen führen kann (vgl. auch *Blohm, u.a.*, 1987, S. 105; *Kreikebaum*, 1988, S. 87 f.).

Qualitative Arbeitsfeldvergrößerungen zielen grundsätzlich nicht auf eine Erhöhung der Anzahl der zu verrichtenden Arbeitsoperationen, sondern auf eine Erhöhung der Relation zwischen Entscheidungs- und Realisationstätigkeiten und/oder des Anforderungsniveaus von Arbeitsoperationen. Dies wird insbesondere durch den Austausch von einfachen ausführenden Verrichtungen gegen anspruchsvollere Tätigkeiten, ggf. auch solche mit dispositiven Elementen, erreicht. Die **personenbezogene qualitative Arbeitsfeldvergrößerung** wird

Arbeitsgestaltung 71

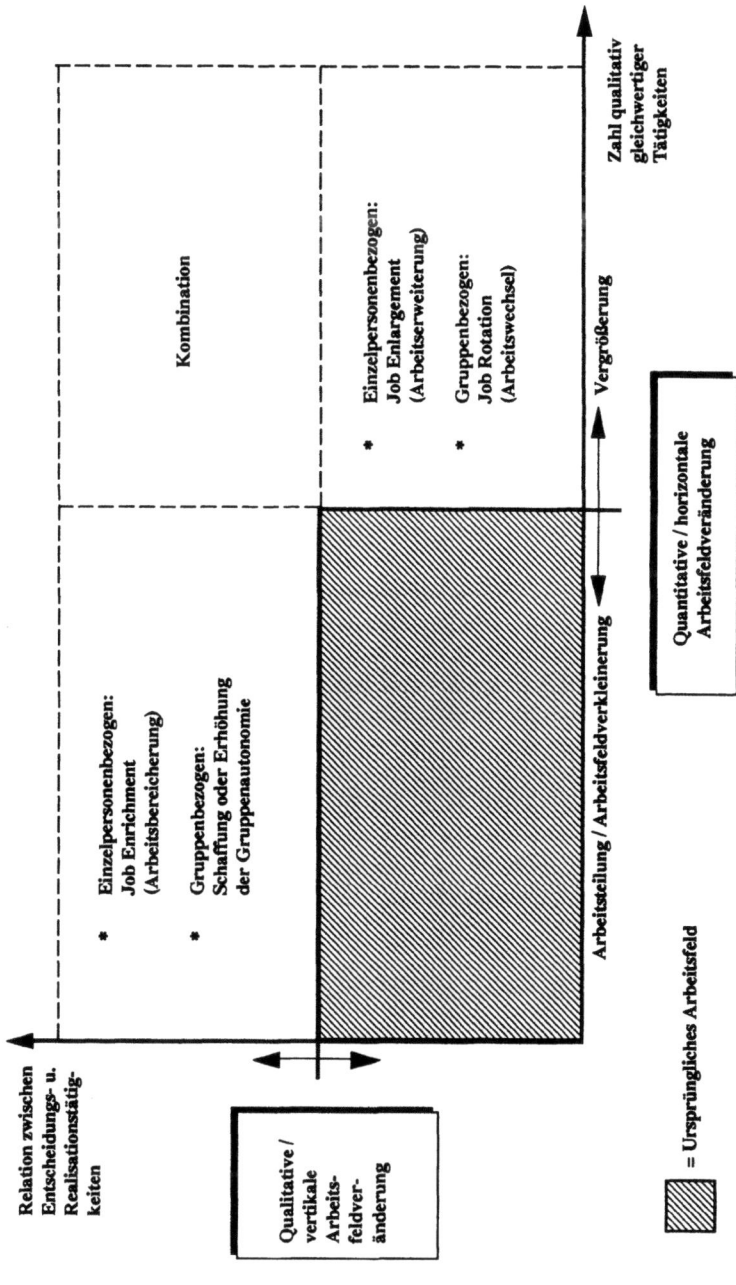

Schaubild VII.21. Grundformen der Arbeitsfeldgestaltung

Arbeitsbereicherung ("Job Enrichment") genannt. Dabei werden der Arbeitsperson anstelle einiger Ausführungstätigkeiten einfacher Art solche mit höheren Anforderungen oder aber dispositive Arbeiten übertragen wie z. B. Steuerungsfunktionen oder Instandhaltungs- und Qualitätssicherungsaufgaben. Es werden dem Ausbildungsstand und Fähigkeitsprofil entsprechend möglichst verschiedenartige Aktivitäten zusammengefaßt. Wenn die anforderungshöheren Tätigkeiten zu den bisher vollzogenen hinzukommen, entsteht eine Kombination aus Arbeitsbereicherung und Arbeitserweiterung. Es ist grundsätzlich anzumerken, daß die beschriebenen Grundformen der Arbeitsfeldveränderung in praxi selten in reiner Form vorliegen (vgl. *Hahn/Link*, 1975, S. 68; *Pfeiffer/Dörrie/Stoll*, 1977, S. 77).

Beim „Job Enrichment" und bei der im folgenden Abschnitt beschriebenen Einrichtung „teilautonomer Gruppen" werden die Möglichkeiten für eine Selbstverwirklichung entsprechend interessierter und begabter Arbeitskräfte insbesondere durch die Übertragung von Planungs-, Steuerungs- und Kontrollaufgaben sowie die damit verbundene Erweiterung der Verantwortung verbessert. Für die Unternehmung können sich hieraus Vorteile auf Grund potentiell höherer Arbeitsmotivation und Produktivität ergeben. Nachteilig wirken sich jedoch auch hier verlängerte Anlern- und Einübungszeiten aus.

„Angereicherte" Einzelarbeitsplätze werden mitunter sowohl von den Arbeitskräften als auch aus Sicht der Unternehmung zu bevorzugen sein (vgl. *Schmied*, 1982, S. 220 ff.). Die Vermeidung von Gruppenstreß und höhere Leistungsflexibilität entsprechend Schwankungen des individuellen Leistungsvermögens können hier aus Sicht der Arbeitskraft genannt werden. Aus der Sicht der Unternehmung bieten Einzelarbeitsplätze mit loser Verkettung zu vor- und/oder nachgelagerten Produktionsstufen z. B. im Fall kurzfristig auftretender Arbeitsverhinderung oder unentschuldigtem Fernbleiben Vorteile, da der gesamte Fertigungsfluß nicht so stark beeinträchtigt wird und der Springereinsatz flexibler gehandhabt werden kann.

2.3.2 Gruppenbezogene Arbeitsfeldgestaltung

Die gruppenbezogenen Arbeitsfeldveränderungen können wiederum in quantitative und in qualitative Arbeitsfeldveränderungen differenziert werden. Im Vordergrund stehen auch hier Arbeitsfelderweiterungen.

Die **quantitative gruppenbezogene Arbeitsfelderweiterung** wird hierbei als **turnusmäßiger Arbeitsplatzwechsel ("Job Rotation")** bezeichnet. Dabei tauschen die Arbeitskräfte im Rhythmus der Schichten oder auch innerhalb der Schichtzeit in bestimmten Intervallen ihre Arbeitsplätze, wobei es sich um qualitativ/ anforderungsbezogen gleichartige Tätigkeiten handelt. Aus der Perspektive der einzelnen Arbeitsperson ergibt sich hieraus eine Arbeitsfeldvergrößerung, ohne daß auch hier die Einseitigkeit der Belastung bestimmter Körperteile und Sinnesorgane entscheidend verringert wird. Werden im Zuge des „Job Rotation" Arbeitsplätze mit verschiedenartigen Tätigkeiten einbezogen, so handelt es sich um eine kombiniert quantitative und qualitative Arbeitsfeldvergrößerung (vgl. *Hahn/Link*, 1975, S. 68; ferner *Blohm u.a.*, 1987, S. 106; *Kreikebaum*, 1988, S. 85 f.).

Die **Einrichtung „teilautonomer Gruppen"** bildet die **qualitative gruppenbezogene Grundform der Arbeitsfelderweiterung**. Hier werden Entscheidungsakte auf ein multipersonales Arbeitssystem übertragen, die dann von diesem als Kollektiv zu vollziehen sind. Durch Zusammenlegung von verschiedenartigen Einzelarbeitsplätzen wird mehreren Arbeitskräften die Verteilung eines größeren Arbeitspensums selbständig überlassen. Dies erfolgt unter der Prämisse, daß jede Arbeitskraft die Ausübung mehrerer verschiedenartiger Tätigkeiten lernt und innerhalb der Gruppe ein Wechsel in der Arbeitsaufteilung im Zeitablauf stattfindet. Innerhalb teilautonomer Arbeitsgruppen lassen sich grundsätzlich Job Enlargement, Job Enrichment und Job Rotation realisieren (vgl. z.B. *Pfeiffer/Staudt*, 1980, Sp. 113 ff.; *Ulrich/Alioth*, 1977, S. 159 ff.; vgl. auch *Niefer*, 1993).

2.3.3 Arbeitsfeldgestaltung bei unterschiedlichen Produktionstypen

Nach der Anordnung der Produktionseinrichtungen/Arbeitssysteme im Produktionsbetrieb können folgende Typen unterschieden werden (vgl. Teil I, S. 40 ff.):

- **Werkstattproduktion**,
- **Fließproduktion**,
- **Zentrenproduktion**.

Für diese Produktionstypen sollen exemplarisch die Formen der Arbeitsfeldvergrößerung dargestellt werden. Arbeitsfeldverkleinerungen sind analog zu betrachten.

Bei der **Werkstattproduktion**, die dadurch gekennzeichnet ist, daß die Teilbetriebe einer Produktionsstätte jeweils gleichartige Produktionseinrichtungen bzw. Arbeitssysteme aufnehmen, sind einzelpersonenbezogene und gruppenbezogene Arbeitsfelderweiterungen möglich. **Job Enlargement** kann dabei **teilbetriebsintern** oder **werkstattübergreifend** realisiert werden. Im ersten Fall können Mitarbeitern z.B. qualitativ gleichwertige Aufgaben an verschiedenen Bohrmaschinen übertragen werden. Werkstattübergreifendes Job Enlargement läge hingegen vor, wenn zusätzliche Arbeiten in anderen Teilbetrieben, z.B. der Dreherei, zugewiesen würden. Auch qualitative Erweiterungen von Arbeitsfeldern für Einzelpersonen – **Job Enrichment** – sind realisierbar. Hier ist z.B. an die zusätzliche Übertragung von Qualitätssicherungs- und Instandhaltungsaktivitäten zu denken. Das **Job Rotation** kann wiederum **teilbetriebsintern** oder **werkstattübergreifend** erfolgen. In Analogie zum Job Enlargement wechseln bei teilbetriebsinternem Arbeitswechsel Arbeitskräfte einer Werkstatt miteinander die Arbeitsplätze. Das Rotieren kann aber auch – bei entsprechender Qualifikation – zwischen verschiedenen Werkstätten vorgenommen werden. Da bei Werkstattproduktion die Prozeßsteuerung und -kontrolle oft den Teilbetrieben entzogen und von Fertigungsleitständen bzw. -zentralen wahrgenommen werden, liegt ein hoher Grad an vertikaler Arbeitsteilung vor. Die **Schaffung oder Erhöhung von Gruppenautonomie** kann dem entgegenwirken. Dies beinhaltet eine Dezentralisierung der Aufgaben des Fertigungsleitstandes. Es können Aufgaben wie z.B. die Arbeitsverteilung den Gruppen übertragen werden. Bei der Bildung werkstattübergreifender teilautonomer Gruppen ist der Übergang auf Produktionsinseln als Form der Zentrenproduktion denkbar, so daß hier arbeitsfeldveränderungsbedingt die Grenze zwischen diesen Produktionstypen verschwimmt.

Bei **Fließproduktion**, die gekennzeichnet ist durch die Anordnung der Produktionseinrichtungen/Arbeitssysteme in der Abfolge der für die Produkterstellung erforderlichen Verrichtungsarten, sind auch alle Grundformen der Arbeitsfelderweiterung möglich. **Job Enlargement** beinhaltet hier z.B. die Zusammenfassung hintereinander geschalteter Verrichtungsarten wie Drehen, Fräsen und Schleifen und deren Übertragung auf einen Mitarbeiter, der zuvor nur Dreharbeiten verrichtete. **Job Enrichment** liegt vor, wenn diesem Dreher Instandhaltungsaufgaben und Qualitätssicherungstätigkeiten zugeordnet werden. Er bekommt somit zusätzlich Systemverantwortung für die Betriebsmittel und Produkte in seinem Fließbandbereich zugeteilt. **Job Rotation** am Fließband umfaßt einen spezifisch zu gestaltenden Wechsel der Arbeitsplätze. Möglich ist, daß die Verrichtungsart (z.B. Drehen) beibehalten, jedoch an verschiedenen Stellen des Fießbandes ausgeführt werden. Daneben kann auch ein Wechsel der Verrichtungsart (z.B. vom Drehen zum Fräsen) vorgenommen werden. Die Einrichtung **teilautonomer Gruppen** kam noch bis vor einigen Jahren der Auflösung des Fließbandes in Produktionsinseln, z.B. für die Chassismontage in der Lkw-Produktion, gleich. Dies gilt nicht mehr bei dem gemeinhin als **lean production ("Schlanke Produktion")** bezeichneten Fertigungskonzept, das in der japanischen Automobilindustrie vor allem von Toyota entwickelt wurde (vgl. *Womack/Jones/Roos*, 1990, S. 55ff.). Hierbei werden teilautonome Gruppen unter Aufrechterhaltung der Fließfertigung gebildet, wobei eine Gruppe für einen abgegrenzten Fertigungsabschnitt zuständig ist. Die Aufteilung der Arbeiten innerhalb der Gruppe erfolgt selbständig unter Führung eines Gruppenleiters, der die Position des Vorarbeiters sowie des Springers einnimmt und selber Produktionsaufgaben erfüllt. Da jedes Mitglied der Gruppe in der Lage sein muß, sämtliche anfallenden Arbeiten auszuführen, ergeben sich hohe Qualifikationsanforderungen. Diese Tendenz wird zusätzlich verstärkt durch die bei lean production vorgesehene Verlagerung indirekter Bereiche wie Instandhaltung und Qualitätssicherung auf die Produktionsarbeiter. Den mit diesem Konzept verbundenen Vorteilen einer erhöhten Produktivität, einer gesteigerten Motivation sowie einem verbesserten Vorschlagswesen stehen Probleme gegenüber, die sich vor allem auf den Gruppendruck sowie auf eine Erhöhung der Lohnkosten je Mitarbeiter beziehen.

Auch bei **Zentrenproduktion** nimmt jeder Teilbetrieb eine Anzahl verschiedenartiger Produktionseinrichtungen bzw. Arbeitssysteme auf. Deren Zuordnung zu Teilbetrieben richtet sich nach den sogenannten Teilefamilien oder Fertigungsfamilien. Als Erscheinungsformen von Produktionszentren sind Produktionszelle, Flexibles Produktionssystem und Produktionsinsel zu nennen. Auch hier lassen sich, insbesondere aufgrund der Entkoppelbarkeit der Arbeitskräfte von den überwiegend hochautomatisierten Betriebsmitteln, die genannten einzelnen Arbeitsfelderweiterungen durchführen. **Produktionsinseln** können in diesem Zusammenhang als **Anwendungsform teilautonomer Gruppen** gekennzeichnet werden (vgl. *Bühner*, 1986, S. 495). Wird von der Möglichkeit Gebrauch gemacht, gruppenintern für Einzelpersonen **Job Enlargement, Job Enrichment und/oder Job Rotation** vorzunehmen, so liegt eine kombiniert quantitativ-qualitative Arbeitsfelderweiterung vor. Es ist hier Spur zuzustimmen, der feststellt, daß sich dann die Arbeitsgruppe in ihrer Gesamtheit aufgrund der eigenverantwortlichen Übernahme einer hohen Zahl von Produktionsplanungs-, -steuerungs- und -kontrolltätigkeiten durch eine entsprechende Universalqualifikation auszeichnen müsse, weshalb – in Anlehnung an den Schiffs- und Flugbetrieb – bei dieser Systemmannschaft von einer „Crew", also einer Besatzung gesprochen werden könne (vgl. *Spur*, 1985, S. 12). Grundsätzlich ermöglicht die Arbeitsfeldgestaltungsalternative der Schaffung oder Erhöhung der Gruppenautonomie aufgrund ihrer gruppenspezifischen internen Gestaltbarkeit die Auflösung des Spannungsverhältnisses von Selbstverwirklichung und Partizipation (vgl. *Hahn*, 1988, S. 118 f.) für die Mitarbeiter im Produktionsbereich (vgl. *Arning*, 1987 und die dort angegebene Literatur).

Die Ausführungen dieses Abschnitts verdeutlichen, daß die **elementaren Arbeitsfeldvariationen bei verschiedenen Produktionstypen zur Anwendung kommen können. In der Praxis** werden dabei auch aufgrund individueller Unterschiede zwischen den Mitarbeitern **primär kombiniert quantitativ-quali-**

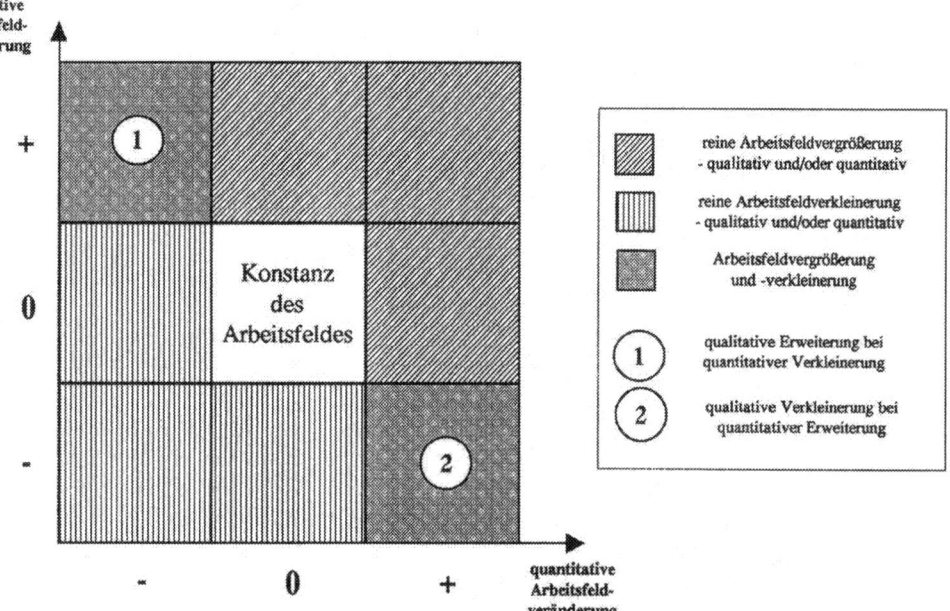

Schaubild VII.22. Alternativen der qualitativen und/oder quantitativen Arbeitsfeldveränderung (vgl. *Hahn/Link*, 1975)

tative Veränderungen vorzunehmen sein. Insbesondere bei hochautomatisierter Fertigung beobachtet man auch **gegenläufige Arbeitsfeldveränderungen** (vgl. hierzu auch das zusammenfassende Schaubild VII.22).

Ferner ist die enge Verkoppelung der Arbeitsfeldgestaltung mit der Produktionsplanung, -steuerung und -kontrolle hervorzuheben. Auch bei Neu- und Ersatzinvestitionen sowie Modellwechseln sind Arbeitsfeldgestaltungsalternativen explizit mitzuberücksichtigen (vgl. *Sämann/Pischetsrieder/Schaible*, 1978, S. 82).

2.3.4 Charakterisierung und ablauforganisatorische Gliederung von Arbeitssituationen

An dieser Stelle soll ein **Merkmalskatalog zur Charakterisierung von Arbeitssituationen** vorgestellt werden, der eine – über die oben erläuterte Differenzierung hinausgehende – theoretisch fundierte und systematische Analyse real gegebener Variations- und Kombinationsmöglichkeiten arbeitsgestalterischer Maßnahmen erlaubt (vgl. zur Kritik an der traditionellen Sicht der Arbeitsfelderweiterung z. B. *Schmied*, 1982, S. 88 ff.). Es erscheint sinnvoll, die Einzeleinflüsse auf die Arbeitsanforderungen zu isolieren und entsprechend dem humanwissenschaftlichen und betriebswirtschaftlichen Erkenntnisstand in ihrer Bedeutung jeweils im Hinblick auf konkrete Arbeitsfeldgestaltungsaufgaben zu analysieren. Für spezifische Kombinationen der Haupteinflußgrößen (Merkmale der Arbeitsfeldgestaltung) unter den konkreten Bedingungen eines Betriebes kann somit eine zielorientierte Beurteilung erfolgen.

Das nachfolgende Schaubild gibt einen Überblick über die heute bekannten Hauptmerkmale zur Charakterisierung einer Arbeitssituation (vgl. *Schmied*, 1982, S. 93 und S. 316 f.). Über die Ausprägungen dieser Merkmale ist jeweils im Zuge von Arbeitsneu- oder Arbeitsumgestaltungen zu entscheiden. Die im linken Teil des Schaubildes VII.23 aufgeführten Merkmale können somit als **"Aktionsvariablen der Arbeitsgestaltung"** angesehen werden. Mögliche **Ausprägungen dieser Gestaltungsmerkmale** sind beispielhaft im rechten Teil der Tabelle angegeben. Die isoliert-tabellarische Aufstellung sollte dabei nicht darüber hinwegtäuschen, daß in der Praxis, je nach den herrschenden Betriebsbedingungen, bedeutsame Interdependenzen zwischen den verschiedenen Gestaltungselementen zu beachten sein können.

Die Anwendung der im Schaubild VII.23 wiedergegebenen Deskriptoren der Arbeitssituation weist zusammengefaßt die folgenden **Vorteile** auf (vgl. *Schmied*, 1982, S. 91, 95, 312 ff.):

– Geplante oder realisierte Neugestaltungen von **Arbeitsbereichen** können umfassend und **präzise charakterisiert** werden. Ferner eröffnet sich die Möglichkeit, verschiedene in einer Planungssituation verfügbare Gestaltungsalternativen einander bzw. einer Ausgangssituation vergleichend gegenüberzustellen und deren Zielwirkungen etwa in einem **Simulationsansatz** gezielt zu untersuchen. Die geplanten oder realisierten Ausprägungen der Gestaltungsalternativen können zur Veranschaulichung auch in einem **Polaritätsprofil** dargestellt werden.

Merkmale	Ausprägungen			
1. Arbeitsumfang je Arbeitszyklus	Nur ein Arbeitselement je Arbeitszyklus (totale Arbeitsteilung)	Mehrere Arbeitselemente je Arbeitszyklus (partielle Arbeitsintegration)	Zuordnung aller für die (Teil-)Produkterstellung erforderlichen Arbeitselemente auf einen Arbeitszyklus (totale Arbeitsintegration)	
2. Arbeitsinhalt je Arbeitssystem	Ausschließlich niederwertige Arbeitselemente		Ausschließlich hochwertige Arbeitselemente	
3. Arbeitsergebnis je Arbeitszyklus	Willkürliche Abgrenzung der Arbeitsabschnitte		(Teil-)Produktorientierte Abgrenzung der Arbeitsabschnitte	
4. Rückmeldung des Arbeitsergebnisses	Keine Rückmeldung	Unregelmäßige (störungsinduzierte) Rückmeldung	Regelmäßige Rückmeldung nach mehreren Arbeitszyklen (durch Eigen- und/oder Fremdkontrolle)	Regelmäßige Rückmeldung nach jedem Arbeitszyklus (durch Eigenkontrolle)
5. Geregelter Arbeits(platz)wechsel zwischen mehreren Arbeitssystemen/-aufgaben	Kein Arbeits(platz)wechsel	Arbeits(platz)wechsel auf freiwilliger Basis	Erzwungener Arbeits(platz)wechsel	
6. Gesteuerter Zusammenschluß von Arbeitspersonen	Kein Zusammenschluß (Einzelarbeitsplätze)	Zusammenschluß ohne Autonomie	Zusammenschluß mit partieller Autonomie	Zusammenschluß mit vollständiger Autonomie
7. Zeitliche Bindung je Arbeitszyklus	Kurzzyklische Zeitbindung	Zeitliche Rahmenbindung	Keine Zeitbindung	

Schaubild VII.23. Wichtige gestaltbare Merkmale einer Arbeitssituation und deren Ausprägungen (vgl. *Schmied*, 1982, S. 93)

- Die detaillierte Beschreibung von Arbeitsbereichen mittels der Deskriptoren kann **Ansatzpunkte für konkrete Veränderungen** liefern, indem z. B. überhöhte Belastungen der Arbeitskräfte bei einzelnen Anforderungsarten vermindert werden.
- Die verhaltenswissenschaftliche Fundierung von arbeitsgestalterischen Maßnahmen ist beim derzeitig erreichten Kenntnisstand günstigstenfalls für einzelne Gestaltungselemente einer Arbeitssituation denkbar, so daß eine **Verbindung verhaltenswissenschaftlicher Erkenntnisse mit praktischen Fragen der Arbeitsfeldgestaltung** auf der Grundlage einzelner Gestaltungsmerkmale erfolgversprechend erscheint.
- Es wird vermieden, Maßnahmen der Arbeitsfelderweiterung grundsätzlich positiv zu bewerten. In der Praxis hat sich gezeigt, daß es keine generell optimalen Lösungen für die Arbeitsfeldstrukturierung gibt, sondern daß unter unternehmungsspezifischen und individuellen Aspekten eine jeweils günstige Kombination der Ausprägungen der sieben Merkmale zu suchen ist. So kann sich oft auch eine Einengung des Arbeitsfeldes in qualitativer und/oder quantitativer Hinsicht als günstiger erweisen als eine Ausdehnung.

Von besonderer Bedeutung sind ferner **ablaufstrukturelle Aspekte**. Es geht hierbei um das **prozessuale Zusammenwirken verschiedener Arbeitssysteme**, wobei die (kalender-)zeitliche und örtliche Abwicklung von zur Produktion anstehenden Betriebsaufträgen festgelegt wird.

Unter **Beachtung der produktionswirtschaftlichen Ziele** der Durchlaufzeitminimierung und der Kapazitätsnutzungs-/-auslastungsmaximierung kommt es insbesondere darauf an, die Zuordnung von Arbeitsoperationen im Zuge der Arbeitsteilung auf die verschiedenen Arbeitssysteme möglichst so ausgewogen vorzunehmen, daß im Rahmen der technischen Möglichkeiten die verschiedenen **Arbeitssysteme möglichst gleichmäßig beansprucht werden**. Voraussetzung für ein optimales Zusammenwirken ist zum einen eine zweckgerechte **Aufgliederung der Arbeitsaufgaben in Ablaufschritte bzw. -abschnitte** und zum anderen eine sachgerechte **Aufgliederung** der verschiedenartigen **Ablaufarten von Mensch und Maschine**.

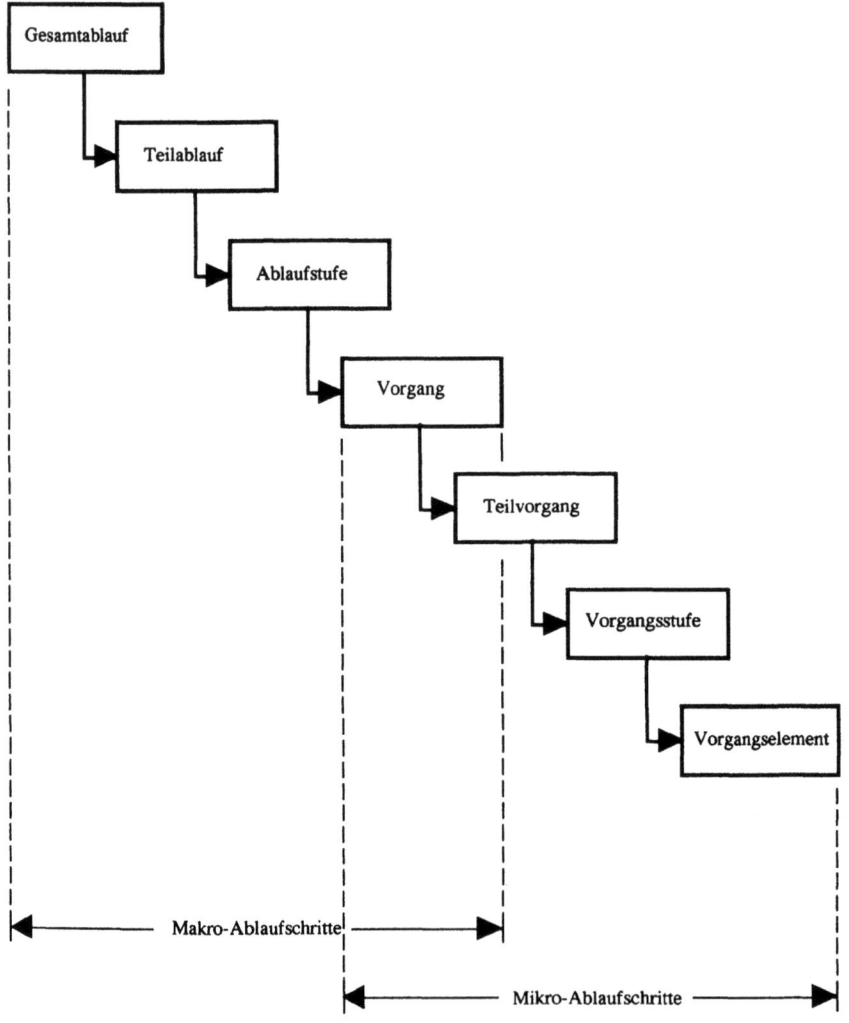

Schaubild VII.24. Gliederung der Ablaufschritte (in Anlehnung an *REFA*, 1984, S. 100)

Arbeitsgestaltung 79

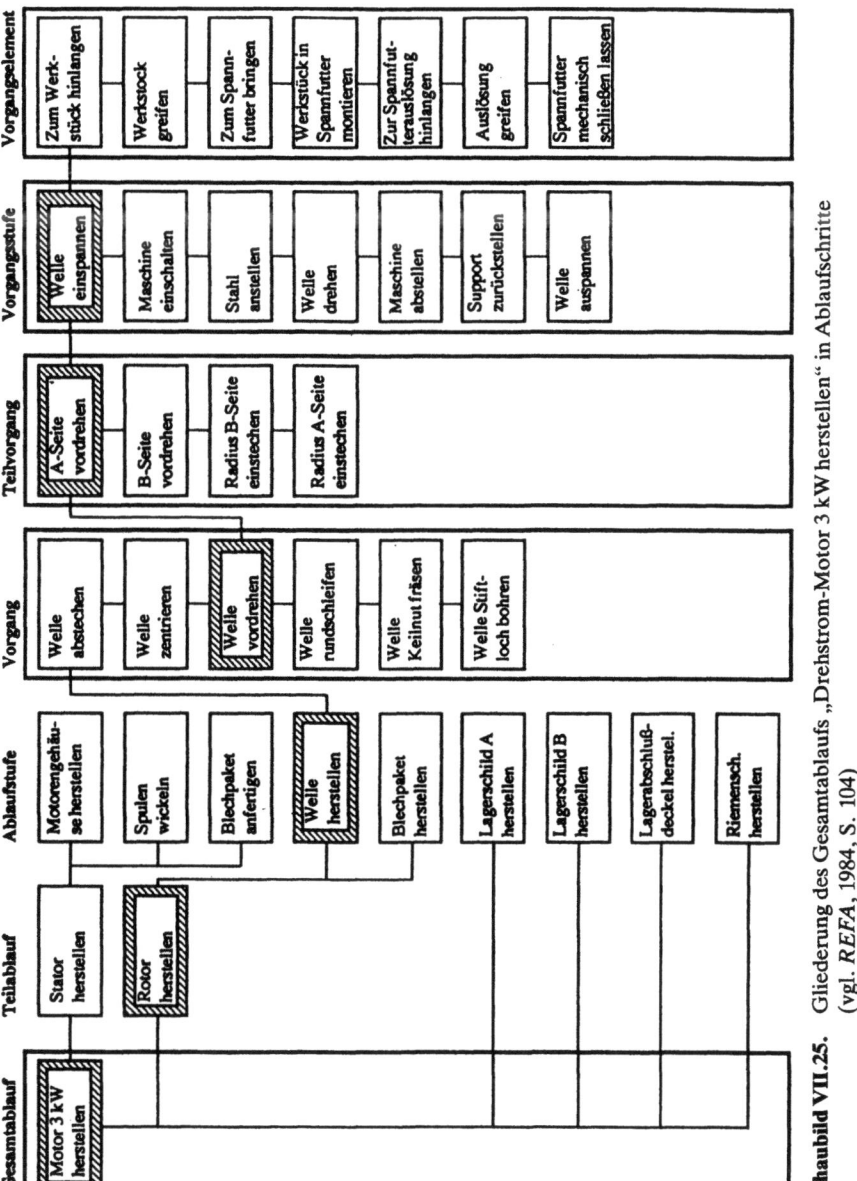

Schaubild VII.25. Gliederung des Gesamtablaufs „Drehstrom-Motor 3 kW herstellen" in Ablaufschritte (vgl. REFA, 1984, S. 104)

Die Arbeitsaufgabe wird nach Vorschlägen von REFA in **Makro- und Mikro-Ablaufabschnitte** gemäß Schaubild VII.24 unterteilt (vgl. *REFA*, 1984, S. 100f.). Der Gesamtablauf kann einen komplexen Auftrag umfassen und ist dann im Hinblick auf die erforderlichen Fertigungsoperationen und deren Eingliederung in den gesamten Fertigungsprozeß in Teilabläufe und Ablaufstufen aufzulösen. Bei den Mikro-Ablaufschritten wird zwischen Vorgang, Teilvorgang, Vorgangsstufe und Vorgangselement unterschieden, wobei die konkreten Begriffsinhalte nur vom spezifischen Objekt der Arbeitsvorbereitung her bestimmbar sind.

Ein **Vorgang** sollte mindestens eine Aktion umfassen, die einen Produktionsfortschritt darstellt, der technisch nicht mehr weiter unterteilbar ist. **Vorgangselemente** können dagegen einzelne Verrichtungen oder Griffe und Griffelemente sein, die für sich allein noch keinen Arbeitsfortschritt bringen, aber in ihrer Zusammenfügung zu einem Vorgang beitragen. Diese Elemente sind weder in ihrer Beschreibung noch in ihrer zeitlichen Erfassung weiter unterteilbar. Man spricht von **Bewegungselementen bei vom Menschen ausgeführten Grundbewegungen** und von **Prozeßelementen bei Grundbewegungen von Maschinen**. In Schaubild VII.25 findet sich ein Beispiel für eine Projektzerlegung in einzelne Ablaufabschnitte.

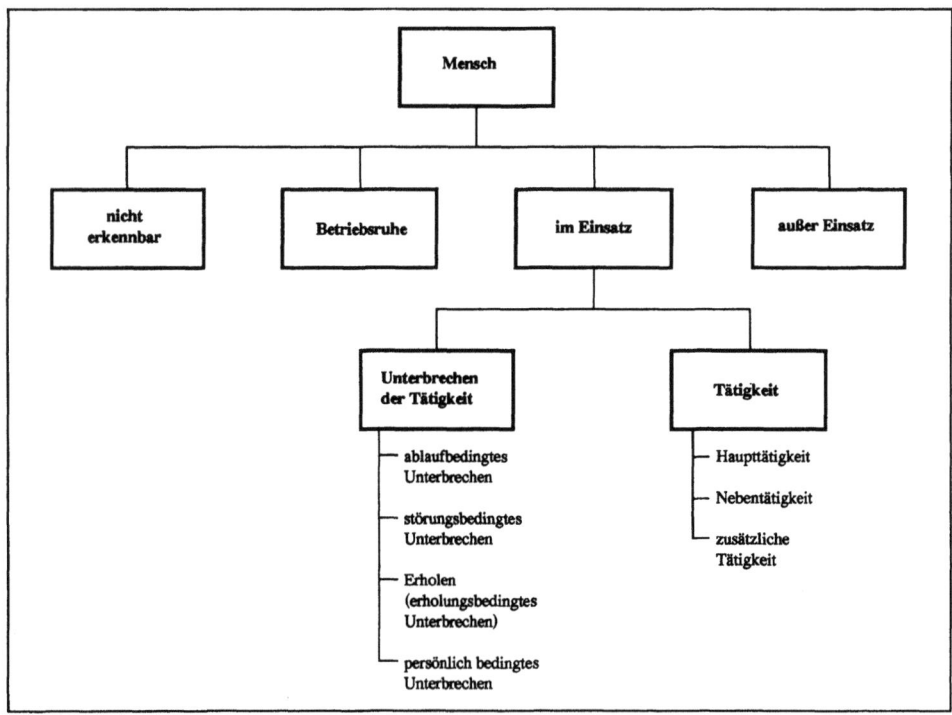

Schaubild VII.26. Gliederung der Ablaufarten bezogen auf den Menschen (vgl. *REFA*, 1978, S. 25)

Die Aufgliederung der auf den Menschen bezogenen Ablaufarten nach REFA ist in Schaubild VII.26 dargestellt. Zu jeder Ablaufart existieren **korrespondierende Zeitbegriffe**. Die von REFA entwickelten Bezeichnungen werden nicht in allen Industriezweigen einheitlich verwendet. Vielmehr haben sich unabhängig voneinander unterschiedliche Bezeichnungsweisen und Aufgliederungen herausgebildet. Für die REFA-Bezeichnungsweise sind sehr detaillierte Festlegungen der Definitionen erfolgt, auf die hier nur verwiesen werden soll (Vgl. *REFA*, 1984, S. 73 ff.).

2.4 Führungsstile/-formen

Die Erreichung der individuellen Ziele und der Unternehmungsziele hängt auch im Produktionsbereich mit vom jeweils praktizierten Führungsstil ab, d.h. der Art der Durchführung der einzelnen Teilkomplexe im Führungsprozeß.

Da autoritäre Führungsstile/-formen Humanprobleme oft verstärken oder auch erst schaffen, sollen hier nur **kooperative (partizipative, demokratische) Führungsstile/-formen** betrachtet werden (vgl. grundlegend *Bleicher/Meyer*, 1976, S. 141 ff.; *Staehle/Sydow*, 1987, Sp. 661 ff.; *Tannenbaum/Schmidt*, 1958, S. 96 ff.). Heute kommt insbesondere bei der Anwendung moderner Arbeitsfeldstrukturierungskonzepte, wie teilautonomer Gruppen und der Verlagerung indirekter Aktivitätskomplexe wie Instandhaltung und Qualitätssicherung auf die Mitarbeiter (Werker) im Rahmen der lean production, fast ausschließlich ein kooperativer Führungsstil in Betracht. Auch bei den im folgenden Kapitel 3 beschriebenen Arbeitszeitflexibilisierungskonzepten ist ein durch kooperative Führung erzieltes Einvernehmen mit den Arbeitnehmern unabdingbar.

Bei kooperativen Führungsstilen erfolgt eine Beteiligung der Mitarbeiter von mindestens zwei hierarchischen Stufen am Führungsprozeß (Partizipation), wobei Sachargumenten ein hoher Stellenwert zukommt (vgl. zu Partizipation und Employee Involvement (EI) im Produktionsbereich in Japan *Schonberger*, 1986, S. 17 ff.). Zu berücksichtigen ist, daß mit Kooperation stets Kompetenzteilung oder -abgabe verbunden ist (vgl. *Krüger*, 1984, S. 142).

Die **situative Realisation** des Führungsstils kann jedoch nicht losgelöst von **Umwelteinwirkungen** gesehen werden. Je nach Dringlichkeit der anstehenden Entscheidungen wird das Führungsverhalten tendenziell zu mehr autokratischen oder mehr kooperativen Formen neigen. Handelt es sich um Willensbildungs- und -durchsetzungsprozesse mit hoher **Dringlichkeit** und **Relevanz für den Erfolg der Gesamtunternehmung**, werden mitunter autokratische Führungsstile/-formen unter Einsatz von Machtpromotoren erforderlich, denn nur so kann eine ausreichend schnelle Reaktion – wenn auch nicht immer eine optimale Lösung – erzielt werden (vgl. *Bleicher/Hahn*, 1974, S. 156).

Zu berücksichtigen ist auch, daß Führungsverhalten nicht nur einer umweltsituativen Anpassung bedarf, sondern oft auch einer Anpassung im Hinblick auf den einzelnen Mitarbeiter. Eine solchermaßen individuell unterschiedlich ausgestaltete Verhaltensbeeinflussung der Mitarbeiter ist jedoch stark von den sozialen Fähigkeiten der Vorgesetzten abhängig. Voraussetzungen für kooperative Führungsstile/-formen sind ferner – neben hoher **Lei-**

82 Personalwirtschaft

Phasen des Führungsprozesses	Regelungscharakteristik	Ausprägung von Führungselementen							
			3	2	1	0	2	3	
1. Problemstellung	Inhalt	definiert							nicht definiert
	Form: Verteilungsbeziehung	zentral	o					o	dezentral
	Arbeitsbeziehung	einpolig	o					o	mehrpolig
2. Suche und 3. Beurteilung	Inhalt	isoliert	o					o	integriert
	Form: Verteilungsbeziehung	zentral	o					o	dezentral
	Arbeitsbeziehung	individuell	o					o	kollegial
4. Entscheidung	Inhalt	ad-hoc-Entscheidung	o				o		Plan-Entscheidung
	Form: Verteilungsbeziehung	zentral	o					o	dezentral
	Arbeitsbeziehung	individuell	o					o	kollegial
5. Realisation	Inhalt	detaillierte Vorgabe: Befehl	o				o		Zielvorgabe: Auftrag
	Form: Verteilungsbeziehung	stratifiziert	o					o	nicht stratifiziert
	Arbeitsbeziehung	bilateral	o					o	multilateral
6. Kontrolle	Inhalt	detailliert definiert: Prozeßkontrolle	o				o		globale Zielerreichung: Ergebniskontrolle
	Form: Verteilungsbeziehung	Fremdkontrolle (Zentr. d. Kontr.)	o				o		Selbstkontrolle (Dezentralisierung der Kontrolle)
	Arbeitsbeziehung	individuell	o					o	kollegial

Determinanten der Führungsform		autokratische Führungsform	partizipativ-kooperative Führungsform
situative Führungsbedingungen		hohe Dringlichkeit	niedrige Dringlichkeit
formale Strukturbedingungen		statische Erhaltung	dynamische Veränderung
		repetitiver operat. Zwang	innovative Adaptibilität
informale Strukturbedingungen		niedriges Leistungspotential des Geführten	hohes Leistungspotential des Geführten
		niedrige Gruppenkohäsion	hohe Gruppenkohäsion

Schaubild VII.27. Führungsprofile (vgl. *Bleicher/Hahn*, 1974, S. 215)

stungsbereitschaft und **Leistungsfähigkeit** der Mitarbeiter und Vorgesetzten – auch die **Fähigkeit, in Gruppen (Teams) zu arbeiten** – d. h. es muß eine ausreichende Identifikation mit dem(den) Gruppenziel(en) möglich sein (vgl. auch *Dansereau/Grean/Haga*, 1975, S. 47 ff.; *Kim/Organ*, 1982, S. 80 ff.).

Führungsstile/-formen lassen sich grundsätzlich durch die **Ausprägung von Führungselementen in den einzelnen Phasen des Führungsprozesses** charakterisieren.

Durch diametrale Konfrontation von solchen Führungselementen ergeben sich Extremtypen von Führungsstilen/-formen zwischen denen eine Einordnung typischer Führungsstile/-formen in **Profildarstellung (Führungsprofile)** möglich wird (vgl. Schaubild VII.27).

In der dargestellten Form sind die kooperativen Führungsstile/-formen – gemäß der Ausprägungen ihrer Führungselemente – in der rechten Hälfte anzusiedeln, autokratische befinden sich auf der linken Seite. Zu beachten bleibt, daß die Ausprägung solcher Führungsprofile von der Auswahl der dargestellten Kriterien abhängig ist. Danach läßt sich ein kooperativer Führungsstil durch folgende Ausprägungen relevanter Führungselemente des Führungsprozesses charakterisieren (vgl. *Bleicher/Hahn* 1974, S. 213 ff.):

(1) Problemstellungsphase

Dezentrale Auslösung des Entscheidungsprozesses aufgrund vielfältiger Informationen aus unterschiedlichen Quellen und der Initiative verschiedener Personen mit eigenem Problembewußtsein bei der Ermittlung der Entscheidungsaufgabe.

(2) Suchphase

Beteiligung möglichst vieler fachlich qualifizierter Mitarbeiter an der Alternativensuche in Kollegien und Projektteams ggf. unter Anwendung spezifischer Kreativitätstechniken.

(3) Beurteilungsphase

Bewertung der Handlungsmöglichkeiten im Hinblick auf die Zielerreichung nach definierten und überprüfbaren Kriterien in kollegialer Form.

(4) Entscheidungsphase

Insbesondere bei der Festlegung der zu realisierenden Handlungen besteht ein hoher Anspruch auf Partizipation der Mitarbeiter. Die getroffene Entscheidung wird erläutert und diskutiert.

(5) Realisationsphase

Veranlassung der Durchführung erfolgt nicht mittels Anordnung, sondern durch erklärende überzeugende Zielvorgabe, wobei eine offene Strukturierung der Maßnahmen zur Zielerreichung durch multilaterale Gestaltung der Arbeitsbeziehungen vorgenommen wird.

(6) Kontrollphase

Ermittlung des Handlungserfolges geschieht nicht in der Form einer zentralisierten Kontrolle durch den Vorgesetzten (Fremdkontrolle), sondern durch dezentralisierte Selbstkontrolle ggf. im Rahmen zuvor vereinbarter Toleranzen. Die Abweichungen von vorgegebenen Soll-Größen und die Einleitung erforderlicher Gegenmaßnahmen werden ebenfalls in Teamarbeit erläutert und festgelegt.

Durch eine Darstellung tatsächlicher Ausprägungen jeweiliger Führungselemente in einem **Ist-Führungsprofil** und der Gegenüberstellung mit angestrebten, in den Führungsgrundsätzen festgelegten Ausprägungen **(Soll-Führungsprofil)** (vgl. *Bleicher/Hahn*, 1974, S. 215), lassen sich im Produktionsbereich vorhandene Führungsmängel sichtbar machen und deren demotivierenden Wirkungen (vgl. *Organ/Bateman*, 1986, S. 554 ff.) durch entsprechende **Korrekturmaßnahmen** beseitigen.

3 Arbeits- und Betriebszeitgestaltung

3.1 Grundsätzliches zur Arbeits- und Betriebszeitgestaltung

Die Gestaltung der individuellen Arbeitszeit und der Betriebszeit ist heute zu einem wichtigen Entscheidungsproblem im Rahmen der Personalwirtschaft gerade im Hinblick auf den Produktionsbereich geworden, da vielfach Arbeits- und Betriebszeit nicht mehr deckungsgleich sind.

Als **individuelle Arbeitszeit** wird die Zeitspanne bezeichnet, in der ein Arbeitnehmer aufgrund vertraglicher Vereinbarungen dem Arbeitgeber gegen Entgelt seine Arbeitskraft zum Zwecke der betrieblichen Leistungserstellung und -verwertung zur Verfügung stellt. Innerhalb der Arbeitszeit sind in Abhängigkeit von Arbeitsart und -schwere Erholzeiten und allgemeine Pausen zu gewähren. Es wird auf diese Weise versucht, arbeitszeitbedingten Kräfteverbrauch durch entsprechende Regenerationsphasen zu kompensieren. Hierbei können grundsätzlich unterschieden werden:

– **Ruhezeiten** zwischen zwei Arbeitsschichten zur Vermeidung gesundheitlicher Schäden bei den Arbeitskräften;
– **Ruhepausen** zur Aufteilung der täglichen Arbeitszeit in mehrere Zeitabschnitte, wobei bestimmte Mindestdauern vorgeschrieben sind, die jedoch nicht zur Arbeitszeit zählen und daher nicht zu entgelten sind, sofern nicht anderweitige Vereinbarungen getroffen wurden;
– **Erholzeiten** zwischen bestimmten Arbeitsverrichtungen, die den Arbeitskräften zum Ausgleich von Ermüdungserscheinungen planmäßig nach Dauer und Häufigkeit entsprechend den neuesten arbeitswissenschaftlichen Erkenntnissen vorzugeben sind; sie gehören zur Arbeitszeit und sind mit zu vergüten.

Eine Charakterisierung der Arbeitszeit kann in **chronometrischer (Dauer/ Zeitspanne)** und in **chronologischer (Lage der Arbeitszeit auf der Zeitachse) Dimension** erfolgen (vgl. *Schuh/Schultes-Jaskolla/Stitzel*, 1987, S. 92). Dauer und Lage der Arbeitszeit sind dabei auf einen spezifischen Bezugszeitraum festzulegen, der – bei kurz- und mittelfristiger Betrachtung – ein Tag, eine Woche, ein Monat, ein Jahr oder – bei langfristiger Sichtweise – mehrere Jahre bis zur Gesamtlebensarbeitszeit umfassen kann (vgl. z. B. auch *Drumm*, 1989, S. 89 sowie zur Lebensarbeitszeit S. 107 ff.; ferner *Schaub*, 1989, S. 1751 ff.).

Als **Normalarbeitszeit** wird die gesetzlich und/oder tariflich festgelegte Grundzeit (Regelarbeitszeit) in Stunden für das zu erbringende Arbeitsangebot bezeichnet, wobei als Bezugszeit die Woche üblich ist (z.B. 40-Stundenwoche, 37-Stundenwoche), aber auch der Arbeitstag (z.B. 8-Stundentag) oder das Jahr (z.B. 1600 Stunden pro Jahr) herangezogen werden können.

Ist die individuelle Arbeitszeit nach Dauer und Lage im Zeitablauf konstant, handelt es sich um **starre Arbeitszeit**, wohingegen eine **Arbeitszeitflexibilisierung** eine Veränderung der starren Arbeitszeit nach Dauer und/oder Lage in der Bezugsperiode beinhaltet.

Im Unterschied zu der auf die Arbeitnehmer bezogenen individuellen Arbeitszeit umfaßt die **Betriebszeit** die Tätigkeitszeit ganzer Betriebe. Anders als bei der starren Normal- bzw. Regelarbeitszeit gibt es im Fall der Betriebszeit keine einheitlich vorgegebene Referenzgröße. Betriebszeiten sind unternehmungs- oder unternehmungsbereichsspezifische Größen. Von Flexibilisierung der Betriebszeit wird daher im Zusammenhang mit zeitlicher Anpassung des Kapazitätsangebots an variierende Kapazitätsbedarfe gesprochen.

Stimmt die Betriebszeit mit der individuellen Arbeitszeit aller Arbeitnehmer und der Normalarbeitszeit überein, so wird dies als **Koppelung** bezeichnet. In diesem Fall kann weder der einzelne Arbeitnehmer seine Tätigkeitszeit im Betrieb an veränderliche persönliche Zeitpräferenzen anpassen, noch kann die Unternehmung den Arbeitskräfteeinsatz an schwankenden Absatz- und Produktionsanforderungen ausrichten, wie z.B. an saisonalen Nachfrageschwankungen, unterschiedlichen Bedienungsanforderungen von Produktionsanlagen oder zeitlich begrenzte Rohstoffzufuhr (vgl. Schaubild VII.28).

Entkoppelung hingegen liegt vor, wenn die **Betriebszeit die Arbeitszeit/Normalarbeitszeit übersteigt**. Entkoppelung von Betriebs- und Arbeitszeit ist oft verbunden mit Arbeitszeitregelungen, die von chronometrisch und chronologisch fixierten/starren Arbeitszeiten wegführen. In der Vergangenheit waren zwei Trends ursächlich für eine **Entwicklung hin zur Entkoppelung**. Zum einen

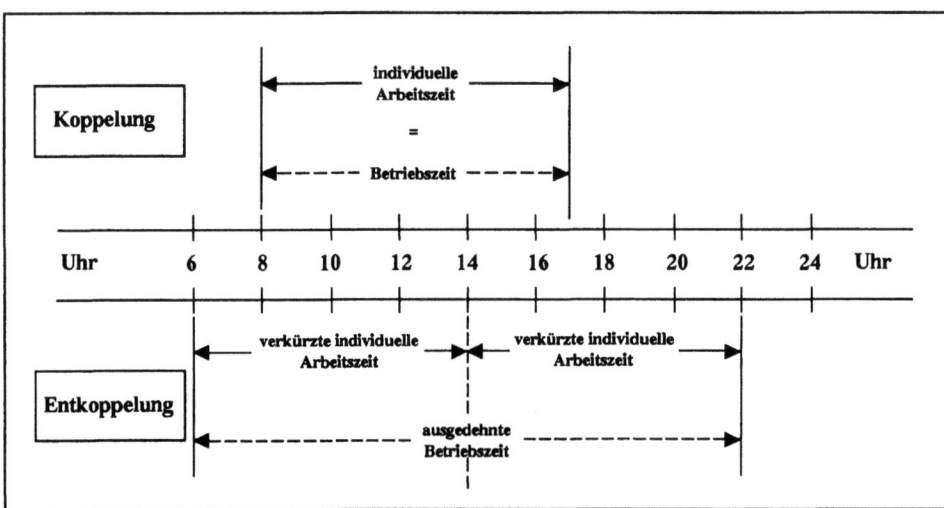

Schaubild VII.28. Beziehung zwischen individueller Arbeitszeit und Betriebszeit beim Übergang vom Ein- zum Zweischichtbetrieb

bewirkten Einflußgrößen wie der Wunsch nach längerem Einsatz kapitalintensiver Technologien primär im Produktionsbereich einen Trend zur **Ausdehnung der Betriebszeiten**. Zum anderen kann eine stetige **Verkürzung der individuellen Arbeitszeit** im Zeitablauf beobachtet werden. So kam es in Deutschland seit Ende des 19. Jahrhunderts zunächst überwiegend zu Veränderungen der Normalarbeitszeit durch **Verkürzungen der Wochenarbeitszeit**. Den langfristigen Trend der Wochenarbeitszeit in Deutschland – ab 1949 in der Bundesrepublik – zeigt Schaubild VII.29. Seit 1950 kam es in der Bundesrepublik zu **Verkürzungen der Jahresarbeitszeit** (vgl. Schaubild VII.30) insbesondere durch

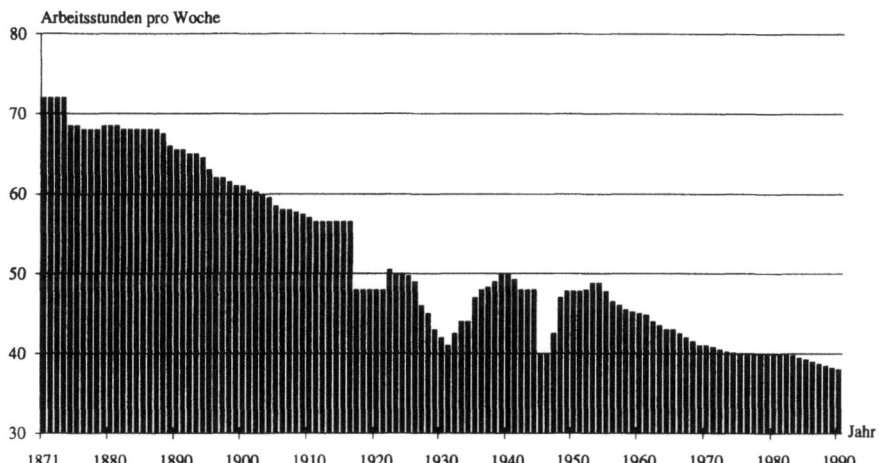

Schaubild VII.29. Tatsächliche Wochenarbeitszeit aller Arbeitnehmer 1871–1990 (*Meinert*, 1958; *Deutschmann/Dybowski-Johannson*, 1979; *Krengel*, 1983; *IAB*, o.J.; *iw*, 1988 u.a.)

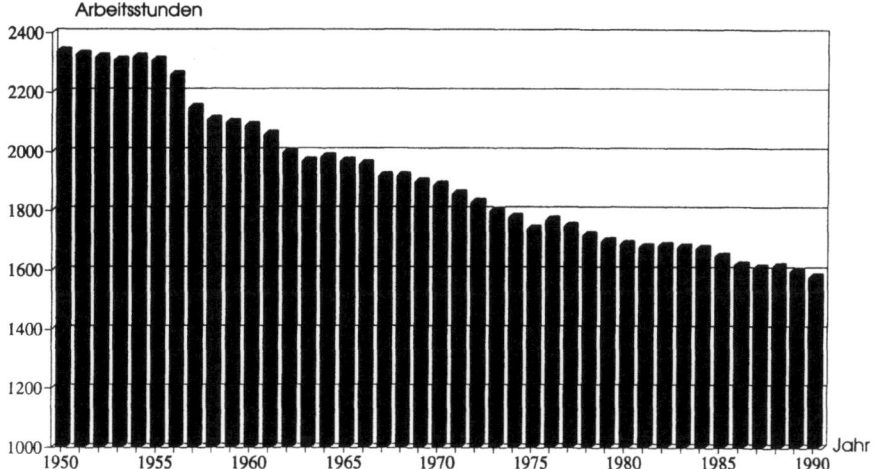

Schaubild VII.30. Tatsächliche Jahresarbeitszeit aller Arbeitnehmer 1950–1990 (*IAB*, o.J.; *iw*, 1988 u.a.)

den sukzessiven Wegfall der Samstagsarbeit und die Gewährung zusätzlicher (vergüteter) Urlaubstage, wie aus Schaubild VII.31 ersichtlich ist. Die einzel- und gesamtwirtschaftliche Bedeutung dieser Entwicklung wird unmittelbar aus einem internationalen Vergleich der durchschnittlichen Jahresarbeitszeit der Industriearbeiter in ausgewählten, global konkurrierenden Ländern erkennbar. Der Jahressollarbeitszeit von 1651 Stunden (bzw. Istarbeitszeit von gerade 1500 Stunden) in der Bundesrepublik standen 1990 die in Schaubild VII.32 enthaltenen Zahlen der europäischen Nachbarländer, der USA und von Japan gegen-

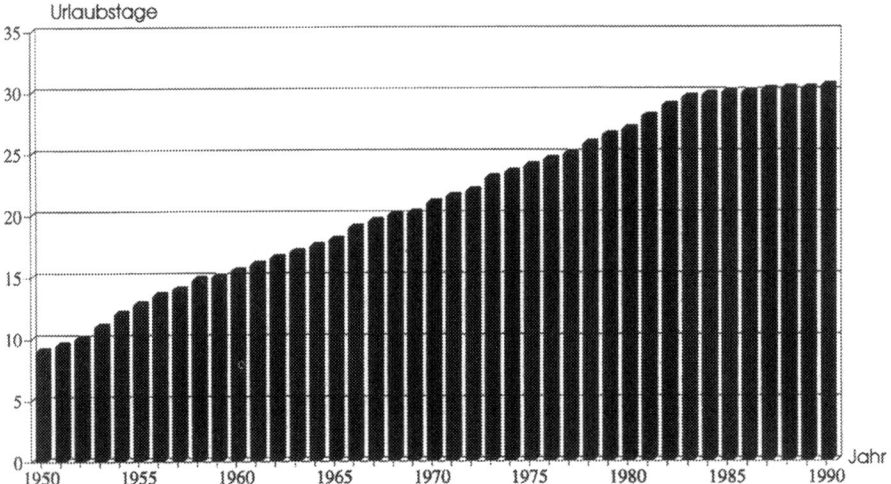

Schaubild VII.31. Tariflicher Jahresurlaub aller Arbeitnehmer 1950–1990 (*IAB*, o.J.; *iw*, 1988 u.a.)

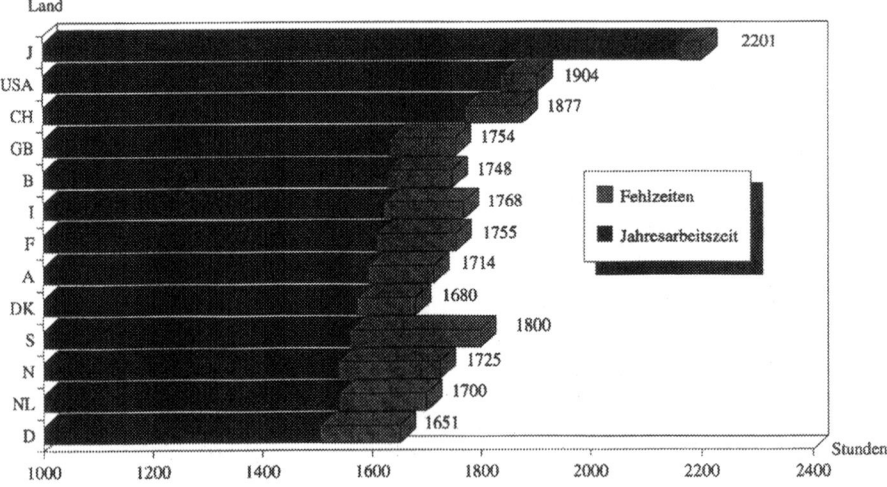

Schaubild VII.32. Tarifliche Jahressollarbeitszeit von Industriearbeitern 1990 (*iw*, 1991, S. 5)

über. Der Abstand insbesondere zu Japan und den USA hat sich in den letzten Jahren infolge der Arbeitszeitverkürzungen, die von Gewerkschaftsseite auf dem Weg zur 35-Stunden-Woche durchgesetzt wurden, spürbar vergrößert. Daraus wird unmittelbar verständlich, welche außerordentliche wirtschaftliche Bedeutung der Arbeitszeitgestaltung innerhalb des stark verengten zeitlichen Spielraums des Arbeitskräfteeinsatzes in dem heute gegebenen Netz rechtlicher Vorschriften und langfristiger tariflicher Regelungen zukommt. Zugleich resultiert aus diesen Entwicklungen ein **zunehmendes Auseinanderklaffen von erforderlicher Betriebszeit und individueller Arbeitszeit**, was zu einem Anstieg der **Flexibilisierungsbemühungen** im Bereich der Arbeitszeitgestaltung führte.

Als **Ziele** der Arbeits- und Betriebszeitgestaltung können Sach-, Wert- und Sozialziele genannt werden. Neben der Gewährleistung geplanter Leistungserstellung und des monetären Ziels der Kapitalwertmaximierung – ersatzweise Kostenminimierung – sind als Humanziele Ziele im Hinblick auf die Mitarbeiter der Unternehmung hervorzuheben. Die betriebliche Arbeits- und Betriebszeitstruktur ist das Ergebnis von Verhandlungen zwischen Arbeitgebern und Arbeitnehmern bzw. deren Bevollmächtigten im Rahmen der gegebenen umfangreichen Rechtsvorschriften. Die rechtlich zulässigen Maßnahmen der **Arbeitszeitgestaltung** stecken den Spielraum für eine betriebliche Arbeitszeitstruktur ab bzw. bieten Ansatzpunkte für die Veränderung einer gegebenen Arbeitszeitstruktur. Da die Arbeitszeitstruktur von wesentlicher Bedeutung für die ablauforganisatorische Effizienz und Wirtschaftlichkeit einer Unternehmung sowie für die Verwirklichung wichtiger Individualziele der Arbeitnehmer ist, kommt auch den Maßnahmen der Arbeitszeitgestaltung **in der Praxis ein hoher Stellenwert** zu. Durch eine Gestaltung von Lage und/oder Dauer der Arbeitszeit wird versucht, den Mitarbeitern „Zeitsouveränität" einzuräumen und ihnen damit Möglichkeiten zur Steigerung der Lebensqualität zu geben (vgl. *Schildknecht*, 1986, S. 1; *Teriet*, 1981, S. 94 ff.). Außerdem stellt die Arbeitszeit die wichtigste Bemessungsgröße für die Löhne und einen Teil der betrieblichen Zusatzvergütungen dar (vgl. im einzelnen Kapitel 4). In Abhängigkeit davon ist sie zugleich eine bedeutsame **Kosteneinflußgröße** (vgl. *Potthoff/Trescher*, 1986, S. 41 f.).

Die bedeutendsten **Begrenzungsfaktoren** für die Gestaltung der Arbeitszeiten sind **gesetzliche Vorschriften**, **Verordnungen** und **Tarifverträge**. Unternehmungsintern wird die Arbeitszeitstruktur auf dieser Basis durch **Betriebsvereinbarungen** und **Einzelarbeitsverträge** rechtlich festgelegt und damit ein relativ enger Spielraum für kurzfristige Arbeitszeitdispositionen der Unternehmungsführung – grundsätzlich unter Mitwirkung des Betriebsrates – fixiert. Änderungen von Betriebsvereinbarungen auf betrieblicher Ebene und von Tarifverträgen auf überbetrieblicher Ebene erfordern meist umfangreiche Verhandlungsprozesse und führen zu längerfristigen – häufig mehrjährigen – Festlegungen des rechtlich determinierten Gestaltungsrahmens. Gesetzliche Vorschriften wie die Arbeitszeitordnung, Schutzgesetze für bestimmte Arbeitnehmergruppen oder das Beschäftigungsförderungsgesetz 1985 gelten darüber hinaus in der Regel für mehrere Jahre oder sogar Jahrzehnte. Schaubild VII.33 gibt einen Überblick über die wichtigsten Arbeitszeitbestimmungen in Geset-

90 Personalwirtschaft

Gesetze Tarifvertrag	§§	betroffener Personenkreis	Die Arbeitszeit betreffende Regelung
AZO	§ 3	alle Arbeitnehmer (AN)	regelmäßige werktägliche Arbeitszeit max. 8 Stunden
	§ 6	alle AN	Mehrarbeit an 30 Tagen im Jahr bis zu 2 Std. täglich bei max. täglicher Beschäftigungsdauer von 10 Std.
	§§ 4, 5(1) u. (2), 7(1)	alle AN	Beschäftigung max. 10 Std. täglich bei entsprechender tarifvertraglicher Regelung
	§§ 4(3), 5(3), 7(2), 8(1)	alle AN	Sonderfälle, in denen die Arbeitszeit über 10 Std. hinaus verlängert werden darf
	§ 10	männl. AN	Beschäftigung max. 16 Std. täglich (Kontibetrieb)
	§ 14	männl. AN	Beschäftigung max. 16 Std. täglich (außergewöhnliche Fälle)
	§ 12(1)	alle AN	nach Beendigung der täglichen Arbeitszeit mind. 11 Std. ununterbrochene Ruhezeit
	§ 12(2)	männl. AN	Beschäftigung von mehr als 6 Std.: mind. 30 Min. oder 2 x 15 Min. Ruhepausen
	§ 18(1)	weibl. AN	Beschäftigung von: 4,5 - 6 Std.: mind. 20 Min. Ruhepause 6 - 8 Std.: mind. 30 Min. Ruhepause 8 - 9 Std.: mind. 45 Min. Ruhepause >9 Std.: mind. 60 Min. Ruhepause
	§ 19(1) u. (2)	weibl. AN	Beschäftigungsverbot von 20.00 - 6.00 Uhr sowie vor Sonn- und Feiertagen nach 17.00 Uhr. Bei Mehrschichtbetrieb Beschäftigung bis spätestens 23.00 Uhr
GewO	§ 105 a,b	alle AN	Beschäftigungsverbot an Sonn- und Feiertagen
BeschFG	§ 1(1)	alle AN	auf 18 Monate befristete Arbeitsverträge
	§ 4	alle AN	Anpassung der Arbeitszeit an den Arbeitsanfall
MuSchG	§ 3(2)	werdende Mütter	Beschäftigungsverbot in den letzten 6 Wochen vor der Entbindung
	§ 6(1)	Mütter	Beschäftigungsverbot bis zum Ablauf von 8 Wochen nach der Entbindung
	§ 8(1)	werdende und stillende Mütter	Mehrarbeitsverbot, Verbot der Nachtarbeit von 20.00 - 6.00 Uhr, Verbot der Sonn- und Feiertagsarbeit
JArbSchG	§ 8(1)	Jugendliche unter 18 J.	Beschäftigung von max. 8 Std. täglich, 40 Std. wöchentlich
	§ 12	Jugendliche unter 18 J.	Schichtzeit max. 10 Std.
	§§ 13,14	Jugendliche unter 18 J.	tägliche Freizeit mind. 12 Std., Nachtruhe von 20.00 - 6.00 Uhr
	§§ 15,16 17,18	Jugendliche unter 18 J.	5-Tage-Woche; Beschäftigungsverbot an Samstagen, Sonn- und Feiertagen
SchwbG	§ 46	Schwerbehinderte	auf Verlangen Freistellung von Mehrarbeit
	§ 47	Schwerbehinderte	Anspruch auf 5 Tage bezahlten Zusatzurlaub
Tarifvertrag (*)	§§ 3(1), 3(3)	tarifl. AN	tarifl. wöchentl. Arbeitszeit: 37 Std. ab 01.04.1993: 36 Std. ab 01.10.1995: 35 Std. Bei 18 % der Beschäftigten ist eine Verlängerung bis zu 40 Stunden möglich
	§ 3(2)	Auszubildende	regelmäßige wöchentliche Ausbildungszeit entsprechend der tarifl. wöchentl. Arbeitszeit
	§ 3(5)	tarifl. AN	regelmäßige tägliche Arbeitszeit bis zu 8 Std.

(*) Manteltarifvertrag vom 29.02.1988 in der Fassung vom 06.05./19.06.1990 für die metallverarbeitende Industrie NRW

Schaubild VII.33. Gesetzliche und tarifliche Arbeitszeitvorschriften

zen und einem ausgewählten Manteltarifvertrag[1] (vgl. *Rademacher*, 1990, S. 22 ff.; ferner *Drumm*, 1989, S. 111; *Zmarzlik*, 1989, S. 10 ff.).

In manchen Fällen kann es zweckmäßig sein, eine Analyse der Arbeitszeitflexibilisierung ausschließlich aus der Unternehmungsperspektive vorzunehmen. Eine starre Arbeitszeitregelung liegt dann vor, wenn die individuelle regelmäßige Arbeitszeit aller Arbeitnehmer mit der Normalarbeitszeit und der Betriebszeit übereinstimmt. Die Arbeitszeitflexibilisierung umfaßt hierbei alle Regelungen, die von der so definierten starren Arbeitszeit partiell oder vollständig wegführen. Rein arbeitnehmerorientierte Gleitzeitregelungen und Job Sharing werden bei einer solchen Sichtweise nicht als Erscheinungsformen der Arbeitszeitflexibilisierung aufgefaßt, da sich Flexibilisierungseffekte allein für die Arbeitskräfte ergeben (vgl. hierzu *Rademacher*, 1990, mit der dort angegebenen Literatur). Im folgenden wird diese Betrachtungsweise nicht weiterverfolgt.

3.2 Gestaltungsmöglichkeiten der individuellen Arbeitszeit

3.2.1 Starre Arbeitszeitgestaltung

Grundsätzlich können Alternativen der chronologischen und/oder chronometrischen Arbeitszeitgestaltung unterschieden werden (vgl. Schaubild VII.34).

Bei der starren Arbeitszeit ist die individuelle Arbeitszeit eines Arbeitnehmers nach **Dauer** und **Lage** im jeweiligen Bezugszeitraum **konstant**. Neben Arbeitsbeginn und -ende sind oft auch die Ruhepausen und u.U. die Urlaubstage zeitlich – im Rahmen der Mitbestimmung und anderer rechtlicher Regelungen – vom Arbeitgeber festgelegt, d.h. fremdbestimmt (vgl. *Heymann/Seiwert*, 1984, S. 18 f.).

Grundsätzlich können sowohl Voll- als auch Teilzeitarbeit nach Lage und Dauer fest vorgegeben sein. Im Rahmen von **Modellen der Vollzeitarbeit** wird die tariflich vereinbarte Normal- bzw. Regelarbeitszeit eingehalten, während diese bei **Teilzeitmodellen** unterschritten wird. Die Teilzeitarbeit ist nicht per se als eine Form der flexiblen Arbeitszeit charakterisierbar. Wie Schaubild VII.35 verdeutlicht, werden bei starren Teilzeitarbeiten Lage und Dauer der individuellen Arbeitszeit nicht mehr verändert, nachdem die Entscheidung für die (unterhalb der Regelarbeitszeit liegende) Teilzeitform gefallen ist. Diese Entscheidung wird i.d.R. einmalig bei Konstitution des Beschäftigungsverhältnisses zu fällen sein. Der einzelne Arbeitnehmer hat in den dargestellten Fällen eine starre individuelle Arbeitszeit. Dies gilt auch für Schichtarbeit, bei der

---

[1] Erläuterungen zu Schaubild VII.33: Der Personenkreis „alle Arbeitnehmer" betrifft die über 18jährigen Arbeitskräfte in nicht leitender Funktion; bei den angeführten Gesetzen handelt es sich um die Arbeitszeitordnung (AZO), Gewerbeordnung (GewO), Beschäftigungsförderungsgesetz (BeschFG), Mutterschutzgesetz (MuSchG), Jugendarbeitsschutzgesetz (JArbSchG), Schwerbehindertengesetz (SchwbG).

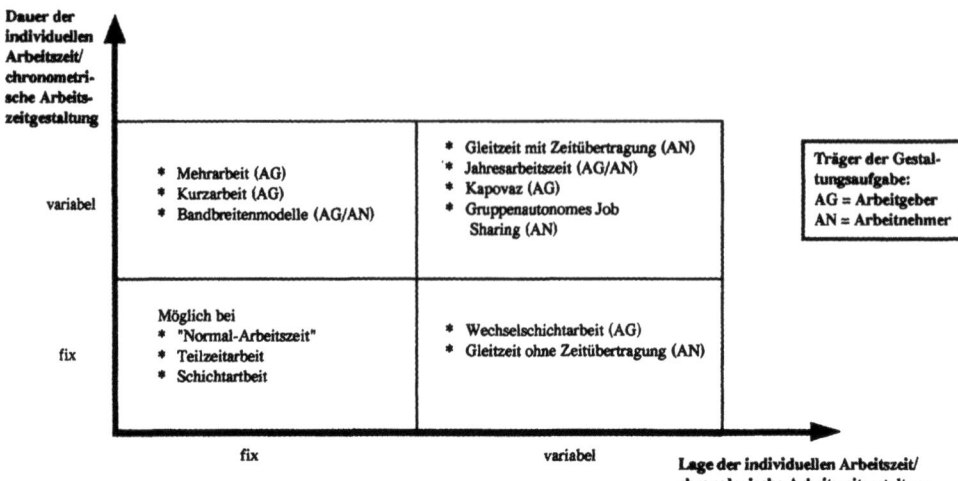

Schaubild VII.34. Alternativen der chronologischen und/oder chronometrischen individuellen Arbeitszeitgestaltung

Arbeitnehmer – anders als bei Wechselschichtarbeit – z.B. stets in der Frühschicht mit fixiertem Arbeitsbeginn und -ende eingesetzt werden (vgl. insbesondere *Deelen*, 1987, S. 20ff.).

Bei starren individuellen Arbeitszeiten stehen **fehlenden Einflußmöglichkeiten** seitens der Arbeitnehmer ein **geringer Komplexitätsgrad der Arbeitszeitstruktur** der Unternehmung und folglich vereinfachte Planungs-, Steuerungs- und Kontrollprozesse im Bereich des Personaleinsatzes gegenüber. Starre Arbeitszeiten erlauben jedoch nur **sehr geringe Variationen der gesamten verfügbaren personellen Kapazität** und sind daher Modellen der flexiblen Arbeitszeitgestaltung in der Regel im Hinblick auf die produktionswirtschaftlichen Ziele unterlegen.

3.2.2 Flexible Arbeitszeitgestaltung

3.2.2.1 Grundsätzliches

Grundlegende Voraussetzung für eine flexible tägliche individuelle Arbeitszeitgestaltung ist das Vorhandensein zeitlicher Dispositionsspielräume bei der Aufgabenerfüllung, d.h. es darf keine zeitlich fortlaufende Bindung derselben Arbeitskraft an den Arbeitsplatz notwendig sein. Für das Ausmaß zeitlicher Dispositionsfreiheit an einem Arbeitsplatz im Produktionsbereich kommt folgenden **sachbezogenen Bestimmungsfaktoren** besondere Bedeutung zu:

- **Unterbrechbarkeit des Produktionsprozesses** und Dauer der Unterbrechbarkeit; hierunter ist die Möglichkeit zu verstehen, den Arbeitsprozeß anzuhalten und wieder aufnehmen zu können ohne Schaden für das Pro-

Arbeits- und Betriebszeitgestaltung 93

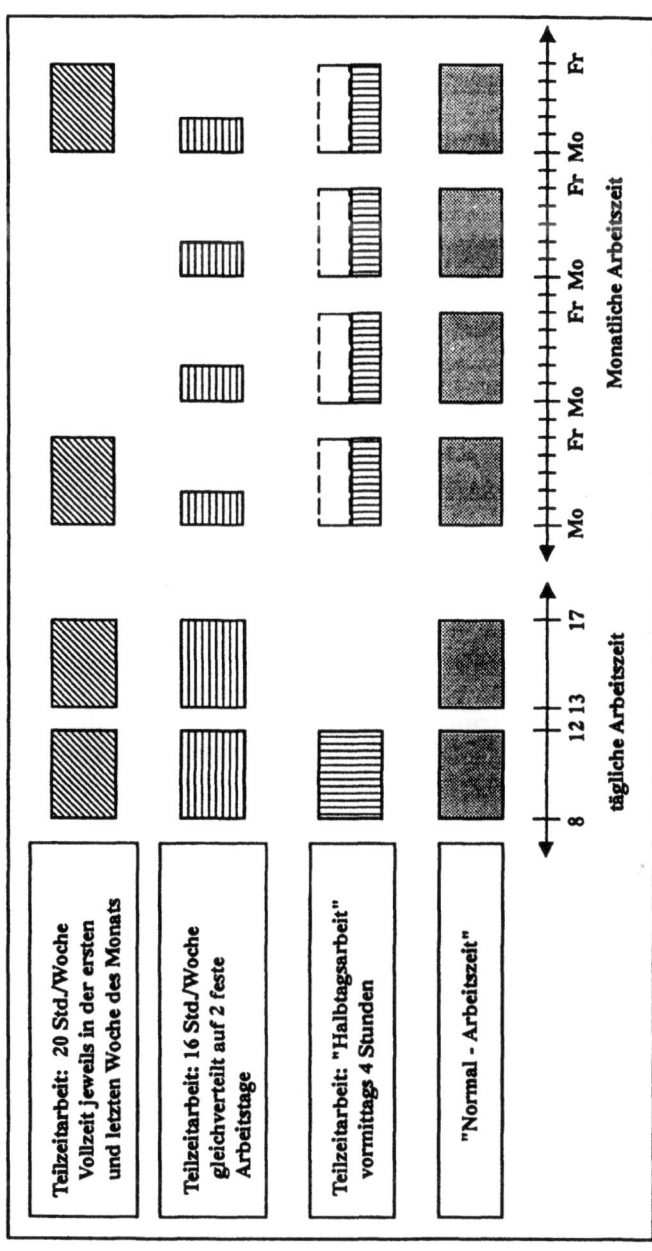

Schaubild VII.35. Beispiele für starre Teilzeitarbeit und für starre Normal-Arbeitszeit (Lage und Dauer sind fixiert) (vgl. *Schuh/Schultes-Jaskolla/Stitzel*, 1987, S. 94)

dukt und ohne unvertretbar hohe Anlauf- und Auslaufkosten. Begrenzungen können vor allem von technischen Prozeßbedingungen (chemische Prozesse) oder erforderlichen Vorbereitungs- und Abwicklungstätigkeiten ausgehen;
- **Umfang der Programmierbarkeit** der Produktionssteuerung (Automatisierungsgrad von Maschinenbedienung und -überwachung einschließlich Werkzeugwechsel, Materialzufuhr, Erzeugnisentnahme);
- **Lagerhaltungsmöglichkeiten** für Werkzeuge, Material und Produkte am Arbeitsplatz sowie **Vorgabe übergreifender Informationen zur Produktionsplanung und -steuerung**; hierunter ist insbesondere eine zeitlich und mengenmäßig ausreichende Bereitstellung von qualitätsgerechten Erzeugniseinsatzstoffen, Betriebsstoffen und Werkzeugen zu verstehen sowie die notwendige Unterrichtung der Arbeitskräfte über ein größeres Volumen an Arbeitsaufgaben und deren ablauforganisatorische Durchführung (z. B. durch Losgrößen und -folgen, Arbeitsgangfolgen).

Die Flexibilität im Fertigungsbereich kann dabei durch folgende **Maßnahmen** gesteigert werden:

- **Bildung von Zwischenlagern** zur vorübergehenden Aufhebung der zeitlichen Verkettung von Arbeitssystemen,
- **Heranziehung zusätzlicher Springer** insbesondere an Arbeitsplätzen, die nicht oder nur kurzfristig unbesetzt bleiben dürfen,
- **Auflockerung des Zeitzwangs** durch Absprache zwischen den Mitgliedern einer Arbeitsgruppe (z. B. im Rahmen teilautonomer Gruppenarbeit),
- **kompensatorisches Gleiten** bei Schichtarbeit mit/ohne Fehlzeiten und Doppelbesetzungen (vgl. auch *Haupt/Hartung*, 1988, S. 467 ff.).

Zu den **personenbezogenen Voraussetzungen** einer flexiblen Gestaltung der täglichen Arbeitszeit ist im Unterschied zur Einhaltung starrer Arbeitszeitvorschriften die Bereitschaft zu zählen, Arbeitszeitdispositionen in begrenztem Umfang selbstverantwortlich zu treffen. Dies setzt auch voraus, daß betriebliche Notwendigkeiten und Wünsche von Arbeitskollegen in angemessener Weise beim Einsatz der eigenen Arbeitskraft Berücksichtigung finden.

3.2.2.2 Modelle chronometrisch variabler Arbeitszeit

Modelle chronometrisch variabler individueller Arbeitszeit liegen vor, wenn die **Lage der Arbeitszeit für die nächsten kurz- und mittelfristigen Perioden generell fixiert** ist, die **Dauer der Arbeitszeit jedoch** – für spezielle Teilphasen – **veränderbar** ist. Es bestehen seitens der Arbeitnehmer und/oder des Arbeitgebers bleibende Dispositionsspielräume bezüglich der Dauer der individuellen Arbeitszeit.

Konzepte der **Mehrarbeit** dienen dem Ausgleich von Schwankungen im Arbeitsanfall. Mehrarbeit ist nach § 15 Abs. 2 AZO mit Zuschlägen von 25% zu vergüten, sofern andere vertragliche Vereinbarungen nichts Gegenteiliges vorsehen. Hier – wie bei dem Analogon der Mehrarbeit, der **Kurzarbeit** – ist der Arbeitgeber unter Berücksichtigung der Mitbestimmungsgesetzgebung primärer Träger der Arbeitszeitgestaltungsaufgabe. Dies gilt auch für Bandbreitenmodelle.

Bei **Bandbreitenmodellen** haben die Beschäftigten in bestimmten Zeitabständen die Möglichkeit, ihre individuelle Arbeitszeitdauer bei entsprechenden Entgeltvariationen festzulegen. In der Regel kann zwischen der Regelarbeitszeit und einer 5-, 10- oder 20-prozentigen Arbeitsdauerverminderung gewählt werden. Anders als bei starren Voll- und Teilzeitarbeiten ist bei Bandbreitenmodellen in festgelegten kurzen oder mittleren Abständen die Wahl zwischen Voll- und Teilzeitbeschäftigung möglich. Das bekannteste Modell dieser Art ist das sogenannte Santa-Clara-Modell aus Kalifornien, bei dem die Mitarbeiter bei entsprechender Bruttoeinkommenskürzung halbjährlich die Wahl zwischen der 40-, der 38-, der 36- und der 32-Stundenwoche haben (vgl. *May/Mohr*, 1985, S. 24 ff.; *Teriet*, 1981, S. 152).

3.2.2.3 Modelle chronologisch variabler Arbeitszeit

Ist die Positionierung der individuellen Arbeitszeit auf der Zeitachse kurz- und mittelfristig disponibel, deren Dauer jedoch fixiert, so liegt chronologisch variable Arbeitszeit vor (vgl. *Drumm*, 1989, S. 89).

Bei **Modellen der Mehrschichtarbeit** deckt sich die Lage der einzelnen Schichtzeiten nicht mit der übrigen als betriebsüblich angesehenen Arbeitszeit. Im Falle von Vollzeitschichten können bis zu maximal vier Schichten – bei Einbeziehung von Teilzeitschichten auch weitere – aufeinanderfolgend über den 24-Stunden-Tag verteilt sein. Genannt seien hier drei Formen der vom Arbeitgeber festzulegenden Mehrschichtarbeit, bei der die **Arbeitskräfte i.d.R. in Wechselschicht tätig** sind:

- **durchgehende Betriebsweise im "Kontibetrieb"** (Drei- oder Vierschichtbetriebe, im äußersten Fall an allen Tagen eines Jahres z.B. in öffentlichen Elektrizitätswerken);
- **Zwei- oder Dreischichtbetrieb an 5 oder 6 Wochentagen** (vgl. Schaubild VII.36);
- **Teilzeitzusatzschichten an bestimmten Wochentagen.**

Zusätzliche Flexibilisierungsoptionen aus Sicht der Arbeitnehmer bieten hierbei die **Wahlschichtmodelle**, da diese den Arbeitnehmern Einfluß auf die Lage der Schichtzeiten einräumen z.B. auch im Rahmen von Tauschbörsen (vgl. *Beyer*, 1986, S. 2; ferner *Coleman*, 1989, S. 10 ff.).

Den mit der Schichtarbeit verbundenen Vorteilen einer verbesserten Kapazitätsauslastung stehen insbesondere physische und psychische Belastungen der Arbeitnehmer sowie erforderliche Entgeltzuschläge gegenüber.

Bei **Modellen der Gleitzeitarbeit** muß nur ein Teil der Normalarbeitszeit zu festgelegten Tageszeiten erbracht werden – die sogenannte Kernarbeitszeit z.B. von 9–15 Uhr – und der übrige Teil ist nach freiem, aber abgestimmtem

	Mo	Di	Mi	Do	Fr	Sa	So	Mo	Di	Mi	Do	Fr	Sa	So	Mo	Di	Mi	Do	Fr	Sa	So
Frühschicht	A	A	A	A	B	B		B	B	B	B	C	C		C	C	C	C	A	A	
Spätschicht	B	B	C	C	C			C	C	A	A	A			A	A	B	B	B		

1. Woche　　　　　　　　　　2. Woche　　　　　　　　　　3. Woche

Die individuellen Schichtpläne der Arbeitnehmer A, B und C:

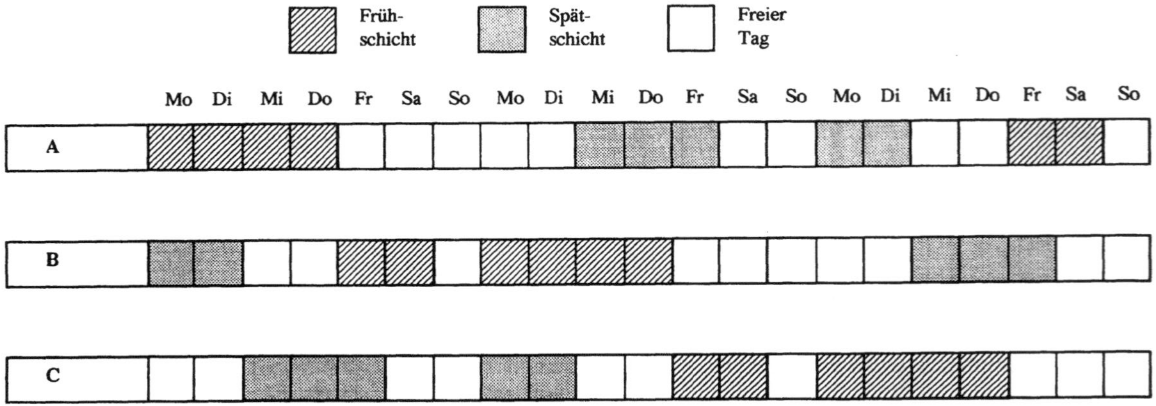

Frühschicht　　Spätschicht　　Freier Tag

Anmerkung: zusätzlich eine individuelle Ausgleichsschicht alle 4 Wochen pro Mitarbeiter (11 pro Jahr) (Einarbeitung der entfallenen samstagsspätschicht an einem der schichtfreien Tage)

Schaubild VII.36. Schichtplan der BMW AG, Werk Regensburg, für den Zweischichtbetrieb (vgl. *Bihl*, 1991, S. 954)

Ermessen des Arbeitnehmers zu leisten – die sogenannte Gleitzeit, z.B. von 7–9 und 15–19 Uhr (vgl. *Hoff*, 1983; *Frey*, 1985). Gleitzeitmodelle können mit oder ohne Zeitübertragung ausgestaltet sein. **Gleitzeit ohne Zeitübertragung** liegt vor, wenn ein Gleitzeitrahmen vorgegeben ist, innerhalb dessen jedoch die Dauer der täglichen individuellen Arbeitszeit fixiert ist. Dies bedeutet hier nur eine Variation auf chronologischer Ebene (vgl. *Hopfenbeck*, 1989, S. 267f.; *Schuh/Schultes-Jaskolla/Stitzel*, 1987, S. 95). Eine Implementierung der Gleitzeit ist auch im Produktionsbereich realisierbar (vgl. zur Gleitzeit im Schichtbetrieb *Kraus*, 1988, S. 255 ff.), verlangt aber Pufferlager, den Einsatz von Springern oder – besser – teilautonome Teams.

3.2.2.4 Modelle chronometrisch und chronologisch variabler Arbeitszeit

Bei Modellen chronometrisch und chronologisch variabler Arbeitszeit bestehen für Arbeitnehmer und/oder Arbeitgeber bleibende Dispositionsspielräume im Hinblick auf Dauer und Lage der individuellen Arbeitszeit.

Damit jeder Arbeitnehmer die für ihn geltende vertragliche Wochen- oder Monatsarbeitszeit erfüllt, sind bei **Gleitzeitmodellen mit Zeitübertragung** im Rahmen eines ggf. mehrmonatigen Zeitraums entstehende Zeitguthaben oder Zeitschulden auszugleichen. Schaubild VII.37 visualisiert die Unterschiede zwischen Gleitzeit mit und Gleitzeit ohne Zeitübertragung. In der Praxis gibt es viele unterschiedliche Ausgestaltungsformen der Gleitzeitarbeit. Die Gleitzeit mit freiem Ermessen der Arbeitnehmer für die Auftragsdurchführung kommt unter Flexibilisierungsaspekten primär den Arbeitnehmern zugute; betriebswirtschaftlich relevant sind indirekte positive Wirkungen wie insbeson-

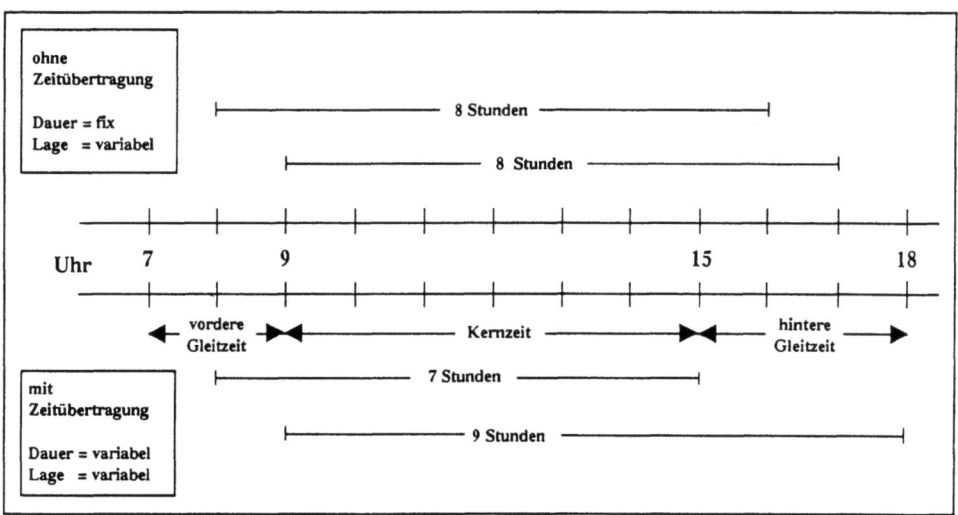

Schaubild VII.37. Gleitzeit mit und ohne Zeitübertragung

dere die Beeinflussung von Motivation und Leistungsbereitschaft, Fehlzeiten und Fluktuation (vgl. *Beyer*, 1986, S. 21 ff.).

Im Falle der **kapazitätsorientierten variablen Arbeitszeit (KAPOVAZ)** fixiert der Arbeitgeber Lage und Dauer der Arbeitszeit innerhalb bestimmter Bandbreiten (Unter- und Obergrenzen), wobei die tarifliche Regelarbeitszeit im Bezugszeitraum (z.B. ein halbes Jahr) eingehalten wird (vgl. Schaubilder VII.38 und VII.39). Auch **Jahresarbeitszeitmodelle** finden in der Praxis in verschiedenen Ausprägungen Anwendung. Der Haustarifvertrag des Volkswagenwerks mit der IG Metall von 1984 sah vor, daß die Arbeitszeit bedarfsorientiert in bestimmten Intervallen verteilbar ist. Rahmenvorgaben dieser Vereinbarung bildeten die Festlegungen auf 38,5 Wochenstunden sowie 2008 Jahresarbeitsstunden mit 9 zu vergütenden Freischichten je Arbeitnehmer (vgl. *Beyer*, 1986; ferner *Günther/Schneeweiß*, 1988, S. 916f.; *Holenweger*, 1988, S. 479ff.). Mit dem Ziel, auf voraussehbare Kapazitätsbedarfsschwankungen flexibel reagieren zu können, kommt bei der ABB Schweiz auf der Ebene der Holding und optional auch für einzelne Gesellschaften ein Jahresarbeitszeitmodell zur Anwendung, das zusätzlich noch mit Gleitzeit gekoppelt ist. Bei einer jährlichen Soll-Arbeitszeit auf Basis einer 40,75-Stunden-Woche (inklusive Vorholzeit für die Zeit nach Weihnachten) und bei Lohnzahlung auf Basis der 40-Stunden-Woche kann dabei die wöchentliche Soll-Arbeitszeit zwischen 35 und 45 Stunden liegen. Die für längere Phasen zwischen Bereichs-/Abteilungsleitung und Mitarbeitern/Mitarbeitervertretung zu vereinbarende Wochenarbeitszeit wird i.d.R. für ganze Arbeitsgruppen vereinbart, denen bezüglich der gruppeninternen Arbeitszeitverteilung Autonomie gewährt wird (vgl. *Rudolf*, 1991, S. 19ff.).

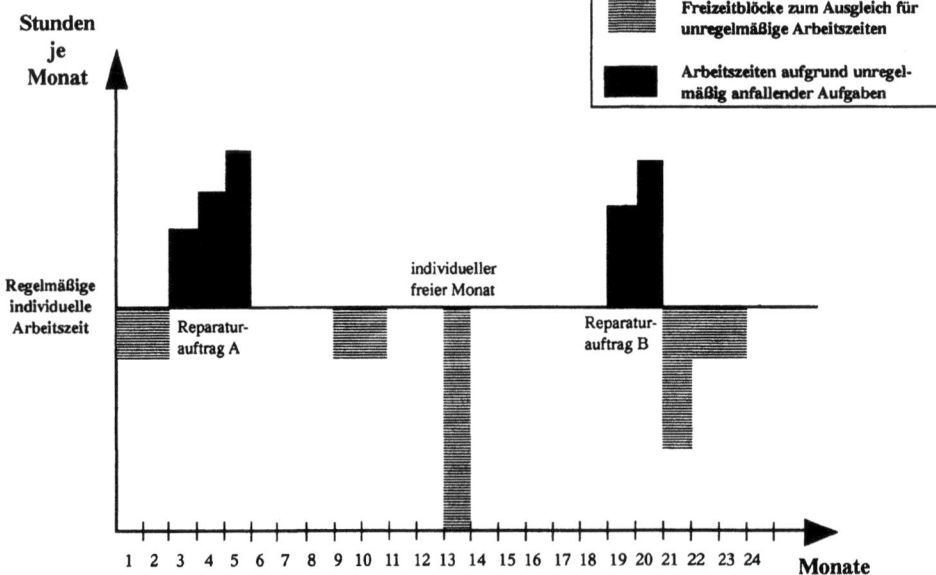

Schaubild VII.38. Kapazitätsorientierte variable Arbeitszeit (KAPOVAZ) bei nicht vorhersehbaren langzyklischen Schwankungen des Arbeitsanfalles

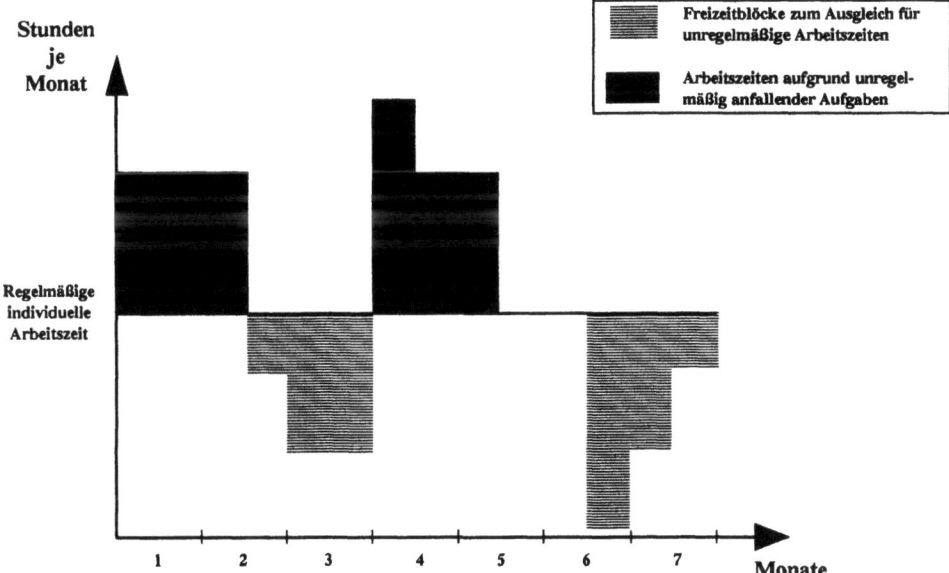

Schaubild VII.39. Kapazitätsorientierte variable Arbeitszeit (KAPOVAZ) bei vorhersehbaren, jedoch ungleichförmigen mittelzyklischen Schwankungen des Arbeitsanfalles

Von **Arbeitszeitdifferenzierung** (trotz Vollzeitbeschäftigung) wird gesprochen, wenn für verschiedene Arbeitnehmergruppen eine jeweils unterschiedliche Länge der regelmäßigen individuellen Arbeitszeiten vereinbart wurde. Entsprechende Regelungen sind in Manteltarifverträgen für Vollzeitarbeitskräfte getroffen worden (vgl. Schaubild VII.40).

Als teilzeitspezifisches Modell kann hier zusätzlich das **Job Sharing** hervorgehoben werden. Diese aus den USA stammende Form der Arbeitszeitflexibilisierung bietet zwei oder auch mehreren gleich geeigneten Arbeitskräften die Beschäftigung auf einem Vollzeitarbeitsplatz (vgl. z. B. *Trefflich*, 1984, S. 462 f.). Dabei können sich Arbeitnehmer die tägliche, wöchentliche oder auch monatliche Regelarbeitszeit sowie die Bewältigung von Aufgaben in qualitativer und/oder quantitativer Hinsicht aufteilen. Hier liegen die positiven Flexibilisierungseffekte ausschließlich bei den Arbeitskräften, da diese – je nach vertraglicher Ausgestaltung – die Aufteilung von Arbeitszeit und -inhalt untereinander weitgehend autonom vornehmen können. In der Praxis sind hierbei insbesondere Regelungen zur Vertretung, z. B. bei Urlaub oder Krankheit des jeweiligen Partners, zu treffen.

Grundsätzlich kann die Schlußfolgerung gezogen werden, daß die **wirtschaftlichen Vorteile**, welche sich aus Arbeitszeitflexibilisierungen für die Unternehmung ergeben können **umso größer** sind, **je stärker sich der Arbeitseinsatz zeitlich an die Produktionsanforderungen anpassen läßt**. Die wichtigsten betriebswirtschaftlichen **Vorteile** folgen in unterschiedlichem Ausmaß je nach der gewählten Flexibilisierungsvariante

	ab 01.04.88	ab 01.04.89	ab 01.04.90
tarifliche wöchentliche Arbeitszeit	37,5 Std.	37 Std.	37 Std.
Obergrenze der individuellen wöchentlichen Arbeitszeit	39,5 Std.	39 Std.	40 Std.
Untergrenze der individuellen wöchentlichen Arbeitszeit	37 Std.	36,5 Std.	37 Std.
Im Durchschnitt zu erreichende wöchentliche Arbeitszeit	37,5 Std.	37 Std. = tarifliche wöchentliche Arbeitszeit	---

Anmerkung: Die Wochenarbeitszeiten basieren auf den Tarifverträgen vom 29.02.1988 und vom 29.02.1988 in der Fassung vom 06.05./19.06.1990 für die metallverarbeitende Industrie in NRW. Bis zum 01.04.1990 mußte die tarifliche wöchentliche Arbeitszeit im Durchschnitt über alle tariflich beschäftigten Arbeitnehmer erreicht werden. Ab dem 01.04.1990 können bis zu 18 % aller Beschäftigten (inkl. außertariflich beschäftigte Arbeitnehmer) oberhalb der tariflichen wöchentlichen Arbeitszeit von 37 Std. beschäftigt werden, ohne daß es zu einem durchschnittlichen Ausgleich kommen muß.

Schaubild VII.40. Arbeitszeitdifferenzierung

- aus der **Entkoppelung** von Betriebs- und individuellen Arbeitszeiten (bessere Kapazitätsnutzung, vergleichsweise frühere Neuanschaffung neuer Anlagen),
- aus dem **Abbau von Personalleerkosten**, die ansonsten infolge ungenügender zeitlicher Anpassungsmöglichkeit einer gegebenen Personalkapazität an wechselnde Kapazitätsbedarfe entstehen und aus dem **höheren Nutzungsgrad des verfügbaren Personalpotentials**,
- aus Steigerungen der **Arbeitsmotivation und -leistung** (quantitativ und qualitativ) sowie Verringerungen der **Absenz- und Fluktuationsquoten**.

Bei ungünstiger Abstimmung der arbeitszeitbezogenen Unternehmungs- und Arbeitnehmerinteressen können sich dagegen entsprechende wirtschaftliche Nachteile ergeben.

Zusätzliche Kosten können in den Unternehmungen auf Grund **komplexerer** und somit anspruchsvollerer **Führungstätigkeiten** entstehen. Von besonderem wirtschaftlichem Gewicht ist in diesem Zusammenhang auch, mit welcher Zeitverzögerung durch eine Flexibilisierungsform die Verteilung und/oder das Volumen der Arbeitszeit verändert werden können. Hierzu ist in der Regel die Zustimmung des Betriebsrats erforderlich. Die jeweilige **Umsetzungsgeschwindigkeit von flexiblen Arbeitszeitformen** kann daher als eigenständige Flexibilisierungkomponente bezeichnet werden.

Nach überwiegender Erfahrung in der Praxis sind die angeführten **betriebswirtschaftlichen Vorteile** der Arbeitszeitflexibilisierung **wesentlich größer als die zusätzlichen Kosten. Allerdings können auf diese Weise im allgemeinen nicht die Mehrkosten von Arbeitszeitverkürzungen mit vollem Lohnausgleich kompensiert werden. Die Bestimmung des ergebnisoptimalen Arbeitszeitmodells kann nur für konkrete Einzelfälle unter Berücksichtigung der genannten Einflußgrößen im jeweils gegebenen rechtlichen und personellen Rahmen vorgenommen werden.

3.3 Gestaltungsmöglichkeiten der Betriebszeit

3.3.1 Starre Betriebszeitgestaltung

Die **Betriebszeit** kann als die Zeitspanne bezeichnet werden, während der in der Unternehmung Ziele durch Aktionen von Potentialen an Aktionsobjekten verfolgt werden können. Die individuelle Arbeitszeit liegt definitionsgemäß stets im Rahmen der Betriebszeit, d. h. die Betriebszeit ist mindestens so lange wie die längste individuelle Arbeitszeit. Die konkrete Dauer und Lage der Betriebszeit sind unternehmungsspezifisch zu determinieren (vgl. *Bittelmeyer/Hegner/Kramer*, 1987).

Starre Betriebzeit kann sowohl bei Koppelung als auch bei Entkoppelung individueller Arbeitszeiten von der Betriebszeit vorliegen. **Bei Koppelung entspricht die Betriebszeit zwingend der Normalarbeitszeit** (z. B. von 7–16 Uhr); hier führen individuell geleistete Überstunden bereits zu einer Ausdehnung der Betriebszeit. Bei **Entkoppelung** übersteigt die Betriebszeit die Normalarbeitszeit, wobei bei starrer Betriebszeit oft Arbeitszeitflexibilisierung vorliegt, um die Betriebszeit voll auszufüllen (z. B. Betriebszeit von 7–19 Uhr mit Gleitzeit oder von 6–22 Uhr im Zweischichtbetrieb). Auch bei starrer Betriebszeit ist somit durchaus Flexibilität zur Anpassung des Kapazitätangebots an wechselnde Kapazitätsbedarfe gegeben – und zwar in dem Umfang, in dem Kapazitätsangebotsvariationen durch Variationen der individuellen Arbeitszeiten vorgenommen werden können. Daraus wird deutlich, daß die Betriebszeit nicht isoliert von individuellen Arbeitszeitgestaltungen festgelegt werden kann. Die **maximale Betriebszeit** liegt beim „**Kontibetrieb" vor, bei dem an allen Tagen des Jahres „24 Stunden-Betrieb" gegeben** ist.

3.3.2 Flexible Betriebszeitgestaltung

Flexible Betriebszeitgestaltung beinhaltet die Wahl zwischen verschiedenen **Möglichkeiten der Veränderbarkeit der Betriebszeit im Zeitablauf**. Es kann grundsätzlich zwischen **Betriebszeitverlängerung und -verkürzung** unterschieden werden, die kurz-, mittel- oder langfristiger Art sein können. Sind Betriebszeitvariationen von sehr langfristiger Art, so handelt es sich um den Übergang von einer starren Betriebszeit zu einer anderen. Kommt es jedoch zu Schwankungen der Betriebszeit – etwa an einzelnen Tagen im Monat – und gleichen sich diese in einem übergeordneten Bezugszeitraum wieder (weitgehend) aus, so beinhaltet dieses Modell eine zeitweilige Ausdehnung und eine

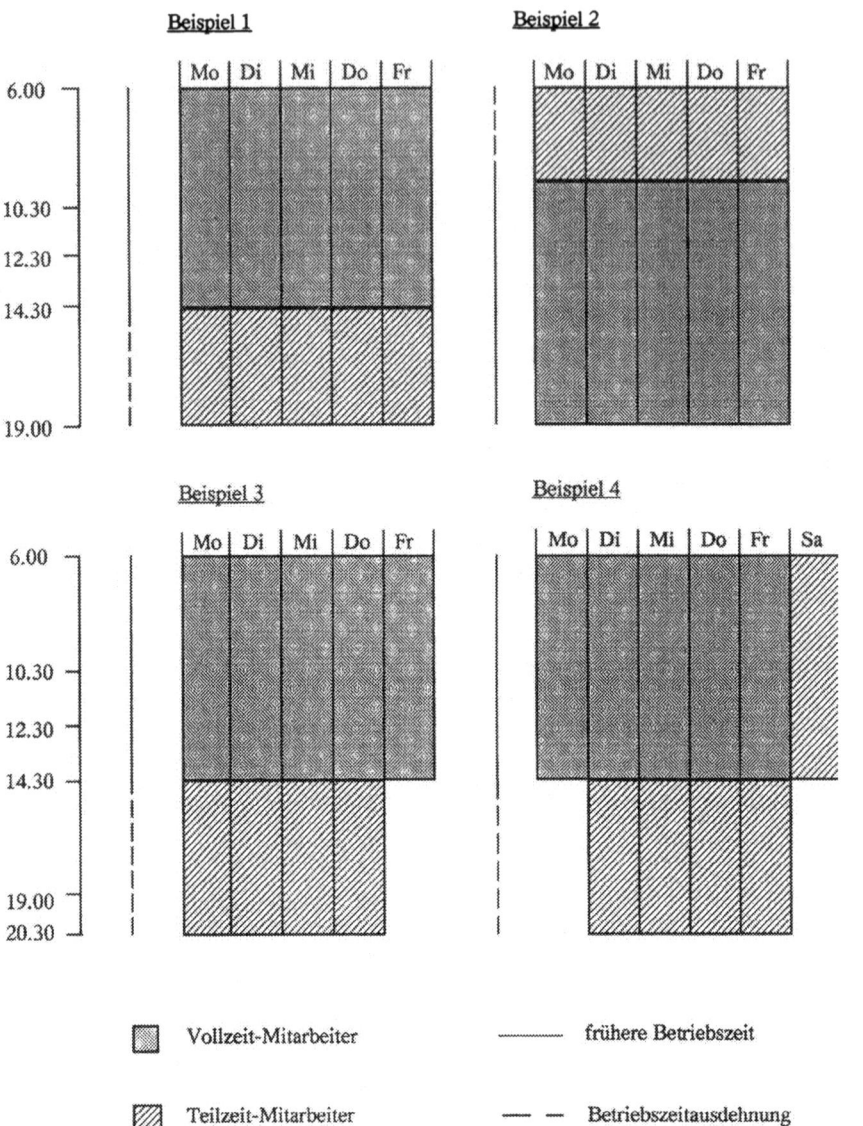

Beispiel 1: Ausdehnung der wöchentlichen Betriebszeit um 5 x 4,5 Std. = 22,5 Std.
Beispiel 2: Ausdehnung der wöchentlichen Betriebszeit um 5 x 4,5 Std. = 22,5 Std.
Beispiel 3: Ausdehnung der wöchentlichen Betriebszeit um 4 x 6 Std. = 24 Std.
Beispiel 4: Ausdehnung der wöchentlichen Betriebszeit um 4 x 4,5 Std.
+ 6,5 Std. = 24,5 Std.

Schaubild VII.41. Betriebszeitverlängerung durch Einführung von Teilzeitzusatzschichten (vgl. *Bittelmeyer/Hegner/Kramer*, 1987, S. 26)

zeitweilige Kontraktion der Betriebszeit. Im Vordergrund der folgenden Ausführungen stehen daher Veränderungen der Betriebszeit, die zyklischer und/ oder kurz- und mittelfristiger Natur sind.

Alternativen der Betriebszeitverlängerung (vgl. auch Schaubild VII.41) sind primär die Einrichtung von **Zusatzschichten**, z. B. Ausdehnung der Betriebszeit auf 24 Stunden durch Einrichtung von Nachtschichtarbeit, **Zusatzarbeitstagen**, z. B. Wochenend-, Feiertagsarbeit oder Aufhebung von generellen Betriebsferien, sowie Betriebszeitausdehnungen, die sich durch Anwendung der **KAPOVAZ** ergeben, wobei in diesem Fall die durchschnittliche Betriebszeit oft über einen längeren Bezugszeitraum hinweg konstant bleibt. Diese Alternativen erfordern mitunter die Heranziehung zusätzlicher Arbeitskräfte durch feste Neueinstellung, Leiharbeit oder durch Zeitverträge, letztere insbesondere bei starken saisonalen Schwankungen. Daneben können **gestaffelte oder versetzte Arbeitszeiten** (vgl. *Bittelmeyer/Hegner/Kramer*, 1987, S. 30 f.) sowie die Einführung der **Gleitzeit in Schichtsysteme** Betriebszeitverlängerungen erbringen. Auch können flexible Pausenregelungen, die von kollektiven Pausen wegführen, zu besserer Kapazitätsnutzung führen (vgl. das Beispiel der BMW AG bei *Bihl*, 1991, S. 954 f.).

Betriebszeitverkürzungen können **bei Koppelung** der Arbeitszeit an die Betriebszeit **durch Arbeitszeitverkürzungen** hervorgerufen werden. Dies betrifft Verkürzungen der täglichen und wöchentlichen Arbeitszeit und auch der Jahresarbeitszeit im Fall der Gewährung von zusätzlichen Urlaubstagen, was zu einer Ausdehnung der Betriebsferien führen kann. Darüber hinaus kann die Betriebszeit durch **Kurzarbeit, Schichtabbau, Übergang von Voll- zu Teilzeitschichten** sowie phasenweise im Rahmen der **KAPOVAZ** verkürzt werden.

Von "**doppelt flexiblen Arbeits- und Betriebszeitformen**" kann gesprochen werden, wenn sowohl die Betriebszeit als auch die jeweils geforderte Arbeitszeit an wechselnde Absatz- und Produktionsanforderungen angepaßt werden kann. Derartige Formen sind teilweise nur in relativ engen – durch Tarifvertrag und Betriebsvereinbarung gezogenen – Grenzen zu erreichen. Sie sind mit besonderem Planungs-, Steuerungs- und Kontrollaufwand verbunden.

4 Arbeitsentgeltgestaltung

4.1 Grundsätzliches zur Arbeitsentgeltgestaltung

4.1.1 Bedeutung des Arbeitsentgeltes in der Bundesrepublik Deutschland

Innerhalb des Systems der Sozialen Marktwirtschaft kommt dem Lohn als Entgelt der Arbeitnehmer eine ganz besondere Bedeutung zu, da die Löhne den größten Wertestrom innerhalb der Volkswirtschaft darstellen und von den Arbeitnehmern als wichtigste Anreizkomponente empfunden werden (vgl. *Scheidl*, 1991, S. 259). Die Löhne bilden einen Haupteinflußfaktor für das inländische Nachfragepotential, für die Absatzpreiskalkulation der Unternehmungen und damit für das Angebotspotential sowie die Höhe der Gewinne und Investitionen. Hierdurch entsteht ein Zusammenhang zwischen Lohnhöhe sowie Preisniveau und Beschäftigung und damit letztlich dem Lebensstandard (vgl. zur Arbeitsentgeltgestaltung *Hahn/Hanshold/Gräb*, 1988).

Bedeutung und Entwicklung des Arbeitsentgeltes als Kosteneinflußgröße im globalen Wettbewerb werden aus einer Untersuchung deutlich, die *Müller-Merbach* auf der Basis von Daten des Instituts der Deutschen Wirtschaft durchgeführt hat (vgl. hierzu und zum folgenden *Müller-Merbach*, 1990, S. 41 ff.). Dieser Studie ist zu entnehmen, daß 1989 in der Bundesrepublik im Vergleich zu anderen Industrienationen die höchsten Arbeitskosten je Stunde – als Summe aus Direktentgelt und Personalzusatzkosten je Stunde – entstanden. Während das Direktentgelt den noch der Lohnsteuer unterliegenden Effektivlohn darstellt, sind unter den Personalzusatzkosten die nicht in direkter Beziehung zur Arbeitsleistung stehenden sozialbezogenen Entgeltbestandteile zu subsumieren, die z.T. individuell ausgezahlt werden (z.B. Urlaubsgeld) und z.T. in Gemeinschaftskassen (z.B. Sozialversicherung) fließen (vgl. auch Kapitel 5.2.2). Schaubild VII.42 zeigt die Arbeitskosten 1989 in der verarbeitenden Industrie im internationalen Vergleich.

Schaubild VII.43 visualisiert das Verhältnis von Direktentgelt und Personalzusatzkosten, wobei die gesamten Arbeitskosten an den Iso-Gesamtarbeitskosten-Diagonalgeraden abgelesen werden können und die vom Koordinatenursprung ausgehenden Strahlen das Verhältnis von Direktentgelt zu Personalzusatzkosten angeben. Die hohen Personalzusatzkosten bedeuten, daß die Arbeitnehmer in der Bundesrepublik eine hohe soziale Absicherung genießen. Die Tatsache des niedrigen Verhältnisses von Direktentgelt zu Personalzusatz-

Land	Kenn-zeichen	Arbeitskosten je Stunde, insgesamt 1989	Personal-zusatzkosten 1989	Direkt-entgelt 1989	Direkt-entgelt 1970	Dir.ent. 89 / Pers.zusatz-kosten 89	Dir.entgelt 89 / Dir.entgelt 70
BR Deutschland	D	35,74	16,45	19,29	6,20	1,17	3,11
Schweiz	CH	34,45	11,56	22,89	5,55	1,98	4,12
Schweden	S	34,41	14,87	19,54	8,56	1,31	2,28
Norwegen	N	31,98	10,77	21,21	6,76	1,97	3,14
Japan	J	29,68	6,76	22,92	3,43	3,39	6,68
Niederlande	ND	29,05	12,82	16,23	4,87	1,27	3,33
Kanada	CND	29,00	7,52	21,48	10,52	2,86	2,04
Dänemark	DK	28,81	5,41	23,40	7,42	4,33	3,15
Italien	I	28,72	14,43	14,29	3,68	0,99	3,88
Belgien	B	28,40	12,89	15,51	4,86	1,20	3,19
U.S.A.	USA	27,09	7,39	19,70	12,26	2,67	1,61
Luxemburg	L	26,58	8,68	17,90		2,06	
Österreich	A	26,56	12,94	13,62	2,94	1,05	4,63
Australien	AUS	24,61	7,64	16,97	6,02	2,22	2,82
Großbritanien	GB	24,14	7,26	16,88	4,80	2,33	3,52
Frankreich	F	24,05	11,19	12,86	3,91	1,15	3,29
Spanien	E	20,11	7,50	12,61	2,07	1,68	6,09
Irland	IRL	19,50	5,51	13,59	3,71	2,47	3,66
Griechenland	GR	10,45	4,10	6,35	1,98	1,55	3,21
Türkei	TR	8,01	5,13	2,88		0,56	
Portugal	P	6,47	2,71	3,76		1,39	

Schaubild VII.42. Arbeitsentgelt in der verarbeitenden Industrie im internationalen Vergleich (vgl. *Müller-Merbach*, 1990, S. 42)

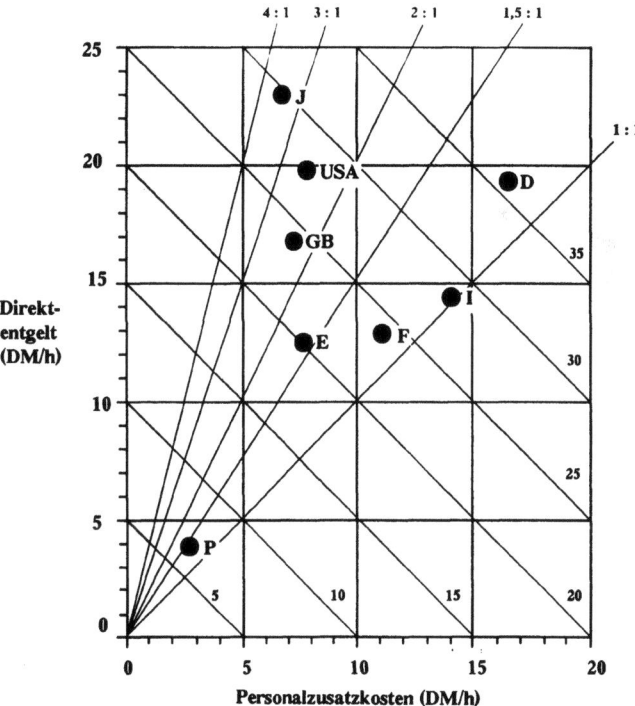

Schaubild VII.43. Verhältnis von Direktentgelt zu Personalzusatzkosten im internationalen Vergleich (vgl. *Müller-Merbach*, 1990, S. 43)

106 Personalwirtschaft

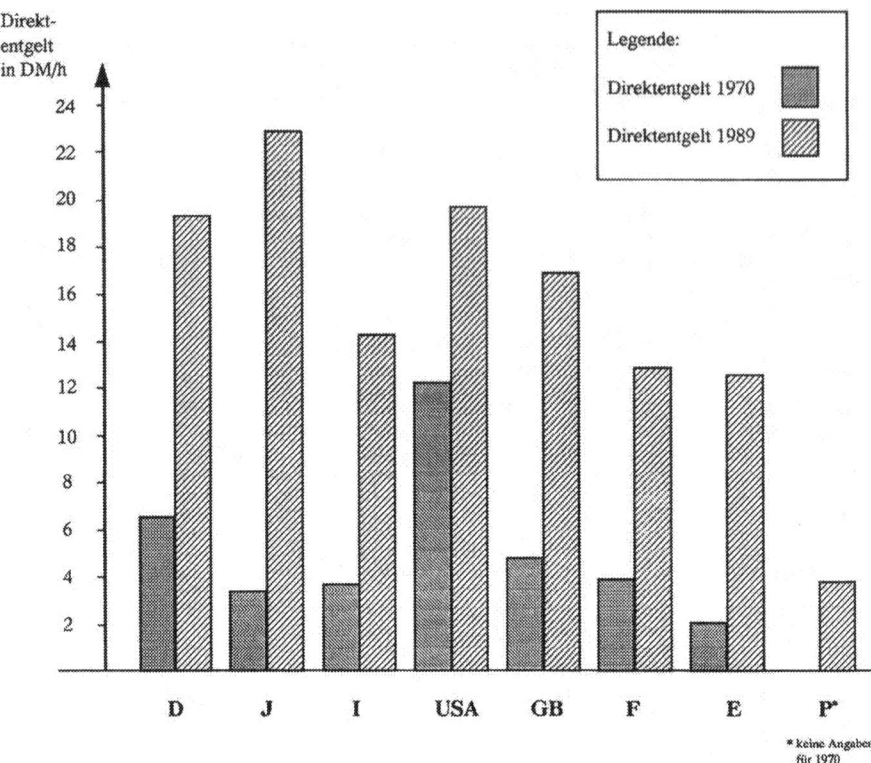

Schaubild VII.44. Veränderung von Direktentgelt 1989 zu Direktentgelt 1970 im internationalen Vergleich (vgl. *Müller-Merbach*, 1990, S. 43)

kosten, das 1989 in der Bundesrepublik nur bei 1,17:1, hingegen in den USA bei 2,67:1 und in Japan bei 3,39:1 lag, kann jedoch als Schwächung der Leistungsmotivation der Arbeitnehmer interpretiert werden. Die hohen Arbeitskosten je Stunde insgesamt zwingen aufgrund des internationalen Wettbewerbs zur Rationalisierung.

Schaubild VII.44 zeigt die Direktentgelte von 1970 und 1989 im Vergleich. Auffallend ist der extreme Anstieg der stärker motivationsfördernden direkten Entgelte in Japan auf mehr als das sechsfache des Betrages von 1970. Der im Vergleich zur Bundesrepublik noch schwächere Anstieg im nordamerikanischen Raum ist primär durch Wechselkursveränderungen im Beobachtungszeitraum bedingt.

4.1.2 Ziele und Bestandteile der betrieblichen Entlohnung

Im folgenden werden Ziele, Aufgaben und Aufbau der Entlohnung in Unternehmungen der Bundesrepublik Deutschland aus personalwirtschaftlicher Sicht behandelt. Die **betriebliche Entlohnung ist Teil eines Anreizsystems**, d. h. der Gesamtheit der bewußt in Form von materiellen und immateriellen Stimuli (vgl. *Wild*, 1973, S. 47) gestalteten Arbeitsbedingungen (vgl. hierzu und zum folgenden *Hahn*, 1988, S. 134 ff.). Neben **unternehmungsinternen materiellen und immateriellen Anreizen** sind **unternehmungsexterne Anreize** zu nennen, wie z. B. regionalspezifische Mentalitäten und standortspezifische Freizeit- und Kulturangebote. Bezüglich der Gestaltung immaterieller Anreize im Produktionsbereich wie

- Aufgabenfeld und Aufgabenentwicklung,
- Entscheidungsraum,
- Identifikation und
- soziale Einbindung

kann auf die vorangehenden Kapitel zur Arbeits- und Arbeitszeitgestaltung verwiesen werden, so daß sich die folgenden Ausführungen auf die Gestaltung materieller Anreize, d. h. hier auf die Gestaltung der Entlohnung konzentrieren.

Objekt der betrieblichen Entlohnung ist das Entgelt des Mitarbeiters, in herkömmlicher Unterscheidung der Lohn der Arbeiter und das Gehalt der Angestellten.

Im folgenden werden Lohn und Gehalt inhaltlich gleichgesetzt. Es wird hierunter die Summe aller materiellen Vergütungen verstanden, die ein Arbeitgeber freiwillig oder aufgrund tarif- und/oder arbeitsvertraglicher Verpflichtungen an die Arbeitnehmer als Entgelt für die von diesen geleistete oder zu leistende Arbeit bezahlt.

Oberziel der **betrieblichen Entlohnung** ist die Schaffung eines Entlohnungssystems, das eine aus der Sicht der Arbeitnehmer und Arbeitgeber als **gerecht empfundene Entlohnung** erlaubt. Dieses Oberziel „gerechte Entlohnung" ist grundsätzlich als nicht operational anzusehen, da es sich bei dem Streben nach Gerechtigkeit um eine ethisch-moralische Kategorie handelt, für die kein allgemein anerkannter Maßstab zur Ermittlung des Zielerreichungsgrades existiert (vgl. *Gast*, 1991, S. 1053 ff.). Es ist daher erforderlich, bei der Entlohnung auf Subziele zurückzugreifen, die eine Konkretisierung und damit Operationalisierung des zunächst unspezifischen Strebens nach Lohngerechtigkeit ermöglichen. Entsprechende **Subziele** bzw. **Entlohnungskriterien** (vgl. *Kupsch/Marr*, 1985, S. 709; ferner *Scheidl*, 1975, Sp. 1215 ff.), die insgesamt zu einer nachvollziehbaren Entlohnung führen, sind Marktorientierung, Anforderungsorientierung, Leistungsorientierung/Verhaltensorientierung und Sozialorientierung. In jüngerer Zeit tritt zunehmend das Bestreben auf, Ausbildungs- bzw. Qualifikationsorientierung anstelle von Anforderungsorientierung als Subziel des Entlohnungssystems zu berücksichtigen.

Hiernach läßt sich das nachstehende **Zielsystem der betrieblichen Entlohnung** entwerfen (vgl. Schaubild VII.45), von dem der Lohnaufbau und entsprechende Lohnermittlungsverfahren abgeleitet werden können.

Ausgehend von diesen Subzielen lassen sich einzelne Bestandteile des Arbeitsentgeltes und damit Stufen der Lohnfindung unterscheiden. Jede dieser Stufen dient für sich der Erreichung eines dieser Subziele und insgesamt dem Streben nach „gerechter" Entlohnung (vgl. Schaubild VII.46).

Ausgangspunkt der Entlohnung ist auf der ersten Stufe der tarifliche Mindestlohn. Er stellt ein Mindestentgelt dar, das nicht unterschritten werden darf,

108   Personalwirtschaft

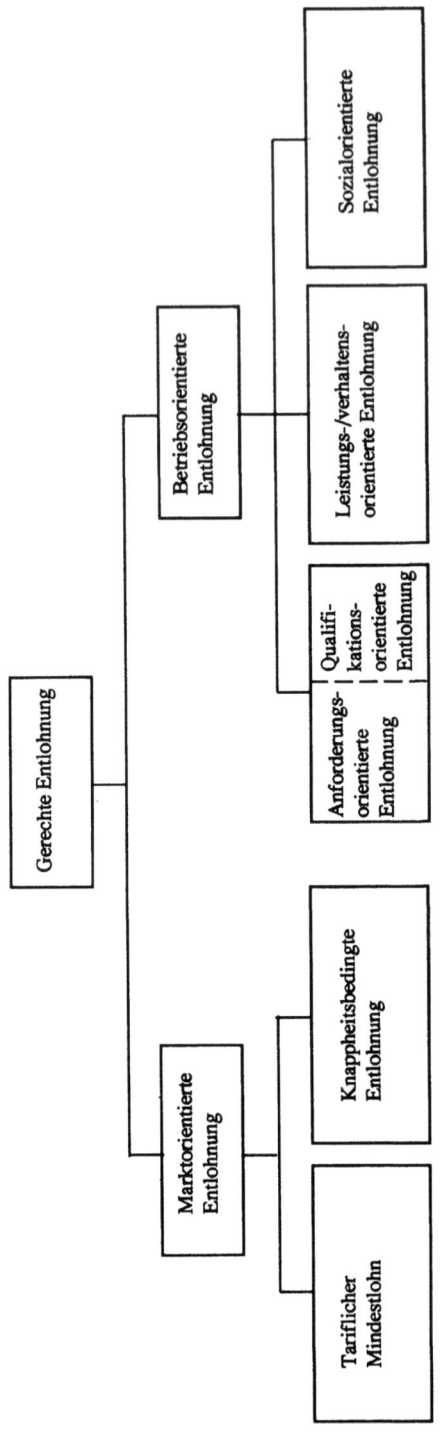

Schaubild VII.45. Zielsystem der betrieblichen Entlohnung

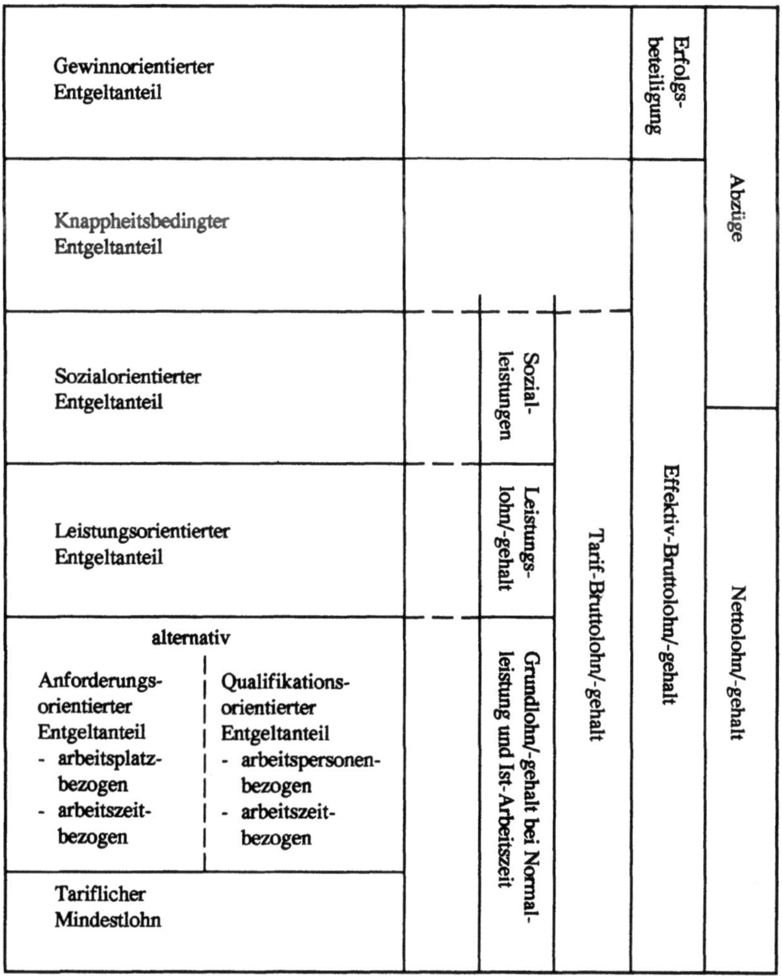

Gewinnorientierter Entgeltanteil			Erfolgs- beteiligung	
Knappheitsbedingter Entgeltanteil				Abzüge
Sozialorientierter Entgeltanteil		Sozial- leistungen	Effektiv-Bruttolohn/-gehalt	
Leistungsorientierter Entgeltanteil		Leistungs- lohn/-gehalt		Nettolohn/-gehalt
alternativ		Grundlohn/-gehalt bei Normal- leistung und Ist-Arbeitszeit	Tarif-Bruttolohn/-gehalt	
Anforderungs- orientierter Entgeltanteil - arbeitsplatz- bezogen - arbeitszeit- bezogen	Qualifikations- orientierter Entgeltanteil - arbeitspersonen- bezogen - arbeitszeit- bezogen			
Tariflicher Mindestlohn				

Schaubild VII.46. Entgeltbestandteile

und hängt seinerseits ab von dem Ecklohn, der periodisch im Rahmen von branchengebundenen Tarifverhandlungen zwischen den Tarifpartnern (Gewerkschaften und Arbeitgeberverbände) im Sinne eines marktorientierten Lohns/Gehalts ausgehandelt wird.

Aufbauend auf diesem tariflichen Mindestlohn wird auf einer **zweiten Stufe** der **anforderungsorientierte Grundlohn** bzw. das **anforderungsorientierte Gehalt** bei Normalleistung und Ist-Arbeitszeit ermittelt (vgl. Schaubild VII.47).

Dieses anforderungsorientierte Entgelt spiegelt das Spektrum der Anforderungen an einen durchschnittlich geeigneten Menschen bei normaler Leistung wider, die aus dem Arbeitsplatz sowie aus Dauer und/oder Lage der Arbeitszeit resultieren. Je höher der Anforderungsgrad bzw. Schwierigkeits-

110 Personalwirtschaft

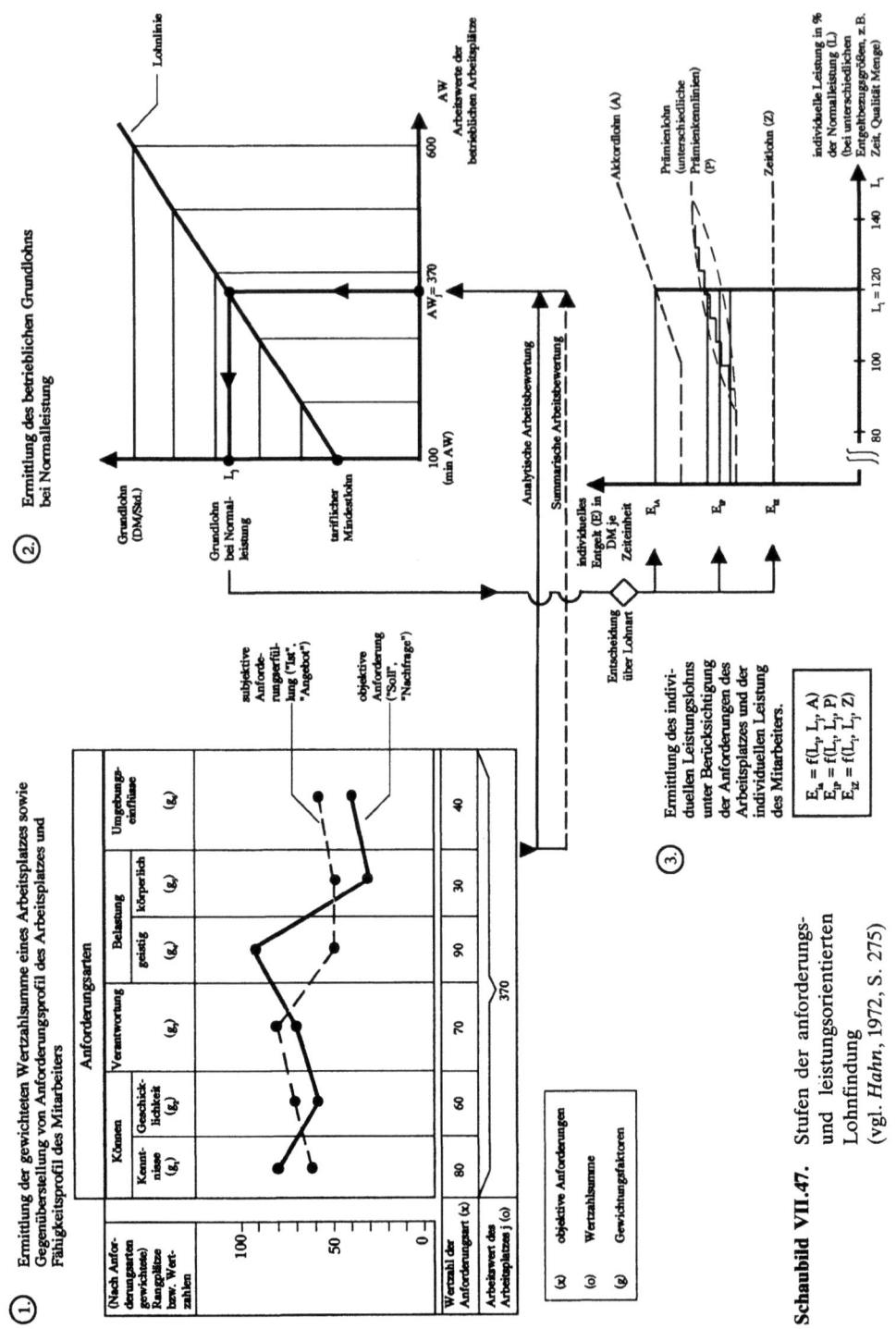

Schaubild VII.47. Stufen der anforderungs- und leistungsorientierten Lohnfindung (vgl. *Hahn*, 1972, S. 275)

grad einer Arbeit ist, umso höher liegt der Grundlohn für diese Arbeit. Während Anforderungen eines Arbeitsplatzes über die Methoden der Arbeitsbewertung berücksichtigt werden, trägt man Anforderungen, die aus arbeitszeitlichen Besonderheiten resultieren, durch Zulagenregelungen Rechnung. Bei der analytischen Arbeitsbewertung wird der Anforderungsgrad bzw. Schwierigkeitsgrad einer Arbeit durch sogenannte Arbeitswerte (Punktzahlen) ausgedrückt. Die Obergrenze des Grundlohns/-gehalts wird unternehmungsintern festgelegt. Die **Lohnlinie** stellt die Beziehung zwischen Arbeitswert und Grundlohn/-gehalt dar (vgl. Schaubild VII.47).

Als Alternative zur anforderungsorientierten Arbeitsentgeltgestaltung wird die **qualifikationsorientierte Entlohnung** diskutiert (vgl. *Eckardstein*, 1991, S. 215 ff., *Industriegewerkschaft Metall*, 1991). Hierbei werden primär nicht die tatsächlichen bzw. aktuellen Anforderungen des Arbeitsplatzes mit spezifischen Arbeitszeitbesonderheiten berücksichtigt, sondern die potentielle Leistung/das Leistungsvermögen der Arbeitnehmer.

Auf der **dritten Stufe** geht es um die Ermittlung des individuellen **Leistungslohns/-gehalts** im Sinne eines leistungs- und verhaltensorientierten Entgelts (vgl. hierzu auch *Gentz*, 1990, S. 118 ff.). Während bei der anforderungsorientierten Grundlohn-/-gehaltsermittlung die Anforderungen einer Arbeitsaufgabe bei Normalleistung betrachtet werden und demzufolge individuelle Leistungsunterschiede, die sich aus der spezifischen Erfüllung einer Arbeit durch eine bestimmte Person ergeben, unberücksichtigt bleiben, wird bei der leistungs- und verhaltensorientierten Entlohnung **zusätzlich** das Verhältnis zwischen spezifischer Leistung des einzelnen Mitarbeiters und der Normalleistung durch eine entsprechende Entgelthöhe (individueller Leistungslohn/-gehalt) zum Ausdruck gebracht. Die klassischen Berechnungsverfahren (Lohnformen) sind hier der **Akkordlohn**, der **Prämienlohn** und der **Zeitlohn mit Leistungszulage** (vgl. Schaubild VII.47).

Auf der **vierten Stufe** der Lohnfindung erfolgt die **Berücksichtigung sozialer Aspekte**, sofern diese durch Entgelt ausgedrückt werden.

Eine marktwirtschaftlich bestimmte Ausgleichsfunktion zwischen Nachfrage und Angebot findet sich auf den Arbeitsmärkten mitunter für Mangelberufe. Bei Tarifarbeitskräften wird über den tariflichen Bruttolohn hinaus eine **außerordentliche Zulage** als weitere **marktorientierte Entgeltkomponente** gewährt, wenn der Facharbeiterkräftebedarf in Hochkonjunkturphasen und/oder regionalbedingt nicht durch das Arbeitsangebot gedeckt werden kann (Effektivlohn). Diese Entgeltkomponente tendiert bei Tarifarbeitskräften dann gegen Null, wenn sich das Arbeitskräfteangebot in den betreffenden Berufssparten der Nachfrage nähert. Die Schere zwischen Tarif- und Effektivlohn schließt sich dann wieder. Es handelt sich um einen Entlohnungsbestandteil, der bei Knappheit einen beträchtlichen Umfang annehmen kann und dem für die fachliche Orientierung der Aus- und Weiterbildung von Arbeitskräften eine wichtige Regulativfunktion zukommt (vgl. *Klemmer*, 1980, S. 117 f.). Teilweise wird auch eine Knappheitszulage im Vorfeld einer erwarteten Tariflohnsteigerung gewährt und später auf diese angerechnet (vgl. *Müller*, 1975, Sp. 1283 f.). Die Vergütungen für außertarifliches Führungspersonal werden in weit höherem Maße nach Marktgesetzen entsprechend Angebot und Nach-

112   Personalwirtschaft

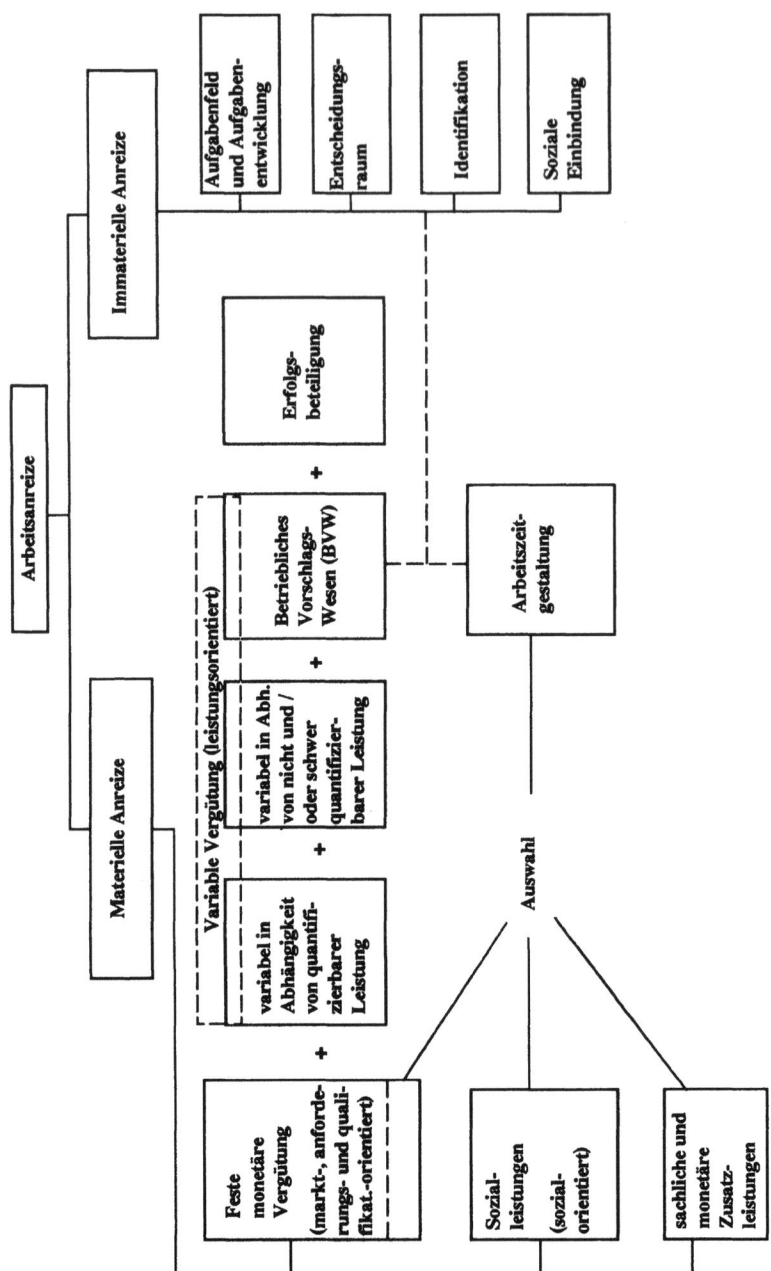

Schaubild VII.48.   Unternehmungsinterne Komponenten im produktionsbereichsbezogenen Anreizsystem

frage bestimmt. Hier sind individuelle Verhandlungen maßgebend, die zu stark differenzierenden Arbeitskonditionen in Einzelverträgen führen.

Ist ein positiver Residualbetrag über die Lohn- und Gehaltssumme sowie über die übrigen Aufwendungen und die (Normal-) Dividende hinaus erzielt worden, so kann der Mitarbeiter schließlich noch eine **Erfolgsbeteiligung** erhalten. Entsprechend ist dem Kapitalgeber eine Zusatzausschüttung zu gewähren.

Schaubild VII.48 zeigt abschließend unternehmungsinterne materielle und immaterielle Anreize für den Produktionsbereich im Zusammenhang. Es wird deutlich, daß markt- und anforderungsorientierte Entlohnung den kurzfristig festen Bestandteil der monetären Vergütung konstituieren. Fix sind ferner bei dieser Sicht die betrieblichen Sozialleistungen. Leistungsorientierte Vergütung ist auch kurzfristig variabel. Hierzu gehören variable Entgeltbestandteile, die in Abhängigkeit von qualitativer und quantitativer Leistung gezahlt werden und i.w.S. auch Vergütungen im Rahmen des Betrieblichen Vorschlagswesens (BVW) umfassen, da diese von der individuellen – über die anforderungsorientiert festgelegte und erwartete Normalleistung hinausgehende – Leistung abhängig sind. Auch die gesamtunternehmungsbezogene Erfolgsbeteiligung ist variabel.

Grundsätzlich gewinnen Bestrebungen nach individuell ausgestaltbaren Anreizsystemen, die das gesamte materielle und immaterielle Anreizspektrum umfassen, zunehmend an Bedeutung. Bezogen auf die Komponenten markt- und anforderungsorientierte Vergütung, sozialorientiertes Entgelt sowie Arbeitszeitgestaltung bestehen mitunter Auswahlmöglichkeiten (vgl. zu Cafeteria-Systemen z.B. *Wagner*, 1991, S. 91 ff.). Beim Betrieblichen Vorschlagswesen und der Arbeitszeitgestaltung fließen stets materielle und immaterielle Aspekte der Anreizgestaltung zusammen – es ist eine **Verknüpfung materieller und immaterieller Anreize** gegeben. Die Stellung der im folgenden diskutierten materiellen Anreizkomponenten in einem **flexibel gestaltbaren produktionsbereichsbezogenen Anreizsystem** zeigt zusammenfassend Schaubild VII.48.

4.2 Anforderungsorientierte Arbeitsentgeltgestaltung

4.2.1 Grundsätzliches zur anforderungsorientierten Arbeitsentgeltgestaltung

Eine **Entlohnung** gilt dann als **anforderungsorientiert**, wenn in der Entgelthöhe die Anforderungen aus den jeweiligen Arbeitsplatz- und -zeitbedingungen zum Ausdruck kommen, die von einem in erforderlichem Maße geeigneten, geübten und voll eingearbeiteten Mitarbeiter, der seine Fähigkeiten ungehindert entfalten kann, erfüllt werden müssen (vgl. *Böhrs/Bramesfeld/Euler*, 1954, S. 60ff.; *REFA*, 1978, S. 136).

Die entgeltliche Berücksichtigung der Anforderungen, die sich aus besonderen Arbeitszeitbedingungen ergeben, kann als **zeitabhängige Entlohnung** interpretiert werden. Sie differenziert das Entgelt nach Dauer und zeitlicher Lage der Arbeit, sofern Dauer und/oder Lage der individuellen Arbeitszeit über die mit dem tariflichen Mindestlohn abgegoltene Normalarbeitszeit hinausgehen.

Entgeltdifferenzierungen in Abhängigkeit von der **zeitlichen Lage der Arbeit** stellen in Mehrschichtbetrieben einen wesentlichen Entlohnungsbestandteil dar. Sie betreffen einerseits die Unterscheidung zwischen Werktags- und Sonn-/Feiertagsarbeit, andererseits die Schichtzeiteinteilung nach Tag-, Spät- und Nachtschichtarbeit. Wechselschichtarbeit, Spät- und Nachtschichtsowie Sonn- und Feiertagsschichtarbeit werden mit höheren Lohnsätzen vergütet als normale einschichtige Werktagsarbeit. Dies erfolgt mit Hilfe prozentualer Zuschläge auf das individuelle Arbeitsentgelt oder das Arbeitsentgelt einer bestimmten Lohngruppe.

Schaubild VII.49 zeigt beispielhaft die tariflichen Zulagenregelungen in der metallverarbeitenden Industrie Nordrhein-Westfalens. Bemessungsgrundlage sind dabei für die Spät- und Nachtarbeitszuschläge der Tariflohn des Facharbeiters, für die übrigen Zuschlagssätze das individuelle Arbeitsentgelt. Spätarbeit ist – sofern die regelmäßige Arbeitszeit nach 17 Uhr endet – die zwischen 14 Uhr und 20 Uhr, Nachtarbeit die zwischen 20 Uhr und 6 Uhr geleistete Arbeit. Treffen mehrere Zuschläge zusammen, wird nur der jeweils höchste gezahlt, Spät- und Nachtarbeitszuschläge werden jedoch zusätzlich zu Sonn- und Feiertagszuschlägen gewährt.

Für die Vergütung von Mehr-, Spät-, Sonn- und Feiertagsarbeit kann eine Pauschalvergütung auf Basis einer mehrere Abrechnungsperioden umfassenden Durchschnittsrechnung vereinbart werden um zu vermeiden, daß kalenderzeitabhängige Einflüsse zu unerwünschten Lohnschwankungen der Arbeit-

			Zuschlagssätze
Dauer	Mehrarbeit	- für die beiden ersten täglichen Mehrarbeitsstunden	25 %
		- von der dritten täglichen Mehrarbeitsstunde an	50 %
		- für jede weitere Mehrarbeitsstunde, die Nachtarbeit ist	50 %
Lage	Sonntagsarbeit		70 %
	Feiertagsarbeit	- am 1. Januar, 1. Ostertag, 1. Mai, 1. Pfingsttag, 1. Weihnachtstag	150 %
		- an allen übrigen gesetzlichen Feiertagen	100 %
	Spätarbeit		15 %
	Nachtarbeit	(soweit nicht Mehrarbeit)	25 %
	Spätarbeit	(am 24.12. von 17 bis 20 Uhr sowie Nachtarbeit in der dem 1. Weihnachtstag und dem Neujahrstag unmittelbar vorausgehenden Nacht)	150 %

Schaubild VII.49. Tarifliche Zuschlagssätze für Arbeitnehmer der metallverarbeitenden Industrie

nehmer sowie hohem Lohnerfassungs- und -abrechnungsaufwand führen. Jedoch werden auch bei pauschaler Abrechnung unregelmäßig anfallende Lohnzuschläge wie z. B. Mehrarbeitszuschläge i.d.R. weiterhin gesondert abgerechnet, da die Pauschalierung hier abnehmende Leistungsbereitschaft zur Folge haben kann.

Bei Lohnsatzdifferenzierungen nach der zeitlichen Lage der Arbeitseinsätze und für Mehrarbeit soll unterschiedlichen Arbeitsbelastungen/Anforderungen Rechnung getragen werden, die durch Regelzeitarbeit, Mehrarbeit, Nachtarbeit, Sonn- und Feiertagsarbeit sowie Wechselschichtarbeit ausgelöst werden. Diese Belastung liegt weniger in den technisch-organisatorischen Arbeitsplatzbedingungen begründet, die durch die zeitliche Lage grundsätzlich nicht beeinflußt werden, als in den physiologischen und psychologischen Auswirkungen auf die Arbeitspersonen.

Während sich die bisherigen Ausführungen auf die aus Arbeitszeitbesonderheiten resultierenden Anforderungen bezogen, werden im folgenden rein arbeitsplatzbezogene Anforderungen diskutiert.

Da praktisch jede Arbeit bzw. Aufgabe in einer Unternehmung unterschiedlich hohe Anforderungen an die Ausführenden stellt, sind Erfassung und Beurteilung der Anforderungen, die Arbeitssysteme und ggf. deren Organisationsbeziehungen an den Menschen stellen, Voraussetzung für eine anforderungsorientierte Entlohnung in der Unternehmung (vgl. hierzu und zum folgenden *REFA*, 1989, S. 10 ff.; *REFA*, 1989a, S. 13; ferner z. B. *Oechsler*, 1988, S. 210 ff.; *Steinmann/Schreyögg*, 1990, S. 643 ff.).

Wichtigstes Instrument zur Erfassung bzw. Beurteilung der spezifischen Anforderungen der einzelnen Arbeitsaufgaben in einer Unternehmung ist die **Arbeitsbewertung**. Sie läßt sich charakterisieren als ein methodisches Hilfsmittel, das alle in einer Unternehmung vorkommenden Arbeiten bzw. Aufgaben in ihrem jeweiligen Schwierigkeitsgrad beurteilt. Die Arbeitsbewertung ermöglicht, eine dem Schwierigkeitsgrad der jeweiligen Arbeitsaufgabe entsprechende Rangordnung der Arbeitsplätze zu bilden (vgl. *Böhrs*, 1959, S. 43 ff.; *Böhrs*, 1980, S. 37 ff.; *Zander/Knebel*, 1978, S. 21 ff.). Der im Rahmen der analytischen Arbeitsbewertung ermittelte **Arbeitswert** drückt hierbei durch eine Punktzahl diejenige Höhe der jeweils erforderlichen Kenntnisse, Belastungen und anderen Anforderungsarten aus, die auf dem spezifischen Arbeitsplatz von einem Mitarbeiter bei „**Normalleistung**" erbracht werden muß; d. h. von einem Mitarbeiter, der für diese Arbeit bzw. Aufgabe hinreichend geeignet, geübt und voll eingearbeitet ist sowie seine Fähigkeiten ungehindert entfalten kann. Ausgehend von dem spezifischen Arbeitswert eines jeden Arbeitsplatzes läßt sich unter Berücksichtigung des tariflichen Mindestlohns sodann der Grundlohn für diese Arbeit bzw. Aufgabe festlegen (vgl. *REFA*, 1978, S. 136; *Scholz*, 1991, S. 101).

Die **Arbeitsbewertung** ist dabei scharf zu trennen von der **Leistungsbewertung**, die ein Hilfsmittel bei der leistungs- und verhaltensorientierten Entlohnung darstellt. Während die Arbeitsbewertung auf die Anforderungen einer Tätigkeit unabhängig von der ausführenden Person abstellt, wird bei der Leistungsbewertung der tatsächlich realisierte Leistungsgrad eines spezifischen Mitarbeiters, der in dessen Arbeitsergebnis zum Ausdruck kommt, erfaßt (vgl.

hierzu auch *REFA*, 1989a, S. 64 ff.). Dieser tatsächlich realisierte Leistungsgrad stellt dann die Basis für die Ermittlung des individuellen Leistungslohns dar (vgl. *Wibbe*, 1974, S. 17 ff.).

Voraussetzung für die Arbeitsbewertung ist einerseits, daß bei den Bewertern (Arbeitsstudienfachleute) eine möglichst genaue Vorstellung über alle zu bewertenden Arbeiten/Aufgaben besteht. Erreicht wird dies dadurch, daß vor Beginn der Bewertung zunächst je Arbeitsplatz eine den aktuellen sachlichen Gegebenheiten entsprechende **Arbeitsbeschreibung** erfolgt. Ferner sind zum anderen vor Beginn der Arbeitsbewertung operationale Kriterien bzw. Ziele für die Beurteilung und Unterscheidung der Arbeitsschwierigkeiten der einzelnen Arbeitsplätze festzulegen. Üblicherweise geschieht dies durch Aufstellung von sog. **Anforderungsschemata**.

Grundlage der Arbeitsbewertung sind also einerseits **Arbeits- bzw. Stellenbeschreibungen** (Positionsbeschreibung, Pflichtenheft, job description, position guide). Sie stellen eine verbindliche, für alle Arbeitsplätze einer Unternehmung in vergleichbarer Form abgefaßte, schriftliche Dokumentation der wesentlichen Merkmale einer spezifischen Stelle dar (vgl. *REFA*, 1989, S. 33 ff.; *Schwarz*, 1975, Sp. 1879 ff.; *Krasemann*, 1971, S. 105 ff.).

Ihr **Aufbau** umfaßt einen formalen und einen materiellen Teil. **Aufgabe des formalen Teils** der Arbeits- bzw. Stellenbeschreibung ist es, einen Überblick über den Standort der Stelle im Rahmen der Unternehmungsorganisation zu geben (vgl. *Schwarz*, 1983, S. 227 ff.). Hierzu gehören die eindeutige Benennung der Stelle, Angaben über die Leistungsbeziehungen und Vertretungsverhältnisse des Stelleninhabers.

Aufgabe des materiellen Teils der Arbeits- bzw. Stellenbeschreibung (vgl. *Zander*, 1970, S. 54 ff.) ist es, einen Überblick über die Aufgabengesamtheit der Stelle, die daraus abzuleitenden Anforderungen an den Stelleninhaber und Beurteilungsmaßstäbe für die Messung der individuellen Leistung des Stelleninhabers zu geben.

Einen anderen Ansatz eines Arbeits- und Anforderungsbeschreibungs- und -analyseverfahrens bildet das **Arbeitswissenschaftliche Erhebungsverfahren zur Tätigkeitsanalyse (AET)**. Die Untergliederung des Verfahrens zur engpaßorientierten Belastungsanalyse von Arbeitssystemen in die Bereiche Arbeitssystemanalyse, Aufgabenanalyse und Anforderungsanalyse ist in Schaubild VII.50 dargestellt (vgl. *Landau/Rohmert*, 1980, S. 169 ff.). Im Gegensatz zu den vor allem für Zwecke der Lohndifferenzierung entwickelten analytischen Verfahren der Arbeitsbewertung ist das AET nicht anwendungszweckbezogen, d.h. es wurde neben dem Einsatz als Arbeitsbewertungsverfahren auch für Zwecke der Arbeitssystemgestaltung, der qualitativen Personalbedarfsermittlung sowie der Sicherheitsanalyse konzipiert (vgl. *Landau*, 1978, S. 33 ff.). Durch die dem AET zugrundeliegenden Anforderungsmerkmale sollen alle in einem Arbeitssystem enthaltenen Aufgaben und Anforderungen vollständig erfaßt werden. Sie sind zahlenmäßig umfangreicher und differenzierter als die Anforderungsarten der analytischen Arbeitsbewertung, lassen sich jedoch weitgehend auf diese zurückführen (vgl. *Hennecke*, 1976, S. 13). Eine Gewichtung und Aufsummierung der Anforderungsmerkmale zu einem Punktwert erfolgt hierbei allerdings nicht.

Teil A - Arbeitssystem

1. Arbeitsobjekte
   1.1 Stoffliche Arbeitsobjekte
   1.2 Energien als Arbeitsobjekte
   1.3 Informationen als Arbeitsobjekte
   1.4 Menschen, Tiere, Pflanzen als Arbeitsobjekte

2. Betriebsmittel
   2.1 Arbeitsmittel
      2.1.1 Arbeitsmittel zur Veränderung der Beschaffenheit von Arbeitsobjekten
      2.1.2 Arbeitsmittel zur Veränderung der örtlichen Lage der Arbeitsobjekte
      2.1.3 Sonstige Arbeitsmittel
      2.1.4 Gesonderte Berücksichtigung der Stellteile
   2.2 Sonstige Betriebsmittel
      2.2.1 Betriebsmittel zur Zustandserfassung
      2.2.2 Technische Hilfsmittel zur Unterstützung der menschlichen Sinnesorgane
      2.2.3 Arbeitssitze, Arbeitstisch, Arbeitsraum

3. Arbeitsumgebung
   3.1 Physikalische Arbeitsumgebung
      3.1.1 Umgebungseinflüsse
      3.1.2 Gefährdungscharakter der Tätigkeit und Berufskrankheitsrisiko
   3.2 Organisatorische und soziale Arbeitsumgebung
      3.2.1 Zeitliche Arbeitsorganisation
      3.2.2 Stellung der untersuchten Tätigkeit in der Ablauforganisation
      3.2.3 Stellung der untersuchten Tätigkeit in der Aufbauorganisation
      3.2.4 Stellung der untersuchten Tätigkeit im Kommunikationssystem
   3.3 Entlohnungsgrundsätze und Entlohnungsmethoden
      3.3.1 Festsetzung des Entlohnungsgrundsatzes
      3.3.1 Festsetzung der Entlohnungsmethode

Teil B - Aufgabenanalyse

1. Aufgaben überwiegend auf stoffliche Arbeitsobjekte bezogen
2. Aufgaben überwiegend auf abstrakte Arbeitsobjekte bezogen
3. Aufgaben überwiegend menschbezogen

Teil C - Anforderungsanalyse

1. Anforderungsbereich: Informationsaufnahme
   1.1 Erkennungsdimensionen
      1.1.1 Visuelle Informationsaufnahme
      1.1.2 Informationsaufnahme über den Gehörsinn
      1.1.3 Informationsaufnahme über den Tastsinn oder Thermofühler der Haut
      1.1.4 Informationsaufnahme über Geruchs- und Geschmackssinn
      1.1.5 Propriorezeptive Informationsaufnahme
   1.2 Erkennungsarten
   1.3 Genauigkeit der Informationsaufnahme

2. Anforderungsbereich: Entscheidung
   2.1 Komplexität der Entscheidung
   2.2 Zeitlicher Entscheidungsspielraum
   2.3 Erforderliche Kenntnisse

3. Anforderungsbereich: Handlung
   3.1 Belastung durch Haltungsarbeit (Körperhaltung bzw. Körperstellung)
   3.2 Belastung durch statische Haltearbeit
   3.3 Belastung durch schwere dynamische Muskelarbeit
   3.4 Belastung durch einseitig dynamische Arbeit
   3.5 Krafteinsatz und Bewegungsfrequenz

Schaubild VII.50. Gliederungsübersicht zum Arbeitswissenschaftlichen Erhebungsverfahren zur Tätigkeitsanalyse (vgl. *Landau/Rohmert*, 1980, S. 170)

Die Ermittlung der personellen Anforderungen, die mit einer spezifischen Stelle in der Unternehmung verbunden sind, erfolgt aufbauend auf der Beschreibung der einzelnen Aufgaben und aufbauorganisatorischen Gegebenheiten der Stelle mit Hilfe eines **Anforderungsprofils**.

Grundlage der Arbeitsbewertung ist die Festlegung solcher **Anforderungsarten**, mit denen der Schwierigkeitsgrad der verschiedenen Arbeitsaufgaben zutreffend gekennzeichnet werden kann. Im einzelnen sind dabei ein formelles und ein materielles Problem zu lösen.

Inhalt der **formellen Problematik** ist die Frage, wieviele Anforderungsarten sinnvollerweise unterschieden werden sollen. Grundsätzlich kann dabei entweder eine möglichst vollständige Erfassung aller Arten von Arbeitsschwierigkeiten oder eine Beschränkung auf die wichtigsten Arten angestrebt werden.

Gegen eine möglichst vollständige Erfassung aller Ausprägungen der Arbeitsschwierigkeit spricht jedoch, daß es mit steigender Anzahl von Merkmalen immer schwieriger wird, die einzelnen Anforderungsarten gegeneinander abzugrenzen, so daß die Gefahr der Mehrfacherfassung entsteht (vgl. *Bieding/Döring*, 1974, S. 40 ff.). Aber auch das Bestreben, nur wenige Anforderungen zu erfassen, weist Nachteile auf. Zwar lassen sich wenige Anforderungsarten meist exakt gegeneinander abgrenzen, aber eine geringe Anzahl von Beurteilungsmerkmalen wirkt sich nivellierend auf die Bewertungsergebnisse aus. Böhrs kommt daher zu dem Ergebnis, daß es weder zweckmäßig sei, die eine noch die andere Zielsetzung zu bevorzugen, und spricht sich daher für eine „praktisch hinreichende Lösung der goldenen Mitte" aus (vgl. *Böhrs*, 1959, S. 48).

Inhalt des **materiellen Problems** bei der Ableitung der Anforderungsarten ist die Frage, welche Anforderungsarten im einzelnen als Beurteilungsmaßstab für den Schwierigkeitsgrad der verschiedenen Arbeiten in einer Unternehmung anzusehen sind. Bekanntester Lösungsansatz dieses materiellen Problems ist das sog. **Genfer Schema**, das auf einer vom Comitee International de l'Organisation Scientifique (CIOS) veranstalteten Tagung im Mai 1950 in Genf vereinbart worden ist. In ihm werden Können und Belastung als Hauptmerkmale zur Charakterisierung des Schwierigkeitsgrades einer Arbeit angesehen. Beim Können wird auf die maximale Inanspruchnahme abgestellt, die dem Arbeitnehmer auf der Basis bestimmter Fähigkeiten als Voraussetzung für die ordnungsgemäße Erfüllung seiner Aufgabe entsteht. Bei den Belastungen stehen hingegen die Belastungshöhe und -dauer einer ununterbrochenen oder wechselnden Tätigkeit im Vordergrund (vgl. *REFA*, 1989, S. 43 ff.).

Diese Hauptkriterien für die Schwierigkeit einer Arbeitsaufgabe werden im **Genfer Schema** in Anforderungsarten untergliedert (vgl. *Gehle*, 1950, S. 32 ff. und Schaubild VII.51).

In der Praxis werden Können (Kenntnisse, Geschicklichkeit), Verantwortung, Belastung (geistig, körperlich) und Umwelteinflüsse als Hauptanforderungsarten herausgestellt (vgl. *REFA*, 1989, S. 44 ff.).

Ausgehend von der Absicht, dieses Genfer Grundschema zu verfeinern und nach Möglichkeit typische Arbeitsschwierigkeiten einzelner Branchen besser zu erfassen, sind nach 1950 die verschiedensten Anforderungsschemata

	Können	Belastung
Geistige Anforderungen	x	x
Körperliche Anforderungen	x	x
Verantwortung		x
Umwelteinflüsse		x

Schaubild VII.51. Anforderungsarten nach dem Genfer Schema

(vgl. *Böhrs*, 1959, S. 48 ff.; *Böhrs*, 1980, S. 42 f.; *REFA*, 1989, S. 45) aufgestellt worden. Bekannteste Weiterentwicklung ist der von Euler und Stevens entworfene Anforderungskatalog, der zunächst nur auf Arbeitertätigkeiten im Bereich der eisen- und stahlschaffenden Industrie zugeschnitten war. Dieser Anforderungskatalog ist von den Autoren Euler, Stevens, Schilling und Schoppe variiert worden, um Arbeitsplätze sowohl für Arbeiter als auch für Angestellte bewerten zu können und zu einer Reduzierung der Zahl der Anforderungsarten zu gelangen (vgl. Schaubild VII.52). Schaubild VII.53 zeigt beispielhaft die auf dem Katalog von Euler/Stevens beruhenden Anforderungsarten und ihre Gewichtung, die in der Eisen- und Stahlindustrie Nordrhein-Westfalens auf Grund tariflicher Vereinbarungen Anwendung finden. Neben der Abgrenzung der aufgenommenen Anforderungsmerkmale ist deren Gewichtung von größter Bedeutung. Euler und Stevens haben die Arbeitskenntnisse am höchsten eingestuft und alle anderen Merkmale darauf bezogen, wie aus der Spalte Wertigkeit in Schaubild VII.53 zu erkennen ist. Die Gewichtung beruht auf Konventionen, die im Zeitablauf – wenn auch nicht kurzfristig – in Abhängigkeit von gesellschaftlichen Wertvorstellungen und technologischen Entwicklungen verändert werden können. So ist z. B. die Bedeutung von Umwelteinflüssen ständig gestiegen, was auf der anderen Seite zu einer laufenden Verbesserung der Umfeldbedingungen am Arbeitsplatz geführt hat.

In diese Richtung zielt auch ein Anforderungskatalog von Bloch, der in allen Wirtschafts- und Verwaltungszweigen und auf allen hierarchischen

Anforderungsarten	Höchstpunktzahl
1. Fachkenntnisse	28
2. körperliche Geschicklichkeit	4
3. Verantwortung für Arbeitsausführung	9
4. Verantwortung für Sicherheit und Gesundheit anderer	7
5. Verantwortung für Arbeitsablauf oder Abwicklung der Arbeitsaufgabe	5
6. körperliche Beanspruchung	8
7. Nachdenken	39
8. Aufmerksamkeit	12
9. Verhalten im Umgang mit Menschen	6
10. Disponieren	40
11. Aufsicht	20
	178

Schaubild VII.52. Anforderungsarten nach EULER/STEVENS/SCHILLING/SCHOPPE (*Euler/Stevens/Schilling/Schoppe*, 1959, S. 17).

Anforderungsart			Gewichtung (rd.) %	Wertigkeit (rd.) %	Wertzahl (max.)
1		Arbeitskenntnisse			
	a)	Ausbildung	13,8	100	9,0
	b)	Erfahrung			
2		Geschicklichkeit	6,9	50	4,5
3		Verantwortung für Arbeitsausführung	7,6	56	5,0
4		Verantwortung für den Arbeitsablauf oder die Abwicklung der Arbeitsaufgabe	7,6	56	5,0
5		Belastung der Muskeln (körperliche Beanspruchung)			
	a)	Arbeitsschwere	9,8	72	6,5
	b)	Arbeitsvermögen	2,3	17	1,5
6		Aufmerksamkeit			
	a)	Psychische Anspannung (innere Anspannung)	12,2	89	4,0
	b)	Einförmige Tätigkeit	3,1	22	2,0
	c)	Ständiges Bereitsein zum Tätigwerden	3,1	22	2,0
7		Nachdenken	6,6	49	4,4
8		Temperatur	4,6	33	3,0
9		Wasser, Säure	2,3	17	1,5
10		Schmutz	3,1	22	2,0
11		Staub, Schwebstoffe, Gas, Dampf	3,1	22	2,0
12		Lärm	3,1	22	2,0
13		Erschütterung	3,1	22	2,0
14		Blendung, Lichtmangel	2,3	17	1,5
15		Erkältungsgefahr, Arbeiten im Freien	2,3	17	1,5
16		Unfallgefährdung	3,1	22	2,0
			100,0		65,4

Schaubild VII.53. Übersicht über wesentliche Bewertungsmerkmale (Anforderungsarten) (gemäß Lohnrahmentarifvertrag vom 5. Januar 1973, i.d.F. vom 17. Februar 1978, in der Eisen- und Stahlindustrie von Nordrhein-Westfalen, S. 49)

	Kenntnisse Fähigkeiten	Belastungen Beanspruchungen
Grundlagen	Schulkenntnisse	Geistige Anstrengung
	Systematische Ausbildung und Lehre	
	Erfahrung, Zusatzkenntnisse	
Geistige Merkmale	Ausdrucksfähigkeit	
	Logische Denkfähigkeit	
	Schöpferische Denkfähigkeit	
	Geistige Regsamkeit	
Charakter-Merkmale	Autorität	Belastung aus Verkehr mit Personen
	Sinn für Zusammenarbeit	
	Takt	
	Initiative Entschlußkraft	Verantwortung für Folgen von Anordnungen
	Verantwortungsbewußtsein	Verantwortungen
	Aufmerksamkeit	Beanspruchung der Aufmerksamkeit
Körperliche Merkmale	Geschicklichkeit	Anstrengung der Sinnesorgane
	Anforderung an Sinnesorgane	
	Körperliche Konstitution	Körperliche Anstrengung
Umgebungsmerkmale		Gesundheitsgefährdung
		Umweltbedingungen

Schaubild VII.54. Erweitertes Genfer Schema nach BLOCH (*Bloch*, 1975, Sp. 147f.)

Stufen zur Anwendung kommen kann. Er stellt aufbauend auf dem Genfer Schema ein Rahmensystem von Anforderungen dar, aus denen bei Anwendung in der Praxis entsprechend den jeweiligen Besonderheiten des zu bewertenden Aufgabenkomplexes die jeweils erforderlichen Anforderungsarten ausgewählt werden können (vgl. Schaubild VII.54).

4.2.2 Methoden der Arbeitsbewertung

Grundsätzlich kann die jeweils zu bewertende Arbeit entweder in einer globalen „Ganzheitsschätzung" oder in einer differenzierenden Schätzung unter Beachtung einzelner Anforderungsarten erfolgen (vgl. *Paasche*, 1953). Dementsprechend lassen sich zwei Methoden der Arbeitsbewertung unterscheiden:

- Summarische Methode und
- Analytische Methode (vgl. *Meisner/Wagner/Zander*, 1991, S. 128 ff.).

Innerhalb beider Methoden kann eine Beurteilung der Arbeiten bzw. Aufgaben der Arbeitsplätze einer Unternehmung nach dem **Prinzip der Reihung** oder dem der **Stufung** vorgenommen werden. Bei der Reihung werden alle Arbeitsplätze dergestalt geordnet, daß eine Reihe gebildet wird, in der der Arbeitsplatz mit dem vergleichsweise höchsten Anforderungsgrad insgesamt oder im Hinblick auf jeweils eine Anforderungsart an erster und derjenige mit dem vergleichsweise niedrigsten Anforderungsgrad an letzter Stelle steht. Bei dem Prinzip der Stufung werden hingegen die einzelnen Arbeitsplätze mit ihren spezifischen Aufgaben entsprechend ihrem jeweiligen Anforderungsgrad insgesamt oder im Hinblick auf die jeweilige Anforderungsart bestimmten Anforderungsstufen (z. B. hoch, mittel, niedrig) zugeordnet. Werden die beiden Bewertungs- und Einordnungsprinzipien kombiniert, ergeben sich **vier Grundverfahren der Arbeitsbewertung** (vgl. Schaubild VII.55), die nachfolgend erörtert werden sollen. Neben diesen Grundverfahren werden in der Literatur (vgl. *Hennecke*, 1965, S. 10 ff.) noch verschiedene Variationen erörtert, auf deren Darstellung jedoch verzichtet wird.

(1) Summarische Methode der Arbeitsbewertung

Bei der summarischen Methode der Arbeitsbewertung erfolgt die Bewertung der einzelnen Arbeitsplätze durch eine Gesamtbeurteilung des Anforderungsgrades bzw. Schwierigkeitsgrades eines Arbeitsplatzes. Es werden nach dem Prinzip der Reihung und der Stufung hierbei das **Rangfolge-** und das **Lohngruppenverfahren** unterschieden.

	Reihung	Stufung
Summarische Methode	Rangfolgeverfahren	Lohngruppenverfahren
Analytische Methode	Rangreihenverfahren	Stufenwertzahlverfahren

Schaubild VII.55. Grundverfahren der Arbeitsbewertung

a) Rangfolgeverfahren (ranking system)

Beim Rangfolgeverfahren werden aufbauend auf der Arbeitsbeschreibung und dem Anforderungskatalog alle in einer Unternehmung vorkommenden Arbeitsplätze entsprechend ihrem insgesamt beurteilten Schwierigkeitsgrad aneinandergereiht. Entweder geschieht dies, indem zunächst die Arbeitsaufgaben einer überschaubaren Abteilung ihren Anforderungshöhen entsprechend in eine Reihe gebracht werden und dann alle übrigen Arbeitsaufgaben der Unternehmung in diese Reihe einrangiert werden; oder dies geschieht, indem alle Arbeitsplätze einer Unternehmung jeweils paarweise miteinander verglichen werden (vgl. *Möller*, 1974, S. 35 f.).

b) Lohn-/Gehaltsgruppenverfahren (grade or classification method)

Beim Lohngruppenverfahren werden die Arbeitsplätze mit annähernd gleichem Schwierigkeitsgrad einer zuvor definierten Anforderungsstufe, die durch jeweils eine Lohngruppe ausgedrückt wird, zugeordnet. Diese Gruppen dienen unmittelbar der **Grundlohn-/-gehaltsdifferenzierung**. Die inhaltliche Definition der einzelnen abgestuften Gruppen vergleichbarer Anforderungen erfolgt entweder generell im Sinne einer abstrakten Beschreibung der einzelnen Anforderungen oder speziell durch Angabe von sog. Richt- oder Brückenbeispielen.

Als Beispiele für die Charakterisierung von Lohngruppen seien die Lohngruppenbeschreibungen für gewerbliche Arbeitnehmer gemäß Lohnrahmentarifvertrag (Fassung vom 15. Januar 1982) und für kaufmännische Angestellte gemäß Gehaltsrahmentarifvertrag (Fassung vom 06. Mai 1990) der **Eisen-, Metall- und Elektroindustrie des Landes Hessen** wiedergegeben.

Lohnrahmentarifvertrag für Arbeiter in der Eisen-, Metall- und Elektroindustrie des Landes Hessen vom 15. Januar 1982, gültig ab 01. Oktober 1982 (§3 Lohngruppen):

§3
Lohngruppen:
LOHNGRUPPE 2: Einfache Arbeiten, die keine Arbeitskenntnisse, jedoch eine Zweckausbildung voraussetzen und nur eine geringe körperliche Belastung erfordern.
LOHNGRUPPE 3: Einfache Arbeiten, die unter körperlicher Belastung, die über die vorgenannte Lohngruppe hinausgeht, auszuführen sind oder einfache Arbeiten, deren Ausführungen gegenüber der vorgenannten Lohngruppe zusätzliche Erfahrung voraussetzt.
LOHNGRUPPE 4: Arbeiten, zu deren Ausführung die erforderlichen Kenntnisse durch Anlernen erworben sind, oder Arbeiten der Lohngruppe 2 mit einer körperlichen Belastung, die über die der Lohngruppe 2 hinausgeht.

LOHNGRUPPE 5: Spezialarbeiten, die eine Ausbildung in einem Anlernberuf oder ein Anlernen mit zusätzlichen Erfahrungen erfordern.
LOHNGRUPPE 6: Arbeiten, deren Ausführung eine Lehre voraussetzen oder Fähigkeiten und Kenntnisse, die denen eines Facharbeiters gleichzusetzen sind.
LOHNGRUPPE 7: Schwierige Facharbeiten, deren Ausführung langjährige Berufserfahrung voraussetzt, die in Ausnahmefällen auch durch Anlernung erworben sein kann.
LOHNGRUPPE 8: Besonders schwierige Facharbeiten, die hohe Anforderungen an Können und Wissen stellen und selbständiges Arbeiten voraussetzen.
LOHNGRUPPE 9: Hochwertigste Facharbeiten, die überragendes Können, große Selbständigkeit, Dispositionsvermögen, umfassende Verantwortung und entsprechende theoretische Kenntnisse erfordern.

Lohnschlüssel:

Lohntabelle vom 18. Mai 1992 für die Eisen-, Metall- und Elektroindustrie des Landes Hessen gültig ab 01. April 1993:

Lohngruppen	%	Grundlöhne für Zeit-, Akkord- u. Prämienlohnarbeiter DM/Stunde	Akkordrichtsätze (Grundlöhne + 3,5%) DM/Stunde
2	84,0	14,45	14,96
3	86,25	14,84	15,36
4	88,5	15,22	15,75
5	93,5	16,08	16,64
6	100,0	17,20	17,80
7	110,0	18,92	19,58
8	120,0	20,64	21,36
9	133,0	22,88	23,68

Gehaltsrahmentarifvertrag für die Angestellten in der Eisen-, Metall- und Elektroindustrie des Landes Hessen vom 15. Januar 1982 in der Fassung vom 06. Mai 1990, gültig ab 01. April 1990 (§4 Gehaltsgruppen):

§4
Gehaltsgruppen:

Für die Einstufung in eine Gehaltsgruppe sind unter der Voraussetzung, daß die tariflich vorgesehenen Ausbildungsmerkmale vorliegen, allein die Tätigkeitsmerkmale maßgebend. Die bei den einzelnen Gehaltsgruppen aufgeführten Beispiele sind nicht erschöpfend und sollen lediglich einen Anhalt zur Eingruppierung bieten.

Wird von Angestellten die Beherrschung einer oder mehrerer Fremdsprachen in Wort und Schrift verlangt und sind diese Kenntnisse wesentlicher

Bestandteil ihrer Tätigkeit, so sind sie im Rahmen der Tätigkeitsmerkmale angemessen zu berücksichtigen.

Die in einzelnen Beispielen genannte Einarbeitungszeit ist hinsichtlich ihrer Dauer jeweils schriftlich zu vereinbaren.

Kaufmännische Angestellte

K 1

Tätigkeitsmerkmale:

Vorwiegend schematische Tätigkeiten.

Hierunter fallen z. B.:
Aufnehmen und Übertragen von einfachen Texten durch Nachwuchskräfte in Anfangsstellung während der Einarbeitungszeit;
Abschreibarbeiten, schematische Rechen- und Übertragungsarbeiten;
Sortieren von Unterlagen und Ablegen von Schriftgut nach einfachen Ordnungsmerkmalen;
Vervielfältigungen einfacher Art;
Hilfstätigkeit bei der Postabfertigung und im Fernsprechverkehr;
Lochen, Prüfen von Lochkarten während der Einarbeitungszeit.

K 2a

Für die Einreihung in die Gruppe K 2a sind Kenntnisse und Fertigkeiten erforderlich, die
a) durch eine abgeschlossene Anlernausbildung oder
b) durch eine andere gleichwertige Ausbildung erworben werden.

Tätigkeitsmerkmale:

Einfache Bürotätigkeiten.

Hierunter fallen z. B.:
Aufnehmen und Übertragen einfacher sich inhaltlich wiederholender Texte, für die entsprechende Kenntnisse in Kurzschrift und Maschinenschreiben erforderlich sind;
Herstellen von Fernsprechverbindungen im Orts- und Inlandsverkehr;
Registraturarbeiten nach Anweisung;
Vervielfältigen schwieriger Art;
Arbeiten in der Postabfertigung;
Einfache Fernschreibtätigkeit;
Ausführen von einfachen Zuarbeiten in Buchhaltung, Lager, Rechnungs- und Kontrollwesen, in Werkstätten und auf Baustellen, im Personal- und Sozialwesen und in der allgemeinen Verwaltung;
Lochen, Prüfen von Lochkarten;
Bedienen von Ergänzungsmaschinen für die Datenverarbeitung ohne Schaltungen (Sortieren, Mischen, Doppeln, Lochschriftübersetzung u.a.);
Bedienen von Datenverarbeitungsmaschinen in der Einarbeitungszeit.
Für die Einreihung in die Gruppen K 2 bis K 6 gelten folgende Ausbildungsmerkmale:

a) abgeschlossene Lehre oder
b) eine abgeschlossene Anlernausbildung mit nachfolgender einschlägiger mehrjähriger beruflicher Tätigkeit oder
c) eine die kaufmännische Ausbildung ersetzende – in der Regel nach Vollendung des 17. Lebensjahres zurückgelegte – einschlägige praktische kaufmännische Tätigkeit von mindestens 5 Jahren.

K 2
Tätigkeitsmerkmale:

Kaufmännische Tätigkeiten, die sich auf einfache Geschäftsvorgänge erstrecken.

Hierunter fallen z. B.:
Aufnehmen und formgerechtes Übertragen von Diktaten;
Herstellen von Fernsprechverbindungen im Orts-, Fern- und gelegentlich auch Auslandsverkehr, die Erfahrungen und Fertigkeiten erfordern;
Rechen- und Auflistungsarbeiten in Buchhaltung, Personal- und Sozialwesen allgemeiner Verwaltung, Lager-, Rechnungs- und Kontrollwesen sowie in Werkstätten und auf Baustellen;
Bedienen von Buchungs- und Frankiermaschinen oder Schreiben von Rechnungen und Versandpapieren nach vorbereiteten Unterlagen;
Einfache Tätigkeiten im Einkauf, im Verkauf;
Bedienen von Datenverarbeitungsmaschinen ohne Schalt- bzw. Programmiertätigkeit.

K 3
Tätigkeitsmerkmale:

Kaufmännische Tätigkeiten, die sich auf schwierigere Geschäftsvorgänge erstrecken und im allgemeinen Berufserfahrung erfordern.

Hierunter fallen z. B.:
Form- und stilgerechtes Schreiben nach Stichwortansagen, Aufnehmen und sicheres Wiedergeben schwieriger Texte; Herstellen von Fernsprechverbindungen aller Art einschließlich Auslandsverkehr, die entsprechende Kenntnisse und langjährige Erfahrungen erfordern; Tätigkeiten in Teilgebieten der Kalkulation und Statistik, des Einkaufs, des Verkaufs, des Versands, des Personal- und Sozialwesens und der allgemeinen Verwaltung;
Führen von Konten und Fakturieren;
Führen und Verwalten eines kleineren Lagers oder entsprechender Teilgebiete eines großen Lagers nach allgemeinen Anweisungen;
Bedienen von Datenverarbeitungsmaschinen mit Schalttätigkeit bzw. mit erforderlichen Grundkenntnissen im Programmieren.

K 4
Tätigkeitsmerkmale:

Kaufmännische Tätigkeiten, die sich auf die Bearbeitung schwieriger Geschäftsvorgänge erstrecken und die im Rahmen des übertragenen Aufgabengebietes selbständig ausgeführt werden.

Hierunter fallen z. B.:
Sekretariatstätigkeit in Vertrauensstellung;
Qualifizierter Sachbearbeiter in der Vor- oder Nachkalkulation sowie Statistik und für Teilgebiete des Finanz- und Rechnungswesens, des Einkaufs, des Verkaufs, des Personal- und Sozialwesens und der allgemeinen Verwaltung;
Führen und Verwalten eines großen Lagers;
Qualifizierter Sachbearbeiter im Versand, dessen Tätigkeit besondere Kenntnisse im Speditions- und Tarifwesen, der Zoll- und Versicherungsbestimmungen voraussetzt;
Einrichten von Datenverarbeitungsmaschinen für schwierige Schaltungen;
Ausarbeiten einfacher Programme für Datenverarbeitungsmaschinen.

K 5
Tätigkeitsmerkmale:

Kaufmännische Tätigkeiten, die selbständig ausgeführt werden und im Rahmen des übertragenen Aufgabengebietes umfangreiche Spezialkenntnisse und praktische Erfahrungen erfordern.

Hierunter fallen z. B.:
Qualifizierter Sachbearbeiter im Finanz- und Rechnungswesen, im Ein- und Verkauf, Personal- und Sozialwesen und in der allgemeinen Verwaltung;
Bearbeiten von schwierigen Steuer- und Finanzfragen;
Ausarbeiten und Durchführen schwieriger Programme für die Datenverarbeitung.

K 6
Tätigkeitsmerkmale:

Kaufmännische Tätigkeiten in besonders verantwortlicher Stellung.

Hierunter fallen z. B.:
Tätigkeiten der Gruppe K 5, die den vorstehenden Tätigkeitsmerkmalen entsprechen.

Im **Gehaltsrahmentarifvertrag** für die Angestellten sind für kaufmännische Angestellte 7 Gehaltsgruppen und für technische Angestellte ebenfalls 7 Gehaltsgruppen definiert worden, zudem sind für Meister Charakterisierungsmerkmale von 4 Gehaltsgruppen gegeben worden.

Nachstehend werden die Beschreibungen der Gehaltsgruppen der technischen Angestellten wiedergegeben (**Gehaltsrahmentarifvertrag für die Angestellten in der Eisen-, Metall- und Elektroindustrie des Landes Hessen vom 15. Januar 1982 in der Fassung vom 06. Mai 1990, gültig ab 01. April 1990, § 4 Gehaltsgruppen – Technische Angestellte):**

Technische Angestellte

T 1
Tätigkeitsmerkmale:

Vorwiegend schematische Tätigkeiten.

Hierunter fallen z. B.:
Ordnende Arbeiten nach einfachen Merkmalen.

T 2a
Für die Einreihung in die Gruppe T 2a sind Kenntnisse und Fertigkeiten erforderlich, die
a) durch eine abgeschlossene Anlernausbildung oder
b) durch eine andere gleichwertige Ausbildung erworben werden.

Tätigkeitsmerkmale:
Einfache Tätigkeiten im technischen Bereich.

Hierunter fallen z. B.:
Zeichnen von einfachen graphischen Darstellungen und Tabellen oder Einzelteilen nach Vorlage;
Zeichnen von Stromlaufplänen oder Schaltbildern nach eindeutiger Vorlage;
Erstellen von einfachen Stücklisten;
Einfache Zuarbeiten in der Arbeitsvorbereitung;
Erledigen einfacher, sich wiederholender technischer Arbeiten in Labor und Prüffeld.

T 2
Für die Einreihung in die Gruppe T 2 gelten folgende Ausbildungsmerkmale:
a) abgeschlossene, auch fachnahe gewerbliche Lehrzeit mit bestandener Prüfung oder gleichwertige Vorbildung oder
b) abgeschlossene Anlernausbildung mit nachfolgender mehrjähriger Berufstätigkeit oder
c) eine mindestens 5 jährige Berufsausübung als Angestellter – in der Regel – nach vollendetem 17. Lebensjahr oder mindestens als qualifizierter angelernter Arbeiter.

Tätigkeitsmerkmale:
Technische Tätigkeiten, die sich auf einfache Aufgaben erstrecken.

Hierunter fallen z. B.:
Anfertigen werkstattgerechter Zeichnungen von Einzelteilen oder von einfachen Gruppen- und Zusammenstellungszeichnungen;
Zeichnen von Stromlaufplänen, Schaltplänen oder Schaltbildern nach vorhandenen Unterlagen oder Vorlagen;
Erstellen von Stücklisten;
Ermitteln von Vorgabezeiten für einfache Arbeitsvorgänge;
Einfache Aufgaben der Arbeitsplatzgestaltung oder der Arbeitsbewertung;
Erstellen von einfachen Fertigungsplänen nach Tabellen und vorbereiteten Unterlagen;

Durchführen von Untersuchungen und Messungen nach Anweisung in Betrieben, Laboratorien, Prüf- und Versuchsfeldern und dazugehöriges Aufzeichnen der Ergebnisse;
Erstellen von Angeboten und Erledigen von Aufträgen nach Listen und Katalogen;
Überwachen von Fertigungsterminen.

Für die Einreihung in die Gruppen T 3 bis T 6 gelten folgende Ausbildungsmerkmale:
a) abgeschlossene Ausbildung auf einer behördlich anerkannten technischen Lehranstalt oder entsprechend anerkannte technische Abschlußprüfung;
b) abgeschlossene, auch fachnahe gewerbliche Lehrzeit mit bestandener Prüfung und mehrjähriger Tätigkeit im Beruf;
c) bei technischen Angestellten ohne abgeschlossene Lehre genügt eine mindestens 5-jährige Berufsausübung als qualifizierter angelernter Arbeiter – in der Regel – nach vollendetem 17. Lebensjahr. Außerdem ist das Vorliegen der Fähigkeiten und der dauernden Tätigkeit eines Angestellten in der jeweiligen Gruppe Voraussetzung.

T 3
Tätigkeitsmerkmale:

Technische Tätigkeiten, die sich auf umgrenzte Aufgaben erstrecken, die gründliche Fachkenntnisse im Beruf voraussetzen und zu einer sachgemäßen Erledigung entsprechend eingehender Anweisung bedürfen.

Hierunter fallen z. B.:
Anfertigen schwieriger technischer Zeichnungen nach Entwurfsskizzen oder Anweisungen ohne Konstruktionstätigkeit;
Ausarbeiten von Stromlaufplänen, Schaltplänen oder Schaltbildern nach Anweisung;
Ausarbeiten von umfangreichen Stücklisten;
Konstruieren und Berechnen von Einzelteilen, Werkzeugen oder Vorrichtungen einfacher Art;
Ermitteln von Vorgabezeiten für schwierige Arbeitsvorgänge;
Schwierige Aufgaben der Arbeitsplatzgestaltung oder der Arbeitsbewertung;
Erstellen von Fertigungsplänen nach Zeichnungen und Unterlagen;
Einzeldisposition der Arbeitsverteilung und Fertigungstermine;
Ausführen betriebsüblicher Untersuchungen in Betrieben, Laboratorien, Entwicklungsabteilungen, Prüf- und Versuchsfeldern und Erstellen der dazugehörigen Berichte;
Bearbeiten von Angeboten oder Aufträgen unter Verwendung vorgegebener technischer Daten;
Beraten in einfachen technischen Fragen einschließlich der Führung sich daraus ergebender Verkaufsgespräche und Bearbeiten von Beanstandungen;
Erledigen umgrenzter Aufgaben auf dem Gebiet der Unfallverhütung;
Feststellen von Unfallhergängen und Erstellen der erforderlichen Meldungen und Berichte nach Anweisungen.

T 4
Tätigkeitsmerkmale:

Technische Tätigkeiten, die sich auf die Bearbeitung schwierigerer Aufgaben erstrecken und die im Rahmen des übertragenen Aufgabengebietes selbständig ausgeführt werden.

Hierunter fallen z. B.:
Anfertigen von Konstruktionsarbeiten und Berechnungen einfachen bis mittleren Schwierigkeitsgrades von Maschinen, Getrieben, Armaturen und Apparaten nach allgemeinen Angaben und gegebenen Unterlagen;
Entwerfen und Berechnen von schwierigen Stromlaufplänen, Schaltplänen oder Schaltbildern;
Konstruieren und Berechnen von Vorrichtungen und Werkzeugen nach allgemeinen Angaben und gegebenen Unterlagen;
Schwierige Aufgaben der Arbeitsplatzgestaltung oder der Arbeitsbewertung;
Erstellen von schwierigen Fertigungsplänen nach Zeichnungen oder entsprechenden Fertigungsunterlagen;
Steuern und Zusammenfassen von Arbeitsabläufen in einem umgrenzten Fertigungsbereich;
Aufbauen und Durchführen von schwierigen Untersuchungen oder umgrenzter Entwicklungsarbeiten in Betrieben, Laboratorien, Entwicklungsabteilungen, Prüf- und Versuchsfeldern und Auswerten von einfachen Prüfberichten;
Beraten in schwierigen technischen Fragen einschließlich der Führung sich daraus ergebender Verkaufsverhandlungen nach Anweisungen und Bearbeiten von Beanstandungen;
Ausarbeiten schwierigerer Angebotsunterlagen oder Bearbeiten entsprechender Aufträge;
Durchführen von Sicherheitsinspektionen und Überwachen der Sicherheits- und Unfallverhütungsvorschriften in einem sachlich oder räumlich umgrenzten Bereich.

T 5
Tätigkeitsmerkmale:

Technische Tätigkeiten, die selbständig ausgeführt werden und die im Rahmen des übertragenen Aufgabengebiets umfangreiche Spezialkenntnisse und praktische Erfahrungen erfordern.

Hierunter fallen z. B.:
Ausführen von Entwürfen, Konstruktionen und Berechnungen schwieriger Art von Maschinen, Anlagen oder wesentlichen Teilen von Anlagen;
Ausführen von komplizierten Stromlaufplänen, Schaltplänen oder Schaltbildern;
Erstellen von schwierigen, umfangreichen oder verschiedenartigen Fertigungsplänen nach Zeichnungen oder entsprechenden Fertigungsunterlagen;
Steuern und Zusammenfassen von Arbeitsabläufen in größeren Fertigungsbereichen;

Aufbauen und Durchführen von schwierigen Untersuchungen oder Entwicklungsarbeiten in Betrieben, Laboratorien, Entwicklungsabteilungen, Prüf- und Versuchsfeldern und Auswerten von Prüfberichten;
Beraten in schwierigen technischen Fragen einschließlich der Führung sich daraus ergebender Verkaufsverhandlungen und Bearbeiten von Beanstandungen;
Ausarbeiten schwieriger und umfangreicher Aufträge;
Technische Vorkalkulation schwieriger oder umfangreicher Projekte;
Durchführen von Sicherheitsinspektionen und Überwachen der Sicherheits- und Unfallverhütungsvorschriften in einem größeren Bereich.

T 6
Tätigkeitsmerkmale:

Technische Tätigkeiten in besonders verantwortlicher Stellung.

Hierunter fallen z. B.:
Ausführen von Entwürfen und Konstruktionen komplizierter Art von Maschinen, Anlagen oder wesentlichen Teilen von großen Anlagen;
Planen und Durchführen schwieriger, umfassender oder neuartiger Prüfungen und Versuche oder Entwerfen und Aufbauen von schwierigen Prüf- und Versuchseinrichtungen;
Steuern und Zusammenfassen von Arbeitsabläufen in großen Fertigungsbereichen;
Planen, Entwerfen und Ausarbeiten schwieriger und umfangreicher Anlagen zu Angebotszwecken oder für Bearbeitung entsprechender Aufträge.

Rangfolge- und Lohn-/Gehaltsgruppenverfahren haben den Vorteil, daß sie beide relativ leicht und wirtschaftlich angewendet werden können. **Nachteilig** wirkt sich bei beiden Verfahren aus, daß ihre Ergebnisse anhand einer Globalschätzung ermittelt werden, die dem subjektiven Empfinden des Bewerters bzw. der Bewertergruppe einen großen Spielraum eröffnet und die keine Aussage über die Abstufung der Anforderungen der einzelnen Aufgaben eines Arbeitsplatzes zuläßt. In der Praxis begegnet man dieser Problematik durch die Einengung der Zahl der Lohngruppen; die Anforderungsschwere je Lohngruppe läßt sich dann besser unterscheidbar charakterisieren; andererseits folgt daraus eine Verstärkung der Lohnnivellierung (Verringerung der Lohndifferenzierung) innerhalb der zu wenigen Lohngruppen zusammengefaßten Tätigkeitsarten. Für den betroffenen Arbeitnehmer ist außerdem die Einordnung seines Arbeitsplatzes nur schwer nachvollziehbar. Hilfreich sind hierbei die heute in den meisten Unternehmungen verfügbaren umfangreichen Kataloge mit Arbeitsplatz-Richtbeispielen aus den verschiedenen Tätigkeitsgebieten für jede Lohngruppe. Die analytischen Methoden der Arbeitsbewertung bieten wesentlich bessere Ansatzpunkte für die zielorientierte Bewertung aller entlohnungsrelevanten Anforderungen eines Arbeitsplatzes.

(2) Analytische Methode der Arbeitsbewertung

Im Gegensatz zur summarischen Methode der Arbeitsbewertung wird bei der analytischen Methode der Arbeitsbewertung der Schwierigkeitsgrad je Arbeitsplatz nicht durch Ganzheitsschätzung beurteilt. Der Aufgabenkomplex

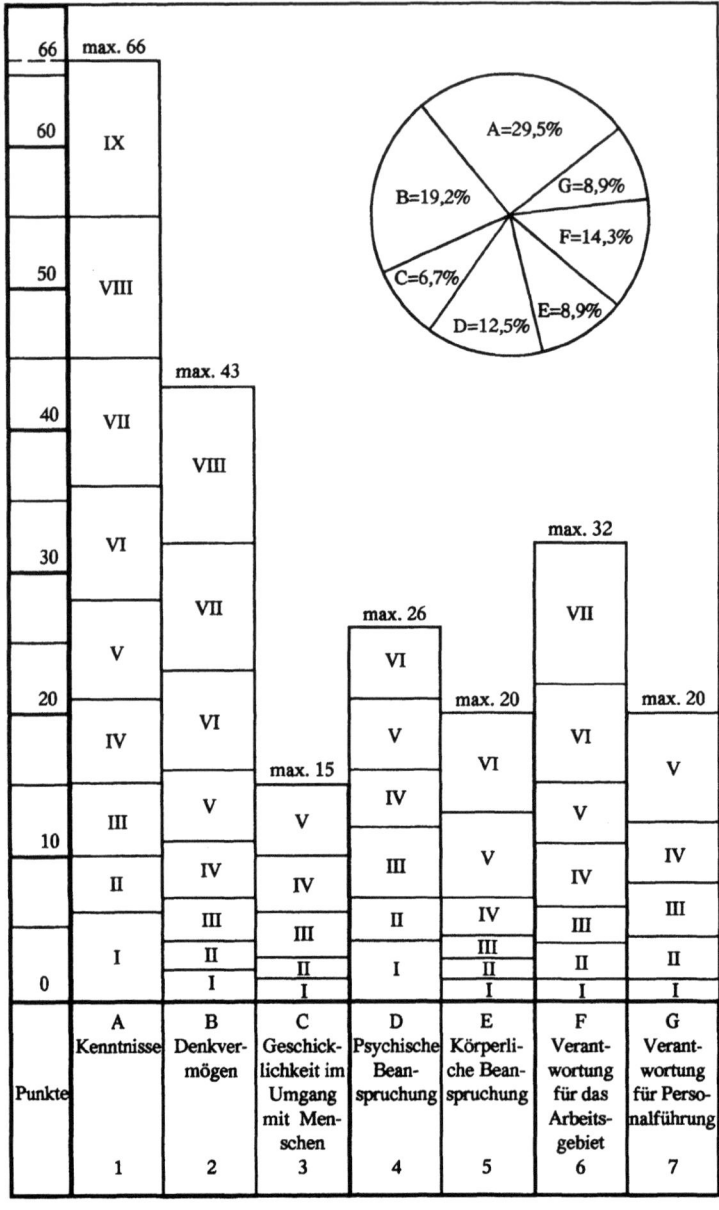

Schaubild VII.56a. Anforderungsarten und ihre Gewichtung

je Arbeitsplatz wird vielmehr im Hinblick auf mehrere **einzelne Anforderungsarten** zunächst getrennt und sodann darauf aufbauend additiv bewertet. Durch eine Gewichtung wird die relative Bedeutung der einzelnen Anforderungsarten zum Ausdruck gebracht. Die **Gewichtung der einzelnen Anforderungsarten** kann entweder offen ausgewiesen werden (getrennte Gewichtung) oder sie kommt bereits in der jeweils maximalen Anforderungshöhe je Anforderungsart zum Ausdruck (gebundene Gewichtung). Wie eine gebundene Gewichtung im einzelnen praktisch aussehen kann, zeigt ein Beispiel aus der deutschen Zigarettenindustrie (vgl. Schaubild VII.56a).

Der **Arbeitswert eines Aufgabenkomplexes** ergibt sich schließlich als Summe der einzelnen gewichteten Anforderungsgrade (vgl. *Euler/Stevens*, 1965, S. 14 ff.). In Abhängigkeit davon, ob bei der analytischen Methode nach dem Prinzip der Reihung oder dem der Stufung vorgegangen wird, unterscheidet man zwischen **Rangreihen-** und **Stufenwertzahlverfahren**.

a) Rangreihenverfahren (factor comparison method)

Beim Rangreihenverfahren wird ausgehend von der Arbeitsbeschreibung je Arbeitsplatz und dem Anforderungskatalog der Schwierigkeitsgrad der Aufgaben bzw. Aufgabenkomplexe aller Arbeitsplätze zunächst getrennt für jede Anforderungsart ermittelt – in der Regel mit Hilfe von Punktzahlen.
In Analogie zur Vorgehensweise beim Rangfolgeverfahren wird sodann für jede Anforderungsart eine gesonderte Rangreihe aufgestellt, in die alle Arbeitsaufgaben einer Unternehmung entsprechend ihrer Anforderungshöhe in bezug auf die jeweilige Anforderungsart einrangiert werden. Die Anforderungsarten sind dabei getrennt oder gebunden gewichtet. Der **Arbeitswert** – verstanden als eine Kennziffer für die durchschnittliche Anforderungshöhe einer Arbeitsaufgabe – wird schließlich als Summe der einzelnen gewichteten Anforderungshöhen je Arbeitsplatz ermittelt (vgl. *Möller*, 1974, S. 39 ff.).

b) Stufenwertzahlverfahren (point rating method)

Beim Stufenwertzahlverfahren, das ebenfalls auf der Arbeitsbeschreibung je Arbeitsplatz und dem Anforderungskatalog aufbaut, wird der Schwierigkeitsgrad der Aufgaben bzw. Aufgabenkomplexe aller Arbeitsplätze gleichfalls zunächst getrennt je Anforderungsart ermittelt. Die Arbeitsplätze mit ihren spezifischen Aufgaben bzw. Aufgabenkomplexen werden hier je Anforderungsart entsprechend ihrem Schwierigkeitsgrad in zuvor ordinal definierte Anforderungsklassen (z.B. hoch, mittel, niedrig) eingestuft. Den einzelnen Anforderungsklassen (-intervallen, -stufen) wird eine Punktzahl zugeordnet. Der Arbeitswert je Arbeitsplatz wird sodann als Summe der einzelnen gewichteten Stufenzahlen ermittelt (vgl. *Bieding/Döring*, 1974, S. 62 ff.).

Im folgenden wird ein praktisches Beispiel einer analytischen Arbeitsplatzbewertung auf der Grundlage eines geltenden Lohnrahmentarifvertrages dargestellt.

Beispiel zur analytischen Arbeitsbewertung[1]

Die Aufgabe besteht darin, den Arbeitsplatz eines Gabelstaplerfahrers nach dem Stufenwertzahlverfahren (mit gebundener Gewichtung) zu bewerten. Der erste Schritt der Arbeitsbewertung besteht in der Stellenbeschreibung:

- Beschreibung des Arbeitsplatzes:

  „Der Arbeitsbereich des Gabelstaplerfahrers sind die Fertigungshallen, in denen Rohre weiterverarbeitet, kontrolliert, verpackt und versandt werden. Die Rohre mit Längen bis 800 mm und einem $\varnothing$ bis ca. 100 mm lagern in Behältern und auf Paletten. Der Flurboden in den Fertigungshallen sowie die Werkstraßen sind betoniert. Das einfallende Tageslicht und die elektrische Beleuchtung sind ausreichend: Die Hallen sind übersichtlich, die Fahrwege gekennzeichnet. Gearbeitet wird im normalen Arbeitsanzug.

- Werkzeuge und Betriebseinrichtungen:

  Gabelstapler mit elektrischem Antrieb, Leistung 48 kW, Tragkraft 3,5 t, Zugkraft 3 t. Das Fahrzeug ist luftbereift und hat eine maximale Hubhöhe von 6 m. Die Steuerung über die Schalthebel erfolgt elektrisch-hydraulisch. Verschiedene Gabelstangen, diverse Schraubenschlüssel, Ölkanne, Fettpresse.

- Durchführung der Arbeit:

  Der Gabelstaplerfahrer ist dem Vorarbeiter und Meister des jeweiligen Fertigungsbetriebes unterstellt. Von diesen bekommt er teils mündlich und teils schriftlich seine Arbeitsaufträge. Er ist zuständig für den Transport der Behälter und Paletten zu und von den einzelnen Betriebsmitteln bzw. zu den jeweiligen Fertigungshallen. Ferner ist das Stapeln der Behälter und Paletten in der Lagerhalle durchzuführen. Zur Versendung der Erzeugnisse belädt er mittels seines Staplers die Waggons und LKW. Für die Pflege und Wartung des Fahrzeuges ist er verantwortlich. Die Unfallverhütungsvorschriften sind einzuhalten, evtl. auftretende bzw. festgestellte Schäden am Fahrzeug oder unfallträchtige Stellen innerhalb seines Fahrbereiches hat er sofort seinem Vorgesetzten zu melden."

Im Anschluß an diese Stellenbeschreibung muß die Arbeit des Gabelstaplerfahrers hinsichtlich der einzelnen zuvor festgelegten Anforderungsarten bewertet werden. Dazu wird für jede Anforderungsart eine Stufe bzw. eine Zwischenstufe entsprechend ihrem Schwierigkeitsgrad mit Hilfe von Einstufungstafeln ermittelt. Die Einstufungstafeln enthalten genaue Stufendefinitionen und sind i.d.R. um tarifliche Richtbeispiele ergänzt.

Beispielhaft sei das Vorgehen anhand der Anforderungsart „Arbeitsschwere" (Belastung der Muskeln) erläutert. Die Einstufungstafel hat dabei folgendes Aussehen (siehe Schaubild VII.56b).

---

[1] In Anlehnung an den Lohnrahmentarifvertrag für die Arbeiter der Eisen- und Stahlindustrie des Landes Nordrhein-Westfalen vom 05.01.1973 i.d.F. vom 17.02.1978.

Stufe	Stufendefinition	tarifliche Arbeitsbeispiele
0	Arbeiten ohne Beanspruchung	- bei Bereitschaft
I	Leichte Arbeiten, wie Handhaben leichter Werkstücke und Werkzeuge, Bedienen leichtgehender Steuerhebel und Kontroller oder ähnlich mechanisch wirkender Einrichtungen, auch Stehen oder Gehen ohne Last.	- Waschraumwärter - Steuermann an kontinuierlicher Drahtstraße - Werkzeugmacher - Gießkranfahrer im SM-Stahlwerk - Elektrokarrenfahrer - Beizer für Laborproben aus dem Walzwerk
II	Mittelschwere Arbeiten, wie Handhaben etwa 1 bis 3 kg schwerer Werkzeuge, Bedienen schwergehender Steuereinrichtungen. Unbelastetes Begehen von Treppen und Leitern. Heben und Tragen von mittelschweren Lasten in der Ebene (etwa 10 bis 15 kg) oder Hantierungen, die den gleichen Kraftaufwand erfordern. Ferner: leichte Arbeiten, entsprechend Stufe I, mit zusätzlicher Ermüdung durch Haltearbeit mäßigen Grades, wie Arbeiten am Schleifstein, mit Rohrwinden und Handbohrmaschinen.	- Schlosser in der mechanischen Werkstatt eines Hüttenwerkes - 1. Scherenmann - Walzwerk/ 280er Feineisenstraße - Reparaturschlosser am Hochofen - 1. Konvertermann im Thomasstahlwerk - Großstückformer - Stahlgießerei
III	Schwere Arbeiten, wie Tragen von etwa 20 bis 40 kg schweren Lasten in der Ebene oder Steigen unter mittelschweren Lasten und Handhaben von Werkzeugen (über 3 kg Gewicht), auch von Kraftwerkzeugen mit Rückstoßwirkung, auch Schaufeln, Graben, Hacken. Ferner: mittelschwere Arbeiten entsprechend Stufe II, in angespannter Körperhaltung, z.B. in gebückter, kniender oder liegender Stellung. Höchstmögliche Dauer der Körperbeanspruchung in diesem Schweregrad bei sonst günstigen Arbeitsbedingungen (Umwelteinflüsse) = 7 Stunden.	- 1. Schmelzer - Hochofen - Kesselschmied - 4. Schmelzer Hochofen - 1. Reckschmied in der Gesenkschmiede - 1. Freiformschmied am 1250-kg-Dampfhammer - 2. Kokillenmann im SM-Stahlwerk - Fertigputzer für schwere Stahlgußstücke - Doppler im Feinblechwalzwerk
IV	Schwerste Arbeiten, wie Heben und Tragen von Lasten über 50 kg oder Steigen unter schwerer Last, Gebrauch schwerer Hämmer, schweres Ziehen und Schieben. Ferner: schwere Arbeiten entsprechend Stufe III in angespannter Körperhaltung, z.B. in gebückter, kniender oder liegender Stellung. Höchstmögliche Dauer der Körperbeanspruchung in diesem Schweregrad bei sonst günstigen Arbeitsbedingungen (Umwelteinflüsse) = 6 Stunden.	- Hebler im Hammerwerk - Masselträger - Hochofen - Schlackenlader in der Thomasschlackenmühle - Schlackenlader - Hochofen

Schaubild VII.56b.   Einstufungstafel

Unter der Annahme, daß während der Fahrtätigkeiten sowie beim Bedienen der Steuerungshebel für 6 Stunden je Schicht eine geringe bis mittlere Muskelbelastung auftritt, wird der Arbeit für diesen Zeitraum die Stufe I zugewiesen. Zusätzlich sei für den Zeitraum von 2 Stunden, in denen Wartungs- und Pflegetätigkeiten sowie einige Hebearbeiten zu verrichten sind, die Stufe I/II gewählt.

Einer Bewertungstafel für die Anforderungsart „Arbeitsschwere" kann daraufhin die **Wertzahl** in Abhängigkeit von der Stufe und der Dauer der Beanspruchung entnommen werden.

Für den Gabelstaplerfahrer ergibt sich in diesem Fall die Wertzahl 0,4 + 0,6 = 1.

Für andere Anforderungsarten ergeben sich die Wertzahlen entsprechend, so z. B. für die Arbeitskenntnisse 1,5; Geschicklichkeit 2; Verantwortung für die Arbeitsausführung 1; Nachdenken 1,3.

Die Summe der Wertzahlen sämtlicher Anforderungsarten bildet den Arbeitswert des Arbeitsplatzes.

Vergleicht man die **summarische und die analytische Arbeitsbewertung**, so ist die analytische Methode zu bevorzugen, da sie trotz ihrer ebenfalls subjektiven Bewertung eher in der Lage ist, reproduzierbare Ergebnisse zu liefern. Sie ermöglicht jedem Arbeitnehmer, das Zustandekommen seines anforderungsabhängigen Entgeltanteils, insbesondere im Vergleich zu Arbeitskollegen, nachzuvollziehen, und trägt somit zu einer höheren Arbeitszufriedenheit bei. Während die summarische Methode aufgrund der Globaleinschätzung dem Bewerter einen großen Entscheidungsspielraum eröffnet, wird dieser bei der analytischen Methode aufgrund der getrennten Erfassung der Arbeitsschwierigkeit je Anforderungsart stark eingeschränkt. Innerhalb der analytischen Methode ist das Stufenwertzahlverfahren zu bevorzugen, da es im Gegensatz zu dem ‚pseudogenauen' und langwierigen Rangreihenverfahren nur die Zuordnung zu wenigen überschaubaren Klassen je Anforderungsart erfordert. Trotz dieser wesentlichen Vereinfachung des Verfahrens hat es sich herausgestellt, daß die Bewertungsresultate des Stufenwertzahlverfahrens im Vergleich zum Rangreihenverfahren kaum schlechter sind.

Stufe	Dauer der Beanspruchung in Stunden je Schicht							
	1	2	3	4	5	6	7	8
0	0	0	0	0	0	0	0	0
I	0,1	0,2	0,3	0,4	0,5	0,6	0,8	1,0
I/II	0,2	0,4	0,6	0,8	1,0	1,2	1,5	1,8
II	0,3	0,6	0,9	1,2	1,5	1,8	2,2	2,7
II/III	0,5	0,9	1,4	1,8	2,3	2,8	3,4	-
III	0,6	1,2	1,8	2,4	3,1	3,8	4,6	-
III/IV	0,8	1,6	2,4	3,3	4,2	5,2	-	-
IV	1,0	2,0	3,0	4,1	5,3	6,5	-	-

Schaubild VII.56c. Bewertungstafel für „Arbeitsschwere"

4.2.3 Ermittlung des anforderungsbezogenen Arbeitsentgelts

Ausgangspunkt für die Festlegung des anforderungsorientierten Grundlohns ist der Mindestlohn, der in der Regel tarifvertraglich vorgegeben ist und von der einzelnen Unternehmung nicht unterschritten werden darf. Dieses **Mindestentgelt** läßt sich interpretieren als derjenige anforderungsorientierte Grundlohn, der „für eine Arbeit mit dem Punktwert Null gezahlt würde" (*Martens*, 1958, S. 22).

Vielfach werden die Mindestvergütungen auf eine Basispunktzahl bezogen. Aufbauend auf diese Mindestvergütung lassen sich die einzelnen Grundlöhne/-gehälter einer Unternehmung dergestalt bestimmen, daß für jeden Arbeitsplatz der ermittelte Arbeitswert abzüglich einer Mindestpunktzahl mit einem tariflich fixierten Geldfaktor multipliziert und das Ergebnis dem Mindestlohn zugeschlagen wird. Bei Arbeitswerten unter 3 wird die Mindestvergütung bezahlt. Ein Beispiel für einen linearen Verlauf der Lohnlinie (verstanden als graphische Darstellung der Abhängigkeit zwischen der Höhe des Arbeitswertes und dem anforderungsorientierten Grundlohn) zeigt Schaubild VII.57, das aus dem Lohnrahmentarifvertrag für die gewerblichen Arbeitnehmer der Eisen- und Stahlindustrie NRW in Verbindung mit dem Lohnrahmenabkommen vom 16.12.1990 abgeleitet worden ist.

Die Lohnhöhe bei Normalleistung (Normallohn NL) ergibt sich für die verschiedenen Arbeitsplätze aus dem tariflichen Mindestlohn ML von DM 11,00, dem Geldfaktor je Arbeitswerteinheit (Steigerungsfaktor s) von 0,2028 und der Wertzahlsumme W (Arbeitswert) nach folgendem Ansatz:

$$NL = \begin{cases} ML & \text{für } 1 \leq W \leq 3 \\ ML + s(W-3) & \text{für } W > 3 \end{cases}$$

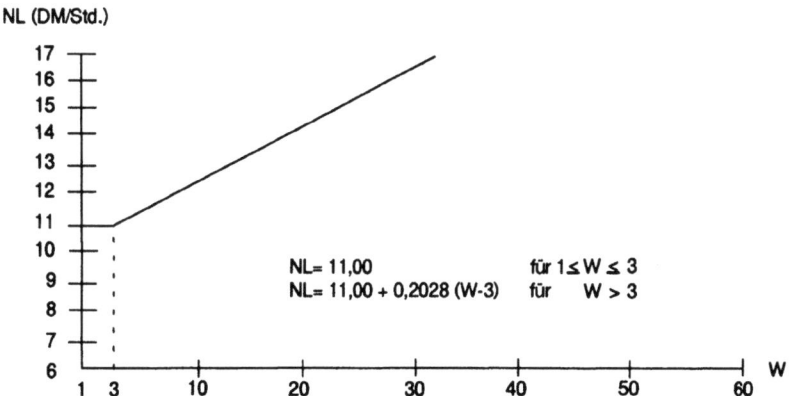

Schaubild VII.57. Lohngleichung gemäß Lohnabkommen für die Eisen- und Stahlindustrie in Nordrhein-Westfalen vom 16. Dezember 1990

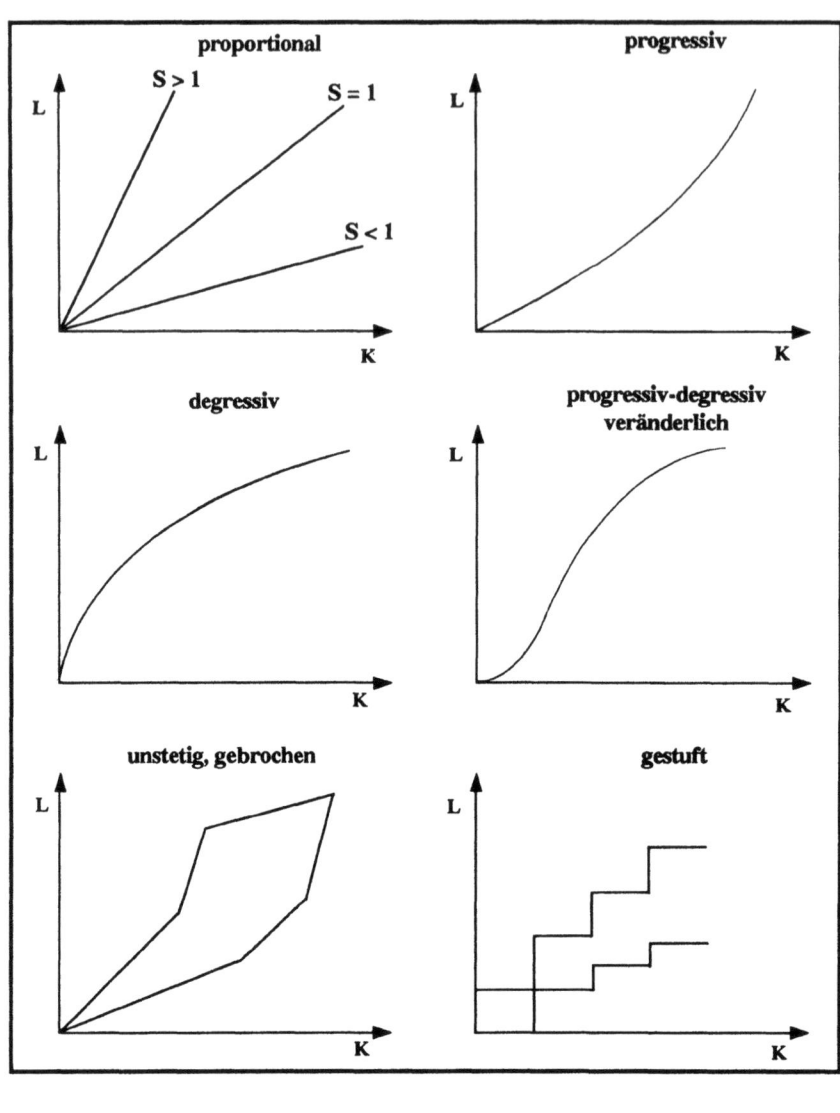

L = Lohn/Gehalt; K = Kennzahl/Arbeitswert; S = Steigerungsfaktor

Schaubild VII.58. Beispiele für Lohn-/Gehaltslinienverläufe (vgl. *REFA*, 1989a, S. 30f.)

Für Arbeitswerte zwischen 1 und 3 ist der Normallohn gleich dem Tariflohn der Lohnguppe 1 (ab dem 01.08.1989 DM 11,00 gemäß Lohnabkommen für die Arbeiter der Eisen- und Stahlindustrie NRW vom 16.12.1990). Für Arbeitswerte über 3 ergibt sich der Normallohn aus der Addition zweier Bestandteile:

= dem Tariflohn der Lohngruppe 1;
= einer Steigerungssumme, die sich aus der Multiplikation des um 3 verminderten Arbeitswertes mit dem im genannten Lohnabkommen vereinbarten Steigerungsfaktor von DM 0,2028 ergibt.

Ein linearer Verlauf der Lohn-/Gehaltslinie ist nicht zwingend. Sofern die tariflichen Mindestentgeltsätze berücksichtigt werden und keine umfassende tarifliche Regelung vorliegt, steht es jeder Unternehmung frei, eine andere für ihren Entlohnungsbereich gültige Lohn-/Gehaltslinie zu wählen. Denkbar sind hierbei proportionale, progressiv und/oder degressiv stetige, gebrochene und stufenförmige Verläufe (vgl. Schaubild VII.58).

Der lineare Verlauf der Lohn-/Gehaltslinie hat den Vorteil, daß die Zusammenhänge zwischen Arbeitswert und Grundlohn leicht verständlich und daß solche Lohn-/Gehaltslinien relativ einfach anzuwenden sind. Für einen progressiven Verlauf spricht, daß die Arbeitsbelastung mit zunehmender Arbeitsschwierigkeit bzw. steigendem Anforderungsniveau überproportional ansteigen kann. Degressive Lohn-/Gehaltslinien finden überall dort Anwendung, wo das durchschnittliche Anforderungsniveau aller Arbeitnehmer, beispielsweise um eine Überlastung zu vermeiden, begrenzt werden soll. Ein stufenförmiger Verlauf der Lohn-/Gehaltslinien ist schließlich dann zu bevorzugen, wenn Arbeitsbewertungsverfahren angewendet werden, denen das Prinzip der Stufung zugrundeliegt.

4.2.4 Aktuelle Probleme anforderungsorientierter Arbeitsentgeltgestaltung

Bei systemgerechter Anwendung der Verfahren anforderungsorientierter Entgeltgestaltung lösen Anforderungsänderungen im Zeitablauf unmittelbar Veränderungen der anforderungsorientierten Lohn-/Gehaltsbestandteile aus (vgl. zum folgenden *Hahn u.a.*, 1988, S. 260 ff.). Zur Vermeidung von Verzerrungen im Anforderungsgefüge wird daher eine **fortlaufende Überwachung und Anpassung der Arbeitswerte** an veränderte Anforderungen als entscheidende Aufgabe der anforderungsorientierten Entgeltgestaltung gesehen (vgl. *Böhrs*, 1980, S. 52; *Knebel*, 1988, S. 24 f.). In der betrieblichen Praxis stehen einer Anpassung von Arbeitswerten nach unten jedoch häufig Probleme der Durchsetzbarkeit entgegen. Minderungen des Arbeitsentgelts treten oft aufgrund tarifvertraglich vereinbarter Verdienstsicherungsregelungen nicht ein. Um die Bezahlung von Löhnen/Gehältern für eine nicht mehr vorliegende Arbeitsschwierigkeit und Verdiensteinbußen für die betroffenen Arbeitskräfte zu vermeiden, können ggf. qualifikationsgerechte Umsetzungen an Arbeitsplätze mit höherem Arbeitswert vorgesehen werden. Neben der Verdienstsicherung bilden Rationalisierungsschutzabkommen, die der Erhaltung und Sicherung ganzer Arbeitsplätze dienen, eine gewichtige gewerkschaftliche Zielsetzung (vgl. zur Perspektive der Gewerkschaften *Lübben*, 1991, S. 245 ff.), die eine Anpassung an Aufgabenänderungen erschweren.

Veränderungen der Arbeitsaufgaben, der Arbeitsanforderungen sowie der Arbeitsbewertungsverfahren sind zu wesentlichen Teilen auf den Einsatz neuer Fertigungstechnologien zurückzuführen, die vielfach auch veränderte Formen der Arbeitsorganisation nach sich ziehen (vgl. *Bühner*, 1985, S. 433 ff.; *Meisner/Wagner/Zander*, 1991, S. 134 ff.; *Ohl*, 1986, S. 8 ff.; *Sonntag*, 1986, S. 301 ff.). Die wachsende Verbreitung von Produktionsautomaten (Industrieroboter, NC- und CNC-Technik), die zusätzliche Übernahme von Transport-, Beschickungs- und Entnahmefunktionen durch maschinelle Einrichtungen in verketteten Systemen (z. B. flexiblen Fertigungssystemen) sowie die Verlagerung von dispositiven Teilaufgaben insbesondere der Arbeitsvorbereitung und Fertigungssteuerung in den direkten Fertigungsbereich im Rahmen neuerer Fertigungsorganisationskonzepte und Arbeitsfeldstrukturen (z. B. Fertigungsinseln, teilautonome Arbeitsgruppen) bewirken primär eine **Polarisierung der zu bewältigenden Arbeitsaufgaben** (vgl. *Landau*, 1986, S. 18 ff.).

Einerseits fallen in zunehmendem Maße solche Tätigkeiten an, die nur geringe physische und fachlich-intellektuelle Anforderungen an den Ausführenden stellen. Ursache hierfür ist, daß ab einer gewissen Mechanisierungs-/Automatisierungsstufe die Einstell- und Steuerungsarbeiten sowie die Werkstoffzu- und -abführung zum großen Teil von den Fertigungsanlagen selbst ausgeführt werden. Die Maschinenbedienung nimmt dann den Charakter einer „Automatenwache" an. Parallel dazu werden die Arbeitnehmer immer mehr in die Rolle eines einen universalen mechanischen Vorgang überwachenden Zuschauers gedrängt. Diese Stellung kann neue psychische Belastungen durch Monotonie und auch Einsamkeit am Arbeitsplatz nach sich ziehen.

Zum anderen fallen in zunehmendem Maße auch solche Tätigkeiten an, die an den Ausführenden in der Regel ebenfalls geringe physische, aber sehr hohe fachlich-intellektuelle Anforderungen stellen. Ursache hierfür ist, daß ab einer gewissen Mechanisierungs-/Automatisierungsstufe die Wahrscheinlichkeit des Auftretens unbekannter Störungen immer größer wird, so daß insbesondere an das Reparatur- und Wartungspersonal höchste fachlich-intellektuelle Anforderungen gestellt werden. Ursache hierfür ist überdies aber auch, daß bedingt durch den hohen Kapitaleinsatz sowie das hohe von den Fertigungsanlagen ausgehende Gefahrenpotential die Verantwortung und damit die psychische Belastung des einzelnen Arbeitnehmers einen bisher unbekannten Umfang annimmt (vgl. *Bühner* 1985, S. 433 ff.; *Eckardstein*, 1986a, S. 247 ff.).

Dieser Wandel in den Anforderungsspektren zwingt zu einer Neubetrachtung und -bewertung der Anforderungen an derartigen Arbeitsplätzen. Wenngleich angesichts unterschiedlicher Technisierungsstufen keine allgemeingültigen Aussagen möglich sind, so läßt sich doch **tendenziell eine Zunahme der erforderlichen Qualifikationen** konstatieren. Zur Verdeutlichung der **Vielschichtigkeit des erforderlichen Qualifikationsprofils** wurde in jüngster Zeit der Ausdruck „Hybrid-Facharbeiter" geprägt (vgl. *Bühner*, 1985, S. 434; *Scheidl*, 1991, S. 269; *Eckardstein*, 1986a, S. 253). Bei gleichzeitiger Abnahme der körperlichen, muskelmäßigen wie auch der umweltbedingten Belastung läßt sich eine **Zunahme der geistig-psychischen Belastung** in vielfältiger Ausprägung feststellen. Aus den genannten Belastungen aus Nachdenken, Wachsamkeit, permanenter Erwartungsspannung sowie der hohen Verantwortung kann die Forderung abgeleitet werden, die Anforderungsart „geistig-psychische Belastung" und insbesondere den Aspekt „Verantwortung" neu zu untergliedern und zu erfassen. Auch die Vielseitigkeit des Arbeitseinsatzes ist in die Anforderungskataloge aufzunehmen.

Die Zunahme von Anforderungen im mentalen Bereich resultiert ferner aus der Verlagerung dispositiver Teilaufgaben in eine Arbeitsgruppe. Der Einsatz kostenintensiver Betriebsmittel, deren störungsfreies Arbeiten von hoher wirtschaftlicher Bedeutung ist, sowie der damit verbundene Trend zur Reduzierung der Arbeitsteilung führen dazu, daß dem Maschinenbediener als Teammitglied in zunehmendem Maße nicht nur die Verantwortung für die eigene Arbeit, sondern auch für die „Systemgewährleistung für Maschine und Produkt" (*Meisner/Wagner/Zander*, 1987, S. 235) übertragen wird. Eigenverantwortliches Handeln, Kooperationsbereitschaft und Organisationsgeschick werden daher zunehmend gefordert. Zudem werden von der Bedienungsmannschaft Zusatzwissen und -können für Wartung und Inspektion, teilweise auch Instandsetzungsmaßnahmen, erwartet.

Die skizzierten Verlagerungen der Anforderungsarten geben Anlaß, Überlegungen zur Weiterentwicklung der anforderungsorientierten Lohngestaltung anzustellen. Nur ein analytisches Vorgehen kann die differenzierte Entwicklung der einzelnen Arbeitsanforderungen entsprechend berücksichtigen. Vorschläge zur Weiterentwicklung zielen in erster Linie auf **Modifikationen des Anforderungskataloges sowie der Gewichtung der einzelnen Anforderungsarten** (vgl. *Ohl*, 1986, S. 24 ff.; *Scheidl*, 1991, S. 268 f.; *Steinmann/Schreyögg*, 1990, S. 659.). Dabei kann die **analytische Arbeitsbewertung auch in Zukunft** als **geeignetes Verfahren** im Rahmen der anforderungsorientierten Entlohnung angesehen werden. Für die grundsätzliche **Eignung der analytischen Verfahren** spricht auch weiterhin ihr Beitrag zur **Versachlichung von Lohnkonflikten**. Die verbreitete **Akzeptanz und Bedeutung** gerade der analytischen Arbeitsbewertung **in der Praxis** zeigen sich in zahlreichen tarifvertraglichen und betrieblichen Vereinbarungen. Allerdings setzt dieses Verfahren eine gewisse Stabilität der Arbeitssituation voraus. Anwendungsprobleme analytischer Arbeitsbewertung im Hinblick auf den Verfahrensaufwand sowie die Tragfähigkeit der Bewertung ergeben sich daher bei weitgehend instabilen dynamischen Arbeitsbedingungen, wie sie bei Einführung moderner Prozeßtechnologien, aber auch bei häufigen Verfahrens- und/oder Produktwechseln sowie damit verbundenem flexiblen Personaleinsatz vorliegen.

Besonderheiten der Produktion in der Automobilindustrie haben bei der Volkswagen AG bereits zu Beginn der 80er Jahre dazu geführt, anstelle des einzelnen Arbeitsvorgangs die **Tätigkeit in einem Arbeitssystem als Grundlage einer anforderungsbezogenen Grundlohndifferenzierung** heranzuziehen. Kennzeichnend für die Produktion in der Automobilindustrie ist eine große Typenvielfalt, die die Herstellung einer Vielzahl von Teilen erforderlich macht. Auch die Prozeßtechnologie unterliegt stetigen Veränderungen. Dies führt zu häufigen Anforderungsänderungen bei Tätigkeiten mit unterschiedlichen Anforderungsgraden und zu häufigem Arbeitsplatzwechsel aufgrund unterschiedlicher Fertigungsprogramme sowie zum Ausgleich von Fehlzeiten anderer Mitarbeiter. Die damit verbundenen Probleme für die Arbeitsbewertung haben zu einem **Übergang von einer Einzelplatzbewertung zur Bewertung von abgegrenzten Arbeitsbereichen** geführt (vgl. *Rausch*, 1991, S. 234 ff.; *Steinmann/Schreyögg*, 1990, S. 660). Zu diesem Zweck werden auf der Basis bestehender Lohnstrukturen Tätigkeiten eines größeren Arbeitsbereichs zusammengefaßt und einer bestimmten Lohngruppe (als „Lohnniveau" bezeichnet) zugeordnet. Dies geschieht durch Vergleich mit **Richt-/Anlehnungsbeispielen** oder bereits eingeordneten Arbeitssystemen, die nach einem unternehmungseinheitlichen Ordnungsschema zusammengefaßt werden. Ist ein vergleichbarer Arbeitsbereich bisher nicht vorhanden, so ist eine analytische Vorgehensweise auf der Grundlage der erforderlichen funktionsbezogenen Kenntnisse und Fer-

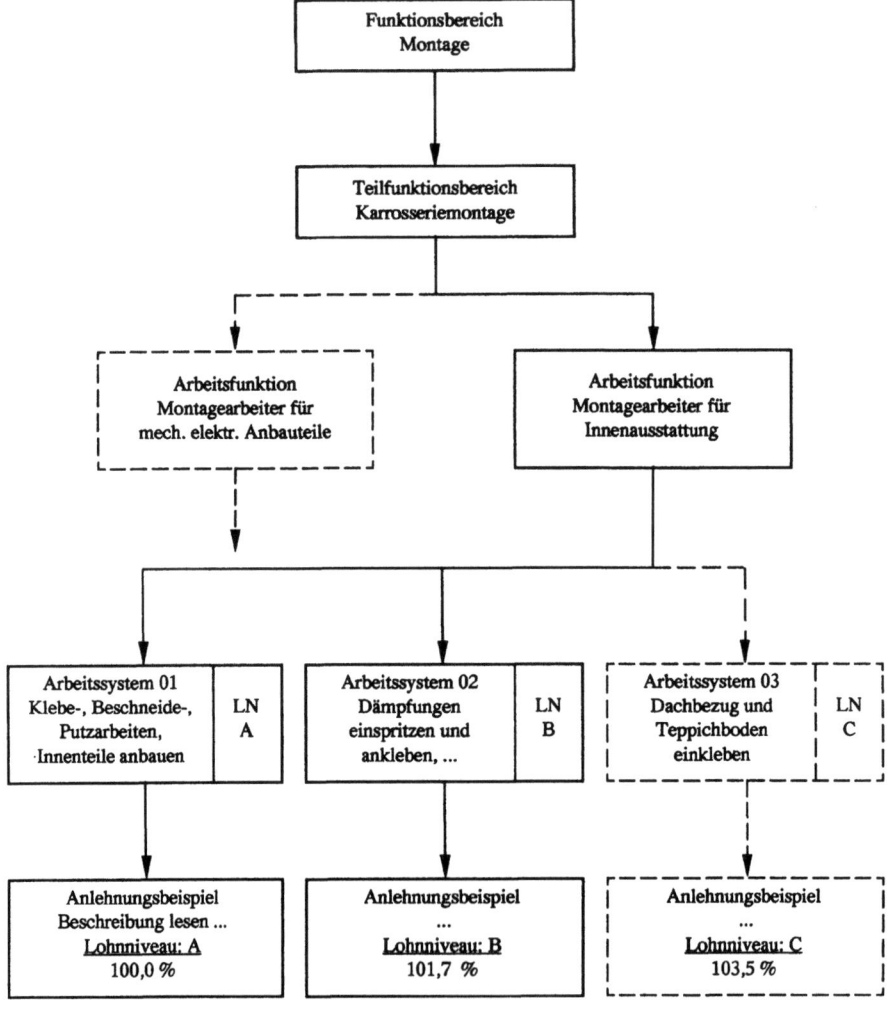

Schaubild VII.59. Ordnungssystem der VW-Entlohnung am Beispiel des Montagebereichs (vgl. *Paasche*, 1981, S. 22)

tigkeiten sowie der auftretenden Arbeitserschwernisse bei der Einstufung in ein Lohnniveau vorgesehen (vgl. *Kugland*, 1980, S. 34). Ein Beispiel aus der Karosseriemontage zeigt Schaubild VII.59.

Deutlich werden die Ordnungskriterien Funktionsbereich, Arbeitsfunktion, Arbeitssystem und Anlehnungsbeispiel. Unter jeder Arbeitsfunktion sind mit ansteigendem Lohnniveau die Arbeitssysteme mit Anlehnungsbeispielen angeordnet. Diese Vorgehensweise ist vergleichbar mit einem summarischen Lohngruppenverfahren, das jedoch auf einer der betreffenden Arbeitsorganisation besonders angepaßten Dokumentation von Richtbeispielen und bewerteten Arbeitssystemen aufbaut. Der Bewertung liegt die Gesamtheit der in einem größeren Arbeitsbereich auszuführenden Tätigkeiten zugrunde (vgl. *Kugland*, 1980, S. 35; *Paasche*, 1981, S. 23). Damit entfällt das Problem einer Vielzahl von Bewertungsanlässen bei häufig wechselnden Arbeitsbedingungen. Zudem werden die Voraussetzungen für einen flexiblen Personaleinsatz verbessert. Diese bereichsbezogene Bewertung führt jedoch zu einer Verringerung der Lohndifferenzierung nach Anforderungsarten und bringt die Gefahr der Lohnnivellierung mit sich.

4.3 Qualifikationsorientierte Arbeitsentgeltgestaltung

4.3.1 Grundsätzliches zur qualifikationsorientierten Arbeitsentgeltgestaltung

Unter dem Begriff **qualifikationsorientierte Entlohnung** wird in jüngerer Zeit mitunter die Substitution der anforderungs- durch die qualifikationsorientierte Entlohnung diskutiert und gefordert, wobei auf das Beispiel der Joseph Vögele AG aus der Maschinenbauindustrie verwiesen wird (vgl. *Axer*, 1985, S. 63ff.; *Eckardstein*, 1986, S. 55ff.; *Hahn u.a.*, 1988, S. 265ff.; *Steinmann/Schreyögg*, 1990, S. 660f.). Dabei wird nicht die tatsächliche Anforderung der Stelle, sondern das aus der Qualifikation des Mitarbeiters abgeleitete Leistungspotential als Kriterium zur Eingruppierung in Entgeltgruppen herangezogen (vgl. *Drumm*, 1989, S. 329ff., der den Begriff Potentiallohn verwendet). Es handelt sich hiermit quasi um eine **Grundlohnermittlung ad personam anstelle der traditionellen Ermittlung ad rem**; statt „Gleicher Lohn für gleiche Arbeit" wird „Gleicher Lohn für gleiche Befähigung" gezahlt. Hierunter ist auch der in europäischen und US-amerikanischen Unternehmungen praktizierte skill- bzw. knowledge-based-pay Ansatz zu subsumieren (vgl. *Eckardstein*, 1991, S. 221 f.; *Hall/Goodale*, 1986, S. 530; *Tosi/Tosi*, 1986, S. 53 ff.). Dahinter steht zum einen die Überlegung, daß bei der Vielgestaltigkeit der Teilaufgaben der Arbeitnehmer deren konkrete Inanspruchnahme nicht vorab bestimmbar sei. Zum anderen wird versucht, finanzielle Anreize zur Qualifikation zu schaffen, um durch bewußte Inkaufnahme von Überschußqualifikation die Flexibilität des Einsatzes der Belegschaft zu erhöhen (vgl. *Eckardstein*, 1991, S. 220 und 226).

Die qualifikationsorientierte Entgeltdifferenzierung knüpft an die **durch Ausbildung und Erfahrungen erworbenen Fähigkeiten** der Arbeitsperson an.

Sie berücksichtigt primär nicht die am Arbeitsplatz geforderten Tätigkeitsarten und effektiv erbrachten Leistungen, sondern vielmehr die potentiellen. Je höher die von einer Arbeitsperson eingebrachte Qualifikation liegt, um so höher soll die Vergütung sein, auch wenn ein Teil der Arbeitsfähigkeiten in der Unternehmung nicht genutzt werden kann. Historisch betrachtet herrschte die qualifikationsorientierte Lohn- und Gehaltsdifferenzierung in Europa bis Anfang des 20. Jahrhunderts vor. Dabei wurde im wesentlichen an die Ausbildung angeknüpft. Eine abgeschlossene akademische Ausbildung begründete z.B. den Anspruch auf eine Vergütung, die wesentlich über den Vergütungen für praktische Berufe lag. In den USA stand dagegen weniger das individuelle Fähigkeitsspektrum der einzelnen Arbeitsperson als vielmehr die erbrachte Leistung am konkreten Arbeitsplatz im Vordergrund der Entgeltdifferenzierung. Die Berücksichtigung objektiv erfaßbarer Leistungs- und Arbeitsplatzanforderungen setzte sich auch in Europa gegenüber rein subjektiven Entgeltdifferenzierungskriterien in den 20er und 30er Jahren immer stärker durch. In neuerer Zeit treten die Gewerkschaften wieder verstärkt für eine an der Qualifikation der Arbeitnehmer orientierten Entlohnung ein mit dem Ziel, die Entlohnung vom raschen Wandel der Fertigungstechnologien abzukoppeln. Gefordert wird eine Entlohnung auf der Grundlage einer Ganzheitsbetrachtung der Arbeit, die sich unter Verzicht auf einzelne Bewertungsmerkmale losgegelöst von Veränderungen der Arbeitsinhalte vollzieht (vgl. *Meyer*, 1979, S. 219 f.; *Balduin*, 1987, S. 29). Ein Ansteigen der Anforderungen an einem Arbeitsplatz infolge technologischer und ablauforganisatorischer Veränderungen ist bei anforderungsorientierter Entlohnung **aus der Sicht der Arbeitnehmer** unproblematisch, weil hier sofort höhere Lohnsätze zu vergüten sind. Dies würde bei einer qualifikationsorientierten Entlohnung entfallen, wenn eine Arbeitskraft an einem bestimmten Arbeitsplatz bislang nicht entsprechend ihrer Qualifikation beansprucht wird. Sie erhält qualifikationsorientiert eine höhere Vergütung als es einer anforderungsorientierten Entlohnung entspräche. Steigen daraufhin die Anforderungen am Arbeitsplatz, so bleibt ihre Vergütung unverändert.

Aus **Sicht der Unternehmung** haben die Befürworter einer qualifikationsorientierten Entlohnung den Fall tendenziell überdimensionierter Fähigkeiten der Arbeitspersonen im Auge. Es wird dabei die Auffassung vertreten, daß ein Mitarbeiter, der für die Erfüllung der momentanen Arbeitsaufgabe eine zu hohe Qualifikation aufweist, den laufenden Veränderungen infolge beschleunigten technischen Fortschritts und marktbedingter Produktionsveränderungen besser folgen oder sogar innovative Impulse geben kann.

4.3.2 Aktuelle Probleme qualifikationsorientierter Arbeitsentgeltgestaltung

Im Fall einer Übereinstimmung zwischen Arbeitsanforderungen am Arbeitsplatz und Arbeitsfähigkeiten der dort tätigen Arbeitspersonen – also bei optimaler Stellenbesetzung im Sinne der Personaleinsatzplanung – weichen grundsätzlich die qualifikationsorientiert nicht von den anforderungs- und leistungsbezogen differenzierten Vergütungen ab. In höher mechanisierten und flexibel automatisierten Produktionsbetrieben zeichnet sich die Arbeitssituation durch folgende Kriterien besonders aus

- Bedienung und Überwachung von komplexen Prozeßstrukturen durch wenige Facharbeitskräfte;
- diese Facharbeitskräfte benötigen profunde Kenntnisse in Mechanik, Elektrik, Elektronik und Informatik,
  - um die maschinellen Einrichtungen effizient einsetzen und bei Betriebsstörungen möglichst kurzfristig instandsetzen zu können (soweit nicht bei größeren Störungen Instandhaltungsspezialisten heranzuziehen sind) und
  - um an Einrichte-, Umstell- und teilweise auch Programmierarbeiten mitwirken zu können;
- Anpassung der spezifischen technisch-organisatorischen Anforderungen nach teilweise nur 5–10 Jahren aufgrund von Veränderungen bei Technologie und Produkten, wobei sich Tendenzen zu anspruchsvolleren Aufgaben am Arbeitsplatz feststellen lassen (neben Vereinfachungen durch elektronische Steuerungs- und Überwachungseinrichtungen).

In den vergangenen Jahrzehnten sind in vielen Industriezweigen völlig neuartige Technologien eingeführt worden wie z.B. bei der Leiterplattenherstellung durch Bestückungsautomaten, Stahlbanderzeugung durch neuartige Stranggußeinrichtungen (Dünnbandgießen), Einsatz der Lasertechnik beim Zuschneiden und Vermessen von Teilen und dergl. mehr (vgl. Kapitel 4.2.4). Diese Entwicklung ist einerseits mit sinkenden Qualifikationsanforderungen für einfachste „Restarbeiten" verbunden (Dequalifizierungsthese), andererseits folgt daraus jedoch ein verstärkter Bedarf an Arbeitskräften, die fachlich eine wesentlich breitere Grundausbildung erfahren müssen als in früheren Zeiten (Höherqualifizierungsthese); bisher waren eher eng ausgebildete Facharbeitskräfte wie Dreher, Fräser, Schlosser, Elektriker, Schweißer, Putzer und dergl. gefragt, die Verantwortung für das Gelingen eines spezifischen Arbeitsprozesses zu tragen hatten. Dies wird heute zunehmend von elektronischen Steuerungs- und Qualitätssicherungseinrichtungen übernommen. In vielen Industriezweigen sind die Facharbeitsberufe entsprechend breiter ausgelegt worden, so daß hier von "**Hybridfacharbeitern**" gesprochen wird. Diese besitzen vielfach mehrere Berufsausbildungen und verfügen über Kenntnisse in den Bereichen Mechanik, Pneumatik, Hydraulik, Elektrik, Elektronik sowie Optoelektronik. Ihre Arbeitsaufgabe umfaßt neben dem Montieren und Programmieren von speicherprogrammierbaren Steuerungen auch die Optimierung der Funktionsabläufe von derart gesteuerten Maschinen, die Störungsdiagnose mit Fehlerbehebung, Prüf- und Einstellarbeiten, Pflege der technischen Dokumentation, Zusammenarbeit mit anderen Fachabteilungen und Herstellerfirmen sowie die Unterweisung von Mitarbeitern (vgl. *Busch*, 1988, S. 6ff.).

Entscheidendes Argument für eine qualifikationsorientierte Vergütungsdifferenzierung ist nun, daß neben der breiteren Grundausbildung eine anspruchsvolle Weiterbildung notwendig ist, wenn Facharbeitskräfte sich auf veränderte Technologien und Prozeßbedingungen einstellen können sollen. Damit kommt es grundsätzlich auf hohe Qualifikation in dem Sinne an, daß Arbeitskräfte eine Aus- und Weiterbildung in Fähigkeiten erhalten bzw. durchlaufen sollten, die am jeweiligen Arbeitsplatz (noch) nicht aktuell benötigt werden. Je weitergehend Arbeitskräfte dieser Forderung gerecht werden, um so höher sind sie qualifiziert; ein Entlohnungssystem sollte durch Anreize dieser Zielsetzung Rechnung tragen und eine Vergütungsdifferenzierung nach Qualifikationsstufen vorsehen.

Die Industriegewerkschaft Metall (IGM) strebt im Rahmen ihrer Tarifpolitik für die 90er Jahre eine Entgeltgestaltung nach Maßgabe der vom Arbeitssystem geforderten und der von den Arbeitnehmern angebotenen Qualifikation an und schlägt dazu eine Entgeltdifferenzierung nach dem "**Zwei-Säulen-Prinzip**" vor, die in Schaubild VII.60 veranschaulicht ist (vgl. *Industriegewerkschaft Metall*, 1991, S. 26 ff.).

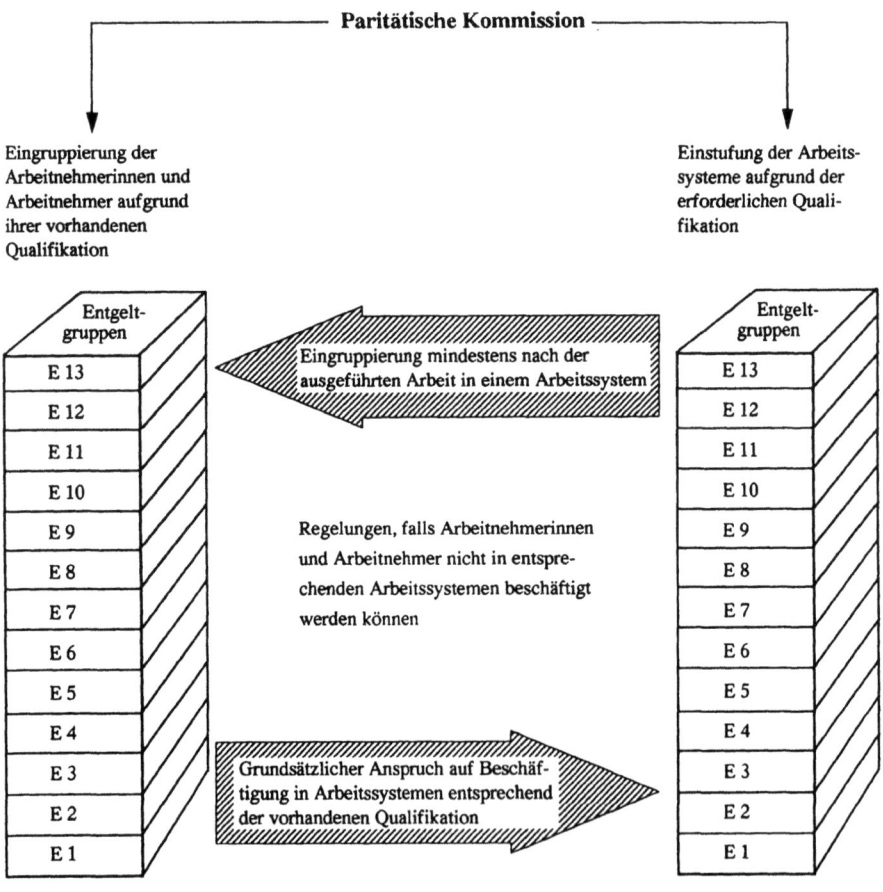

Schaubild VII.60. Zwei-Säulen-Prinzip (vgl. *Industriegewerkschaft Metall*, 1991, S. 26)

Der kombinierte Ansatz des „Zwei-Säulen-Prinzips" sieht einerseits eine Eingruppierung der Arbeitnehmer entsprechend ihrer vorhandenen Qualifikation in eine von dreizehn Entgeltgruppen vor, die bis in den AT-Bereich hineinreichen. Andererseits werden Arbeitssysteme bzw. Arbeitsbereiche in umfassender und ganzheitlicher Weise abgegrenzt und den Entgeltgruppen nach Maßgabe der erforderlichen Qualifikation zugeordnet. Sowohl die Eingruppierung der Arbeitnehmer als auch die Definition und Zuordnung der Arbeitssysteme zu den Entgeltgruppen sollen durch eine paritätisch besetzte Kommission vorgenommen werden. Die Verbindung zwischen den beiden Säulen wird zum einen dadurch hergestellt, daß ein Arbeitnehmer mindestens der Entgeltgruppe angehört, die dem Arbeitssystem zugeordnet ist, in dem er arbeitet, wobei die Tätigkeit in dem Arbeitssystem als Nachweis für die Verfügbarkeit der entsprechenden Qualifikation dient. Daneben besteht ein grundsätzlicher Anspruch auf Beschäftigung in einem Arbeitsystem, das der vorhandenen Qualifikation des Arbeitnehmers entspricht. Falls dies zeitweise nicht möglich ist, sind Übergangsregelungen vorzusehen. Ein tariflich abgesicherter Anspruch auf die Teilnahme an Qualifizierungsmaßnahmen soll sukzessive Höhergruppierungen der Arbeitnehmer sicherstellen. Die Tarifverhandlungen der nächsten Jahre zur Neufassung der Lohnrahmenabkommen werden zeigen, inwieweit sich eine Abkehr von der anforderungsorientierten Arbeitsentgeltgestaltung in der skizzierten Weise durch das „Zwei-Säulen-Prinzip" mit den Vorstellungen der Arbeitgeberseite vereinbaren läßt.

Insbesondere die Konkretisierung und Abgrenzung der betriebsrelevanten Qualifikation wirft in der praktischen Umsetzung derartiger Konzepte große Probleme auf. Sowohl die in den Tarifverträgen der Metallindustrie als auch die in der Anlage 1 des Tarifvertrags der Vögele AG enthaltenen Qualifikationskriterien reichen für eine Beurteilung der Qualifikation, die die betriebliche Relevanz in ausreichendem Maße berücksichtigt, nicht aus. Die Zugrundelegung von in der Metallindustrie verwertbaren Qualifikationen, die sich an gestaffelten Anlernzeiten oder Berufsausbildungsabschlüssen orientieren (vgl. *Lübben*, 1983, S. 18), birgt die Gefahr, daß Qualifikationen entlohnt werden, die für den Betrieb ohne Bedeutung sind. Eine weite Begriffsfassung der relevanten Qualifikationskomponenten erscheint dennoch sinnvoll, um die Schaffung variabel einsetzbarer Qualifikationen zu fördern. Dabei sollten neben formalen auch inhaltliche Kriterien (Erfahrung und dergl.) einbezogen werden (vgl. *Becker*, 1987, S. 45). Im Rahmen der Qualifikationsplanung der Unternehmungen ist es schwierig, die notwendigen Prognosen über zukünftig geforderte Qualifikationsmerkmale aufzustellen; andernfalls besteht die Gefahr von Fehlbesetzungen, so daß das Personal über Fähigkeiten verfügt, die niemals genutzt werden können, aber zu einer überhöhten Entlohnung führen (vgl. *Wieser*, 1980, S. 9). Umgekehrt kann es auch zum Einsatz von Arbeitskräften mit zu geringer Qualifikation kommen. Insgesamt wird sich dies auch in einer Verringerung der Kontrollierbarkeit der Personalkosten niederschlagen.

Immerhin könnte ein solches Entlohnungssystem Anreize für eine von den Arbeitspersonen her initiierte Aus- und Weiterbildung führen, um ein höheres Qualifikationsniveau und damit eine höhere Vergütung zu erreichen, unabhängig davon, ob entsprechende Arbeitsplätze in einer Unternehmung zu besetzen sind. Bisher war es erforderlich, sich für vorhandene anforderungshöhere Arbeitsplätze nicht nur vorzubereiten, sondern auch zu bewerben; dies würde bei einer vertraglich fixierten qualifikationsorientierten Entlohnung aufgrund absolvierter Ausbildungen mit entsprechenden Zertifikaten entfallen. Dies kann in einer Unternehmung einerseits zu einem Innovationsschub beitragen, kann aber andererseits auch – mindestens zeitweise – zu überhöhten Lohnkosten führen. Daraus folgt möglicherweise eine (partielle) Aussetzung dieses Lohnsystems oder veranlaßt u.U. die Unternehmung, sich von überqualifizierten Arbeitskräften wieder zu trennen.

Angesichts der zu erwartenden hohen Qualifizierungsbereitschaft der Mitarbeiter ergeben sich weitere vielschichtige Schwierigkeiten wie bspw. bei der Auswahl der Teilnehmer an Aus- und Weiterbildungsprogrammen, wenn sich diese nicht auf die Qualifikationsanforderungen der Arbeitsplätze beziehen (vgl. *Eckardstein*, 1986, S. 62 ff.).

Aus Sicht der Arbeitskräfte hat eine qualifikationsbezogene Entgeltdifferenzierung den Vorteil,

- daß die Vergütungshöhe allein durch eigene Aus- und Weiterbildungsanstrengungen sowie Sammlung von Erfahrungen und Leistungsbereitschaft beeinflußt werden kann, und zwar unabhängig von den am Arbeitsplatz jeweils aktuell vorherrschenden Arbeitsanforderungen;
- daß das Risiko des Arbeitsplatzverlustes minimiert wird bzw. die Chancen für einen Arbeitsplatzwechsel auch über Unternehmungsgrenzen hinweg steigen.

Ein Nachteil kann für solche Arbeitnehmer entstehen, die nicht an Weiterbildungsmaßnahmen teilnehmen können, z.B. aufgrund von Doppelbelastungen durch die private Haushaltsführung.

Ob qualifikationsorientierte Entlohnungssysteme die bisher vorherrschenden anforderungs- und leistungsorientierten Entlohnungssysteme verdrängen werden, ist schwer abzuschätzen. Objektivierung und Transparenz der qualifikationsorientierten Entlohnung würden es erforderlich machen, daß allgemein akzeptierte Merkmale für eine Qualifikationsabstufung mit breitem Konsens formuliert werden können und auch die Messung bzw. quantitative Einschätzung der Merkmalsausprägungen hinreichend gesichert werden kann. Bisher geht man überwiegend von Ausbildungszertifikaten und von der Erfahrung sowie grundlegenden Persönlichkeitsmerkmalen wie Einsatzbereitschaft und Verantwortungsbewußtsein aus.

4.4 Leistungsorientierte Arbeitsentgeltgestaltung

4.4.1 Grundsätzliches zur leistungsorientierten Arbeitsentgeltgestaltung

Eine Entlohnung gilt dann als **leistungsorientiert**, wenn in der Entgelthöhe neben den Arbeitsanforderungen der von einem Arbeitnehmer realisierte Leistungsgrad zum Ausdruck kommt (vgl. *Böhrs*, 1958, S. 18 ff.).

Der **Leistungsgrad** gibt hierbei das Verhältnis von erbrachter zu normaler Leistung an. Da praktisch jeder Arbeitnehmer bei der Erfüllung der ihm übertragenen Arbeit einen anderen Leistungsgrad realisiert, ist Voraussetzung einer leistungsorientierten Entlohnung, daß zunächst

- die individuelle, tatsächlich realisierte Leistung (Arbeitsergebnis) des Mitarbeiters erfaßt wird und daß
- der Leistungsumfang bei Normalleistung, der gleich 100% gesetzt wird, festgelegt wird.

Dies geschieht durch Messung oder Zählung des Leistungsergebnisses – im folgenden als quantitative Leistungsbewertung bezeichnet – oder durch die qualitative Leistungsbewertung (vgl. *REFA*, 1989a, S. 14ff.).

Aufbauend auf dem ermittelten Leistungsgrad, den ein Mitarbeiter bei der Erfüllung der ihm übertragenen Arbeit erbringt, läßt sich dann in einem zweiten Schritt mit Hilfe geeigneter **Entgeltformen** die Höhe des **individuellen Leistungslohns** bestimmen. Die verschiedenen Entgeltformen – Akkordlohn, Prämienlohn, Zeitlohn mit Leistungszuschlägen – können nach Art der Leistung und ihrer Messungsmöglichkeit gewählt werden. Sie lassen sich hierbei charakterisieren als Zuordnungsverfahren, die im Sinne des **Kosiol'schen Äquivalenzprinzips** einen angemessenen Zusammenhang zwischen dem ermittelten Leistungsgrad und dem Lohn/Gehalt eines Mitarbeiters herstellen (vgl. *Kosiol*, 1962, S. 29ff.).

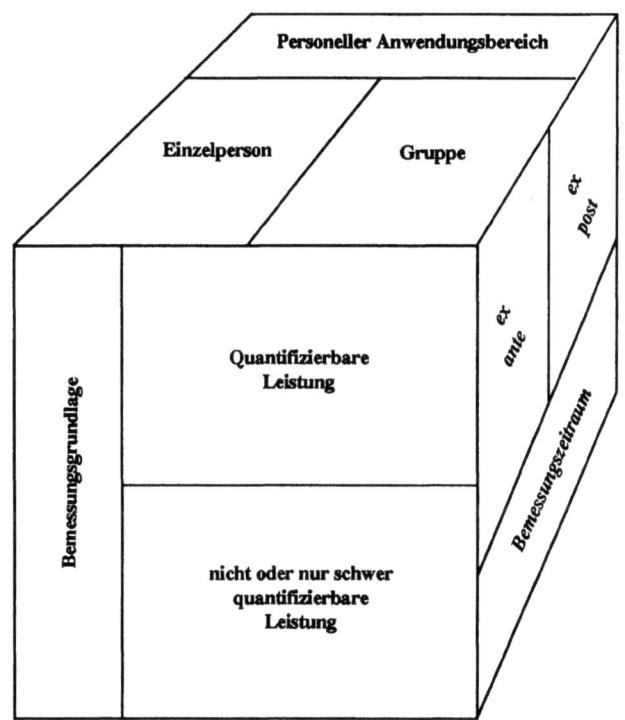

Schaubild VII.61. Dimensionen der leistungsorientierten Entlohnung

150 Personalwirtschaft

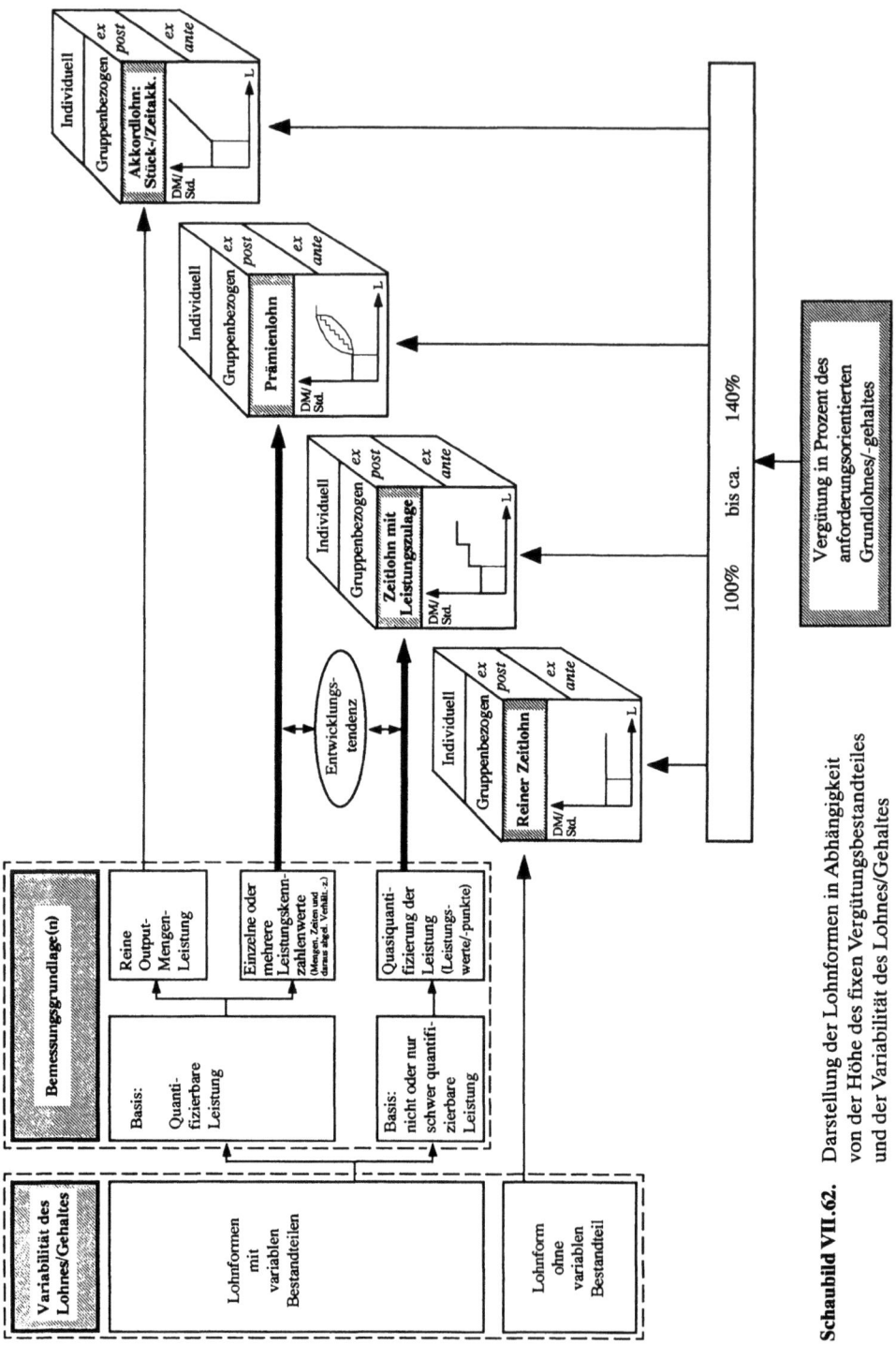

Schaubild VII.62. Darstellung der Lohnformen in Abhängigkeit von der Höhe des fixen Vergütungsbestandteiles und der Variabilität des Lohnes/Gehaltes

Grundsätzlich können die in Schaubild VII.61 dargestellten **Dimensionen zur umfassenden Charakterisierung und Gestaltung der leistungsorientierten Entlohnung** differenziert werden. In den folgenden Abschnitten wird primär auf die Besonderheiten unterschiedlicher **Bemessungsgrundlagen** eingegangen, da hierin die wesentlichen Unterschiede zwischen den klassischen Lohnformen begründet liegen, die in Schaubild VII.62 veranschaulicht werden (vgl. *REFA*, 1989a, S. 14). Bei der Diskussion aktueller Probleme der leistungsorientierten Entlohnung (vgl. Kapitel 4.4.4) werden die Dimensionen **personeller Anwendungsbereich** und **Bemessungszeitraum** gesondert berücksichtigt.

4.4.2 Methoden der Leistungsbewertung

Grundlage für die Ermittlung des **individuellen, realisierten Leistungsgrads** der Mitarbeiter bei der Erfüllung der ihnen übertragenen Arbeitsaufgaben ist die Unterscheidung zweier Arten von Arbeiten in der Unternehmung und darauf aufbauend zweier Erscheinungsformen und auch Maßgrößen der menschlichen Arbeitsleistung. Einerseits fallen in jeder Unternehmung **manuelle und/oder mentale Arbeiten bzw. Aufgaben mit hohem Konkretisierungs- und Repetitionsgrad** an, deren Ergebnis in Form und Inhalt weitgehend festgelegt ist. **Maßgröße** für die menschlichen Leistungen bei der Erfüllung dieser Arbeiten ist das direkt quantifizierbare **mengenmäßige Arbeitsergebnis**. Der individuelle Leistungsgrad wird bei diesen Arbeiten ermittelt, indem das erbrachte mengenmäßige Arbeitsergebnis in Relation gesetzt wird zu einem fiktiven, als normal erachteten mengenmäßigen Arbeitsergebnis. **Instrument zur Erfassung des individuellen Leistungsgrads** eines Mitarbeiters bei der Erfüllung dieser Arbeiten ist die **quantitative Leistungsbewertung**, die direkt an quantitativen Leistungsmerkmalen anknüpft (vgl. *REFA*, 1978, S. 16 und S. 85 ff.; *REFA*, 1989a, S. 26 ff.).

Andererseits fallen in jeder Unternehmung **manuelle und/oder mentale Arbeiten bzw. Aufgaben** an, die einen **niedrigen Konkretisierungs- und Repetitionsgrad** aufweisen und deren Ergebnis in Form und Inhalt unbestimmt ist. **Maßgröße** für die menschliche Leistung bei der Erfüllung dieser Arbeiten ist neben der – in diesem Fall schwer meßbaren – mengenmäßigen Arbeitsleistung auch der **Inhalt der Arbeit**. Beides wird erfaßt mit Hilfe von sog. Leistungswerten, die formal den Arbeitswerten bei der analytischen Arbeitsbewertung entsprechen, im Gegensatz zu diesen jedoch auf einen spezifischen Arbeitnehmer bezogen sind. Sie versuchen, ausgehend von dessen Erscheinungsbild bzw. Einsatz bei der Erfüllung der ihm übertragenen Arbeit, mittelbar den erbrachten Leistungsgrad zu ermitteln. **Instrument zur Erfassung des individuellen Leistungsgrads** bei diesen Arbeiten ist die **qualitative Leistungsbewertung**, die über Quasiquantifizierung nicht und/oder schwer quantifizierbarer Ausprägungen von Leistungsmerkmalen eine Leistungsbeurteilung ermöglicht (Persönlichkeitsbewertung, Leistungsverhaltensbeurteilung, merit rating, efficency rating) (vgl. auch *Bloch*, 1975a, Sp. 1164 ff.).

(1) Quantitative Leistungsbewertung

Ausgehend von der Maßgröße „mengenmäßiges Arbeitsergebnis" wird bei der quantitativen Leistungsbewertung der **individuelle Leistungsgrad**, den ein Arbeitnehmer bei der Erfüllung der ihm übertragenen Arbeitsaufgabe realisiert, ermittelt, indem die beobachtete mengenmäßige Ist-Leistung in Relation gesetzt wird zu einer fiktiven, als normal erachteten mengenmäßigen Leistung.

$$\text{Leistungsgrad (in \%)} = \frac{\text{Ist-Menge (pro Zeiteinheit)}}{\text{Normal-Menge (pro Zeiteinheit)}} = \frac{\text{Normal-Zeit (pro Mengeneinheit)}}{\text{Ist-Zeit (pro Mengeneinheit)}}$$

Während sich zur Ermittlung des **intensitätsmäßigen Leistungsgrads** die Ist-Zeit – analoges gilt für die Mengenbetrachtung, auf die jedoch nicht näher eingegangen werden soll – durch einfache Messung ermitteln läßt, ist dies bei der Normalzeit nicht ohne weiteres möglich. Unter **Normalzeit** versteht man dabei nach REFA diejenige Zeitdauer bei der Erfüllung einer Arbeit, die von jedem im erforderlichen Maße geeigneten, geübten und eingearbeiteten Arbeitnehmer auf Dauer ohne Gesundheitsschädigung im Durchschnitt einer Schicht mindestens erreicht werden kann, sofern er die für seine persönlichen Bedürfnisse und ggf. für seine Erholung vorgegebenen Zeiten einhält und bei der freien Entfaltung seiner Tätigkeit nicht behindert wird (vgl. *REFA*, 1978, S. 113 und 135 ff.). Für ihre Ermittlung existieren die beiden nachfolgend skizzierten Methoden:

- Normalzeitermittlung nach REFA,
- Normalzeitermittlung mit Hilfe der Systeme vorbestimmter Zeiten (SvZ) (vgl. auch *Drumm*, 1989, S. 64 ff.).

a) Normal- bzw. Vorgabezeitermittlung nach REFA

Ausgangspunkt der **Normal- bzw. Vorgabezeitermittlung nach REFA** bilden Reihen-Istzeitmessungen der Grundzeit einer Arbeit (vgl. zum Zeitengliederungsschema nach REFA Schaubild VII.63). Diese **Grundzeit** verkörpert den Hauptbestandteil der Vorgabezeit einer Arbeitsaufgabe und umfaßt einerseits die Tätigkeitszeiten für die Haupt- und Nebentätigkeiten, d. h. diejenigen planmäßigen Tätigkeiten, die unmittelbar und mittelbar der Erfüllung der Arbeitsaufgabe dienen bzw. einen unmittelbaren sowie mittelbaren Arbeitsfortschritt bedeuten. Sie umfaßt andererseits auch die Wartezeiten, d. h. die zumeist unbeeinflußbaren Maschinenlaufzeiten, die für den Arbeitnehmer eine ablaufbedingte Unterbrechung seiner Tätigkeit darstellen.

Da die Arbeitnehmer während dieser Zeitaufnahmen normalerweise einen anderen als den Normalleistungsgrad realisieren, müssen diese **Ist-Grundzei-**

ten in einem zweiten Schritt in **Normalgrundzeiten** umgewandelt werden. Dazu ist es erforderlich, daß parallel zu der **Ist-Zeiterfassung** der jeweils **realisierte Leistungsgrad** geschätzt wird. Anschließend lassen sich dann die gemessenen Ist-Grundzeiten mit Hilfe folgender, aus der obigen Leistungsgraddefinition abgeleiteten Gleichung umrechnen:

Normalgrundzeit = Durchschnittliche Ist-Grundzeit x
                  Durchschnittlicher Leistungsfaktor
       mit

Leistungsfaktor = Leistungsgrad / 100.

Bei relativ konstanter Arbeitsleistung sind i.d.R. 15 Zeitaufnahmen mit Stoppuhr ausreichend, andernfalls muß deren Anzahl entsprechend erhöht werden.

Beispiel:

Ist-Zeit (gemessen in Min.)	Leistungsgrad (geschätzt in %)	Normalzeit (errechnet, angegeben in Min.)
12,5	80	12,5 x 80/100 = 10,00
8,0	125	8,0 x 125/100 = 10,00
10,4	95	10,4 x 95/100 = 9,88
9,0	110	9,0 x 110/100 = 9,90
7,8	130	7,8 x 130/100 = 10,14
10,0	100	10,0 x 100/100 = 10,00

Würde der Leistungsgrad bei jeder Istzeitaufnahme von dem stets gleichen Arbeitsvorgang im Beispiel noch genauer geschätzt oder angegeben, müßten sich als Normalzeit stets 10 Minuten ergeben. Bei den zulässigen Schätzintervallen von (+/-) 5% sind jedoch die im Beispiel als geschätzt angegebenen Leistungsgrade zur Ermittlung der Normalzeit als durchaus brauchbar anzusehen.

Von der **Normalgrundzeit** einer Arbeitsaufgabe gelangt man zu ihrer Vorgabezeit, indem zu der Normalgrundzeit **prozentual Anteile für Erholungs- und Verteilzeiten** zugeschlagen werden. Als **Erholungszeiten** werden dabei diejenigen Unterbrechungen der Arbeitstätigkeit angesehen, die gewährt werden, um eine infolge der Arbeit eingetretene Ermüdung abzubauen. Ihre Dauer richtet sich nach der objektiven Belastung des Arbeitnehmers durch seine Arbeit. Ermittelt werden die Erholungszeiten, auf die auch erholungswirksame Zeiten, die ablauf- oder störungsbedingt während der Grundzeit anfallen, angerechnet werden, nach einem von REFA entwickelten analytischen Verfahren (vgl. *REFA*, 1978, S. 315ff.).

Als **Verteilzeiten** werden Unterbrechungen der Tätigkeiten des Arbeitnehmers bezeichnet, die zusätzlich zur planmäßigen Ausführung der Arbeitsabläufe mit unterschiedlicher Dauer und Häufigkeit auftreten. Zum einen fallen hierunter sog. **sachliche Verteilzeiten**, die als Folge der Erfüllung der Arbeitsaufgabe anfallen (z.B. Pflegedienst oder Störungsbeseitigung am Betriebsmit-

154 Personalwirtschaft

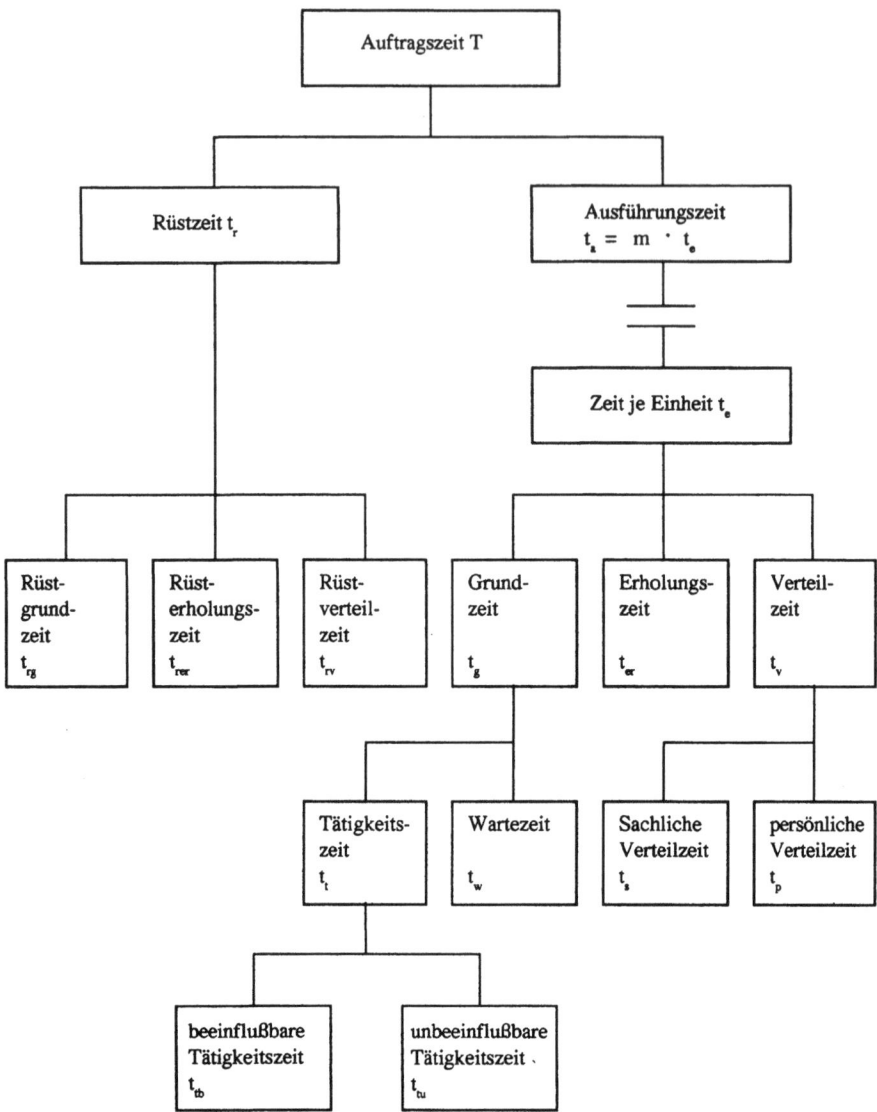

Schaubild VII.63. Zeitengliederung nach REFA (vgl. *REFA*, 1978, S. 42)

tel). Zum anderen fallen hierunter sog. **persönliche Verteilzeiten**, die in keinem Zusammenhang mit der Erfüllung der Arbeitsaufgabe stehen (z. B. Lohnauszahlung). Ihre Ermittlung erfolgt auf der Basis von langdauernden oder zufallsgesteuerten Zeitaufnahmen oder durch Multimomentaufnahmen (vgl. *REFA*, 1978, S. 50f. und S. 204 ff.). Zusammenfassend ergibt sich:

Normalzeit (Vorgabezeit) = Normalgrundzeit + Verteilzeit + Erholungszeit

b) Normal- bzw. Vorgabezeitermittlung mit Hilfe der Systeme vorbestimmter Zeiten

Ausgangspunkt der **Normal- bzw. Vorgabezeitermittlung mit Hilfe eines der Systeme vorbestimmter Zeiten – SvZ –** (vgl. Schaubild VII.64) ist die Erkenntnis (SEGUR'sches Gesetz), daß sich jede voll beeinflußbare manuelle Tätigkeit in einzelne Grundbewegungen zerlegen läßt, denen allgemeingültige Zeitwerte für ihre Dauer bei Normalleistung zugeordnet werden können. Zu den in der Bundesrepublik Deutschland am häufigsten angewendeten Systemen vorbestimmter Zeiten zählen das **Work-Faktorverfahren** und das **Methods-Time-Measurement-Verfahren** (vgl. *Schlaich*, 1975a, Sp. 1900 ff.; *Quick/Duncan/ Malcolm*, 1965, S. 14 ff.; *Zinnecker/Heinrich*, 1967, S. 253 ff.).

Die **Ermittlung der Normalgrundzeit** bei Anwendung eines der SvZ, die im Gegensatz zur Normalgrundzeitermittlung nach REFA synthetisch erfolgt, umfaßt im einzelnen grundsätzlich die beiden Schritte

Verfahren	Abkürzung	Entstehung
1. Überbetriebliche Verfahren		
Motion Time Analysis	MTA	1924
Work-Factor-Grundverfahren	WFG	1938
System von Engström		1938
System von Holmes		1938
Methods Time Measurement	MTM	1940
Motion Time Survey	MTS	1947
Basic Motion Time Study	BMT	1951
Dismensional Motion Times	DMT	1953
System von Schlaich		1967
2. Sonderverfahren		
Universal Maintenance Standards	UMS	1953
Universal Standard Data	USD	1955
Universal Office Controls	UOC	1960
Master Clerical Data	MCD	1961
Master Standard Data	MSD	1962
General Purpose Data	GPD	1963
Industrial Maintenance Standards	IMS	
3. Betriebsinterne Verfahren		
IBM Standard Daten	ISD	
Singer Standard Daten	SSD	
Unilever Standard Daten	UOS	
4. Abgeleitete verkürzte Verfahren		
WF – Schnellverfahren	WF S	1961
WF – Kurzverfahren	WF K	1966
MTM Vereinfachtes Verfahren	MTM V	1948
MTM – 2 Verfahren	MTM-2	1964

Schaubild VII.64. Die wichtigsten Systeme vorbestimmter Zeiten
(vgl. *Brink/Fabry*, 1970, S. 536)

- Analyse des Bewegungsablaufs der Arbeitsaufgabe sowie
- Zeitzuordnung und Ermittlung der Normalgrundzeit.

Bei der **Analyse des Bewegungsablaufs** geht es zunächst darum, alle mit den Haupt- und Nebentätigkeiten einer Arbeit im Zusammenhang stehenden Teilbewegungen des Arbeitnehmers zu erfassen. Weiterhin sind diese Bewegungselemente dergestalt zu beschreiben, daß die einzelnen **Grundbewegungen** (z. B. Hand-, Bein- und Kopfbewegungen) sowie die sie beeinflussenden Größen (z. B. Bewegungslänge, Bewegungsgenauigkeit, Lage und Beschaffenheit des zu bewegenden Objekts, Beschränkungen des Bewegungsablaufs) deutlich werden. Die einzelnen Bewegungselemente und ihre Einflußgrößen werden hierbei meist mit Hilfe eines spezifischen Codes erfaßt.

Bei der **Zeitzuordnung** geht es darum, den einzelnen Grundbewegungen unter Berücksichtigung der erfaßten Einflußgrößen **vorbestimmte Zeitwerte**, wie sie in den Bewegungszeittabellen der verschiedenen SvZ niedergelegt sind, zuzuordnen. Die **Normalgrundzeit einer bestimmten Arbeit** ergibt sich dann als **Summe der spezifischen Zeitwerte der einzelnen Grundbewegungen** (vgl. *REFA*, 1974, S. 66ff.).

Von der auf der Basis eines der SvZ errechneten Normalgrundzeit einer Arbeitsaufgabe gelangt man zu ihrer Vorgabezeit, indem der Normalgrundzeit, wie bereits skizziert, **prozentual Anteile für Erholungs- und Verteilzeiten** zugeschlagen werden.

Schwierigkeiten ergeben sich bei der praktischen Anwendung der SvZ insofern, als die den SvZ zugrundeliegende Normalleistung nicht mit der in den meisten Tarifverträgen angesprochenen, von REFA definierten Normalleistung (REFA-Bezugsleistung) übereinstimmt. Während die Normalleistung der SvZ als Durchschnittswert beobachteter Arbeitsleistungen gewonnen wird, handelt es sich bei der REFA-Normalleistung um eine Arbeitsleistung, die aufbauend auf arbeitswissenschaftlichen Erkenntnissen von der optimalen Bewegungsgeschwindigkeit des menschlichen Körpers (=minimaler Energieaufwand pro Bewegung) abgeleitet ist und unter der Durchschnittsleistung der SvZ liegt (vgl. *Böhrs*, 1975, Sp. 1423 ff.; *REFA*, 1974, S. 135 f.).

Um die SvZ in Deutschland im Rahmen des REFA-Arbeitsstudiums zur Vorgabezeitermittlung anwenden zu können, ist es daher erforderlich, die **SvZ-Normalgrundzeiten** zunächst mit geeigneten **Umrechnungsfaktoren (Leistungsfaktoren) auf das REFA-Normalleistungsniveau umzurechnen** (vgl. *Schlaich*, 1975a, Sp. 1900ff.). In vielen Betrieben werden von den Arbeitnehmern nachhaltig Istleistungsgrade zwischen 120% und 130% realisiert. Dieses Leistungsniveau entspricht in etwa der Durchschnittsleistung, die den SvZ als Bezugsleistung zugrundeliegt. Daher erfordert die Umrechnung der Grundzeiten aus SvZ in REFA-Normalzeiten deren Multiplikation mit einem Faktor zwischen 1,2 und 1,3, der betriebsspezifisch entsprechend dem gegebenen Leistungsniveau zu bestimmen ist.

Gegenüber der REFA-Zeitermittlung haben die SvZ andererseits jedoch den Vorteil, daß das umstrittene Leistungsgradschätzen entfällt und für Rationalisierungsvorhaben sehr detaillierte Bewegungsstudien als Basis vorliegen.

(2) Qualitative Leistungsbewertung

Während die **quantitative Leistungsbewertung** den individuellen Leistungsgrad eines Mitarbeiters durch Messung seiner **mengenmäßigen Arbeitsleistung** unmittelbar erfaßt, ist dies bei der **qualitativen Leistungsbewertung** aufgrund ihrer andersgearteten Zielsetzung, der zufolge neben der Arbeitsmenge auch **inhaltliche Arbeitsleistungen im Leistungsgrad erfaßt werden sollen**, nicht ohne weiteres möglich. Im Gegensatz zur quantitativen Leistungsbewertung, die geeignet ist, auch kurzfristige Schwankungen des individuellen Leistungsgrads zu messen, wird bei der qualitativen Leistungsbewertung vom Leistungsvermögen des Mitarbeiters und von bestimmten Verhaltensweisen, die der Mitarbeiter über längere Zeit bei der Erfüllung der ihm übertragenen Aufgabe offenbart, auf den erbrachten Leistungsgrad geschlossen (vgl. *Bieding u.a.*, 1971, S. 23).

Die **qualitative Leistungsbewertung** rückt damit als Beurteilungsverfahren für die Arbeit eines Mitarbeiters in die Nähe der **Arbeitsbewertung**. Sie ist allerdings scharf von dieser zu trennen, da zwischen der spezifischen Arbeitsfunktion, deren Anforderungen bei Normalleistung von der Arbeitsbewertung erfaßt werden, und dem individuellen Leistungsgrad, den ein Arbeitnehmer bei der Ausübung seiner Funktion realisiert, keine Korrelation besteht. Arbeiten bzw. Aufgaben mit bestimmtem Anforderungsgrad bzw. Schwierigkeitsgrad (z.B. Führungsaufgaben) können individuell gut, normal oder schlecht erfüllt werden. Die qualitative Leistungsbewertung beurteilt in diesem Sinne, wie ein Arbeitnehmer mit den angegebenen Schwierigkeiten der ihm übertragenen Arbeit fertig wird und nicht wie groß diese Schwierigkeiten sind (vgl. *REFA*, 1989a, S. 63 ff.; *Scholz/Steiner*, 1968, S. 25 f.; *Wibbe*, 1974, S. 17 ff.).

Maßgröße der qualitativen Leistungsbewertung ist der **Leistungswert**. Er stellt – ähnlich dem Arbeitswert – einen Punktwert (Kennziffer) dar, in dem der auf mittlere Sicht im Durchschnitt bei der Erfüllung einer Aufgabe realisierte Leistungsgrad eines spezifischen Mitarbeiters zum Ausdruck kommt.

Voraussetzung für die Durchführung der qualitativen Leistungsbewertung ist – analog zur Arbeitsbewertung –, daß einerseits eine möglichst **exakte und umfassende Stellen- bzw. Arbeitsbeschreibung** vorliegt und daß andererseits Merkmale festgelegt werden, mit deren Hilfe die qualitativ-quantitative Leistung bzw. darauf aufbauend der erbrachte Leistungsgrad des Mitarbeiters beurteilt werden können. Da im Gegensatz zur Arbeitsbewertung bisher für die qualitative Leistungsbewertung keine allgemein anerkannten **Merkmalsschemata** existieren, ist es erforderlich, daß diese unternehmungsspezifisch festgelegt werden (vgl. *Bloch*, 1975a, Sp. 1165).

Mögliche **Leistungsmerkmale** sind z.B. (vgl. *Wibbe*, 1974, S. 22 ff.):

- Arbeitsgüte (Fehleranteile, Ausschußquoten, Überzeugungskraft, vielseitige Verwendbarkeit);
- Arbeitsumfang (erledigtes Arbeitspensum in der Bezugszeit);
- Arbeitssicherheit (Unfallhäufigkeit, Gefährdung für Dritte);
- Arbeitszielerreichung (Zuverlässigkeit);

- Verhalten gegenüber Kollegen, Vorgesetzten, Untergebenen und Dritten (Führungsstil, Kommunikations- und Kooperationsbereitschaft);
- Belastbarkeit (Arbeitsverhalten in Ausnahmesituationen);
- Fachwissen, Erfahrungspotential und Fortbildungsbereitschaft;
- Selbständigkeit im Handeln und Kritikfähigkeit;
- Disziplin, Ordnungssinn und Pünktlichkeit;
- Verantwortungshaltung für andere Personen, für Sachgüter und für Wirtschaftlichkeit der Betriebsabläufe.

Ausgehend von einem auf diesen Merkmalen aufgebauten unternehmungsspezifischen Merkmalskatalog läßt sich dann der von einem Mitarbeiter **realisierte Leistungsgrad** mit Hilfe der folgenden beiden **Methoden** ermitteln (vgl. *Zander*, 1970, S. 95; *Zander/Knebel*, 1980, S. 18ff.):

- Summarische Methode der qualitativen Leistungsbewertung und
- Analytische Methode der qualitativen Leistungsbewertung.

Während bei der **summarischen Methode** – ähnlich wie bei der summarischen Arbeitsbewertung – die Beurteilung, die i.d.R. periodisch von dem jeweiligen Vorgesetzten durchgeführt wird, global im Rahmen einer Ganzheitsschätzung erfolgt, wird bei der analytischen Methode das Leistungsbild des Mitarbeiters im Hinblick auf jedes Leistungsmerkmal getrennt beurteilt (vgl. *Wibbe*, 1974, S. 16). Die Beurteilung geschieht dabei dergestalt, daß je Leistungsmerkmal ein dem Verhalten bzw. Leistungsbild des Mitarbeiters entsprechender **Stufenwert** festgelegt wird, wobei üblicherweise drei, fünf oder zehn Stufen unterschieden werden (vgl. *Wibbe*, 1974, S. 46ff.).

Der **Leistungswert** – verstanden als zahlenmäßiger Ausdruck für den realisierten Leistungsgrad bei der Erfüllung von Arbeitsaufgaben – läßt sich dann als **gewichtete oder ungewichtete Summe dieser einzelnen Stufenwerte** errechnen.

4.4.3 Ermittlung des leistungsbezogenen Arbeitsentgeltes (Lohnformen)

Ausgangspunkt für die leistungsorientierte Festlegung des individuellen Leistungslohns eines Mitarbeiters ist der **anforderungsorientierte Grundlohn** (vgl. Schaubild VII.48 und Schaubild VII.61). Aufbauend auf diesem Grundlohn wird der **individuelle Leistungslohn** unter Einbeziehung des **erfaßten Leistungsgrads** ermittelt mit Hilfe von **Entgeltformen**, die einen gedanklichen Zusammenhang zwischen dem erbrachten Leistungsgrad eines Arbeitnehmers und seinem Entgelt herstellen.

Die wichtigsten Entgeltformen, die in der Bundesrepublik Deutschland in unterschiedlichsten Variationen sinnvoll Anwendung finden, sind hierbei

- der Zeitlohn mit und ohne Leistungszulage,
- der Akkordlohn sowie
- der Prämienlohn.

(1) Zeitlohn

Bemessungsgrundlage für den Zeitlohn ist die **Arbeitszeit** (Stunde, Schicht, Tag, Woche, Monat etc.). Ausgehend von dieser Bemessungsgrundlage wird bei Zeitentlohnung das zu vergütende Entgelt (individueller(s) Leistungslohn/-gehalt) ermittelt, indem der Lohnsatz pro Zeiteinheit multipliziert wird mit der Anzahl der zu vergütenden Zeiteinheiten. Der **Lohnsatz pro Zeiteinheit** entspricht dabei zunächst dem anforderungsorientierten Grundlohn/-gehalt des zu entlohnenden Arbeitsplatzes.

Diese Ermittlung des individuellen Leistungslohns/-gehalts auf Zeitbasis bedeutet nun aber nicht, daß – aufgrund der fehlenden direkten Abhängigkeit der Lohn-/Gehaltshöhe von der Leistung – mit dem Zeitlohn lediglich die Anwesenheit eines Mitarbeiters unabhängig von dem von diesem Mitarbeiter erbrachten Leistungsgrad vergütet wird. Wird von dem Mitarbeiter permanent ein **Leistungsgrad in Höhe der Normalleistung** realisiert, so führt auch der **reine Zeitlohn** zu einer leistungsorientierten Entlohnung (vgl. *Kosiol*, 1962, S. 55; *Potthoff/Trescher*, 1986, S. 161; *REFA*, 1989a, S. 63 ff.).

Wird dieser reine Zeitlohn überdies mit einer **Leistungszulage** kombiniert, so ist eine leistungsorientierte Entlohnung auch dann möglich, wenn der Mitarbeiter einen relativ **konstanten, übernormalen Leistungsgrad** realisiert. Dieser Zeitlohn mit Leistungszulage trägt dann jedoch, da insbesondere die qualitative Leistungsbewertung jeweils nur das durchschnittliche Leistungsniveau eines vergangenen Zeitraums erfaßt, den Charakter eines mittelbar bzw. **zeitversetzt leistungsbezogenen Entgelts** (vgl. *Hammer*, 1973, S. 300).

Die **Entgelthöhe pro Zeiteinheit** bestimmt sich für den Arbeitnehmer durch den Grundlohn bzw. das Grundgehalt und die Höhe der Leistungszulage (vgl. Schaubild VII.65a).

Für die **Lohnstückkosten** ergibt sich, daß diese bei reiner Zeitentlohnung mit zunehmendem Leistungsgrad degressiv fallen, während sie bei Zeitentloh-

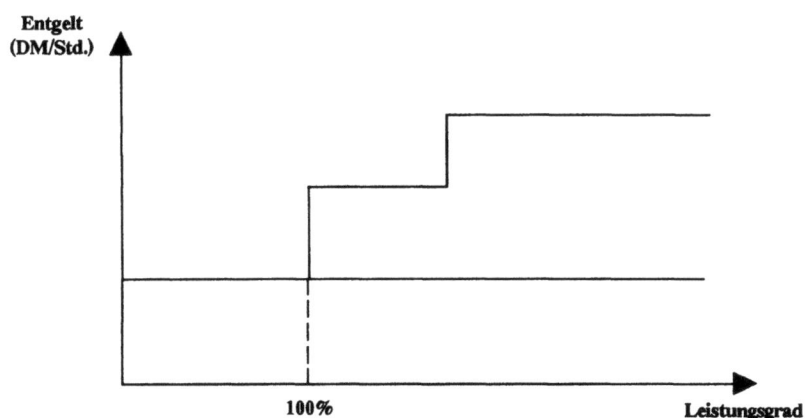

Schaubild VII.65a. Zeitlohn mit und ohne Leistungszulage

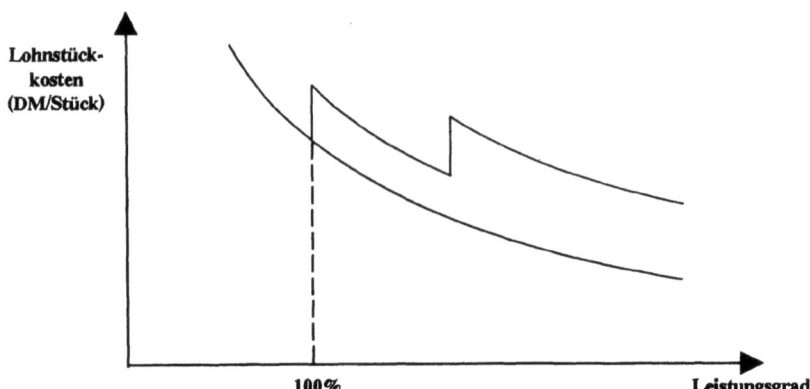

Schaubild VII.65b. Stückkostenverlauf bei Zeitlohn mit und ohne Leistungszulage

nung mit Leistungszulage einen zackenförmigen Verlauf annehmen (vgl. Schaubild VII.65b).

Die **Vorteile des Zeitlohns** mit und ohne Leistungszulagen liegen für die Unternehmung in seiner relativ einfachen Berechnung und in seiner unproblematischen Anwendbarkeit, wenn man von der qualitativen Leistungsbewertung einmal absieht. Der Zeitlohn vermeidet einen übermäßigen Leistungsstreß, gewährt relativ konstantes Einkommen für den Arbeitnehmer und ist meist dort in der Unternehmung angebracht, wo bei der Erfüllung einer Arbeitsaufgabe die Qualität des Arbeitsergebnisses im Vordergrund steht. Die Unternehmung trägt allerdings das Risiko der Arbeitsergiebigkeit.

Schaubild VII.66 gibt ein Beurteilungsschema des Verfahrens zur Ermittlung von Leistungszulagen aus dem Manteltarifvertrag für Angestellte in der Eisen-, Metall- und Elektroindustrie des Landes Hessen in der Fassung vom 15. Januar 1982 wieder.

(2) Akkordlohn

Die maßgebliche Beeinflußbarkeit des Mengenergebnisses der Arbeit durch den Arbeitnehmer stellt beim Akkordlohn die elementare Anwendungsvoraussetzung dar. Dementsprechend werden nur solche Arbeiten als **akkordfähig** bezeichnet, deren Ergebnisse in Abhängigkeit vom Arbeitseinsatz mengenmäßig erfaßbar und deren Zeitbedarf aufgrund eines im voraus bekannten Ablaufs meßbar sind. Verläuft eine akkordfähige Arbeit frei von Störungen und wird sie von eingearbeiteten Arbeitskräften ausreichend beherrscht, so spricht man von **Akkordreife** (vgl. *Paasche*, 1978, S. 77 ff.; *Böhrs*, 1980, S. 129 ff.).

Bemessungsgrundlagen für den Akkordlohn sind beim sog. **Stückakkord** das mengenmäßige Arbeitsergebnis und der Geldfaktor je Mengeneinheit

BEURTEILUNGSSCHEMA

Beurteilungsmerkmale			Beurteilungsstufen				
			1	2	3	4	5
Grundmerkmal A: Arbeitseinsatz							
Einzelmerkmale	Aktivität	Erläuterungen	Die Anforderungen werden nicht immer in allen Einzelmerkmalen erfüllt	Die Anforderungen werden in der Regel in allen Einzelmerkmalen erfüllt	Die Anforderungen werden erfüllt und in Einzelmerkmalen übertroffen	Die Anforderungen werden in allen Einzelmerkmalen häufig übertroffen	Die Anforderungen werden in allen Einzelmerkmalen häufig und in Einzelmerkmalen stets nennenswert übertroffen
			Zügige Erledigung übertragener Arbeitsaufgaben				
	Initiative		Eigener Antrieb bei der Durchführung von Arbeitsaufgaben				
	Belastbarkeit		Befähigung, nach Art und Intensität unterschiedlichen Anforderungen gerecht zu werden				
	Einsatzfähigkeit		Vorübergehende Ausführung anderer und/oder zusätzlicher Arbeitsaufgaben* sowie — wenn notwendig — vielseitige Einsetzbarkeit				
Grundmerkmal B: Arbeitssorgfalt						Beurteilungsstufen	
			1	2	3	4	5
Einzelmerkmale	Gründlichkeit	Erläuterungen	Die Anforderungen werden nicht immer in allen Einzelmerkmalen erfüllt	Die Anforderungen werden in der Regel in allen Einzelmerkmalen erfüllt	Die Anforderungen werden erfüllt und in Einzelmerkmalen übertroffen	Die Anforderungen werden in allen Einzelmerkmalen häufig übertroffen	Die Anforderungen werden in allen Einzelmerkmalen häufig und in Einzelmerkmalen stets nennenswert übertroffen
			Arbeitsaufgaben gewissenhaft erledigen				
	Zuverlässigkeit		Arbeitsaufgaben richtig und termingerecht ausführen				
	Kostengerechtes Verhalten		Kostenorientierte und rationelle Erledigung von Arbeitsaufgaben				
Soweit zutreffend: Beachtung der Sicherheits- und Schutzvorschriften							
Grundmerkmal C: Anwendung der Kenntnisse						Beurteilungsstufen	
			1	2	3	4	5
Einzelmerkmale	Beweglichkeit des Denkens	Erläuterungen	Die Anforderungen werden nicht immer in allen Einzelmerkmalen erfüllt	Die Anforderungen werden in der Regel in allen Einzelmerkmalen erfüllt	Die Anforderungen werden erfüllt und in Einzelmerkmalen übertroffen	Die Anforderungen werden in allen Einzelmerkmalen häufig übertroffen	Die Anforderungen werden in allen Einzelmerkmalen häufig und in Einzelmerkmalen stets nennenswert übertroffen
			Fähigkeit, sich auf veränderte Sachlagen, Probleme und Aufgaben rasch ein- und umzustellen (z. B. Auffassungsgabe)				
	Überblick		Erkennen von Zusammenhängen				
	Erkennen und Beurteilen des Wesentlichen		Arbeitsvorgänge ihrer Wichtigkeit nach einordnen				
Grundmerkmal D: Zusammenarbeit und personelle Wirksamkeit						Beurteilungsstufen	
			1	2	3	4	5
Einzelmerkmale	Informationsaustausch	Erläuterungen	Die Anforderungen werden nicht immer in allen Einzelmerkmalen erfüllt	Die Anforderungen werden in der Regel in allen Einzelmerkmalen erfüllt	Die Anforderungen werden erfüllt und in Einzelmerkmalen übertroffen	Die Anforderungen werden in allen Einzelmerkmalen häufig übertroffen	Die Anforderungen werden in allen Einzelmerkmalen häufig und in Einzelmerkmalen stets nennenswert übertroffen
			Sachdienlicher Informationsaustausch innerhalb und/oder außerhalb des Unternehmens				
	Zusammenarbeit		Aufgeschlossensein für gemeinsame Lösungen von Arbeitsaufgaben				
	Überzeugungsfähigkeit		Fähigkeit, einen Sachverhalt klar und verständlich auszudrücken und andere für eine Meinung zu gewinnen				
	Führungsverhalten		Fähigkeit, Mitarbeiter zu überwachen, anzuweisen oder anzuleiten, zu beurteilen und sie fördern und weiterzubilden				

* Durch die Regelung vorübergehender Ausführung anderer und/oder zusätzlicher Arbeitsaufgaben werden die Bestimmungen § 7 Allgemeine Gehaltsbestimmungen nicht berührt.

Schaubild VII.66. Beurteilungsschema des Verfahrens zur Ermittlung von Leistungszulagen aus dem Manteltarifvertrag für Angestellte in der Eisen-, Metall- und Elektroindustrie des Landes Hessen in der Fassung vom 15. Januar 1982

(i.d.R. Stück) sowie beim sog. **Zeitakkord** die Vorgabezeit und der Geldfaktor je Vorgabezeiteinheit (i.d.R. Minuten). Hierbei werden der Geldwert pro Mengeneinheit (Stückfaktor) und der Geldwert pro Vorgabezeiteinheit (Minutenfaktor) vorab festgelegt – auf der Basis des Akkordrichtlohnes.

Dieser **Akkordrichtlohn** ist ein tariflich vereinbarter Stundenlohn, der in einigen Fällen aufgrund der angenommenen höheren Normalleistung von Akkordlöhnern im Vergleich zu Zeitlöhnern um wenige Prozentpunkte über dem anforderungsorientierten Grundlohn der jeweiligen Arbeit liegen kann (vgl. *Hammer*, 1973, S. 301; *Martens*, 1958, S. 22 ff. und S. 74; *Böhrs*, 1980, S. 129 ff.; *Potthoff/Trescher*, 1986, S. 161 f.). In der Praxis liegen die Akkordrichtlöhne z. B. gemäß Lohnabkommen für die gewerblichen Arbeitnehmer in der Eisen-, Metall- und Elektroindustrie des Landes Hessen vom 6. Mai 1990 – gültig ab 1. April 1990 – um 3,5 % über den Grundlöhnen.

Stückfaktor und Minutenfaktor ergeben sich aus dem Akkordrichtlohn (Grundlohn je Lohngruppe unter Berücksichtigung des Akkordzuschlags) dividiert durch die Menge bei Normalleistung oder 60 Minuten (bzw. 100 Industrie-Minuten).

Vergleicht man beide Verfahren, so ist dem **Zeitakkord eindeutig der Vorzug zu geben.** Zwar birgt der Stückakkord den Vorteil einer einfacheren Lohnberechnung, da Vorgabezeit je Leistungseinheit und Geldfaktor je Vorgabeminute im Geldsatz pro Leistungseinheit zusammengefaßt sind; aber für den Zeitakkord spricht, daß bei Lohnsatzänderungen lediglich der Minutenfaktor neu ermittelt werden muß, während die Vorgabezeit erhalten bleibt. Weiterhin wird dem Arbeitnehmer beim Zeitakkord unmittelbar deutlich, welche Zeitdauer für die Erstellung einer Leistungseinheit bei Normalleistung entspricht (vgl. *Baierl*, 1974, S. 100 f.; *Schlaich*, 1975, Sp. 2 f.).

Da den Arbeitnehmern ein tarifvertraglich abgesicherter Mindestlohn zugesichert ist, der dem Fall der Normalleistung entspricht, ergeben sich bei unterschiedlichen Leistungsgraden die skizzierten Entgelthöhen für den Arbeitnehmer und Stückkosten für die Unternehmung (vgl. Schaubild VII.67 und VII.68).

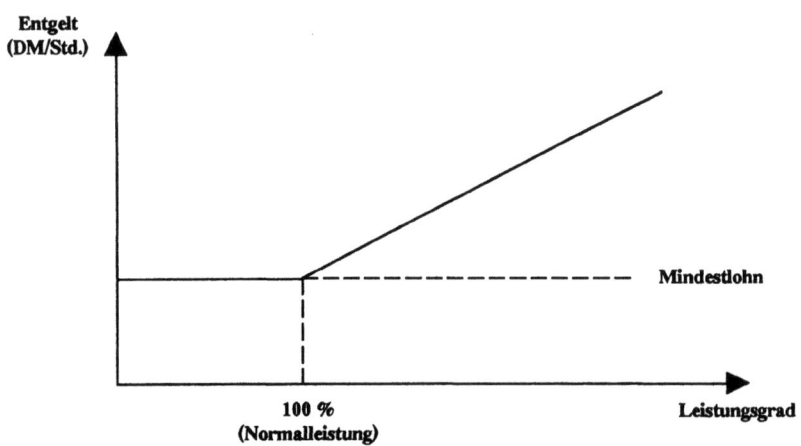

Schaubild VII.67. Akkordlohn mit garantiertem Mindestlohn

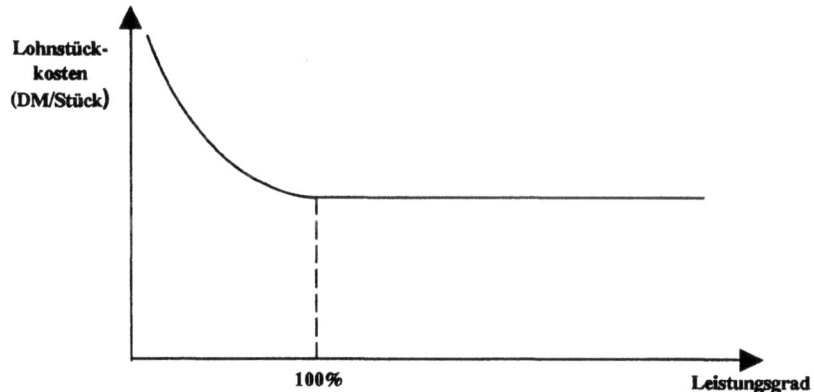

Schaubild VII.68. Stückkostenverlauf bei Akkordlohn mit garantiertem Mindestlohn

Für die Unternehmung bestehen die **Vorteile des Akkordlohns** einmal in der i.d.R. ansteigenden Leistungsbereitschaft der Mitarbeiter, zum anderen in der Erfahrung, daß aus der detaillierten Analyse und Planung von Arbeitsablauf und Personal- sowie Betriebsmitteleinsatz vielfältige Ansatzpunkte für Rationalisierungsmaßnahmen gewonnen werden können. Außerdem ergeben sich bei den in der Praxis vorherrschenden Leistungsgraden über 100% konstante Lohnstückkosten, was vor allem für die Kalkulation als vorteilhaft betrachtet wird. **Probleme** ergeben sich oftmals bei der laufenden Anpassung des Akkordes an meist durch den technischen Fortschritt bedingte Änderungen des Arbeitsverfahrens (**Akkordrevision**; vgl. i. e. Kapitel 4.4.4).

(3) Prämienlohn

Bemessungsgrundlage für den Prämienlohn sind verschiedene meßbare Ausprägungen des Arbeitsergebnisses. Sie werden interpretiert als Ausdruck für den intensitätsmäßigen und/oder wirkungsgradmäßigen Leistungsgrad, den ein Arbeitnehmer bei der Erfüllung der ihm übertragenen Arbeit bzw. Aufgabe realisiert. Im einzelnen bezieht sich die Prämienentlohnung auf folgende Bemessungsgrundlagen:

- produzierte Menge pro Zeiteinheit (Mengenprämien),
- produzierte Menge pro Inputeinheit (Ausschußverminderungs-, Ausbeute-/Ausbringungs-Prämien bzw. Ersparnisprämien),
- zeitliche Nutzung von Potentialfaktorkapazitäten (Nutzungs- und Stillstandsprämien),
- Einhaltung oder Unterschreitung von Terminen (Terminprämien),
- Erreichung von technischen oder wirtschaftlichen Betriebszielen (Zielprämien, Erfolgsprämien/Kostensenkungsprämien) (vgl. *REFA*, 1989a. S. 45 ff.; *Böhrs*, 1980, S. 159 ff.; *Potthoff/Trescher*, 1986, S. 159 ff.).

Ausgehend von jeder dieser Bemessungsgrundlagen wird bei der **Prämienentlohnung** zu einem Grundlohn, der nicht unter dem Tariflohn liegen darf, planmäßig ein zusätzliches Entgelt – die Prämie – gewährt, dessen Höhe von einer **objektiv meßbaren Mehrleistung** des Arbeitsausführenden abhängt (vgl. *Baierl/ Staude*, 1975, Sp. 1744). Der Grundlohn entspricht dabei mindestens dem anforderungsorientierten Grundlohn des zu entlohnenden Arbeitsplatzes.

Im Gegensatz zum Akkordlohn, bei dem ex definitione Leistungsentgelt und Leistungsgrad in einem proportionalen Verhältnis zueinander stehen, steigt die Prämienlohnlinie nicht notwendigerweise proportional zum Leistungsgrad. Es sind vielmehr, je nach beabsichtigter Anreizwirkung, unendlich viele im Anwendungsfall unternehmungsspezifisch festzulegende Prämienlohnlinien denkbar (vgl. Beispiele in Schaubild VII.69).

Durch den Prämienlohn sollen diejenigen Anforderungen lohntechnisch unterstützt werden, die für den Betrieb besondere Relevanz haben. So hat sich der Prämienlohn bspw. bei Arbeiten mit besonders hohen Qualitätsanforderungen bewährt; hier könnte die Anwendung des Akkordsystems zu negativen Auswirkungen auf das Qualitätsniveau führen, da aus der Sicht der Arbeitskräfte die Mengenergiebigkeit der Produktionsprozesse im Vordergrund steht. Teilweise wird die Auffassung vertreten, daß der Prämienlohn die in Zukunft einzig zweckmäßige Entlohnungsform darstellt, die ausreichende Leistungsanreize schafft.

Dementsprechend ergeben sich Entgelthöhe für den Arbeitnehmer und Stückkosten für die Unternehmung bei unterschiedlichen Intensitäts- bzw. Wirkungsgraden (vgl. Schaubild VII.70).

Prämienlöhne werden oft auch in Abhängigkeit von der Ausprägung mehrerer Leistungskennzahlen gezahlt und dann als **Verbund- oder Mehrfaktorenprämienlöhne** bezeichnet. REFA empfiehlt hierbei, nicht mehr als drei Kennzahlen heranzuziehen.

Eine mögliche Gestaltungsvariante der **Prämienentlohnung an automatisierten Fertigungsanlagen** zeigt folgendes **Beispiel** (vgl. *Baisch*, 1986, S. 149 ff.). Es wird eine Gruppennutzungsprämie für Einrichter und Bediener

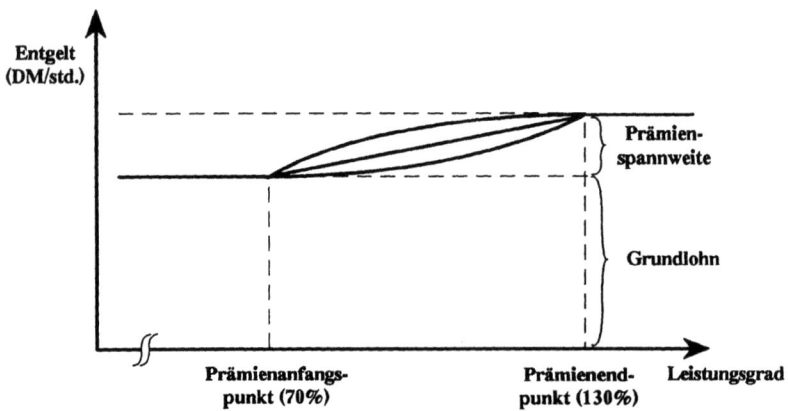

Schaubild VII.69. Lohntechnischer Aufbau des Prämienlohns

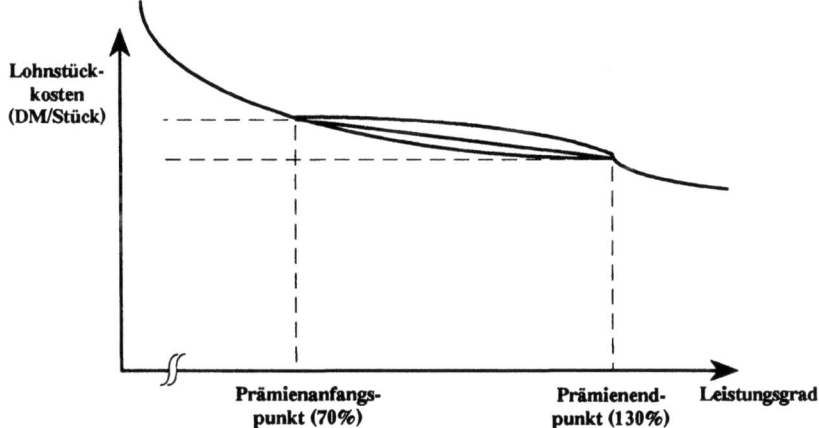

Schaubild VII.70. Stückkostenverlauf bei Prämienlohn und unterschiedlichen Prämienlohnlinien

an NC-Maschinen betrachtet. Die Arbeit an numerisch gesteuerten Maschinen (NC-Maschinen) ist durch einen geringen Anteil von den Arbeitskräften beeinflußbarer Maschinenzeiten gekennzeichnet. Dem Einfluß der Arbeitskräfte unterliegen im wesentlichen Zeiten für das Beschicken und Einrichten der Anlage sowie in begrenztem Umfang Stillstandszeiten infolge von arbeitsablaufbedingten Störungen und Wartezeiten. Dagegen wird die Betriebsmittelausführungszeit (Programmlaufzeit) durch die Anlage bestimmt. Aufgrund der mit der Anschaffung von NC-Maschinen verbundenen hohen Investitionsausgaben stand bei der Konzeption des Entlohnungssystems die möglichst weitgehende Nutzung der Maschine als Zielsetzung im Vordergrund. Diese soll erreicht werden durch einen monetären Anreiz in Form einer Prämie für

- einen hohen Leistungsgrad bei Rüst- und Nebenarbeiten sowie
- die Reduktion von Verteilzeiten, insbesondere Stör- und Stillstandszeiten.

Eine Akkordentlohnung wird dieser Zielsetzung nicht ausreichend gerecht, da verbreitete tarifliche Regelungen eine Vergütung anfallender Störzeiten im Akkorddurchschnitt vorsehen; damit fehlt ein Anreiz, eine weitgehende Nutzung der NC-Maschine durch Vermeidung von Störungen und Stillstandszeiten zu erreichen. Im vorliegenden Beispielsfall wird als Leistungskennziffer für die Prämienentlohnung ein Nutzungsgrad gewählt, der aus der Betriebsmittelausführungszeit und der effektiven Anwesenheitszeit der Maschinenbediener in Stunden eines Monats errechnet wird.

$$P_L = \frac{t_{ab}}{t_A - t_F} \times 100$$

P_L = durchschnittliche Prämienleistung eines Monats in %
t_{ab} = Betriebsmittelausführungszeit (automatisch registriert)
t_A = Anwesenheitszeit der Maschinenbediener (laut Gleitzeitkarte)
t_F = Ausfallzeiten der Maschinenbediener (z.B. kurzfristiger Einsatz an anderen Arbeitsplätzen)

Die Prämie ist als Gruppennutzungsprämie für 3 NC-Drehmaschinen im 2- bis 3-Schichtbetrieb aufgebaut. Als Prämienausgangsleistung dient ein Nutzungsgrad P_L von 50%, der in einem längeren Untersuchungszeitraum im Durchschnitt erreicht wurde. Hierfür wird ein Prämienausgangslohn von 110% der betreffenden tariflichen Lohngruppe bezahlt, der sich aus dem tariflichen Grundlohn und einer betrieblichen Zulage errechnet. Die Prämienoptimalleistung bezieht sich auf den Nutzungsgrad, der unter Berücksichtigung von durchschnittlichen Verteilzeitzuschlägen für Betriebsmittelausführungs-, Rüst- und Nebenzeiten und bei Einhaltung eines betrieblich festgelegten maximalen Leistungsgrads für die beeinflußbaren Rüst- und Nebenzeiten erzielbar ist. Dieser Nutzungsgrad wurde für den Untersuchungszeitraum mit 70% ermittelt. Hierfür soll die höchste Prämie bezahlt werden, die mit 25% festgelegt ist. Wird ein linearer Verlauf der Prämienlohnlinie zugrunde gelegt, so läßt sich der Zusammenhang zwischen Prämienleistung und Prämie durch Schaubild VII.71 darstellen, worin zusätzlich der Verdienstgrad, bezogen auf den tariflichen Grundlohn, wiedergegeben wird. Die Maschinenbediener erzielen eine hohe Prämie, wenn die Maschine während ihrer Anwesenheitszeit eine möglichst lange Zeit für die Bearbeitung von Werkstücken verfügbar ist. Unter den gegebenen betrieblichen Bedingungen wird damit die rasche Durchführung von Rüst- und Nebenarbeiten sowie eine umsichtige Arbeitsweise zur Reduzierung von Stör- und Stillstandszeiten honoriert.

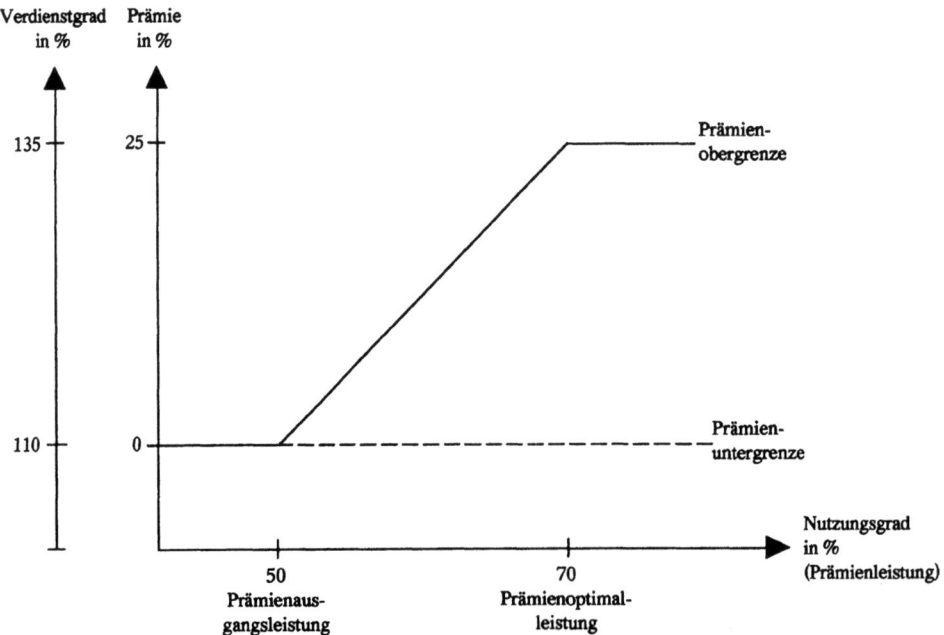

Schaubild VII.71. Beispiel einer betrieblich vereinbarten Prämienlohnlinie

4.4.4 Aktuelle Probleme leistungsorientierter Arbeitsentgeltgestaltung

Technologische und organisatorische Veränderungen im Produktionsbereich geben Anlaß zu einer laufenden Überprüfung der leistungsorientierten Entlohnungskonzepte. Die den Unternehmungen dabei zur Verfügung stehenden Alternativen sind vielfältig und können entlang der in Schaubild VII.61 dargestellten Dimensionen

- Bemessungsgrundlage,
- personeller Anwendungsbereich und
- Bemessungszeitraum

charakterisiert und unternehmungszielorientiert ausgestaltet werden (vgl. auch *Busch*, 1985, S. 33 ff.).

Bezogen auf die zur leistungsorientierten Entgeltgestaltung heranzuziehende(n) **Bemessungsgrundlage(n)** ist zum einen festzustellen, daß die **Grundvoraussetzung der Akkordentlohnung**, eine hohe Beeinflußbarkeit der Ausbringungsmenge durch den Arbeitnehmer, **oft nur noch teilweise gegeben** ist (vgl. auch *Schulte*, 1989, S. 9 ff.). Zum anderen ist der Produktionsbereich zunehmend durch das Vorliegen einer **pluralistischen Zielfunktion** geprägt (vgl. *Eyer/Schulte*, 1990, S. 23; *Goebel*, 1986, S. 157; *Meine/Ohl*, 1990, S. 20; *Scheffold/Schröter*, 1989, S. 310 f.). Die leistungsorientierte Entlohnung ist so auszugestalten, daß für die Mitarbeiter Anreize entstehen, zur Erreichung der verschiedenen Ziele bestmöglich beizutragen. Hierzu ist eine entsprechende Festlegung des Leistungsbegriffs vorzunehmen (vgl. *Scheffold/Schröter*, 1989, S. 312; *Weil*, 1986, S. 140). Oft wird sich eine **Kombination aus (mehreren) qualitativen und quantitativen Leistungsmerkmalen als Basis der Entlohnung** empfehlen, was auch als Teil eines mehrdimensionalen Ansatzes zur Entgeltdifferenzierung bezeichnet wird (Vgl. *Scheffold/Schröter*, 1989, S. 319; *Weil*, 1986, S. 138 ff.).

Diese Ausführungen lassen erkennen, daß die klassischen leistungsabhängigen Entgeltbestandteile der **Prämie**, des **Akkords** (soweit noch anwendbar) sowie insbesondere der auf subjektiver Leistungsbeurteilung beruhenden **Zulage** zum Zeitlohn auch in Zukunft die zentralen variablen Komponenten der modernen leistungsorientierten Entgeltgestaltung darstellen (vgl. *Busch*, 1985, S. 38; *Glöckler*, 1991, S. 89 ff.; *Schulte*, 1989, S. 2 ff.; *Weil*, 1986, S. 138 ff.; *Zander*, 1986, S. 289 ff.; ferner *Lorenz*, 1988, S. 10 ff.). Die Festsetzung der Kennzahlen für die Prämie sollte dabei konsequent an entsprechenden **Größen des Kennzahlensystems im Produktionsbereich** anknüpfen, damit eine unternehmungszielorientierte Arbeit sichergestellt werden kann (vgl. hierzu exemplarisch *Scheffold/Schröter*, 1989, S. 314 ff.; *Meisner/Wagner/Zander*, 1991, S. 141 ff.). Heute ermöglichen die Erhebungen im Rahmen der Betriebsdatenerfassung (BDE) ohne Zusatzauswertungen die Übernahme der erforderlichen Daten zur Ermittlung der leistungsorientierten Entlohnung (vgl. *Weil*, 1986, S. 139).

Im Rahmen eines mehrdimensionalen Ansatzes der leistungsorientierten Entgeltgestaltung erlangen in Theorie und Praxis insbesondere die Dimensionen personeller Anwendungsbereich und Bemessungszeitraum zunehmende Bedeutung. Der zugrundezulegende **personelle Anwendungsbereich** ist in Abhängigkeit von organisatorischen Gegebenheiten und hier insbesondere abhängig von der Arbeitsfeldgestaltung festzulegen. Maßgeblich ist dabei das **Kriterium der Beeinflußbarkeit der betrachteten Leistung**. Leistungsschwankungen sollen sich im Idealfall nur auf das Entgelt derjenigen auswirken, die diese verursacht und somit zu verantworten haben (vgl. *Meine/Ohl*, 1990, S. 20 ff.). Hierbei wird die Interdependenz der Gestaltung der Dimensionen Bemessungsgrundlage und personeller Anwendungsbereich deutlich (vgl. zu diesem Problemkreis auch *Eyer*, 1990a, S. 12 ff.). So kann z. B. den Mitgliedern einer autonomen Arbeitsgruppe zum einen eine kombinierte Gruppenprämie für die Nutzung der Betriebsmittel und die Zahl der produzierten Gutstücke gezahlt werden. Zum anderen kann auch zusätzlich über die Beurteilung von Kriterien wie Arbeitseinsatz, Sorgfalt, Anwendung der Kenntnisse und Kooperationsverhalten individuellen Leistungsunterschieden innerhalb der Gruppe Rechnung getragen werden.

Starke Beachtung finden jüngst Leistungsentlohnungsformen, bei denen der **Bemessungszeitraum nicht eine vergangene Periode, sondern eine zukünftige Periode** ist (vgl. *Hahn u. a.*, 1988, S. 270 ff.). Die Entlohnung knüpft an der erwarteten und nicht an der erbrachten Leistung an (vgl. hierzu und zum folgenden *REFA*, 1989a, S. 59; ferner *Busch*, 1985, S. 31 ff.). Eine eindeutige und verbindliche Begriffsbildung liegt für diese Lohnformen nicht vor. Charakteristisch ist für die ex ante Ermittlung der leistungsabhängigen Entgelthöhe die Vereinbarung einer in der definierten Periode erwarteten **Soll-Leistung** (Leistungsziel, Pensum, Kontrakt). Diese wird periodisch der tatsächlich erbrachten **Ist-Leistung** gegenübergestellt. Bei Vorliegen von **Abweichungen** über eine festgelegte Streubreite hinaus werden Abweichungsursachen ermittelt und ggf. Konsequenzen für die Folgeperioden gezogen. Man kann in diesem Zusammenhang somit von einer Leistungsentlohnung nach dem Prinzip des Management by Objectives (MbO) gekoppelt mit dem Prinzip des Management by Exception (MbE) bzw. von **planbezogener Leistungsentlohnung** sprechen. Dabei kann es zu Veränderungen des leistungsabhängigen Entgeltanteils nach oben oder auch nach unten kommen. Da in der Praxis der Zeitraum für die Entgelt-Leistungs-Anpassung mehrere Monate beträgt und kurzfristige Leistungsschwankungen keine direkten Entgelteffekte nach sich ziehen (vgl. *Goebel*, 1986, S. 158), bezeichnet man dies auch als **zeitkonstanten Leistungslohn**.

Die Festlegung der erwarteten Leistung kann **einmalig** vorgenommen werden, wobei in der Folge dann ein fest **normiertes bzw. standardisiertes Entgelt** (auch überwachter Zeitlohn genannt) gezahlt wird (vgl. z. B. *Meine/Ohl*, 1990, S. 24 ff.; *Zwickel*, 1990, S. 102). Als praktisches Beispiel hierfür kann auf das Entlohnungsmodell LODI (Lohndifferenzierungsmodell) der Volkswagen AG verwiesen werden (vgl. *Rausch*, 1990, S. 153 ff.), das auch von gewerkschaftlicher Seite unterstützt wird (vgl. *Meine/Ohl*, 1990, S. 25), teilweise jedoch als System mit „ausgehandeltem Einheitslohn" auf Ablehnung stößt (vgl. *Eyer/Schulte*, 1990, S. 23). Wird **periodisch** eine bestimmte Leistung vereinbart, so wird oft ein **erhöhter Zeitlohn plus einem individuellen Leistungsanteil für die vereinbarte Leistung** gezahlt.

Im einzelnen zählen zu den **neueren Lohnformen**, die sich unter dem **Sammelbegriff „Pauschallöhne"** fassen lassen insbesondere:

- Vertragslohn,
- Measured-Day-Work (Festlohn mit geplanter Tagesleistung),
- Programmlohn.

Kennzeichnend für den **Vertragslohn** ist, daß sich einerseits der Mitarbeiter verpflichtet, während eines vereinbarten Vertragszeitraums (z. B. 2 Monate) eine bestimmte Leistung zu erbringen und sich andererseits die Unternehmung verpflichtet, während dieses Vertragszeitraums einen konstanten Lohn zu zahlen.

Die Höhe der erwarteten Leistung wird dabei – wie Schaubild VII.72 veranschaulicht – in Anlehnung an den in der Vergangenheit realisierten Leistungsgrad festgesetzt, vergütet wird jedoch nicht eine früher erbrachte, sondern die in Zukunft erwartete Leistung. Bei Über- oder Unterschreitung der Vertragsleistung wird zunächst in den jeweils nachfolgenden Vertragsgesprächen versucht, die Ursache hierfür zu ermitteln. Über geringfügige Abweichungen hinausgehende Mehrleistungen führen dann im Folgemonat zu einer erhöhten Einstufung. Bei entsprechender Minderleistung erhält der Arbeit-

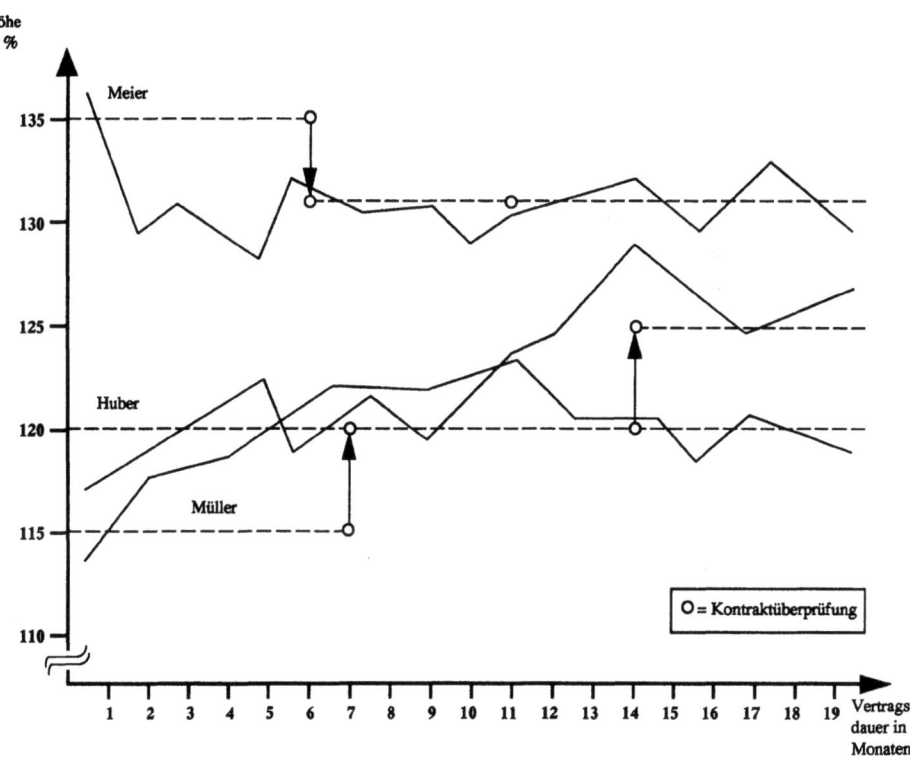

Schaubild VII.72. Beispiel für den Vertragslohn (vgl. *Busch*, 1985, S. 32)

nehmer zunächst eine Karenzzeit eingeräumt. Erst danach erfolgt ggf. eine niedrigere Einstufung (vgl. *Paasche*, 1981, S. 94 ff.; zum Vertragslohn in der Praxis *Goebel*, 1986, S. 157 ff.).

Kennzeichnend für das **Konzept des Measured-Day-Work**, welches einen nach Arbeitswerten differenzierten Zeitlohn, bei dem allerdings auch die jeweils erzielten Ausführungszeiten eine wichtige Rolle spielen, beinhaltet, ist sein Festlohncharakter. Bei der Anwendung dieses Konzeptes werden die von einem Arbeitnehmer tatsächlich benötigten Ausführungszeiten, aus denen zuvor alle vom Arbeitnehmer nicht zu verantwortenden Störzeiten eliminiert wurden, erfaßt und sogenannten Grundzeiten, die als erreichbare Bestwerte angesehen werden, gegenübergestellt. Werden hierbei Minderleistungen festgestellt, so haben diese zunächst keine Auswirkung auf die Höhe des individuellen Leistungslohns. Es ist jedoch Aufgabe des jeweiligen Vorgesetzten, die betreffenden Arbeitnehmer anhand der täglichen oder wöchentlichen Leistungsberichte in sogenannten Leistungsgesprächen entsprechend zu motivieren. Bei häufig auftretenden Minderleistungen werden sodann zur Leistungsverbesserung zunächst Schulungen durchgeführt, bevor eine Versetzung oder eine andere personalwirtschaftliche Maßnahme eingeleitet wird (vgl. *Paasche*, 1981, S. 98 ff.).

Kennzeichnend für den **Programmlohn**, der als Gruppenlohn im Groß-Schiffbau besondere Bedeutung erlangt hat, ist schließlich seine „rücklaufende Prämie". Bei seiner Anwendung wird einer Gruppe von Arbeitnehmern für einen bestimmten Zeitraum (i.d.R. eine Woche) eine fest umrissene Arbeitsaufgabe (Programm) zur Erfüllung vorgegeben. Bei Einhaltung dieses Programms erhalten die Gruppenmitglieder den vereinbarten, nach Arbeitswerten differenzierten Lohn zu 100% ausgezahlt. Mehrleistungen werden grundsätzlich nicht vergütet. Bei Nichteinhaltung der Menge können bis zu 14% und bei Qualitätsmängeln bis zu 6% vom Lohn einbehalten werden (vgl. *Berthel*, 1989, S. 332; *Paasche*, 1981, S. 100 f.).

Als Vorteil der planbezogenen ex ante Leistungsentlohnung wird darauf hingewiesen, daß dadurch die Arbeitskräfte dazu motiviert würden, die vereinbarten Leistungsvorgaben einzuhalten. Dahinter steht der Grundgedanke, daß es zunehmend um die exakte **Planeinhaltung** geht, eine Überschreitung durch Mehrleistung – wie durch Minderleistung – einzelner Arbeitnehmer den Produktionsablauf hingegen stört (vgl. *Meine/Ohl*, 1990, S. 24 f.; *Paasche*, 1981, S. 95). Dem ist entgegenzuhalten, daß die Einhaltung geplanter Größen auch bei ex post Leistungsentlohnung durch eine entsprechende Gestaltung der Lohnlinie motiviert werden kann. Steigt z.B. die Lohnlinie bis zum geplanten Leistungsgrad stark an und nimmt danach einen sehr flachen Verlauf an, so werden die Mitarbeiter im Produktionsbereich stets versuchen, diesen geplanten Leistungsgrad zu realisieren (vgl. hierzu auch das Vorgehen der Siemens AG bei *Glöckler*, 1991, S. 91 f.). Ferner ist neben der Transparenz des praktizierten Entlohnungssystems auch darauf zu achten, daß der Mitarbeiter möglichst schnell Rückmeldung über die von ihm realisierte Leistung erhält (vgl. hierzu die motivationstheoretischen Ausführungen bei *Organ/Bateman*, 1986, S. 106 ff. und 325 ff.). Bei dem zeitkonstanten ex ante Leistungsentgelt werden die monetären Effekte der individuellen Leistung jedoch erst mit einer Zeitverzögerung (von i.d.R. mehreren Monaten) deutlich.

4.5 Sozialorientierte Arbeitsentgeltgestaltung

4.5.1 Begriff und Ziele betrieblicher Sozialleistungen

Eine Entlohnung gilt als sozialzielorientiert, wenn in der Entgelthöhe des Mitarbeiters neben dem individuellen Leistungslohn auch noch soziale Aspekte (Sozialleistungen) zum Tragen kommen.

Diese betrieblichen Sozialleistungen werden im wesentlichen unabhängig von dem erwirtschafteten Periodenergebnis gezahlt. Sie versuchen, soziale „Ungerechtigkeiten", die auch bei markt-, anforderungs- und leistungsorientierter Entlohnung zwischen den einzelnen Arbeitnehmern auftreten können und die durch die spezifischen Lebensumstände des einzelnen Mitarbeiters bedingt sind, auszugleichen.

Unter **betrieblichen Sozialleistungen** versteht man alle diejenigen Leistungen einer Unternehmung, die diese ihren derzeitigen und ehemaligen Mitarbeitern sowie ggf. deren Familienangehörigen zusätzlich zum individuellen Leistungslohn und zur Ergebnisbeteiligung in Form von Sachgütern, mitarbeiterbezogenen Dienstleistungen – einschließlich Nutzungsrechten – und/oder finanziellen Zuwendungen gewährt und die in der GuV-Rechnung als Sozialaufwand in verschiedenen Positionen erfaßt werden (vgl. *Mellerowicz*, 1975, Sp. 1664; *Pleiss*, 1975, Sp. 1821; ähnlich auch *Drumm*, 1989, S. 333 ff.).

Diese betrieblichen Sozialleistungen sind Ausdruck allgemeinen und/oder unternehmungsindividuellen **Strebens nach sozialverträglichem Verhalten**. Neben dem weiteren Sozialziel, die **Lebensqualität der Mitarbeiter** zu erhöhen (z.B. durch betriebliche Sport- und Kulturangebote), kommt auch den Sozialleistungen als Element des Anreizsystems eine sachzielbezogene akquisitorische Bedeutung im Hinblick auf die **Gewinnung neuen Personals** zu (vgl. *Drumm*, 1989, S. 334 f.; *Gaugler*, 1974, S. 7 ff.; *Zander*, 1982, S. 16 ff.). Untersuchungen zufolge wirken Sozialleistungen positiv auf die Arbeitszufriedenheit der Mitarbeiter, ihr Einfluß auf die Leistung der Mitarbeiter ist nicht eindeutig feststellbar (vgl. *Hentze*, 1990, S. 133).

4.5.2 Ausgestaltungsmöglichkeiten betrieblicher Sozialleistungen

Entsprechend ihrer Erscheinungsform lassen sich betriebliche Sozialleistungen untergliedern in solche, die eine unmittelbare Einkommenserhöhung für den einzelnen Mitarbeiter darstellen (monetäre Sozialleistungen) und in solche, die keine geldlichen Leistungen darstellen (nichtmonetäre Sozialleistungen).

Unter die **nichtmonetären Sozialleistungen** können zum einen Sachleistungen, wie z.B. Arbeitskleidung, Jubiläums- und Warengeschenke, sowie zum anderen Dienstleistungen – einschließlich Nutzungsrechten – subsumiert werden. Wichtige Nutzungsrechte liegen bei Versicherungsleistungen vor, für die Unternehmungsangehörigen durch Firmenrabatte Vorzugskonditionen eingeräumt werden. Ferner gehören zu dieser Kategorie von Sozialleistungen Betriebskrankenkassen, die Bereitstellung von Werkswohnungen, der betriebliche Gesundheitsdienst, unternehmungseigene Sport- und Kulturstätten sowie Kantinen (vgl. *Hentze*, 1990, S. 134; *Kolb/Hillengaß*, 1990, S. 60 f.) und auch Beratungsleistungen für die Mitarbeiter (vgl. Ehmann/Eßlinger, 1988, S. 832 ff.). Gerade für Großunternehmungen gewinnt auch die Einrichtung von Kindertagesstätten aufgrund der Tendenz zur Berufstätigkeit beider Elternteile zunehmend (wieder) an Bedeutung (vgl. z. B. *Collins/Krause/ Machida*, 1990, S. 26 ff.).

Für die hier primär interessierende **sozialzielorientierte Entlohnung** sind nur die **unmittelbaren, geldlichen Zuwendungen der Unternehmung** an die einzelnen Mitarbeiter relevant. Sie lassen sich wiederum untergliedern in

- gesetzliche Sozialleistungen,
- tarifliche Sozialleistungen und in
- freiwillige (zusätzliche) Sozialleistungen (vgl. *Mellerowicz*, 1975, Sp. 1666 f.; *Pleiss*, 1975, Sp. 1823 f.; *Waldraff*, 1984, S. 536 ff.; vgl. zur Relation von Direktentgelt und Sozialleistungen auch die Ergebnisse der Studie von *Müller-Merbach*, 1990, S. 41 ff. sowie Kapitel 4.1.1).

(1) Gesetzliche Sozialleistungen

Unter gesetzlichen Sozialleistungen versteht man diejenigen finanziellen Zuwendungen, die alle Unternehmungen in der Bundesrepublik Deutschland aufgrund der Sozialgesetzgebung an ihre Mitarbeiter zusätzlich zum individuellen Leistungslohn/-gehalt ggf. in Abhängigkeit von bestimmten sozialen Kriterien zu zahlen verpflichtet sind. Dazu gehören in erster Linie die Arbeitgeberanteile zur Sozialversicherung. Weiterhin fallen hierunter:

- Zahlungen für Arbeitsausfälle nach der gesetzlichen Urlaubsregelung und Feiertagsregelung sowie Lohn- und Gehaltsfortzahlung im Krankheitsfall,
- Zahlungen nach dem Mutterschutzgesetz,
- Zahlungen nach dem Schwerbeschädigtengesetz,
- Beiträge zur gesetzlichen Unfallversicherung (vgl. *Mellerowicz* 1975, Sp. 1666; *Drumm*, 1989, S. 335).

(2) Tarifliche Sozialleistungen

Unter tariflichen Sozialleistungen versteht man alle diejenigen finanziellen Zulagen zum Leistungslohn/-gehalt, die eine Unternehmung aufgrund tarifvertraglicher Vereinbarungen an ihre Mitarbeiter zu zahlen verpflichtet ist. Diese Vereinbarungen gelten jeweils nur für einen Tarifbereich und können von Wirtschaftszweig zu Wirtschaftszweig unterschiedlich sein. Hierzu zählen vor allem:

- Bezahlung weiterer Arbeitsausfallzeiten (Feiertags-, Urlaubsgeld, bezahlter Urlaub bei Eheschließung etc.),
- zusätzliches Familien- und Kindergeld,

- Zuschüsse zur Förderung der Vermögensbildung in Arbeitnehmerhand,
- Zuschüsse zum Krankengeld,
- Zuwendungen bzw. Gehaltsfortzahlung in besonderen Fällen (Sterbegeld etc.),
- Trennungs- und Wegegelder,
- Treueprämien,
- Gratifikationen (vgl. *Mellerowicz*, 1975, Sp. 1666; *Waldraff*, 1984, S. 536f.; *Marburger*, 1988, S. 168 ff.).

(3) Freiwillige Sozialleistungen

Unter freiwilligen Sozialleistungen versteht man schließlich alle diejenigen Zulagen zum Leistungslohn/-gehalt, die eine Unternehmung über die genannten Verpflichtungen hinaus – oft aufgrund arbeitsvertraglicher Vereinbarungen oder aufgrund von Betriebsvereinbarungen – an ihre Mitarbeiter zahlt. Im wesentlichen handelt es sich hierbei um betriebsinterne Zulagen zu den bereits genannten Sozialleistungen (vgl. *Mellerowicz*, 1975, Sp. 1667).

In diesem Zusammenhang kommt insbesondere der betrieblichen Altersversorgung eine zunehmende Bedeutung zu: die als Versorgungslücke bezeichnete Differenz zwischen dem letzten Nettoeinkommen der Arbeitnehmer und der – sich aus der Summe von Sozialversicherungsrente und betrieblicher Pension zusammensetzenden – Altersversorgung beträgt oft mehr als 20% des letzten Nettoeinkommens (vgl. *Wirth*, 1985, S. 237; ferner *Hentze*, 1990, S. 137). Zur bestmöglichen Schließung dieser Lücke und damit zur Aufrechterhaltung des Lebensstandards der Arbeitnehmer im Alter stehen verschiedene Formen der betrieblichen Altersversorgung wie die Pensionszusage (vgl. hierzu auch *Drukarczyk*, 1990, S. 333 ff.), der Abschluß von Direktversicherungen durch den Arbeitgeber und Pensions- sowie Unterstützungskassen zur Verfügung (vgl. hierzu grundlegend *Gaugler*, 1987, S. 860ff. sowie auch den Überblick bei *Klötzl*, 1985, S. 281 ff.).

Damit die gewährten Sozialleistungen von den Arbeitnehmern im Produktionsbereich auch tatsächlich als Anreize empfunden werden, wird aus Sicht der Praxis darauf hingewiesen, daß der Aufgabenschwerpunkt der Personalwirtschaft in diesem Bereich darin besteht, das Bewußtsein der Mitarbeiter für die Bedeutung der einzelnen erbrachten Leistungen zu stärken. Ansatzpunkte für diese personalwirtschaftliche Informationsaufgabe liefern die subjektiven Wertschätzungen der Mitarbeiter für einzelne Sozialleistungen, die in entsprechenden Mitarbeiterbefragungen ermittelt werden können (vgl. *Wollert*, 1985, S. 236).

4.6 Gestaltung von Erfolgsbeteiligungen

4.6.1 Begriff und Ziele der Erfolgsbeteiligung

Bei Interpretation der Unternehmung als ein vom Menschen geschaffenes Instrument zur Erreichung der Ziele der an ihr interessierten Gruppen kann den Mitarbeitern, als der einen Hauptträgergruppe der Unternehmung, über die Lohn- und Gehaltssumme hinaus eine **Erfolgsbeteiligung** zugestanden werden, den Eigenkapitalgebern, als der anderen Hauptträgergruppe der Unternehmung, über die Basis-Dividende (Mindestverzinsung) hinaus eine **Zusatzdividende**.

Die Erfolgsbeteiligung stellt gegenüber dem um die monetären Sozialleistungen erweiterten individuellen Leistungslohn (kausale Lohnfindung) ein zusätzliches, unmittelbar vom ökonomischen Erfolg der arbeitgebenden Unternehmung abhängiges Arbeitseinkommen dar (finale Lohnfindung).

Unter einer **Erfolgsbeteiligung** versteht man die regelmäßige auf der Grundlage eines im vorab festgelegten Verteilungsschlüssels ermittelte, materielle Beteiligung der Arbeitnehmer am Periodenerfolg ihrer Unternehmung, die zusätzlich zum individuellen Leistungslohn/-gehalt einschließlich der betrieblichen Sozialleistungen gezahlt wird (vgl. *Siebke*, 1983, S. 247f.).

Unternehmungspolitische **Ziele**, die mit der Gewährung einer Erfolgsbeteiligung (Ergebnisbeteiligung) an die Arbeitnehmer verfolgt werden, sind:

- Steigerung der Attraktivität der Unternehmung gegenüber vorhandenen und potentiellen Mitarbeitern,
- Schaffung von zusätzlichen Anreizen zu Leistungssteigerungen,
- Förderung unternehmerischen Verhaltens und dessen Akzeptanz,
- Erhöhung der Verteilungsgerechtigkeit zwischen den Trägern der Unternehmung,
- Ergänzung der weitgehend fixen Personalkosten durch eine variable Komponente. Auf Zusammenhänge zwischen Erfolgsbeteiligung und tarifvertraglicher Lohnregelung wird insbesondere bei der Betrachtung der Bonus-Systeme in Japan und der Ausweitung der Erfolgsbeteiligungen in den USA hingewiesen.

4.6.2. Ausgestaltungsmöglichkeiten der Erfolgsbeteiligung von Mitarbeitern

Im Hinblick auf die spezifische **Gestaltung der Erfolgsbeteiligung** interessieren im wesentlichen folgende Merkmale:

- Anwendungsbereich des Beteiligungsmodells,
- Bemessungsgrundlage der Beteiligung,
- Faktorbezogene Verteilung,
- Personenbezogene Verteilung,

- Vergütungsmodus,
- Umfang der Beteiligung (vgl. *Gaugler*, 1975b, Sp. 796 ff.; *Scharf*, 1981, S. 117; *Scholz*, 1991, S. 405 ff.; *Siebke*, 1983, S. 250).

a) Ausgehend von dem Merkmal ‚**Anwendungsbereich des Beteiligungsmodells**' lassen sich betriebliche und überbetriebliche Formen der Erfolgsbeteiligung unterscheiden (vgl. *Gaugler*, 1975b, Sp. 796). In der Praxis hat sich nur die betriebliche Erfolgsbeteiligung durchgesetzt.

b) Mit dem Merkmal ‚**Bemessungsgrundlage der Beteiligung**' wird festgelegt, welche betriebliche Erfolgsgröße bei der spezifischen Ausgestaltung einer Erfolgsbeteiligung Verwendung finden soll. Als Erfolgsgrößen können vornehmlich unterschieden werden:

- Jahresüberschuß vor Steuern,
- Steuerbilanzgewinn,
- Kalkulatorisches Ergebnis nach Abzug eines (versteuerten) Betrages für Mindestdividenden.

c) Mit dem Merkmal ‚**Faktorbezogene Verteilung**' wird bestimmt, mit welchem Anteil die Arbeitnehmerschaft insgesamt an dem durch die Bemessungsgrundlage festgelegten Ergebnis beteiligt werden soll. Da die wirtschaftswissenschaftliche Theorie zwar in der Lage ist, den ursächlichen Zusammenhang zwischen dem kombinierten Einsatz der Faktoren Kapital und Arbeit und dem ökonomischen Erfolg zu begründen, ohne jedoch den Leistungsanteil eines einzelnen Faktors bestimmen zu können, greift man hierbei allgemein auf plausibel erscheinende Hilfsgrößen zurück:

- Halbierung ggf. Drittelung (3. Faktor = Unternehmung) der Bemessungsgrundlage,
- Aufteilung der Bemessungsgrundlage auf der Basis Jahreslohn-/-gehaltssumme zu Abschreibungen (vgl. ferner *Siebke*, 1983, S. 251).

d) Mit dem Merkmal ‚**Personenbezogene Verteilung**' wird festgelegt, welche Mitarbeiter im Hinblick auf die Gewinnbeteiligung als anspruchsberechtigt anzusehen sind und welcher Anteil dem einzelnen Mitarbeiter zugerechnet werden soll. Bezüglich der Abgrenzung des Kreises der anspruchsberechtigten Mitarbeiter lassen sich im allgemeinen folgende Abstufungen unterscheiden:

- Begrenzung auf einen besonders qualifizierten Mitarbeiterstamm,
- Beteiligung aller Mitarbeiter ab einer bestimmten Dauer der Unternehmungszugehörigkeit (Seniorität),
- Beteiligung aller vollzeitbeschäftigten Mitarbeiter nach erfolgreich abgeschlossener Probezeit,
- Beteiligung aller Mitarbeiter einschließlich der Teilzeitkräfte,
- Beteiligung aller voll- und teilzeitbeschäftigten Mitarbeiter einschließlich der Auszubildenden und Praktikanten (vgl. *Gaugler*, 1975b, Sp. 801 f.; *Kupsch/Marr*, 1985, S. 730 f.).

Innerhalb des anspruchsberechtigten Mitarbeiterkreises kann der auf sie entfallende Beteiligungsbetrag sodann nach folgenden Vorgehensweisen ermittelt werden:

- Aufteilung nach Köpfen,
- Aufteilung nach sozialen Merkmalen (Familienstand, Kinderzahl, Betriebs- bzw. Berufszugehörigkeit etc.),
- Aufteilung nach den individuellen Leistungsbeiträgen:
- individueller Jahreslohn/-gehaltssumme,
- Arbeitswert des betreffenden Arbeitsplatzes,
- Leistungswert des betreffenden Arbeitnehmers.

Leistungsanreize entstehen erfahrungsgemäß nur, wenn die Ergebnisbeteiligung mindestens zeitweise Schwellenwerte von 10–15 % der Lohn/Gehaltshöhe überschreitet und signifikanten Schwankungen unterliegt. Andernfalls entstehen Gewöhnungseffekte, die den Zielen der Ergebnisbeteiligung entgegenwirken (vgl. *Baus*, 1989, S. 208).

e) Bei dem Merkmal ‚**Vergütungsmodus**' geht es um die Entscheidung über die Übertragungsart der Ergebnisanteile an die Mitarbeiter. Grundsätzlich lassen sich hierbei folgende Elementarformen, die ihrerseits wiederum eine Vielzahl von Gestaltungsalternativen umfassen, unterscheiden:

- Barausschüttung des Ergebnisanteils an die Mitarbeiter,
- Umwandlung des Ergebnisanteils in Fremdkapital (Belegschaftsdarlehen),
- Umwandlung des Ergebnisanteils in Eigenkapital (Belegschaftsaktien) (vgl. *Siebke*, 1983, S. 251; zur Vermögensbeteiligung durch Belegschaftsaktien bei der Hoechst AG vgl. *Schuster*, 1988, S. 606 ff.; ferner grundlegend *Drumm*, 1989, S. 351 ff.).

f) Letztes Gestaltungsmerkmal bzw. Systematisierungsmerkmal der Erfolgsbeteiligung ist der ‚**Umfang der Beteiligung**'. Als Gestaltungsalternativen ergeben sich unter diesem Aspekt Beteiligungsformen mit und ohne Verlustbeteiligung. Ausgehend davon, daß eine Barrückerstattung des Verlustanteils durch die Mitarbeiter allgemein als unzumutbar angesehen wird, lassen sich innerhalb der Beteiligungsmodelle mit Verlustbeteiligung die folgenden beiden Formen unterscheiden:

- Zuweisung eines bestimmten Anteils des individuellen Ergebnisanteils der Arbeitnehmer zu einer Verlustrücklage, die bei Bedarf aufgelöst wird,
- Bildung von Verlustvorträgen und Aufrechnung dieser Verlustvorträge mit Überschüssen künftiger Perioden (vgl. *Gaugler*, 1975b, Sp. 804; *Gaugler*, 1982, S. 133).

Für Führungskräfte auch im Produktionsbereich kann zusätzlich zu einer allgemeinen Ergebnisbeteiligung eine planzielorientierte Tantiemeregelung treten, die sich an persönlichen Arbeitszielen sowie – je nach Führungsstufe – auch an operativen und strategischen Zielvereinbarungen und -erreichungen ausrichtet (vgl. *Hahn/Willers*, 1992, S. 494 ff.).

4.7 Gestaltung des Betrieblichen Vorschlagswesens

4.7.1 Begriff und Ziele des Betrieblichen Vorschlagswesens

Innovationen sichern und stärken die internationale Wettbewerbsfähigkeit von Unternehmungen, sie erfordern auch Initiativen von Mitarbeitern, die über die in deren Stellenbeschreibungen festgelegten Aufgabenbereiche hinaus gehen: Verbesserungsvorschläge. **Verbesserungsvorschläge** können anhand eines Merkmalskataloges charakterisiert werden (vgl. z. B. *Brinkmann*, 1986, S. 27f.; *Grochla/Thom*, 1980, S. 769; *Marr/Stitzel*, 1979, S. 487; *Thom*, 1984, Sp. 2223f.; *Thom*, 1991, S. 597):

- Ein Verbesserungsvorschlag beinhaltet eine Idee zur Lösung aktueller und/oder latenter Probleme; er ist impulsgebend, konstruktiv und konkret, muß jedoch nicht bis zur Ausführungsreife ausgearbeitet sein.
- Ein Verbesserungsvorschlag stellt eine Sonderleistung eines oder mehrerer Arbeitnehmer dar, die zumindest z.T. außerhalb dessen (deren) dienstlicher Aufgaben und Plichten liegt (vgl. *Grochla*, 1978, S. 5; *Tritschler*, 1981, S. 1146).
- Ein Verbesserungsvorschlag stellt für den vorgeschlagenen Verwendungsbereich eine Neuerung dar.
- Aus der Realisierung von Verbesserungsvorschlägen ergibt sich für die Unternehmung ein materieller und/oder immaterieller Nutzen (vgl. *Grochla/Thom*, 1980, S. 769).
- Bei Verbesserungsvorschlägen handelt es sich nicht um schutzfähige Erfindungen im Sinne des § 2 Arbeitnehmererfindungsgesetz (ArbNErfG).

Unter **Betrieblichem Vorschlagswesen (BVW)** soll im folgenden ein System verstanden werden, welches durch die Aktivierung, Erfassung, Beurteilung, Realisation sowie materielle und immaterielle Anerkennung von Ideen der Mitarbeiter sach-, wert- und sozialzielbezogene Verbesserungen unter Beachtung rechtlicher Regelungen hervorbringt (vgl. auch *Gaugler*, 1976, Sp. 4296; *Grochla*, 1978, S. 5, zu empirisch ermittelten Zielen des BVW vgl. *Büsch/Thom*, 1982, S. 175; *Brinkmann*, 1987, S. 121; *Thom*, 1991, S. 597).

Die in der Bundesrepublik gegebenen rechtlichen Rahmenbedingungen des BVW können wie folgt systematisiert werden (vgl. *Brinkmann/Heidack*, 1982, S. 45):

- Inhaltlich-rechtliche Bestimmung der Verbesserungsvorschläge,
- Arbeitsrechtlich relevante Regelungen zum BVW,
- Steuerrechtlich relevante Regelungen zum BVW.

(1) Inhaltlich-rechtliche Regelungen

Gemäß den §§ 2, 3 und 20 des Arbeitnehmererfindungsgesetzes (ArbNErfG) können patent- oder gebrauchsmusterfähige Erfindungen und nicht patent-

oder gebrauchsmusterfähige, technische Verbesserungsvorschläge unterschieden werden, wobei letztere weiter in sog. qualifizierte technische Verbesserungsvorschläge und einfache technische Verbesserungsvorschläge untergliedert werden. Für einfache technische Vorschläge verweist § 20 Abs. 2 ArbNErfG auf die Regelungen des BetrVG. Nicht-technische Verbesserungsvorschläge fallen nicht in den Geltungsbereich des ArbNErfG.

(2) Arbeitsrechliche Regelungen

Arbeitsrechtliche Regelungen zum BVW finden sich im Betriebsverfassungsgesetz (BetrVG). Gemäß § 87 Abs. 1 hat der Betriebsrat – soweit keine gesetzliche oder tarifliche Regelung besteht – ein Mitbestimmungsrecht bezüglich Grundsätzen über das betriebliche Vorschlagswesen.

Es können mitbestimmungspflichtige und mitbestimmungsfreie Entscheidungen im Bereich des BVW differenziert werden. Wichtige mitbestimmungspflichtige Sachverhalte sind die Außen- und Innenstrukturierung des BVW sowie ablauforganisatorische Aspekte wie Einreichungsweg und Form des Verbesserungsvorschlags. Ferner ist die Festlegung des teilnahmeberechtigten Personenkreises und von Grundsätzen und Methoden der Bewertung von Verbesserungsvorschlägen mitbestimmungspflichtig, nicht aber von Detailregelungen bezüglich Anerkennung und Höhe der einzelnen Prämien (vgl. *Schwab*, 1987, S. 153; *Schwab*, 1990, S. 216).

(3) Steuerrechtliche Regelungen

Prämien für Verbesserungsvorschläge sind seit dem 01.01.1989 nicht mehr steuerlich begünstigt und unterliegen dem Lohnsteuerabzug. Die steuerlich restriktive Behandlung von Verbesserungsvorschlags-Prämien wird in der Literatur als demotivierend kritisiert (vgl. *Merz*, 1988, S. 24), zumal hochwertige Verbesserungsvorschläge bereits vor diesem Zeitpunkt im Vergleich zu Arbeitnehmererfindungen steuerlich stärker belastet wurden (vgl. *Schuchert*, 1983).

4.7.2 Ausgestaltungsmöglichkeiten des betrieblichen Vorschlagswesens

Der Aktivierung des Ideenpotentials der Mitarbeiter dient die **Werbung für das BVW**. Aus diesem generellen Ziel der BVW-Werbung ergeben sich die speziellen Ziele der Erhöhung der Transparenz des BVW und der Motivierung der Teilnahmeberechtigten zur Einreichung von Verbesserungsvorschlägen (vgl. *Thom*, 1991, S. 610). Aus den BVW-Zielen ergeben sich unterschiedliche Zielgruppen für die BVW-Werbung, z.B. nach soziodemographischen Merkmalen oder nach der Intensität der Beteiligung am BVW. Entsprechend ziel(gruppen)orientiert sind dann die Suche, Beurteilung und Auswahl von Stil und Inhalt der Werbebotschaften/-argumente, der Werbemittel (z.B. Werkszeitungen, Plakate, Geschäftsbericht) und der Werbeträger vorzunehmen (vgl. *Thom*, 1991, S. 611 f. sowie grundlegend zur Werbung *Alewell*, 1991, *Meffert*, 1986, S. 433 ff). Nach erfolgter Realisation ist in Analogie zum Absatzbereich eine Werbeerfolgskontrolle durchzuführen.

Bei der Festlegung der **Organisation des BVW** sind aufbau- und ablauforganisatorische Aspekte zu beachten (vgl. *Grochla/Thom*, 1980, S 773 ff.). Gegenstand der aufbauorganisatorischen Gestaltung ist die Bestimmung der Aufgabenträger mit spezifischen Aufgaben, Kompetenzen und Verantwortung. Als Aufgabenträger sind die Führungskräfte, der Betriebsrat sowie BVW-Beauftragter, -Gutachter, -Prüfungs- und -Bewertungskommission sowie die BVW-Einspruchsstelle zu benennen (vgl. z. B. *Thom*, 1991, S. 598). Für die Außenstrukturierung des BVW bieten sich in praxi primär folgende Gestaltungsalternativen (vgl. *Thom*, 1985, S. 63 f.):

- Eingliederung in den Personalbereich,
- Eingliederung in den technischen Bereich,
- Zuordnung zur Unternehmungsführung.

Hierbei sind in der Praxis zwei gegenläufige Trends zu erkennen. Einerseits ist der Beteiligungsgrad am höchsten bei der Eingliederung in den Personalbereich und am niedrigsten bei Zuordnung zur Unternehmungsführung. Andererseits ist die Quote der angenommenen Verbesserungsvorschläge am höchsten bei Zuordnung zur Unternehmungsführung und am niedrigsten bei Eingliederung in den Personalbereich (vgl. *Post/Thom*, 1980, S. 119).

Ablauforganisatorische Aspekte wie Einreichungswege, Vorschlagsform und -bearbeitung sind so zu gestalten, daß die Erfassung und Bearbeitung wirtschaftlich und sachkundig erfolgen kann, wobei auch aus Motivationsgründen auf eine geringe Durchlaufzeit der Verbesserungsvorschläge zu achten ist (vgl. am Beispiel der Stahlwerke Peine-Salzgitter AG *Geisler*, 1991, S. 628 f.).

Da Verbesserungsvorschläge Sonderleistungen der Einreicher darstellen, können die dafür **im Rahmen des Anreizsystems** im Produktionsbereich gewährten **Prämien** als **leistungsorientierte Vergütung im weiteren Sinne** charakterisiert werden. Grundsätzlich sollten auch im Bereich des BVW gewährte Anreize für die Teilnehmer am BVW in ihrem Aufbau transparent sein und den Kriterien der Leistungs- und Marktgerechtigkeit genügen (vgl. hierzu auch *Hahn/Willers*, 1992, S. 495).

Im Bereich des BVW gewährte Anreize dienen der Motivation der Mitarbeiter zur Einreichung von Verbesserungsvorschlägen (Anreizbereitstellung) und stellen eine Anerkennung für den durch eingereichte Verbesserungsvorschläge gestifteten Nutzen für die Unternehmung dar (Anreizgewährung) (vgl. *Staudt u.a.*, 1990, S. 1185 ff.). Diese **Anerkennung** kann **materieller** und/oder **immaterieller Art** sein und wird in Abhängigkeit von dem **monetär bewertbaren** und dem **nicht monetären Nutzen**, der aus dem Verbesserungsvorschlag resultiert, gewährt.

Bevor Art und Umfang der Partizipation des Einreichers am Nutzen des Verbesserungsvorschlages festgelegt werden, ist zunächst über den **Kreis der am BVW Teilnahmeberechtigten** zu entscheiden. Grundsätzlich können alle

Arbeitnehmer (auch die leitenden Angestellten), Pensionäre und auch Unternehmungsfremde, wie z. B. Lieferanten und Kunden zugelassen werden (vgl. *Thom*, 1991, S. 602 f.). Im folgenden wird vereinfachend davon ausgegangen, daß alle Arbeitnehmer und ggf. Pensionäre die Teilnahmeberechtigten bilden.

Zur **Ermittlung des monetären Nutzens**, der sich für die Unternehmung aus der Realisierung eines Verbesserungsvorschlages mit Potentialänderungen ergibt, empfiehlt sich die Verwendung von **Investitionsrechnungsverfahren**. Können Verbesserungsvorschläge auf der Basis gegebener Potentiale realisiert werden, so bietet sich ein Vergleich von variablen Kosten sowie Erlösen vor und nach Realisierung des Verbesserungsvorschlages an (vgl. *Göhs*, 1980, S. 152 ff.). Dabei sind – im Sinne der Verursachungsgerechtigkeit – sämtliche Änderungen von Zahlungs- oder Ergebnisgrößen zu berücksichtigen, die durch den Verbesserungsvorschlag verursacht werden.

Zur Ermittlung und Vergütung des **nicht monetären Nutzens** aus einem Verbesserungsvorschlag wird in der Literatur eine Vorgensweise empfohlen, die der bei der Arbeitsbewertung weitgehend analog ist (vgl. *Hack*, 1977, S. 168). So kann die Beurteilung im Hinblick auf nicht monetäre Kriterien zum einen gemäß summarischer Methoden und zum anderen gemäß analytischer Methoden vorgenommen werden.

Bei **summarischen Methoden** erfolgt eine Globalschätzung des Verbesserungsvorschlagsnutzens. Sie hat subjektiven Charakter und kann daher als willkürlich empfunden werden. **Bei analytischen Methoden** wird eine differenzierte, objektiv nachvollziehbare Beurteilung anhand eines Kriterienkataloges vorgenommen. Neben Kriterien zur Nutzenmessung, z. B. für höhere Qualität oder für den Grad der Vermeidung gesundheitsschädlicher Gefährdung, kann auch eine Aufnahme sog. Korrekturfaktoren zur personen- und/oder sachbezogenen Relativierung der Verbesserungsvorschläge in den Kriterienkatalog und deren entsprechende Gewichtung erfolgen. Als personenbezogene Korrekturfaktoren sind primär die betriebliche Stellung und die Einkommensklasse des Einreichers zu nennen; sachbezogene Korrekturfaktoren stellen Kriterien wie Originalität und Reife des Verbesserungsvorschlags dar.

Aus einer solchen Bewertung von Verbesserungsvorschlägen resultierende Punktwerte können mit Geldfaktoren multipliziert zur Ermittlung der Vorschlagsprämie herangezogen werden.

Materielle Anreize im Bereich des BVW sind **Sachprämien** und **Geldprämien**, wobei Sachprämien meist für geringwertige Verbesserungsvorschläge vergeben werden. In Abhängigkeit von dem Wert des Verbesserungsvorschlages für die Unternehmung ist dabei über den Verlauf der Prämienlinie zu entscheiden. Es hat sich hierbei durchgesetzt, einen Sockelbetrag, eine sog. Mindestprämie in Höhe von DM 30,– bis DM 100,–, zu zahlen oder eine äquivalente Sachprämie zu gewähren (vgl. *Thom*, 1991, S. 601). Höchstgrenzen für Prämien sind in der Literatur umstritten (vgl. *Thom*, 1985, S. 44; *Thom*, 1991, S. 600 f.). Aufgrund der höheren Anreizwirkung und der (Unter)Proportionalität der Prämie im Verhältnis zum erzielten Gesamtnutzen – so zahlten 85 % der von Nowak befragten Unternehmungen Prämien in Höhe von 25 % der VV-induzierten Einsparung im ersten Jahr nach VV-Realisierung (vgl. *Nowak*, 1979, S. 21) – erscheint ein nach oben offenes Prämiensystem zweckmäßig.

Der Verlauf von Vorschlagsprämien kann analog zu dem bei leistungsorientierter Prämienentlohnung progressiv, linear oder degressiv und dabei stetig oder gestuft sein. Hierbei ist bei starker Degression zu beachten, daß damit ein Anreiz zur Zerlegung eines hochwertigen Gesamtvorschlags in Teilvorschläge entsteht. Aus Transparenz und Gerechtigkeitsgründen erscheint ein linearer und stetiger Verlauf der Prämienlinie vorteilhaft.

Weitere Gestaltungsparameter im Bereich der Prämierung von Verbesserungsvorschlägen sind die Fragen, ob die Unternehmung **Netto-**, d. h. um Steuern und Sozialabgaben bereinigte, **oder Bruttoprämien** zahlen soll (vgl. *Thom*, 1991, S. 600) und ob **Sperrfristen** bis zur Realisation des Verbesserungsvorschlags zur Anwendung kommen sollen. Letzteres ist umstritten und sollte zugunsten eines Vorschusses verbunden mit einer Nachprämie bei Ermittlung des endgültigen Nutzens vermieden werden (vgl. *Thom*, 1991, S. 603).

Der Bedürfnisstruktur der Arbeitnehmer entsprechend sind diesen auch **immaterielle Anreize** zu gewähren. Diese können in mündlicher oder schriftlicher Form durch Vorgesetzte, Personalleiter oder den BVW-Beauftragten ausgesprochen werden. Unter Berücksichtigung der Werbewirkung einerseits, aber auch eventueller Anonymitätswünsche des Einreichers andererseits kann eine solche immaterielle Anerkennung z. B. auf Betriebsversammlungen, in der Werkszeitung und/oder der regionalen Presse vorgenommen werden (vgl. exemplarisch *Thom*, 1991, S. 603 ff.).

Grundsätzlich ist auch bei der Anreizgewährung für Verbesserungsvorschläge der **Trend im personellen Anwendungsbereich hin zur Gruppe** verstärkt zu berücksichtigen. So wird ein großer Teil von Verbesserungsvorschlägen von informellen und auch formellen Gruppen (z. B. Qualitätszirkel, Lernstatt) eingebracht (vgl. hierzu bereits *Brinkmann/Böhme*, 1980, S. 253 ff. sowie *Eyer*, 1990, S. 34 ff. sowie zur Anerkennung der Arbeit in Qualitätszirkeln bei der Volkswagen AG *Marciniak*, 1991, S. 681 f.).

5 Personalinformationssystem

5.1 Grundsätzliches zum Personalinformationssystem

Ein **Informationssystem für die Personalwirtschaft**, das im Kern als eine geordnete Gesamtheit von personalbezogenen Informationsprozessen mit spezifischem Integrationsgrad interpretiert werden kann, hat die Informationsverarbeitungsaufgaben im Bereich der Personalwirtschaft zu übernehmen. Sein **genereller Zweck** liegt in der Beschaffung, Aufbereitung, Speicherung und Übermittlung von Informationen im Zusammenhang mit der Personalbedarfsermittlung und -beschaffung, dem Personaleinsatz, der Personalentwicklung, -erhaltung sowie -freistellung – verbunden mit der Bereitstellung von informationellen Grundlagen für die ergebnismäßige Abrechnung sämtlicher Teilbereiche der Personalwirtschaft (vgl. *Drumm/Scholz*, 1988, S. 73).

Personalinformationssysteme können grundsätzlich auf manueller, mechanisierter und/oder elektronischer Datenverarbeitung basieren (vgl. *Hahn/Wagner*, 1979, Sp. 786 ff. sowie allgemein *Berthel*, 1975). Heute werden zunehmend unter Einsatz von EDV-Anlagen **computergestützte Personalinformationssysteme** entwickelt und angewendet (vgl. *Drumm*, 1989, S. 73; ausführlich *Scholz*, 1991, S. 507 ff.). Sie entlasten den Menschen sehr weitgehend von repetitiven und schematisierten dispositiven Datenverarbeitungsaufgaben und übernehmen darüber hinaus auch grundsätzlich die Steuerung des Datenverarbeitungsprozesses, vielfach bei gleichzeitiger interaktiver Einbindung des Menschen in die Prozeßabwicklung.

5.2 Kernaufgaben des Personalinformationssystems

5.2.1 Personalverwaltung und Lohn-/Gehaltsabrechnung

Die personalwirtschaftlichen Primäraufgaben der Personalplanung einschließlich der hiermit stets verbundenen Personalkontrolle (vgl. Kapitel 1.3) bedürfen der Unterstützung durch personalwirtschaftliche Sekundäraufgaben administrativer Art, die unter dem Begriff **Personalverwaltung** zusammengefaßt werden können (vgl. *Gossens*, 1974, S. 751; *Scholz*, 1991, S. 6f.). Der personalwirtschaftlichen Querschnittsfunktion Personalverwaltung obliegt vornehmlich

- die rechtliche und organisatorische Abwicklung des Abschlusses und der Auflösung von Arbeitsverträgen in Abstimmung mit den relevanten gesetzlichen Bestimmungen, Tarifvereinbarungen, Betriebs- und Einzelvereinbarungen,
- die Abwicklung der Entlohnung,
- die Führung der Personalakten sowie
- die Organisation, Überwachung und Abrechnung von Sozialdiensten (vgl. *Hax*, 1977, S. 127f.; ähnlich *Scholz*, 1991, S. 7).

Die übrigen Kernaufgaben des Personalinformationssystems, die Personalkostenrechnung, die Personalstatistik – soweit sie controllingrelevante Kennzahlen beinhaltet – sowie die Humanvermögensrechnung und die Erstellung von Sozialbilanzen können dem **Personal-Controlling** zugeordnet werden. Die **generelle Aufgabe** des Personal-Controlling besteht in der informationellen Sicherung bzw. Sicherstellung ergebnisorientierter Planung, Steuerung und Kontrolle aller Aktivitäten, die einer wirtschaftlichen und personengerechten Ausstattung des betrieblichen Leistungsprozesses mit der erforderlichen Arbeitskraft dienen.

Ein Schwerpunkt der Personalverwaltung bei der Unterstützung der personalwirtschaftlichen Primäraufgaben ist im Bereich der **Einstellungsaktivitäten** gegeben. Exemplarisch seien hier genannt die Anfertigung von schriftlichen Arbeitsverträgen, das Anlegen von Personalunterlagen (Personalakte, -kartei), die Information innerbetrieblicher Stellen über die vollzogene Personalbeschaffung (hier insbesondere in bezug auf die Lohn-/Gehaltsabrechnung) sowie auch die Ausfertigung von Absagen an nicht eingestellte Bewerber. Verbunden mit der **Führung der Personalakten** ist die laufende Aktualisierung der Personal-Stammdaten/-Stammdatenpflege sowie die damit zusammenhängende terminliche Überwachung z.B. bezüglich Jubiläen, Ende der Probezeit, Ablaufen von Aufenthalts- oder Arbeitserlaubnis, Krank- und Gesundmeldungen und der Urlaubszeiten (vgl. *Hofmann*, 1982, S. 21).

Versteht man unter der **Lohn-/Gehaltsabrechnung** die Summe aller Operationen (Verfahrensschritte), die mit der Durchführung der periodischen Verdienstermittlung der einzelnen Arbeitnehmer in unmittelbarem Zusammenhang stehen, so lassen sich hierbei im wesentlichen folgende **Kernaufgaben** unterscheiden (vgl. *Hentschel/Klement/Gliss*, 1976, S. 3; ferner *Schulze*, 1975; Sp. 1239 ff.):

- Ermittlung bzw. Feststellung des Lohn-/Gehaltsanspruchs der einzelnen Arbeitnehmer (Ermittlung des Bruttolohns/-gehalts),
- Ermittlung und Abführung der dem Entgeltanspruch des Arbeitnehmers entsprechenden gesetzlichen und freiwilligen Abzüge (Steuern, Sozialversicherungsbeiträge),
- Abführung von Lohn-/Gehaltsbestandteilen entsprechend den von den Arbeitnehmern getroffenen Vereinbarungen (Inkassovereinbarungen, Überweisung der vermögenswirksamen Leistungen) sowie entsprechend den gesetzlichen Regelungen (z.B. Pfändungen),
- Aufbereitung der Lohn-/Gehaltsdaten für das betriebliche Rechnungswesen,

- Erfüllung der im Zusammenhang mit der Entlohnung stehenden gesetzlichen Melde-, Aufzeichnungs- bzw. Nachweis- und Aufbewahrungspflichten.

Die hohe gesetzliche Regelungsdichte im Bereich der Aufgaben der Personalverwaltung führte zu einer Vielzahl standardisierter Prozesse. Dies zog bereits früh den Einsatz der EDV und inzwischen bereits wissensbasierter/ Experten-Systeme nach sich (vgl. zum Einsatz von Expertensystemen *SAP AG (Hrsg.)*, 1990, S. 74f.; ferner *Scholz*, 1991, S. 7). So wird z. B. in der Datenerfassungsverordnung (DEVO) und der Datenübertragungsverordnung (DÜVO) von 1972 insbesondere der Datenaustausch mit den Sozialversicherungsträgern geregelt. Entsprechend dieser Verordnungen werden Form und Inhalt der zu übermittelnden Daten so vereinheitlicht, daß die Übermittlung per Datenträgeraustausch (z. B. Magnetband, Disketten) abgewickelt werden kann, was zur Rationalisierung im Meldewesen beigetragen hat (vgl. z. B. *Scheer*, 1990, S. 421 f.).

Einen Überblick über den grundsätzlichen Ablauf der Bruttolohn-/ -gehaltsermittlung gibt Schaubild VII.73.

Ausgangspunkte für die nachfolgende Ermittlung des Nettolohns/-gehalts sind der/das Bruttolohn/-gehalt, der/das sich aus dem laufenden Arbeitsentgelt und den „Sonstigen Bezügen" (z. B. Urlaubs-, Weihnachtsgeld) zusammensetzt, sowie ggf. geldwerte Vorteile und Ergebnisbeteiligungen. Errechnet wird der Nettoverdienst hieraus, indem folgende gesetzliche Abzüge vorgenommen werden (vgl. Schaubild VII.74) (vgl. *Hentschel/Klement/Gliss*, 1976, S. 8 ff.):

- Steuern (Lohn-, Kirchensteuer),
- Sozialversicherungsbeiträge (Kranken-, Renten-, Arbeitslosenversicherung),
- sonstige gesetzliche Abzüge (z. B. Vermögenswirksame Leistungen).

Dem **Lohnsteuerabzug** sowie dem **Kirchensteuerabzug**, für den die festzustellende Lohnsteuer Maßstabsteuer ist (Annex-Steuer) und dessen Betrag mit Hilfe von länderspezifischen Hebesätzen aus dem – häufig um die Kindergeldbeträge reduzierten – Lohnsteuerbetrag ermittelt wird, unterliegen alle Einkünfte aus unselbständiger Arbeit. Dies gilt unabhängig davon, ob es sich bei diesen Einkünften um Geldbeträge oder sog. geldwerte Vorteile (Sachzuwendungen, wie z. B. Dienstwagen etc.) handelt. Ausgenommen von der Besteuerung sind lediglich spezifische Entgeltteile, die in den steuerlichen Vorschriften als steuerfrei gekennzeichnet sind. Hierzu zählen insbesondere die Abfindungen wegen einer vom Arbeitgeber veranlaßten oder gerichtlich ausgesprochenen Auflösung des Arbeitsverhältnisses, die Arbeitgeberanteile zur Sozialversicherung sowie die gesetzlichen, tariflichen oder vertraglichen Zuschläge für tatsächlich geleistete Sonntagsarbeit (50 % Steuerbefreiung), Feiertagsarbeit (125 % Steuerbefreiung) und Nachtarbeit (25 % Steuerbefreiung). Das verbleibende steuerpflichtige Arbeitsentgelt unterliegt weiterhin ebenfalls nur teilweise der Besteuerung, da vor Feststellung des Einkommensteuer- und damit

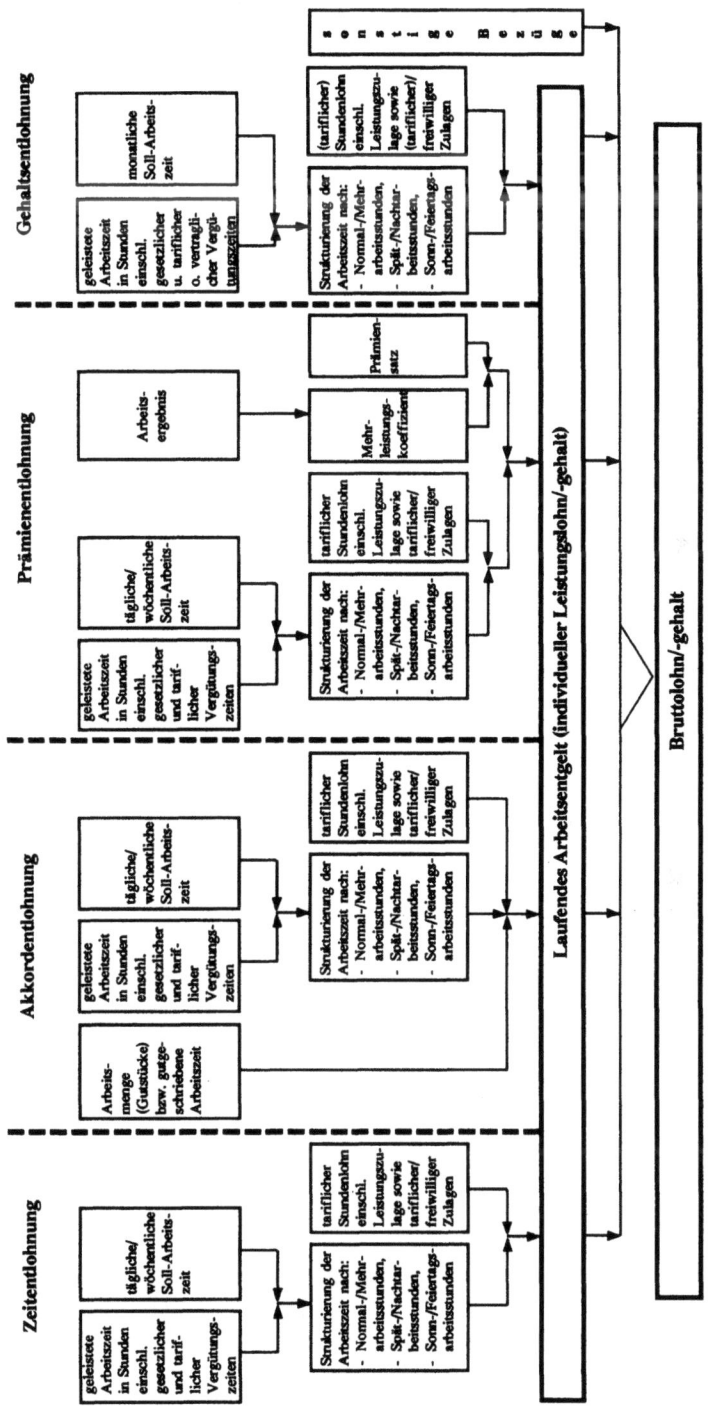

Schaubild VII.73. Ablaufschema zur Bruttolohn-/-gehaltsermittlung

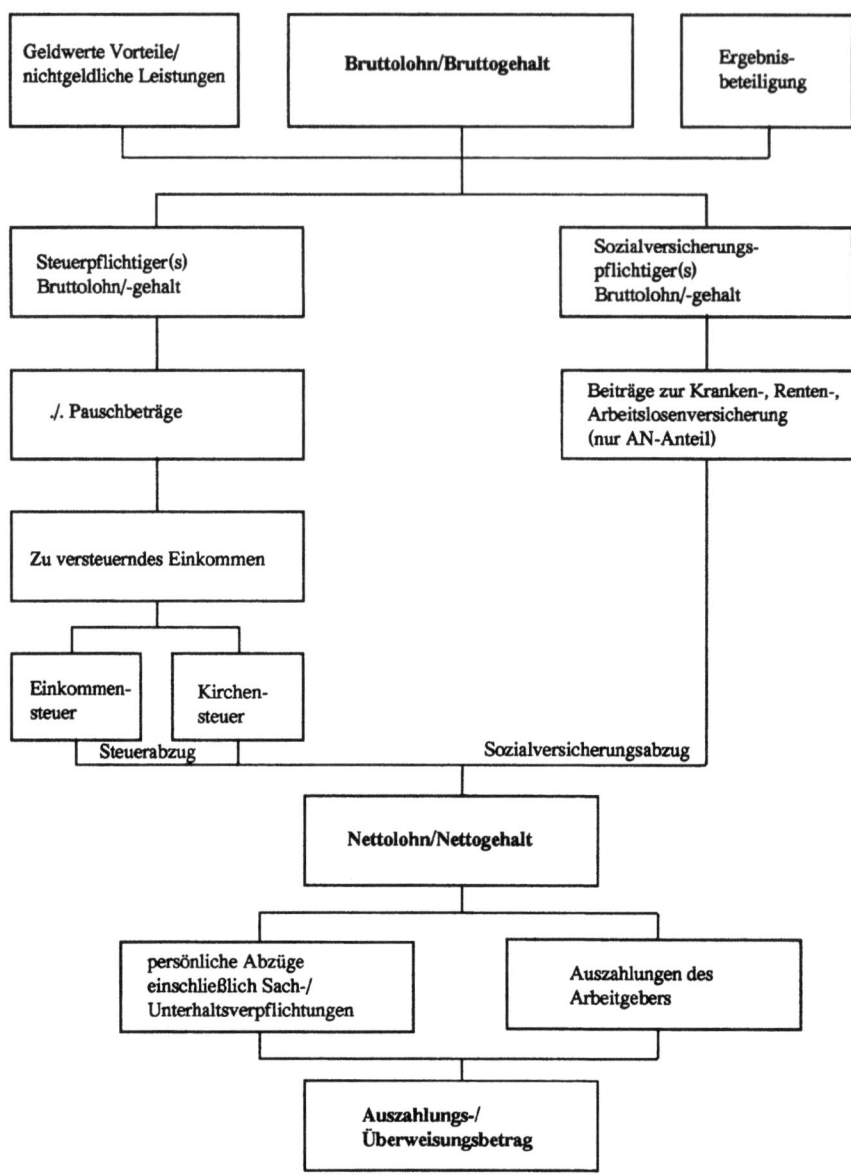

Schaubild VII.74. Ermittlung des Nettolohns/-gehalts und des Auszahlungs-/Überweisungsbetrags an die Arbeitnehmer

auch Kirchensteuerbetrags zunächst von dem zu versteuernden Arbeitslohn/ -gehalt bestimmte individuelle Freibeträge (z. B. Sonderabschreibung von eigengenutzten Wohngebäuden gemäß § 10 e EStG) sowie Pauschbeträge (z. B. Arbeitnehmerpauschbetrag, Sonderausgabenpauschbetrag) in Abzug zu bringen sind.

Neben dem Lohn- und Kirchensteuerabzug stellen die **Beiträge zur Kranken-, Renten- und Arbeitslosenversicherung** den zweiten Hauptkomplex der gesetzlichen Abzüge dar. Im Gegensatz zum Steuerabzug, bei dem die individuellen Merkmale zur Bestimmung des jeweiligen Steuerbetrags durch die Angaben auf der Lohnsteuerkarte vorgegeben sind, soweit der Steuerpflichtige entsprechende Freibeträge hat eintragen lassen, fehlt hierbei jedoch ein ähnliches Instrument. Die Unternehmung ist daher gezwungen, bei der Ermittlung der Versicherungsbeiträge jeweils auf die Stammdaten des Arbeitnehmers zurückzugreifen und diese entsprechend auszuwerten. Grundsätzlich gilt dabei sowohl für Arbeiter als auch für Angestellte für die Renten-, Arbeitslosen- und Krankenversicherung eine **Versicherungspflicht**. Ausgenommen von der Versicherungspflicht in der Arbeitslosenversicherung sind lediglich Arbeitnehmer ab dem 63. Lebensjahr, Arbeitnehmer mit Erwerbsunfähigkeitsrente, geringfügig Beschäftigte nach § 102 AFG sowie unständig Beschäftigte nach § 441 RVO. Von der Versicherungspflicht in der gesetzlichen Krankenversicherung können sich außerdem Angestellte befreien lassen, sofern ihr Bruttojahresgehalt über der jährlich neu festgesetzten Jahresverdienstgrenze liegt.

Die **Ermittlung der Sozialversicherungsbeiträge**, von denen der Arbeitgeber aufgrund gesetzlicher Vorschriften jeweils 50% zu tragen hat, erfolgt dann im einzelnen auf der Grundlage des sozialversicherungspflichtigen Bruttolohns, der in der Regel mit dem steuerpflichtigen Bruttolohn identisch ist. Es betragen die Beiträge

- zur Rentenversicherung (ab 01.01.1993): 17,5%,
- zur Arbeitslosenversicherung (ab 01.01.1993): 6,5%,
- zur Krankenversicherung (ab 01.04.1991): 10,1%–15,1%,

(gegebenenfalls in Zukunft erhöht um Pflegeversicherungsbeiträge).

Vom Nettolohn/-gehalt gelangt man schließlich zum **Auszahlungs- bzw. Überweisungsbetrag**, indem nun noch persönliche Abzüge (z.B. Überweisung der Vermögenswirksamen Leistungen) sowie Auszahlungen des Arbeitgebers (z.B. Arbeitnehmersparzulage, Kurzarbeiter-, Schlechtwettergeld) verrechnet werden.

5.2.2 Personalkostenrechnung

5.2.2.1 Grundsätzliches

Während in den vorangehenden Abschnitten primär Vergütungen für Arbeitsleistungen und Arbeitsbereitschaft sowie die Sozialleistungen aus der Sicht der Zuordnung zu den Lohn- und Gehaltsempfängern im Mittelpunkt der Betrachtungen standen, soll im folgenden auf die **Personalkosten** als Bestandteil der Erfolgsermittlung und -planung der Unternehmung näher eingegangen werden (vgl. allgemein *Schoenfeld*, 1992, Sp. 1735 ff.). Personalkosten stellen den bewerteten betrieblichen Arbeitseinsatz einer Bezugsperiode dar, wobei zwischen primären und sekundären Kostenbestandteilen zu unterscheiden ist. Als **primäre Personalkostenbestandteile** aus der Sicht der Unternehmung sind die aus den Arbeitsverträgen abgeleiteten tagesnah bewerteten Arbeitsleistungen einzuordnen; die Bewertungskomponente umfaßt neben den Löhnen und Gehältern alle davon abhängigen Aufschläge für Sozialbeiträge und die zugehörigen Aufwendungen für Altersversorgung und Unterstützung sowie alle personenbezogenen Sondervergütungen. Daneben gehören personalinduzierte tagesnah bewertete (primäre) Fremdleistungen zu den Personalkosten wie z.B. extern erworbene Gesundheitsdienste, Aus- und Fortbildungsdienste für Unternehmungsangehörige. Als **sekundäre Personalkostenbestandteile** sind die mit dem Personaleinsatz verbundenen tagesnah bewerteten innerbetrieblichen Leistungen z.B. von Ausbildungseinrichtungen, Kantinen, Unfallstationen, Ferienheimen, Wohnungsgesellschaften u. dergl. zu bezeichnen.

Die Personalsekundärkosten setzen sich ihrerseits aus primären Personalkosten sowie (primären und sekundären) Material-, Energie-, Fremddienst- und Kapitaldienstkosten und anteiligen Verwaltungskosten der leistenden Hilfskostenstellen oder Nebenbetriebe zusammen. Vielfach wird auch zwischen Personalbasiskosten und Personalzusatzkosten unterschieden, wobei als Basiskosten Löhne und Gehälter für geleistete Arbeitszeit in den Hauptfunktionsbereichen der Unternehmung und als Zusatzkosten alle bewerteten Sozialleistungen und Sondervergütungen sowie Löhne und Gehälter und sonstigen Kosten in Sozialkostenstellen erfaßt werden (vgl. *Vogt*, 1984, S. 867).

Die Einbeziehung der sekundären Personalkostenbestandteile im den Begriff der Personalkosten wird in der Literatur im z.T. abweichendem Umfang vollzogen (vgl. *Gaugler*, 1954, S. 28ff.; *Hax*, 1977, S. 119ff.; *Grünefeld*, 1978, S. 417; *Hentze*, 1990, S. 282f., 288ff.; *Vogt*, 1983, S. 8ff.). Ausgangspunkt ist die Überlegung, daß vergleichbar der Instandhaltung von Fertigungsanlagen auch für den betrieblichen Einsatz von Arbeitskräften spezifische Leistungen der Unternehmung erforderlich sind, um einen möglichst sozialgerechten und effizienten Erfolgsbeitrag zu gewährleisten.

Diese vielschichtige Zusammensetung der Personalkosten erschwert ihre Erfassung, Überwachung, Disposition und Weiterverrechnung in der Kostenstellen- und Kostenträgerstückrechnung sowie kurzfristigen Erfolgsrechnung/Kostenträgerzeitrechnung. Ihr in vielen Branchen wesentlicher Anteil an den Gesamtkosten erfordert daher ein besonders ausgebautes Controlling-Instrumentarium. Die wirtschaftliche Bedeutung von Personalkosten wird allgemein an deren Anteil am Umsatz gemessen, der allerdings je Branche sehr unterschiedlich ausfällt. Im Jahre 1988 nahmen die primären Personalkosten im Maschinenbau dabei einen Anteil von 34,9% ein, im Bergbau sogar 41,1%. Vergleichsweise geringe Werte ergaben sich für den Bereich der Energieversorgung sowie für das Nahrungs- und Genußmittelgewerbe mit 14,5% bzw. 12,8% (vgl. *Statistisches Bundesamt*, 1990, S. 176ff.).

Häufig wird aufgrund der gesetzlichen und tarifvertraglichen Regelungen im Personalsektor und der Inflexibilität vieler Beschäftigter unterstellt, daß Personalkosten weitgehend fixen Charakter tragen (*Potthoff/Trescher*, 1986, S. 68f.). Dabei denkt man nicht nur an kurzfristige Beschäftigungsschwankungen. In Wirklichkeit bestehen seitens der Unternehmungsführung vielfältige kurz- und langfristig wirkende Einflußmöglichkeiten auf die Höhe der Personalkosten und deren verschiedenartige Bestandteile. Dieser Aspekt wird in

PERSONALAUFWANDSARTEN	ERLÄUTERUNGEN UND EINFLUßGRÖßEN
A. PERSONALBASISAUFWAND	Löhne und Gehälter für geleistete Arbeit, die unmittelbar im Zusammenhang mit der Leistungserstellung der Unternehmung aufgewandt wird. Nicht dazu zählen Löhne und Gehälter für Mitarbeiter in sozialen Einrichtungen sowie Bildungseinrichtungen der Unternehmung. Die Höhe der Löhne und Gehälter wird maßgeblich bestimmt durch die Arbeitnehmeranzahl und -struktur, die Arbeits- und Betriebszeitgestaltung und die Lohnsätze und Zulagenregelungen.
B. PERSONALZUSATZAUFWAND	Aufwendungen der Unternehmung für Leistungen an ihre Mitarbeiter, - die ihnen neben Lohn und Gehalt für geleistete Arbeit direkt zufließen, - die den Mitarbeitern indirekt zugute kommen (z.B. Sozialabgaben), - die für Einrichtungen in der Unternehmung entstehen, die der Belegschaft in ihrer Gesamtheit zugute kommen. Der Personalzusatzaufwand kann auf gesetzlichen oder tarifvertraglichen Regelungen beruhen oder auf betriebliche Veranlassung zurückgehen.
I. Gesetzlicher Personalzusatzaufwand	
1. Sozialabgaben Arbeitgeberbeiträge zur gesetzlichen Renten-, Kranken- und Arbeitslosenversicherung	Einfluß auf die Höhe des Aufwands haben das **beitragspflichtige Entgelt**, die Höhe der **Beitragsbemessungsgrenze** und der **Beitragsprozentsatz**.
Gesetzliche Unfallversicherung	Der Aufwand ist abhängig vom **beitragspflichtigen Entgelt**, dem **Gefahrtarif** einzelner Betriebsteile sowie dem **Unfallgeschehen** in der Unternehmung.
Konkursausfallgeld	Die Höhe des Aufwands ist abhängig vom **beitragspflichtigen Entgelt**.
Gesetzliche Arbeitgeberzuschüsse nach Ausscheiden aus der Krankenversicherungspflicht	Der Arbeitgeber hat den Betrag zu zahlen, der als Arbeitgeberanteil bei Krankenversicherungspflicht zu zahlen wäre, höchstens jedoch die Hälfte des **Versicherungsbeitrags** des Mitarbeiters.
2. Aufwendungen laut Betriebsverfassungsgesetz	In Betrieben mit in der Regel mindestens **fünf ständigen wahlberechtigten Arbeitnehmern**, von denen drei wählbar sind, werden Betriebsräte gewählt (§ 1). In Betrieben, in denen in der Regel mindestens **fünf jugendliche Arbeitnehmer** beschäftigt sind, werden Jugendvertretungen gewählt (§ 60).
Betriebsversammlungen, Jugendversammlungen und Wahlen des Betriebsrats und der Jugendvertretung	Die regelmäßigen Betriebsratswahlen finden alle drei Jahre, Wahlen der Jugendvertretung alle zwei Jahre statt. Die Kosten der Wahl (incl. Versäumnis von Arbeitszeit) trägt der Arbeitgeber. Regelmäßige Betriebsversammlungen finden vierteljährlich während der Arbeitszeit statt. Die Zeit der Teilnahme ist den Arbeitnehmern wie Arbeitszeit zu vergüten.
Betriebsrat, Jugendvertretung	Die Anzahl der Betriebsratsmitglieder bestimmt sich nach der **Zahl der Arbeitnehmer**. Die Mitglieder des Betriebsrates sind zur ordnungsgemäßen Durchführung ihrer Aufgaben von ihrer beruflichen Tätigkeit ohne Minderung des Arbeitsentgelts zu befreien. Darüber hinaus sind in Betrieben ab 300 Arbeitnehmern in Abhängigkeit von der Größe der Belegschaft Betriebsratsmitglieder von ihrer beruflichen Tätigkeit völlig freizustellen. Die durch die Tätigkeit des Betriebsrates entstehenden Kosten trägt der Arbeitgeber. Die Anzahl der Jugendvertreter ist abhängig von der **Zahl jugendlicher Arbeitnehmer**.
Gesamtbetriebsrat, Gesamtjugendvertretung	Sofern mehrere Betriebsräte (Jugendvertretungen) in einer Unternehmung bestehen, ist ein Gesamtbetriebsrat (Gesamtjugendvertretung) zu bilden.

Schaubild VII.75. Gliederung der Personalaufwandsarten nach Sachgebieten sowie deren Einflußgrößen (mit Beispielen aus der Metall- und Elektroindustrie)

PERSONALAUFWANDSARTEN	ERLÄUTERUNGEN UND EINFLUßGRÖßEN
3. Aufwendungen lt. Jugendarbeitsschutzgesetz Bezahlung der Berufsschulzeit für Jugendliche ohne Ausbildungsvertrag	Die Unterrichtszeit wird auf die Arbeitszeit angerechnet, ein Entgeltausfall darf durch den Besuch der Berufsschule nicht eintreten (§ 10).
4. Aufwendungen lt. Mutterschutzgesetz Lohn-/Gehaltsausgleich lt. Mutterschutzgesetz	Werdende Mütter erhalten vom Arbeitgeber mindestens den **Durchschnittsverdienst** der letzten dreizehn Wochen, wenn sie wegen eines Beschäftigungsverbots (z.B. für schwere körperliche Arbeiten) teilweise oder völlig mit der Arbeit aussetzen (§ 11) und kein Mutterschaftsgeld erhalten.
Arbeitgeberzuschuß zum Mutterschaftsgeld	Frauen, die Anspruch auf ein kalendertägliches Mutterschaftsgeld haben, erhalten von ihrem Arbeitgeber einen Zuschuß in Höhe des Unterschiedsbetrages zwischen dem **Mutterschaftsgeld** und dem um die gesetzlichen Abzüge verminderten **durchschnittlichen kalendertäglichen Arbeitsgeld** (§ 14).
5. Aufwendungen lt. Schwerbehindertengesetz Entgeltfortzahlung bei Zusatzurlaub für Schwerbehinderte	Schwerbehinderte haben Anspruch auf einen bezahlten zusätzlichen Urlaub von fünf Arbeitstagen im Jahr (§ 47).
Ausgleichsabgabe für unbesetzte Schwerbehindertenpflichtplätze	Arbeitgeber mit mindestens **16 Arbeitsplätzen** haben auf wenigstens 6 % der Arbeitsplätze Schwerbehinderte zu beschäftigen (§ 5). Für unbesetzte Pflichtplätze ist eine Ausgleichsabgabe von je 150 DM monatlich zu zahlen (§ 11).
Schwerbehindertenvertrauensmann	In Betrieben, in denen wenigstens **5 Schwerbehinderte** nicht nur vorübergehend beschäftigt sind, wird ein Schwerbehindertenvertrauensmann gewählt. Wahlkosten sowie die durch die Tätigkeit des Vertrauensmannes entstehenden Kosten trägt der Arbeitgeber (§ 24, § 26 Abs.8).
6. Aufwendungen lt. Gesetz über Betriebsärzte, Sicherheitsingenieure und andere Fachkräfte für die Arbeitssicherheit	Die Anzahl der Betriebsärzte und Sicherheitsingenieure bestimmt sich nach der **Anzahl der Arbeitnehmer** einzelner Betriebsabteilungen und der **Gefahrenklasse**. Der Arbeitgeber trägt die durch die Tätigkeit der Betriebsärzte und Sicherheitsingenieure entstehenden Kosten.
7. Personalkosten der Betriebskrankenkasse	Der Arbeitgeber bestellt auf seine Kosten die für die Geschäfte erforderlichen Personen (§ 362 RVO).
8. Lohn-/Gehaltsfortzahlung bei Krankheit bis 6 Wochen	Dem Arbeitnehmer ist das ihm bei der für ihn maßgebenden Arbeitszeit zustehende **Arbeitsentgelt** fortzuzahlen (§ 2 Lohnfortzahlungsgesetz, § 616 BGB).
9. Bezahlte Feiertage	Für Arbeitszeit, die infolge eines gesetzlichen Feiertages ausfällt, ist vom Arbeitgeber der **Arbeitsverdienst** zu zahlen, den der Arbeitnehmer ohne Arbeitsausfall erhalten hätte (§ 1 Feiertagslohnzahlungsgesetz).

Schaubild VII.75. (2)

Personalinformationssystem 191

PERSONALAUFWANDSARTEN	ERLÄUTERUNGEN UND EINFLUßGRÖßEN
II. Tariflicher Personalzusatzaufwand	Die Art und Höhe tariflicher Personalzusatzaufwendungen hängt von der Zugehörigkeit der Unternehmung zu Tarifgebieten ab. Für die Eisen-, Metall- und Elektroindustrie etwa gibt es 16 Tarifgebiete mit jeweils gesonderten Tarifverträgen.
1. Urlaubsentgelt (Entgeltfortzahlung bei Erholungsurlaub und zusätzliches Urlaubsgeld)	Neben den Mindestbestimmungen des Bundesurlaubsgesetzes enthalten i.a. Tarifverträge Bestimmungen über Urlaubsdauer und Höhe des Urlaubsentgelts. In der metallverarbeitenden Industrie von NRW bemißt sich das Urlaubsentgelt nach dem 1,5fachen des **regelmäßigen Arbeitsverdienstes** (vgl. Manteltarifvertrag vom 29.02.1988 in der Fassung vom 06.05./19.06.1990 für die metallverarbeitende Industrie NRW, § 14).
2. Absicherung eines Teils eines 13. Monatseinkommens	In Abhängigkeit von der **Betriebszugehörigkeit** werden 20-50% eines **Monatsverdienstes** als Sonderzahlung geleistet. Bestehende betriebliche Systeme (Jahresabschlußvergütung, Ergebnisbeteiligungen etc.) gelten als Sonderzahlungen (vgl. etwa Tarifvertrag über die tarifliche Absicherung eines Teils des 13. Monatseinkommens vom 30.10.1976 nach dem Stand vom 29.02.1988 in der Eisen-, Metall-, Elektro- und Zentralheizungsindustrie Nordrhein-Westfalens).
3. Tarifliche vermögenswirksame Leistungen	Monatliche Zahlung von 52,- DM **je Arbeitnehmer** und 26,- DM **je Auszubildendem** (vgl. Tarifvertrag über vermögenswirksame Leistungen vom 05.12.1988 für die Eisen-, Metall- und Elektroindustrie der BRD (alte Länder)).
4. Bezahlung von Ausfallzeiten lt. Tarif	Fortzahlung des **regelmäßigen Arbeitsverdienstes** bei eigener Eheschließung, bei Umzug etc., Vergütung von Ausfallzeiten am 24. und 31.12. mit dem zuschlagsfreien Stundenverdienst (vgl. Manteltarifvertrag vom 29.02.1988 in der Fassung vom 06.05./19.06.1990 für die metallverarbeitende Industrie NRW, §§ 3,8).
5. Sonstige tarifliche Aufwendungen Familienzulagen	z.B. für die Metallindustrie im Tarifgebiet Pfalz: Monatlich 20,- DM für **verheiratete Angestellte**, sofern der Ehegatte nicht erwerbstätig ist.
Kontoführungsgebühren	z.B. Metallindustrie Hessen: Monatlich 2,50 DM für jeden Arbeitnehmer.
Verdienstsicherung für ältere Arbeitnehmer	z.B. Metallindustrie Bayern: Arbeitnehmer, die bestimmte Voraussetzungen hinsichtlich **Lebensalter** und **Betriebszugehörigkeit** erfüllen, haben einen Anspruch auf hundertprozentige Verdienstsicherung, wenn sie wegen gesundheitsbedingter ständiger Minderung ihrer Leistungsfähigkeit auf einem geringer bezahlten Arbeitsplatz beschäftigt werden.
Zuschüsse bei Krankheit über 6 Wochen	z.B. Metallindustrie Südbaden: Gewerbliche Arbeitnehmer erhalten nach Ablauf von 6 Wochen für bis zu weitere 2 Monate (in Abhängigkeit von der **Betriebszugehörigkeit**) den Unterschied zwischen dem **Nettoverdienst** und dem **Krankengeld**.
Abfindungen lt. Rationalisierungsschutzabkommen	Für die Metallindustrie der BRD: Arbeitnehmer, die als Folge von Rationalisierungsmaßnahmen entlassen werden, erhalten eine Abfindung von 2 bis 9 monatlichen Arbeitsverdiensten in Abhängigkeit von **Lebensalter** und **Betriebszugehörigkeit**.
Unterstützungen im Sterbefall	z.B. Metallindustrie Niedersachsen: Im Sterbefall werden in Abhängigkeit von der **Betriebszugehörigkeit** bis zu 3 **Monatseinkommen** gezahlt.

Schaubild VII.75. (3)

PERSONALAUFWANDSARTEN	ERLÄUTERUNGEN UND EINFLUSSGRÖSSEN
III. Betrieblicher Personalzusatzaufwand Aus der Vielzahl möglicher betrieblicher Sozialleistungen seien die wichtigsten genannt:	Der betriebliche Personalzusatzaufwand beruht auf der Entscheidung der Unternehmungsleitung, Mitarbeitern zusätzliche Leistungen zu gewähren.
1. Soziale Sicherung Altersversorgung, Unterstützung in Notfällen, Übergangsbezüge, Insolvenzsicherung, Zusätzliche Krankenversicherung	
2. Bildung Ausbildungswerkstätten, Werkschulen, Weiterbildungseinrichtungen, Löhne und Gehälter für die Teilnahme an Weiterbildungsveranstaltungen, Reisekosten, Weiterbildungsgebühren	
3. Sonderzahlungen (Erfolgsbeteiligung, Weihnachtsgeld, Prämien für Verbesserungsvorschläge etc.)	
4. Werkskantine oder Verpflegungszuschüsse	
5. Gesundheit und Erholung Werksärztlicher Dienst, Werkseigenes Erholungsheim, Zuschüsse zu Erholungsheimen, Sonderurlaub u. Reisekosten für Kuren, Sachkosten der Betriebskrankenkasse, Röntgenstelle, Röntgenuntersuchungen	
6. Sozialbetreuung Sozialberatung, Kinderheime oder Zuschüsse zu Kinderheimen	
7. Wohnungswesen Verlorene Zuschüsse, Werkswohnungen, Mietbeihilfen, Zinsübernahme bei Baudarlehen	
8. Jubiläen Jubiläumsgeldgeschenke, Jubilarurlaub, Kosten und Ausfallzeiten bei Feiern	
9. Ausgabe von Belegschaftsaktien	
10. Sonstiger Aufwand Werksbüchereien, kulturelle und sportliche Einrichtungen, Wohngeldzuschüsse bei Versetzungen, Fahrgeldzuschüsse und Kosten für Zubringerdienste, Förderung der Unfallverhütung, Pflege der Betriebsgemeinschaft, Abfindungen	

Schaubild VII.75. (4)

den folgenden Abschnitten, die eine Struktur- und Einflußgrößenanalyse zum Inhalt haben sollen, im Vordergrund der Betrachtungen stehen.

Für den überbetrieblichen Vergleich von Personalkosten gibt es konkrete Vorschläge hinsichtlich der Abgrenzung der relevanten Kosten- bzw. Aufwandsarten (vgl. *Haberkorn*, 1973; *ZVEI*, 1979; *DGFP*, 1980; *Vogt*, 1983). Eine

Zusammenstellung mit den wichtigsten Bestandteilen der aufwandsgleichen Personalkosten enthält Schaubild VII.75 (vgl. zum Kostencharakter des Personalaufwands und zum überwiegenden Kostencharakter des Sozialaufwands *Mellerowicz*, 1975, S. 1667 ff.).

5.2.2.2 Erfassungsquellen und Abgrenzung der wichtigsten Personalkostenarten

Personalkosten werden in den verschiedenen Zweigen des betrieblichen Rechnungswesens je nach ihren besonderen Zwecksetzungen in unterschiedlicher Abgrenzung und Aufgliederung verarbeitet. Die **betriebliche Erfassung der direkten Personalkosten** erfolgt im Rahmen der Lohn- und Gehaltsabrechnung auf Basis differenziert dokumentierter Anwesenheits- und Abwesenheitszeiten sowie erbrachter Leistungen, soweit diese vergütungsbestimmend sind.

Extern können **Personalkostendaten** aus überbetrieblichen Erhebungen gewonnen werden, wie z. B. der Erhebung des Personalaufwands der Deutschen Gesellschaft für Personalführung DGFP und der Arbeitskostenerhebung des Statistischen Bundesamtes (vgl. *DGFP*, 1980; *Statistisches Bundesamt*, 1990).

Zu den **Lohn-/Gehaltskosten für geleistete Arbeitszeit** sind die Vergütungen der Zeiten zu zählen, in denen ein Arbeitnehmer zur Ausführung von Arbeitsaufgaben verfügbar ist (leistungsrelevante Arbeitszeit). Die Lohn- und Gehaltskosten für geleistete Arbeitszeit werden originär in den betroffenen Kostenstellen erfaßt oder darauf zugerechnet. Dies ist sowohl für Kostenstellenanalysen als auch für die Kostenträgerrechnung notwendig. Für Zwecke der Kalkulation wird bei Auftragsfertigung der Fertigungslohn im Zuge der Urbelegerstellung im Betrieb soweit möglich auch auftragsbezogen zugeordnet. Daraus folgen zugleich die Lohnkostenanteile für Betriebsstillstände bei Auftragsmangel und anderen Störungen im Produktionsablauf. Als **Lohn-/Gehaltskosten für Ausfallzeiten** werden danach die Vergütungen für die übrigen Zeiten innerhalb der vertraglichen Arbeitszeit erfaßt. Zur Berechnung werden Verdienstgrößen entsprechend dem Referenz- oder Ausfallprinzip aus vorangehenden Arbeitsperioden herangezogen. **Sonderzahlungen** umfassen Geld- und Sachzuwendungen neben dem regelmäßig in den einzelnen Abrechnungsperioden gezahlten Entgelt, die im wesentlichen an den Bestand des Arbeitsverhältnisses anknüpfen und nicht unmittelbar von der geleisteten Arbeitszeit abhängen. Diese sind zum Teil kopfzahlabhängig, zum Teil werden sie nach der Höhe der Vergütung für geleistete Arbeit differenziert. Unter den **Kosten sozialer Abgaben** werden die gesetzlichen Arbeitgeberbeiträge zur Sozialversicherung und die Beiträge zur Berufsgenossenschaft verstanden. Ihre Ermittlung erfolgt auf Basis gesetzlich vorgegebener Zuschlagssätze im Rahmen der Lohn- und Gehaltsabrechnung.

Die **Kosten der Altersversorgung und Unterstützung** beinhalten die Kosten für Alters-, Invaliditäts- und Hinterbliebenenversorgung, die neben den Arbeitgeberbeiträgen zur Rentenversicherung für die Zukunftssicherung und Unterstützung der Arbeitnehmer entstehen. Auch diese Kostenarten werden kostenstellenweise unter der Hauptkostenart Personalkosten entsprechend ihrem primären Anfall eingeordnet. Anders geht man bei den sekundären Personalkostenarten aus Sozial- und Bildungseinrichtungen vor, die originär auf Hilfs- und Nebenkostenstellen nach Primärelementen erfaßt und im Zuge der Kostenstellenumlagen auf die Hauptkostenstellen weiterverrechnet werden.

Zu den **Sozial- und Bildungseinrichtungen** sind solche Betriebsteile zu zählen, die in Ausrichtung auf Humanziele von der Unternehmung errichtet worden sind und die der Gesamtheit der Arbeitnehmer oder Teilgruppen zur Verfügung stehen. Im Unterschied zu Geld- und Sachzuwendungen stehen dabei Dienstleistungen (einschließlich Nutzungsrechte) im Mittelpunkt. Abweichend von den primären Personalkostenarten der Hauptkostenstellen handelt es sich bei den sekundären Kosten von Sozial- und Bildungseinrichtungen um zusammengesetzte Kostenarten. Diese enthalten auch die Personalkosten der dort tätigen Arbeitskräfte; sie sind daher unmittelbar im Primäraufwand der Unternehmung enthalten. Daraus ergibt sich zwischen kostenrechnerischer und aufwandmäßiger Abrechnung laut GuV-Rechnung ein Unterschied, der bei Personalkostenanalysen und -vergleichen häufig vernachlässigt wird (vgl. im einzelnen *DGFP*, 1980, Anhang 2).

In einigen Untersuchungen werden die Personalkosten untergliedert in Personalbasiskosten (auch als Entgelt für geleistete Arbeit, Direktentgelt, Personalbasisaufwand bezeichnet) und Personalzusatzkosten (auch: Personalnebenkosten, Personalzusatzaufwand, Schattenlöhne, Sozialaufwand). Die **Personalbasiskosten** umfassen die in Hauptfunktionsbereichen der Unternehmung unmittelbar für geleistete Arbeit aufgewandten Lohn- und Gehaltsbestandteile. Die Vergütungen für Ausfallzeiten, Sonderzahlungen, Sozialabgaben, Altersversorgung und -unterstützung sowie die Kosten von Sozial- und Bildungseinrichtungen werden den **Personalzusatzkosten** zugerechnet. Damit gehören auch die Löhne und Gehälter in Sozial- und Bildungseinrichtungen nicht zu den Personalbasiskosten.

In jüngerer Zeit ist ein starker Anstieg der Personalzusatzkosten zu verzeichnen. Die Kennzahl „**Personalzusatzkosten/Personalbasiskosten**" gibt den Betrag an Personalzusatzkosten an, der je DM des für die geleistete Arbeitszeit gezahlten Entgelts von der Unternehmung zusätzlich im Durchschnitt aufzuwenden ist. Im produzierenden Gewerbe erreichten die Personalzusatzkosten 1987 einen Anteil von 82,9% der direkten Entgelte für geleistete Arbeitszeit (vgl. *Hemmer*, 1991, sowie Kapitel 4.1.1). Wegen der erwähnten Abgrenzungsprobleme bei den Lohn- und Gehaltskosten kann diese Kennzahl nicht aus der GuV-Rechnung abgeleitet werden.

Weitere **gewichtige Personalkostenpositionen**, die besonderer Beachtung bedürfen, stellen die Kosten für die Aus- und Weiterbildung, Personalbeschaffung, Personalfreisetzung (insbesondere Sozialplankosten), Arbeitnehmervertretung u.a. dar. Die Erfassung und Dokumentation dieser Personalkostenpositionen gehen über die skizzierte kostenartenorientierte Grobstrukturierung hinaus und erfordern daher Sonderrechnungen (vgl. z.B. *Albach*, 1978).

5.2.2.3 Einflußgrößenanalyse für Personalkosten

Im Vordergrund der **ökonomisch orientierten Einflußgrößenanalayse** steht die Frage, welche Faktoren und Bedingungen personalkostenrelevante Entscheidungen begrenzen und mit welchen Fristen bzw. mit welcher zeitlichen Auswirkung derartige Entscheidungen von der Unternehmungsleitung gefällt werden können.

Ein Personalkosten-Einflußgrößenschema gibt Schaubild VII.76 wieder (vgl. *Vogt*, 1984, S. 874).

Die in Schaubild VII.76 aufgeführten Einflußgrößen zeigen, wie groß und differenziert die Einwirkungsmöglichkeiten der Unternehmungsleitung auf die Höhe der Personalkosten sind. Neben langfristig-strukturell disponierbaren Einflußbereichen gibt es auch kurzfristig personalkostenwirksame Maßnahmen. Langfristig wirken vor allem Anzahl und Zusammensetzung der Arbeitskräfte, Betriebs- und Arbeitszeitstruktur, Arbeitsanforderungen und Lohnformen. Hier sind vielfach auch keine isoliert personalkostenbezogenen Dispositionen möglich; so hängt z.B. die Beschäftigtenzahl nicht nur von der langfristigen Fixierung der quantitativen Kapazität, sondern auch von der eingesetzten Technologie ab. Eine höhere Automatisierungsstufe führt meist zu einer Verminderung des quantitativen Personalbedarfs. Bei der Festlegung des eigenen Instandhaltungspersonals spielt z.B. der Umfang in Anspruch zu nehmender Fremddienste eine große Rolle. Eine Veränderung der Arbeitsanforderungen bei Einführung einer anspruchsvolleren Technologie führt z.B. meist zu höheren Lohnsätzen, dagegen kann eine Humanisierungsmaßnahme zur Verringerung der Umfeldeinflüsse auch zur Verminderung von Lohnsätzen führen. Die Betriebszeitgestaltung umfaßt langfristige und kurzfristige Wirkungsbereiche; die Einführung von Modellen flexibler Arbeitszeit legt das Zeitgefüge der Entlohnung langfristig fest; die Einführung von Mehrarbeit trägt dagegen kurzfristigen Charakter mit tariflich fixierten Lohnsatzsteigerungen. Mittelfristig wirken Zeitarbeitsverträge und u.U. auch die Teilzeitarbeit.

Nach der rechtlichen Qualität der Verpflichtungsgrundlage können **gesetzlich, tarif- und betriebsvertraglich bedingte Personalkosten** unterschieden werden, wobei auf betrieblicher Ebene Firmentarifverträge, Betriebsvereinbarungen, Einzelverträge und gewohnheitsrechtliche Verpflichtungen in Betracht kommen. Durch eine derartige **Aufgliederung der Personalkosten** wird verdeutlicht, in welchen Rechtsbereichen, in welcher Weise und in welchem Umfang und mit welcher Fristigkeit seitens der Unternehmungsleitung Einfluß auf die Höhe der Personalkosten genommen werden kann. So ist die Unternehmungsleitung anders als bei gesetzlichen Regelungen bei Verbandstarifverträgen mittelbar durch die Vertretung des Arbeitgeberverbandes und bei Firmentarifverträgen, Betriebsvereinbarungen und Arbeitsverträgen unmittelbar in Verhandlungen mit Gewerkschaften, Betriebsräten und Arbeitnehmern an der Gestaltung personalkostenrelevanter Regelungen beteiligt. Einseitig eingegangene Verpflichtungen der Unternehmungsleitung können im Unterschied zu Verpflichtungen, die das Ergebnis von Verhandlungen darstellen, weitgehend autonom gestaltet werden, soweit nicht gewohnheitsrechtliche Regelungen Einschränkungen auferlegen. Sofern einzelvertragliche Verpflichtungen

196   Personalwirtschaft

Schaubild VII.76. Einflußgrößenschema der Personalkosten
(in enger Anlehnung an *Vogt*, 1984, S. 874)

unter einem Widerrufsvorbehalt stehen, sind sie kurzfristig abänderbar; alle anderen Rechtsgrundlagen stellen mittel- bis langfristige Bindungen für die Unternehmung her, deren Auflösung überwiegend der Zustimmung der Vertragspartner bedarf und der Mitbestimmung durch den Betriebsrat unterliegen.

Die Ausführungen zeigen, in welch hohem Maße die Personalkosten durch Dispositionen bestimmt sind. Der angebliche Fixkostencharakter der Personalkosten, der allein auf der Perspektive kurzfristiger Beschäftigungsschwankungen zutreffend sein mag, verstellt leicht den Blick für wesentliche Einflußmöglichkeiten der Unternehmungsleitung. In **einflußgrößenbasierten Personalkostenmodellen** kann der Freiraum für Unternehmungsdispositionen transparent gemacht und der Personalkostenplanung zugrunde gelegt werden.

Auch in der Plankostenrechnung setzt sich zunehmend die Erweiterung der Perspektive über die Frage der direkten Zurechnung von Personalkosten auf Kostenträger oder Aufträge hinaus durch. Personalkostenplanungsmodelle müssen neben den Kostenträgern/Aufträgen die hier herausgestellten originären und abgeleiteten Einflußgrößen enthalten, damit auf dieser Basis auch tragfähige Sollpersonalkosten ermittelt werden können. Sie können ähnlich wie Sollmaterialkosten z.T. Kompaßgrößen für die laufende wirtschaftliche Gestaltung betrieblicher Abläufe sein; allein monatsbezogene und quartalsbezogene Abweichungsanalysen im Sinne herkömmlicher Plankostensysteme reichen hier nicht aus. Eine umfassende Darstellung und Analyse der Einflußgrößen von Personalkosten kann im Rahmen der Betriebsplankostenrechnung auf Basis von Betriebsmodellen erfolgen (vgl. Teil IV, Kapitel 2.3 und die dort angegebene Literatur).

Das wirtschaftliche Gewicht der Personalkosten, insbesondere der Personalzusatzkosten, in vielen Wirtschaftszweigen und ihre dynamische Entwicklung machen eine sorgfältige Planung, Dokumentation und Kontrolle erforderlich. Hierbei bilden die **Dokumentation der Personalkosten** – möglichst untergliedert nach Personalkostenarten – und die **Ableitung von Kennzahlen** die Grundlage für eine betriebswirtschaftliche Situationsanalyse im Personalbereich und für die Aufstellung von Planungsgrößen. Aus der Überwachung der Personalkostenentwicklung in der Zeit und im Vergleich zu ausgewählten betrieblichen Größen sowie durch Vergleiche mit korrespondierenden Kennzahlen anderer Unternehmungen können Hinweise auf Anpassungsmöglichkeiten an erreichbare Produktivitäts- und Kostenstandards gewonnen werden (vgl. hierzu auch Teil IX, Kapitel 5).

Kennzahlen als Verhältniszahlen führen zu einer Relativierung der absoluten Personalkostenelemente. Für eine tiefergehende Personalkostenanalyse zur Erschließung des komplexen Beziehungsgefüges sind im wesentlichen Gliederungs- bzw. Struktur- und Beziehungszahlen sowie auch Indexzahlen geeignet. Gliederungs- bzw. Strukturkennzahlen lassen die Zusammensetzung der Personalkosten oder die Anteile einzelner Personalkostenarten (-gruppen) an den gesamten Personalkosten erkennen. Im Zeitvergleich werden Anteilsverschiebungen sichtbar. Strukturkennzahlen der Personalkosten bzw. der Personalzusatzkosten sind wie folgt aufgebaut:

1) $\dfrac{\text{Personalkostenart i}}{\text{Personalkosten insgesamt}}$

z. B.

a) $\dfrac{\text{Personalzusatzkosten}}{\text{Personalkosten}}$

b) $\dfrac{\text{Personalk. Angestellte/Gehälter}}{\text{Personalkosten}}$

c) $\dfrac{\text{Kosten des Urlaubsgeldes}}{\text{Personalkosten}}$

2) $\dfrac{\text{Personalzusatzkostenart i}}{\text{Personalzusatzkosten insgesamt}}$

z. B.

a) $\dfrac{\text{Betriebl. Personalzusatzkosten}}{\text{Personalzusatzkosten}}$

b) $\dfrac{\text{Kosten vermögenswirks. Leist.}}{\text{Personalzusatzkosten}}$

c) $\dfrac{\text{Kosten der Sozialeinrichtungen}}{\text{Personalzusatzkosten}}$

Durch die Bildung von Beziehungszahlen werden Personalkosten zu anderen betrieblichen Größen ins Verhältnis gesetzt:

3) $\dfrac{\text{Personalkosten}}{\text{betriebliche Mengen-/Wertgröße}}$

z. B.

a) $\dfrac{\text{Personalkosten}}{\text{Gesamtkosten}}$

b) $\dfrac{\text{Personalzusatzkosten}}{\text{Personalbasiskosten}}$

c) $\dfrac{\text{Personalkosten}}{\text{Personalbestand}}$

Die Zerlegung globaler Kennzahlen im Rahmen von Kennzahlensystemen kann zu einer Vielzahl weiterer Kennzahlen mit entsprechend vertieften Aussagemöglichkeiten führen (vgl. *Grünefeld*, 1981).

Anhaltspunkte zur Beurteilung der Personalkostensituation eines Betriebes können vor allem aus Vergleichen mit korrespondierenden Kennziffern anderer Betriebe ähnlicher Produktionsstruktur gewonnen werden. Aufgrund der Vielschichtigkeit der Personalkosten kommt Normierungen des Beobachtungsobjekts und der Erhebungsmethoden, wie sie etwa der Arbeitskostenerhebung oder der Erhebung des Personalaufwands durch das Statistische Bundesamt und die DGFP zugrunde gelegt werden, für die Aussagefähigkeit der Ergebnisse besondere Bedeutung zu (vgl. auch *ZVEI*, 1979).

Für Zwecke der Personalkostenplanung finden häufig Kennzahlen der Personalkosten, insbesondere Personalkosten je Arbeitnehmer, Verwendung (vgl. *Gruppe*, 1977). Allerdings stellen diese nur einen relativ globalen Planungsansatz dar. Aufgrund der Vielzahl z.T. kurzfristig variabler Einflußgrößen der Personalkosten werden Entwicklungen im Personalkostenbereich aufgrund von Datenänderungen oder alternativen Handlungsmöglichkeiten nicht ausreichend transparent und erfordern aufwendige Neuberechnungen der Planungskennzahlen. Hierdurch wird die Bewertung von Handlungsmöglichkeiten bei der Gestaltung des Personaleinsatzes und der Personalkosten erschwert.

Um die Auswirkungen unterschiedlicher Datenkonstellationen und Handlungsalternativen auf die Personalkosten detailliert abschätzen zu können, bedarf es einer differenzierten Planung von Personalkostenarten in Abhängigkeit von den für die Planperiode vorgegebenen oder zu erwartenden Entwicklungen ihrer Einflußgrößen. Einen praktikablen Ansatz für die Einbeziehung der wesentlichen Personalkosteneinflußgrößen in Planungsüberlegungen unter Berücksichtigung der Abhängigkeitsbeziehungen der Personalkostenarten untereinander stellen **modellgestützte Personalkostenplanungen** dar. Dabei steht die periodenbezogene Ermittlung der Personalkosten für Planungs- und Kontrollzwecke auf der Grundlage **linearer Personalkostenmodelle** im Mittelpunkt. In gezielten Ermittlungsrechnungen können den disponiblen Einflußgrößen wie z.B. der Arbeitnehmeranzahl, dem Mehrarbeitsstundenvolumen und Fremdpersonal alternative Vorgabegrößen zugewiesen und die zugehörigen Personalkosten ermittelt werden, um sie den Kosten vergangener Perioden oder alternativer Planvarianten gegenüberzustellen. Daneben kann die Sensibilität der Zielgrößen bei unsicheren Ausgangsdaten abgeschätzt werden, und es kann auch die Entwicklung der Personalkosten als Folge zukünftig erwarteter Datenkonstellationen prognostiziert werden. Hierfür sind insbesondere **Simulationen** besonders geeignet.

5.2.3 Personalstatistik

Das Instrument der Personalstatistik dient primär der Erstellung von **personalwirtschaftlichen Analysen und Prognosen**. Wie die betriebswirtschaftliche Statistik generell (vgl. *Wöhe*, 1990, S. 1159), so stellt auch die Personalstatistik der Unternehmungsführung benötigte, aber nicht direkt durch die Finanzbuchhaltung oder die Kosten- und Leistungsrechnung bereitstellbare quantitative Informationen zur Verfügung. Die Personalstatistik steht daher in einem komplementären Verhältnis zur Personalkostenrechnung sowie zur Humanvermögensrechnung und Sozialbilanz. Zwar kann es im Bereich der Personalstatistik auch zu **Primärerhebungen** z.B. im Rahmen spezieller Mitarbeiterbefragungen kommen, doch dominieren i.d.R. **Sekundärerhebungen**, wobei Personalstatistik-Grunddaten aus bereits vorhandenen Datenbeständen extrahiert und dabei meist auch anonymisiert werden. So greifen z.B. statistische Auswertungen zur Personalstruktur auf individuelle Personal-Stammdaten zurück. An die **Gewinnung** des statistischen Datenmaterials schließt sich deren **Auswertung** durch Umformung mit Hilfe spezieller statistischer Verfahren sowie die empfängerorientiert **aufbereitete Darstellung** und **Weiterleitung** der Auswertungsergebnisse an (vgl. grundlegend *Ehreiser/Reisch*, 1975, Sp. 1673 ff.; *RKW (Hrsg.)*, 1978, S. IX-7 ff.).

Bei einer entsprechenden Kategorisierung der Grunddaten können transparenzfördernde statistische Auswertungen im Hinblick auf einzelne **personalwirtschaftliche Primärfunktionen** und/oder aufgegliedert nach **Personengruppen** durchgeführt werden, wobei letztere nach sozio-demographischen Kriterien (z. B. Alter, Geschlecht, Nationalität, Ausbildung, Betriebszugehörigkeit) gebildet werden.

Auf dieser Basis lassen sich **absolute und relative Personal-Kennzahlen**, verstanden als personalwirtschaftlich relevante Informationskonzentrate, bilden (vgl. *Schulte*, 1989, S. 3; *Hahn*, 1985, S. 55 und S. 167). Dabei ist die eindeutige, möglichst im Zeitverlauf beizubehaltende Definition der zu ermittelnden Kennzahlen für **Bestands- und Bewegungsstatistiken** bedeutsam (vgl. *Drumm*, 1989, S. 41 f.; *Scholz*, 1991, S. 547).

Im Personalbereich dienen Bewegungsstatistiken zur Aufdeckung oftmals gegebener multikausaler Ursache-/Wirkungszusammenhänge, die selten eindeutige Aussagen über die Effekte einzelner personalwirtschaftlicher Maßnahmen erlauben. So ist z. B. die Wirkung der Gewährung bestimmter freiwilliger Sozialleistungen auf die Motivation der Mitarbeiter nur schwer zu ermitteln. Daher ist man häufig versucht, durch die **Beobachtung von periodisch erhobenen Kennzahlen mit Indikatorfunktion**, wie in diesem Fall z. B. der Fluktua-

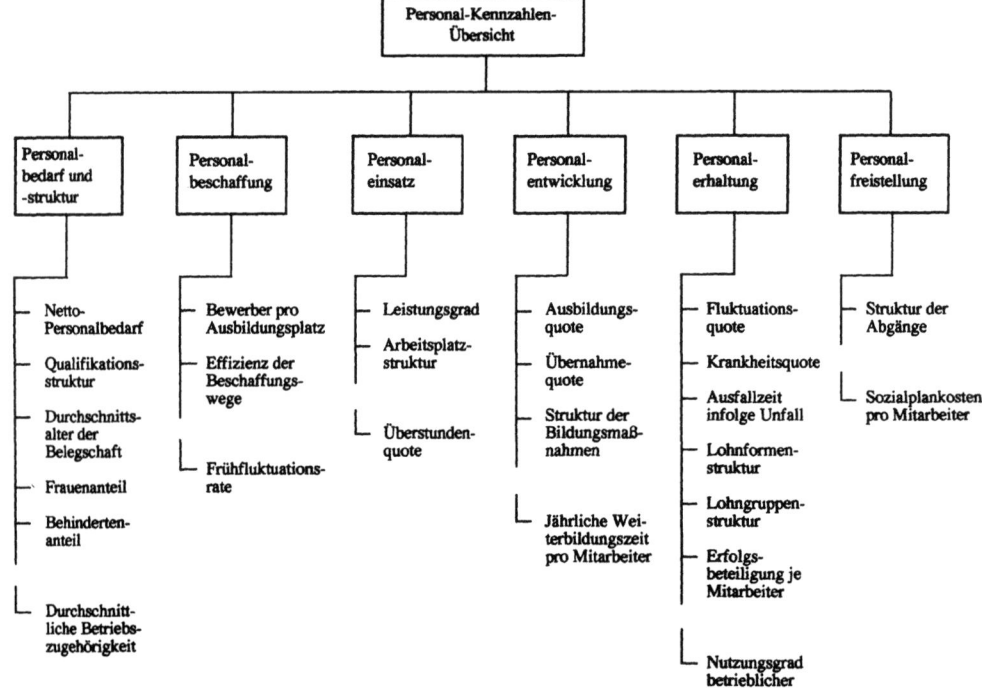

Schaubild VII.77. Personal-Kennzahlen-Übersicht mit Angabe von Beispielen (vgl. *Schulte*, 1989, S. 51 f.)

tionsrate, Aufschlüsse über die Zielwirkungen personalwirtschaftlicher Maßnahmen zu erhalten (vgl. *Wunderer/Sailer*, 1987, S. 604 ff.). Die Validität dieser Kennzahlen kann dann unter Verwendung der Verfahren der multivariaten Statistik beurteilt werden.

Neben **Zeitvergleichen** lassen sich auch **Vergleiche zwischen Arbeitssystemen, Unternehmungsbereichen und/oder Standorten** vornehmen. Auch **überbetriebliche personalstatistische Vergleiche**, z. B. auf Verbands- oder Branchenebene können Ansatzpunkte für die Personalwirtschaft liefern.

Anders als ergebnis- und finanzwirtschaftliche Kennzahlen lassen sich personalwirtschaftliche Kennzahlen in Ihrer Gesamtheit nicht in einen, auf eine Spitzenkennzahl oder wenige Spitzenkennzahlen ausgerichteten, hierarchischen Gesamtzusammenhang bringen (vgl. *Fowler*, 1983, S. 28). Es ist daher notwendig, in jedem personalwirtschaftlichen Maßnahmenbereich/für jede personalwirtschaftliche Funktion Kennzahlen zu generieren, die dann im Verbund

Kennzahlen-Bezeichnung	Frühfluktuationsrate	Kennzahl-Nr. 14
Beschreibung/ Formel	$\dfrac{\text{Aufgelöste Arbeitsverhältnisse in der Probezeit}}{\text{Anzahl der Einstellungen}} \times 100\ [\%]$	
Gliederungs-möglichkeiten	- Mitarbeitergruppen - Kostenstellen - Auflösungsursachen	
Erhebungs-zeitpunkte/-räume	halbjährlich; jährlich	
Anwendungs-bereich	Maß für die Effizienz der Personalauswahl und -einarbeitung	
Kennzahlen-zweck	Kontrolle der Personalbeschaffungsentscheidungen	
Mögliches Ziel	Reduzierung der Frühfluktuationsrate	
Basisdaten	Anzahl der aufgelösten Arbeitsverhältnisse in der Probezeit Anzahl der Einstellungen	
Vergleichs-grundlagen	Zeitvergleich Soll-Ist-Vergleich	
Interpretation	Da mit jeder Einstellung die Deckung eines Personalbedarfs verfolgt wird, führt die Auflösung von Arbeitsverhältnissen in der Probezeit zur Personalunterdeckung und damit u. U. zu Kapazitätsproblemen. Darüber hinaus verursachen die erneut erforderlich werdenden Beschaffungsaktivitäten Kosten. In jedem Fall ist eine Ursachenforschung für die Auflösung des Arbeitsverhältnisses durchzuführen. Entsprechen die Leistungen des Mitarbeiters nicht den Erwartungen des Unternehmens, so sind die Qualität des Auswahlverfahrens bei der Einstellung und die Gestaltung der Einarbeitung zu untersuchen.	

Schaubild VII.78. Kennzahlenstammblatt „Frühfluktuationsquote"
(entnommen aus *Schulte*, 1989, S. 66)

zu betrachten und unternehmungsindividuell zu interpretieren sind (vgl. die Personal-Kennzahlen-Übersichten bei *Grünefeld*, 1981 und *Grünefeld*, 1987 sowie bei *Schulte*, 1989, S. 51 ff.). Schaubild VII.77 veranschaulicht den Aufbau einer Personal-Kennzahlen-Übersicht und Schaubild VII.78 gibt exemplarisch für die Kennzahl Frühfluktuationsquote ein Kennzahlenstammblatt wieder, wie es zur näheren Charakterisierung aller verwendeten Kennzahlen erstellt werden sollte.

5.2.4 Humanvermögensrechnung und Sozialbilanz

Das in den sechziger Jahren in den USA entwickelte Konzept der **Humanvermögensrechnung** (Human Resource Accounting) basiert im Kern auf der Überlegung, ergebnis- und finanzrechnerische Kalküle, die bei Sachpotentialen Anwendung finden, auch für Humanpotentiale anzustellen, und das Humanvermögen der Unternehmung in einem Jahresabschluß auszuweisen (vgl. grundlegend *Aschoff*, 1978; *Flamholtz*, 1985; *Flamholtz*, 1982, S. 73 ff.; *Marr*, 1982, S. 45 ff.; *Schoenfeld*, 1975, Sp. 996 ff.). Das verfügbare Leistungspotential der Mitarbeiter wird dabei als Ressource betrachtet und als Vermögenskomponente quantitativ bewertet und dargestellt. Der Einsatz der Humanvermögensrechnung zu **Analysezwecken** im Hinblick auf den aktuellen Mitarbeiterbestand könnte im Rahmen der Sozialbilanz erfolgen, wobei jedoch analog zur Bilanzplanung im Rahmen der gesamtunternehmungsbezogenen Ergebnis- und Finanzplanung neben der externen Humanbilanz auch eine interne Bilanz zu erstellen ist. Ein Einsatz zu Prognosezwecken scheitert derzeit an der mangelnden Zukunftsorientierung der verfügbaren Modelle (vgl. *Scholz*, 1991, S. 76 f.). Ohne auf konkrete Modelle der Humanvermögensrechnung im einzelnen einzugehen (vgl. hierzu die Beiträge in *Schmidt (Hrsg.)* 1982), sei auf verschiedene Probleme bei der Datengewinnung und auf Akzeptanzprobleme bei den Unternehmungsmitgliedern hingewiesen (vgl. hierzu aus Sicht der Praxis *Reuter*, 1982, S. 253 ff.; zur Kritik von theoretischer Seite *Bisani*, 1982, S. 577 ff., der an dem in Frankreich gesetzlich verankerten Modell der „bilan social" anknüpft; *Marr*, 1982, S. 51; ferner *Aschoff/Kellermann*, 1978, S. 213 f.).

Die **Sozialbilanz** kann als eine sozialziel- bzw. gesellschaftsbezogene Rechnungslegung charakterisiert werden, welche auch das Humanvermögen der Unternehmung einschließt. Sozialbilanzen setzen sich aus den Elementen **Sozialbericht, Wertschöpfungsrechnung und Sozialrechnung** zusammen (vgl. *Coenenberg/Kleine-Doepke*, 1981, Sp. 1508 ff.; *Arbeitskreis Das Unternehmen in der Gesellschaft*, 1975, S. 161 ff.; v. *Wysocki*, 1992, Sp. 2025 ff.). Über Art und Intensität der mit diesen Instrumenten an externe Gruppen gerichteten Berichterstattung ist hierbei unternehmungsindividuell zu entscheiden (vgl. *Reuter*, 1982, S. 251).

- Der **Sozialbericht** besteht aus einer verbalen Charakterisierung der Sozialziele und deren Zielerreichungsgrad sowie ergänzendem Zahlenmaterial der Personalstatistik.

- Die **Wertschöpfungsrechnung** zeigt als Wertschöpfungsentstehungsrechnung die Differenz zwischen den von der Unternehmung abgegebenen Leistungen und den von der Unternehmung übernommenen Leistungen (Vorleistungen). Als Wertschöpfungsverwendungsrechnung gibt sie den Betrag an, der zur Verteilung auf die übrigen Interessengruppen an der Unternehmung (im wesentlichen Mitarbeiter, Eigenkapitalgeber, Fremdkapitalgeber, Staat) verbleibt sowie welcher Betrag zur Erhaltung und Weiterentwicklung der Unternehmung als Residualgröße zur Verfügung steht (vgl. *Hahn*, 1985, S. 407ff.).
- Bei der **Sozialrechnung** handelt es sich um eine der GuV-Rechnung ähnliche Gegenüberstellung der von der Unternehmung für gesellschaftsbezogene Zwecke vorgenommenen Aufwendungen und der nach Interessengruppen/Stakeholdern (sog. Hauptbezugsgruppen) gegliederten Erträgen der Unternehmung, was in erster Linie eine Umgruppierung der in der GuV aufgeführten Positionen darstellt (vgl. *Coenenberg/Kleine-Doepke*, 1981, Sp. 1508ff.).

5.3 Einsatz der EDV im Rahmen des Personalinformationssystems

Aufgrund der rechenintensiven und oft standardisierten Aufgaben, die im Rahmen eines Personalinformationssystems zu bewältigen sind, werden heute unter Einsatz von EDV-Anlagen **computergestützte Personalinformationssysteme (weiter)entwickelt und eingesetzt**. Ein EDV-gestütztes Personalinformationssystem besteht grundsätzlich aus den Elementen **Mensch (Systembediener), Personaldatenbank, Stellendatenbank, Modellbank** sowie **EDV-Anlage** mit entsprechenden Ein- und Ausgabegeräten (vgl. Schaubild VII.79).

(1) Personaldatenbank

Unter einer Datenbank versteht man allgemein eine Sammlung von Daten nach einheitlichen Organisationsprinzipien (vgl. *Hahn*, 1985, S. 662). Die **Personaldatenbank** umfaßt Daten, die den Personalbestand in quantitativer, qualitativer, lokaler und zeitlicher Sicht differenziert charakterisieren. Personaldaten müssen die Anforderungen nach Vollständigkeit, inhaltlicher und formaler Richtigkeit, Aktualität und redundanzfreier Speicherbarkeit erfüllen (vgl. *Franz*, 1983, S. 11). Die Datenbank als Ganzes hat **Anforderungen** zu genügen, die sich in Form folgender Kriterien formulieren lassen:

- schneller Zugriff,
- gleichzeitiger Zugriff mehrerer Benutzer,
- verschiedene Zugriffsarten,
- verschiedene Suchbegriffe,
- Datenschutz und Datensicherheit.

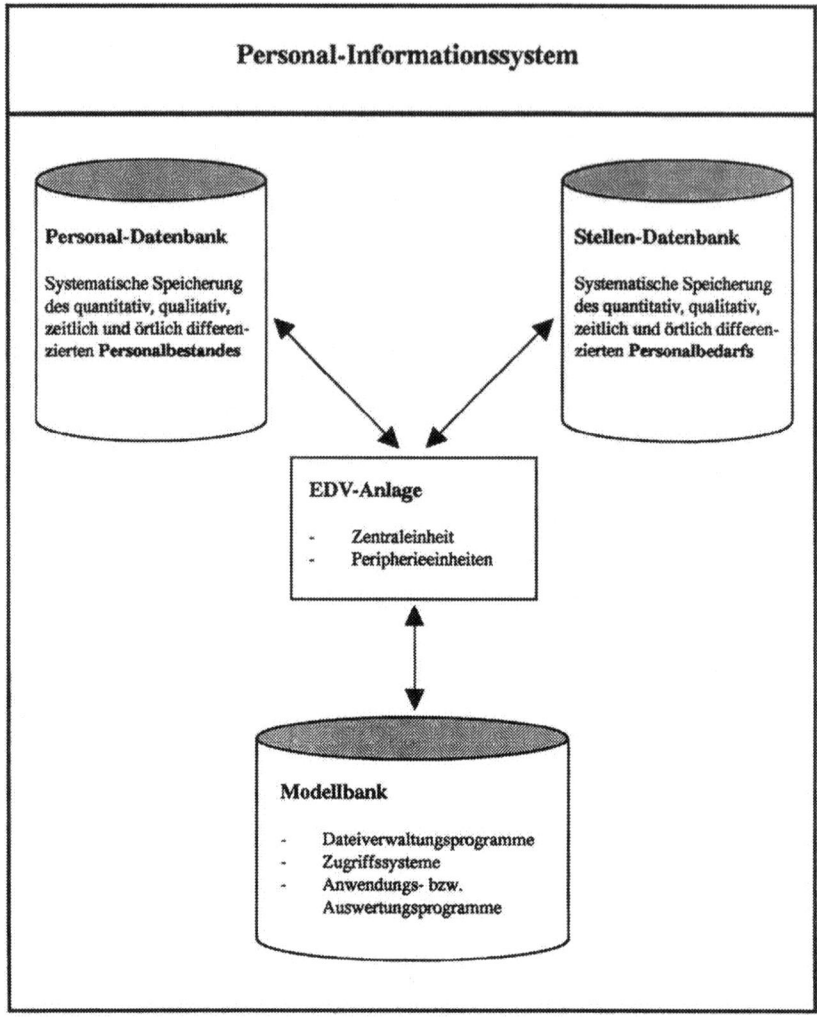

Schaubild VII.79. Struktur eines EDV-gestützten Personalinformationssystems
(vgl. *Domsch*, 1975, Sp. 1517)

In der Literatur hat sich bisher kein einheitlicher Systematisierungsansatz für Personaldaten herausgebildet. Im folgenden sollen folgende Datenarten unterschieden werden (vgl. *Drumm*, 1989, S. 77, *Scholz*, 1991, S. 515 f.):

- **Identifizierende bzw. Stamm- Daten**, z. B. Name, Adresse, Geburtstag, -ort, Nationalität u.a.,
- **Mitarbeitergeschichts- und Einsatzdaten**, z. B. Arbeitsvertragsdaten, bisherige und gegenwärtige Einsatzorte, Berufsunfälle u.a.,
- **Potential- bzw. Qualifikationsdaten**, z. B. Leistungsbeurteilungsdaten, Gesundheitsdaten u.a.,

- **Arbeitszeitdaten**, z. B. Soll- und Istarbeitszeiten, Kranken- und Urlaubszeiten u.a.,
- **Vergütungsdaten**, z. B. Lohn-/Gehaltsgruppendaten, individuelle Steuersätze, Pensionsleistungen, Pfändungen u.a.

Für die Personaldatenbank relevante Daten lassen sich auf verschiedenen Wegen erfassen. So wird ein Teil der Daten innerhalb der Unternehmung vom Mitarbeiter selbst, z. B. beim Ausfüllen des Personalfragebogens gewonnen, ein Teil der Daten, wie Leistungsbeurteilungsangaben wird von Vorgesetzten bereitgestellt oder entstammt der Betriebsdatenerfassung. Neben diesen unternehmungsinternen Quellen entstammenden Daten werden mit früheren Arbeitgebern, Gerichten, Behörden u.a. auch externe Stellen zur Ermittlung der benötigten Daten herangezogen (vgl. *Heissner/Maschmann-Schulz/Kilian*, 1981, S. 62 ff.).

(2) Stellendatenbank

Die **Stellendatenbank** enthält alle personalwirtschaftlich bedeutsamen Daten von Stellen als kleinsten organisatorischen Einheiten der Unternehmung und ist als Gegenstück zur Personaldatenbank weitgehend analog zu dieser zu strukturieren (vgl. *Drumm*, 1989, S. 78; *Domsch*, 1980, S. 28 f.):

- **Identifizierende bzw. Stamm-Daten**, z. B. Stellenbezeichnung, Daten zur Stellenbesetzung (vakant oder besetzt) u.a.,
- **Anforderungsdaten**, z. B. aus der Stellenbeschreibung abzuleitende Anforderungsarten und deren Gewichtung,
- **Arbeitszeitdaten**, z. B. anzuwendendes Arbeitszeitmodell (z. B. Schichtarbeit),
- **Vergütungsdaten**, z. B. Lohngruppendaten.

Hauptquellen zum Aufbau der Stellenbank sind Stellenbeschreibungen in Verbindung mit den Methoden der Arbeitsbewertung. Die an die Daten und die Konzeption der Stellenbank zu stellenden Anforderungen entsprechen denen der Personaldatenbank.

(3) Modellbank

Die **Modellbank** stellt die Programmbibliothek dar, die die Programme für die Datenverarbeitung beinhaltet. Auch für den Bereich des Personalinformationssystems können hierbei **Dateiverwaltungsprogramme** zum Aufbau und zur Pflege der Dateien, **Zugriffssysteme** für Abfragezwecke sowie **Anwendungs- bzw. Auswertungsprogramme** zu Planungs-, Steuerungs-, Dokumentations- sowie Kontrollzwecken differenziert werden (vgl. *Hahn*, 1985, S. 664 f.).

In der Personalwirtschaft liegt der Schwerpunkt bei den Anwendungs- bzw. Auswertungsprogrammen traditionell auf Programmen zur Selektion von

Daten sowie auf Programmen zum Vollzug mathematischer Operationen. Daneben sind auch Textverarbeitungs- und Darstellungsprogramme zu nennen. Sehr einfache **Selektionsprogramme** sind z.B. solche, bei denen nach bestimmten Suchkriterien ein spezifischer Personenkreis ermittelt wird. Eine für die Personalwirtschaft bedeutsame Gruppe der mathematischen Modelle ist die der **statistischen Auswertungsprogramme** zur Erstellung von Personalstatistiken für Analyse und Prognosezwecke. Auch die **Be- und Abrechnungsverfahren** für die Lohn-/Gehaltsabrechnung, Reisekostenrechnung und das Meldewesen gehören zu den mathematischen Programmen. Für die Personalplanung werden darüber hinaus vereinzelt verschiedene **Operations-Research Modelle** eingesetzt, z.B. Netzwerkmodelle. Ferner gehören zur Gruppe der mathematisch basierten Programme auch **Modelle zum Profilvergleich** bei der Gegenüberstellung von Anforderungs- und Fähigkeitsprofilen (vgl. z.B. *Drumm/Scholz*, 1988, S. 77f.).

(4) EDV-Anlage

Die **EDV-Anlage (Hardware)** besteht aus einer Zentraleinheit und der Peripherie. Ergänzend zu Großrechnern setzen sich zunehmend Personalcomputer (PC) durch, die am Arbeitsplatz des Endbenutzers installiert werden und somit einen schnelleren Datenzugriff, große Flexibilität und eine Entlastung des Großrechners ermöglichen. PCs weisen in der Regel auch geringere Hardware- und Betriebskosten, hohe Datensicherheit und eine hohe Mitarbeiterakzeptanz auf (vgl. *Drumm/Scholz*, 1988, S. 249f.).

Im Rahmen von EDV-gestützten Personalinformationssystemen haben der **Datenschutz** und die **Datensicherung** besondere Bedeutung erlangt. Diese sind im Bundesdatenschutzgesetz weitgehend normiert (vgl. Schaubild VII.80, sowie *Scholz*, 1991, S. 532ff.).

Diese Vorschriften finden auch bei der Gestaltung von Personalinformationssystemen explizite Beachtung. So umfaßt z.B. das im folgenden kurz exemplarisch zu charakterisierende System RP – Realtime Personalwirtschaft der SAP AG, Walldorf, einen umfangreichen Schutz vor unberechtigtem Zugriff: In einem Benutzer-Stammsatz, der zwingend für jeden Benutzer des Systems anzulegen ist, werden dessen individuellen Zugriffsrechte eindeutig festgelegt. Unter Verwendung eines unsichtbaren Paßwortes hat der Benutzer lediglich zu den Daten solcher Personen Zugang, die in seine regionale und statusmäßige Zuständigkeit fallen. Die individuellen Benutzer-Kompetenzen reichen dann von keinem Zugriff über nur Lesezugriff bis hin zum vollen Schreib- und Lesezugriff (vgl. *SAP AG (Hrsg.)*, 1990). Schaubild VII.81 zeigt im Überblick den Leistungsumfang des Systems RP der SAP AG, Walldorf.

Hervorzuheben sind dabei die bestehenden **Schnittstellen zwischen dem System RP-Realtime Personalwirtschaft und anderen Systemen**. So werden Abrechnungsergebnisse für Löhne/Gehälter an die Buchhaltung (System RF – Realtime Finanzbuchhaltung) und die Kostenrechnung (System RK – Realtime Kostenrechnung) weitergeleitet. Schnittstellen zum System RM-PPS und RM-Instandhaltung (vgl. hierzu auch Teil VIII, Kapitel 6) sind im Bereich

Werden personenbezogene Daten automatisch verarbeitet, sind zur Ausführung der Vorschriften dieses Gesetzes Maßnahmen zu treffen, die je nach der Art der zu schützenden personenbezogenen Daten geeignet sind,

1. Unbefugten den Zugang zu Datenverarbeitungsanlagen, mit denen personenbezogene Daten verarbeitet werden, zu verwehren (Zugangskontrolle),

2. Personen, die bei der Verarbeitung personenbezogener Daten tätig sind, daran zu hindern, daß sie Datenträger unbefugt entfernen (Abgangskontrolle),

3. die unbefugte Eingabe in den Speicher sowie die unbefugte Kenntnisnahme, Veränderung oder Löschung gespeicherter personenbezogener Daten zu verhindern (Speicherkontrolle),

4. die Benutzung von Datenverarbeitungssystemen, aus denen oder in die personenbezogene Daten durch selbsttätige Einrichtungen übermittelt werden, durch unbefugte Personen zu verhindern (Benutzerkontrolle),

5. zu gewährleisten, daß die zur Benutzung eines Datenverarbeitungssystems Berechtigten durch selbsttätige Einrichtungen ausschließlich auf die ihrer Zugriffsberechtigung unterliegenden personenbezogenen Daten zugreifen können (Zugriffskontrolle),

6. zu gewährleisten, daß überprüft und festgestellt werden kann, an welche Stellen personenbezogene Daten durch selbsttätige Einrichtungen übermittelt werden können (Übermittlungskontrolle),

7. zu gewährleisten, daß nachträglich überprüft und festgestellt werden kann, welche personenbezogenen Daten zu welcher Zeit von wem in Datenverarbeitungssysteme eingegeben worden sind (Eingabekontrolle),

8. zu gewährleisten, daß personenbezogene Daten, die im Auftrag verarbeitet werden, nur entsprechend den Weisungen des Auftragsgebers verarbeitet werden können (Auftragskontrolle),

9. zu gewährleisten, daß bei der Übermittlung personenbezogener Daten sowie beim Transport entsprechender Datenträger diese nicht unbefugt gelesen, verändert oder gelöscht werden können (Transportkontrolle),

10. die innerbehördliche oder innerbetriebliche Organisation so zu gestalten, daß sie den besonderen Anforderungen des Datenschutzes gerecht wird (Organisationskontrolle).

Schaubild VII.80. Anlage zu § 6 I Nr. 1 Bundesdatenschutzgesetz (BDSG)

208 Personalwirtschaft

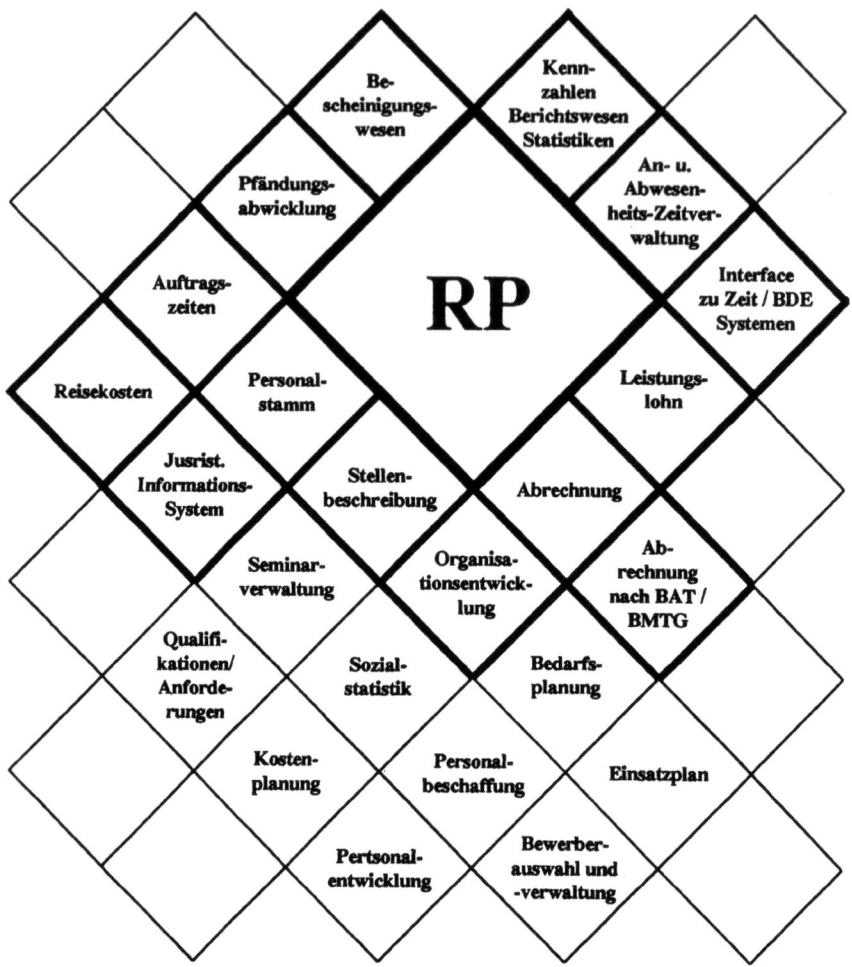

Schaubild VII.81. System RP – Realtime Personalwirtschaft der SAP AG, Walldorf (vgl. *SAP AG (Hrsg.)*, 1990, S. 13)

des Teilmoduls An- und Abwesenheitszeitverwaltung gegeben, da hier wichtige Daten für die Kapazitätsbelegungs- und Terminplanung verarbeitet werden. Auch das Teilmodul Leistungslohn weist Schnittstellen zu RM-PPS auf, da dort die Basisdaten zur Ermittlung von Einzel- und Gruppen-Leistungslöhnen ermittelt werden (vgl. *SAP AG (Hrsg.)*, 1990).

Teil VIII: **Anlagenwirtschaft**

1 Grundsätzliches zur Anlagenwirtschaft

Gegenstand der Anlagenwirtschaft sind die Planung, Steuerung, Dokumentation und Kontrolle von Anlagenbedarf und Anlagenbeschaffung, Anlagenanordnung, Anlageninstandhaltung sowie Anlagenveräußerung und -entsorgung unter Beachtung des Wirtschaftlichkeitsprinzips und von Anforderungen aus dem Humanbereich (vgl. ähnlich *Männel*, 1978, S. 51 ff.; *Kern*, 1990, S. 205). Schaubild VIII.1 zeigt die zentralen Aufgabenfelder der Anlagenwirtschaft, die ein spezifisches Informationssystem erfordern und teilweise auf der strategischen, teilweise auf der operativen Ebene zu bewältigen sind.

Als Teilgebiet der industriellen Produktionswirtschaft bezieht sich die Anlagenwirtschaft auf **Produktionsanlagen** im Sinne von **Gebrauchsgütern**, die ein Nutzungspotential darstellen und im Zeitraum ihrer produktiven Verwendung eine Vielzahl von Arbeitsvorgängen (mit)bewirken können (z. B. Fräsmaschine, Schmelzofen) oder als technische Anlagen die Durchführung von Produktionsprozessen ermöglichen (z. B. Gebäude, Gleisanlagen). Aktiv an Produktionsprozessen beteiligte Produktionsanlagen benötigen Energie und andere Betriebsstoffe; sie wirken im Produktionsprozeß mit Arbeitskräften – sei es zur Bedienung und Überwachung oder in gemeinsamen Arbeitsvorgängen – zusammen, um Erzeugniseinsatzstoffe entsprechend dem Sachziel der Produktion zu be- oder verarbeiten. Im Gegensatz zu Verbrauchsgütern, die im jeweiligen Produktionsprozeß bis auf anfallende Reststoffe nur einmal eingesetzt werden können, stehen der Unternehmung Produktionsanlagen für einen befristeten Zeitraum zur wiederholten Nutzung zur Verfügung. Sie unterliegen i.d.R. einem nutzungs- und umweltbedingten Verschleiß sowie einer technologischen Veralterung. Funktionell zwischen den Gebrauchs- und Verbrauchsgütern stehen Katalysatoren, Kühlmittel und Stoffe mit ähnlichen Funktionen, die nicht oder nur in sehr geringem Umfang im Produktionsprozeß verbraucht werden.

Produktionsanlagen sind nur begrenzt teilbare Bestandsgrößen oder „Quantenfaktoren", die vielfach nicht bedarfsgerecht (wie die meisten Verbrauchsfaktoren) entsprechend der jeweils angestrebten Produktmenge dosierbar sind. Bei einem Teil von Anlagenarten stehen allerdings unterschiedlich große Einheiten zur Verfügung, die eine stufenweise Ausrichtung auf unterschiedliche Produktionsanforderungen zulassen (z. B. Glühöfen, Hochöfen, Antriebsmotoren unterschiedlicher Größe bzw. Leistung).

Auch **Grundstücke** sind grundsätzlich in die Anlagenwirtschaft einzubeziehen. Sie bilden den Standort der übrigen Produktionsanlagen und müssen häufig nach den technischen Notwendigkeiten bestimmter Produktionsprozesse umgestaltet werden (z. B. Beseitigung von Gefälle u. dergl.). In betriebswirt-

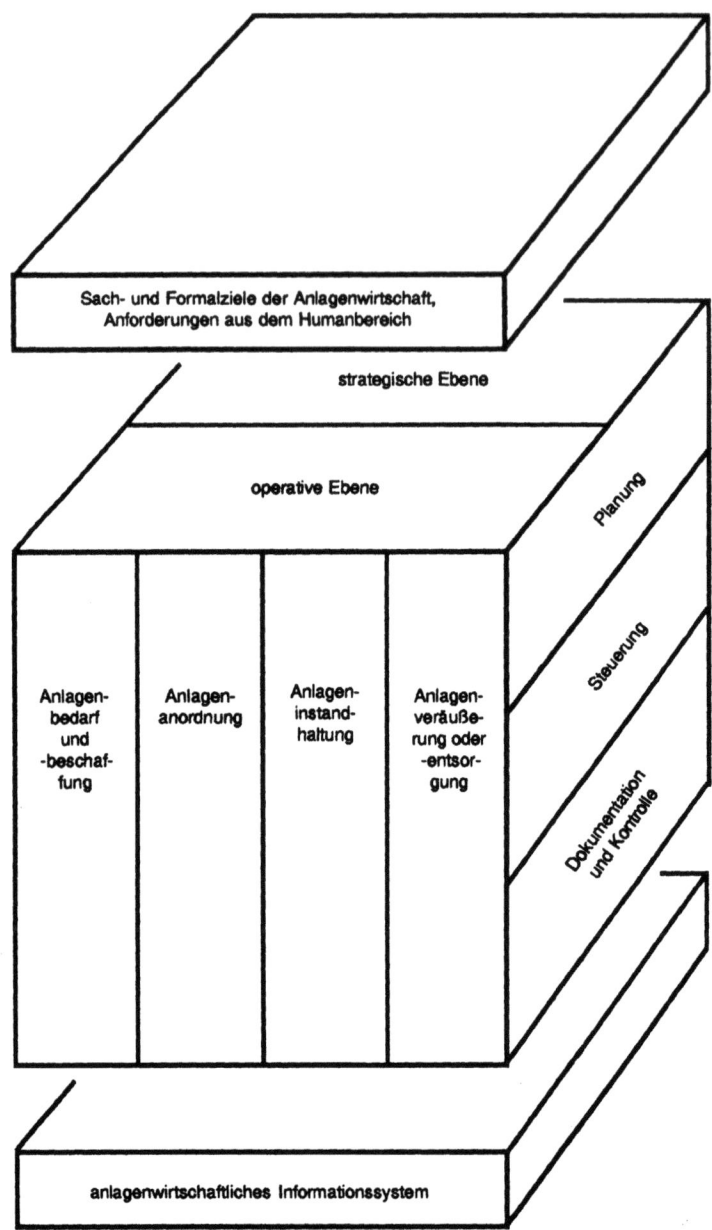

Schaubild VIII.1. Systematisierung der Aufgaben einer Anlagenwirtschaft

schaftlicher Sicht ist von besonderer Bedeutung, daß Grundstücke Kapital binden und damit Zinskosten verursachen und die Grundstücksbewertung im Zeitablauf veränderlichen Einflüssen aus dem gesamtwirtschaftlichen Umfeld und aus der Art der Nutzung unterliegt. Außerdem werden Grundstücke von der öffentlichen Hand mit besonderen Steuern und Abgaben belegt. Eine Art „Verbrauch" von Grundstücken ist in Abbaubetrieben zu verzeichnen. Industrielle Produktionsprozesse können zu Bodenverunreinigungen führen, die spezielle Entsorgungsmaßnahmen notwendig werden lassen.

Die so charakterisierten Produktionsanlagen sind ausgehend vom angestrebten Produktprogrammm einer Industrieunternehmung im Rahmen der Anlagenwirtschaft nach Art, Menge und Leistungsvermögen auszuwählen und zu beschaffen, am Bedarfsort prozeßoptimal anzuordnen, instandzuhalten und am Ende ihrer wirtschaftlichen Nutzungsdauer zu veräußern oder zu entsorgen (vgl. auch *Kern*, 1990, S. 206). Mit der **Anlagenbeschaffung** (siehe Kapitel 2) werden die erforderlichen Produktionsanlagen nach Art, Menge und Leistungsvermögen zum geforderten Zeitpunkt am Bedarfsort bereitgestellt. Kern der **Anlagenanordnung** (siehe Kapitel 3) bildet die **Layout-Planung**, mit der die räumliche Anordnung nach Anforderungen des Produktionsprozesses und innerbetrieblichen Transports möglichst wirtschaftlich gestaltet wird (vgl. *Schumann*, 1985, S. 5ff., *Wäscher*, 1982). Die Erhaltung der Funktionsfähigkeit von Produktionsanlagen bis zum Ende der wirtschaftlichen Nutzungsdauer sowie die Wiederherstellung der Funktionsfähigkeit bei Störungen sind Aufgaben der **Anlageninstandhaltung** (siehe Kapitel 4). Nach Ablauf der wirtschaftlichen Nutzungsdauer sind die Produktionsanlagen entweder zu veräußern oder aber als Abfall zu entsorgen (vgl. *Männel*, 1974, Sp. 145; *Schwinn*, 1979, Sp. 67 sowie Kapitel 5). Mit einem spezifischen **Anlageninformationssystem**, das neben Anlagenbuchhaltung, Anlagenkostenrechnung und Anlagenstatistik ein Kennziffernsystem umfaßt, sind für die Aufgaben der Anlagenwirtschaft die notwendige Transparenz zu gewährleisten und das für die Aufgabenerfüllung benötigte betriebswirtschaftliche Instrumentarium bereitzustellen (vgl. Kapitel 6).

Als **Wertziele der Anlagenwirtschaft** gelten

- die Erfolgs- bzw. Kapitalwertoptimierung bei Neugründung und anderen langfristigen Maßnahmen mit Veränderungen des Produktprogramms,
- die Kostenminimierung bzw. Kapitalwertoptimierung bei Dispositionen im Anlagenbereich mit fest vorgegebenem Produktprogramm.

Das generelle Kostenminimierungsziel läßt sich weiter in **Subziele** aufgliedern, wie insbesondere

- kostengünstige Organisation des Produktionsablaufs unter besonderer Berücksichtigung der räumlichen Gegebenheiten,
- kostengünstige Arbeitsweise und Ergiebigkeit der Produktionsanlagen (möglichst geringer Betriebsstoffverbrauch und Verschleiß bei gegebenen Produktionsvorgaben sowie möglichst weitgehende Fehlerfreiheit der Werkverrichtungen und Vermeidung von Betriebsstörungen),

- kostengünstige Bedingungen für die Durchführung von Instandhaltungsmaßnahmen,
- kostengünstige Anpassung der anlagenabhängigen Arbeitsbedingungen an Sicherheitsvorgaben und an sonstige Anforderungen aus dem Humanbereich,
- kostengünstige Verwertung nicht mehr benötigter Produktionsanlagen unter besonderer Berücksichtigung ökologischer Anforderungen.

Neben dem Kostenaspekt steht aus finanzieller Sicht die Beachtung der **Kapitalbindung**. Der gegebene Begrenzungsrahmen der Finanzmittelausstattung einer Unternehmung kann für die Durchführung kostenwirtschaftlich gebotener Maßnahmen im Rahmen der Anlagenwirtschaft einschränkend wirken. Der Kapitalbedarf und die Bindungsfrist der Mittel sind mit der Einführung (teil-)automatisierter Großanlagensysteme stark angewachsen. Daher haben auch neuere Finanzierungsformen wie insbesondere Leasing eine zunehmende Verbreitung im industriellen Bereich gefunden.

Neben der wirtschaftlichen Zielkomponente spielen in der Anlagenwirtschaft **arbeitnehmerspezifische und gesellschaftliche Humanziele** eine besonders große Rolle (vgl. zu den Humanzielen im Produktionsbereich auch Teil I, Kapitel 1.2.4). Im Hinblick auf arbeitnehmerspezifische Humanziele bilden arbeitswissenschaftliche, insbesondere ergonomische Erkenntnisse und darauf aufbauende rechtliche Vorschriften, auch Betriebsvereinbarungen zwischen Arbeitnehmervertretung und Betriebsleitung eine Schranke für technische und organisatorische Dispositionen unter wirtschaftlichen Gesichtspunkten (vgl. auch Teil VII, Kapitel 1.1 und 1.2). Bezogen auf **gesellschaftliche Humanziele** stehen Fragen des **Umweltschutzes** im Vordergrund, die es nicht nur im Rahmen der Anlagenverwertung, sondern insbesondere auch bei der Anlagenauswahl und beim Anlagenbetrieb zu beachten gilt.

Der **Einsatz von Produktionsanlagen** erfordert die Lösung von **Abstimmungsproblemen** auf unterschiedlichen Ebenen:

- Koordination des Zusammenwirkens verschiedener Produktionsanlagen,
- Koordination des Zuammenwirkens von Produktionsanlagen und Arbeitskräften im einzelnen Arbeitssystem,
- Koordination der Zusammenarbeit verschiedener Arbeitssysteme, Produktionsstufen und Betriebe.

Hierbei ergeben sich aufgrund **spezifischer Eigenschaften von Produktionsanlagen** besondere **ökonomische Probleme**. Zu diesen Eigenschaften gehören vor allem

- die begrenzte mengenmäßige Teilbarkeit (Quantenfaktoren),
- die qualitative Begrenzung der Verwendungsrichtung aufgrund konstruktiver Eigenarten,
- untere und obere Nutzungsgrenzen (technische Mindest- und Höchstleistungsgrenzen mit unterschiedlichem Verbrauchsfaktorbedarf bei Leerlauf, Anlauf, Normalnutzung und Auslauf),

- Einsatzgrenzen durch rechtliche Vorschriften und Vorgaben über Sicherheit/Unfallschutz, Emissionen, einzuhaltende Ruhezeiten und Instandhaltungserfordernisse, Abstimmungserfordernisse von Betriebs- und Arbeitszeiten.

Auch ist auf besondere **soziale Probleme** hinzuweisen. Im Zuge der Industrialisierung hat die Verwendung von Produktionsanlagen ständig zugenommen, wodurch Arbeitskräfte in erheblichem Umfang substituiert worden sind. Die Ursache ist zum einen in ihrer technischen Überlegenheit gegenüber menschlichen Arbeitskräften im Hinblick auf Mengenergiebigkeit, Präzision der Produkterstellung und Unempfindlichkeit gegenüber Monotonieeinflüssen bei Wiederholtätigkeiten zu sehen. Zum anderen geht der zunehmende Einsatz von Produktionsanlagen auf deren höhere Wirtschaftlichkeit zurück. Der Ersatz von menschlicher Arbeitskraft durch innovative maschinelle Einrichtungen wurde in den Industrieländern durch den kontinuierlichen Anstieg der Personalkosten je Arbeitskraft beschleunigt. Dieser Prozeß kann in Zeiten sehr hoher Kapitalkosten gebremst werden. Allerdings werden in der Praxis im Zuge von Substitutionsprozessen vielfach Anlagen mit stark erhöhtem quantitativen und qualitativen Leistungsvermögen installiert. Soweit diese Anlagen mit dem erzielbaren Absatz nicht ausreichend genutzt werden können, tritt die erwartete Steigerung der Wirtschaftlichkeit nicht ein. Die relativ hohen beschäftigungsunabhängigen (fixen) Kosten kapitalintensiver Produktionsprozesse sind in der Regel nicht oder nur in engen Grenzen abbaufähig. Damit werden diese Unternehmungen gegenüber längerfristig wirkenden Nachfrageschwankungen weniger flexibel als Unternehmungen mit personalintensiven Verfahren. Allerdings stößt mit der Ausdehnung des Kündigungsschutzes die Personalanpassung ebenfalls auf wachsende Schwierigkeiten.

Technologien mit teil- oder vollautomatisierter Steuerung erfordern einerseits den Einsatz hochqualifizierten Überwachungs- und Instandhaltungspersonals, andererseits die Beschäftigung von angelernten Arbeitskräften etwa im Bereich der Materialzufuhr, der Produktentnahme und des Werkzeugwechsels. Arbeitsplätze für nicht spezialisierte Facharbeiter sind dabei vielfach nur noch in einem relativ geringeren Umfang zu besetzen. Die Fortbildung vorhandenen Personals stößt in der Praxis häufig auf Grenzen der menschlichen Lernfähigkeit, so daß eine Umsetzung des vorhandenen Stammpersonals nur begrenzt möglich ist. Außerdem geht meistens die Zahl der Arbeitsplätze mit der Einführung neuer Technologien zurück. Insofern kommt es häufig über die Personalumsetzung hinaus zur Personalfreisetzung, was mit sozialen Spannungen verbunden sein kann. Andererseits werden mit der Einführung neuer Technologien erst bestimmte Humanziele realisierbar, etwa durch Wegfall einseitiger Arbeitsbelastungen und Monotonie, durch ergonomisch besser gestaltete Produktionsanlagen, durch kontaktverbessernde Arbeitsplatzanordnung und durch Anreicherung der Arbeitsaufgaben, verbunden mit der Übernahme einer gestiegenen Verantwortung.

Neben diesen ökonomischen und sozialen Problemen sind **spezifische technische Anforderungen** zu beachten wie insbesondere

- die Anpassung der Produktionstechnologie an die angestrebte Qualität der Produkte,
- die Eingliederung neuer Produktionsanlagen in die gegebenen Produktionsbedingungen und den bereits vorhandenen Anlagenpark,
- das Aufgreifen von technischen Innovationen durch Rationalisierungsinvestitionen und Modernisierungen vorhandener Produktionsanlagen.

2 Anlagenbedarf und Anlagenbeschaffung

2.1 Grundsätzliches zur Anlagenbedarfsbestimmung und -beschaffung

Die Bestimmung von Art und Menge benötigter Produktionsanlagen sowie die termingerechte Bereitstellung der Anlagen am Bedarfsort bilden die **Aufgaben der Anlagenbedarfsbestimmung und -beschaffung**. Im Vordergrund der Betrachtung steht hier die primär strategische Aufgabe der qualitativen und quantitativen Bestimmung der zur Realisierung des langfristigen Produktprogramms notwendigen Produktionsanlagen.

Anlässe zur Anlagenbeschaffung sind immer dann gegeben, wenn Unternehmungen ganz oder teilweise (Gliedbetriebe, Werkstätten) neu errichtet werden sollen (vgl. *Schumann*, 1985, S. 21 ff.). Bei vorhandenen Produktionsstätten ergibt sich die Notwendigkeit der Anlagenbeschaffung bei unbefriedigender Erfüllung angestrebter Sach-, Wert- und Humanziele, die nicht durch Instandhaltungs- und/oder Modernisierungsmaßnahmen behoben werden kann und Rationalisierungs-, Erweiterungs- oder Ersatzinvestitionen auslöst. Technisch und/oder wirtschaftlich nicht mehr einsetzbare Altanlagen sind zu veräußern oder zu entsorgen (vgl. Kapitel 5).

Zentrale **Grundlage der Anlagenbedarfsermittlung bilden das langfristig angestrebte Produktprogramm** als Sachziel einer Unternehmung, das im Rahmen der Geschäftsfeldplanung festgelegt wird (vgl. Teil II, Kapitel 1.1), und die **verfügbare bzw. erforschbare Technologie**, mit der programmgerechte Produktionsprozesse durchgeführt werden können. Im Rahmen dieser **Anlagenbedarfsermittlung** wird auch der qualitative und quantitative Kapazitätsbedarf bestimmt. Ausgehend von einer Analyse des gegebenen Anlagenbestandes im Hinblick auf die Verwendbarkeit für das langfristig angestrebte Produktprogramm wird die Beschaffung neuer Anlagen geplant, wenn durch die gegebenen Anlagen das mengenmäßige Wachstum nicht abgedeckt werden kann und/oder die qualitativen Anforderungen des zukünftigen Produktprogramms nicht erfüllt werden können.

Soll lediglich die Anzahl bereits im Einsatz befindlicher Anlagen erhöht werden, so handelt es sich um eine **multiple Anlagenbeschaffung**. Sie wird bei einer mengenmäßigen Erhöhung des Outputs aufgrund marktbedingter Nachfrageerhöhungen erforderlich. Zudem kann, insbesondere bei hochausgelasteten Anlagen, das Ziel verfolgt werden, die Lieferzeiten zu verkürzen.

Sollen die vorhandenen Anlagen qualitativ verändert werden, so handelt es sich um eine **mutative Anlagenbeschaffung**. Sie kann durch eine qualitative

Veränderung des Produktprogramms, das Angebot einer effizienteren Technologie (Rationalisierung), eine Veränderung der arbeitnehmerspezifischen Humanziele (z. B. ergonomischen Anforderungen) bzw. gesellschaftlichen Humanziele (z. B. ökologischen Anforderungen) ausgelöst werden.

Der Prozeß der Anlagenbeschaffungsplanung vollzieht sich in den allgemein bekannten Phasen des Entscheidungsprozesses (vgl. *Hahn*, 1985, S. 24 f.): Problemstellung und -analyse, Suchphase, Beurteilungsphase und Entscheidungsphase. Dabei sind neben den quantitativen Zielkriterien auch qualitative Aspekte zu berücksichtigen. Unter betriebswirtschaftlichen Aspekten sind im Hinblick auf die entstehenden Kosten und Finanzmittelbindungen neben Kauf auch Miete, Pacht und Leasing in den Entscheidungsprozeß einzubeziehen.

Aus theoretischer Sicht erweist es sich als vorteilhaft, wenn in Ausrichtung auf das strategisch fixierte Produktprogramm zunächst über Art und Menge der benötigten Anlagen disponiert und sodann über die Anordnung der Arbeitssysteme (Layout-Gestaltung) entschieden wird, wobei vielfach Rückkopplungen notwendig sind. Daraus ergeben sich zugleich wesentliche Anforderungen an die Wahl des Standortes und die spezifische Gestaltung der Gebäude. In der Praxis sind allerdings für die innerbetriebliche Anlagenplanung sehr häufig die Grundstücke und Gebäude ganz oder teilweise vorgegeben, woraus dann ein einengender Rahmen für die innerbetriebliche Standortplanung folgt (vgl. Kapitel 3).

2.2 Anlagenarten und Anlagenkapazität

2.2.1 Anlagenarten

2.2.1.1 Systematik der Anlagenarten

Produktionsanlagen sind Gebrauchsgüter, die ein Nutzungspotential darstellen und im Laufe ihrer produktiven Verwendung eine Vielzahl von Arbeitsvorgängen bewirken oder die technischen Basis- und Schutzfunktionen für die Durchführung von Produktionsprozessen in einem bestimmten Zeitraum bilden. Danach können in Abhängigkeit von den ausgeübten Funktionen in der Produktion aktive und passive Produktionsanlagen unterschieden werden (siehe Schaubild VIII.2; vgl. zu einer abweichenden Unterscheidung in aktive und passive Produktionsanlagen *Kern*, 1990, S. 196 und *Zäpfel*, 1989, S. 99 f.).

Aktive Produktionsanlagen bzw. produktionstechnische Anlagen wirken als Bestandteile von Produktionsprozessen direkt oder indirekt bei der Leistungserstellung mit. Produktionstechnische Anlagen mit direkter Mitwirkung bei der Leistungserstellung übernehmen Hauptfunktionen im Produktionsprozeß und führen bei vorgabegerechter Arbeitsweise zu einem Produktionsfortschritt (Produktentstehung). Es können gemäß der Gliederung der industriellen Produktionstechnik (siehe Teil I, Kapitel 1.1) energietechnische, verfahrenstechnische und fertigungstechnische Anlagen unterschieden werden. Nebenfunktio-

Produktionsanlagen		
aktive Produktionsanlagen/ produktionstechnische Anlagen		passive Produktionsanlagen
Hauptfunktionen im Produktionsprozeß	Nebenfunktionen im Produktionsprozeß	

- energietechnische Anlagen
- verfahrenstechnische Anlagen
- fertigungstechnische Anlagen
	- materialflußtechnische Anlagen
	  - fördertechnische Anlagen
	  - handhabungstechnische Anlagen
	  - lagertechnische Anlagen
	- informationstechnische Anlagen
		- Grundstücke
		
		- Gebäude
		
		- Infrastrukturanlagen

direkte Mitwirkung bei der Leistungserstellung	indirekte Mitwirkung bei der Leistungserstellung	

Schaubild VIII.2. Systematik der Produktionsanlagen

nen übernehmen fördertechnische, handhabungstechnische und lagertechnische Anlagen als materialflußtechnische Anlagen sowie informationstechnische Anlagen, die als Bestandteile des Produktionsprozesses nur indirekt bei der Leistungserstellung mitwirken.

Als **passive Produktionsanlagen** können Grundstücke, Gebäude und Infrastruktureinrichtungen unterschieden werden, die eine wesentliche technische Voraussetzung für die Installation von produktionstechnischen Anlagen und/oder für die Durchführung von Produktionsprozessen bilden.

2.2.1.2 Passive Produktionsanlagen

Grundstücke – als begrenzter Teil der Erdoberfläche, an die im Rahmen der gesetzlichen Bestimmungen besondere Rechte geknüpft sind – stellen für die Industrieunternehmung die räumliche Basis, den **Standort**, dar. Sie werden lediglich genutzt, ohne selbst einem Verbrauch zu unterliegen (vgl. *Kosiol*, 1955, S. 10), soweit sie nicht z.B. bei Abbaubetrieben im Tagebergbau oder Untertagebergbau ausgebeutet werden. Außerdem können sie durch Produktionsrückstände und Abfälle belastet werden, wodurch Entsorgungsmaßnahmen erforderlich werden, die zusätzliche Kosten verursachen. Grundstücke verursachen generell Kapital- bzw. Pachtkosten, Grundsteuer und Abgaben.

Bedeutsam für die Grundstücksnutzung sind insbesondere die Grundstücksgrenzen, die Topographie, die Infrastruktur (Anschlüsse an das öffentliche Verkehrsnetz, Energieversorgung, Wasserver- und -entsorgung) sowie ggf. vorhandene Bauwerke, Bebauungsvorschriften und zusätzliche ökologische Vorschriften.

Gebäude lassen sich als überdachte und in sich abgeschlossene Raumgebilde kennzeichnen. Zu den Gebäuden industrieller Unternehmungen (Industriebauten) zählen alle Anlagen, die dazu bestimmt und geeignet sind, Produktionsanlagen (einschließlich Verwaltungs-, Lagerräume etc.) aufzunehmen (vgl. *Beste*, 1966, S. 157). Daneben sind noch „Sonderbauwerke" für spezifische Industrien (Branchen) – z. B. Silos, Schornsteine, Kühltürme u. ä. m. – sowie „Sozialbauten" (Kantinen, Umkleide-, Aufenthalts- und Hygieneräume) zu verzeichnen (vgl. *Henn*, 1979, Sp. 743).

Aus betriebswirtschaftlicher Sicht sind mit der Gebäudeerrichtung und -nutzung vor allem Kapitaldienstkosten in Form von Abschreibungen und Kapitalbindungskosten, Instandhaltungskosten, Energie- und Überwachungskosten sowie Steuern und Abgaben verbunden.

Ausprägungsformen bzw. grundlegende Alternativen von Industriegebäuden sind (vgl. *Mellerowicz*, 1981, S. 370 ff. und Schaubild VIII.3)

- Hallenbauten,
- Flachbauten,
- Geschoßbauten,

sowie Kombinationen derselben.

Große Innenhöhe und große Längenausdehnung im Verhältnis zur Grundrißbreite sind das Charakteristikum von **Hallenbauten**. Die Abmessungen werden i.d.R. vom Verwendungszweck und durch die Konstruktion der zum Einsatz kommenden Krananlagen determiniert (vgl. *Henn*, 1979, Sp. 746). Diese sind erforderlich, um sperrige Produkte während der Be- und Verarbeitungsprozesse zu den einzelnen Bearbeitungsstätten bzw. -plätzen zu transportieren. Praktische Beispiele für die Hallenbauweise finden sich in Gießereien, in Stahl- und Walzwerken, im (Groß-)Fahrzeug- und (Groß-)Maschinenbau sowie bei der Herstellung von Flugzeugen und Turbinen. Räumlichkeiten, die nicht unmittelbar Produktionszwecken dienen (Lagerräume, Einzelwerkstätten, sonstige Hilfs- und Nebenräume), können seitlich innerhalb oder außerhalb der Halle angeordnet werden.

Kennzeichnend für **Flachbauten** ist eine geringe Bauhöhe bei relativ großer Grundfläche. Durch die ebenerdige Bauausführung ergibt sich für Produktionszwecke eine Reihe von Vorteilen (vgl. *Henn*, 1979, Sp. 746 f.; vgl. *Mellerowicz*, 1981, S. 370 f.):

- unkomplizierte Konstruktion,
- hohe Flexibilität bei der Nutzung (Möglichkeit der Veränderung der Maschinenanordnung),
- übersichtlicher Produktionsablauf,
- günstige Steuerungs- und Kontrollmöglichkeiten,
- einfacher interner Transport,
- gute Ausbau- und Erweiterungsmöglichkeiten.

Anlagenbedarf und Anlagenbeschaffung 221

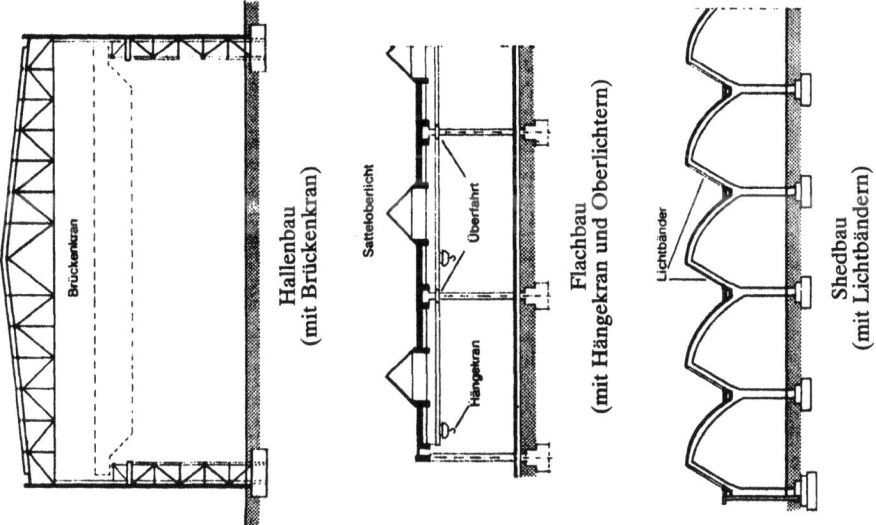

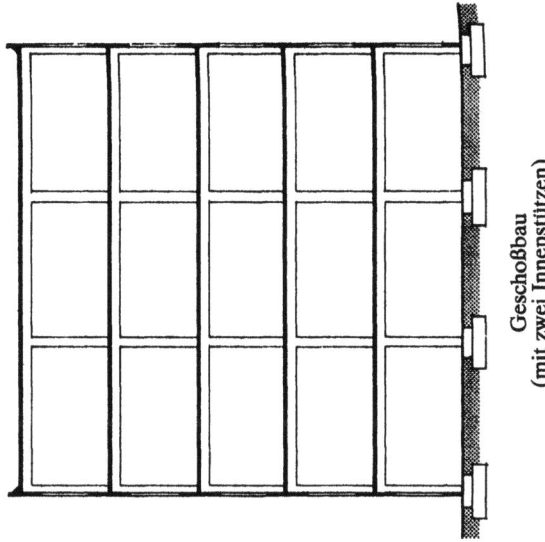

Schaubild VIII.3. Ausprägungsformen von Industriegebäuden (*Henn*, 1979, Sp. 744 ff.)

Die günstigen Beleuchtungsverhältnisse sind bei der Flachbauweise besonders hervorzuheben; durch Anordnung von Oberlichtern wird eine Versorgung aller Arbeitsplätze mit ausreichendem Tageslicht möglich. Durch die **Shedbauweise**, einer **Sonderform der Flachbauweise**, wird die Beleuchtungsproblematik besonders gut gelöst.

Räumliche Beschränkungen, hohe Bodenpreise und produktionstechnische Bedingungen (z. B. die Ausnutzung schiefer Ebenen für Roh- und Werkstofftransporte) sind vielfach Gründe zur Errichtung von **Geschoßbauten** (vgl. *Mellerowicz*, 1981, S. 371). In einigen Branchen ist die Geschoßbauweise zur Ausnutzung von Höhenunterschieden bei der Be- und Verarbeitung von Schüttgütern sogar erforderlich (z. B. in Mühlen, Dolomit- und Zementwerken und bestimmten chemischen Industrien). Auch für **Büro- und Verwaltungsgebäude** eignen sich besonders Geschoßbauten, da hier an die Tragfähigkeit der Decken keine hohen Anforderungen gestellt werden. Im Gegensatz zu Hallen- oder Flachbauten müssen bei Geschoßbauten zusätzliche kostenwirksame bauliche Besonderheiten, wie Treppenhäuser und Fahrstühle, berücksichtigt werden.

Betriebswirtschaftlich besonders bedeutsam ist die spezifische Gestaltung von Gebäuden für spezialisierte Produktionsanlagen. Zum Beispiel können Stahlwerkgebäude oder Gebäude für chemische Großanlagen nicht oder nur nach aufwendigen Umbauten für andere Produktionseinrichtungen verwendet werden. In diesen Fällen wird die wirtschaftliche Nutzungsdauer der Gebäude von der Nutzungszeit der speziellen Produktionsanlage determiniert, obwohl die technische Haltbarkeit der Gebäude wesentlich länger ist. Es kann dann notwendig sein, die Gebäudeabschreibung im Verbund mit der Abschreibung der Produktionsanlage vorzunehmen (Bildung von Anlageeinheiten aufgrund eines Produktionsverbunds). Hierdurch werden auch die Wirtschaftlichkeit und die notwendige Pay-back-Zeit im Rahmen der Investitionsplanung erheblich beeinflußt.

2.2.1.3 Aktive Produktionsanlagen

2.2.1.3.1 Energietechnische Anlagen

Energietechnische Anlagen sind technische Systeme zur Nutzbarmachung von Energie durch Umwandlung, Umformung, Speicherung und Transport. Trotz der prinzipiellen Äquivalenz von Energie und Materie bzw. Stoffen ist es üblich, Anlagen, deren Hauptaufgabe die Energieumwandlung, -umformung, -speicherung und der Energietransport ist, als energietechnische Anlagen bzw. Energieumsetzer abzugrenzen. Dabei werden folgende Arten von Energie unterschieden:

- mechanische Energie (z. B. Trägheit oder Fliehkräfte),
- hydraulische Energie (hydrostatisch oder hydrodynamisch),
- pneumatische Energie (pneumostatisch oder pneumodynamisch),
- elektrische Energie (induktiv, kapazitiv oder piezoelektrisch),

- optische Energie (Laser, Reflexion, Brechung, Beugung, Interferenz oder Polarisation),
- thermische Energie,
- chemische Energie (Verbrennung, Reduktion oder Elektrolyse),
- nukleare Energie und
- biologische Energie (Gärung oder Verrottung)

(vgl. *DIN*, 1987, S. 3 ff.; *Pahl/Beitz*, 1986, S. 23 ff. u. S. 117).

Die Aufgabe der Energietechnik besteht darin, die zur Durchführung industrieller Produktionsprozesse benötigte Energie bereitzustellen (vgl. *Baehr*, 1981, S. 369). Dies wird durch Umwandlung der unterschiedlichen Energieformen ineinander erreicht. Gemäß dem 2. Hauptsatz der Thermodynamik geht bei den i.d.R. irreversiblen Umwandlungsprozessen nutzbare Energie verloren, d.h. arbeitsfähige (technisch nutzbare) Energie wird in nichtarbeitsfähige Energie umgewandelt. Der nutzbare Teil der Energie wird auch als Exergie bezeichnet (vgl. *Rant*, 1956, S. 36 f.). Für den nicht nutzbaren Energieanteil wurde der Begriff Anergie eingeführt. Bei der Beurteilung der technischen Effizienz eines Energieumwandlungsprozesses steht der exergetische Wirkungsgrad im Vordergrund (vgl. dazu *Berning*, 1986, S. 115 ff.).

Die zur Nutzbarmachung von Energie notwendigen Anlagen haben neben der Umwandlung von Energie auch das Speichern, Leiten und Umformen von Energie zu gewährleisten. Energietechnische Anlagen sind somit nach der Art der Funktionserfüllung einteilbar in:

- Energieumwandler,
  Funktion: Änderung der qualitativen Objekteigenschaften (z.B. Kraftwerk, Generator, Motor);
- Energiespeicher,
  Funktion: Änderung des Ablaufes (z.B. Batterie);
- Energieleiter,
  Funktion: Änderung des Objektortes (z.B. Fernwärmeanlage, Welle);
- Energieumformer,
  Funktion: Änderung der quantitativen Objekteigenschaften (z.B. Umspannwerk, Verstärker, Transformatoren).

2.2.1.3.2 Verfahrenstechnische Anlagen

Verfahrenstechnische Anlagen bewirken die Änderung der physikalischen und/oder chemischen Eigenschaften von Stoffen im Sinne einer Strukturänderung, im Gegensatz zu fertigungstechnischen Anlagen, deren Aufgabe die Änderung der äußeren Form von festen Werkstoffen ist (vgl. *Spur*, o.J.; *Grassmann/Widmer*, 1974, S. 1; *Adolphi/Adolphi*, 1974, S. 19).

Die bei den zahlreichen Verfahren wiederkehrenden physikalischen und/oder chemischen Grundvorgänge werden als verfahrenstechnische Grundoperationen bezeichnet. Verfahrenstechnische Grundoperationen bewirken die mechanische, elektrisch/magnetische oder thermische Vor- und Nachbereitung von Stoffen zur Reaktion und die Eigenschaftsänderung der Stoffe in der Reaktion (vgl. *Vauck/Müller*, 1988, S. 29). Die Grundoperationen lassen sich auch nach der Verarbeitungstechnik in Trennen und Vereinigen unterteilen. Demnach kann man unterscheiden:

- elektrisch/magnetisch-verfahrenstechnische Anlagen,
- mechanisch-verfahrenstechnische Anlagen und
- thermisch-verfahrenstechnische Anlagen.

Während elektrisch/magnetische und mechanische Grundoperationen ohne Wärme- oder molekularen Transport stattfinden und das Verhalten eines Teilchenkollektivs beeinflussen, umfassen thermische Verfahren das Gegeneinanderbewegen kleinster Einheiten, verbunden mit dem Aufbau von Temperatur-, Konzentrations- oder Geschwindigkeitsfeldern.

Zum anderen lassen sich verfahrenstechnische Anlagen in

- trennende verfahrenstechnische Anlagen und
- vereinigende verfahrenstechnische Anlagen

unterteilen.

Trennvorgänge zerlegen ein Gemisch in verschiedene Bestandteile mit unterschiedlichen Eigenschaften, ohne sie stofflich zu verändern. Vereiniger mischen unterschiedliche Bestandteile oder kompaktieren einen Stoff, um neue Stoffeigenschaften zu erreichen (vgl. *Onken*, 1975, S. 5; *Vauck/Müller*, 1988, S. 30; *Adolphi/Adolphi*, 1974, S. 19 f.).

Grundoperationen	mechanisch	elektrisch-magnetisch	thermisch
Trennen der Stoffe	Sedimentieren Filtrieren Auspressen Zentrifugieren Zerkleinern Klassieren Sortieren Flotieren	Elektroabscheiden Magnetscheiden Elektroscheiden Elektrodialyse Elektroosmose Elektrophorese	Kondensieren Verdampfen Kristallisieren Trocknen Destillieren Extrahieren Sorbieren Permeïeren Dialysieren
Vereinigen der Stoffe	Versprühen Begasen Rühren Homogenisieren Kneten Vermengen Dosieren Kompaktieren	—	Auflösen Sorbieren

Schaubild VIII.4. Systematik der verfahrenstechnischen Grundoperationen (vgl. *Vauck/Müller*, 1988, S. 28)

Eine Systematik verfahrenstechnischer Grundoperationen und damit auch verfahrenstechnischer Anlagen, die diese Grundoperationen realisieren, zeigt Schaubild VIII.4.

2.2.1.3.3 Fertigungstechnische Anlagen

Fertigungstechnische Anlagen bewirken die Formgebung und Eigenschaftsänderung von Stoffen sowie den Zusammenbau (vgl. *Spur*, o.J.). Fertigungstechnische Anlagen oder auch Fertigungsanlagen können nach Art der Fertigungsverfahren in Anlehnung an DIN 8580 unterteilt werden in (vgl. Teil I, Kapitel 1.1):

- urformende Anlagen, z. B. Sinteranlagen,
- umformende Anlagen, z. B. Pressen,
- trennende Anlagen, z. B. Drehmaschinen,
- fügende Anlagen, z. B. Schweißmaschinen,
- beschichtende Anlagen, z. B. Galvanisierungsanlagen,
- stoffeigenschaftsändernde Anlagen, z. B. Nitrieranlagen.

Fertigungstechnische Anlagen werden im allgemeinen Sprachgebrauch vielfach mit dem Begriff Maschine bezeichnet. Der Begriff **Maschine** ist auf den griechischen Terminus „mechane" zurückzuführen, der soviel wie Werkzeug oder Hilfsmittel bedeutet (vgl. *Brockhaus-Enzyklopädie*, 1991, S. 271 f.). Heute wird der Begriff Maschine als Sammelbezeichnung für von Menschen geschaffene zweckorientierte technische Vorrichtungen verschiedener Art und Größe mit i.d.R. beweglichen Teilen verstanden.

Genauer abgegrenzt ist die einheitliche Bezeichnung der **Werkzeugmaschine**. Werkzeugmaschinen sind Fertigungsanlagen, welche die Umwandlung von Körpern vom Rohzustand in den Fertigzustand nach vorgegebenen geometrischen Zielgrößen durch Einwirken von Werkzeugen (bzw. Wirkmedien) auf das Werkstück vollziehen. Sie beinhalten in Abgrenzung zu Fertigungsanlagen nur die Verfahren Trennen, Umformen und Fügen nach DIN 8580 (vgl. *Weck*, 1988, S. 21).

Werkzeugmaschinen können durch ihre Einsatzfähigkeit im Fertigungsprozeß näher beschrieben werden. Sie **werden u.a. nach folgenden Gesichtspunkten systematisiert**:

- Art der erzeugten Oberfläche,
- Lage der Hauptachse,
- Kinematik,
- Werkstückaufnahme,
- Arbeitsgenauigkeit,
- Art der Steuerung,
- Werkstückspektrum,
- Art der Verkettung,
- produktionstechnischer Entwicklungsstand,
- Art des Antriebes

(vgl. *Spur*, 1972, S. 32; *Dolezalek/Ropohl*, 1967, S. 716; *Weck*, 1988, S. 21 ff.).

Die **Art der erzeugten Oberfläche** bestimmt die Geometrie des Werkstücks (prismatisch, rotatorisch).

Die **Lage der Hauptachse** wird hauptsächlich durch den Zweck und damit durch die Bauform der Maschine bestimmt (vertikal/horizontal). Hierdurch werden insbesondere die Beschickungs- und Entsorgungsmöglichkeiten (Späneabfluß) determiniert.

Die **Kinematik** beschreibt das Wirkprinzip der Maschine. Sie kennzeichnet den Bewegungsablauf der einzelnen Baugruppen der Maschine untereinander.

Die **Werkstückaufnahme** kann auf unterschiedliche Weise erfolgen. Die Werkstücke können auf Paletten aufgespannt werden, wodurch der Werkstückwechsel vereinfacht wird. Zudem ist eine Automatisierung möglich. Ebenfalls werden hierdurch Nebenzeiten gesenkt, da die Aufspannung außerhalb der Maschine während deren Nutzung erfolgen kann. Bei Rotationsteilen kann die Aufspannung in Spannfuttern oder zwischen Spitzen erfolgen.

Die **Arbeitsgenauigkeit** wird durch die erreichbare Werkstückgenauigkeit einer Maschine ausgedrückt. Häufig werden auch die Begriffe Schruppmaschine (Grobbearbeitung) und Schlichtmaschine (Feinbearbeitung) zur Kennzeichnung der Arbeitsgenauigkeit verwendet.

Die **Art der Steuerung** bestimmt wesentlich die Automatisierungsfähigkeit einer Maschine. Die Steuerung kann manuell oder rechnerunterstützt erfolgen. Bei der Rechnerunterstützung werden NC-, CNC- und DNC-Systeme unterschieden. NC (Numerical Control) bedeutet numerisch gesteuert, d.h. die Maschine ist in der Lage, Zahlen zu verstehen. Die Eingabe der Zahlenwerte erfolgt hierbei meist über Lochstreifen. Die einzelnen Steueroperationen sind in Sätze eingeteilt, die durch die DIN 66025 festgelegt sind. Bei CNC-Systemen (Computerized Numerical Control) werden die Steuerinformationen durch einen Rechner verwaltet. Bei DNC-Systemen (Direct Numerical Control) werden die Informationen über einen externen Rechner in Verbindung mit einem Interface (Schnittstelle) übertragen. So können mehrere Maschinen mit einem externen Rechner verbunden sein.

Das **Werkstückspektrum** gibt die Einsatzfähigkeit der Maschine für unterschiedliche Werkstückdimensionen und Bearbeitungsaufgaben an. Einzweck- bzw. Spezialmaschinen sind auf bestimmte zu bearbeitende Werkstücke ausgelegt und können i.d.R. keine unterschiedlichen Werkstücke bearbeiten. Mehrzweckmaschinen sind dagegen in begrenztem Umfang in der Lage, Bearbeitungsoperationen an unterschiedlichen Werkstücken vorzunehmen. Universalmaschinen sind auf höchste Flexibilität in der Bearbeitungsfähigkeit unterschiedlicher Werkstücke ausgelegt.

Die **Art der Verkettung** der Maschinen beschreibt das Zusammenwirken der Maschinen untereinander. Einzelmaschinen sind per Definition unverkettet und werden zur allgemeinen Kennzeichnung nach dem ausführenden Fertigungsverfahren bezeichnet (z.B. Drehmaschinen, Fräsmaschinen, Bohrmaschinen). Handelt es sich hierbei um eine numerisch gesteuerte Maschine mit automatischem Werkzeugwechsel, die über mindestens drei translatorische Bewegungsachsen mit separatem Antrieb verfügt, so liegt ein **Bearbeitungszentrum** vor. Mehrmaschinensysteme umfassen eine Maschinengruppe. Sie können nach dem Objektprinzip (verkettet) oder nach dem Verrichtungsprinzip (nur teilweise oder gar nicht verkettet) ausgestaltet sein. Mehrmaschinensysteme unterscheiden sich hierbei nach der Art der Ausgabeoperanden (Einzelteil, Teilegruppe oder Baugruppe). Der Transport der Werkstücke erfolgt getaktet oder ungetaktet. Besteht ein Mehrmaschinensystem aus mehreren numerisch gesteuerten Werkzeugmaschinen und Meßeinrichtungen, die durch ein Handhabungssystem bzw. automatisch mit den erforderlichen Werkstücken, Spannzeugen, Werkzeugen und Meßzeugen aus entsprechenden Lagern/Magazinen versorgt und entsorgt werden können, so spricht man von einer **flexiblen Produktionszelle**. Es können bei begrenzter Flexibilität ähnliche, aber im Detail unterschiedliche Werkstücke bearbeitet werden. Erhöhte Flexibilität besteht bei flexiblen Produktionssystemen. Ein **flexibles Produktionssystem** besteht aus mehreren numerisch gesteuerten Arbeitsstationen, die durch ein automatisches Transportsystem miteinander verknüpft sind. Hierdurch wird eine automatische, gleichzeitige Bearbeitung mehrerer verschiedenartiger Werkstücke innerhalb des flexiblen Produktionssystems möglich. Erforderliche Umrüstvorgänge bei einzelnen Maschinen erfolgen ebenfalls automatisch (vgl. auch Teil I, Kapitel 3 und Teil VI, Kapitel 5).

Ausgangspunkt **produktionstechnischer Entwicklung** war das **handwerkliche (manuelle) Fertigungssystem,** in dem der Mensch die Zuführung der Arbeitsenergie, die Eingabe der Steuerdaten sowie die Anpassung der Steuerdaten während des Prozesses selbst verrichtet hat. In der zweiten Entwicklungsstufe erfolgte die **Maschinisierung,** die den Menschen von der Zuführung der Arbeitsenergie und bei den Bearbeitungsvorgängen entlastet hat. Als Beispiel für die Maschinisierung sei hier die konventionelle Drehmaschine genannt, bei der die Einstellung des Vorschubes, die Messung nach der Drehbearbeitung und die Nachstellung des Vorschubes durch den Maschinenbediener vorgenommen werden. Bei **automatisierten Maschinen** werden einzelne oder alle Steuerungs- und Regelungsfunktionen durch künstliche Systeme übernommen. Automatisierung (Automation) ist das Ergebnis des Automatisierens, des Einsatzes von Automaten (DIN 19233). Automaten sind hierbei künstliche Systeme, die selbsttätig ein Programm befolgen und dabei aufgrund des Programms Entscheidungen zur Steuerung und ggf. Regelung von Prozessen treffen. Die Entscheidungen des Systems beruhen auf der Verknüpfung von Eingaben mit den jeweiligen Zuständen eines Systems und haben Ausgaben zur Folge (DIN 19233). Automatisch ablaufende Prozesse vollziehen sich vielfach nach dem Regelkreisprinzip – also unter zielorientierter Prozeßbeeinflussung durch Rückkoppelung von Kontrollergebnissen. Nach dem Automatisierungsgrad können teilautomatisierte und vollautomatisierte Maschinen unterschieden werden. Der Automatisierungsgrad ist der Anteil der automatisierten Funktionen an der Gesamtheit aller Funktionen (DIN 19233). Eine **teilautomatisierte Maschine** hat einen Automatisierungsgrad von größer 0 und kleiner 1. Hier werden durch die Maschine Steuerungsaufgaben übernommen. So erfolgen z.B. bei einem Drehbearbeitungszentrum mit Werkzeugmagazinen, Palettenwechslern, Palettenspeicher und automatischem Transportsystem neben der Übertragung der Bearbeitungssteuerung auf Betriebsmittel die Steuerung und Durchführung des Werkzeugwechsels, des Werkstückwechsels und des Werkstücktransports automatisch. Eine **vollautomatisierte Maschine** hat einen Automatisierungsgrad von 1. Neben der Vorgabe von Prozeßparametern kann die Maschine hier zudem die Anpassung der Prozeßparameter an übergeordnete Zielvorgaben übernehmen, z.B. die Anpassung von Prioritätskennzahlen bei Störungen in der Auftragsabwicklung. Technisch wird eine maschinelle Regelung oft nur in Teilsystemen realisiert, z.B. durch Thermostate bei Heizungsanlagen (vgl. *Hahn,* 1992c, S. 88 ff.). In Schaubild VIII.5 werden fertigungstechnische Anlagen (Maschinen) nach dem Automatisierungsgrad der Steuerung und Regelung systematisiert.

Nach der **Art des Antriebes** können Maschinen weiterhin unterteilt werden in:

- Maschinen mit elektrischem Antrieb,
- Maschinen mit hydraulischem Antrieb,
- Maschinen mit pneumatischem Antrieb.

Die Art des Antriebes ist insbesondere aus Sicherheitsaspekten von Bedeutung. So sind in explosionsgefährdeten Bereichen keine elektrischen Antriebe zulässig. Z.B. dürfen Lackierroboter aus diesem Grund nur über pneumatische oder hydraulische Antriebe verfügen.

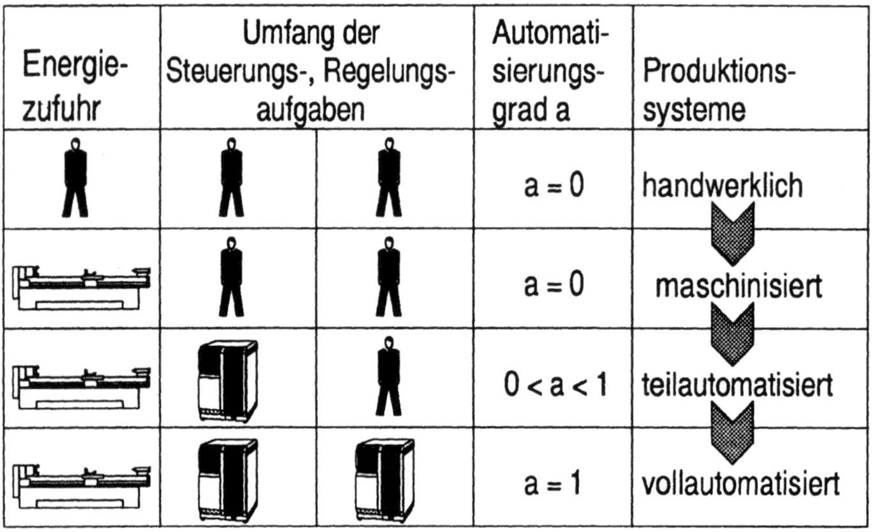

Energie-zufuhr	Umfang der Steuerungs-, Regelungs-aufgaben		Automati-sierungs-grad a	Produktions-systeme
👤	👤	👤	a = 0	handwerklich
🛠	👤	👤	a = 0	maschinisiert
🛠	🖥	👤	0 < a < 1	teilautomatisiert
🛠	🖥	🖥	a = 1	vollautomatisiert

Schaubild VIII.5. Handwerkliche, maschinisierte und automatisierte Produktionssysteme (in Anlehnung an *Spur,* 1986a, S. 595)

Eine gewisse Sonderstellung innerhalb der fertigungstechnischen Anlagen nehmen die **montagetechnischen Anlagen** ein. Montage ist die Gesamtheit aller Tätigkeiten zum Zusammenbau von Teilen und/oder Gruppen zu Erzeugnissen. Montagetechnische Anlagen können im weiten Sinne als fügetechnische Anlagen angesehen werden, jedoch ist der Begriff des Montierens nicht mit dem des Fügens gleichzusetzen (DIN 8593). Die Begriffe Handhaben, Fügen und Montieren sind oftmals unscharf abgegrenzt. Nach obiger Begriffsbestimmung beinhaltet das Montieren Handhabungs-, Füge-, Kontroll- und Justiertätigkeiten. Somit stellen montagetechnische Anlagen eine Kombination fertigungs- und füge- sowie handhabungstechnischer Anlagen dar (vgl. *Spur*, 1986, S. 5; *Warnecke*, 1979, Sp. 278).

2.2.1.3.4 Materialflußtechnische Anlagen

„Materialfluß ist die Verkettung aller Vorgänge beim Gewinnen, Be- und Verarbeiten sowie bei der Verteilung von Gütern innerhalb festgelegter Bereiche" (VDI 2860). Der Materialfluß als Kernbereich logistischer Prozesse unterteilt sich in die Teilfunktionen Fördern (VDI 2411), Lagern (VDI 2411) und Handhaben (VDI 2860). Somit können materialflußtechnische Anlagen in fördertechnische Anlagen, lagertechnische Anlagen und handhabungstechnische Anlagen unterteilt werden.

Fördertechnische Anlagen

Fördertechnische Anlagen sind alle Arten von mechanischen Hilfsmitteln zum Fortbewegen von Sachgütern oder Personen in einem örtlich abgegrenzten Arbeitsbereich (vgl. dazu VDI 2411). Sie dienen in der Produktion der Raumüberbrückung zwischen den einzelnen Bearbeitungs- und Lagerorten. Die Eigenarten und spezifischen Anforderungen von fördertechnischen Anlagen sind bei der Gebäudegestaltung, Gebäudezuordnung und innerbetrieblichen Anordnung der produktionstechnischen Anlagen – der gesamten Layout-Gestaltung – zu berücksichtigen. Fördertechnische Anlagen lassen sich nach dem in Schaubild VIII.6 abgebildeten Schema einteilen. Haupteinteilungsgesichtspunkt der Förderanlagen ist die Kontinuität des Förderprozesses. Man unterscheidet hiernach in Stetigförderer und Unstetigförderer (vgl. VDI 2366).

Stetigförderer sind durch einen kontinuierlichen Bewegungsablauf gekennzeichnet. Richtung und Geschwindigkeit sind hierbei vorgegeben.

Unstetigförderer treten erst beim Eintritt einer Transportaufgabe in Bewegung. Sie besitzen in der Regel Einzelantrieb. Hierdurch lassen sich komplexere Transportaufgaben und Streckenverläufe realisieren. Heute werden hierzu häufig fahrerlose Transportsysteme (FTS) und Einschienenhängebahnen eingesetzt. Fahrerlose Transportsysteme werden vielfach induktiv über einen im Boden verlegten Leitdraht geführt. Der Vorteil hierbei ist, daß keine zusätzlichen baulichen Einrichtungen wie z.B. Schienenstränge notwendig sind und über den Leitdraht die benötigten Steuerinformationen übertragen werden können.

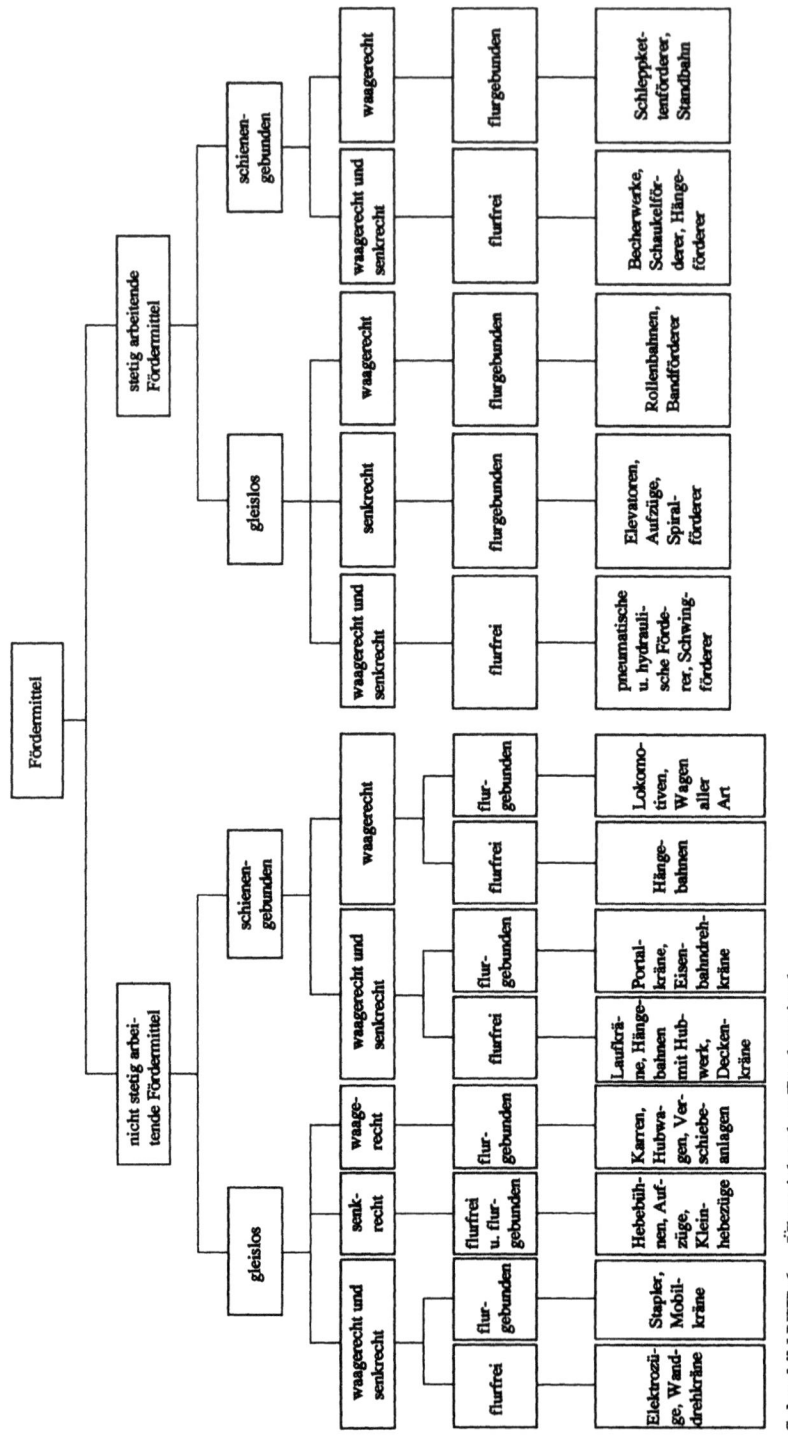

Schaubild VIII.6. Übersicht über Fördermittel
(*Zäpfel*, 1989, S. 170; *REFA*, 1985, S. 303 ff.)

Die Bindung eines Fördermittels an einen Gleisträger wird als weiteres Einteilungskriterium verwendet. Man unterscheidet hierbei in gleislose und gleisgebundene Fördermittel. Nach der Hauptflußrichtung kann ferner in vertikale und horizontale Fördermittel differenziert werden (vgl. *Zäpfel*, 1989, S. 170).

Handhabungstechnische Anlagen

Handhabungstechnische Anlagen bewirken an geometrisch bestimmten Körpern spezifische Bewegungsabläufe beim Einleiten oder Beenden von Vorgängen der Produktion, des Förderns oder des Lagerns (vgl. *Warnecke*, 1984, S. 90; *Zäpfel*, 1989, S. 98).

Die handhabungstechnischen Anlagen (Bewegungseinrichtungen) können unterschieden werden in Einlegegeräte, Manipulatoren (Teleoperatoren) und Industrieroboter (vgl. *Warnecke*, 1979, Sp. 275 f.).

Einlegegeräte sind meist mit Greifern ausgerüstete programmgesteuerte Handhabungseinrichtungen, die bei einfachen, permanent wiederkehrenden Bewegungsabläufen eingesetzt werden. Sie können nicht frei programmiert werden. Einlegegeräte werden meist zur Beschickung von fertigungstechnischen Anlagen, insbesondere in der Serien- und Massenproduktion, eingesetzt.

Bei nicht programmgesteuerten, d. h. manuell gesteuerten handhabungstechnischen Anlagen, wird von **Manipulatoren** gesprochen. Teleoperatoren sind ferngesteuerte Manipulatoren, die Leistung und Reichweite des Menschen weit übertreffen können und dort zum Einsatz gelangen, wo der Mensch von schwerer physischer oder gesundheitsgefährdender Arbeit entlastet werden soll. Sie werden insbesondere auch in der Kerntechnik eingesetzt.

Industrieroboter sind handhabungstechnische Anlagen mit mehreren Achsen, deren Bewegungen hinsichtlich Bewegungsfolge und Wegen bzw. Winkeln frei programmierbar und ggf. sensorgeführt sind. Sie sind mit Greifern oder Werkzeugen ausrüstbar (vgl. VDI 2860). Nicht alle Industrieroboter sind jedoch handhabungstechnische Anlagen. Roboter mit eigener direkter Fertigungsaufgabe (z. B. Punktschweißroboter, Lackierroboter) fallen bei dem vorliegenden Einteilungsverfahren unter fertigungstechnische Anlagen. Industrieroboter unterscheiden sich von den Einlegegeräten durch die frei programmierte Steuerung. Sie besitzen in der Regel 4–6 Bewegungsachsen. Roboter werden meist bei komplexen Bewegungsabläufen eingesetzt. Industrieroboter unterscheiden sich durch unterschiedliche Bauformen. Schaubild VIII.7 zeigt einen Industrieroboter der Firma KUKA.

In der Praxis befinden sich vielfältig kombinierte handhabungstechnische und fertigungstechnische Anlagen im Einsatz.

Lagertechnische Anlagen

Läger sind Räume bzw. Flächen zum Aufbewahren von Schütt- und/oder Stückgütern. Sie übernehmen somit eine speichernde Funktion im Produktionsprozeß und dienen u.a. der zeitlichen Synchronisation von Teilprozessen

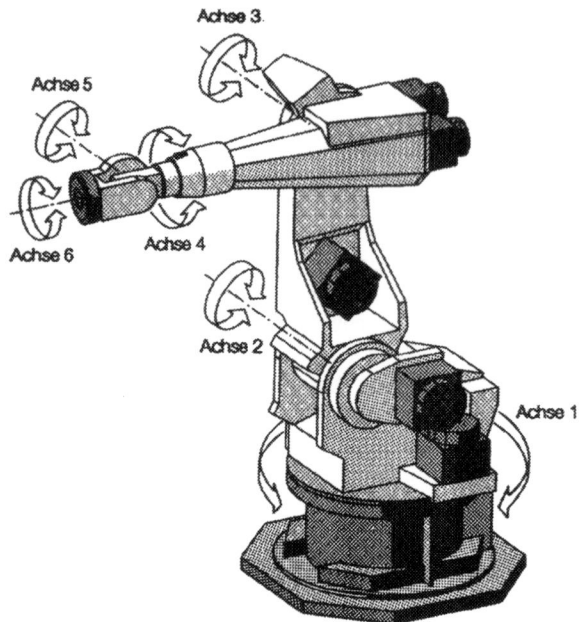

Schaubild VIII.7. Industrieroboter (Werkbild *KUKA*)

(vgl. VDI 2411; siehe zu weiteren Funktionen des Lagers Teil V, Kapitel 3). Läger können nach unterschiedlichen Merkmalen differenziert werden (vgl. *Kupsch*, 1979, Sp. 1032 ff.; *Kupsch/Lindner*, 1985, S. 302 f.; *Bichler*, 1988, S. 172 ff.).

Im Hinblick auf die **eingelagerten Güterarten** und somit nach dem Objektbezug können unterschieden werden:

- Erzeugniseinsatzstoff- und Betriebsstofflager,
- Werkzeuglager,
- Zwischen- und Enderzeugnislager,
- Ersatzteillager und
- Abfallager.

Das Kriterium der **Funktion des Lagers im Produktionsablauf** führt zur Differenzierung in:

- Wareneingangslager,
- Zwischenlager (Pufferlager),
- Endlager einschließlich Abfall-Lager und
- Kommissionierlager (Ausgangslager).

Wareneingangsläger synchronisieren den Materialfluß von Anlieferungs- und Weiterverarbeitungsprozessen. **Pufferläger** dienen der zeitlichen Abstimmung der einzelnen Bearbeitungsstationen untereinander (siehe Teil VI, Kapitel 4.1.2) und bei Losfertigung der Speicherung der nicht in Bearbeitung befindlichen Güter vor bzw. nach der jeweiligen Bearbeitungsstation. **Enderzeugnisläger** synchronisieren Bearbeitungs- und Auslieferungsprozesse. **Komissionierläger** dienen der auftragsbezogenen Zusammenstellung von Produkten.

Bezogen auf die technische Gestaltung können folgende mögliche Ausführungsformen genannt werden:

- Bodenlager,
- Fachregallager,
- Durchlauflager,
- Hochregallager,
- Verschieberegallager,
- Ein-/Durchfahrregallager.

2.2.1.3.5 Informationstechnische Anlagen

Informationstechnische Anlagen im industriellen Produktionsprozeß beinhalten sämtliche für die Produktionsaufgabe notwendigen Informationsverarbeitungs- und Kommunikationstechniken. Dies erfordert die Integration kommerzieller administrativer und technischer Datenverarbeitung und damit das Verarbeiten alphanumerischer-textlicher und geometrischer-graphischer Informationen. Die Integrationsaufgabe informationstechnischer Anlagen veranschaulicht Schaubild VIII.8.

Zu informationstechnischen Anlagen gehören

- Rechnersysteme,
- Kommunikationssysteme,
- Benutzerschnittstellen wie

  - Datenterminals,
  - graphische Arbeitsplätze,
  - Drucker,
  - Plotter und

- Maschinenschnittstellen wie

  - Steuerungssysteme,
  - Diagnosesysteme und
  - Sensorsysteme.

Die Elemente der Rechnerstruktur und der Schnittstellen sind dabei möglichst weitgehend durch Netzwerke miteinander verbunden, um einen durchgehenden Informationsfluß in der Fabrik zu gewährleisten. Der Gedanke des durch die technische Weiterentwicklung informationstechnischer Anlagen möglich gewordenen rechnerintegrierten Fabrikbetriebes wird mit der

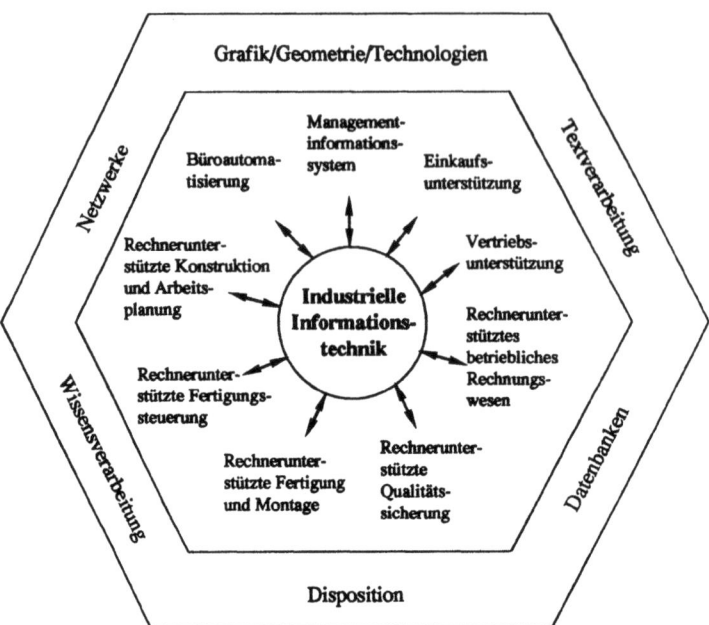

Schaubild VIII.8. Integrationsaufgaben der industriellen Informationstechnik
(*Spur*, 1986, S. 6)

Bezeichnung CIM (Computer Integrated Manufacturing) beschrieben (siehe Teil II und Teil VI).

Informationstechnische Anlagen sind dabei in einer Struktur von Rechnern und Schnittstellen angeordnet, die mehrere Ebenen umfaßt. Die einzelnen **Rechnerhierarchiestufen** lassen sich generalisierend durch die Aufgabenbereiche der jeweiligen Führungs- bzw. Leitebenen einer Unternehmung charakterisieren (vgl. die beispielhafte Darstellung einer Rechnerhierarchie im Teil II, Schaubild II.18 sowie die Vorschläge bei *Warnecke*, 1979, Sp. 272 ff.; *Götz*, 1984, S. 54; *Polke/Portele*, 1984, S. 291 ff.; *Siemens*, o.J., S. 6 ff.).

2.2.2 Anlagenkapazität

2.2.2.1 Kapazitätsdefinition und Kapazitätsmessung

Für industriebetriebliche Führungsaufgaben ist es unerläßlich, Angaben über Kapazitäten – das Produktions- bzw. Leistungsvermögen von Potentialen in einem Zeitabschnitt – zu besitzen. Exakte und detaillierte Informationen über das Leistungsvermögen von Potentialen sind Voraussetzung für deren Anschaffung, Anordnung und optimale Nutzung. Ein hoher Nutzungsgrad (bei vergleichsweise geringem Verschleiß) fördert die kostengünstige Erstellung von Produkten; andererseits wird durch Kapazitätsvorhaltung die Flexibilität des

Lieferangebots in Mehrproduktunternehmungen erhöht, so daß hier die Kosten- und Erlöswirkungen bei der Nutzungsplanung von Produktionskapazitäten gegeneinander abzuwägen sind. Kapazitätsangaben sind insbesondere erforderlich für die

- Strategische Programm- und Anlagenplanung sowie Personalplanung (Kapazitätsplanung),
- Operative Programm- und Prozeßplanung (Kapazitätsbelegungsplanung),
- Steuerung und Kontrolle der Kapazitätsbelegung (Feinplanung und -überwachung),
- Ergebnisplanung und -kontrolle (vgl. hierzu *Wille*, 1985, S. 79 ff.).

Kapazität und Kapazitätsnutzung gehören zu den wichtigsten Bestimmungsgrößen des Unternehmungsergebnisses. In der betriebswirtschaftlichen Literatur wird eine Vielzahl von Kapazitätsbegriffen unterschieden (vgl. *Kern*, 1962; *Clar*, 1964; *Layer*, 1979, Sp. 871 f.; *Steffen*, 1980, S. 173 ff.; *Wille*, 1985, S. 18 ff.).

Unter **Kapazität** soll hier das maximale Produktionsvermögen eines Potentialfaktors bzw. eines Potentialfaktorsystems (Arbeitssystems) in quantitativer und qualitativer Hinsicht für eine definierte Bezugsperiode verstanden werden (vgl. *Busse von Colbe/Laßmann*, 1991, S. 210 ff.). Es ist danach grundsätzlich zu unterscheiden zwischen der

- Kapazität eines Potentialfaktors (Mensch oder Maschine) und der
- Kapazität eines Potentialfaktorsystems (Menschen und/oder Maschinen, wobei Mensch-Maschine-Systeme in Kombination mit dem Arbeitsgegenstand auch als Arbeitssysteme bezeichnet werden; zum Begriff des Arbeitssystems vgl. *REFA*, 1984, S. 94).

In Abhängigkeit vom technischen oder organisatorischen Verbund der Potentialfaktoren bzw. Potentialfaktorsysteme läßt sich die Kapazität einer Produktionsstelle, einer Produktionsstufe, eines Produktionswerkes (-betriebes) und einer ganzen Unternehmung ableiten, wobei mit zunehmender Aggregation von Teilkapazitäten die Eindeutigkeit und Präzision des Kapazitätsausdrucks abnimmt und nur beim Vorliegen von Engpaßstufen exakt quantifizierbar bleibt.

Bei den Produktionsanlagen mit aktiver Beteiligung am Produktionsprozeß sollte man für die **Messung der Kapazität und Kapazitätsausnutzung** auf **Output-** oder **Prozeßgrößen** bestimmter Art bezogen auf eine bestimmte Periode zurückgreifen (größtmögliche Menge pro Zeiteinheit als Ausdruck einer Leistungsgrenze). Die Kapazität einer Stanzmaschine läßt sich z. B. durch die maximal mögliche Zahl an Stanzteilen oder an Stanzvorgängen je Arbeitsschicht angeben. Die Kapazität eines Fördermittels ergibt sich z. B. durch die maximal bewegbare Tonnenzahl bestimmter Güter über eine definierte Entfernung oder durch die Angabe der maximal realisierbaren Tonnenkilometer je Arbeitsschicht. Bei Produktionsgefäßen im Sinne verfahrenstechnischer Anlagen kann die Kapazitätsmessung durch den maximalen Stoffdurchsatz je Periode oder durch den Volumeninhalt bzw. das Fassungsvermögen je Charge mal Zahl der Chargen je Arbeitsschicht erfolgen. Von der Dimension her wird jede Kapazitätsmessung durch eine Mengen- und eine Zeitkomponente bestimmt.

$$\text{Kapazität} = \frac{\text{Maximales Produktionsvermögen [Menge]}}{\text{Bezugsperiode [Zeit]}}$$

Die Angabe eines Produktionsvermögens erfordert eine Mengenbezeichnung und die Bezeichnung der Art der Leistung. Beide Komponenten sind untrennbar verknüpft. Die Angabe einer Leistungsmenge bezieht sich stets auf eine Leistung bestimmter Art. Umgekehrt beeinflußt die Art der Leistung die mögliche Leistungsmenge. Zur Berücksichtigung dieser Wechselbeziehungen soll eine quantitative und eine qualitative Kapazität unterschieden werden (vgl. *Wille*, 1985, S. 21). Greift man bei der Messung der Kapazität auf **Output-Größen** zurück, so können allgemein folgende Kapazitätsgrößen angegeben werden (vgl. *Steffen*, 1980, S. 174):

Quantitative Kapazität eines Potentialfaktors bzw. Potentialfaktorsystems = von einem Potentialfaktor oder Potentialfaktorsystem in einem Zeitraum maximal realisierbare Anzahl von (Teil-)Produkten bestimmter Art

Qualitative Kapazität eines Potentialfaktors bzw. Potentialfaktorsystems = von einem Potentialfaktor oder Potentialfaktorsystem realisierbare Anzahl von (Teil-)Produktarten

Soweit ein Potentialfaktor mehr als eine Produktart oder Be- oder Verarbeitungsart (Aktionsart) zur Erstellung unterschiedlicher Erzeugnisse erbringen kann, d. h. seine qualitative Kapazität größer 1 ist, gibt es so viele Ausdrucksformen bzw. Maßgrößen der quantitativen Kapazität, wie es unterschiedliche Produkt- oder Aktionsarten gibt. Entsprechendes gilt für Potentialfaktorsysteme. Die quantitative Kapazität kann hier durch jede Produktart als Maßgröße ausgedrückt werden; die quantitative Kapazität wird dann alternativ gemessen durch die jeweils maximal herstellbare Menge von Produktart i im Bezugszeitraum, wobei i bei n Produktarten von 1 bis n läuft. Bei dieser alternativen Bemessung der Kapazität wird allerdings nicht berücksichtigt, daß durch Umrüstvorgänge an den Produktionsanlagen von einer Produktart auf eine andere in der Regel Teile des Produktionspotentials verloren gehen, denn während der Umrüstzeiten muß der Produktionsprozeß unterbrochen werden. Insofern stellen die Kapazitätsgrößen, gemessen in alternativ herstellbaren maximalen Mengen einer Produktart, theoretische Grenzgrößen dar. Es wird damit aber deutlich, daß die (nutzbare) Kapazität von Potentialfaktoren bzw. Potentialfaktorsystemen nicht nur von deren Eigenschaftsmerkmalen, sondern vornehmlich auch von der quantitativen und qualitativen Zusammensetzung des Produktprogramms und vielfach auch von den Produktlosgrößen und -reihenfolgen abhängt (vgl. Kapitel 2.2.2.2).

Bei Vorliegen eines heterogenen Produktprogramms mißt man die Kapazität hilfsweise auch mit **Inputgrößen**, in der Regel mit maximal verfügbaren

Produktionsstunden je Produktionsstelle, Produktionsstufe, Produktionswerk oder Unternehmung.

$$\text{Kapazität} = \frac{\text{Max. Produktmenge, max. Anzahl von Produktionsaktionen best. Art o. max. Produktionsstd.zahl}}{\text{Bezugsperiode (Kalenderzeit)}}$$

In der Literatur wird von einigen Autoren vorgeschlagen, **als Bezugsperiode für die Kapazitätsbestimmung** nicht kalenderzeitbezogene Größen (**Periodenkapazität**), sondern die gesamte technische Lebensdauer, mindestens aber die geplante wirtschaftliche Nutzungsdauer einer Produktionsanlage bzw. der Produktionsanlagen eines Betriebes heranzuziehen. Man spricht dann von **Totalkapazität** und stellt sich darunter eine Art „Nutzenbündel" vor, aus dem durch die Verwendung der Anlagen in der Produktion Nutzeinheiten entnommen werden. In theoretischer Sicht ist diese Betrachtungsweise sehr anschaulich; ihr stehen jedoch in der Praxis unüberwindbare Meßprobleme entgegen. Zum ersten ist die Abschätzung der technischen Lebensdauer und der wirtschaftlichen Nutzungszeit einer Produktionsanlage im Zeitpunkt der Installation nur sehr ungenau möglich. Dies gilt in verstärktem Maße für die Erfassung der insgesamt verfügbaren Nutzungseinheiten. Zum zweiten kommt hinzu, daß Produktionsanlagen durch Maßnahmen der Instandhaltung (vgl. Kapitel 4) technisch erhalten und regeneriert werden können, d. h. durch Verhinderung und Beseitigung des nutzungsbedingten und des umweltbedingten Verschleißes kann die Lebenszeit einer produktionstechnischen Anlage erheblich verlängert werden. Dieses Vorgehen stößt jedoch auf wirtschaftliche Grenzen, da es sich insbesondere aufgrund des technischen Fortschritts von einem bestimmten Zeitpunkt an nicht mehr lohnt, eine Produktionsanlage entsprechend ihrem überholten technischen Zuschnitt zu regenerieren. Vor allem weil die Entwicklung des technischen Fortschritts nur unzulänglich vorhersehbar ist, kann im Zeitpunkt der Installation einer Produktionsanlage deren wirtschaftliche Nutzungszeit in der Regel nicht hinreichend genau prognostiziert werden. Aus diesen Gründen soll der Begriff der Totalkapazität nicht aufgegriffen werden. Er bietet weder in theoretischer noch in praktischer Hinsicht eine Hilfestellung bei der Entwicklung einer betriebswirtschaftlich tragfähigen Planungs- und Entscheidungskonzeption im Anlagenbereich. Bei den weiteren Überlegungen soll daher nur von **kalenderzeitbezogenen Kapazitätsgrößen** ausgegangen werden, also von **Periodenkapazitätsgrößen** wie insbesondere Schicht-, Tages-, Wochen-, Dekaden-, Monats-, Quartals- und/oder Jahreskapazitäten. Dies sind die Zeitperspektiven von Produktionsplänen, für deren Aufstellung Kapazitätsgrößen wichtige Grenzwerte darstellen (Kapazitätsrestriktionen).

Die mit der Bereitstellung von Potentialen verbundenen Kosten fallen größtenteils unabhängig von der Nutzung dieser Potentiale an (Fixkosten). Für den Unternehmungserfolg ist deshalb der Nutzungsumfang der Potentiale von besonderer Bedeutung. Maßstab für die Auslastung der Potentiale ist der **Kapazitätsausnutzungsgrad**.

238 Anlagenwirtschaft

$$\text{Kapazitätsausnutzungsgrad} = \frac{\text{Tatsächliche Produktion/Bezugsperiode}}{\text{Max. Produktionsverm./Bezugsperiode (Kapazität)}}$$

In der Praxis kann man bei der **Messung der Kapazitätsnutzung** auf den sog. **Zeitgrad** und den sog. **Lastgrad** bzw. die **Intensität** zurückgreifen. Der Lastgrad bringt das Verhältnis von erbrachter Produktionsmenge zu maximal möglicher Produktionsmenge in einer bestimmten Zeiteinheit (z. B. Stunde) zum Ausdruck und der Zeitgrad das Verhältnis von effektiver Arbeitszeit zu maximal verfügbarer Arbeitszeit in einer Kalenderperiode. Die Kapazität wird dann durch die maximal mögliche zeitliche und intensitätsmäßige Verwendbarkeit bzw. Einsetzbarkeit der Potentialfaktoren oder Potentialfaktorsysteme bestimmt, und die Kapazitätsnutzung ergibt sich dabei im Rahmen der Planungs- und Dokumentationsrechnung aus dem Produkt von Lastgrad und Zeitgrad.

$$\text{Kapazität} = \frac{\text{Max. Prod.menge}}{\text{Zeiteinheit ZE (h)}} \times \frac{\text{Max. verfügb. Zeit (h)}}{\text{Bezugsperiode BP}}$$

$$\text{Kapazitätsausnutzungsgrad} = \frac{\text{Plan- oder Ist-Prod.menge/ZE}}{\text{Max. Prod.menge/ZE}} \times \frac{\text{Plan- oder Ist-Produktionszeit (h)/BP}}{\text{Max. verf. Zeit (h)/BP}}$$

In der Praxis wird der Kapazitätsausnutzungsgrad häufig auch als **Kapazitätsauslastung** oder **Beschäftigungsgrad** bezeichnet und für die Aufteilung der Anlagenfixkosten in Nutz- und Leerkosten herangezogen (vgl. Kapitel 6).

Die **Ermittlung** sowohl der **maximalen Produktions- oder Durchsatzmenge**, als auch der **verfügbaren Produktions- bzw. Betriebszeit** ist nach den unternehmungsindividuellen technischen und ablauforganisatorischen Gegebenheiten zu konkretisieren.

a) Ermittlung der maximalen Produktionsmenge

Bei der **maximalen Produktionsmenge** handelt es sich **bei produktionstechnischen Anlagen** um eine **auf Dauer durchhaltbare Höchstleistung**, nicht um kurzfristig realisierbare (Über-)Beanspruchungen. Insoweit ist die technische **Maximalintensität** ein nicht für alle Anlagen exakt fixierbarer Grenzwert, sondern unter Umständen ein Erfahrungswert bzw. eine ingenieurmäßig vorzugebende Kenngröße zur Bestimmung der real verfügbaren Anlagenkapazität.

Handelt es sich bei den Potentialfaktoren oder Engpaßgrößen von Potentialfaktorsystemen um **Humanpotentiale**, z. B. um Arbeitskräfte an einem Montageband, so wird die maximale Produktionsmenge (Kapazität) als **eine auf Dauer durchhaltbare Leistung gekennzeichnet, die von besonders geeignetem und geschultem Personal unter Einhaltung von Erholungszeiten (Pausen) ohne Schädigung der Gesundheit während der Schicht erbracht werden kann** (vgl. *REFA*, 1978, S. 136). Auch hier gelten unternehmungsindividuelle Erfahrungswerte unter Beachtung arbeitswissenschaftlicher Erkenntnisse. Bezogen auf die REFA-Normalleistung trifft man dabei in der Praxis Leistungsgrade zwischen 115 und 120% an.

Soweit je Produktionsvorgang mehr als eine Einheit einer bestimmten Produktart anfällt, ist die produktbezogene Angabe der Kapazität entsprechend des genannten Formelausdrucks unproblematisch. Entstehen jedoch je Produktionsvorgang durch **Kuppelproduktion** verschiedenartige Produkte, so ist bei der Kapazitätsmessung von einer Kumulation der Erzeugniseinheiten abzusehen. Vielmehr kommen in diesem Fall entweder **alternative Kapazitätsangaben** je Erzeugnisart oder bei starrer Kuppelung der Ansatz von „Produktpäckchen" bzw. eines „Leitprodukts" in Betracht.

Bei **wirtschaftlicher Verbundproduktion** oder Vorliegen eines heterogenen Produktprogramms mißt man – wie bereits erwähnt – die Kapazität und Kapazitätsausnutzung hilfsweise allein mit der **Inputkomponente** Produktionszeit (Fertigungsstunden) je Bezugsperiode. Hierbei wird die Kapazitätskomponente Lastgrad vernachlässigt bzw. nur implizit berücksichtigt. Man unterstellt dann bei der Angabe von Kapazitätsnutzungsgraden (z. B. 90% produktive Nutzung der im Monat verfügbaren Betriebszeit), daß Soll- und Istleistung nicht voneinander abweichen (können).

b) Ermittlung der verfügbaren Zeit

Beim **Potentialfaktor Mensch** ergibt sich eine zeitliche Begrenzung für den Einsatz insbesondere aus der Arbeitszeitordnung und aus tarifvertraglichen Regelungen. Für den Einsatz von maschinellen Einrichtungen gibt es ein prinzipielles Verbot der Sonn- und Feiertagsarbeit. Nur für spezielle Produktionsanlagen wie insbesondere Kraftwerke, Hochöfen, Stahlwerke, bestimmte chemische Großanlagen und Chip-Produktion bestehen Ausnahmegenehmigungen für eine durchgehende Betriebsweise.

Beim **Potentialfaktor Maschine** wird die Einsatzzeit im Produktionsprozeß insbesondere vermindert durch mechanische Umrüstvorgänge, Instandhaltungsvorgänge und ggf. arbeitsgestaltungsbedingte Pausen des Bedienungspersonals (Erholungszeiten, Ruhezeiten, sonstige Unterbrechungszeiten etwa bei Betriebsversammlungen u. dergl.). Da Instandhaltungs- und Umrüstzeiten abhängig sind von der Anlagennutzung und von der Produktprogrammgestaltung, ist zu überlegen, ob diese Bestimmungsgrößen bei der Fixierung von Kapazitätsgrenzen oder aber bei der Messung der Kapazitätsnutzung zu berücksichtigen sind. Da Kapazitätsangaben in der Praxis insbesondere für die Aufstellung von Produktionsplänen als Restriktionen benötigt werden, herrscht hier eine Berücksichtigung von durchschnittlichen Erfahrungswerten für Instandhaltung und Umrüstung bei der Kapazitätsbestimmung vor. Man ermittelt die „**verfügbare Nutzungszeit**" von Arbeitssystemen im Rahmen der Kapazitätsfixierung nach folgendem Ansatz (vgl. auch *Wille*, 1985, S. 70ff.):

Kalenderzeit der Bezugsperiode

./. arbeitsfreie Tage (Sonn- und Feiertage, arbeitsfreie Samstage, Betriebsurlaub, sonstige Ausfalltage)

./. regelmäßige personalbedingte Unterbrechungen, insbesondere für Erholungszeiten, Betriebsversammlungen
./. geplante Zeit für vorbeugende Instandhaltung
./. Erfahrungswert für Umrüstzeiten
./. Erfahrungswert für Instandsetzungszeiten bei Betriebsstörungen
./. Erfahrungswert für personalbedingte Verlustzeiten, insbesondere aufgrund von Krankheit, Urlaub, Weiterbildung
= verfügbare Nutzungszeit des Arbeitssystems

In diesem Ansatz wird in der Praxis meistens unmittelbar von der Arbeitszeit des Personals entsprechend der langfristig festgelegten Schichtzahl ausgegangen. Die Kapazität eines Arbeitssystems und damit der dazugehörigen Produktionsanlagen bezieht sich dabei jeweils auf einen **Einschicht-** oder auf einen **Mehrschichtbetrieb**. Dies hat zur Folge, daß z. B. bei einem Wechsel von einem Dreischicht- auf einen Zweischichtbetrieb der Kapazitätsansatz entsprechend zu reduzieren ist, oder aber daß bei Überstunden im Rahmen eines Einschichtbetriebes die Kapazitätsnutzung größer als 100% sein kann. Damit wird deutlich, wie bedeutsam der Ansatz der Kapazitätsgrenzen für die Interpretation von Planungs- und Überwachungsrechnungen ist. Nur wenn Transparenz über den Ansatz und die Maßgröße der Kapazitätsgrenzen und die Messung der Kapazitätsnutzung herrscht, können betriebswirtschaftlich tragfähige Planungs- und Kontrollrechnungen durchgeführt werden.

Die folgenden **Beispielzahlen** dienen der Veranschaulichung der allgemeinen Ausführungen. Dabei soll der Monat die Bezugszeit der Periodenkapazität sein. Wird in diesem Monat (bei 30 Tagen) einschichtig bei einer 37-Stundenwoche mit 7,4 Std./Tag gearbeitet, dann beträgt der Ausgangswert für die Schichtzeit 222 Std./Monat. Davon sind die Samstage, die Sonntage und die gesetzlichen Feiertage abzuziehen. Unterstellt man, es seien 9 Tage, dann sind von der Schichtzeit 9 x 7,4 = 66,6 Std. abzuziehen; nimmt man ferner an, daß die Belegschaft monatlich im Durchschnitt 6 Überstunden leistet, so ergibt sich eine Betriebszeit von 161,4 Std./Monat. Bei nichtkontinuierlicher Betriebsweise treten Stillstandszeiten auf, während deren nicht produziert werden kann. Sind z.B. 10 Ausfallstunden aufgrund von Betriebsstörungen durchschnittlich zu erwarten und 10 Ausfallstunden für planmäßige Instandhaltung vorgesehen, so bleiben 141,4 Std./Monat für die eigentliche Produktherstellung verfügbar. Davon sind noch die Rüstzeiten entsprechend der geplanten Losgrößen und Losreihenfolgen abzuziehen (meist in Form von Erfahrungsdurchschnittswerten aus der Vergangenheit). Unter der Prämisse, daß für Rüstzeiten noch einmal 13 Stunden verlorengehen, verbleiben 128,4 Std./Monat als tatsächlich verfügbare Nutzungszeit. Dies sind 93,6 Std. oder 42% weniger als der Ausgangswert für die monatliche Schichtzeit. Aufgrund tariflich festgelegter Pausenregelungen kann schließlich eine weitere Kürzung der Nutzungszeit erfolgen, sofern die Anlagen nicht durch andere Arbeitskräfte während der Pausen betreut werden.

Aus theoretischer Sicht wäre es zweckmäßiger, Kapazitäten stets als Maximalwerte im Sinne des allgemeinen Formelausdrucks aufzufassen. In diesem Fall wären in Planungsansätzen Instandhaltungs- und Umrüstvorgänge kapazitätsbeanspruchende Tätigkeiten. Die Nutzungskoeffizienten für Produktionspotentiale, Arbeitssysteme und Arbeitssystemverbunde würden dann jeweils erkennbar machen, in welchem Maße Leerkapazitäten vorhanden sind bzw. vorhandene Produktionspotentiale bei den gegebenen Produktionsbedingungen und -plänen nicht genutzt werden. Die Vorgehensweise der Praxis folgt insbesondere aus dem Konzept sukzessiver Erstellung von Teilplanungen im Produktionsbereich. Die Planung von Produktmengen, Losgrößen und Reihenfolgen sowie die Instandhaltungsplanung werden weitgehend unabhängig voneinander durchgeführt und anschließend zu einem Gesamtproduktionsplan zusammengefaßt. Daraus folgt für die Kapazitätsfixierung, daß Umrüst-, Instandhaltungs- und durchschnittliche Störzeiten den verfügbaren Zeitspielraum in der angegebenen Weise vermindern. Im vorliegenden Beispiel können nur 58% der Betriebszeit als Hauptnutzungszeit für die Produktionsanlagen zugrunde gelegt werden. Daraus folgt vor allem bei rasch veraltenden Technologien ein Rationalisierungsbedarf etwa in Form der Arbeitszeitflexibilisierung mit dem Ziel der Erhöhung der Hauptnutzungszeitanteile.

In diesem Zusammenhang ist von besonderem Interesse, welche **Bestimmungsgrößen** für die Kapazität und Kapazitätsnutzung von Faktorkombinationen bestehen.

2.2.2.2 Determinanten der Kapazität und Kapazitätsnutzung

Die Kapazität und das Ausmaß der Nutzung von Arbeitssystemen werden durch verschiedene **Determinanten** der Produktion und der hierfür verfügbaren Zeit bestimmt (vgl. auch *Kern*, 1962, S. 44 ff.). Im folgenden werden die wichtigsten Determinanten kurz erläutert.

(1) Produktprogramm

Führen verschiedene **Arten der Produkt-/Produktprogrammgestaltung** und/ oder ein unterschiedliches Ausmaß in der Verwendung typisierter oder genormter Teile **zu unterschiedlichen Bearbeitungszeiten und -folgen**, so wird das Produktprogramm zu einer wichtigen Determinante der qualitativen und quantitativen Kapazität sowie Kapazitätsnutzung.

(2) Personale Potentialfaktoren (Arbeitskräfte)

Trotz hoher Anlagenintensität und hohem Automatisierungsgrad bleibt der originäre Charakter menschlicher Arbeitskraft als Determinante der Kapazität von Arbeitssystemen bestehen. Vielfach hängt auch die effektive Kapazitätsnutzung primär von den am Produktionsprozeß beteiligten Mitarbeitern ab.

Haupteinflußfaktoren auf das Produktionsvermögen dürften deren **Qualifikation und Einsatzmotivation** sein.

(3) Produktionstechnische Anlagen

Die produktionstechnischen Anlagen bestimmen die Kapazität der Arbeitssysteme, sofern die Produktion dominierend von den Anlagen bestimmt wird. Wesentlich ist hierbei der **Eignungsgrad der Anlagen**, zudem spielen ihr **Alter und technischer Zustand** eine wesentliche Rolle.

(4) Produktionsverfahren und -organisation

Sofern die Produktion mittels alternativer technologischer Produktionsverfahren bewirkt werden kann, sind diese mit für die Ausprägung der Kapazität bestimmend. Ferner ist die Produktionsorganisation (z. B. Fließ- oder Werkstattproduktion) und somit auch die Anordnung der Potentialelemente (Anlagen-Layout) für die Kapazität und Kapazitätsnutzung mitentscheidend.

(5) Verbrauchsfaktoren

Verbrauchsfaktoren (z. B. Rohstoffe, Werkstoffe) besitzen i.d.R. kein eigenes Leistungsvermögen, jedoch wirken sie bei Schwankungen ihrer **Eigenschaftsausprägungen** (z. B. Abmessungen, qualitative Beschaffenheit bei Naturrohstoffen mit ihren Anteilen an Ballaststoffen) bestimmend auf die Nutzung der Kapazitäten.

(6) Engpaßproblem und Produktionsstufenzahl

Bei Vorliegen eines Engpasses ist dieser kapazitätsbestimmend für die betrachtete betriebliche Einheit. Betrachtet man die Verbindung verschiedener Potentialfaktoren in einem Arbeitssystem, so wird dessen Kapazität durch den **Potentialfaktor mit der geringsten Kapazität** fixiert. Sind Arbeitssysteme produktionsorganisatorisch miteinander verbunden, so bestimmt das **Arbeitssystem mit dem engsten Produktionsausschnitt** die Kapazität der gesamten Produktionsstufe. Diese Aussage gilt in strikter Form nur bei fest gekoppelten Arbeitssystemen etwa im Rahmen eines getakteten Fließbandes oder eines automatisch gesteuerten Verbundes von Produktionsanlagen, z. B. in einem kontinuierlichen Walzwerk mit zusammenwirkenden Aufwärmöfen, Walzgerüsten und Bearbeitungsmaschinen. Sind dagegen die Arbeitssysteme einer Produktionsstufe zeitlich nicht vollständig aufeinander abgestimmt, sondern durch Lager für Zwischenprodukte voneinander in gewissen Grenzen unabhängig, so ist in der Regel keine eindeutige Festlegung eines Engpaßarbeitssystems gegeben. Insbesondere durch die zeitliche Anpassung einzelner Arbeitssysteme

(Überstunden, Kurzarbeit) oder Fremdbezug von Zwischenerzeugnissen kann das Auftreten von zeitweisen Engpässen beseitigt werden. Außerdem wird in der Praxis beim Aufbau von produktionsorganisatorischen Arbeitssystem-Verbunden zur Vermeidung von Leerzeiten bei einzelnen Arbeitssystemen und auch zur Vermeidung von Überbeanspruchung von anderen Arbeitssystemen auf eine möglichst weitgehende Harmonisierung der Teilkapazitäten geachtet. Häufig wird die Kapazität eines mehrstufigen Betriebes an der maximalen Ausbringungsmenge je Bezugsperiode des am Ende der Stufe stehenden Arbeitssystems gemessen. Zur Charakterisierung der Situation wird in diesen Fällen neben der so gemessenen Endstufenkapazität die Produktionstiefe (Zahl der Produktionsteilstufen bzw. verbundenen Arbeitssysteme) angegeben. Bestehen mehrere parallele Produktionsstränge, so beträgt die Kapazität das entsprechende Vielfache der einzelnen Produktionsstufen. Bei losem produktionsorganisatorischem Verbund der Arbeitssysteme bei Werkstattfertigung wird die Bildung von Arbeitssystemverbunden reduziert auf diejenigen maschinellen Einrichtungen, die in den einzelnen Werkstätten ständig zusammenwirken. Im übrigen greift man hier bei der Produktionsplanung auf die Kapazitäten der einzelnen Arbeitssysteme zurück. Diese bilden daher die zentralen Bezugsgrößen der kurzfristigen Produktionsplanung und laufenden Produktionssteuerung.

(7) Prozeßplanung und Produktionsphase

Die Qualität der Prozeßplanung bestimmt maßgeblich die Nutzungszeit und damit die Produktionsmenge. Hierbei ergeben sich grundsätzlich Unterschiede in den Durchlaufzeiten in Abhängigkeit davon, ob sich die Produktion in der Anlaufphase, Hauptproduktionsphase oder Auslaufphase befindet. Auch wird die Kapazitätsnutzung von der Zielsetzung der Prozeßplanung her beeinflußt. So erfolgt z. B. bei Werkstattfertigung bei primärer Beachtung des Ziels der Leerzeitminimierung eine bestmögliche zeitliche Nutzung der Anlagen – allerdings zu Lasten steigender Lagerbestände und damit Kapitalbindungskosten.

(8) Stör- und Instandhaltungszeiten

Stör- und Instandhaltungszeiten in Abhängigkeit von der Qualität und der Altersstruktur der Anlagen sowie der Qualität der Instandhaltungsabteilung beeinflussen maßgebend die verfügbare Zeit der Anlagen.

(9) Tarifvertragliche und gesetzliche Regelungen

Tarifvertragliche und gesetzliche Regelungen determinieren die verfügbare Arbeitszeit im Rahmen der Betriebszeit, in der Produktionsanlagen genutzt werden können. Rechtsvorschriften beschränken die verfügbare Zeit von

Kapazitäten insbesondere bei Umweltbelastungen. Zum Beispiel führt eine hohe Lärmbelästigung der Umgebung von Betrieben, insbesondere in Wohngebieten, zu Maschinenstillständen zu bestimmten Tageszeiten. Die mit dem Betreiben einer Anlage verbundene Verschmutzung der Atmosphäre, der Flüsse und des Grundwassers können ebenfalls zu zeitweisen Stillständen von Produktionsanlagen führen, soweit nicht durch zusätzliche Filteranlagen oder sonstige Reinigungseinrichtungen die Umweltbelastung auf ein erträgliches Maß reduziert werden kann. Weiterhin sind in diesem Zusammenhang Sicherheitsvorschriften und arbeitswissenschaftliche Erkenntnisse zu erwähnen, die in Betriebsvereinbarungen ihren Niederschlag finden und zu zeitweisen Maschinenstillständen führen (z. B. Erholungspausen an Fließbändern oder an Arbeitsplätzen mit physischer und psychischer Höchstbelastung). Verwiesen sei in diesem Zusammenhang auch auf die unterschiedlichen Gestaltungsformen der Arbeitszeitflexibilisierung (vgl. Teil VII, Kapitel 3).

(10) Markteinflüsse

Die Kapazitätsausnutzung wird neben den genannten innerbetrieblichen Bestimmungsgrößen durch Marktgrößen bestimmt. **Beschaffungsengpässe** können bei der Versorgung mit Erzeugniseinsatzstoffen und Betriebsstoffen auftreten. Insbesondere auf den Rohstoffmärkten treten von Zeit zu Zeit Angebotsbeschränkungen auf (z. B. bei Öl, Buntmetallen, Naturprodukten wie Wolle, erntebedingt auch Baumwolle). Die Versorgungsengpässe können auch durch Störungen im Transportbereich ausgelöst werden. Weitere Einschränkungen der Kapazitätsnutzung können aus einer begrenzten Verfügbarkeit von Betriebsdienstleistungen herrühren, insbesondere bei der Instandhaltung von Produktionsanlagen durch Fremdfirmen. Diese Betriebsdienstleistungen werden insbesondere dann von Fremdfirmen erbracht, wenn die Vorhaltung einer hohen Bereitschaftskapazität für Instandhaltungsleistungen mit erheblichen Fixkosten verbunden ist.

Von gravierender Bedeutung für eine Unterausnutzung der in den meisten Branchen vorhandenen Kapazitäten sind **Absatzengpässe**. Zum Teil ist diese Unterausnutzung auf die Quanteneigenschaft der Produktionsanlagen zurückzuführen. Industrielle Großanlagen sind in der Regel von Degressionseffekten bei den durchschnittlichen Herstellkosten begleitet, d. h. bei Vollauslastung liegen die durchschnittlichen Herstellkosten je Produkteinheit wesentlich niedriger als bei Verwendung einer großen Zahl von Anlagen mit geringerer Kapazität. Beim Aufbau von neuen Betrieben oder Teilbetrieben ist es daher üblich, die Auslegung der Produktionskapazitäten auf eine höhere zukünftige Nachfrage auszurichten. Daraus folgt zwangsläufig eine Unterausnutzung während der Einführungsphase.

Daneben gibt es temporäre Schwankungen bei der Kapazitätsausnutzung aufgrund von

- konjunkturellen Nachfrageveränderungen,
- Saisoneinflüssen,

- wettbewerbsbedingten Veränderungen der Nachfrage bei der einzelnen Unternehmung in Abhängigkeit von Maßnahmen der Konkurrenz und eigenen Gegenmaßnahmen sowie
- staatlichen Einflüssen der Wirtschaftspolitik.

Wird aus absatzpolitischen Gründen Produktdifferenzierung mit Variantenvielfalt betrieben, und werden flexible Fertigungssysteme eingesetzt, so sind Unterausnutzungen einzelner produktionstechnischer Anlagen unvermeidbar, da sie nur für einen Teil der unterschiedlichen Produktarten für Be- und Verarbeitungsoperationen benötigt werden. In diesen Fällen sind die Absatz- bzw. Erlösvorteile aufgrund hoher Flexibilität (bis hin zu geringen Losgrößen, im Extremfall von einer Produkteinheit je Produktart in einer Bezugsperiode) den ungedeckten Fixkosten (Leerkosten) einzelner Spezialanlagen, die im fertigungstechnischen Verbund von flexiblen Fertigungssystemen verankert sein müssen, in Planungs- und Entscheidungskalkülen gegenüberzustellen; daraus ist dann übergreifend die optimale Absatz- und Produktionspolitik abzuleiten.

Schließlich sei auf langfristige Liefer- bzw. Bezugsverträge mit Abnehmern bzw. Lieferanten verwiesen, wie sie z.B. in der Automobilindustrie, im Maschinen- und Apparatebau zunehmend Bedeutung gewinnen. Hier wird die Kapazitätsnutzung in der Einzelunternehmung von den übergreifenden Produktions-, Absatz- und Transportplanungen der miteinander kooperierenden Unternehmungen bestimmt. Dieser Liefer- und Absatzverbund spielt bei dem Konzept der lean production eine wichtige Rolle.

Von besonderer betriebswirtschaftlicher Bedeutung in diesem Zusammenhang ist der **Einfluß schwankender Kapazitätsnutzung auf Vorkalkulation und Angebotspreisbildung**. Erhebliche Unterauslastungen der Kapazitäten führen z.B. bei voller Fixkostenverrechnung in der Produktkalkulation zu erhöhten Stückkosten. Bei Anwendung einer flexiblen Plankostenrechnung werden diese Auswirkungen in Form von Beschäftigungsabweichungen oder Leerkosten auf der Kostenstelle sichtbar. Hier besteht ein weiteres Problem in der Abschätzung des zu erwartenden Auslastungsgrades bei wesentlichen Marktschwankungen.

Von den im Zeitablauf schwankenden Nachfrageänderungen zu unterscheiden sind strukturelle Veränderungen insbesondere durch nachhaltige Bedarfsverminderungen. In diesem Fall geht die Nachfrage nach einem bestimmten Erzeugnis am Gesamtmarkt irreversibel zurück. Soweit die Produktionsanlagen nicht auf andere Produkte umstellbar sind, ist ein **Kapazitätsabbau** unvermeidlich. Ein Kapazitätsabbau kann auch in Fällen notwendig werden, in denen die Kapazitäten von Konkurrenten mit unüberbrückbaren wirtschaftlichen Vorteilen ausgebaut werden, z.B. aufgrund von Standortvorteilen oder gezielten staatlichen Subventionsmaßnahmen.

Aus den gesamten Ausführungen wird auch deutlich, daß die **Angabe einer Kapazitätsgröße für ganze Betriebe oder Unternehmungen** prinzipiell nicht oder nur über Hilfsgrößen (Zeitgrößen) möglich ist. Die Bemessung von übergreifenden Kapazitätsgrößen für verschiedenartige Arbeitssystemverbunde ist aus theoretischer Sicht sehr problematisch. Diese Erkenntnis ist bei wirtschaftspolitischen Diskussionen, in denen häufig mit globalen Angaben über die Kapazitätsnutzung ganzer Unternehmungen oder sogar Branchen gearbeitet wird, von wesentlicher Bedeutung. Bei diesen Angaben handelt es sich in der Regel um äußerst grobe Schätzwerte, denen eine ähnliche Problematik innewohnt wie Produktivitätskennziffern für ganze Unternehmungen oder Branchen.

2.3 Technisch-betriebswirtschaftliche Beurteilung von Anlagen

2.3.1 Grundsätzliches zur technisch-betriebswirtschaftlichen Beurteilung von Anlagen

Die nach Arten und über den Kapazitätsbegriff allgemein charakterisierten Produktionsanlagen sind im Rahmen der strategischen Programm- und Potentialplanung (Geschäftsfeldplanung) als technische Investitionsalternativen zielorientiert zu beurteilen. Diese Beurteilung technischer Investitionen sollte grundsätzlich durch eine integrierte Vorgehensweise erfolgen, bei der für Prozesse erforderliche Potentialentscheidungen im Zusammenhang mit Markt- und Produktentwicklungen sowie Programmplanungen gesehen und getroffen werden. Die **integrierte bzw. vernetzte technisch-betriebswirtschaftliche Beurteilung von Produktionsanlagen** (Investitionsalternativen) im Rahmen der strategischen Programm- und Potentialplanung zeigt Schaubild VIII.9.

Im Rahmen der technisch-betriebswirtschaftlichen Beurteilung von technischen Investitionen sind die **Zielwirkungen der Investitionsalternativen** im Hinblick auf Sach-, Sozial- und Wertziele sowie daraus abgeleitete Kriterien **zu ermitteln**.

Auf der Basis von **Portfolio-Analysen** sind zunächst strategische Grundsatzentscheidungen über die zu verfolgende Technologiestrategie zu treffen. Dies hat im Rahmen der angestrebten Markt- und Ökologiestrategie zu erfolgen, wobei hier Wechselbeziehungen bestehen.

Bezogen auf konkrete Investitionsalternativen sind dann **Produkt- und Prozeß-/Potentialwertanalysen** durchzuführen, die allgemein einer Ergebnisverbesserung durch die systematische Variation von Produkten, Produktionsprozessen und Einsatzstoffen dienen.

Weiterhin sind **personal- und sozialorientierte Technologiewirkungsanalysen** durchzuführen. Diese beinhalten die Aufdeckung und Beurteilung der Wirkungen technischer Investitionen auf die Mitarbeiter einer Unternehmung sowie auf externe sozialorientierte Aspekte.

Die wirtschaftlichen Wirkungen technischer Investitionsalternativen sind – objektbezogen – im Rahmen **dynamischer Investitionsrechnungen** und – stückbezogen – durch **Langfristkalkulationen** zu erfassen.

Eine gesamtheitliche Beurteilung der Auswirkungen technischer Investitionen kann zeitpunktbezogen durch die Anwendung der **Nutzwertanalyse** – unter Einbeziehung auch der Ergebnisse der Investitionsrechnung – sowie zeit-

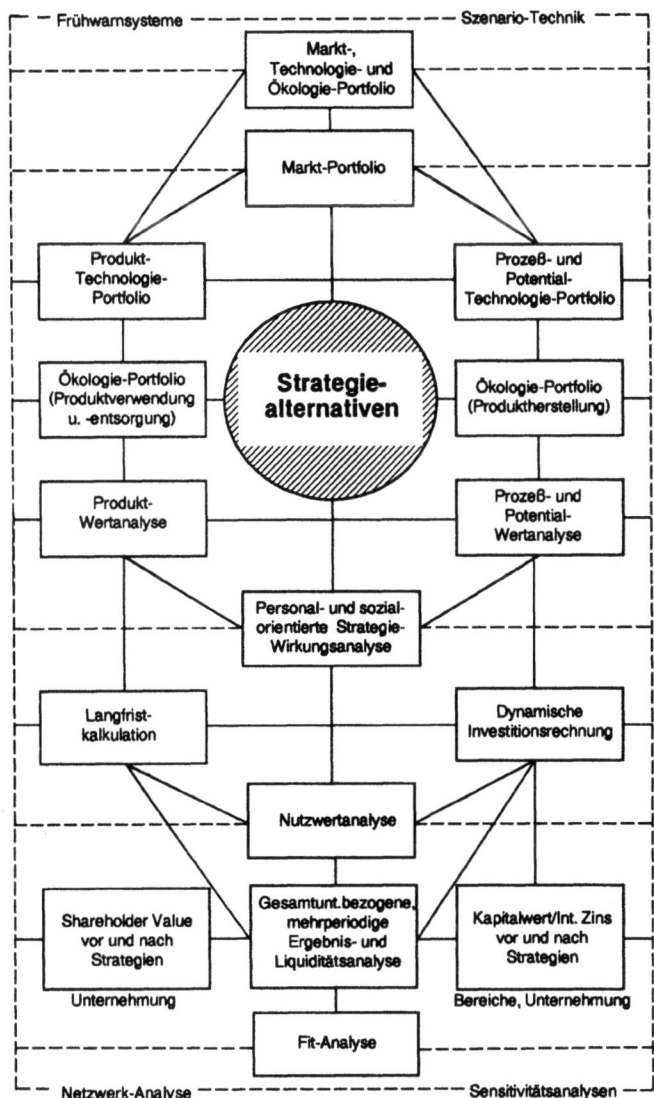

Schaubild VIII.9. Beurteilungsinstrumente von Strategiealternativen
(*Hahn*, 1993, Teil III, Abschnitt 3.1.3)

raumbezogen durch eine **gesamtunternehmungsbezogene, mehrperiodige Ergebnis- und Liquiditätsanalyse** erfolgen. Dabei werden im Rahmen der gesamtunternehmungsbezogenen, mehrperiodigen Ergebnis- und Liquiditätsanalyse die Wirkungen der durch große Investitionsobjekte verursachten Ein- und Auszahlungsströme auf Ergebnis und Liquidität künftiger Perioden im Zahlenwerk der bereits vorhandenen gesamtunternehmungsbezogenen GuV- und Bilanzplanungen sowie Finanzplanungen aufgezeigt.

Auch können Kapitalwert und Shareholder Value vor und nach Berücksichtigung der jeweiligen (Groß-)Investitionsalternative für die gesamte Unternehmung errechnet werden.

Schließlich haben sog. **Fit-Analysen** zu erfolgen. Hierdurch sind Abstimmungen zwischen den Hauptgegenständen der strategischen Planung vorzunehmen – also zwischen Geschäftsfeld-, Organisations- und Führungssystemplanung und auch im Hinblick auf die durch die Technologiestrategie betroffenen Funktionsbereichsstrategien. **Sensititvitätsanalysen** dienen vornehmlich der Risikoabschätzung.

Die hier angesprochenen Instrumente zur technisch-betriebswirtschaftlichen Beurteilung technischer Investitionen sollen im folgenden aufbauend auf der Ableitung von Anforderungen an Produktionsanlagen näher charakterisiert werden.

2.3.2 Anforderungen an Anlagen

2.3.2.1 Grundsätzliches

Anforderungen an technische Investitionen bzw. Produktionsanlagen sind aus dem Zielsystem der Unternehmung abzuleiten. Dieses beinhaltet Sachziele bzw. Leistungsziele, Sozialziele und Wertziele einer Zielhierarchie mit dem wirtschaftlichen Oberziel der Erhaltung bzw. erfolgsorientierten Weiterentwicklung der Unternehmung.

Bei den Anforderungen bzw. Kriterien handelt es sich um Endpunkte von Zielketten einer solchen Zielhierarchie, die eine Messung von zielrelevanten Alternativenwirkungen ermöglichen (vgl. *Zangemeister*, 1976, S. 92). Bei der Ableitung solcher Kriterien sind die Interdependenzen zwischen Sach-, Sozial- und Wertzielen zu berücksichtigen. Schwierigkeiten entstehen, wenn sach- und sozialzielbezogene Zielerreichungsgrade nicht vollständig in monetäre Größen übergeleitet werden können. Hier sind neben den monetär quantifizierbaren Wirkungen auch nicht oder nur schwer monetär quantifizierbare Wirkungen zu berücksichtigen.

2.3.2.2 Sach- und sozialzielbezogene Anforderungen

Zentrale Grundlage der Potentialplanung und damit der Anlagenbeschaffung bildet das langfristig angestrebte Produktprogramm als Sachziel einer Unternehmung. Produktionsanlagen müssen zur Erzeugung der im Produktprogramm nach Art und Menge festgelegten Produkte geeignet sein. **Qualitative und quantitative Kapazitätsgrößen** sind somit zentrale, aus dem Sachziel abzuleitende Anforderungen an Produktionsanlagen. Sie determinieren ihrerseits das Sachziel, das Produktprogramm, und seine Variationsmöglichkeiten. Eng hiermit verbunden sind die sachzielbezogenen Anforderungen zur **Prozeßqualität** und zur **Zuverlässigkeit** von Produktionsanlagen, die über Subkriterien wie z.B. über Ausschußmengen und Stillstandszeitenanteile approximativ auch quantitativ beurteilbar werden. Oftmals sind sachzielbezogene Anforderungen nur schwer oder gar nicht quantitativ zu erfassen. Dies gilt z. B. für die Forderung nach **Flexibilität im Hinblick auf kurzfristige Programmvariationen, Umstellbarkeit auf neue Produkte** im Rahmen der Produktdifferenzierung und **Erweiterungsmöglichkeiten** von Produktionsanlagen. Von Bedeutung ist auch das Kriterium der Integrationseignung von Anlagen in einen vorhandenen Anlagenbestand (vgl. auch *Wildemann*, 1986, S. 31 ff.; *Wildemann*, 1987, S. 64 ff.).

Sozialzielbezogene Anforderungen an Produktionsanlagen sind in der Regel qualitativer Art. Im Mittelpunkt stehen ergonomische Anforderungen und ökologische, d. h. umweltbezogene Anforderungen an Produktionsanlagen. Zu berücksichtigen ist hier stets die wirkungsbezogene Abgrenzung gegenüber wertzielbezogenen Kriterien: die Erfassung zahlungsrelevanter Wirkungen erfolgt unter den wertzielorientierten Kriterien, während mit Hilfe sozialorientierter Kriterien die Auswirkungen technischer Investitionen auf Mitarbeiter und Umwelt erfaßt werden sollen. Mitarbeiterbezogen interessieren vorrangig die **Wirkungen auf die Beschäftigtenzahl und -struktur**, ebenso auch **Einflüsse auf die Arbeits(system)gestaltung** und die damit zusammenhängende **Bedienerfreundlichkeit** und **Arbeitssicherheit** als wichtige Determinanten der Akzeptanz neuer Produktionsanlagen. Auch interessieren die Wirkungen von künftigen Investitionen auf Ausbildungs- und Weiterbildungserfordernisse von Mitarbeitern. Die Erfüllung von **Unfallverhütungsvorschriften** sind als unabdingbare Voraussetzungen bei der Beurteilung von Produktionsanlagen anzusetzen. Von zunehmender Bedeutung sind ökologische Anforderungen an Produktionsprozesse und damit an Produktionsanlagen (vgl. Teil I, Kapitel 1.2.4 und Teil III, Kapitel 1.2 sowie Teil V, Kapitel 2.2). Neben **sparsamem Ressourceneinsatz** sind **geringe Schadstoff- und Lärmemissionen** wie auch umweltverträgliche Möglichkeiten einer späteren **Anlagenentsorgung** wichtige Kriterien, die Produktionsanlagen auf der Basis der **Umweltgesetze und -verordnungen** erfüllen müssen.

2.3.2.3 Wertzielbezogene Anforderungen

Neben sach- und sozialzielbezogenen Anforderungen sind die Wirkungen von Anlagenauswahl und -einsatzmöglichkeiten auf den Unternehmungserfolg von besonderer Bedeutung. Sie sind überwiegend in Form von **monetär quantifizierbaren Größen** zu erfassen, die sich einerseits in **Auszahlungen** aus der **Anlagenbeschaffung und -einführung**, aus dem **Anlagenbetrieb** (z. B. Auszahlungen für Anlagenmiete, Personal, Räume, Material einschließlich Ersatzkomponenten und Energie) sowie aus der **Anlagenentsorgung** niederschlagen, andererseits vielfach als Einzahlungen aufgrund von Leistungs- und Absatzwirkungen. Daneben sind auch qualitative Ergebniseinflüsse von Anlageninvestitionen zu berücksichtigen. Im Hinblick auf die mit Anlageninvestitionen verbundene Finanzmittelbindung ist außerdem bei Entscheidungen in diesem Bereich die Beachtung des finanziellen Gleichgewichts der Unternehmung von besonderem Gewicht. Neben den Finanzierungskonditionen bei Eigentumserwerb stehen dabei Pacht und Miete bzw. Leasing zur Disposition.

2.3.3 Verfahren zur Beurteilung von Anlagen

2.3.3.1 Portfolioanalysen: Markt-, Technologie-, Ökologieportfolio

Auf der Grundlage von Portfolioanalysen können globale Investitionsstrategien abgeleitet werden, die den Rahmen für die Auswahl von Produktionsanlagen als technische Investitionsalternativen bilden.

Das **Marktportfolio** zeigt in bezug auf Marktwachstum bzw. Marktattraktivität und auf Ressourcen-Stärken und -Schwächen der Unternehmung im Vergleich zur Konkurrenz marktorientiert Stand und Handlungsspielraum der Unternehmung (vgl. Teil III, Kapitel 2.2 sowie generell zu Portfolioanalysen *Hahn*, 1992, S. 221 ff.).

Basis der Anlagenbeschaffung im Rahmen der Progamm- und Potentialplanung (Geschäftsfeldplanung) sind zudem strategische Grundsatzentscheidungen über die zu verfolgende Technologiestrategie der Unternehmung.

Von zentraler Bedeutung ist hier das **Technologieportfolio**. Es gestattet, Produkt- und Prozeßtechnologie gleichrangig in die strategische Programm- und Potentialplanung aufzunehmen (vgl. hierzu und zum folgenden *Pfeiffer/ Dögl*, 1992, S. 254 ff.). Das Technologieportfolio bildet die strategischen Positionen von Produkt- und Prozeßtechnologien in einer zweidimensionalen Matrix ab. Die beiden Dimensionen der Matrix bilden die Technologieattraktivität und die relative Ressourcenstärke im Hinblick auf die in Produkten und Prozessen (und damit Produktionsanlagen) inkorporierten Technologien. Die **Technologieattraktivität** steht für die Gesamtheit der technisch-ökonomischen Vorteile, die durch die Realisierung der in einer Technologie steckenden strategischen Anwendungsmöglichkeiten gewonnen werden können. Die **relative Ressourcenstärke** steht für die technisch-ökonomische Stärke (oder Schwäche) einer Unternehmung im Hinblick auf eine Technologie – relativ zum wichtigsten Konkurrenten. Beide Dimensionen werden jeweils durch spezifische Indikatoren beurteilt (siehe Schaubild VIII.10).

Eine Technologieportfolioanalyse umfaßt im Kern vier Schritte:

- **Umfeldanalyse**: Sie soll aufzeigen, welche technischen und sonstigen Rahmenbedingungen bei der Technologiebewertung und der Strategieformulierung zu beachten sind.
- **Identifizierung der relevanten Produkt- und Prozeßtechnologien**: Es geht um die Identifizierung der für ein strategisches Geschäftsfeld relevanten Technologien und um die Bestimmung der Bedeutung dieser Technologien für eine Unternehmung.
- **Bewertung der Technologieattraktivität und der Ressourcenstärke**: Die Attraktivität der identifizierten Technologien sowie die relative Stärke einer Unternehmung bei deren Anwendung werden beurteilt.
- **Transformation des Ist-Zustandes auf einen zukünftigen Zeitpunkt**: Dynamisierung der Betrachtungsweise, indem die verwendeten Technologien in Relation zu möglichen zukünftigen (komplementären und substitutiven) Technologien gesetzt werden.

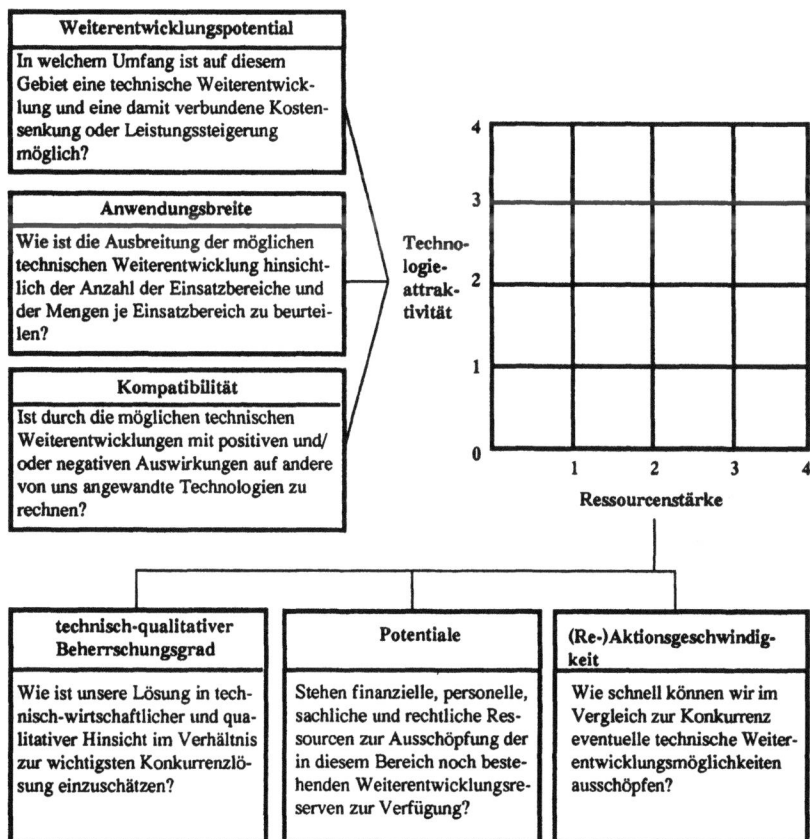

Schaubild VIII.10. Technologieportfolio (*Pfeiffer/Dögl*, 1992, S. 259)

Als Ergebnis dieser Analyse lassen sich Technologieportfolios erstellen, die vielfältige Auswertungsmöglichkeiten bieten. So können auf der Basis ermittelter Portfoliopositionierungen globale Investitions-, Desinvestitions- und Selektionsempfehlungen abgegeben werden sowie auch spezifische Zusatzauswertungen durchgeführt werden.

Angesichts des wachsenden öffentlichen Umweltschutzinteresses und der damit einhergehenden Zunahme von ökologischen Anforderungen an Unternehmungen wird die Berücksichtigung ökologischer Aspekte für die Unternehmungsführung unerläßlich (vgl. grundlegend z. B. *Seidel/Menn*, 1988; *Kreikebaum*, 1991, S. 172 ff.; *Müller*, 1991). Um diese in systematischer Weise in die strategische Programm- und Potentialplanung einzubringen, kann in Analogie zum Technologieportfolio ein **Ökologieportfolio** aufgestellt werden. Ein solches Ökologieportfolio gibt die Dimensionen Ökologieattraktivität und relative Ökologiestärke in einer zweidimensionalen Matrix wieder (vgl. mit z.T. abweichenden Begriffsfassungen *Meffert/Bruhn/Schubert/Walther*, 1986, S. 152 f.; *Steger*, 1988, S. 150 ff.).

Die **Ökologieattraktivität** steht für die Gesamtheit der **Vorteile**, die sich in der Gesellschaft und speziell am Markt **durch ein ökologieorientiertes Verhalten** erzielen lassen. Sie mißt damit die Bedeutung ökologieorientierten Verhaltens im Hinblick auf die Produktherstellung (Produktionsprozesse), die Produktverwendung und die Produktentsorgung, wobei hier im Rahmen der Beurteilung technischer Investitionen die Produktherstellung im Vordergrund steht. Die Ökologieattraktivität hängt in erster Linie von den in der Öffentlichkeit **wahrgenommenen Umweltauswirkungen** einer Branche ab. Diese wiederum werden einerseits durch die Art und das Ausmaß der tatsächlichen Umweltbelastung sowie andererseits durch den Bekanntheitsgrad der Belastung und durch generelle Einstellungen der Öffentlichkeit bezüglich der Umweltbelastung (ökologisches Image) beeinflußt. Beide Aspekte unterscheiden sich i.d.R. von Branche zu Branche und können auch innerhalb einer Branche im Hinblick auf Produktherstellung (Produktionsprozesse), Produktverwendung und Produktentsorgung unterschiedlich sein (vgl. *Müller*, 1991).

Aufgrund individueller bzw. unternehmungsspezifischer Werthaltungen und/oder aufgrund rechtlicher Normen kann ein angestrebtes ökologisches Mindestniveau festgesetzt werden, das von der Unternehmung nicht unterschritten werden darf. Es handelt sich um durch die Unternehmungsleitung autonom gesetzte oder ihr vorgegebene unabdingbare Anforderungen (Rahmenbedingungen).

Die relative **Ökologiestärke** steht für die Umweltverträglichkeit der Produkte und Produktionsanlagen einer Unternehmung bzw. einer strategischen Geschäftseinheit. Sie **mißt die tatsächlich von einem Produkt im Herstellprozeß, seiner Anwendung und Entsorgung ausgehenden Umweltgefährdungen relativ zur Konkurrenz**. Schaubild VIII.11 zeigt ein Ökologieportfolio als Beispiel mit einer Positionierung von zwei Produkten, deren Ökologieattraktivität und Ökologiestärke bezüglich Produktherstellung, -verwendung und -entsorgung differenziert betrachtet werden.

Eine schwer zu bewältigende Problematik liegt allerdings in der Tatsache begründet, daß in vielen Bereichen bisher nur sehr begrenzte naturwissenschaftliche Erkenntnisse über Umweltschädigungen vorliegen. Dabei fehlt es vor allem an übergreifenden Einsichten in Folgewirkungen und vernetzte Rückwirkungen; die Beseitigung von schädlichen Wirkungen eines Produktionsprozesses auf die menschliche Existenz beeinträchtigt u.U. z.B. die Pflanzen- und Tierwelt, was dann über die Ernährungskette später wiederum auf den Menschen zurückwirken kann. Das menschliche Erkenntnisvermögen wird durch das komplexe Gefüge von Naturgegebenheiten und -abläufen bei weitem überfordert, so daß den Unternehmungen ökologisch gesicherte Orientierungskriterien in noch viel geringerem Umfang zur Verfügung stehen als wirtschaftliche Entscheidungskriterien. Daher ist die ökologische Absicherung von Investitionsentscheidungen eine objektiv in vielen Fällen unerfüllbare Forderung, was bei Angriffen auf die Industrie durch eine meistens nur vordergründig informierte Öffentlichkeit und Presse häufig übersehen oder ignoriert wird. Die Risiken, die aus der existentiell unverzichtbaren Entwicklung von Industriegesellschaften erwachsen, müssen jedoch von allen Bürgern (mit)getragen werden, die im erreichten Wohlstand leben wollen (vgl. Kapitel 2.3.3.2).

Anlagenbedarf und Anlagenbeschaffung 253

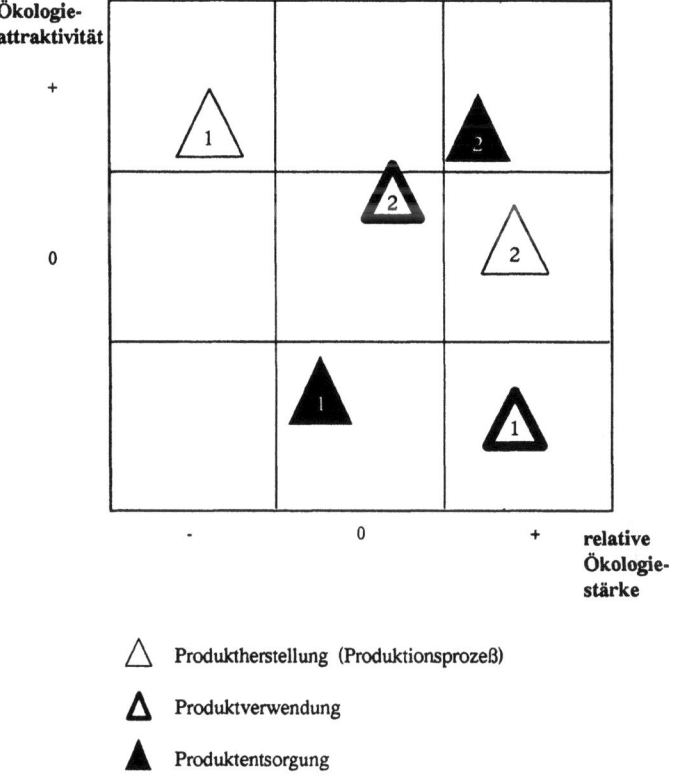

Schaubild VIII.11. Ökologieportfolio (vgl. *Hahn*, 1992, S. 237)

Analog zum Technologieportfolio bietet auch das Ökologieportfolio bei Beachtung der skizzierten naturwissenschaftlichen Erkenntnisdefizite vielfältige Auswertungsmöglichkeiten. Zunächst lassen sich bestimmte **globale Empfehlungen** ableiten, die sich aus der Positionierung eines Produktes im Portfolio ergeben. So wird z. B. bei Produkten und den dazugehörigen Produktionsprozessen mit hoher relativer Ökologiestärke und hoher Ökologieattraktivität global eine offensive, nach ökologischer Profilierung strebende Strategie empfohlen. Diese globalen Handlungsempfehlungen sind naturgemäß situationsspezifisch zu überprüfen und ggf. zu variieren. Das Ökologieportfolio bietet darüber hinaus einige Anhaltspunkte zu einer systematischen Analyse der Faktoren, die Ökologieattraktivität und Ökologiestärke bestimmen, sowie zur Ermittlung von Maßnahmen im Hinblick auf die Produktherstellung, Produktverwendung und Produktentsorgung, die zur Beeinflussung der identifizierten Faktoren geeignet sind. Das Ökologieportfolio vermittelt die z.Zt. erreichbare Transparenz der **ökologieorientierten Aspekte, die bei der Programm- und Potentialplanung berücksichtigt werden sollen**.

Ökologische Aspekte dürfen ebenso wie technologische Aspekte nicht isoliert gesehen werden. Erforderlich ist eine ganzheitliche Portfolioanalyse, in

254 Anlagenwirtschaft

der die genannten Detailanalysen insbesondere zum Marktportfolio in Beziehung gesetzt werden. Besonders sinnvoll erscheint heute eine Kombination der strategischen Aspekte von Marktportfolio, Technologieportfolio und Ökologieportfolio im Rahmen eines übergreifenden **dynamischen Markt-, Technologie- und Ökologieportfolios**. Dies ermöglicht es, eine Analyse der Detailinformationen der drei Spezialportfolios zu verbinden mit einer ganzheitlichen Betrachtung der Ausgangssituation und Entwicklungsmöglichkeiten strategischer Geschäftsfelder (siehe Schaubild VIII.12; vgl. *Hahn*, 1992, S. 245 ff.).

Aufbauend auf den gegebenen und angestrebten Positionierungen der Produkte und Prozesse (Erstellungs- sowie Verwendungs- und Entsorgungsprozesse) können auch für die zugehörigen produktionstechnischen Anlagen Wertanalysen durchgeführt werden. Durch sie sollen Ergebnisverbesserungen aufgrund integraler Variationen bei Produkten, Produktionsprozessen und dazugehörigen Potentialen und Einsatzstoffen erzielt werden (vgl. *Reichmann*,

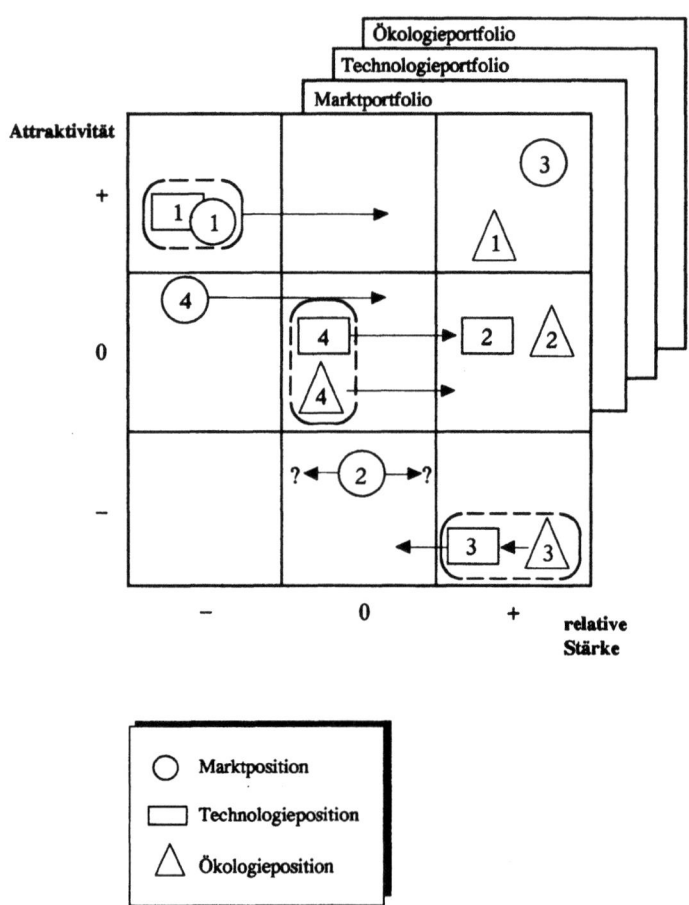

Schaubild VIII.12. Dynamisches Markt-, Technologie- und Ökologieportfolio
(vgl. *Hahn*, 1992, S. 246)

1990, S. 198 ff.; *Schwalbe/Koch*, 1988, S. 24 ff.). Einzelheiten zu den Ursprüngen und zum Verfahren der Wertanalyse können Teil III, Kapitel 2.3.3 entnommen werden.

2.3.3.2 Personal- und sozialorientierte Technologiewirkungsanalyse

Die personal- und sozialorientierte Technologiewirkungsanalyse im Rahmen einer technisch-betriebswirtschaftlichen Beurteilung von Produktionsanlagen soll die Auswirkungen einer Technologiestrategie und der konkreten Investitionsalternativen auf das Personal einer Unternehmung sowie auf externe sozialorientierte Aspekte (z.B. regionale Beschäftigung, Umweltschutz) erfassen (vgl. zum folgenden auch *Hinterhuber/Kritzler*, 1979, Sp. 1930 ff.; *Wildemann*, 1987, S. 42 ff.; *Kreikebaum*, 1991, S. 190 f.).

Die **Technologiewirkungsanalyse**, die in den USA konzipiert wurde und bisher erst auf gesamtwirtschaftlicher Ebene eine gewisse Verbreitung gefunden hat (vgl. z.B. die Diskussion zur Technologiefolgenabschätzung in technologie & management, 37, 1988, Heft 1, S. 40 ff.), beinhaltet allgemein eine systematische Identifizierung und Bewertung potentieller Folgewirkungen von technologischen Neuerungen, die direkt oder indirekt und ggf. erst mit großer Zeitverzögerung auftreten können. Für die Durchführung einer Technologiewirkungsanalyse schlagen *Hinterhuber* und *Kritzler* einen teilweise iterativen Prozeß mit den folgenden sechs Stufen vor:

1. Beschreibung und definitorische Eingrenzung der zu beurteilenden Technologie.
2. Bestimmung des Umfanges, in dem die Auswirkungen analysiert werden sollen, im Hinblick auf
   - die angestrebte Anwendungsbreite der Technologie,
   - die Vollständigkeit der Erfassung der technologiebedingten Effekte,
   - die Vollständigkeit der Einbeziehung aller relevanten Sphären (technische, wirtschaftliche, sozio-kulturelle, ökologische, politisch-rechtliche Sphäre) und betroffenen Gruppen,
   - das Anforderungsniveau an die Meßgenauigkeit für die Auswirkungen,
   - den zugrundezulegenden Zeitraum.
3. Beschreibung alternativer Entwicklungspfade der relevanten Umwelt, auf die die Technologie einwirkt.
4. Systematische Analyse aller erkennbaren quantitativen und qualitativen Folgewirkungen unter Berücksichtigung gegenseitiger Abhängigkeitsbeziehungen.
5. Vergleichbarmachung und Zusammenfassung der analysierten Folgewirkungen bezogen auf ein intersubjektiv nachprüfbares Wertesystem.
6. Beurteilung der Technologie. Bei unzureichender Erfüllung der Minimalanforderungen durch die vorliegenden Alternativen ist der Analyseprozeß ggf. mit neu zu entwerfenden Alternativen zu wiederholen.

In den einzelnen Stufen der Technologiewirkungsanalyse können Verfahren wie z. B. die Szenario-Technik, die Delphi-Methode oder die Nutzwertanalyse zur Anwendung kommen.

Auf der Basis dieser allgemeinen Beschreibung einer Technologiewirkungsanalyse ist die **personalorientierte Technologiewirkungsanalyse** auf die Folgewirkungen einer neuen Technolgie und der dazugehörigen Investitionsalternativen auf die Mitarbeiter einer Unternehmung bezogen. Hier interessieren zunächst die Wirkungen auf die Beschäftigtenzahl und -struktur. Aus der Analyse dieser Folgewirkungen können sodann Maßnahmen der Personalbeschaffung und/oder ggf. -freisetzung sowie der Personalentwicklung (bei veränderten Qualifikationsanforderungen) abgeleitet werden (vgl. hierzu Teil VII, Kapitel 1.3). Ebenso interessieren im Rahmen der personalorientierten Technologiewirkungsanalyse Fragen der Arbeits(system)gestaltung und der damit zusammenhängenden Bedienerfreundlichkeit und Arbeitssicherheit als wichtige Determinanten der Akzeptanz einer neuen Produktionstechnologie und neuer Produktionsanlagen.

Gegenstand der (externen) **sozialorientierten Technologiewirkungsanalyse** sind die Folgewirkungen einer neuen Technologie und neuer Produktionsanlagen auf externe sozialorientierte Aspekte. Im Vordergrund stehen hier ökologische Anforderungen an Produktionsprozesse und Produktionsanlagen. Bei der Beurteilung einer neuen Produktionstechnologie und neuer Produktionsanlagen sind der Ressourceneinsatz, die Schadstoff- und Lärmemission und die Umweltverträglichkeit einer späteren Anlagenentsorgung zentrale Kriterien, die unter Berücksichtigung erwarteter zukünftiger sozio-kultureller und technologischer Entwicklungen zu bewerten sind. Diese Analysen bauen auf den grundsätzlich gröberen Analysen des Ökologieportfolios auf und unterliegen auch großer substanzieller Unsicherheit.

Technische Investitionsalternativen, die personalorientierte und sozialorientierte Kriterien in ihren freiwillig gesetzten oder rechtlich bedingten Mindestanforderungen nicht erfüllen, sind auszuschließen oder ggf. zu modifizieren, um sie dann zusammen mit noch verbliebenen Investitionsalternativen, die die genannten Kriterien erfüllen, einer weiteren Beurteilung zuzuführen.

2.3.3.3 Investitionsrechnungsverfahren und Langfristkalkulation

Die für eine Unternehmung nach einer Grobauswahl auf der Basis der Portfolioanalyse, der Wertanalyse sowie der personal- und sozialorientierten Technologiewirkungsanalyse in Frage kommenden technischen Investitionsalternativen bzw. Produktionsanlagen sind im Hinblick auf ihre erfolgswirtschaftlichen Wirkungen **zunächst** in einer **Partialbetrachtung** mit Hilfe von Investitionsrechnungsverfahren und ggf. Langfristkalkulationen zu beurteilen. Hierbei sind die Ergebnisse insbesondere der vorangegangenen Wertanalysen sowie der personal- und sozialorientierten Technologiewirkungsanalysen zu berücksichtigen, soweit sie monetär quantifizierbar sind. Die Ergebnisse der erfolgswirtschaftlichen Wirkungsanalyse sind sodann in eine **umfassende Nutzwertanalyse** einzubeziehen (vgl. Kapitel 2.3.3.4).

Investitionsrechnungsverfahren

In den statischen und dynamischen Investitionsrechnungsverfahren (vgl. *Blohm/Lüder*, 1988, S. 49 ff.; *Busse von Colbe/Laßmann*, 1990, S. 20 ff.) als klassischen Rechnungsmethoden werden in einer Partialbeurteilung die Wirkungen alternativer Produktionsanlagen im Hinblick auf die Ziele Erfolg oder Kosten, Rentabilität (Verzinsung des eingesetzten Kapitals) oder Zahlungsüberschüsse analysiert (vgl. zum folgenden *Hahn*, 1989, S. 218 ff.).

a) Statische Investitionsrechnungsverfahren

Die gebräuchlichsten statischen Investitionsrechnungsverfahren sind die Kostenvergleichsrechnung, die Erfolgsvergleichsrechnung, die Rentabilitätsvergleichsrechnung sowie die statische Amortisationsrechnung.

In der **Kostenvergleichsrechnung** werden bei gleicher Anlagenleistung die durchschnittlichen Kosten pro Periode der zu beurteilenden Produktionsanlagen gegenübergestellt, um die kostenmäßig günstigste Alternative zu ermitteln. Alle direkten und indirekten Kostenwirkungen, die durch die jeweilige Produktionsanlage verursacht werden, sind in den Kostenvergleich einzubeziehen, es sei denn, Kostenarten fallen für die zu vergleichenden Alternativen in derselben Höhe an. Die direkt durch eine Produktionsanlage verursachten Kosten sind zum einen die periodisierten Anlagenbeschaffungs- und -ingangsetzungsausgaben und zum anderen die Anlagenbetriebskosten.

Die **Anlagenbeschaffungs- und -ingangsetzungsausgaben** umfassen im wesentlichen:

- Anschaffungsausgaben für Hard- und Software einschließlich Installationsausgaben,
- Softwareanpassungsausgaben,
- einmalige Ausgaben für die Ausbildung der Mitarbeiter,
- Ausgaben für die Erstellung von Dokumentationen und Instruktionen,
- Ausgaben für Testläufe.

Es handelt sich um Ausgaben, die über den zugrunde gelegten Planungshorizont i.d.R. linear verteilt und damit periodisiert werden, um sie als entsprechende Periodendurchschnittskosten/Abschreibungen pro Alternative in der Kostenvergleichsrechnung berücksichtigen zu können (vgl. ausführlich Kapitel 6.2.1.2). Daneben sind auch die kalkulatorischen Zinsen auf das durchschnittlich gebundene Kapital in den Kostenvergleich einzubeziehen. Vereinfacht kann hierbei die Hälfte der Anlagenbeschaffungs- und -ingangsetzungsausgaben als durchschnittlich gebundenes Kapital angesetzt werden, wenn eine kontinuierliche Amortisation des gebundenen Kapitals unterstellt und von Liquidationserlösen abgesehen wird.

Zu den **Anlagenbetriebskosten** zählen im wesentlichen:

- Personalkosten für die Anlagenbedienung und -instandhaltung,
- Kosten für die laufende Weiterbildung der Mitarbeiter,

- Betriebsstoffkosten, insbesondere Energiekosten,
- Reserveteil- und Fremddienstleistungskosten,
- Ausschußkosten,
- Raumkosten.

Für diese Anlagenbetriebskosten gilt es, Periodendurchschnittswerte für jede Investitionsalternative zu ermitteln. Die Genauigkeit solcher Kostenprognosen kann vielfach dadurch verbessert werden, daß auf Erfahrungswerte anderer Anwender oder der Anlagenhersteller zurückgegriffen wird.

Neben den dargestellten direkten Kosten sind auch die durchschnittlichen indirekten Kostenwirkungen (z. B. reduzierte Rüstkosten) pro Periode für die alternativen Produktionsanlagen zu ermitteln und in den Kostenvergleich einzubeziehen.

Die gesamten Periodendurchschnittskosten ergeben sich sodann für jede Investitionsalternative als Summe aus den periodisierten Anlagenbeschaffungs- und -ingangsetzungsausgaben sowie den durchschnittlichen Anlagenbetriebskosten und den durchschnittlichen indirekt verursachten Kosten einschließlich aller Kosteneinsparungen.

Eine wesentliche Prämisse der Kostenvergleichsrechnung (vgl. allgemein zu den Prämissen der statischen Investitionsrechnungen *Blohm/Lüder*, 1988, S. 163 ff.) ist die Gleichheit der Leistung bzw. der Periodenerlöse bei jeder zu beurteilenden Produktionsanlage. Erfüllen die Investitionsalternativen jedoch die Produktionsaufgabe mit unterschiedlicher Qualität, so können daraus unterschiedliche Erlöswirkungen folgen. Vielfach bereitet in der Praxis die Schätzung von Erlösveränderungen aufgrund des Einsatzes (unterschiedlicher) neuer Produktionsanlagen erhebliche Schwierigkeiten. Dennoch sollte eine solche Schätzung versucht werden.

Eine zusätzliche Berücksichtigung unterschiedlicher Periodenerlöse erfolgt in der **Erfolgsvergleichsrechnung** (vgl. *Hahn*, 1985, S. 210f.; *Blohm/Lüder*, 1988, S. 158ff.). Hierbei wird der kalkulatorische Periodenerfolg je Alternative als Entscheidungskriterium verwendet.

Im Rahmen der **Rentabilitätsrechnung** wird der durch die jeweilige Produktionsanlage verursachte zusätzliche Gewinn (bzw. die zu erwartende Kosteneinsparung) als Periodendurchschnittswert in Relation zum durchschnittlich zusätzlich gebundenen Kapital gesetzt.

$$R \text{ bzw. RoI} = \frac{\emptyset G}{\emptyset K}$$

Dabei kommt nicht der kalkulatorische Gewinn in Betracht, da bei diesem bereits kalkulatorische Zinsen als Kosten für die jeweilige durchschnittliche Kapitalbindung abgezogen worden sind. Zum Ansatz kommt vielmehr der sog. Kapitalgewinn, bei dem die kalkulatorischen Zinsen zum kalkulatorischen Gewinn hinzugefügt werden.

Will man Investitionsalternativen, die nicht dieselbe Kapitalbindung verursachen, mit Hilfe der Rentabilitätsrechnung hinsichtlich ihrer Vorteilhaftigkeit vergleichen, so muß man den Kapitaldifferenzbetrag einer verzinslichen Anlage zuführen und das Zinsergebnis in den Vergleich einbeziehen.

Als **Ergänzung** zu obigen Investitionsrechnungen kann die **statische Amortisationsrechnung** Anwendung finden. Die statische Amortisationszeit gibt jenen Zeitpunkt an, an dem durch die Rückflüsse aus einer Investition das eingesetzte Kapital wiedergewonnen wird. Die kumulierten Einzahlungen entsprechen im Amortisationszeitpunkt den kumulierten Auszahlungen. Die Amortisationszeit wird in der Praxis zur **Risikobeurteilung** mit herangezogen, da man bei einer vergleichsweise längeren Amortisationszeit die Wiedergewinnung des eingesetzten Kapitals stärker gefährdet sieht als bei einer kürzeren mit i.d.R. geringerer Prognoseunsicherheit.

Die **Aussagekraft der statischen Investitionsrechnungen** zur Beurteilung alternativer Produktionsanlagen ist aufgrund der Vernachlässigung zeitlicher Wertunterschiede und sachlicher Interdependenzen eingeschränkt. Die Unterschiede im Anfall der Kosten oder Gewinne im Zeitablauf sowie die Wechselwirkungen zu anderen Planungen der Unternehmung, insbesondere die Wirkungen auf die gesamtunternehmungsbezogene Ergebnis- und Finanzplanung, werden in diesen Beurteilungsverfahren nicht berücksichtigt (zur Kritik an den statischen Verfahren vgl. auch *Busse von Colbe/Laßmann*, 1990, S. 22 ff.).

b) Dynamische Investitionsrechnungsverfahren

Eine Berücksichtigung zeitlicher Wertunterschiede erfolgt in den dynamischen Investitionsrechnungen, in die alle mit einer Sachinvestition verbundenen Aus- und Einzahlungen eingehen. Die wichtigsten dynamischen Verfahren sind die Kapitalwertmethode, die Methode des internen Zinsfußes und die dynamische Amortisationsrechnung.

Nach der **Kapitalwertmethode** wird für die Beurteilung alternativer Produktionsanlagen die Summe der jeweils mit dem Kalkulationszinsfuß auf den Entscheidungszeitpunkt abgezinsten Einzahlungs- oder Auszahlungsüberschüsse der erwarteten Nutzungsperioden zugrunde gelegt. Nach dieser Methode ist eine Produktionsanlage umso vorteilhafter, je höher ihr Kapitalwert bei vorgegebenem Kalkulationszinsfuß ist. Bei einem Kapitalwert $C_0 = 0$ wird gerade die geforderte kalkulatorische Kapitalverzinsung erwirtschaftet. Der Kapitalwert gibt damit den aus einer Investition über die kalkulatorische Verzinsung hinaus zu erlangenden Zahlungsüberschuß (bzw. den darunter liegenden Zahlungsunterschuß) an. Je höher der Kapitalwert einer Investition ist, desto höher ist die **effektive Kapitalverzinsung** über die kalkulatorische Verzinsung hinaus.

Der Kapitalwert bei erwarteter Nutzungsdauer n errechnet sich unter Berücksichtigung des nach Perioden geordneten Einzahlungs- und Auszahlungsanfalls nach folgender Formel:

$$C_0 = \sum_{t=0}^{n} (E_t - A_t) * q^{-t}$$

C_0 = Kapitalwert zum Zeitpunkt t = 0
E_t = Einzahlungen der Periode t

A_t = Auszahlungen der Periode t
t = Laufindex der Perioden, t = 0, 1,..., n
q = Abzinsungsfaktor (1+i), i = p/100
p = Kalkulationszinssatz
n = geschätzte/erwartete/vorgegebene Nutzungsdauer

Bei Anwendung der Kapitalwertmethode zur Beurteilung alternativer Produktionsanlagen ergibt sich vielfach die Schwierigkeit, die relevanten Ein- und Auszahlungen nach Höhe und Zeitpunkt ihres Entstehens hinreichend genau zu prognostizieren und die wirtschaftlich optimale Nutzungsdauer sowie einen eventuellen Verwertungserlös oder Verwertungsverlust zu bestimmen.

Die **Anlagenbeschaffungs- und -ingangsetzungsauszahlungen** gehen als einmalige Anfangsauszahlungen in die Berechnung des Kapitalwertes ein, sofern sie zu Beginn der Planungsperiode zahlungswirksam werden. Im Gegensatz zur Kosten-, Erfolgs- und Rentabilitätsvergleichsrechnung werden die Anlagenbeschaffungs- und -einführungsauszahlungen somit nicht in jeweils gleicher Höhe auf die einzelnen Teilperioden des Planungszeitraumes verteilt, sondern der Periode zugerechnet, in der sie zahlungswirksam werden. Analog werden die **Anlagenbetriebsauszahlungen** und die durch die Erfüllung der Produktionsaufgaben indirekt verursachten Ein- und Auszahlungen den jeweiligen Teilperioden, in denen sie zahlungswirksam werden, zugeordnet.

Entstehen bei den zu vergleichenden Investitionsobjekten keine Einzahlungen oder lassen sich den Investitionsobjekten keine Einzahlungen zuordnen, so ergibt sich ein (negativer) Auszahlungskapitalwert (z.B. bei Sozial- oder Umweltschutzinvestitionen). Optimal ist in diesem Fall das Investitionsobjekt mit dem betragsmäßig geringsten Kapitalwert.

Die **Methode des internen Zinsfußes** basiert auf einer Auflösung der Grundgleichung der Kapitalwertmethode über q nach p. Für einen Kapitalwert von $C_0 = 0$ wird durch rechnerische oder graphische Interpolation als Näherungslösung ein Zinssatz bestimmt, der die durchschnittliche Verzinsung des jeweils gebundenen Kapitals angibt. Beim Vergleich der Investitionsalternativen mit Hilfe der Methode des internen Zinsfußes müssen bei unterschiedlicher Höhe des Kapitaleinsatzes und/oder unterschiedlicher Länge der angesetzten Nutzungsdauern Ergänzungsinvestitionen berücksichtigt werden (vgl. dazu *Busse von Colbe/Laßmann*, 1990, S. 105 ff.).

Die in der internen Zinsfußmethode implizit enthaltene, jedoch unrealistische Wiederanlageprämisse zum jeweiligen internen Zinsfuß kann durch eine explizite Wiederanlageprämisse nach dem Konzept der modifizierten internen Zinsfußmethode aufgehoben werden (vgl. *Busse von Colbe/Laßmann*, 1990, S. 118 ff.). Bei dieser Methode werden die Rückflüsse aus einer Investition mit dem Kalkulationszinsfuß p, mit einer durchschnittlichen Unternehmungsrendite r oder aber mit den expliziten zukünftigen Verzinsungsmöglichkeiten auf das Ende der geplanten Nutzungszeit der Investition aufgezinst. Im Falle einer Anschaffungsauszahlung zu Beginn der Planungsperiode wird sodann der interne Zinsfuß gesucht, der den Endwert der Einzahlungsüberschüsse auf einen Barwert abzinst, der dem Betrag der Anschaffungsauszahlung entspricht. Unter der Voraussetzung, daß alle mit einer Investition in eine Produktionsanlage verbundenen direkten und indirekten Ein- und Auszahlungen quantifiziert werden können, führt die modifizierte interne Zinsfußmethode bei mehreren Investitionsobjekten grundsätzlich zur gleichen Auswahlentscheidung wie die Kapitalwertmethode, sofern in beiden Rechnungen der gleiche Kalkulationszinsfuß verwendet wird und die Aus-/Einzahlungsreihen „Normalinvestitionen" repräsentieren (d. h. nur am Anfang der Zahlungsreihe Auszahlungsüberschüsse sind).

Ergänzend kann zur **Risikobeurteilung** alternativer Produktionsanlagen die dynamische Amortisationszeit mit herangezogen werden, die jenen Zeitpunkt angibt, in dem durch die Rückflüsse aus einer Investition das eingesetzte Kapital zuzüglich einer kalkulatorischen Verzinsung wiedergewonnen wird. Als dynamische Amortisationszeit wird die Zeitspanne ñ ermittelt, in der die fortschreitend kumulierten diskontierten Einzahlungsüberschüsse der Perioden 1 bis ñ die Höhe der Anfangsauszahlung erreichen.

Die **Aussagekraft** der dynamischen Investitionsrechnungsverfahren ist höher als die der statischen Investitionsrechnungsverfahren. Unter Beachtung der Prämissen der dynamischen Investitionsrechnungsverfahren (vgl. allgemein zu den Prämissen *Blohm/Lüder*, 1988, S. 54 ff.) haben diese gegenüber den statischen Verfahren den Vorteil, daß die zeitlichen Wertunterschiede nach Perioden berücksichtigt werden. Allerdings wird im Hinblick auf die Unschärfen der Schätzung vieler Ein- und Auszahlungen bis zum Ablauf der Nutzung von einer kontinuierlichen Zinseszinsberechnung abgesehen und angenommen, daß alle Zahlungen am Periodenende (meist Jahresende) anfallen.

Die Nichtberücksichtigung der sachlichen Interdependenzen zu anderen Planungen der Unternehmung, insbesondere die Wirkungen auf die gesamtunternehmungsbezogene Ergebnis- und Finanzplanung, bleibt jedoch bestehen. Außerdem gilt die Prognoseproblematik für die Ein- und Auszahlungen in gleicher Weise wie für die Kosten und Erlöse, die mit über mehrere Perioden (Jahre) laufenden Investitionsobjekten verbunden sind.

Langfristkalkulation

Zur Unterstützung von Investitionsrechnungen im Rahmen einer technischbetriebswirtschaftlichen Beurteilung von Produktionsanlagen sind ggf. Langfristkalkulationen durchzuführen. Während insbesondere die dynamischen Investitionsrechnungsverfahren die monetären Wirkungen einzelner Investitionsalternativen zeitraumbezogen darstellen, werden im Rahmen von Langfristkalkulationen die monetären Wirkungen stückbezogen, d. h. auf den der Investition zuordenbaren Erlösträger bezogen, betrachtet. Durch eine kombiniert retrograd-progressive Kalkulation (siehe Schaubild VIII.13) können unter Berücksichtigung der Vorleistungskosten die Auswirkungen alternativer Produktionsanlagen auf das kalkulatorische Ergebnis betrachtet werden. Bezieht sich die Langfristkalkulation auf die insgesamt erwartete Produktlebenszeit, so ist eine zeitliche Strukturierung nach den Entwicklungsphasen neuer Produkte unerläßlich; dabei sind auch die Preisänderungen auf der Kosten- und Erlösseite zu berücksichtigen (z. B. zu erwartende Lohnsatzänderungen, preispolitische Maßnahmen in Ausrichtung auf die unterschiedlichen Produktlebensphasen) (vgl. dazu Schaubild III.15 in Teil III). Daraus resultieren dann auch unterschiedliche kalkulatorische Ergebnisse je Lebensphase. Aufgrund von Sensitivitätsanalysen können aus dieser Planungsrechnung Handlungsempfehlungen nicht nur für die Investitionsentscheidung selbst, sondern auch für die Preis- und Absatzpolitik der Produkte abgeleitet werden. Auf der Basis solcher Langfristkalkulationen werden darüber hinaus vielfach Rückkoppelungen zum FuE-Bereich (z. B. Auslösung von Produktvariationen) ausgelöst.

Die Beurteilung von technischen Investitionen bzw. Produktionsanlagen mit Hilfe der statischen und dynamischen Investitionsrechnungsverfahren sowie der Langfristkalkulation ist eine Partialbetrachtung, die in zweifacher Hinsicht unbefriedigend ist.

Zum einen ist eine solche Betrachtung eindimensional nur auf das Ergebnisziel einer Unternehmung ausgerichtet. Nicht oder nur schwer monetär quantifizierbare Sach- und Humanziele können somit nicht berücksichtigt werden. Zum anderen werden die sachlichen Interdependenzen der zu beurteilenden Produktionsanlagen im Hinblick auf andere Planungsobjekte und die Wirkungen auf die gesamtunternehmungsbezogene Ergebnis- und Finanzplanung sowie hieraus resultierende Restriktionen nicht berücksichtigt.

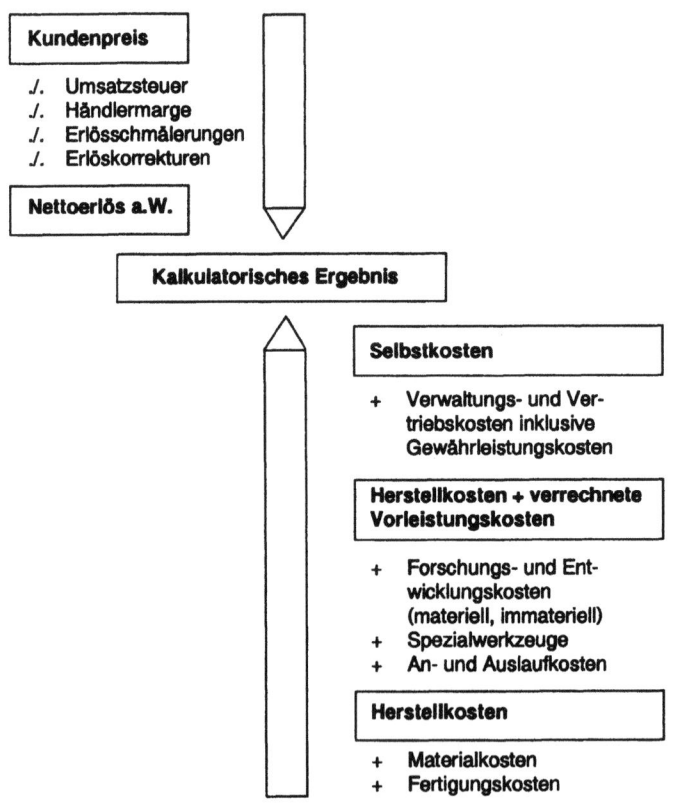

Schaubild VIII.13. Kombiniert retrograd-progressive Kalkulation

Kombiniert quantitativ und qualitativ kann eine aussagefähige **ganzheitliche Beurteilung alternativer Produktionsanlagen** nur durch die Anwendung der **zeitpunktbezogenen Nutzwertanalyse** in enger Verbindung und Rückkoppelung zur **zeitraumbezogenen mehrperiodigen Ergebnis- und Liquiditätsanalyse** erfolgen.

2.3.3.4 Nutzwertanalyse

Allgemein ist die **Nutzwertanalyse in Form einer Entscheidungsmatrix** ein Verfahren, das es gestattet, komplexe Probleme jeder Art durch Beurteilung der Wirkungen von Lösungsalternativen im Hinblick auf quantifizierbare, schwer und nicht quantifizierbare Ziele transparent zu machen und für den Entscheidungsprozeß eine systematische Ordnung des verfügbaren Wissens herzustellen (vgl. auch *Hahn*, 1974, S. 38 ff., *Hahn*, 1985, S. 39 ff., *Zangemeister*, 1976, S. 45, vgl. auch Teil II, Kapitel 1.2.2 sowie zum folgenden Teil VI, Kapitel 7.4.3).

Neben den **quantifizierbaren und nicht oder nur schwer quantifizierbaren Zielen/Anforderungen** sind in die Entscheidungsmatrix die dazugehörigen Zielgewichtungsfaktoren, die Investitionsalternativen und die prognostizierten Wirkungen der Alternativen auf die relevanten Ziele einzutragen (siehe Schaubild VIII.14). Darüber hinaus kann ggf. eine Berücksichtigung unterschiedlicher Umweltzustände notwendig sein. Die zu beurteilenden Produktionsanlagen sind zunächst daraufhin zu prüfen, ob sie in der Grobauswahl noch nicht berücksichtigte unabdingbare Ziele bzw. Anforderungen (Restriktionen, Nebenbedingungen, Mußziele) erfüllen oder nicht. Diese Ziele sind vielfach gesetzliche Vorschriften oder innerbetriebliche Grundsätze, bei denen eine nominale Zielerreichungsmessung (Ziel erfüllt oder nicht erfüllt) erfolgt. Es werden sodann nur solche Investitionsalternativen weiter untersucht, die die unabdingbaren Ziele erreichen, sofern nicht eine Zieländerung vorgenommen wird. Will man nun jene Produktionsanlage ermitteln, die im Hinblick auf die relevanten Ziele insgesamt den vergleichsweise höchsten Zielerreichungsgrad in Form eines Nutzenmaximums erreicht, so müssen zunächst die Zielwirkungen vergleichbar gemacht werden. Kardinal ausgedrückte Zielwirkungen (z. B. der Kapitalwert einer Produktionsanlage) müssen in ordinal meßbare Größen (z. B. sehr gut, gut, befriedigend u.s.w.) transformiert werden, um eine Vergleichbarkeit mit ordinal ausgedrückten Zielwirkungen (z. B. die Flexibilität im Hinblick auf Programmänderungen) zu schaffen. Daraufhin hat eine Quasiquantifizierung aller ordinal ausgedrückten Zielwirkungen zu erfolgen, i.d.R. durch eine Punktbewertung, um die Additionsfähigkeit herzustellen. Die durch die Punktbewertung ausgedrückten Zielwirkungen sind mit den jeweiligen Zielgewichtungsfaktoren zu multiplizieren. Nach diesen Schritten sind die betrachteten Investitionsalternativen aufgrund ihrer durch Punktzahlen charakterisierten und damit addierfähig ausgedrückten Wirkungen auf der Basis ihres jeweiligen Gesamtnutzens fiktiv vergleichbar.

Bei nur knappen Differenzbeträgen zwischen den Nutzengrößen je Produktionsanlage kann ein Heranziehen weiterer Ziele bzw. Anforderungen an

Ziele/ Anforderungen / Alternativen	Unabdingbare Voraussetzungen		Kapitalwert $q_1 = 4$	Prozeßqualität $q_2 = 1,5$	Flexibilität $q_3 = 1,5$	Zuverlässigkeit $q_4 = 1$	Handhabungsfreundlichkeit $q_5 = 1$	Kompatibilität $q_4 = 1$	Nutzwert je Alternative (Punkte)
	Bundes-Immissionsschutzgesetz	Unfallverhütungsvorschriften							
Produktionsanlage A	erfüllt	erfüllt	-1,5 Mio sehr gut 4*4=16	befr. 2*1,5=3	ausr. 1*1,5=1,5	ausr. 1*1=1	sehr gut 4*1=4	befr. 2*1=2	27,5
Produktionsanlage B	erfüllt	erfüllt	-1,7 Mio gut 3*4=12	befr. 2*1,5=3	sehr gut 4*1,5=6	gut 3*1=3	sehr gut 4*1=4	befr. 2*1=2	30
Produktionsanlage C	erfüllt	erfüllt	-2,4 Mio ausr. 1*4=4	sehr gut 4*1,5=6	gut 3*1,5=4,5	gut 3*1=3	befr. 2*1=2	sehr gut 4*1=4	23,5
Produktionsanlage D	erfüllt	erfüllt	-2 Mio befr. 2*4=8	gut 3*1,5=4,5	befr. 2*1,5=3	sehr gut 4*1=4	gut 3*1=3	gut 3*1=3	25,5
Produktionsanlage E	erfüllt	nicht erfüllt							

Punktwerte: sehr gut = 4, gut = 3, befriedigend = 2, ausreichend = 1
q_1 bis q_4 = Zielgewichtungsfaktoren

Schaubild VIII.14. Beispiel für eine Entscheidungsmatrix

eine Produktionsanlage, eine erneute Prognose der Zielwirkungen auf der Basis zusätzlicher Informationen und vor allem auch eine Bewertung der Wirkungen bei Unterstellung mehrerer möglicher Entwicklungen (Umweltsituationen) erforderlich werden.

Die Beurteilung alternativer Produktionsanlagen mit Hilfe der Nutzwertanalyse sollte immer in dem Bewußtsein der Subjektivität der Beurteilung und unter Beachtung der entscheidungstheoretischen Prämissen (vgl. *Zangemeister*, 1976, S. 75 ff.) erfolgen.

Als rein theoretisches Ergebnis der Nutzwertanalyse ist jene Produktionsanlage zu bevorzugen, die den höchsten Gesamtnutzen aufweist. Eine fundierte Entscheidungsbegründung ist allerdings nur zu erreichen, wenn neben der Betrachtung der Gesamtnutzwerte die Einzelzielerfüllung bei den Alternativen im Auge behalten wird, da eine echte Kompensation zwischen guten und schlechten Zielerfüllungsgraden bei heterogenen Kriterien nicht gegeben ist. Bei differenzierter Teilzielbetrachtung kann es durchaus zu einer Entscheidung für ein Investitionsobjekt kommen, für das nicht der maximale Gesamtnutzwert errechnet wurde, bei dem jedoch z. B. eine ausgewogene bis gute Erfüllung **aller** Teilziele gegeben ist.

Eine ausschließlich auf der Basis der Nutzwertanalyse getroffene Entscheidung ist jedoch auch nur eine erweiterte Partialbetrachtung, da die Wirkungen der Investitionsalternativen auf die gesamtunternehmungsbezogene Ergebnis- und Finanzplanung nicht berücksichtigt werden.

2.3.3.5 Gesamtunternehmungsbezogene, mehrperiodige Ergebnis- und Liquiditätsanalyse

Eine **gesamtunternehmungsbezogene Beurteilung von technischen Investitionen bzw. Produktionsanlagen** kann nun dadurch erreicht werden, daß die Einzahlungs- und Auszahlungsströme des in der Nutzwertanalyse enthaltenen Kapitalwertes, auch periodische Kosten- und Erlösänderungen, durch eine **Simulationsrechnung in der mehrperiodigen Ergebnis- und Finanzplanung** abgebildet und auf ihre Wirkungen im Hinblick auf Ergebnis- und Liquiditätsziele künftiger Perioden überprüft werden. Dies kann insbesondere in mittelständischen Unternehmungen von Bedeutung sein, bei denen geplante Mittelentnahmen unter Wahrung des finanziellen Gleichgewichts zu beachten sind.

Die mehrperiodige Ergebnis- und Finanzplanung (vgl. ausführlich *Hahn*, 1985, S. 382 ff. und Teil VI, Kapitel 7.4.3) umfaßt die Kosten- und Erlösplanung, die Aufwands- und Ertragsplanung und Bilanzplanung sowie die Auszahlungs- und Einzahlungsplanung bzw. Finanzplanung für zukünftige Planperioden.

Im Hinblick auf die bilanzielle Ergebnisplanung kann für jede Investitionsalternative überprüft werden, ob durch die Einführung der jeweiligen Anlage **bilanzpolitische Zielsetzungen** – wie die Einhaltung bestimmter Bilanzstrukturen – in künftigen Perioden verwirklicht werden können. Auch die Erreichung steuerpolitischer oder ausschüttungspolitischer Zielsetzungen künftiger Perioden kann durch solche Simulationsrechnungen überprüft werden.

Im Hinblick auf die Finanzplanung kann für jede Produktionsanlage überprüft werden, ob durch ihre Anschaffung die Bedingungen ständiger Aufrechterhaltung des finanziellen Gleichgewichts in künftigen Perioden gesichert bleibt. Durch die Simulationsrechnung kann sich hierbei z. B. ergeben, daß die Produktionsanlage mit dem höchsten Gesamtnutzen gemäß Nutzwertanalyse aufgrund der mehrperiodigen Beurteilung aus Liquiditätsgründen in den ersten Jahren nicht oder nur mit erhöhtem Risiko zu beschaffen ist. Das Ergebnis der Nutzwertanalyse kann somit durch die Simulationsrechnung im Hinblick auf die mehrperiodige Ergebnis- und Finanzplanung in Frage gestellt werden. Es ist dann zu prüfen, ob eine finanziell abgesicherte Investitionsalternative vorzuziehen ist, für die im Rahmen der Nutzwertanalyse ein vergleichsweise geringerer Nutzwert ermittelt wurde, oder ob die Bilanz- und Finanzierungsplanung durch zusätzliche Maßnahmen verändert werden kann. Eine Variation der Alternativen aufgrund der Simulationsergebnisse macht jeweils eine unmittelbare Rückkopplung zur Nutzwertanalyse erforderlich. Nicht oder nur schwer monetär quantifizierbare Sach- und Humanziele können in einem Bilanz- und Finanzplanungsmodell nicht berücksichtigt werden. Eine Variation der Alternativen kann jedoch ggf. erhebliche Auswirkungen auf die Zielerreichungsgrade bestimmter Sach- und Humanziele haben, so daß eine erneute Beurteilung im Rahmen der Nutzwertanalyse erforderlich wird. Die unter Umständen veränderten Ergebnisse sind sodann wiederum im Rahmen der mehrperiodigen Ergebnis- und Finanzplanung zu überprüfen.

In einigen wenigen Fällen ist es möglich, zur Darstellung der Zielwirkungen und Auswahl von Investitionsvolumen und -zeitraum ein Gesamtunternehmungsmodell mit analytischen Lösungsverfahren einzusetzen (vgl. z. B. *Popp*, 1992, S. 718 ff.).

3 Anlagenanordnung (Layout-Planung)

3.1 Grundsätzliches zur Layout-Planung

Die **Layout-Planung** bezieht sich auf die systematische **Festlegung der räumlichen Anordnung von Arbeitssystemen** (lokale Potentialstrukturplanung bzw. Standortplanung)[1]. Grundsätzlich beinhaltet diese Aufgabe für eine Industrieunternehmung Entscheidungen sowohl über überbetriebliche als auch über innerbetriebliche Standorte von Produktionsanlagen. Zumeist wird allerdings in Theorie und Praxis der Begriff der **Layout-Planung** mit dem der **Planung innerbetrieblicher Standorte von Arbeitssystemen gleichgesetzt** (vgl. *Domschke/Drexl*, 1990, S. 4; *Kern*, 1990, S. 265; *Reichwald/Mrosek*, 1985, S. 437f.; *Wäscher*, 1982, S. 16; *Zäpfel*, 1989, S. 167). In diesem Sinne wird im folgenden die Layout-Planung behandelt, wobei besonders auf die Schnittstellen zu anderen Aufgaben hingewiesen wird. Die Layout-Planung als Planung innerbetrieblicher Standorte wird in der Literatur i.d.R. auch als **Teilbereich der Fabrikplanung** interpretiert (vgl. *Aggteleky*, 1982, S. 578ff.; *Bremer*, 1979, S. 12ff.; *Ehmer/Eversheim/Müller*, 1989, Sp. 487ff.; *Dolezalek/ Warnecke*, 1981, S. 323ff.; *Kettner/Schmidt/Greim*, 1984, S. 10ff.; *Wiendahl/Enghardt*, 1985, S. 133ff.).

Die Layout-Planung kann in Form der **Neuplanung** und der **Umstellungsplanung** auftreten. „Bei einer Neuplanung soll entweder ein Grundriß neu gefunden oder eine vollständige Neuordnung auf einem gegebenen Grundriß durchgeführt werden. Eventuell bestehende Anordnungen sind nicht zu berücksichtigen." Hingegen ist bei einer Umstellungsplanung „entweder die ursprüngliche Menge der Organisationseinheiten neu anzuordnen oder eine Anzahl zusätzlicher Organisationseinheiten einzugliedern" (*Warnecke/Dangelmaier*, 1981, S. 7 f.). Bei der Anordnung einer größeren Anzahl von Produktionsanlagen handelt es sich i.d.R. um Entscheidungen mit besonderer Bedeutung für die Vermögens- und/oder Erfolgsentwicklung. Derartige Entscheidungen besitzen dabei auf lange Sicht Geltung und sind von relativ geringer Häufigkeit.

---

[1] In der Literatur wird teilweise auch ein weiterer Layout-Begriff verwendet. Die Layout-Planung i.w.S. beinhaltet die systematische Entscheidungsvorbereitung und -fällung über Arbeitssysteme (Humanpotentiale, Sachpotentiale sowie kombinierte Human-/Sachpotentiale) nach Art und Menge sowie deren räumliche Anordnung (vgl. *Hahn*, 1972, S. 371; *Schumann*, 1985, S. 5ff.).

Bei anlagengebundener betrieblicher Produktion ist das Problem der **Anordnung der Produktionsanlagen** innerhalb der verfügbaren – oder noch zu planenden – Gebäude durch eine besonders hohe **Komplexität** gekennzeichnet. Diese ergibt sich aus den vielfältigen Beziehungen und Abhängigkeiten, die zwischen den einzelnen Produktionsanlagen untereinander sowie im Verhältnis zu den Planungs-, Steuerungs- und Kontrollstellen bestehen:

- Erzeugniseinsatzstoffe (Werkstoffe, Teile, Baugruppen, Hilfsstoffe) müssen von vorgelagerten Betrieben oder Lagern zu den Be- und Verarbeitungsanlagen transportiert werden. Betriebsstoffe sind an die Bedarfsstellen eines Betriebes aus den Hilfsbetrieben, Lagern und externen Verteilernetzen – zum Teil in fest installierten Leitungsanlagen – heranzuführen.
  Bei mehrstufigen Produktionsprozessen sind die Zwischenprodukte (ggf. nach Zwischenlagerung) von Produktionsanlage zu Produktionsanlage zu transportieren. Produktionsrückstände verschiedenster Art und Ausschußstücke sind abzutransportieren. Neben den erforderlichen Flächen für Be- und Verarbeitungsanlagen und Lagereinrichtungen sind damit je nach der Art der Transportmittel spezifische Verkehrsflächen sowie Installationen vorzusehen.
- Prozeßbezogene Dienstleistungen, wie insbesondere Anlageninstandhaltung und technische Sicherheitsüberwachung (TÜV), erfordern für Personal und Geräte einen angemessenen Zugang zu den Produktionsanlagen.
- Produktionsbezogene Planungs- und Steuerungsinformationen müssen von den Planungsstellen über die Steuerungsstellen an Anlagenbediener oder direkt an Anlagen übermittelt sowie zum Teil auch zwischen einzelnen Anlagen ausgetauscht werden. Unter Einbeziehung von Kontrollstellen müssen Vollzugsmeldungen nach dem Regelkreisprinzip an die Planungs- und Steuerungsstellen zurückgeleitet werden. Hierfür sind spezielle Einrichtungen zur Informationsübertragung vorzusehen.

Für die langfristige räumliche Strukturierung dieses komplexen Beziehungsgefüges zwischen den Produktionsanlagen gibt es zumeist eine **Vielzahl alternativer Gestaltungsmöglichkeiten**, die i.d.R. durch **unterschiedliche Auswirkungen auf Kosten/Auszahlungen und/oder Erlöse/Einzahlungen** gekennzeichnet sind. Als **Einflußfaktoren auf die Gestaltung** wirken hierbei vor allem:

- das Produktprogramm,
- die verfügbare Prozeßtechnologie (einschließlich Grad der Maschinisierung der Produktionsabläufe und Automatisierung der Prozeßsteuerung), damit zusammenhängend Art und räumlicher Umfang der einzusetzenden Be- und Verarbeitungsanlagen und Transporteinrichtungen,
- Vorschriften und Grundsätze zur Arbeitsgestaltung (z.B. BetrVG, DIN-Normen zur Ergonomie),
- Sicherheits- und Unfallverhütungsvorschriften (z.B. Arbeitsstättenverordnung, Unfallverhütungsvorschriften der Berufsgenossenschaften),

- das Vorhandensein bzw. Nichtvorhandensein von festen Grundstücks- und/ oder Gebäudebegrenzungen sowie ggf. Umbaumöglichkeiten und Bauvorschriften,
- das verfügbare Finanzierungspotential.

Der **Gestaltungsspielraum ist relativ am größten,** wenn im Rahmen der strategischen Planung nur über das Produktprogramm entschieden ist und für Aufbau und Einrichtung eines Betriebes keine Begrenzungen hinsichtlich der Grundstücksauswahl, der Gebäudeart und -größe sowie der Finanzierung vorliegen. Umgekehrt besteht z. B. **ein sehr enger Gestaltungsspielraum,** wenn in vorhandenen Gebäuden fest installierte Produktionsanlagen, deren Umsetzung mit relativ hohem Aufwand verbunden ist, durch weitere Produktionsanlagen – evtl. im Zusammenhang mit einem Erweiterungsbau – ergänzt werden sollen.

Auch im Rahmen der Baustellenproduktion, d. h. bei ortsungebundenen Produktionsfaktoren, treten Probleme der Layout-Planung auf. Bei der sog. **Baustelleneinrichtungsplanung** handelt es sich um die Planung der räumlichen Zuordnung und Installation von Produktionsanlagen auf der Baustelle. Aufbauend auf der Bauverfahrensplanung, der Kapazitätsbedarfs-, Kapazitätsbelegungs- und Terminplanung ist die Baustelleneinrichtungsplanung überwiegend Bestandteil der operativen Prozeßplanung bei Baustellenproduktion (vgl. Teil VI, Kapitel 6).

Nachfolgend sei den grundlegenden Fragen der Layout-Planung bei betriebsgebundener Massen- und Großserienproduktion/Sortenproduktion sowie Einzel-/Kleinserienproduktion nachgegangen.

a) Massen- und Großserienproduktion/Sortenproduktion

Soweit nur über das **Produktprogramm** eine **strategische Entscheidung** getroffen wurde, ist aus technischer Sicht aufbauend auf oder im Zusammenhang mit der Programmentscheidung die Auswahl der einzusetzenden Technologie vorzunehmen. Auf dieser Basis sind Überlegungen über Art, Kapazität und Nutzungsweise von Produktionsanlagen und Transportmitteln in den Planungsprozeß einzubeziehen. Allerdings kann dieser Planungsprozeß nur unter bestimmten Voraussetzungen relativ losgelöst von der Planung der Produktionsablauforganisation, insbesondere des Materialflusses und damit der innerbetrieblichen Standortbestimmung der Produktionsanlagen, vollzogen werden. Diese Voraussetzung liegt insbesondere bei **Massen- und Sortenproduktion** in einem kontinuierlichen Zwanglauf über mehrere Produktionsstufen vor. Hier kann der **konstruktiv bedingte Verbund von Produktionsanlagen** deren innerbetriebliche Standorte bzw. Standortstruktur vorschreiben; vielfach sind dann Grundstücksausstattung, Gebäudeart und -gestalt sowie Installationen und Transporteinrichtungen speziell auf die ausgewählten Produktionsanlagen zuzuschneiden (z. B. bei Stahl- und Walzwerken, chemischen Großanlagen zur Grundstofferzeugung). Allerdings können hier im Falle alternativer Technologien für gleiche Produktprogramme auch unterschiedliche Anlagen- und Gebäudekonstruktionen sowie Transporteinrichtungen zur Auswahl stehen. Hier sind zur Entscheidungsfindung die Verfahren für die technisch-betriebswirtschaftliche Beurteilung von Investitionen heranzuziehen, um die optimale Alternative zu ermitteln.

Ist bei **mehrstufiger Massen- und Sortenproduktion sowie Großserienproduktion** ein **konstruktiv bedingter Anlagenverbund technisch nicht vorgegeben** und mit einer Ablauforganisation nach dem Fließprinzip die wirtschaftlich günstigste Produktionsstruktur zu erreichen, so eröffnet sich für die Layout-Gestaltung vielfach ein relativ enger Spielraum, wie z. B.:

- Anordnung der Produktionsanlagen in einer Richtung,
- kreisförmige Anordnung der Produktionsanlagen,
- bogenförmige oder u-förmige Anordnung der Produktionsanlagen in verschiedenartiger Ausprägung (mit und ohne Zwischenlager),
- Anordnung der Produktionsanlagen über mehrere Stockwerke hinweg (u.U. zur prozeßmäßigen Nutzung des Gefälles).

Insbesondere bei hochautomatisierter, anlagenintensiver **Produktion nach dem Fließprinzip** sind die Standorte der Potentiale relativ fix und oftmals nur durch aufwendige Demontage der Anlagen veränderbar. In diesem Fall kann die räumliche Anordnung der Potentiale bereits im Rahmen der strategischen Planung zu berücksichtigen sein. Herrscht dagegen zur Produkterstellung primär Handarbeit vor, besteht auch kurzfristig die Möglichkeit, die Anordnung der Arbeitssysteme nach den wechselnden Anforderungen z. B. bei Variantenproduktion zu verändern. Eine derart flexible Anordnung von Arbeitssystemen besitzt operativen Charakter und wird daher im Rahmen der Prozeßwirtschaft näher erläutert. So vollzieht sich insbesondere bei **Fließbandproduktion** die Auswahl und stufenmäßige Verkettung der Produktionsanlagen bzw. Arbeitssysteme im Zuge der Produktionsablaufplanung, sobald das Produktprogramm vorgegeben ist (Bestimmung von Stationenzahl und Taktzeit einer Fließstrecke, vgl. Teil VI, Kapitel 4.3.1).

Die Layout-Gestaltung hängt daher insbesondere von den gebäudemäßigen Gegebenheiten – soweit diese fixiert sind – und arbeitsgestalterischen Anforderungen sowie ggf. von Position und Umfang der Zwischenlager ab. Unter wirtschaftlichen Gesichtspunkten ist in diesem Zusammenhang insbesondere über einzusetzende Transportsysteme für die Erzeugniseinsatzstoff- und Betriebsstoffzufuhr, Zwischenproduktweitergabe von Produktionsstufe zu Produktionsstufe und die Abfallbeseitigung sowie über den Umfang der Zwischenproduktlagerhaltung zu entscheiden.

b) Einzel- und Kleinserienproduktion

Eine andere Planungssituation liegt bei **Einzel- und Kleinserienproduktion** vor. Hier besteht bei alleiniger **Vorgabe des Produktprogramms** i.d.R. ein äußerst weiträumiges und komplexes Layout-Planungsproblem. Die unterschiedlichen Produktionsvorgänge je Produkt und die zumeist in gewissem Umfang disponible Reihenfolge der verschiedenen Vorgänge lassen viele Anordnungsmöglichkeiten der Produktionsanlagen im Betrieb zu und führen zu einem vielfältigen Beziehungsgefüge zwischen den Produktionsanlagen.

Im Falle bereits vorhandener, fest installierter Produktionsanlagen und Vorgabe eines veränderten Produktprogramms sind Layout-Entscheidungen insbesondere im Hinblick auf eine eventuelle Umsetzung von Produktionsanlagen zu treffen, wobei die ggf. damit zusammenhängenden Umbauten der Gebäude zu berücksichtigen sind.

3.2 Ziele der Layout-Planung

Als **Sachziele** für die innerbetriebliche Anordnung von vorhandenen Produktionsanlagen bei vorgegebenem Produktprogramm und Gebäude oder auch nur Grundstück sind insbesondere zu nennen:

- Ermöglichung einer störungsfreien Durchführung der Be- und Verarbeitungsprozesse, des Transports sowie der Anlageninstandhaltung,
- Flexibilität des Anlageneinsatzes im Hinblick auf Variationen des Produktprogramms,
- Sicherung der erforderlichen Zwischenlagerhaltung,
- Übersichtlichkeit der Produktion,
- Ausgewogenheit der Raumnutzung/Ausrichtung der Gebäudekonstruktion auf die Dimension der Produktionsanlagen.

Neben den Sachzielen sind bei der Layout-Planung auch spezifische **Humanziele** (Sozialziele) zu erfüllen. Diese treten insbesondere in Form von individuellen Humanzielen und gesellschaftlichen Humanzielen auf. **Individuelle Humanziele** betreffen dabei vor allem die Verwirklichung von Entfaltungszielen durch eine menschengerechte Potentialanordnung sowie von Erhaltungszielen durch die Berücksichtigung von Unfallverhütungs- und Gesundheitsvorschriften. Bei den **gesellschaftlichen Humanzielen** handelt es sich vor allem um Umweltschutzforderungen, die bei der Layout-Planung zu berücksichtigen sind. So kann z. B. ggf. durch eine entsprechende Layout-Gestaltung das Risiko umweltgefährdender Betriebsstörungen verringert werden.

Die Erfüllung von Sach- und Humanzielen ist vorwiegend eine technisch-ingenieurwissenschaftliche Aufgabe. Im Hinblick auf die Erfüllung des angestrebten **Wertzieles Erfolgsoptimierung** gehen von den technisch realisierbaren Layout-Alternativen spezifische Wirkungen auf Kosten/Auszahlungen sowie ggf. auch Erlöse/Einzahlungen aus. Dieses sind in bezug auf Kosten und Erlöse insbesondere Wirkungen auf

- die Höhe der innerbetrieblichen Transportkosten und Nutzungskosten von Installationen,
- die Höhe der Kosten für betriebliche Material- und Zwischenproduktlager,
- die Höhe der Instandhaltungskosten (soweit diese layoutbedingt sind),

- die Kosten aus Standortveränderungen von Produktionsanlagen und damit zusammenhängenden Umbauten an Gebäuden, Installationen und Fundamenten (Standortwechselkosten),
- die Höhe der Erlöse, soweit sie von der Produkt- oder Auftragsdurchlaufzeit bzw. Nutzung der Anlagenkapazitäten in Abhängigkeit von der Layout-Gestaltung bestimmt werden,
- die Kosten layoutspezifischer Gebäude- und Fundamentkonstruktionen sowie Installationen.

Die **wirtschaftliche Zielsetzung** der hier zu behandelnden Layout-Planung besteht grundsätzlich in der Ermittlung der ergebnisoptimalen Gestaltungsalternative. Allerdings gelingt es in der Praxis meistens nicht, die entscheidungsrelevanten Erlösgrößen zu erfassen. Als Zielfunktion wird daher i.d.R. die **Minimierung layoutabhängiger Kosten/Auszahlungen** zugrunde gelegt (vgl. *Wäscher*, 1982, S. 52 sowie *Kreutzfeldt/Odwody*, 1989, S. 439). Im Hinblick auf Auszahlungen gilt es damit, ausgehend von der **Zielsetzung einer Kapitalwertoptimierung**, diejenige Layout-Alternative mit dem vergleichsweise geringsten negativen Kapitalwert zu ermitteln. Bei der Betrachtung von Alternativen auf der Basis von Kosten wird als Wertziel die **Kostenminimierung** angestrebt. Im Rahmen einer Kostenvergleichsrechnung lautet die entsprechende Zielfunktion:

Z = Layoutabhängige Kosten/Periode → Min!

Das Wertziel der Minimierung layoutabhängiger Kosten wird dabei zumeist durch eine Minimierung derjenigen Kostenarten angestrebt, die erfahrungsgemäß am stärksten durch die Layout-Gestaltung beeinflußt werden. Bei diesen ausgewählten layoutabhängigen Kosten handelt es sich vor allem um die **Transportkosten**, die **Zwischenlagerungskosten** und die **Standortwechselkosten** (vgl. *Wäscher*, 1982, S. 57 sowie *Aggteleky*, 1982, S. 587). Die Beeinflussung der Kapazitätsnutzung durch alternative Layout-Konfigurationen kann durch die **Einbeziehung von Leerkosten** nach dem Nutzkosten-/Leerkostenkonzept von *Gutenberg* (vgl. *Gutenberg*, 1983, S. 348 ff.) berücksichtigt werden. Als modifizierte Zielfunktion ergibt sich damit:

Z = Transportkosten
    + Zwischenlagerungskosten
    + Standortwechselkosten
    + Leerkosten
       /Periode → Min!

Die **Kosten für den Transport von Erzeugniseinsatzstoffen, Zwischenprodukten und Produktionsrückständen** setzen sich dabei im wesentlichen aus folgenden Bestandteilen zusammen (vgl. *Wäscher*, 1982, S. 61):

- Kosten für das im Transportbereich tätige Personal,
- Kosten für die zum Transport eingesetzten Sachpotentiale (insbesondere kalkulatorische Abschreibungen, kalkulatorische Zinsen, Betriebsstoffbedarf, Instandhaltungsbedarf),
- Kosten für die zum Transport erforderlichen Wege.

Die **Zwischenlagerungskosten** umfassen insbesondere (vgl. *Reichmann*, 1979, Sp. 1063; *Wäscher*, 1982, S. 61):

- Kosten für das im Lagerbestand gebundene Kapital,
- Kosten für Lagerverluste und Qualitätsminderungen,
- Betriebsmittel- und Personalkosten für Durchführung und Überwachung der Lagerung sowie Pflege des Lagerbestandes,
- Raumkosten für den genutzten Lagerraum,
- Betriebsstoffkosten.

Zu den **Standortwechselkosten** zählen alle Kosten, die durch eine Veränderung der Potentialanordnung gegenüber einer Ausgangssituation entstehen (vgl. hierzu *Schumann*, 1985, S. 152; *Wäscher*, 1982, S. 63 f.). Dies sind insbesondere

- Kosten notwendiger baulicher Veränderungsmaßnahmen (Bauänderungskosten),
- Kosten des Abbaus, Transportes und Wiederaufbaus von Produktionsanlagen (Umsetzungskosten),
- Kosten des Produktionsausfalls, der durch den Standortwechsel verursacht wird (Produktionsstörungskosten),
- Kosten für die Anleitung von Arbeitskräften sowie sonstige erhöhte Sach- und Personalkosten in der Einarbeitungsphase (Einarbeitungskosten).

Bei den **Leerkosten von Produktionsanlagen** handelt es sich um jenen Teil der fixen Kosten (Bereitschaftskosten), der auf den nicht genutzten Teil der Anlagenkapazität entfällt (vgl. *Gutenberg*, 1983, S. 348 ff.). Im Rahmen der Layout-Planung gilt es – in enger Verknüpfung mit der Anlagenauswahl – durch eine entsprechende Abstimmung und Anordnung der Produktionsanlagen Leerkosten soweit wie möglich zu vermeiden. Die bei einer spezifischen Layout-Variante auftretenden Leerkosten – bezogen auf ein vorgegebenes langfristiges Produktprogramm nach Art und Menge – entsprechen grundsätzlich einer **Kapazitätsüberdimensionierung**. Dabei ist zu berücksichtigen, daß unter Flexibilitätsgesichtspunkten i.d.R. ein gewisses Maß an Kapazitätsüberdimensionierung bewußt in Kauf genommen wird. Unter diesem Gesichtspunkt gilt es, diejenigen Leerkosten zu vermeiden, die über den betreffenden flexibilitätsbezogenen Anteil hinausgehen. Neben der Optimierung der Anlagenanordnung kann dies vielfach auch Rückkopplungen zur Anlagenauswahl erfordern.

Häufig mangelt es im Planungsprozeß an entsprechenden Informationen über die layoutabhängigen Kosten, die innerhalb des Planungshorizontes für eine spezifische Layout-Alternative zu erwarten sind. Wie auch in anderen Planungsbereichen wird daher zur wirtschaftlichen Beurteilung von Layout-Alternativen auf **wesentliche Einflußgrößen der Layoutkosten** zurückgegriffen, insbesondere auf die Transportintensität (zu überbrückende Entfernung, Transportmenge, Zahl der Transporte mit spezifischen Losen) und die Lagermengen. Kritisch ist hierzu anzumerken, daß durch diese und weitere ergänzende

Kriterien **weder die gesamten kostenbestimmenden Einflußgrößen** erfaßt werden, **noch in jedem Fall eine proportionale Beziehung zu den entsprechenden Kostengrößen** besteht. Auch muß z. B. bei den Transportkosten eine Vorentscheidung für ein bestimmtes Transportmittel unterstellt werden, da diese unterschiedliche Kosten aufweisen.

3.3 Grundlagen zur Vorgehensweise und zu den Verfahren der Layout-Planung

Aufgrund des aufgezeigten komplexen Beziehungsgefüges einer Layout-Gestaltung und der Interdependenzen zwischen Art und Menge der Produktionsanlagen sowie ihrer räumlichen Anordnung ist aus ökonomischer Sicht grundsätzlich eine simultane Gesamtbeurteilung anzustreben. In der Praxis erweist sich allerdings – insbesondere im Fall der Werkstattproduktion von Kleinserien- und Einzelprodukten – die Anwendung einer **simultanen Planungsmethode i.d.R. als nicht mehr operational**. Daher ist eine **Vorgehensweise nach dem Prinzip der hierarchischen Planung** zu empfehlen. Dabei wird das Gesamtproblem so in Teilprobleme zerlegt, daß diese in einem Über-/Unterordnungsverhältnis zueinander stehen und sukzessiv bearbeitet werden können. Die Ergebnisse aus der Lösung übergeordneter Probleme bilden jeweils den Rahmen für die Bearbeitung untergeordneter Probleme. Vielfach stellen derartige hierarchische Problemzerlegungen und -integrationen in der Praxis den einzigen Ansatzpunkt für systematische Planungen dar, weil nur für spezifische Teilprobleme leistungsfähige heuristische und ggf. auch analytische Lösungsverfahren vorliegen, die zu intersubjektiv nachvollziehbaren und damit auch zu betriebswirtschaftlich tragfähigen Ergebnissen führen (vgl. allgemein zu hierarchischen Entscheidungsmodellen in der Produktionswirtschaft *Rieper*, 1985, S. 770 ff. sowie speziell zur hierarchischen Layout-Planung *Bremer*, 1979, S. 18 ff. und zur hierarchischen Fabrikplanung *Aggteleky*, 1981, S. 25 ff.).

Unter dem Aspekt der hierarchischen Planung soll daher bei allen weiteren Überlegungen in den folgenden Abschnitten **grundsätzlich von einem vorgegebenen Produktprogramm und vorhandenen und/oder geplanten Produktionsanlagen ausgegangen werden**, über deren innerbetriebliche Anordnung und transportmäßige Verbindung zu entscheiden ist. Da der qualitative und quantitative Bedarf an Transportanlagen maßgeblich von der räumlichen Anordnung der übrigen Produktionsanlagen bestimmt wird, erscheint es zweckmäßig, die Transportanlagenplanung im Zusammenhang mit der Anlagenanordnung zu behandeln. Ebenso gilt dies auch für die Planung der Lager. Eine derartige Eingrenzung des Entscheidungsfeldes auf die Planung der räumlichen Anordnung von Produktionsanlagen sowie der zweckmäßigen Transportanlagen und Lager erfordert **Rückkoppelungen zur Anlagenbeschaffung** (siehe Kapitel 2), um bei der Auswahl von Art und Menge der Produktionsanlagen auch die Auswirkungen spezifischer Layout-Alternativen auf Sach-, Wert- und Humanziele zu berücksichtigen.

Für den Bereich der Layout-Planung kann nach dem Prinzip der hierarchischen Planung pragmatisch eine Differenzierung in **Groblayout-Planung** und **Feinlayout-Planung** vollzogen werden (vgl. z.B. auch *Kreutzfeld/Odwody*, 1989, S. 439). Im Rahmen der Groblayout-Planung erfolgt dabei primär eine Entscheidung im Hinblick auf die Bildung und Anordnung von Produktionsbereichen und die grundlegende bereichsinterne Anordnungsform, während deren Optimierung im Zuge der sich anschließenden Feinlayout-Planung durchgeführt wird. Teilweise wird in der Literatur der Groblayout-Planung mit der Generalbebauungsplanung (vgl. *Kettner/Schmidt/Greim*, 1984, S. 11) oder der Generalstrukturplanung (vgl. *REFA*, 1985a, S. 185 ff.) noch eine Phase vorangestellt. Im nachfolgenden soll der Prozeß der Layout-Planung jedoch entsprechend der Differenzierung in **Grobplanung** und **Feinplanung** behandelt werden (vgl. in diesem Sinne auch *Seliger*, 1983, S. 38).

Den **grundsätzlichen Ablauf der Layout-Planung** und die Verknüpfung mit der Anlagenplanung veranschaulicht Schaubild VIII.15 für den Fall **ortsgebundener Produktionsanlagen**: Ausgehend von der Vorplanung, die die Produktprogramm- und ggf. die externe Standortplanung beinhaltet, erfolgt die Planung von Art und Menge der Produktionsanlagen zur Be- und Verarbeitung sowie ggf. der Handhabungsanlagen. Dieser schließt sich die Planung ihrer räumlichen Anordnung sowie die Planung von Lagern und Fördermitteln an. Im Anschluß hieran erfolgt die Ausführungsplanung. Für Grundstück(e) und Gebäude gilt hierbei, daß diese entweder vorgegeben sein können oder erst im Laufe des Planungsprozesses festzulegen sind. Für die Durchführung des Planungsprozesses bietet sich aufgrund des Projektcharakters der **Einsatz des Projektmanagements** an (vgl. hierzu die umfassende Darstellung bei *Aggteleky*, 1990).

Für die im Rahmen der Grobplanung als auch der Feinplanung auftretenden räumlichen Zuordnungsprobleme wurde eine Vielzahl spezifischer Verfahren entwickelt. Neben den **graphischen Zuordnungsverfahren** handelt es sich hierbei um **analytische und heuristische Ansätze** (vgl. *Kettner/Schmidt/Greim*, 1984, S. 228), wobei den heuristischen Zuordnungsverfahren die größte praktische Bedeutung zukommt.

Eine Systematisierung der heuristischen Verfahren kann nach folgenden Kriterien vollzogen werden (vgl. hierzu *Dolezalek/Warnecke*, 1981, S. 325 ff. sowie *Kettner/Schmidt/Greim*, 1984, S. 228 ff. sowie zu den modelltheoretischen Grundlagen und -ansätzen der Layout-Planung *Dangelmaier*, 1986, S. 20 ff.; *Domschke/Drexl*, 1990, S. 138 ff.; *Kruse*, 1986, S. 21 ff.; *Lochmann*, 1975, S. 19 ff.; *Wäscher*, 1982, S. 31 ff.):

– **Aufbau der Zielfunktion**
  Grundsätzlich bauen die Verfahren auf einer **eindimensionalen Zielfunktion** auf. Obwohl es sich bei der Gestaltung des Layout um eine langfristige Fragestellung handelt – ein einmal fixiertes Layout für die Produktionsanlagen bleibt i.d.R. über Jahre unverändert und verursacht neben den Einmalauszahlungen bei der Einführung laufende Periodenauszahlungen –, beruhen die verfügbaren Modelle mit monetärer Zielfunktion zumeist nicht auf dynamischen Wirtschaftlichkeitsrechnungen, sondern vielmehr

276 Anlagenwirtschaft

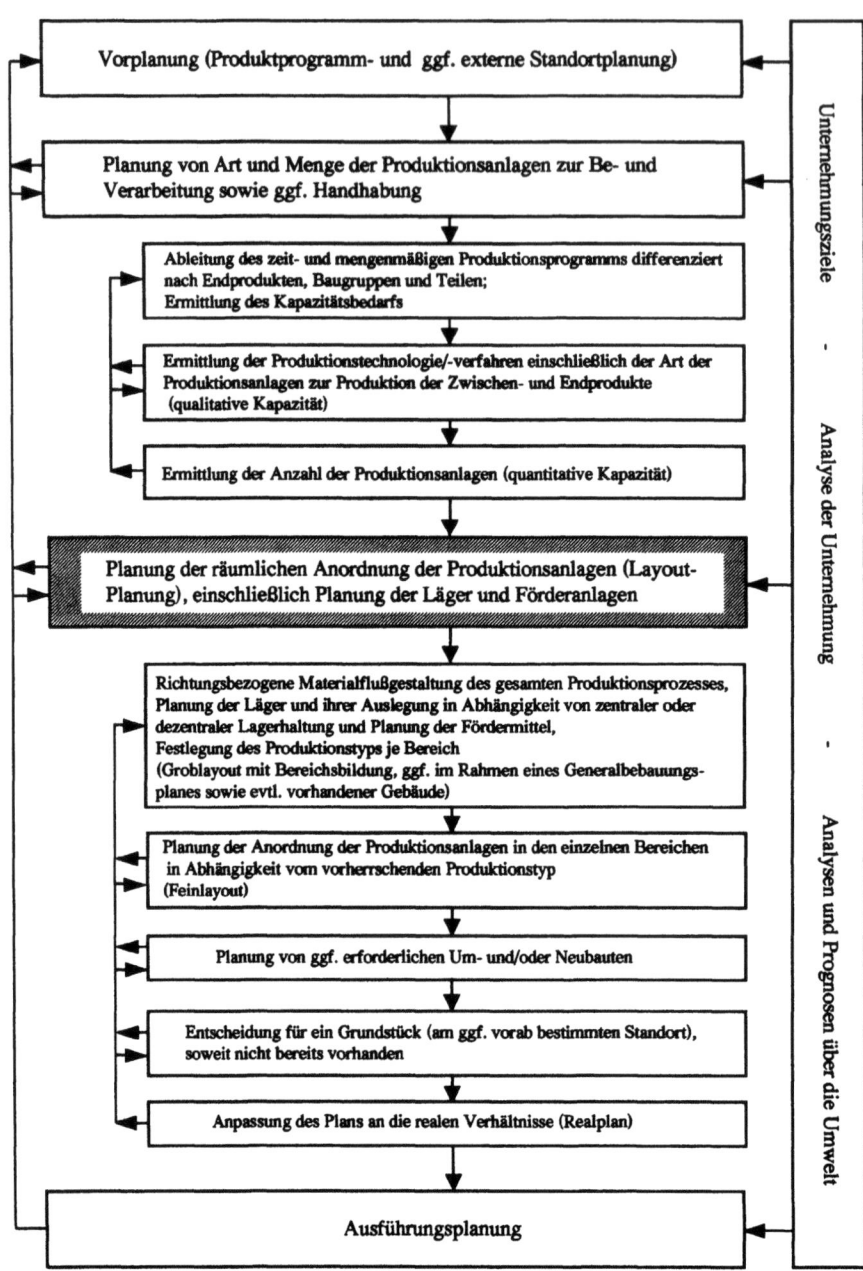

Schaubild VIII.15. Layout-Planung im Rahmen der Anlagenplanung

auf **statischen Kostenvergleichskalkülen**. Trotz dieser Vereinfachung scheitert ihre Anwendung bisher vor allem daran, daß in der Praxis in den meisten Fällen die erforderlichen Eingangsdaten nicht oder nicht hinreichend genau verfügbar gemacht werden können. Daher herrschen heute **EDV-gestützte Heuristiken** zur Auffindung wirtschaftlich günstiger Anlagen-Layouts vor, die jeweils auf bestimmte Ausgangsbedingungen und Teilprobleme der innerbetrieblichen Standortverteilung der Produktionsanlagen Bezug nehmen (vgl. den Überblick bei *Warnecke/Dangelmaier*, 1981, S. 1 ff.; *Dangelmaier*, 1986 und die dort angegebene Literatur sowie *Kruse*, 1986, S. 79 ff.; *Lochmann*, 1975, S. 57 ff.). Im Rahmen dieser Heuristiken werden häufig nicht die gesamten layoutabhängigen Kosten bzw. deren Bestimmungsgrößen in die Zielfunktion aufgenommen, sondern im wesentlichen **nur Schätzgrößen für die innerbetrieblichen Transportkosten, Zwischenlagerungskosten und ggf. noch die Standortwechselkosten**. Vielfach bildet die Minimierung der Transportkosten oder des Transportaufwandes sogar die einzige Zielgröße. Dabei wird oftmals nicht auf die Transportkosten, sondern auf Mengengrößen wie transportierte Gewichte über Entfernungen abgestellt (vgl. *Dangelmaier*, 1986, S. 21 f.; *Kettner/ Schmidt/Greim*, 1984, S. 228).

- **Art der Transportmengen- und Flächenangaben**
Zumeist erlauben die Verfahren eine präzise Einbeziehung der Transportmengen. Hinsichtlich der Flächenangaben besteht bei einigen Verfahren nur die Möglichkeit, mit **gleich großen Flächen und identischen Flächenformen** zu arbeiten. Leistungsstärkere Verfahren erlauben hingegen auch, **unterschiedlich große Flächen sowie alternative Flächenformen** einzubeziehen.

- **Art der Wegmessung**
Die Layout-Planungsverfahren verfügen z.T. über unterschiedliche Arten der Messung der Entfernung zwischen den Produktionsanlagen. Grundsätzlich kann die Ermittlung der Wegstrecke zwischen den Produktionsanlagen dabei in Form der **rechtwinkligen Entfernungsmessung**, der **euklidischen Entfernungsmessung** (= geradlinige Entfernungsmessung) oder der **Messung entlang der Wegstrecke** erfolgen. Während die euklidische Entfernungsmessung vorrangig bei Deckentransporten bzw. Hängeförderern Verwendung findet, eignen sich die rechtwinklige Entfernungsmessung und die Messung entlang der Wegstrecken vor allem für bodengebundene Transporte (vgl. *Zäpfel*, 1989, S. 173).

- **Art der Einplanung von Verkehrswegen**
Üblicherweise erfolgt die Einplanung von Verkehrswegen durch die Vorgabe von **Sperrflächen**, die für eine Anordnung von Produktionsanlagen dann nicht mehr zur Verfügung stehen. Daneben bieten verschiedene Verfahren aber auch die Möglichkeit, die Anlagen anfänglich ohne Berücksichtigung von Verkehrswegen zu positionieren und deren Einplanung dann hierauf basierend vorzunehmen.

- **Art des Anordnungsprinzips**
Bei den heuristischen Verfahren lassen sich nach der Art des Anordnungsprinzips **konstruktive Verfahren** (Aufbauverfahren), **iterative Verfahren**

(Vertauschungsverfahren) und **kombinierte Verfahren** unterscheiden. Bei den konstruktiven Verfahren werden die Objekte auf einer vorgegebenen oder noch zu bestimmenden Grundfläche sukzessive angeordnet. Bei den iterativen Verfahren wird aufbauend auf einer Ausgangslösung versucht, durch Vertauschen einzelner Objekte die Zielwerte zu verbessern. Kombinierte Verfahren versuchen, die spezifischen Vorteile von konstruktiven und iterativen Verfahren vor allem dadurch zu vereinen, daß die Ausgangslösung mit Hilfe eines konstruktiven Vorgehens ermittelt und nachfolgend iterativ verbessert wird.

Parallel zum Vordringen des **CIM-Konzeptes** in der Unternehmungspraxis (vgl. Teil II und Teil VI) hat auch der **EDV-Einsatz in der Layout-Planung** eine immer größere Bedeutung erlangt. Hinsichtlich der EDV-Unterstützung bei der Layout-Planung lassen sich im wesentlichen vier Entwicklungsstufen charakterisieren (vgl. auch *Hahn*, 1991, S. 20):

1) Einsatz manueller Verfahren ohne EDV-Unterstützung,
2) Einsatz von EDV-unterstützten Verfahren, die keinen unmittelbaren Eingriff in den Layout-Planungsprozeß erlauben,
3) Einsatz EDV-unterstützter, interaktiver Verfahren, bei denen das Layout in einer unmittelbaren Mensch-Maschine-Kommunikation erarbeitet wird (vgl. *Domschke/Drexl*, 1990, S. 172 f.), jedoch ohne dynamische Verknüpfung mit CIM-bezogenen Daten,
4) Einsatz EDV-unterstützter, interaktiver Verfahren, bei denen in einem erstellten Layout eine Simulation des Produktionsprozesses (ggf. in Form der Computeranimation[2]) auf der Basis CIM-bezogener Daten erfolgen kann (vgl. z.B. *Horn/Hein*, 1990, S. 300 ff.; *Langner*, 1990, S. 321 ff.; *Pham/Prestel*, 1990, S. 296 ff. sowie speziell zur Simulation *Berndt/Weissenborn*, 1988, S. 79 ff.; *Ekere/Hannam*, 1989, S. 599 ff.; *Großeschallau/Kuhn*, 1985; *Verwoert*, 1988, S. 71 ff.).

In jüngster Zeit finden sich auch vereinzelt Hinweise zu einer Unterstützung des Layout-Planungsprozesses durch den Einsatz von Expertensystemen (vgl. z.B. *Malakooti/Tsurushima*, 1989, S. 793 ff.).

Der EDV-Einsatz bei der Layout-Planung in Verbindung mit dem CIM-Konzept wird in der Literatur unter den Begriffen **CAL** (Computer Aided Layout-Planning) sowie **Fabrik-CAD** behandelt (vgl. z.B. *Carrie*, 1980, S. 283 ff.; *Hahn*, 1987, S. 30 ff.; *Wiendahl*, 1986, S. 134; *Enghardt*, 1987, S. 14). Insbesondere die neueren Entwicklungen im Bereich der EDV-gestützten Layout-Planung verdeutlichen dabei, daß sich in der Tendenz ein **Übergang von der statischen zur dynamischen Layout-Planung** vollzieht bzw. vollzogen hat

---

[2] Bei der Animation handelt es sich um eine trickfilmartige Darstellung der Elemente und der Zustandsänderungen eines Systems in der Zeit, d.h. Vorgänge werden in einer Folge von Bildern sichtbar gemacht (vgl. *Zäpfel*, 1989, S. 258).

(vgl. auch *Horn/Hein*, 1990, S. 300 ff.; *Langner*, 1990, S. 321 ff.; *Lueg*, 1989, S. 444 ff.; *Pham/Prestel*, 1990, S. 296 ff.; *Reiche*, 1990, S. 160 ff.; *Wiendahl/ Birnkraut*, 1990, S. 12 f.). „Die Grenzen der **statischen** Layout-Planung sind spätestens dann erreicht, wenn die Einzelzeiten und Reihenfolgen des Fertigungsablaufes für eine zuverlässige Beurteilung des Layout nicht mehr vernachlässigbar sind. Dies trifft immer dann zu, wenn entweder der Fertigungsprozeß entscheidende flächenwirksame Folgen hat (z.B. Größen der Zwischenlager) oder die Geometrie des Layout das Zeitverhalten des Prozesses nachhaltig beeinflußt. In diesen Fällen muß die Untersuchung um eine Betrachtung des **dynamischen** Verhaltens ergänzt werden" (*Enghardt*, 1987, S. 133). Entsprechend dieser Sichtweise wird eine Beurteilung alternativer Layouts auf der Basis von **statisch** und **dynamisch orientierten Layout-Kennzahlen** gefordert (vgl. *Hahn*, 1984, S. 88 ff.). Während sich die statisch orientierten Kennzahlen direkt aus einer Layout-Variante ableiten lassen (z.B. Flächenkennzahlen, Ausrüstungskennzahlen), erfordert die Ermittlung dynamisch orientierter Kennzahlen (z.B. Durchlaufzeit, Kapitalbindung) die Simulation des Produktionsprozesses auf der Basis eines vorgegebenen Produktprogramms (vgl. zur statischen und dynamischen Layout-Beurteilung auch *Brinkmann*, 1988, S. 93 ff.).

Grundsätzlich gilt, daß sich die für die Layout-Planung verfügbaren Verfahren in unterschiedlichem Maße für die Grob- und die Feinplanung eignen (vgl. auch *Dolezalek/Warnecke*, 1981, S. 326). Während die Grobplanung des Layout zumeist durch die Einbeziehung relativ weniger Restriktionen gekennzeichnet ist, sind in der Praxis bei der Feinplanung meist eine Reihe von Randbedingungen zu beachten. Dies schlägt sich in unterschiedlichen Anforderungen an die Verfahren nieder. Für eine grobe Layout-Planung können grundsätzlich auch Verfahren mit stark idealisierten Planungsannahmen (sog. Idealplanungsverfahren) eingesetzt werden, hingegen finden mit dem Übergang in die Feinplanung vorrangig Verfahren mit realitätsnahen Planungsannahmen Verwendung (sog. Realplanungsverfahren). Ebenfalls unter diesem Aspekt gelangen in der Feinplanung zumeist auch produktionstypenspezifische Verfahren zum Einsatz.

Aus entscheidungstheoretischer Sicht wurde bereits festgestellt, daß nahezu alle Verfahren, die speziell für die Layout-Planung entwickelt wurden, lediglich eine eindimensionale Zielfunktion berücksichtigen (vgl. hierzu als Ausnahme das Multikriteria-Verfahren bei *Wäscher*, 1982, S. 236 ff.). Um die **Beurteilung alternativer Layouts im Hinblick auf mehrere Ziele** durchzuführen, bietet sich vorrangig die **Nutzwertanalyse/Entscheidungsmatrix** an (vgl. zur generellen Darstellung und zum Ablauf des Verfahrens Teil II, Kapitel 1.2.2).

Bei der Anwendung dieser Methode können sowohl Restriktionen, die den Charakter unabdingbarer Ziele haben und lediglich nominal bewertbar sind, als auch quantifizierbare und schwer quantifizierbare Ziele bezüglich ihrer Zielwirkungen dargestellt werden. Auch kann eine Gewichtung der einzelnen Ziele erfolgen, die die Präferenzstruktur des Entscheidungsträgers bezüglich der Ziele zum Ausdruck bringt.

Durch die horizontale Aggregation der einzelnen vergleichbar gemachten Zielwirkungen je Layout-Alternative zu einem Gesamtnutzwert je Alternative

Unabdingbare Voraussetzungen z.B. Einhaltung von Gebäude- und Grundstücksgrenzen	Ziele/ Gewichtung Alternativen	Layoutabhängige Kosten/Periode q_1	Übersichtlichkeit der Produktion q_2	Störanfälligkeit q_3	Zugänglichkeit zu den Produktionsanlagen q_4	Arbeits- sicherheit q_5	Werbungs- effekt für Kunden und Öffentlich- keit q_n	Nutzwert je Alternative
	Layout A							
	Layout B							
	Layout C							
	Layout D							

q_i = Zielgewichtung

Schaubild VIII.16. Entscheidungsmatrix zur Beurteilung alternativer Layouts

gelangt man i.d.R. zu einer eindeutigen Rangfolge der Alternativen, die es dem Entscheidungsträger erlaubt, bezüglich der zugrunde gelegten Ziele/Kriterien die vergleichsweise beste Layout-Alternative auszuwählen (vgl. Schaubild VIII.16). Zumindest wird die Entscheidungsvorbereitung durch dieses Vorgehen transparenter, wenn man bei der Entscheidungsfindung zusätzlich auch auf die Einzelmerkmale zurückgreift (vgl. dazu Kapitel 2.3.3.4). Die Entscheidungsmatrix/Nutzwertanalyse kann dabei im Rahmen der Layout-Planung sowohl für die Grobplanung als auch die Feinplanung eingesetzt werden. Hierbei können jeweils die Ergebnisse aus der Anwendung spezifischer (eindimensionaler) Layout-Planungsverfahren einbezogen werden.

3.4 Planung des Groblayout

Im Rahmen der **Grobplanung** werden ausgehend von einem Produktionsablaufschema und in Verbindung mit einer Bereichsbildung

- der je Bereich zweckmäßige Grundtyp der Produktionsorganisation – Fließproduktion, Werkstattproduktion, Zentrenproduktion,
- die Lager sowie
- die Transportmittel

festgelegt und eine grobe Anordnung der Produktionsanlagen durchgeführt (**Groblayout**).

Als Ausgangsbasis für die Planung des Groblayout (vgl. hierzu insbesondere *Kettner/Schmidt/Greim*, 1984, S. 19ff., S. 93ff. sowie *Enghardt*, 1987) dient das aus dem Produktprogramm, der Produktionstechnologie und den bereits festgelegten Produktionsanlagen abgeleitete **Produktions- bzw. Arbeitsablaufschema**. In ihm werden alle wesentlichen, zur Erfüllung der vorgegebenen Produktionsaufgabe erforderlichen Prozesse in ihrer technologischen Verknüpfung aufgezeigt. Die spezifische Art der Zusammenfassung von Produktionsprozessen bzw. der zu ihrer Erfüllung erforderlichen Sach- und Humanpotentiale führt zur Bildung von Bereichen, in denen die spezifischen Formen der Produktionsorganisation zur Anwendung gelangen können. Für die Bildung von Bereichen werden dabei funktionell gleichartige oder eng miteinander verknüpfte Produktionsprozesse zu **Funktionseinheiten** zusammengefaßt, bei denen es sich z.B. um Arbeitsplatz- und Maschinengruppen, Meisterbereiche, Abteilungen oder Werkstätten handeln kann. Häufig besitzen auch Anforderungen an die Raumqualität sowie organisatorische Zusammenhänge eine besondere Bedeutung für die Zusammenfassung von Produktionsprozessen zu Funktionseinheiten.

Die Verknüpfungsbeziehungen zwischen den einzelnen Produktionspotentialen oder Potentialgruppen können mit Hilfe von **Transportmatrizen, graphischen Darstellungen des qualitativen und quantitativen Materialflusses** und **Lageplänen** für Betriebsbereiche, Abteilungen und Potentiale dargestellt werden (vgl. *Dolezalek/Warnecke*, 1981, S. 93ff.; *Frey*, 1975, S. 445ff.; *Eidt/Wegner/Stönner*, 1977, S. 335; *Bremer*, 1979, S. 79ff.). Schaubild VIII.17 zeigt eine Transportmatrix, in der zunächst in ungeordneter Form die Vor- und Rücklauf-

von \ nach	A	B	C	D	E	F
A	0				155	
B	130	0			120	
C		40	0		20	50
D		150	100	0		60
E					0	
F	25	60	10		15	0

⬇

von \ nach	1	2	3	4	5	6
		D	C	F	B	A	E
1 D	0	100	60	150		
2 C		0	50	40		20
3 F		10	0	60	25	15
4 B				0	130	120
5 A					0	155
6 E						0

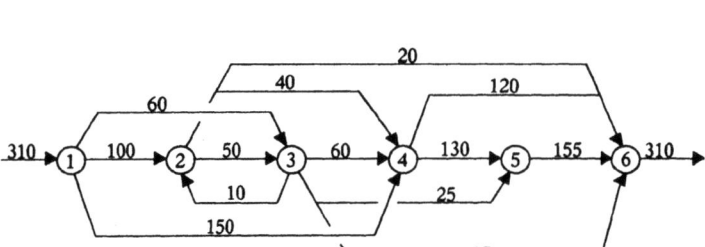

Schaubild VIII.17. Ungeordnete und flußoptimale Transportmatrix (mit zugehörigem Strukturgraphen) (vgl. *Martin*, 1975, S. 83)

beziehungen der in Verbindung stehenden Produktionsanlagen zu erkennen sind. Ausgehend von einer ungeordneten Transportmatrix können z. B. bei produktionsverwandten Erzeugnissen die Produktionsanlagen durch eine entsprechende Gestaltung der Reihenfolge so geordnet werden, daß sich eine **Hauptflußrichtung** für das Material ergibt.

Um die Intensität der Materialflüsse zwischen den Funktionseinheiten optisch zu verdeutlichen, können auch mengenmaßstäbliche Flußbilder in Form von **Materialflußdiagrammen** Verwendung finden, wie dies Schaubild VIII.18 verdeutlicht (vgl. *Dolezalek/Warnecke*, 1981, S. 97 ff.).

Die ablauf- und funktionsgerechte Bildung und Zuordnung der Funktionseinheiten führt zu einem **idealen Funktionsschema**, dessen Feinheitsgrad sich vorrangig an dem jeweiligen Planungsobjekt orientiert (vgl. *Kettner/Schmidt/Greim*, 1984, S. 22 f.). Unter der Zielsetzung einer Minimierung des Transportvolumens wird dabei angestrebt, möglichst diejenigen Bereiche mit den intensivsten Materialflußbeziehungen nebeneinander anzuordnen (vgl. zu den hierbei einsetzbaren Verfahren *Kettner/Schmidt/Greim*, 1984, S. 227 ff.). Schaubild VIII.19 verdeutlicht ein derartiges ideales Funktionsschema für einen kompletten Produktionsbetrieb. Die durch Pfeile symbolisierten Beziehungen zwischen den Funktionseinheiten stellen dabei Materialflußbeziehungen dar. Sie können jedoch auch für die Abbildung von Energie-, Personal- oder Informationsflußbeziehungen herangezogen werden.

Zunehmende Bedeutung erlangt bereits bei der Erstellung des idealen Funktionsschemas die Berücksichtigung der **Entsorgung von Produktionsrückständen** (Abfällen). Grundsätzlich ist unter ökologischen Gesichtspunkten im Rahmen der integrierten Produkt- und Prozeßplanung eine weitestgehende Vermeidung von Produktionsrückständen anzustreben. Im Hinblick auf die nicht vermeidbaren Produktionsrückstände sind in einem idealen Funktionsschema die erforderlichen Entsorgungsprozesse zu berücksichtigen. Schaubild VIII.20 zeigt ein derartiges Funktionsschema für die Entsorgung von gasförmigen, flüssigen und festen Produktionsrückständen in einer Unternehmung der chemischen Industrie.

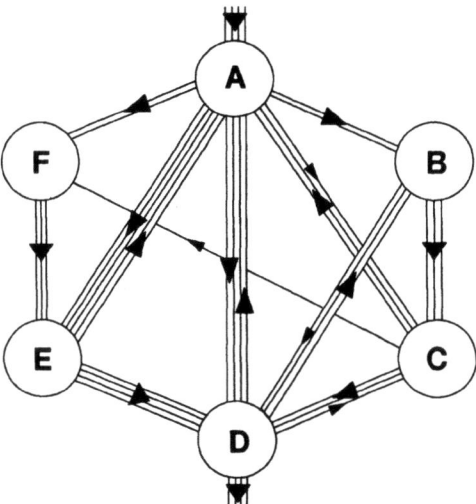

Schaubild VIII.18. Prinzipielle Darstellung des qualitativen und quantitativen Materialflusses (Materialflußstärke = Zahl oder Stärke der Verbindungslinien) (*Dolezalek/Warnecke*, 1981, S. 103)

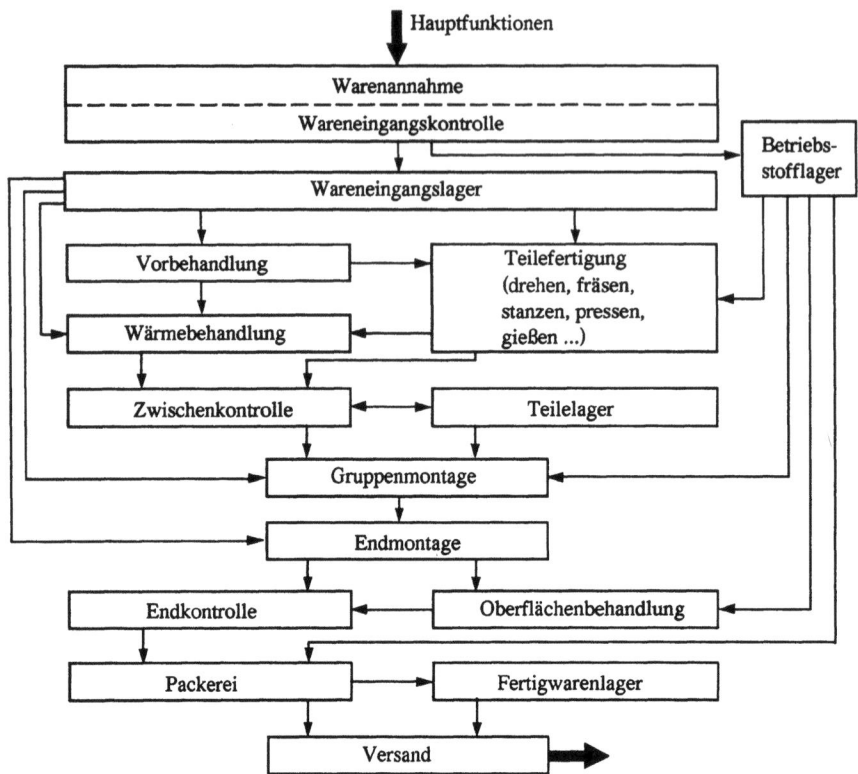

Schaubild VIII.19. Ideales Funktionsschema eines Produktionsbetriebes (*Kettner/Schmidt/Greim*, 1984, S. 21)

Ausgehend von dem idealen Funktionsschema ist der Flächenbedarf der einzelnen Funktionseinheiten zu ermitteln. Hierfür finden im Rahmen der Grobplanung vor allem spezifische Kennzahlen für die einzelnen Funktionseinheiten Verwendung, wie z. B. (vgl. *Kettner/Schmidt/Greim*, 1984, S. 62 ff.; *Langmoen/Acél*, 1990, S. 139 ff.):

- Fläche/Beschäftigtem (m^2/Besch.),
- Fläche/Maschine (m^2/Masch.),
- Fläche/Umsatz (m^2/DM),
- Fläche/Output (m^2/Stck.), (m^2/t).

Auf der Grundlage der so ermittelten groben Flächenwerte kann das ideale Funktionsschema in ein **flächenmaßstäbliches Funktionsschema** umgesetzt werden (vgl. Schaubild VIII.21), wobei ggf. Funktionseinheiten zusammenzufassen sind. Das flächenmaßstäbliche Funktionsschema verdeutlicht in übersichtlicher Form die Größenverhältnisse und die funktionsgerechte Zuordnung der betrieblichen Teilbereiche, ohne jedoch bereits deren tatsächliche spätere Lage oder die Gebäudeform zu fixieren (vgl. *Kettner/Schmidt/Greim*, 1984, S. 101 ff.).

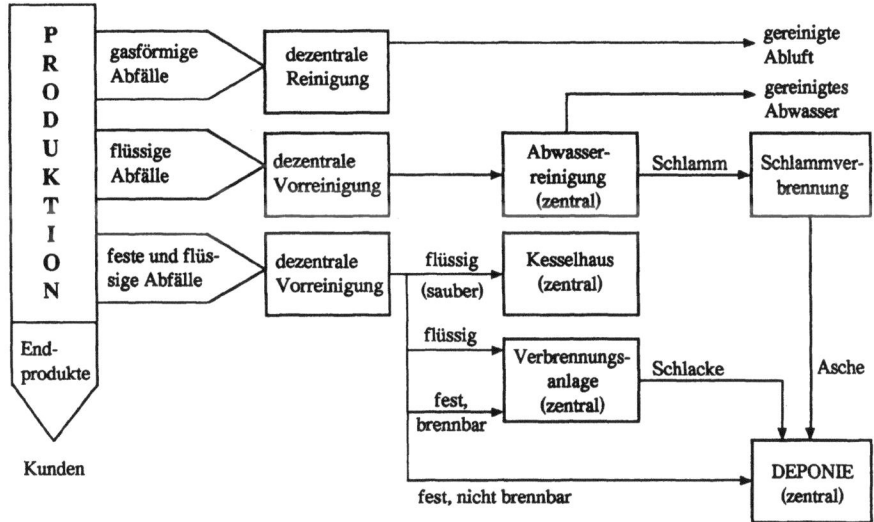

Schaubild VIII.20. Beispiel für das Funktionsschema der Entsorgung von Produktionsrückständen in einer Unternehmung der chemischen Industrie (Alusuisse-Lonza AG)

Ausgehend von dem flächenmaßstäblichen Funktionsschema erfolgt die Überleitung in das **Blocklayout**. Die Erstellung des Blocklayout wird durch die kompakte Zusammenführung der Einzelflächen in ein Gebäuderaster vollzogen (vgl. Schaubild VIII.22). Dabei wird eine weitestgehend mögliche Einhaltung der idealen Zuordnung aus dem flächenmaßstäblichen Funktionsschema angestrebt.

Die bei der Anordnung der Funktionseinheiten (Makrostruktur) sowie auch später innerhalb der Funktionseinheiten (Mikrostruktur) entstehenden Strukturformen lassen sich dabei zumeist auf eine Reihe einfacher oder komplexer Grundformen zurückführen, wie sie Schaubild VIII.23 in abstrakter Darstellung zeigt.

Basierend hierauf verdeutlicht Schaubild VIII.24 auf einfachen materialflußorientierten Grundformen beruhende alternative Anordnungen der Teilbereiche eines Produktionsbetriebes. Deutlich wird, daß bei der Anordnung der Teilbereiche unter Flexibilitätsgesichtspunkten auch spätere Erweiterungsmöglichkeiten zu untersuchen sind.

Aus dem Blocklayout kann schließlich das **Groblayout** abgeleitet werden. Der Groblayout-Plan (vgl. *Enghardt*, 1987, S. 39) bildet einen ersten, den zukünftigen räumlichen Verhältnissen entsprechenden Plan, aus dem annähernd die Gebäudegeometrie hervorgeht. Das Groblayout beinhaltet neben groben Aussagen zu Gebäudegrundrissen und -abmessungen z. B. Informationen über (vgl. *Kettner/Schmidt/Greim*, 1984, S. 25)

- Lage und Größe der Abteilungen, wichtiger Anlagen oder Anlagengruppen,
- Lage von Haupttransportwegen,

286 Anlagenwirtschaft

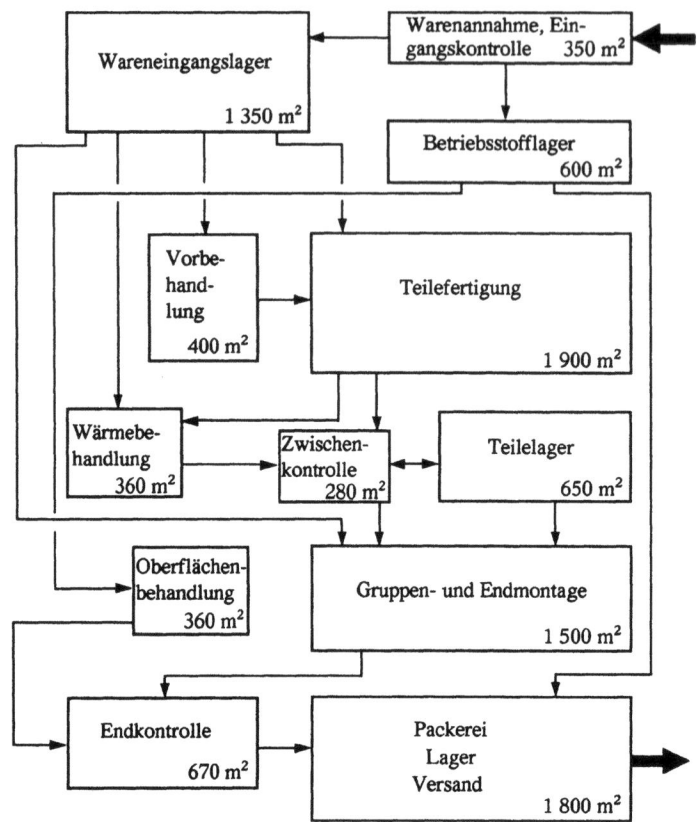

Schaubild VIII.21. Flächenmaßstäbliches Funktionsschema eines Fertigungsbetriebes (*Kettner/Schmidt/Greim*, 1984, S. 22)

- Lage der Hauptver- und -entsorgungsleitungen,
- Raumhöhen und zulässige Bodenbelastungen.

Im Zusammenhang mit der Groblayout-Planung ist dabei eine Entscheidung über den **Grundtyp der Produktionsorganisation** in den einzelnen **Funktionseinheiten bzw. Bereichen** zu treffen. Bei ortsgebundenen Potentialen handelt es sich grundsätzlich um die Entscheidung über

- **Werkstattproduktion**,
- **Fließproduktion** oder
- **Zentrenproduktion**.

Schaubild VIII.25 vermittelt einen Überblick über deren generelle Merkmale sowie Vor- und Nachteile.

Ebenso wie bei der Anordnung der Funktionseinheiten zueinander gilt es auch für die Gestaltung des Groblayout innerhalb der Funktionseinheiten bzw. Bereiche möglichst gegenläufige Transportbewegungen zu vermeiden und das Prinzip der geringsten Transportentfernung zu beachten (vgl. *Hanke*, 1979,

Schaubild VIII.22. Block-Layout eines Fertigungsbetriebes (*Kettner/Schmidt/Greim*, 1984, S. 23)

Sp. 1231). Zur Ableitung der Anlagenanordnung im Rahmen des Groblayout kann ebenfalls die Transportmatrix eingesetzt werden (vgl. Schaubild VIII.26). Dabei können Kennzahlen wie der Kooperationsgrad gebildet werden. Der **Kooperationsgrad** ist ein Maß für die Zahl der Beziehungen, die ein Potentialelement mit anderen Potentialelementen hat (vgl. *Schmigalla*, 1970, S. 19). Nimmt der Kooperationsgrad einen großen Wert an – Kontakt einer Produktionseinheit mit einer großen Zahl anderer Produktionspotentiale – so liegt tendenziell ein Einsatzbereich für Werkstattproduktion vor. Ein kleiner Wert für die Kennzahl deutet auf gute Voraussetzungen für Fließproduktion hin (vgl. *Dolezalek/Warnecke*, 1981, S. 155 ff.).

Die strategischen Aspekte der Layout-Planung bei der Bildung von Produktionsbereichen werden in jüngster Zeit vor allem von *Wildemann* unter dem Begriff der **Fertigungssegmentierung** betont: „Unter Fertigungssegmenten werden produktorientierte Organisationseinheiten der Produktion zusammengefaßt, die mehrere Stufen der logistischen Kette eines Produktes umfassen und mit denen eine spezifische Wettbewerbsstrategie verfolgt wird. Darüber hinaus zeichnen sich Fertigungssegmente auch durch die Integration

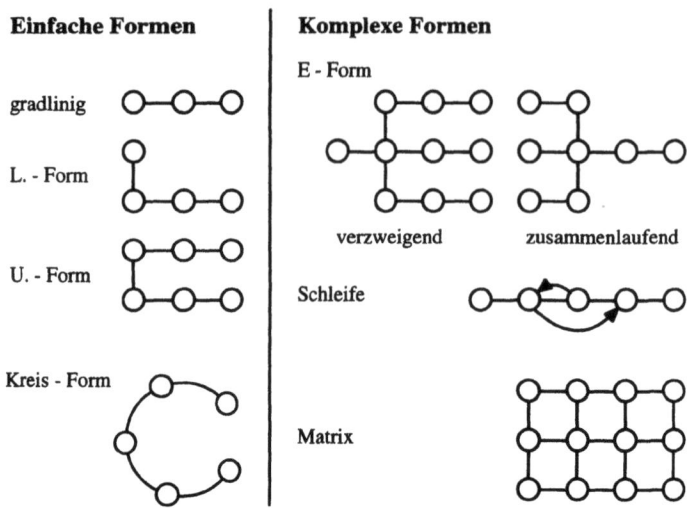

Schaubild VIII.23. Grundformen der Layoutgestaltung (*Aggteleky*, 1982, S. 594)

planender und indirekter Funktionen aus und sind in der Regel als Cost-Center organisiert" (*Wildemann*, 1989, S. 31 f.). Die verbesserte Erreichung produktionswirtschaftlicher Ziele wird bei der Fertigungssegmentierung durch die Bildung eines modularen Fabrikaufbaus angestrebt, wobei als Grundprinzipien die Entflechtung von Kapazitäten, die Flußoptimierung und die Gruppenorganisation im Vordergrund stehen (vgl. hierzu und zum Ablauf der Fertigungssegmentierung *Wildemann*, 1989, S. 14 ff.; *Wildemann*, o.J., S. 223 ff.).

Im Zusammenhang mit der Grobplanung des Layout und den damit verbundenen Entscheidungen über den bereichsbezogenen Organisationstyp der Produktion muß auch die zumindest grobe Bestimmung von Art und Anzahl der lagertechnischen sowie fördertechnischen Anlagen erfolgen (vgl. dazu z. B. *Jünemann*, 1979, Sp. 1073 ff.).

Die **räumliche Strukturierung der Lager** erfolgt im Rahmen der Anordnung der Produktionspotentiale. Grundsätzlich können die folgenden **Lagerarten** nach dem Stoffluß unterschieden werden:

- Eingangslager für Erzeugniseinsatzstoffe (Werkstoffe, Teile, Baugruppen, Hilfsstoffe),
- Zwischenlager für angearbeitete Erzeugnisse und Einsatzstoffe,
- Ausgangslager für Erzeugnisse und Handelswaren.

Zusätzlich sind Lager für Werkzeuge, Ersatzteile, Betriebsstoffe und Abfälle zu berücksichtigen.

Entscheidungen über die **Anzahl** der Lager sowie deren Dimensionierung hängen im wesentlichen von der zentralen oder dezentralen Anordnung der Lager ab (vgl. *Kettner/Schmidt/Greim*, 1984, S. 290 ff.; *Mellerowicz*, 1981a, S. 206).

Anlagenanordnung (Layout-Planung) 289

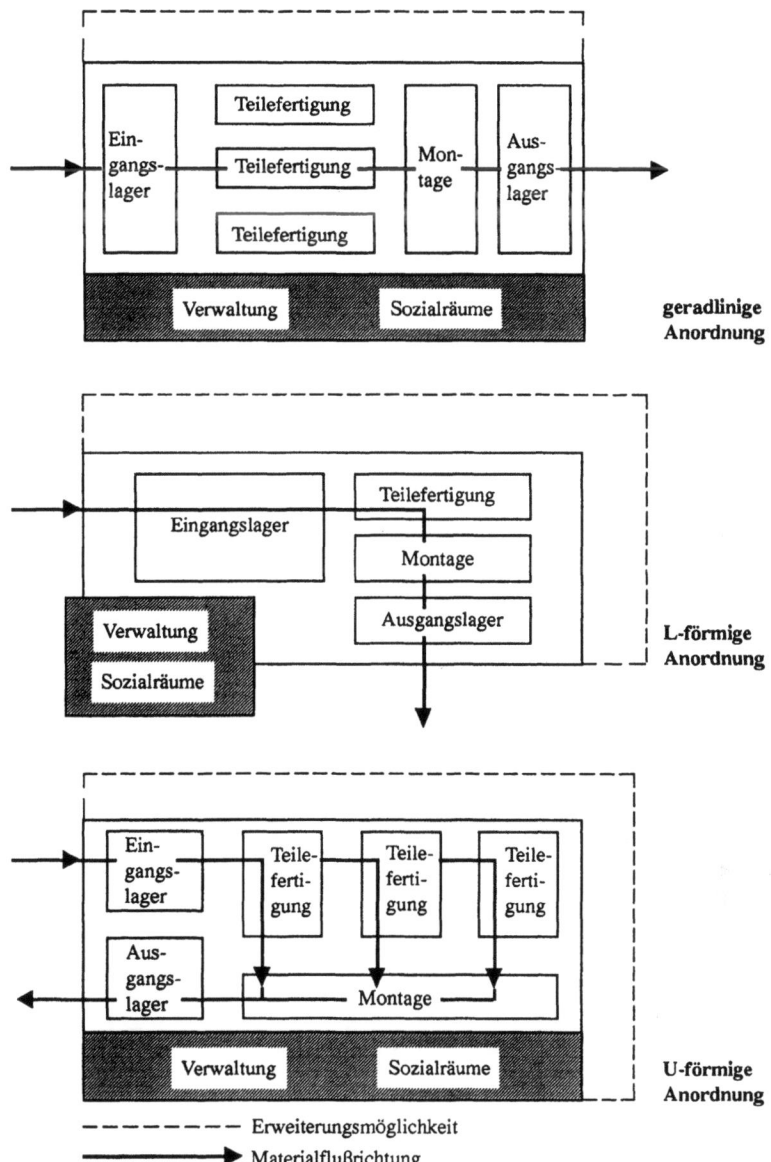

Schaubild VIII.24. Auslegung des Gesamtbetriebes nach der Materialflußrichtung

	Werkstattproduktion	Fließproduktion	Zentrenproduktion
Generelle Wesensmerkmale	Zusammenfassung von gleichartigen Verrichtungen bzw. der dazu erforderlichen Arbeitssysteme in Teilbetrieben (Werkstätten), wobei die Arbeitssysteme grundsätzlich beliebig innerhalb der Teilbetriebe angeordnet werden können und dort eine Teilbearbeitung von Werkstücken mit unterschiedlicher Geometrie ermöglichen.	Zusammenfassung von verschiedenen Verrichtungsarten bzw. der dazu erforderlichen Arbeitssysteme, die nach dem technologischen Ablauf der Produktentstehung angeordnet werden und eine Komplettbearbeitung von Werkstücken mit gleicher oder ähnlicher Geometrie ermöglichen.	Zusammenfassung von verschiedenen Verrichtungsarten bzw. der dazu erforderlichen Arbeitssysteme, die gruppenförmig angeordnet werden und eine Komplettbearbeitung von Werkstücken mit ähnlicher oder ggf. auch verschiedenartiger Geometrie ermöglichen (sog. Teile- oder Fertigungsfamilien).
Vorteile	- hohe Flexibilität bei Änderungen des Produktionsprogramms, - gute Anpassungsfähigkeit an neue Produktionsverfahren, - relativ geringe Empfindlichkeit des Produktionsprozesses gegenüber Störungen.	- kurze Durchlaufzeiten, - keine oder nur geringe Bestände, - kurze Transportwege, - übersichtlicher Materialfluß, - mittlerer bis geringer Personalbedarf (qualitativ, quantitativ), - relativ niedrige variable Stückkosten.	- kurze Durchlaufzeiten, - geringe Bestände, - kurze Transportwege, - hohe Flexibilität bezüglich -- begrenzt unterschiedlichem Teilespektrum, -- ähnlichen Fertigungstechniken, -- unterschiedlicher Stückzahl, -- Maschineneinsatz.
Nachteile	- aufwendige Produktionsplanung und -steuerung, - bei nicht optimaler Produktionsplanung und -steuerung lange Durchlaufzeiten, hohe Bestände (hohe Kapitalbindung) und mangelnde Liefertreue (=Gefahr von Konventionalstrafen), - geringe Fertigungstransparenz, - lange Transportwege, - hoher Personalbedarf (qualitativ, quantitativ).	- niedrige Flexibilität gegenüber Änderungen des Produktionsprogramms, - hohe Umstellkosten, - hohe Störanfälligkeit, - hoher Instandhaltungsaufwand, - hohe Fixkosten.	Im Falle automatisierter Zentrenproduktion - hohe Fixkosten, - hohe Störanfälligkeit, - hoher Instandhaltungsaufwand.

Schaubild VIII.25. Grundsätzliche Kennzeichnung von Werkstattproduktion, Fließproduktion, Zentrenproduktion

Anlagenanordnung (Layout-Planung) 291

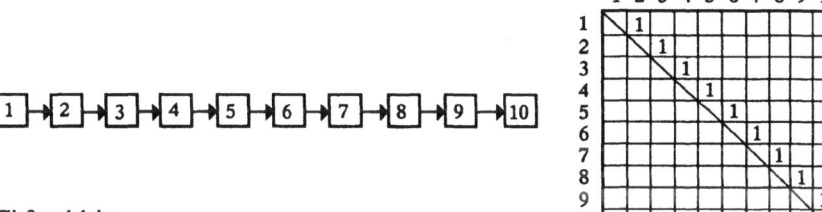

Fließproduktion

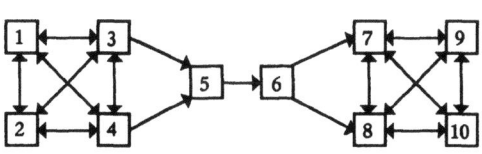

Zentrenproduktion nach dem Fließprinzip

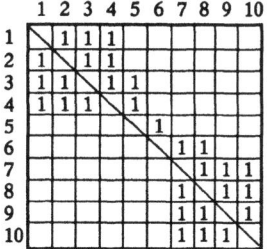

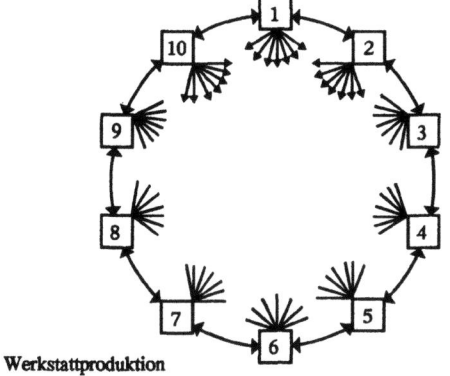

Werkstattproduktion

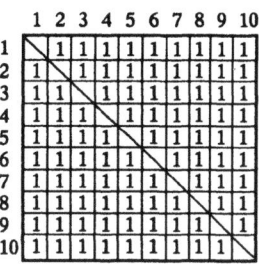

Schaubild VIII.26. Auswahl eines Groblayouts auf der Basis der Transportmatrix (vgl. *Martin*, 1975, S. 82 ff.)

Den Vorteilen der **zentralen Lagerhaltung** – geringe Bestände und dadurch geringere Kapitalbindung, gute Raumausnutzung, Einsatz wirtschaftlicher Lagertechniken – steht der Nachteil des höheren Transportaufwandes gegenüber. **Dezentrale Lageranordnung** zeichnet sich durch vergleichsweise höhere Gesamtlagerbestände, aber einen hohen Lieferbereitschaftsgrad (Servicegrad) bei geringerem Transportaufwand aus. Daraus ergeben sich tendenziell folgende Handlungsmaximen, wenn man die Minimierung der Gesamtkosten aus Transport und Lagerhaltung anstrebt:

– Dezentrale Lageranordnung, wenn wenige aber intensive Materialflußbeziehungen zu anderen Subsystemen bestehen.
– Zentrale Lageranordnung, wenn viele aber wenig intensive Materialflußbeziehungen bestehen.

Die **Dimensionierung der Ein- und Ausgangslager** erfolgt unter Berücksichtigung von konjunkturellen und saisonalen Schwankungen auf den Absatz- und Beschaffungsmärkten sowie des höchsten erwarteten und/oder geplanten Lagerbestandes pro Periode (vgl. *Reichmann*, 1979, Sp. 1071). Die Dimensionierung von innerbetrieblichen Lagern hängt von der maximalen Höhe voraussichtlicher Puffer- bzw. Sicherheitslager ab (vgl. auch Teil VI, Kapitel 4.1.2). Andere Einflußgrößen für die Bestimmung der Lagerkapazität sind Gewicht, Volumen, Form, Empfindlichkeit gegenüber äußeren Einwirkungen, Gefährlichkeit, Umschlagsmenge und Umschlagshäufigkeit der gelagerten Güter (vgl. *Dolezalek/Warnecke*, 1981, S. 188 ff.).

Wichtigste Grundlage zur **Bestimmung der Fördermittel** ist die Transportmatrix, welche Häufigkeit und Intensität der Transportbeziehungen enthält. Die Auswahl der geeigneten Fördermittel erfolgt unter Einbeziehung der Länge der Transport-/Förderwege und der Art des innerbetrieblichen Transports (z. B. Direktverkehr, Ringverkehr), die ihrerseits wiederum von der Produktionspotentialanordnung abhängen. So ist eine Wechselbeziehung gegeben, die iterative Planungsprozesse erfordert (vgl. *Martin*, 1975, S. 38). Nimmt man eine weitgehend technisch bedingte Zuordnung von Fördermitteln zu den Produktionstypen vor, so werden bei Einzelfertigung vornehmlich Flurförderer, bei Serien- und Massenproduktion, d. h. mit wachsender Stückzahl eines Produktes, eher Stetigförderer zum Einsatz gelangen.

Das im Rahmen der Grobplanung als Ergebnis ermittelte Groblayout mit den gebildeten Produktionsbereichen und die hierin zur Anwendung gelangenden Formen der Produktionsorganisation bilden die Basis für die nachfolgende Feinlayout-Planung. Diese sich anschließende Stufe der Layout-Planung kann je nach Komplexität der Problemstellung ggf. wiederum in mehrere Planungsphasen mit zunehmendem Detaillierungsgrad unterteilt sein.

Als Beispiel für die **EDV-Unterstützung bei der Grobplanung des Layout** sei das am Institut für Fabrikanlagen der Universität Hannover entwickelte Programm **EASYLAY** angeführt (vgl. *Enghardt*, 1987; *Brinkmann*, 1988, S. 93 ff.). Kennzeichnend für EASYLAY ist die nutzwertorientierte Beurteilung des Groblayout im Hinblick auf die Erfüllung statischer und dynamischer Anforderungen. Den grundsätzlichen Ablauf der Grobplanung bei Einsatz von EASYLAY verdeutlicht Schaubild VIII.27: Im Rahmen der statischen Layout-Planung erfolgt die EDV-gestützte Ableitung von Ideallayouts. Diese kann automatisiert durch den Rechner auf der Basis unterschiedlicher Vorgehensweisen kombiniert rechnergestützt/manuell durchgeführt werden. Die Bewertung des Ideallayout erfolgt dabei ausschließlich im Hinblick auf Kriterien, die sich aus der relativen Lage der Objekte oder der zwischen ihnen bestehenden Beziehungen ableiten lassen. Hierbei wird zwischen globalen Forderungen unterschieden, die sich auf die gesamte Anordnung beziehen, sowie individuellen Anforderungen, die sich auf einzelne Objekte beschränken. Die Individualforderungen müssen ebenso wie deren Gewichte und die Gewichte der Globalanforderungen zu Beginn durch den Planer definiert werden. Im Rahmen der statischen Beurteilung werden die nachfolgenden sechs Kriterien herangezogen, wobei die ersten drei den Charakter von Globalkriterien und die letzten drei den von Individualkriterien besitzen:

1) Transportleistung,
2) Richtungsorientierung der Materialflüsse,
3) Kreuzungsfreiheit der Materialflüsse,
4) Nachbarschaft von Organisationseinheiten,
5) Trennung von Organisationseinheiten und
6) Randlage von Organisationseinheiten.

Auf der Basis der gewichteten Kriterien erfolgt im Hinblick auf die zu beurteilenden Ideallayouts eine Bestimmung des Nutzwertes für Global- und Individualkriterien sowie ergänzend eine Visualisierung der Materialflüsse. Die Groblayout-Entwicklung im Rahmen von EASYLAY dient im Anschluß an die Ideallayout-Planung dem Entwurf eines ersten maßstäblichen Layout. Zusätzlich zu den bereits vorhandenen Daten sind Angaben über Flächengrößen sowie ggf. Längen-/Breitenverhältnisse oder feste Gebäudeabmessungen vorzugeben. Mit EASYLAY können dann zum einen auf der Basis von Ideallayouts voll automatisiert oder manuell unterstützt Groblayout-Varianten erzeugt werden. Zum anderen können aber auch bereits vorhandene Groblayouts umgestaltet werden. Die ermittelten Groblayout-Varianten werden ebenso wie die Ideallayout-Varianten einer Beurteilung im Hinblick auf die globalen und individuellen Kriterien unterzogen. Auf der Grundlage des Groblayout ermöglicht EASYLAY neben der statischen auch eine dynamische Beurteilung.

Für die Grobsimulation der Fertigung sind als Eingangsdaten erforderlich (vgl. *Enghardt*, 1987, S. 134 ff.):

- maßstäbliches Groblayout,
- Leistungsdaten der Transportmittel,
- Arbeitspläne und
- Produktionsprogramm mit Freigabeterminen.

Durch die Simulation des Produktionsprozesses erfolgt die Untersuchung des generellen Bestands-, Auslastungs- und Durchlaufverhaltens. Die Beurteilung im Hinblick auf Auslastung und Durchlaufzeit kann im Rahmen von EASYLAY für Lager-, Produktions- und Transportelemente durchgeführt und in einem gemeinsamen Nutzwert zum Ausdruck gebracht werden (vgl. *Brinkmann*, 1988, S. 109 ff.).

294 Anlagenwirtschaft

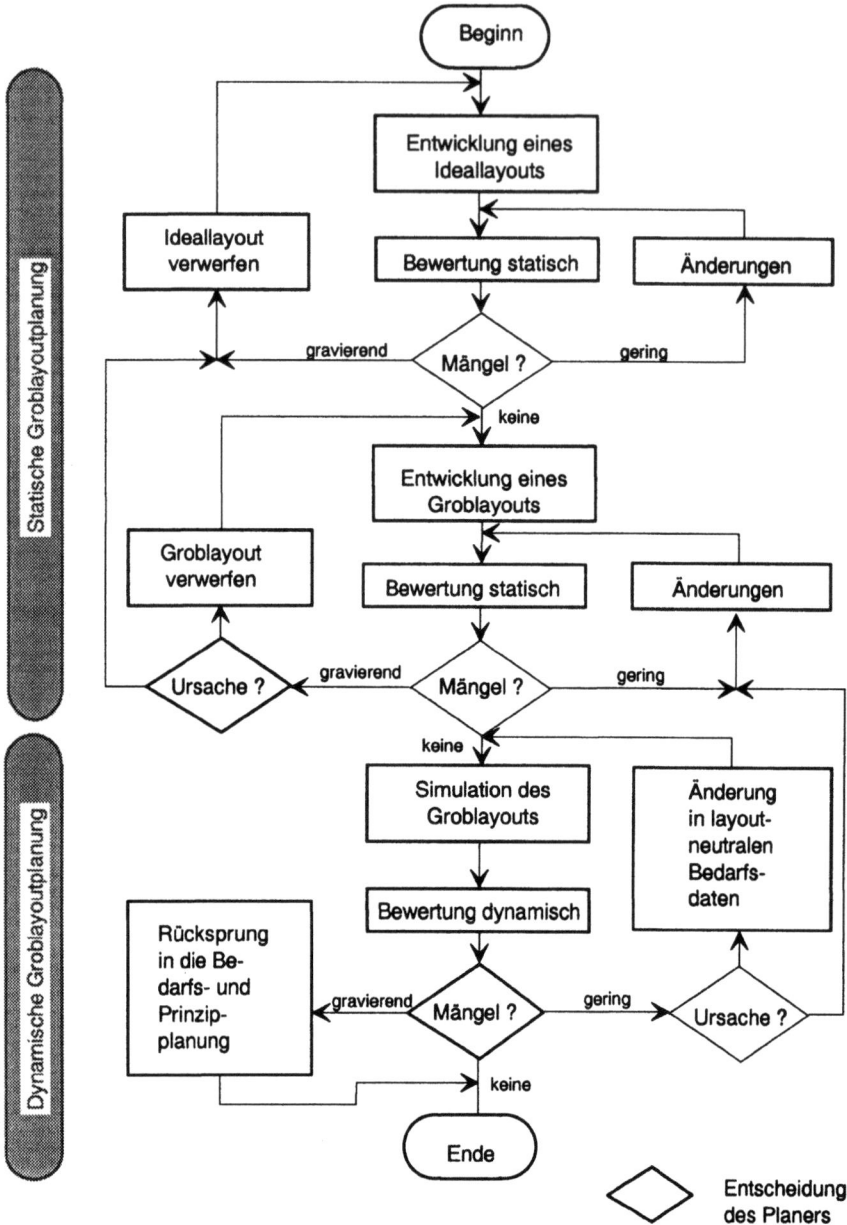

Schaubild VIII.27. Ablaufschema der kombiniert statisch-dynamischen Planung eines Groblayouts mit EASYLAY (*Brinkmann*, 1988, S. 99)

3.5 Planung des Feinlayout

3.5.1 Layout-Planung bei Werkstattproduktion

Kennzeichnend für die **Werkstattproduktion** ist die Zusammenfassung von gleichartigen Verrichtungen bzw. der dazu erforderlichen Produktionsanlagen in speziellen organisatorischen Einheiten (Werkstätten), die eine Teilbearbeitung von Werkstücken mit unterschiedlicher Geometrie ermöglichen. Typischerweise tritt damit bei Werkstattproduktion ein hoher Varietätsgrad der Übergangsbeziehungen auf.

Ausgangsdaten für die Durchführung der Layout-Planung bilden die Angaben im Hinblick auf die anzuordnenden **Produktionsanlagen**, das **Produktprogramm** nach Art und Menge sowie hieraus abgeleitete **technologische Arbeitsfolgepläne**. Für die räumliche Anordnung der Produktionsanlagen im Rahmen der Layout-Planung gilt hierbei, daß diese weitgehend frei gestaltet werden kann. Aus der vergleichsweise geringen Einengung der Layout-Planung bei Werkstattproduktion resultiert häufig eine kaum überschaubare Vielzahl von Anordnungsalternativen.

Da mit den verfügbaren analytischen Verfahren der Layout-Planung (Vollenumeration, Branch-and-bound, Quadratische Programmierung) schon ab einer vergleichsweise geringen Zahl von anzuordnenden Objekten keine Lösung mehr innerhalb vertretbarer Zeit ermittelt werden kann, gelangen bei realitätsnahen Problemen zumeist heuristische Verfahren zur Anwendung (vgl. *Wäscher/Chamoni*, 1987, S. 186). Die heuristischen Verfahren der Layout-Planung für die Werkstattproduktion orientieren sich bei einem gegebenen Produktprogramm i.d.R. an der Zielsetzung der Minimierung der Transportkosten oder der Transportintensität. Die **Zielfunktion der transportkostenminimalen Potentialelementanordnung** wird dabei in der Literatur meist folgendermaßen definiert (vgl. z.B. *Niedereichholz*, 1979, S. 87f.; *Eidt/Wegner/Stönner*, 1977, S. 334; *Zäpfel*, 1989, S. 166):

$$K_T = \sum_{i=1}^{I} \sum_{j=1}^{I} d_{ij} \cdot e_{ij} \cdot k_{ij} \to \min$$

wobei

I = Anzahl der anzuordnenden Potentialelemente (i,j);
K_T = Transportkosten (DM/Planperiode);
d_{ij} = Transportmenge/Gütermenge, die in der Planperiode von Potentialelement i zu Potentialelement j transportiert wird (gemessen z.B. in kg; m^3; Stück);
e_{ij} = Transportentfernung zwischen Potentialelement i und Potentialelement j (m);
k_{ij} = Transportkostensatz des Fördermittels pro Transportmengeneinheit und Entfernungsmeter beim Transportvorgang zwischen Potentialelement i und Potentialelement j (DM/kgm; usw.).

Aus theoretischer Sicht wären daneben die Zwischenlagerkosten und ggf. die Standortwechselkosten zu berücksichtigen. Da jedoch – wie bereits erläutert – die Ermittlung der entsprechenden layoutabhängigen Kosten in der Praxis äußerst schwierig ist, richtet man die Layout-Planungsheuristiken bei einkriterigen Verfahren an den Transportkosten oder sogar nur an der Transportintensität aus, während bei mehrkriterigen Verfahren insbesondere Transportkosten und Standortwechselkosten sowie ggf. weitere Kriterien einbezogen werden. Im nachfolgenden sollen die grundsätzlichen Vorgehensweisen bei dem Einsatz konstruktiver und iterativer Verfahren für eindimensionale, transport-(kosten)orientierte Zielsetzungen sowie bei dem Einsatz des Multikriteria-Verfahrens nach Wäscher und der Nutzwertanalyse für mehrdimensionale Zielsetzungen beschrieben werden.

Bei der Anwendung von **konstruktiven Verfahren** (Eröffnungsverfahren) werden die Potentiale nach bestimmten Kriterien auf der Layoutfläche schrittweise zugeordnet, bis eine relativ optimale Gesamtanordnung der Kapazitätsträger erreicht ist (vgl. zu den konstruktiven Verfahren *Dangelmaier*, 1986, S. 72 ff; *Domschke/Drexl*, 1990, 149 ff.; *Kettner/Schmidt/Greim*, 1984, S. 230 ff.; *Kruse*, 1986, S. 83 ff.; *Lochmann*, 1975, S. 92 ff.; *Niedereichholz*, 1979, S. 106 ff.). Die allgemeine Vorgehensweise der konstruktiven Verfahren läßt sich wie folgt beschreiben:

1) Wahl eines als erstes anzuordnenden Objektes (Anfangsauswahl),
2) Wahl eines Platzes für das erste Objekt (Anfangsplazierung),
3) Wahl eines als nächstes anzuordnenden Objektes (Folgeauswahl),
4) Wahl eines Platzes für das nächste Objekt (Folgeplazierung),
5) Wenn ein noch nicht angeordnetes Objekt vorhanden ist, weiter bei 3), ansonsten Beendigung.

Zu den einfachsten konstruktiven Ansätzen gehört das sog. **Dreiecksverfahren** (vgl. *Schmigalla*, 1970; *Dolezalek/Warnecke*, 1981, S. 329 ff.; *Kruse*, 1986, S. 84 ff.; *Niedereichholz*, 1979, S. 107 ff.). Der Grundgedanke des Dreiecksverfahrens basiert darauf, jeweils die Betriebsmittel, die die stärkste Transportbeziehung zueinander aufweisen, an den Eckpunkten eines gleichseitigen Dreiecks in einem Dreiecksraster anzuordnen. Ausgangsbasis bildet dabei eine Transportmatrix, die die Transportintensitäten zwischen den einzelnen Betriebsmitteln enthält. Die beiden Betriebsmittel, die die höchste Transportintensität zueinander aufweisen, werden an zwei nebeneinander befindlichen Knoten des Dreiecksrasters plaziert. Im weiteren wird sukzessive jeweils das Betriebsmittel angeordnet, das die höchste Transportintensität zu allen bereits plazierten Betriebsmitteln aufweist. Als Standort wird dabei derjenige Knoten ausgewählt, für den die Summe der Produkte aus Transportentfernung und -menge zu allen bereits angeordneten Betriebsmitteln minimal ist (vgl. Schaubild VIII.28). Da das Dreiecksverfahren von einem gleich großen Flächenbedarf der anzuordnenden Produktionsanlagen ausgeht, handelt es sich um ein Idealplanungsverfahren. Die Ergebnisse aus der Anwendung des Dreiecksverfahrens bedürfen somit einer nachfolgenden Überarbeitung unter Einbeziehung der im jeweiligen Planungsfall vorliegenden spezifischen Restriktionen.

Anlagenanordnung (Layout-Planung) 297

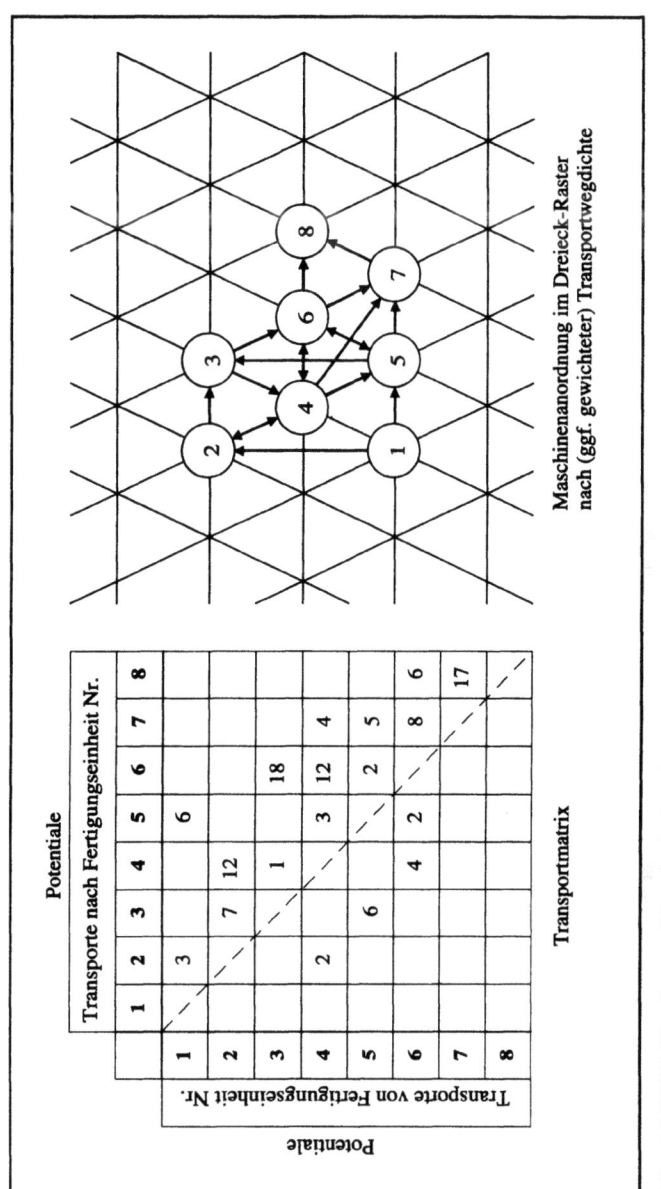

Schaubild VIII.28. Layout-Planung bei Werkstattproduktion nach dem Dreiecksverfahren (*Hahn*, 1972, S. 372)

Während das Dreiecksverfahren bis zu einer gewissen Anzahl von anzuordnenden Betriebsmitteln auch manuell angewendet werden kann, bedürfen komplexere Verfahren durchweg einer Computerunterstützung.

Eines der bekanntesten konstruktiven Verfahren zur EDV-unterstützten Erstellung von Layouts für ungleich große Betriebsmittelflächen stellt das Verfahren **CORELAP** (COmputerized RElationship LAyout Planning) dar (vgl. *Dolezalek/Warnecke*, 1981, S. 339 ff.; *Domschke/Stahl*, 1979, Sp. 1892 f.; *Lüder*, 1983, S. 78 ff.). Ausgangspunkt zur Anordnung von Potentialelementen bildet bei CORELAP eine spezifische Präferenzmatrix. In ihr wird der Anordnungsvorrang der Potentialelemente auf der Basis von Beziehungsklassen und eines aus der Intensität der Beziehungen eines Potentialelementes zu den anderen Potentialelementen abgeleiteten sog. TCR (Total Closeness Rating)-Index ermittelt. Der TCR-Wert für eine Organisationseinheit bzw. ein Potentialelement b_i (i ∈ (1, ..., m)) ergibt sich dabei durch die Summation der Rangziffern r_{ij}, die die Intensität der Beziehungen des betrachteten Potentialelementes b_i zu den übrigen Potentialelementen b_j messen:

$$TCR = \sum_{j=1}^{m} r_{ij}, \qquad i,j \in (1, ..., m); j \neq 1$$

Die jeweilige Rangziffer resultiert dabei aus der Zuordnung der Beziehungen zwischen zwei Potentialelementen zu einer von sechs definierten Beziehungsklassen:

A: Standortnähe ist absolut notwendig: $r_{ij} = 6$,
E: Standortnähe ist notwendig: $r_{ij} = 5$,
I: Standortnähe ist wichtig: $r_{ij} = 4$,
O: Standortnähe ist wünschenswert: $r_{ij} = 3$,
U: Standortnähe ist unwichtig: $r_{ij} = 2$,
X: Standortnähe ist unerwünscht: $r_{ij} = 1$.

Die sich ergebenden Zuordnungen der jeweiligen Potentialbeziehungen zu den einzelnen Klassen lassen sich zusammen mit den Rangziffern in einer Matrix abbilden und der TCR-Index läßt sich durch Summation ermitteln. Nachdem die Zuordnung aller Beziehungen zwischen den Potentialelementen zu den Beziehungsklassen erfolgt ist, vollzieht sich der Verfahrensablauf in folgenden Hauptschritten:

- Zu Beginn wird das Potentialelement mit dem höchsten TCR-Wert im Zentrum der verfügbaren Fläche plaziert.
- Als nächstes anzuordnendes Potentialelement wird jeweils dasjenige ausgewählt, das mindestens eine A-Beziehung zu bereits angeordneten Potentialelementen aufweist. Ist eine derartige Beziehung nicht vorhanden, so wird nachfolgend die Existenz von E-Beziehungen geprüft. Liegen diese ebenfalls nicht vor, wird das Vorliegen von I-Beziehungen und bei deren Nicht-Existenz das von O-Beziehungen untersucht. Soweit es mehrere Beziehungen in der gleichen Klasse gibt, ist dasjenige Potentialelement mit dem höchsten TCR-Indexwert auszuwählen. Liegen keinerlei A-, E-, I-, O-Beziehungen vor, wird dasjenige Potentialelement mit dem höchsten TCR-Indexwert ausgewählt.

Anlagenanordnung (Layout-Planung) 299

- Das ausgewählte Potentialelement wird so angeordnet, daß die Summe der gewichteten Beziehungen zu den bereits angeordneten Potentialelementen ein Maximum einnimmt.
- Das Auswahl- und Plazierungsverfahren wird fortgesetzt, bis alle Potentialelemente angeordnet sind.

Statt einer Präferenzmatrix kann CORELAP auch in Verbindung mit einer Materialflußmatrix eingesetzt werden, deren Elemente den Materialfluß pro Periode zwischen zwei Potentialelementen angeben. Für die Plazierung wird dann jeweils das Potentialelement ausgewählt, das die stärksten Flußbeziehungen zu den bereits angeordneten Elementen aufweist. Die Anordnung selbst erfolgt dabei unter dem Kriterium der Minimierung der Transportkosten. Zur Berücksichtigung des unterschiedlichen Flächenbedarfs sind die Betriebsmittelflächen durch den Planer in quadratischen Flächennormeinheiten (Rastereinheiten) anzugeben. Die Größe der Rastereinheiten orientiert sich dabei am Flächenbedarf des kleinsten anzuordnenden Potentialelementes. Ausgehend von der Anzahl der benötigten Rastereinheiten wird versucht, möglichst eine rechteckige Einplanung der Betriebsmittelfläche vorzunehmen. Schaubild VIII.29 zeigt das Beispiel eines CORELAP-Ausdruckes.

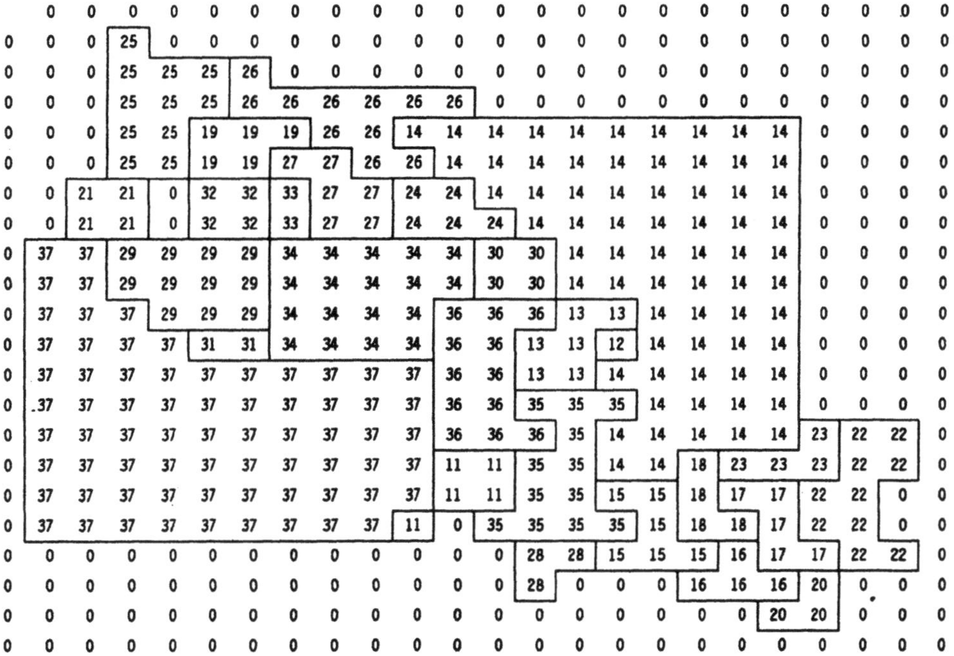

Ziffern repräsentieren Rastereinheiten der jeweils benötigten Betriebsmittelflächen

Schaubild VIII.29. Endausdruck beim CORELAP-Verfahren (Beispiel)
(*Kettner/Schmidt/Greim*, 1984, S. 232)

Neben CORELAP sind als weitere konstruktive Verfahren für ungleich große Potentialgrundrisse z. B. die Verfahren **ALDEP** und **FLAT** sowie die Verfahren von *Biberschick/Severa* und *Whitehead/Eldars* zu nennen (vgl. hierzu die komprimierten Verfahrensbeschreibungen bei *Kruse*, 1986, S. 92 ff. sowie *Kusiak/Heragu*, 1987, S. 237 ff.).

Die **iterativen Verfahren** bzw. Verbesserungsverfahren (vgl. dazu *Dangelmaier*, 1986, S. 126 ff.; *Domschke/Drexl*, 1990, S. 151 ff.; *Kruse*, 1986, S. 106 ff.; *Lochmann*, 1975, S. 104 ff.; *Niedereichholz*, 1979, S. 96 ff.) basieren auf der Idee, in einem vorhandenen Layout angeordnete Objekte untereinander zu vertauschen. Die Potentialanordnung zu Beginn kann dabei beliebig sein oder gezielt durch ein kombiniertes Verfahren ermittelt werden. Die allgemeine Vorgehensweise der iterativen Verfahren läßt sich wie folgt beschreiben:

1) Festlegung/Ermittlung der Ausgangsanordnung,
2) Ermittlung des Zielwertes,
3) Durchführung einer im Hinblick auf Restriktionen zulässigen Vertauschung,
4) Ermittlung des Zielwertes,
5) Beibehaltung der Anordnung soweit eine Verbesserung des Zielwertes erfolgt ist, ansonsten Rückgängigmachung der Vertauschung,
6) Erneute Durchführung der Schritte 3, 4 und 5, bis keine zulässige Vertauschungsmöglichkeit mehr gegeben ist oder die vorgesehene Anzahl der Vertauschungsvorgänge erreicht ist.

Im Hinblick auf das **Verhältnis von konstruktiven und iterativen Verfahren** stellen *Warnecke/Dangelmaier* mit Bezug auf den Anwendungsfall der Neuplanung fest, daß „konstruktive und iterative Verfahren nicht als alternative, sondern als aufeinanderfolgende Bausteine eines Layout-Planungsverfahrens zu betrachten (sind), zwischen denen eine eindeutige Arbeitsteilung besteht. Im konstruktiven Anteil sollte eine Ausgangslösung geschaffen werden, bei der der Zielwert erst in zweiter Linie betrachtet wird. Vielmehr sollten z. B. die erforderlichen Verkehrsanschlüsse sichergestellt und die Leerflächen minimiert werden. Die eigentliche Zielwertoptimierung ist dann Aufgabe des iterativen Anteils" (*Warnecke/Dangelmaier*, 1981, S. 8).

Als sehr bekanntes **iteratives Verfahren für ungleich große Betriebsmittelflächen** kann das Verfahren **CRAFT** (Computerized Relative Allocation of Facilities Technique) genannt werden (vgl. *Domschke/Stahl*, 1979, Sp. 1893 f.; *Niedereichholz*, 1979, S. 104 ff.; *Kruse*, 1986, S. 117 ff.). Als Eingangsinformationen benötigt CRAFT den (voraussichtlichen) Gebäudegrundriß, den Materialfluß zwischen den Potentialelementen, die Kosten pro Gewichts- und Entfernungseinheit sowie eine Ausgangslösung, die verbessert werden soll. Ausgehend von einer Einteilung der Grundflächen der Betriebsmittel in quadratische Einheitsflächen können bei CRAFT drei verschiedene Vertauschungsformen durchgeführt werden. Im einfachsten Fall handelt es sich um das Austauschen zweier flächengleicher Betriebsmittel. Bei der zweiten und dritten Austauschart werden flächenungleiche Betriebsmittel miteinander ausgetauscht. Dabei kann es sich entweder um zwei flächenungleiche Betriebsmittel handeln, die aneinander angrenzen oder durch einen gemeinsamen Nachbarn verbunden sind (sog. Dreiflächentausch). Schaubild VIII.30 verdeutlicht das Prinzip des Flächentausches bei CRAFT für den Fall des Zweiflächentausches sowie des Dreiflächentausches.

Die Iteration läuft bei CRAFT im wesentlichen in folgenden Schritten ab:

1) Berechnung der Entfernungsmatrix für die Ausgangslösung (ermittelt als Entfernung zwischen den Grundflächenmittelpunkten).
2) Ermittlung der Transportkosten für das betreffende Layout.
3) Berechnung der Kostenänderungen für alle vertauschbaren Flächenpaare.
4) Falls keine Vertauschung existiert, die zu niedrigeren Kosten führt, wird die Iteration beendet. Existiert eine derartige Vertauschung, so wird diese durchgeführt und erneut Schritt 3 durchlaufen.

Schaubild VIII.31 veranschaulicht einen mit Hilfe des Verfahrens CRAFT gewonnenen Layout-Ausdruck. Weiterentwicklungen von CRAFT bilden u.a. die Verfahren **CRAFT-3D** und **SPACECRAFT** (vgl. *Jacobs*, 1984, S. 648 f.; *Johnson*, 1982, S. 407 ff.).

Neben dem von *Armour/Buffa* entwickelten CRAFT sind als andere iterative Verfahren für ungleich große Potentialgrundrisse z.B. die Verfahren von *Hillier/Conners* und von *Müller* zu nennen (vgl. hierzu die komprimierten Verfahrensbeschreibungen bei *Kruse*, 1986, S. 115 ff. sowie *Kusiak/Heragu*, 1987, S. 240 ff.). Außer den iterativen Verfahren für ungleich große Potentialgrundrisse existieren auch iterative Lösungsansätze für gleich große Potentialgrund-

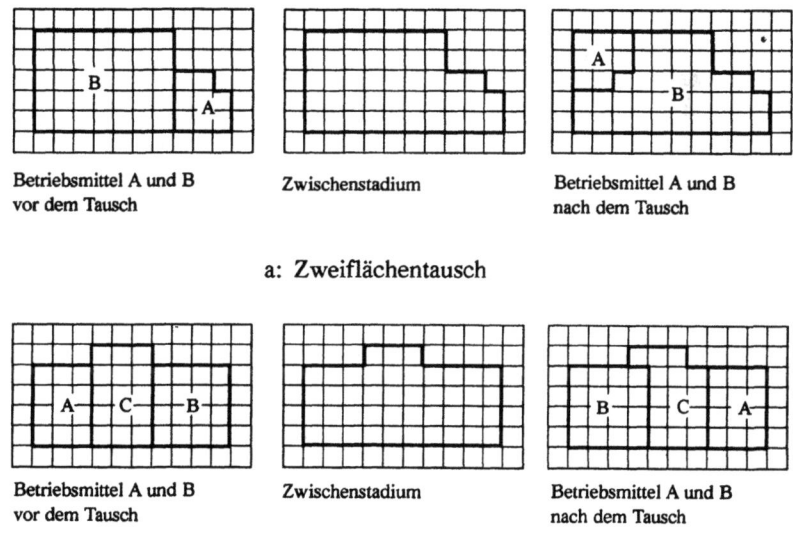

Betriebsmittel A und B vor dem Tausch · Zwischenstadium · Betriebsmittel A und B nach dem Tausch

a: Zweiflächentausch

Betriebsmittel A und B vor dem Tausch · Zwischenstadium · Betriebsmittel A und B nach dem Tausch

b: Dreiflächentausch

Schaubild VIII.30. Flächentausch bei CRAFT (*Dolezalek/Warnecke*, 1981, S. 349)

	1	2	3	4	5	6	7	8	9	10	11	12	13	14	15	16	17	18	19	20	21	22	23	24	25	26	27	28	29	30
1	E	E	E	E	E	E	F	F	F	L	L	L	L	L	L	L	S	S	S	S	S	S	S	S	U	U	U	U	U	U
2	E	E	E	E	E	E	F	F	F	L	L	L	L	L	L	L	S	S	S	S	S	S	S	S	U	U	U	U	U	U
3	E	E	E	E	E	F	F	F	F	L	L	L	L	L	L	L	S	S	S	S	S	S	S	S	U	U	U	U	U	U
4	E	C	C	C	C	F	F	F	F	L	L	L	L	L	L	L	S	S	S	S	S	S	S	S	U	U	U	U	U	U
5	C	C	C	C	C	F	F	F	F	L	L	L	L	L	L	L	S	S	S	S	S	S	S	S	U	U	U	U	U	U
6	C	C	C	C	C	C	D	D	D	L	L	L	L	L	L	L	S	S	S	S	S	S	S	S	U	U	U	U	U	U
7	C	C	C	C	C	C	D	D	D	L	L	L	L	L	L	G	G	G	S	S	S	S	S	S	U	U	U	U	U	U
8	C	C	C	C	C	D	D	D	D	L	L	L	L	L	L	G	G	G	S	S	S	S	S	S	U	U	U	U	U	U
9	C	V	V	V	V	V	D	D	D	L	L	L	L	L	L	G	G	G	S	S	S	S	S	S	W	W	W	W	U	
10	V	V	V	V	V		D	D	D	N	N	N	N	N	N	H	H	H	T	T	T	T	W	W	W	W	W	W	W	W
11	V	V	V	V	V	V	B	B	B	N	N	N	N	N	N	H	H	H	T	T	T	T	W	W	W	W	W	W	W	W
12	V	V	V	V	V	V	B	B	B	N	N	N	N	N	N	H	H	H	T	T	T	T	T	W	W	W	W	W	W	W
13	V	V	V	V	V	V	B	B	B	P	P	P	P	P	P	J	J	J	T	T	T	T	T	W	W	W	W	W	W	W
14	K	K	K	K	K	K	B	B	B	P	P	P	P	P	P	J	J	J	T	T	T	T	T	W	W	W	W	W	W	W
15	K	K	K	K	K	K	B	B	B	P	P	P	P	P	P	J	J	J	T	T	T	T	T	T	W	W	W	W	A	A
16	K	K	K	K	K	K	B	B	B	P	P	P	P	P	P	R	R	R	T	T	T	T	T	T	A	A	A	A	A	A
17	K	K	K	K	K	K	M	M	M	M	M	M	R	R	R	R	R	R	T	T	T	T	T	T	A	A	A	A	A	A
18	M	M	M	M	M	M	M	M	M	M	M	M	R	R	R	R	R	R	T	T	T	T	T	T	A	A	A	A	A	A
19	M	M	M	M	M	M	M	M	M	M	M	M	R	R	R	R	R	R	T	T	T	T	T	T	A	A	A	A	A	A
20	M	M	M	M	M	M	M	M	M	M	M	M	R	R	R	R	R	R	T	T	T	T	T	T	A	A	A	A	A	A

Schaubild VIII.31. Endausdruck beim CRAFT-Verfahren (Beispiel)
(*Kettner/Schmidt/Greim*, 1984, S. 235)

risse (vgl. hierzu die komprimierten Verfahrensbeschreibungen bei *Kruse*, 1986, S. 107 ff.).

Zu den Verfahren der Layout-Planung, die neben dem konstruktiven Lösungsansatz auch iterative Elemente enthalten, kann **MODULAP** (MODUlarprogramm für die LAyoutPlanung) gerechnet werden (vgl. *Dolezalek/Warnecke*, 1981, S. 343 ff.; *Minten*, 1975; *Schumann*, 1985, S. 180; *Warnecke/Dangelmaier*, 1981, S. 9 ff.). Mit Hilfe des Eröffnungsteiles von MODULAP wird dabei ohne Berücksichtigung von Restriktionen eine materialflußorientierte Anordnung der Potentialelemente durchgeführt. Das entstehende Ideallayout, dessen Grundriß i.d.R. deutlich von dem angestrebten Gebäudegrundriß abweicht, wird dabei nachfolgend unter Einbeziehung von Restriktionen durch Verschiebung so angepaßt, daß alle Potentiale innerhalb der vorgegebenen Fläche liegen. Schaubild VIII.32 verdeutlicht in einem Flußdiagramm den Ablauf von MODULAP.

Mögliche **Randbedingungen**, die als **Inputdaten** bei MODULAP berücksichtigt werden können, sind u.a. (vgl. *Warnecke/Ernst*, 1976, S. 40; vgl. *Eidt/Wegner/Stönner*, 1977, S. 334; *Schumann*, 1985, S. 180 f.):

- Gebäudegrundriß (Form und Größe),
- Gebäudefixpunkte (Sperrflächen),
- Geschoßanzahl (einschl. Fahrstühle etc.),
- Verkehrswege,
- Ein- und Ausgänge,
- Materialflußrichtungen/Transportrichtungen,

Anlagenanordnung (Layout-Planung) 303

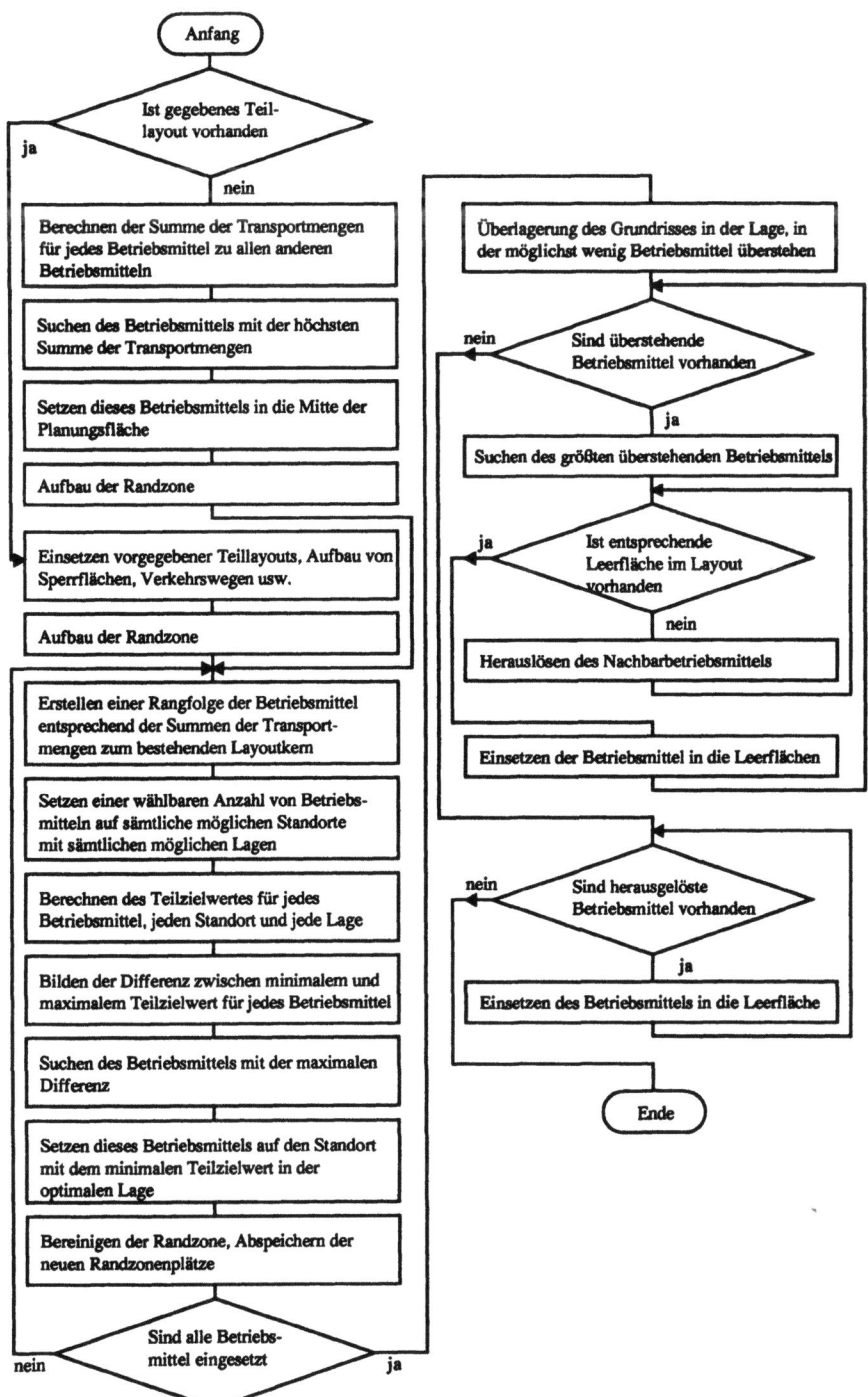

Schaubild VIII.32. MODULAP-Ablaufdiagramm (vgl. *Dolezalek/Warnecke*, 1981, S. 345)

304 Anlagenwirtschaft

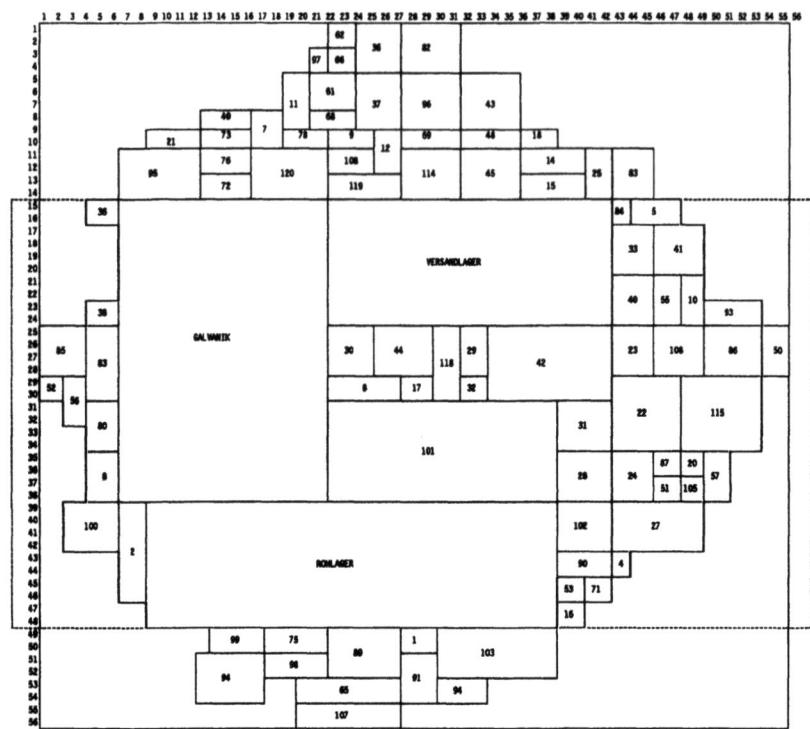

a) Ideallayout mit vorgegebenem Grundriß (gestrichelt)

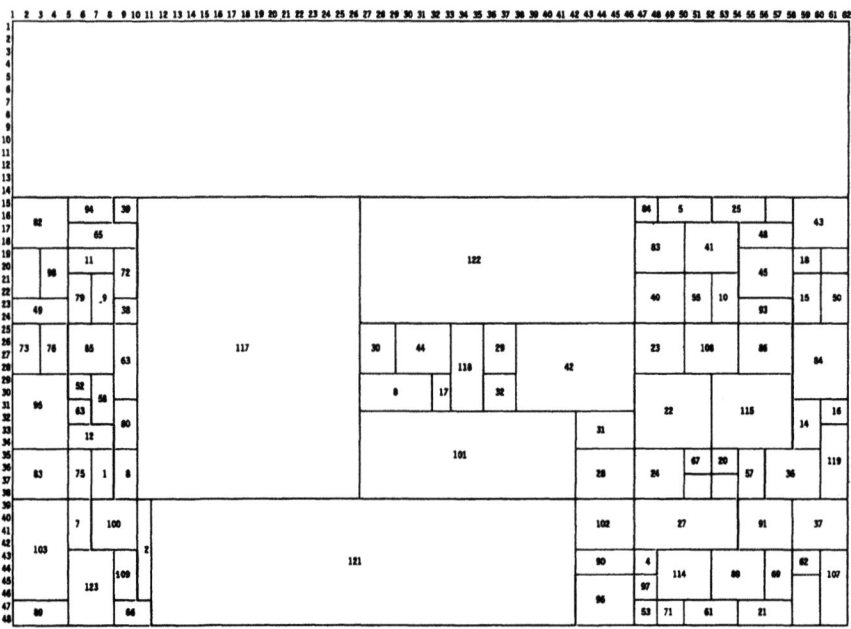

b) an den vorgegebenen Grundriß angepaßtes Layout

- Transportkosten,
- Transportstrecken,
- Transportmengen,
- Transportmittel,
- Potentialelementgrundriß (Form und Größe),
- Potentialelementfixierungen.

Schaubild VIII.33a zeigt das Beispiel eines mit MODULAP erzeugten Ideallayout und Schaubild VIII.33b das aus der Anpassung an einen vorgegebenen Gebäudegrundriß resultierende Layout. Allerdings muß i.d.R. auch bei dem von MODULAP unter Einbeziehung von Restriktionen erzeugten Layout noch eine manuelle Überarbeitung vorgenommen werden.
Weitere kombinierte Verfahren bilden neben MODULAP z. B. die Verfahren KONUVER und FLAC (vgl. hierzu *Dolezalek/Warnecke*, 1981, S. 340 ff.; *Scriabin/Vergin*, 1985, S. 243).
Bei der **interaktiven Layout-Planung** (vgl. z. B. *Dangelmaier*, 1986, S. 210 ff.; *Domschke/Drexl*, 1990, S. 172 f.; *Domschke/Stahl*, 1979, Sp. 1896 ff.; *Warnecke/Ernst*, 1976) wird die Ermittlung der Potentialanordnung in einem Dialog von Planer und EDV-System (Mensch-Maschine-Kommunikation) vollzogen. Die Mensch-Maschine-Kommunikation kann z. B. über ein Terminal durch Tasteneingabe, mit Hilfe eines Digitalisierbrettes oder über einen „aktiven" Bildschirm mit Hilfe eines Lichtstiftes zustande kommen. Der Planer kann dabei je nach Programm interaktiv z. B. folgende Eingriffe durchführen (vgl. *Schumann*, 1985, S. 183):

- Vorgabe einer beliebigen Potentialzuordnung sowie deren Veränderung,
- feste Fixierung von Potentialen auf Standorten,
- Variation von Potentialgrundrissen,
- Variation sonstiger Planungsrestriktionen in Abhängigkeit vom Planungsstand.

Die direkte Verbindung zwischen Planer/Planungssystem und Computer erhöht die Effektivität der Planung, indem laufend Layout-Varianten als verbesserungsfähige Zwischenlösungen ausgegeben werden können, die durch den Planer zu beurteilen sind. Die Transparenz der Planungsergebnisse kann dabei zusätzlich durch Ein- oder Ausblenden verschiedener Ebenen (z. B. Transportwege, Kabelschächte, Energieversorgungsleitungen u.ä.m.) erhöht werden.
Neben der Strukturierung ganzer Produktionsbereiche existieren Verfahren zur **Gestaltung einzelner Arbeitsplätze** (Arbeitsplatz-Layout). Unter Berücksichtigung technischer, ergonomischer und wirtschaftlicher Optimierungskriterien können universelle Ausrüstungselemente wie Werkzeuge, Arbeitstische, Vorrichtungen in Normabmessungen zur Anordnung im Dialog

←

Schaubild VIII.33. Zweistufige Vorgehensweise bei MODULAP
(*Dolezalek/Warnecke*, 1981, S. 344)

aufgerufen werden, so daß menschlichen Bedürfnissen gerecht werdende Arbeitssysteme entstehen.

Als Beispiele für ältere **Programmpakete zur interaktiven Layout-Planung** seien hier **BELINDA** (BEstimmung von Layout im INteraktiven DiAlog, vgl. *Hardeck*, 1977) und **PLADIS** (Programm zur LAyoutplanung über DISplay, vgl. *Ernst*, 1978) genannt. Neuere Verfahren der interaktiven Layout-Planung bilden z. B. **DILAP** (DIaLoggeführtes Programm zur Werkstättenplanung, vgl. *Gerlach* u.a., 1987, S. 11 ff.), **MICROLAY** (vgl. *Wäscher/Chamoni*, 1987, 185 ff.) und **INTALA** (INTerAktive LAyoutplanung, vgl. *Dangelmaier*, 1986a, S. 25 ff.), von denen im nachfolgenden nur das Verfahren INTALA im Überblick vorgestellt wird.

Bei INTALA handelt es sich um ein am Fraunhofer-Institut für Produktionstechnik und Automatisierung (IPA), Stuttgart, entwickeltes **interaktives EDV-gestütztes Layout-Planungssystem**, das in der Version PC-INTALA auch für den Einsatz auf Personal-Computern geeignet ist (vgl. *Dangelmaier*, 1986a, S. 25 ff.; *o. V.*, Produktbeschreibung PC-INTALA). INTALA/PC-INTALA kann sowohl für Neuplanungen, Erweiterungsplanungen als auch Umstellungsplanungen Verwendung finden, wobei verschiedene Detaillierungsstufen von Layout-Varianten ermittelt und bewertet werden können. Ausgehend von Materialflußdaten auf der Basis von Produktprogramm und Arbeitsplänen, Geometriedaten (z. B. Rastermaß, Planungsflächen, Abmessungen sowie Materialflußeingänge und -ausgänge der Organisationseinheiten) sowie Verwaltungsdaten (z. B. Bezeichnungen der Organisationseinheiten) erfolgt die interaktive Planung des Layout (vgl. Schaubild VIII.34). Im Zuge des interaktiven Layout-Planungsprozesses präsentiert der Rechner dem Planer auf einem Graphikbildschirm einen Vorschlag im Hinblick auf das bevorzugt als nächstes zu plazierende Objekt und dessen optimalen Standort. Basis für die rechnergestützte Auswahl des anzuordnenden Objektes und die Ermittlung des vorgeschlagenen Standortes bilden dabei Materialflußbeziehungen. Der Planer kann im Rahmen der interaktiven Kommunikation dem Vorschlag des Rechners hinsichtlich Anordnungsobjekt und -standort folgen oder eine abweichende Entscheidung treffen. Der Forderung nach einer weitgehend aktiven Gestaltung des Layout durch den Planer wird mit Hilfe einer Reihe von speziellen Eingriffsformen Rechnung getragen. Das Programm ermöglicht es z. B., daß alle während eines Planungslaufes getroffenen Anordnungsentscheidungen vom Planer wieder aufgehoben bzw. abgeändert werden können, und zwar unabhängig davon, ob sie durch den Rechner oder durch den Planer getroffen wurden. So können z. B. bereits angeordnete Betriebsmittel verschoben, verdreht, vertauscht und in ihren Grundrißformen verändert werden, neue Betriebsmittel lassen sich selbständig anordnen und Verkehrswege werden nach Bedarf angelegt und gelöscht.

Mit Hilfe des Materialflußdiagrammes können die Materialflußströme für jedes Layout visualisiert werden. Zur Veranschaulichung der Stärke der Materialflußströme dienen Pfeile unterschiedlicher Farbe und Breite. Mit einem speziellen Auswertungsteil von PC-INTALA können die Flächenbelegungen der Layout-Varianten analysiert werden. Schnittstellen ermöglichen es, Daten zur Weiterverarbeitung in CAD-Systeme und ein spezielles System zur Fertigungsablaufsimulation zu transferieren.

Anlagenanordnung (Layout-Planung) 307

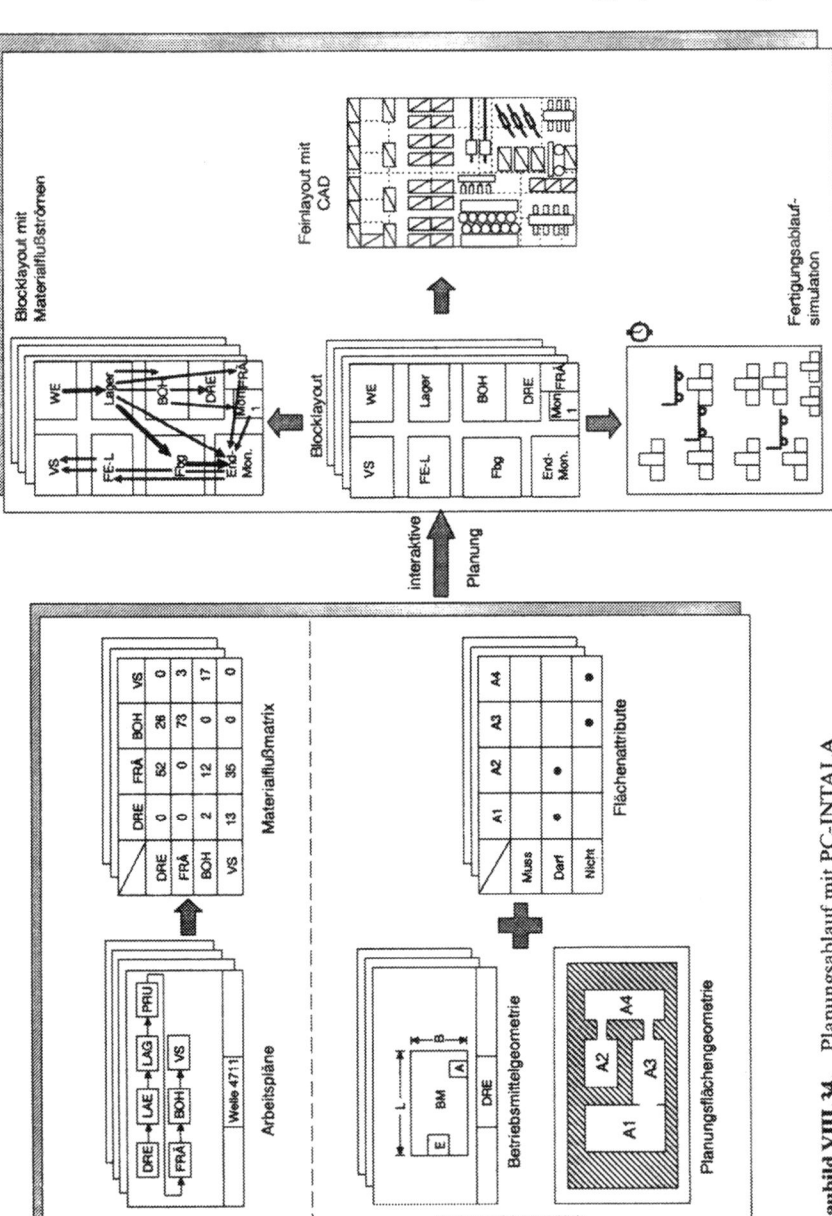

Schaubild VIII.34. Planungsablauf mit PC-INTALA
(o.V., Produktbeschreibung PC-INTALA, o.J., o.S.)

3.5.2 Layout-Planung bei Fließproduktion mit fertigungstechnischen Produktionsanlagen

Bei **Fließproduktion** werden die Arbeitssysteme in der Reihenfolge der für die Produkterstellung erforderlichen Verrichtungsarten, also nach dem Produktentstehungsprozeß, angeordnet. Hierbei wird vielfach zwischen einer sog. **natürlichen (Zwangslauf- oder Prozeß-)Fließproduktion**, wie sie häufig in der chemischen Industrie aufgrund verfahrenstechnischer Erfordernisse anzutreffen ist (siehe Kapitel 3.5.3), und einer sog. **künstlichen (fertigungsorganisatorischen) Fließproduktion** unterschieden (vgl. *Hoitsch*, 1985, S. 57; *Kern*, 1990, S. 93 ff.).

Unterschiedliche Erscheinungsformen der künstlichen Fließproduktion mit fertigungstechnischen Produktionsanlagen resultieren insbesondere aus der **Art der zeitlichen und räumlichen Koppelung** der einzelnen Arbeitssysteme/Arbeitsstationen. Im Falle **zeitlich gekoppelter Fließproduktion** ist die Zeitdauer der Produktionsprozesse je Produkt und Arbeitssystem auf eine zeitlich identische Basiseinheit, die sog. **Taktzeit**, abgestimmt. Innerhalb dieser Taktzeit sind von den Arbeitssystemen – auch als Arbeitsstationen bezeichnet – die ihnen zugeordneten Arbeitsaufgaben (= ein Prozeß oder mehrere Prozesse) zu erfüllen. Jeweils nach Ablauf des Taktes wird mit den Arbeitsvorgängen des Folgetaktes begonnen (vgl. *Steffen*, 1977, S. 22). Eine derartige zeitlich abgestimmte Fließproduktion wird daher vielfach auch als Taktfertigung bezeichnet (vgl. *Zäpfel*, 1989, S. 186). Im Falle einer **zeitlich nicht gekoppelten Fließproduktion** sind die einzelnen Arbeitsstationen zwar ebenfalls nach dem Produktentstehungsprozeß angeordnet, es besteht jedoch keine direkte zeitliche Bindung zwischen den einzelnen Arbeitsstationen. Damit entfällt die Notwendigkeit, die Werkstücke jeweils unmittelbar an die nachfolgenden Arbeitsstationen weiterzugeben. Eine derartige zeitlich entkoppelte Fließproduktion wird vielfach auch als Reihenfertigung bezeichnet (vgl. *Hoitsch*, 1985, S. 55f.; *REFA*, 1985, S. 257; *Zäpfel*, 1989, S. 186). Die zeitliche Entkopplung der Arbeitsstationen wird dabei mit Hilfe von Pufferlagern erreicht, die eine Harmonisierung unterschiedlicher Arbeitsrhythmen ermöglichen. Diese können ebenfalls in besonderen Fällen bei zeitlich gebundener Fließproduktion eingesetzt werden, um im Falle von Störungen eine Weiterführung der Produktion auf den der Störstelle vor- oder nachgelagerten Arbeitsstationen sicherzustellen. Wirtschaftlich ist hierbei zwischen den entstehenden zusätzlichen Zwischenlagerkosten und den Störungsfolgekosten abzuwägen. Nach den neueren Konzepten der lean production werden zur Sicherung der hohen Qualitäts- und Leistungs- bzw. Motivationsanforderungen bewußt Störungen riskiert und daher die Zwischenlagerhaltung vermieden.

Im Falle einer **Fließproduktion mit fester räumlicher Koppelung** durchlaufen die Produktionsgüter die Arbeitsstationen in gleicher Richtung und Reihenfolge. Demgegenüber sind bei **Fließproduktion ohne feste räumliche Koppelung** die Arbeitsstationen zwar ebenfalls in der Reihenfolge aufgestellt, in der die Bearbeitungsvorgänge i.d.R. am häufigsten auftreten, je nach Produktvariante können jedoch von den Produktionsgütern einzelne Arbeitsstationen übersprungen und auch wiederholt angelaufen werden (sog. Produktionsschleifen).

Im Zusammenhang mit der Layout-Planung bei Fließproduktion sind zwei Entscheidungsbereiche angesprochen:

- **Die räumliche Anordnung von grundsätzlich fest zu installierenden Anlagen** ist festzulegen.
- Basierend auf den im Rahmen der Anlagenauswahl bereits getroffenen grundsätzlichen Entscheidungen im Hinblick auf die Art der Arbeitssysteme – und ggf. auch deren fördertechnischer Verkettung – sind im Falle der zeitlich gekoppelten Fließproduktion in enger Verbindung zur Anlagenanordnung Entscheidungen über
    - die **Anzahl der Arbeitsstationen**,
    - die **Taktzeit** sowie evtl. erforderliche
    - **Pufferlager** zu treffen.

Damit wird deutlich, daß die Layout-Gestaltung bei zeitlich gekoppelter Fließproduktion unlösbar mit der Ablauforganisation der Produktion verbunden ist (vgl. Teil VI).

Neben der Layout-Gestaltung in bezug auf fest zu installierende Anlagen sind entsprechende Entscheidungen auch bei Fließproduktion mit **mobilen Arbeitsstationen und bei flexiblen Ausgestaltungsmöglichkeiten von Arbeitsstationen** zu treffen. Eine endgültige Festlegung von Art, Menge und Anordnung der Arbeitsstationen kann in diesem Fall im Bereich der operativen Planung vorgenommen werden, wobei grundsätzlich von einem gegebenen Bestand an verfügbaren Sach- und Humanpotentialen auszugehen ist. Es sind jedoch auch Fälle zu beobachten, in denen für die Fließbandeinrichtung Personal neu eingestellt oder auch entlassen wird. Gleiches gilt für die Beschaffung und den Einsatz von Werkzeugen und anderen Arbeitsmitteln.

Im Sinne einer entscheidungsorientierten Betrachtung ist für die Layout-Planung bei zeitlich gekoppelter Produktion von besonderer Bedeutung, daß sich im Hinblick auf die Ausgestaltung der Struktur eines Fließsystems für ein vorgegebenes Produktprogramm Strukturalternativen ermitteln lassen, die auf den grundlegenden Beziehungen zwischen der Anzahl der Arbeitsstationen und der Taktzeit beruhen. Es handelt sich dabei um das Problem der sog. **Leistungsabstimmung**, auch als **Fließbandabstimmung (Assembly Line Balancing/ Line Balancing)** oder **Austaktung** bezeichnet (vgl. *Adam*, 1983, S. 746; *Baybars*, 1986, S. 909 ff.; *Bullinger*, 1986, S. 223 ff.; *Hax/Candea*, 1984, S. 359 ff.; *Küpper*, 1981, S. 167 ff., *REFA*, 1985, S. 282; *Talbot/Patterson/Gehrlein*, 1986, S. 430 ff.; *Zäpfel*, 1989, S. 197).

Während im Rahmen der **operativen Planung** die Anordnung von Arbeitssystemen unter der Zielsetzung einer Minimierung der variablen Kosten erfolgt, sind bei der **hier interessierenden Problemstellung ebenfalls die kapazitätsdeterminierten fixen Kosten zu berücksichtigen**. Ihre Entscheidungsrelevanz resultiert aus der Möglichkeit, daß basierend auf dem hier zugrunde gelegten Entscheidungsfeld Art und Menge der zu installierenden Arbeitssysteme (ggf. durch entsprechende Rückkoppelungen mit der Anlagenauswahl) beeinflußt werden können. Hierdurch begründet nimmt die Minimierung der

Leerkosten als Zielgröße eine zentrale Stellung bei der Layout-Planung im Rahmen der Fließproduktion ein.

Für die Layout-Planung bei Fließproduktion gilt, daß durch die Anordnung nach dem Produktentstehungsprozeß bereits eine relativ klare Vorstrukturierung der Arbeitssystemanordnung gegeben ist. In der konkreten Ausprägung ist jedoch auch hier zwischen unterschiedlichen Layout-Strukturen zu unterscheiden. Im Hinblick auf Strukturvarianten des Layout bei Fließproduktion kann vor allem zwischen **einfachen, gekoppelten und parallelen Fließstrecken** differenziert werden, bei denen jeweils unterschiedliche zeitliche und räumliche Koppelungen vorliegen können (vgl. auch Teil VI).

Bei einfachen Fließstrecken erfolgt die Produktion einer Produktart kontinuierlich auf einer Fließstrecke. Die Anordnung der Arbeitsstationen kann dabei grundsätzlich sowohl in Linienform als auch in hiervon abweichenden Formen (z.B. U-Form, Kreisform) erfolgen (vgl. auch Schaubild VIII.23 und *Aneke/Carrie*, 1984, S. 294f.).

Bei gekoppelten Fließstrecken werden Fließstrecken über sog. **Koppelungsstellen** miteinander verbunden. Dabei können entweder Fließstrecken hintereinander geschaltet werden, oder es erfolgt eine **Ankoppelung von Nebenstrecken bzw. Nebenbändern an eine Hauptstrecke bzw. ein Hauptband**. Falls in Nebenfließstrecken weitere Nebenfließstrecken einmünden, kann dann zwischen Nebenfließstrecken ersten und höheren Grades unterschieden wer-

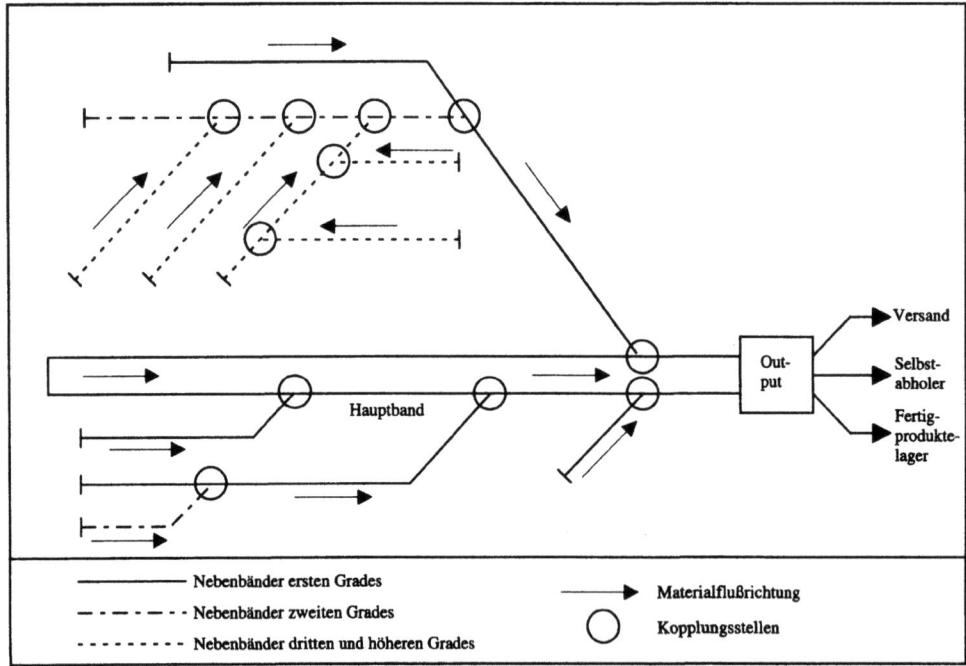

Schaubild VIII.35. Schematische Darstellung eines Fließproduktionssystems bestehend aus Haupt- und Nebenbändern

den (vgl. *Mellerowicz*, 1981a, S. 349f.; Teil VI, Kapitel 4.1.1). Schaubild VIII.35 verdeutlicht das Prinzip der Ankoppelung von Nebenfließstrecken an eine Hauptfließstrecke und die daraus resultierende Hierarchie von Fließstrecken.

Ein Fließproduktionssystem aus Hauptband und Nebenbändern ist bezüglich des Produktionsprozesses besonders anfällig gegenüber Störungen auf Teilen der Fließstrecke. Die Wirkungen einer Störung können – wie bereits angedeutet – innerhalb gewisser Grenzen durch die Einrichtung von Pufferlagern gemildert werden. Eine zweite und weiterreichende Alternative, um Ausweichmöglichkeiten bei Störungen im Produktionsprozeß zu haben, besteht darin, an Stelle einer Hauptfließstrecke mehrere Fließstrecken mit entsprechenden Kapazitäten nach dem **Prinzip paralleler Bänder** einzurichten. Bei technisch gleich oder ähnlich ausgestatteten Fließstrecken wird es bei Störung einer Fließstrecke möglich, den Produktionsausfall durch andere intakte Fließstrecken bis zu gewissen Grenzen auszugleichen. Diese Fließsysteme können als flexible Produktionssysteme z.B. in Form flexibler Transferstraßen ausgebildet sein (vgl. zur Kennzeichnung flexibler Transferstraßen *Kettner/Schmidt/Greim*, 1984, S. 212f.; *Scheer*, 1990a, S. 55f.; *Zäpfel*, 1989, S. 188). Zusätzliche Flexibilität kann erreicht werden, wenn parallele Fließstrecken in Form einer **Produktionswabe** miteinander gekoppelt werden (vgl. Schaubild VIII.36 sowie auch Teil VI, Kapitel 4.1.1).

Insbesondere im Bereich der im folgenden Abschnitt betrachteten chemisch-analytischen Produktion kann sich in umgekehrter Weise, wie es für die

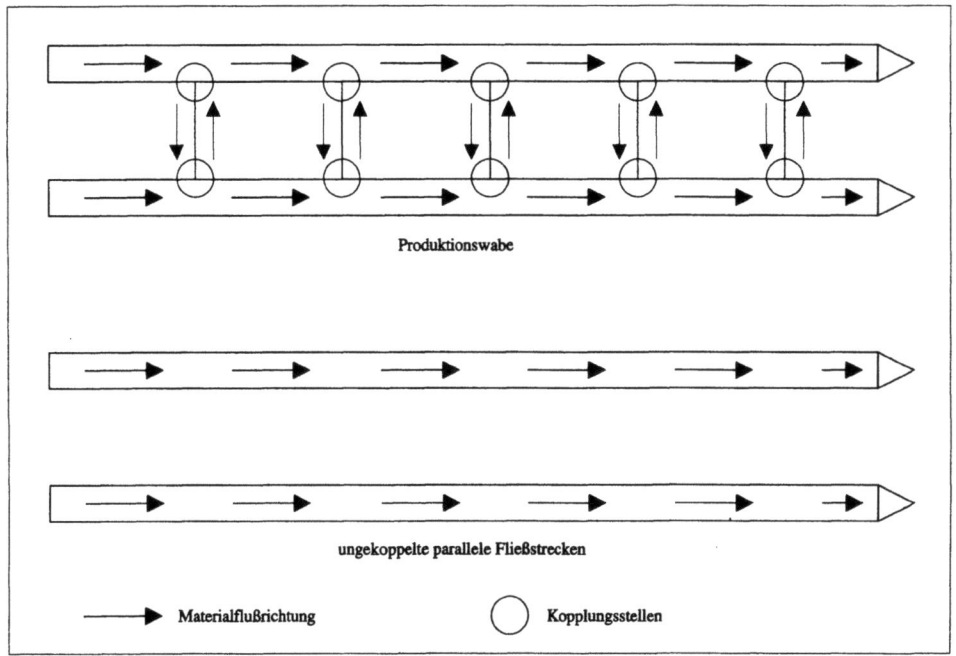

Schaubild VIII.36. Schematische Darstellung einer Produktionswabe im Vergleich zu ungekoppelten parallelen Fließstrecken

zusammenbauende bzw. synthetische Produktion beschrieben worden ist, eine Fließstrecke für den weiteren Produktionsprozeß auch in mehrere nachfolgende Fließstrecken verzweigen.

Für die relativ optimale Gestaltung von Layout-Bildern für Fließproduktion, insbesondere mit Pufferlagern, können EDV-gestützte Materialflußsimulationsmodelle eingesetzt werden.

3.5.3 Layout-Planung bei Fließ- und Chargenproduktion mit verfahrenstechnischen Produktionsanlagen

Vor allem in der chemischen Industrie kommt es zur Anwendung **verfahrenstechnischer Anlagen** (vgl. Kapitel 2.2.1.3.2). Verfahrenstechnische Anlagen bewirken die chemisch-physikalische Eigenschaftsänderung von Stoffen. Der Produktionsprozeß ist dabei i.d.R. durch mehrere Stufen gekennzeichnet, wobei der oder die Ausgangsstoffe über mehrere sog. Grundoperationen in den gewünschten Endzustand überführt werden. Die Grundoperationen werden durch einzelne **Apparate** realisiert. Verfahrenstechnische Produktionsanlagen haben somit ein typisches Erscheinungsbild, bei dem mehrere geschlossene Behälter und Apparate durch Rohrleitungen miteinander verbunden sind. Für Betriebsstoffe – insbesondere Energie in verschiedenster Art – besteht ein Netz von Zuleitungen, für Abfälle in fester, flüssiger und gasförmiger Konsistenz ein Netz von Ableitungen und Transporteinrichtungen. Durch die Vielzahl zu verbindender Verarbeitungsstationen kommt es vielfach zu langen Transportwegen (vgl. *Autorenkollektiv*, 1979).

Man unterscheidet nach der Betriebsweise Fließ- oder Chargenproduktion. Insbesondere bei großen Produktionsmengen laufen die Prozesse kontinuierlich ab, d.h. es ist ein steter Betrieb ohne Totzeiten mit ununterbrochenen Energie- und Stoffströmen realisiert (vgl. Teil I, Kapitel 3.2). Bei kleineren Produktionsmengen findet sich häufig eine diskontinuierliche Fahrweise im Chargenbetrieb. Ähnlich wie beim Kochen werden dabei die Ausgangsstoffe in einen „Kessel" zusammengebracht und nach der Stoffwandlung die Endstoffe bei Bedarf getrennt (vgl. *Grassmann*, 1983).

Die Grundlagen der Layout-Planung bilden die sich aus den Stoff- und Prozeßdaten ergebenden Rohr- und Apparatespezifikationen sowie die Verfahrensschemata und -fließbilder, die das technische Grundmuster des zu realisierenden Prozesses darstellen. Die **Grund- und Verfahrensfließbilder** zeigen die Anlagen in abstrahierender Form mit zunehmendem Detaillierungsgrad (vgl. DIN 28004).

Auf dieser Grundlage kann ein sog. Aufstellungsplan entworfen werden, der die Grundrisse der Ausrüstungen, der Gebäude, Apparategerüste und Rohrbrücken und ihre Abstände zueinander durch Angabe der Entfernungen ihrer Mittelachsen vermaßt. Gerade hierbei wie bei der gesamten Standort- und Layout-Planung ist eine Vielzahl gesetzlicher und anderer Bestimmungen zu beachten (vgl. *Kettner/Schmidt/Greim*, 1984).

Auf der Basis der genannten Informationsquellen kann ein maßstäbliches Modell der Anlage angefertigt werden. Desweiteren ist zur baulichen Realisierung ein sog. **Rohrleitungs- und Instrumenten-(RI-)Fließbild** notwendig. Dieses Fließbild stellt die gesamte Ausrüstung der verfahrenstechnischen Anlage dar. Es enthält insbesondere auch Angaben über Prozeßdaten und alle Apparate und Instrumente (vgl. DIN 28004).

Zur Unterstützung der Montageoperationen werden zweckmäßigerweise auch sog. isometrische Zeichnungen insbesondere für die Darstellung der Verrohrungen verwendet (vgl. *Bernecker*, 1980).

Der Einsatz von **EDV bei der Layout-Planung bei chemischer Fließ- und Chargenproduktion** beinhaltet zum einen die EDV-unterstützte Erstellung der spezifischen Planungsunterlagen (CAD) und zum anderen die Anwendung allgemeiner Optimierungsmodelle zur Betriebsmittelanordnung sowie die Anwendung von Expertensystemen.

Die Anwendung von CAD im Rahmen der Anlagenplanung bezieht sich auf die reine Erstellung und Auswertung konstruktiver und schematischer Zeichnungen (vgl. *Kreher/Hailer*, 1986; *Bender/Wolski*, 1984). Darüber hinaus werden Berechnungen einzelner Apparate durchgeführt.

Das CAD-System erlaubt dem Layout-Planer ein interaktives Modellieren der Betriebsmittelanordnungen. Dabei können entweder die Maße der Apparate und Gebäude vorgegeben oder modifiziert werden. Durch die dreidimensionale Darstellung der erzeugten Konfigurationen ist eine schnelle Beurteilung möglich. Aus der gefundenen Lösung können dann zweidimensionale Aufstellungspläne entwickelt werden. Da der Änderungsdienst ebenfalls am dreidimensionalen Modell ansetzt, erfolgt eine fehlerfreie Umsetzung der Änderungen. Hierbei kommt es zu erheblichen Rationalisierungseffekten (vgl. *Lang/Kreher/Wolski*, 1984).

Eine solche Modellierung kann in den folgenden Grundschritten ablaufen:

1. Interaktives dreidimensionales Modellieren der Apparate am Bildschirm. Hierbei kann es bei der Auswahl und Dimensionierung einzelner Komponenten zum Einsatz wissensbasierter Systeme (Expertensysteme) kommen.
2. Interaktives dreidimensionales Modellieren des Gebäudes.
3. Interaktives Plazieren der Apparate in das Gebäude.
4. Interaktives Definieren der benötigten zweidimensionalen Pläne.

Neben Systemen, die den Planer in der Entscheidungsfähigkeit lediglich unterstützen, kommt es zur Anwendung von Optimierungsmodellen, die dem Planer nach einer vorgegebenen Zielfunktion eine Lösung präsentieren. In der chemischen Industrie interessiert im Sinne einer Kostenminimierung vor allem das Ziel der minimalen Transportwege. Diese beeinflussen den Aufwand beispielsweise für Rohrleitungen und führen u.U. zu Wärme- und Druckverlusten, die dann wieder durch entsprechende Dimensionierung der Apparate kompensiert werden müssen.

Da die meisten Optimierungsmodelle nur eine oder wenige Zielgrößen berücksichtigen, ist stets eine Nachbearbeitung unter Berücksichtigung wesentlicher technischer, sozialer (Vorschriften zur Arbeitsplatzgestaltung und -sicherheit) und zunehmend gerade in der chemischen Industrie auch ökologischer Randbedingungen notwendig. Vielversprechender als die weitere Verfeinerung der Optimierungsmodelle erscheint deshalb die Entwicklung dialogorientierter, wissensbasierter Systeme (vgl. *Kettner/Schmidt/Greim*, 1984). Betriebswirtschaftlich bedeutsam ist, daß besonders bei verfahrenstechnischen Anlagen für Gebäude und Apparatesysteme mit ihrem gesamten Layout die wirtschaftliche Nutzungsdauer i.d.R. von der Produktlebensdauer und nicht von der technischen Haltbarkeit her zu bestimmen ist. Daher sind hier langfristige Marktforschung und Vermarktungskonzepte für die Investitionsplanung und Wirtschaftlichkeitsrechnung von herausragender Bedeutung.

3.5.4 Layout-Planung bei Zentrenproduktion

Bei **Zentrenproduktion** erfolgt eine Zusammenfassung von verschiedenen Verrichtungsarten bzw. der dazu erforderlichen Arbeitssysteme, die gruppenförmig angeordnet werden und eine Komplettbearbeitung von ähnlichen oder fertigungsverwandten Produktionsgegenständen ermöglichen. Als **Erscheinungsformen der Zentrenproduktion** lassen sich **flexible Produktionszelle** (Bearbeitungszentrum), **Produktionsinsel** sowie **Flexibles Fertigungssystem** unterscheiden (vgl. Teil I, Kapitel 3.2 und die dort angegebene Literatur).

Ebenso wie im Bereich der operativen Programm- und Prozeßplanung (vgl. Teil VI, Kapitel 5) kann auch bei der Layout-Planung von Produktionszentren eine Differenzierung in eine

- **zentrenübergreifende Planung** und eine
- **zentreninterne Planung**

vollzogen werden. Für die zentrenübergreifende Layout-Planung gilt, daß die Produktionszentren grundsätzlich nach dem Prinzip der Werkstatt- oder der Fließproduktion angeordnet werden können. Da jedes Produktionszentrum auf dieser Betrachtungsebene als **ein Kapazitätsträger** angesehen wird, und zwar unabhängig davon, ob es aus einem oder mehreren Arbeitssystemen besteht, können die Probleme der zentrenübergreifenden Layout-Planung entsprechend mit den Verfahren für Werkstattproduktion oder Fließproduktion gelöst werden. Für die Erreichung der Ziele der Layout-Planung gilt, daß entsprechend der Trennung in zentrenübergreifende und zentreninterne Layout-Planung grundsätzlich zwischen einer **Zielerreichung aufgrund zentreninterner Anordnungsentscheidungen** und einer **Zielerreichung aufgrund zentrenübergreifender Anordnungsentscheidungen** zu differenzieren ist. Diese analytische Trennung im Sinne der hierarchischen Planung ermöglicht es, die Mikrostrukturierung von Produktionszentren (zumindest anfänglich) losgelöst von der Einordnung in die Makrostruktur zu behandeln.

Für die **zentreninterne Layout-Planung** gilt, daß diese i.d.R. durch eine besonders enge Verknüpfung zur Anlagenauswahl gekennzeichnet ist (vgl. z. B. *Zeh*, 1988, S. 53 ff.). Grundsätzlich kann es sich hierbei als zweckmäßig erweisen, **eine simultane Entscheidung über Art und Anzahl der Produktionsanlagen sowie deren räumlicher Anordnung** (im Verhältnis zueinander) zu treffen – d. h. eine Layout-Planung i.w.S. durchzuführen. Denkbar ist dies insbesondere im Falle der hier primär interessierenden **flexiblen Fertigungssysteme**, da deren

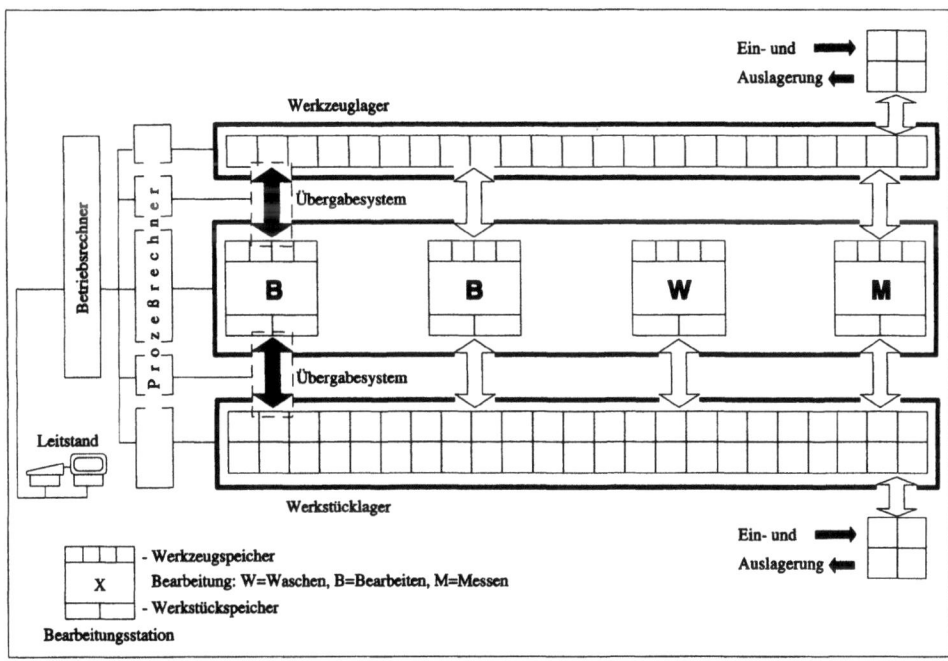

Schaubild VIII.37. Prinzip eines flexiblen Fertigungssystems (*Wiendahl*, 1986, S. 34)

Leistungsvermögen maßgeblich durch die Ausgestaltung der materialflußtechnischen Verknüpfung beeinflußt wird (vgl. Schaubild VIII.37). Die materialflußtechnische Verknüpfung steht dabei ihrerseits wiederum in enger Beziehung zur Anordnungsstruktur der einzelnen fertigungstechnischen Anlagen des flexiblen Fertigungssystems. So hat die exakte Lage der produktions- und fördertechnischen Anlagen Einfluß auf die Transportdauer, den Leerfahrtaufwand und die Blockierzeiten (vgl. zu den Formen der Blockierung in flexiblen Fertigungssystemen *Tempelmeier/Kuhn/Tetzlaff*, 1988 und *Tempelmeier/Kuhn/Tetzlaff*, 1989)[3]. Die Wartezeiten auf Transportmittel haben ihrerseits wiederum Einfluß z. B. auf die Pufferdimensionierung und die Werkstückträgerzahlen mit entsprechenden Auswirkungen auf den Anlagennutzungsgrad und damit auf die Wirtschaftlichkeit (vgl. *Spur u.a.*, 1990, S. 9).

Im konkreten Planungsfall gilt es, ausgehend von den vorab bestimmten Bestandteilen des flexiblen Fertigungssystems alternative Layouts zu konfigu-

---

[3] Bei flexiblen Fertigungssystemen wird grundsätzlich zwischen zwei Formen von Blockierung unterschieden:
1. Transportblockierung („Starving"): Eine Maschine muß auf ein zu bearbeitendes Werkstück warten, das sich zwar innerhalb des flexiblen Fertigungssystems befindet, jedoch erst herantransportiert werden muß.
2. Serviceblockierung („Blocking"): Eine Maschine ist blockiert, weil der Abtransport eines fertig bearbeiteten Werkstücks in den zentralen Puffer aufgrund von Platzmangel nicht möglich ist.

rieren und einer Bewertung zu unterziehen. Die Freiheitsgrade bei der Layout-Planung werden dabei maßgeblich vom Umfang der im Rahmen der Anlagenauswahl festgelegten Bestandteile des flexiblen Fertigungssystems determiniert: „In practice, the decision regarding the selection of the type of material handling system is typically made at the equipment selection stage. The structure of the layout is then determined based on the number of machines, space limitations and type of material handling system" (*Heragu/Kusiak*, 1988, S. 261; vgl. zu den hierarchischen Stufen der Planung im Bereich von flexiblen Fertigungssystemen auch *Buzacott/Yao*, 1986, S. 894 ff.; *Wemmerlöv/Hyer*, 1987, S. 419 ff.). Beispiele für **konkretisierte Strukturvarianten flexibler Fertigungssysteme** veranschaulicht Schaubild VIII.38 (vgl. zu unterschiedlichen Anordnungsstrukturen von Arbeitssystemen im Rahmen flexibler Fertigungssysteme auch *Heragu/Kusiak*, 1988, S. 259 ff.).

Zur Unterstützung der bei der Konfiguration von flexiblen Fertigungssystemen zu treffenden Entscheidungen werden in der Literatur im Hinblick auf **analytische Verfahren** vor allem die Verfahren CANQ (Computer Analysis of Networks of Queues) und MVA (Mean-Value Analysis) diskutiert, die auf der

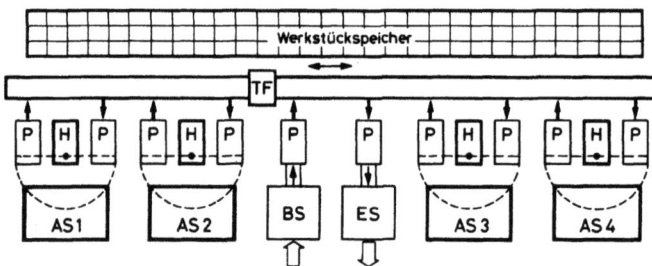

a) Regalverknüpftes, flexibles Fertigungssystem mit einem Transportfahrzeug (Linienprinzip)
(aufgrund begrenzter Transportkapazität geeignet für kleine bis mittlere Anzahl von Bearbeitungsstationen mit hohen durchschnittlichen Bearbeitungszeiten)

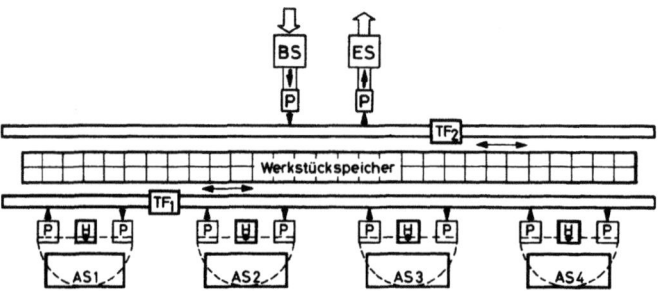

b) Regalverknüpftes, flexibles Fertigungssystem mit zwei voneinander unabhängigen Transportfahrzeugen (Linienprinzip)
(gegenüber a) verbesserte Flexibilität und Kapazitätsnutzung infolge Trennung von Be-/Entladebereich und Fertigungsbereich; raschere Bedienung der Maschinen möglich)

Schaubild VIII.38. Schematisierte Beispiele möglicher Strukturvarianten flexibler Fertigungssysteme (*Kettner/Schmidt/Greim*, 1984, S. 216 f. nach *Wiendahl*)

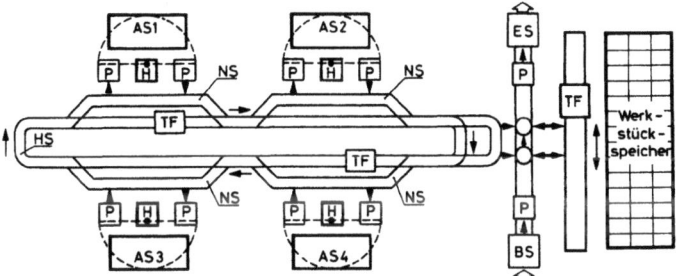

c) Flexibles Fertigungssystem mit Zentralspeicher, Haupt- und Nebentransportstrecken (Schleifenprinzip)
(aufgrund der hohen Transportflexibilität und eingeschränkt wahlfreier Linienführung insbesondere geeignet für räumlich große Systeme mit großer Stationenzahl bei mittleren Bearbeitungszeiten)

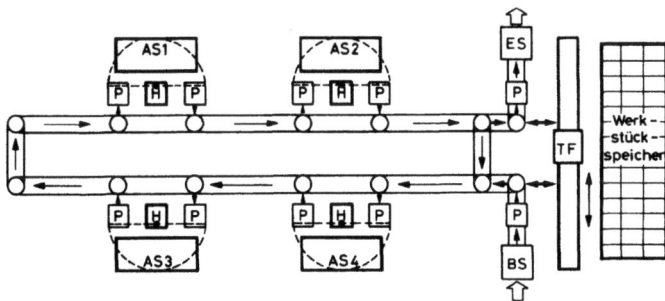

d) Flexibles Fertigungssystem mit Zentralspeicher (Schleifenprinzip)
(aufgrund hoher Transportkapazität und einliniger Materialflußführung geeignet für Systeme mittlerer bis großer Stationenzahl bei kleinen Bearbeitungszeiten)

Schaubild VIII.38 (2)

Theorie der geschlossenen Warteschlangennetzwerke basieren (vgl. hierzu die Verfahrensbeschreibungen und Leistungsvergleiche bei *Tempelmeier*, 1988, S. 963 ff.). Mit zunehmender Komplexität der zu beurteilenden Konfigurationen werden verstärkt Betrachtungen auf der Basis von **Simulationen des Produktionsprozesses** empfohlen, um die interessierenden dynamischen Kenngrößen zu ermitteln (vgl. *Eversheim/Fromm*, 1986, S. 543 ff.; *Erkes/Schönheit/ Wiegershaus*, 1988, S. 67; *Gohout*, 1990; *Lamers*, 1989, S. 451 ff.; *Spur u.a.*, 1990, S. 8 ff.; *Spur/Viehweger/Wieneke-Toutaoui*, 1988, S. 269 ff.; *Tempelmeier*, 1988, S. 977 f.; *Tönshoff u.a.*, 1989, S. 635 ff.; *Zäpfel*, 1989, S. 234 ff.; *Zeh*, 1988, S. 62 ff.). Neben **Batch-Simulationsläufen** finden dabei auch im Hinblick auf flexible Fertigungssysteme verstärkt **Simulationen in Form der Computeranimation** Verwendung (vgl. *Eversheim/Fromm*, 1986, S. 544 f.). Die Ergebnisse der Simulationen bilden einen zentralen Bestandteil bei der Beurteilung von Systemkonfigurationen im Hinblick auf die Erreichung der formulierten Wert-, Sach- und Sozialziele.

Im Hinblick auf die EDV-Unterstützung bei der zentreninternen Layout-Planung von Produktionszentren ist festzustellen, daß diese aufgrund der o.a. engen Verknüpfung zur Anlagenauswahl vielfach in entsprechende **Programme zur integrierten Konfiguration von Produktionszentren** einbezogen ist. Häufig erfolgt dabei vor allem für flexible Fertigungssysteme die Erarbeitung der zentreninternen Konfiguration auf der Basis der anwenderspezifischen Vorgaben durch die Systemhersteller oder auch durch Dritte (z.B. Beratungsunternehmungen).

Als Beispiele für EDV-unterstützte Systeme seien **MOSYS** (vgl. *Spur u.a.*, 1990, S. 8 ff.; *Seliger u.a.*, 1990, S. 175 ff.; *Wieneke-Toutaoui*, 1987, S. 71 ff.; *IPK-Berlin*, 1988), **FASTPLAN** (vgl. *Rickert*, 1989, S. 77 ff.; *Gerlach/Rickert*, 1990, S. 231 ff.), **FLEXPERT** (vgl. *Tönshoff u.a.*, 1989, S. 635 ff.) sowie **FFS-Eval** (vgl. *Tempelmeier*, 1988, S. 963 ff.; *Tempelmeier*, 1989, S. 448 ff.) genannt.

4 Anlageninstandhaltung

4.1 Grundsätzliches zur Instandhaltung von Anlagen

4.1.1 Produktionswirtschaftliche Bedeutung und begriffliche Grundlagen der Anlageninstandhaltung

Zur Instandhaltung zählen nach **DIN 31051** sämtliche Maßnahmen zur Bewahrung und zur gegebenenfalls notwendigen Wiederherstellung des Soll-Zustandes sowie zur Feststellung und Beurteilung des Ist-Zustandes von Produktionsanlagen oder deren Teilen. Es handelt sich somit bei der Instandhaltung um Aktionen, die erforderlich sind, um die Funktionsfähigkeit der Produktionsanlagen einer Industrieunternehmung bis zum Ende der wirtschaftlichen Nutzungsdauer vor Beeinträchtigungen zu schützen bzw. bei Verschleiß und Störungen wieder auf den erforderlichen Leistungsstand zu bringen ((Wieder)Herstellung der benötigten qualitativen und quantitativen Kapazität) (vgl. hierzu auch *Schelo*, 1972, S. 19; *Herzig*, 1979, Sp. 815; *Männel*, 1988, S. 11). Als Maßnahmen kommen Instandsetzung (Reparatur), Inspektion und Wartung in Betracht, wie weiter unten noch näher erläutert wird (vgl. Schaubild VIII.39).

Die Anlageninstandhaltung kann hierbei als **spezifischer Produktionsprozeß** zur Erbringung von Instandhaltungs(dienst-)leistungen interpretiert werden (vgl. hierzu ausführlich *Herzig*, 1979, Sp. 818 ff.). Die Vielzahl unterschiedlicher Arten von Produktionsanlagen und ihre jeweiligen Abnutzungsgrade und -verläufe führen dazu, daß Reparaturmaßnahmen im Rahmen der Anlageninstandhaltung, insbesondere Großreparaturen, grundsätzlich zum Produktionstyp der Einzelproduktion zu rechnen sind. Anders verhält es sich mit Inspektions- und Wartungsmaßnahmen sowie Routinereparaturen etwa an Serienmaschinen, wo 70–80% der Instandhaltungsmaßnahmen Wiederholtätigkeiten im Sinne von Sorten- und Massengüterproduktion darstellen (vgl. *Kroesen*, 1983, S. 30).

Die wirtschaftliche Bedeutung der Instandhaltung ist mit der zunehmenden Anlagenintensität und Automatisierung der Produktion in den letzten Jahren stark angestiegen. Unter Wirtschaftlichkeitsaspekten ist der **Vermeidung von Produktionsstillständen** bzw. **Sicherung der Anlagenverfügbarkeit** hohe Priorität einzuräumen, vor allem bei der Realisierung von CIM-Konzepten mit vernetzten Produktionsanlagen. Die Instandhaltung soll eine möglichst **vollständige Nutzung der Leistungsfähigkeit** dieser kapitalintensiven flexiblen Produktionsanlagensysteme gewährleisten.

Instandhaltung			
geplante (vorbeugende) Instandhaltung			ungeplante Instandhaltung
Wartung	Inspektion	vorbeugende Instandsetzung	ausfallbedingte Instandsetzung
Bewahren	Feststellen und Beurteilen	Wiederherstellen	
des SOLL-Zustandes einer Produktionsanlage	des IST-Zustandes einer Produktionsanlage	des SOLL-Zustandes einer Produktionsanlage	

Schaubild VIII.39. Definitionen in der Instandhaltung (vgl. *Schulte*, 1988, S. 13)

Instandhaltungsmaßnahmen und reibungsloser Ablauf von Produktionsprozessen stehen zum Teil in einem konträren Verhältnis zueinander, da Produktionsprozesse für die Durchführung bestimmter vorbeugender Instandhaltungsmaßnahmen unterbrochen werden müssen und die Dauer störungsbedingter Unterbrechungen der Produktionsprozesse von Art und Effizienz der Instandhaltungsmaßnahmen abhängt. Darüber hinaus wird durch die in der Produktionsplanung festgelegte zeitliche und intensitätsmäßige Nutzung der Produktionsanlagen auch das Verschleiß- und Ausfallverhalten dieser Anlagen wesentlich mit beeinflußt.

Soweit für die Durchführung von Instandhaltungsmaßnahmen eigene Werkstätten eingesetzt werden sollen, sind maschinelle und personelle Instandhaltungspotentiale sowie evtl. auch Reserveteile vorzuhalten. Die Erbringung von Instandhaltungsleistungen für verschiedene Produktionsbetriebe, Hilfsbetriebe und Verwaltungsstellen bedarf sorgfältiger Planung, insbesondere mit dem Ziel, Leerkapazitäten und Spitzenbelastungen der Instandhaltungsbetriebe zu vermeiden. Im Vorfeld ist hierbei über den Rahmen maximal einsetzbarer Eigen- und Fremdleistungen zu entscheiden.

Die **Instandhaltungsplanung** beinhaltet die systematische Entscheidungsvorbereitung und Entscheidungsfällung über alle Maßnahmen zur Erhaltung und Wiederherstellung der qualitativen und quantitativen Anlagenkapazität bzw. ihrer Nutzbarkeit. Im Rahmen der **Instandhaltungssteuerung** erfolgt die detaillierte Festlegung der Durchführung der geplanten Instandhaltungsmaßnahmen sowie die Veranlassung ihrer Durchführung. Die Instandhaltungssteuerung erfolgt hierbei in enger Verbindung mit der Instandhaltungskontrolle. Die **Instandhaltungskontrolle** dient dem Soll-/Ist-Vergleich und der Ermittlung eventueller Abweichungen bei der Durchführung der Instandhaltungsmaßnahmen. Treten Abweichungen auf, sind Ursachen und Verantwortung zu klären sowie u.U. auch Konsequenzanalysen durchzuführen, die durch

Rückkoppelungsprozesse mit den Planungs- und Entscheidungsträgern zu verbinden sind.

Inhaltlich wird die Instandhaltung nach DIN 31051 in Wartung, Inspektion und Instandsetzung unterteilt (vgl. generell zur Instandhaltungssystematik *Francke*, 1992, S. 9). Als **Wartung** werden hierbei sämtliche Maßnahmen zur Bewahrung des Soll-Zustandes von Produktionsanlagen bezeichnet. Hierzu werden alle Pflegemaßnahmen von Produktionsanlagen gerechnet wie Reinigen, Abschmieren, Justieren, Nachfüllen von Betriebsstoffen und Katalysatoren sowie ähnliche Maßnahmen zur Verminderung oder Verhinderung von Verschleißerscheinungen. Durch die **Inspektion** erfolgt die Feststellung und Beurteilung des Ist-Zustandes der Produktionsanlagen (z. B. Messen, Prüfen, Diagnostizieren). Sie umfaßt die Überprüfung der Funktionen von Produktionsanlagen sowie des qualitativen Zustandes von Baugruppen und Anlagenteilen. **Instandsetzung** hingegen umfaßt alle Maßnahmen zur (Wieder-)Herstellung eines geforderten Soll-Zustandes der Produktionsanlagen (z. B. Ausbessern, Austauschen), wobei der Soll-Zustand nicht gleichbleibend sein muß, sondern im Rahmen technologischer Möglichkeiten an veränderte geringere oder höhere Leistungsanforderungen angepaßt werden kann. Vielfach wird in diesem Zusammenhang auch von **Reparatur** gesprochen. Die Instandsetzung strebt durch Beseitigung von Schäden an Produktionsanlagen die Herstellung der erforderlichen technischen Leistungsfähigkeit von Produktionsanlagen an. Die Instandsetzung grenzt an den **Ersatz** ganzer Produktionsanlagen an, soweit defekte gegen funktionsfähige Baugruppen und Anlagenteile ausgetauscht werden. Dabei hängt es auch von der Abgrenzung der bilanziellen Anlageneinheit ab, ob von einem Teileersatz im Rahmen der Instandhaltung oder von einem Anlagenersatz im Sinne einer Ersatzinvestition gesprochen werden kann (vgl. *Höhne*, 1956, S. 1273 ff.; vgl. *Steffen*, 1974, S. 303 ff.; vgl. *Mahlert*, 1976, S. 71 ff.). Hier bestehen in der Praxis fließende Übergänge. **Austauschmaßnahmen** können sich auf größere Baugruppen, z. B. ganze Steuerungseinrichtungen, Antriebseinrichtungen oder ähnliche Funktionselemente von Anlagensystemen erstrecken. Diese werden in manchen Unternehmungen bilanziell als selbständige Anlageeinheiten behandelt und ihr Austausch stellt eine aktivierungspflichtige Ersatzinvestition dar. Andernfalls sind es Instandhaltungsmaßnahmen; der zugehörige Aufwand wird dann im Jahr des Anfalls in voller Höhe ergebniswirksam.

Im betriebswirtschaftlichen Planungs- und Entscheidungsprozeß sind alle größeren Austauschmaßnahmen grundsätzlich den Ersatzinvestitionen gleichzusetzen und daher den dort angewendeten wirtschaftlichen Beurteilungskriterien und Methoden der Wirtschaftlichkeitsrechnung zu unterwerfen. Bei geringwertigen Teilen und Baugruppen ist der damit verbundene Aufwand allerdings zu hoch, so daß sich die Praxis hier mit einfacheren Auswahlkriterien und Entscheidungsverfahren begnügt. Der Austausch wesentlicher Anlagenelemente sollte dagegen vollständig wie eine Ersatzinvestition behandelt werden. **Ersatzinvestitionen** (ganzer Anlagen) sind immer dann in Betracht zu ziehen, wenn die Instandhaltungskosten im Verhältnis zum Wert neuer Anlagen – auch unter Berücksichtigung des Leistungsvermögens – relativ hoch sind. Bei der Anwendung von investitionstheoretisch fundierten Wirtschaftlichkeitsrechnungen ist ein Ersatz grundsätzlich zu dem Zeitpunkt bzw. Zeitraum angezeigt, in dem der Grenzeinzahlungsüberschuß aus dem Weiterbetrieb der Altanlage geringer ist als die Kapitalwertannuität einer neu zu beschaffenden Anlage bzw. bei Vorstufenproduktionsanlagen die Grenzauszahlung höher ist als die Auszahlungsannuität (vgl. *Busse von Colbe/Laßmann*, 1990, S. 144 ff.).

Ausgangspunkt der Überlegungen zu den Fragen der Instandhaltung ist der in Schaubild VIII.40 verdeutlichte grundsätzliche Zusammenhang zwischen dem Abnutzungsvorrat von Produktionsanlagen und der Instandhaltung. Der Abnutzungsvorrat einer Produktionsanlage (einer Baugruppe oder eines Bauelementes) wird grundsätzlich durch den im Rahmen der Anlagenerstellung geschaffenen, anlagenspezifischen Vorrat an möglichen Funktionserfüllungen unter festgelegten Bedingungen determiniert. Der Soll-Zustand einer Anlage kann als ihr verfügbarer Abnutzungsvorrat nach Abnahme und vor

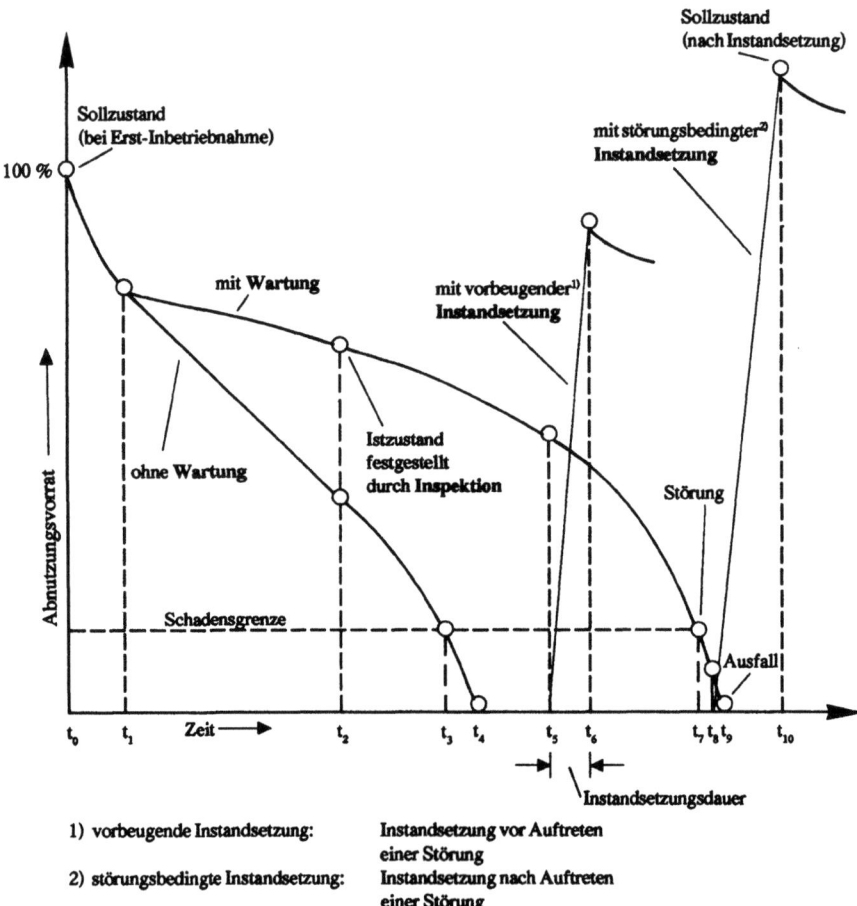

Schaubild VIII.40. Abnutzungsvorrat von Produktionsanlagen und Instandhaltung (in Anlehnung an *Klein*, 1988, S. 15)

Erst-Inbetriebnahme interpretiert werden. Insbesondere mit Inbetriebnahme und Nutzung der Anlage erfolgt ihre Abnutzung, d. h. der Ist-Zustand der Anlage stimmt nicht mehr mit dem Soll-Zustand der Anlage überein. Diese Abweichung von Soll- und Ist-Zustand der Anlage nimmt dabei mit fortschreitender Zeit zu. Durch Wartung kann hierbei dieser Rückgang des Abnutzungsvorrates von Anlagen verzögert werden. Unterschreitet der Ist-Zustand einer Anlage den zur Funktionserfüllung einzuhaltenden Mindest-Abnutzungsvorrat, die sogenannte Schadensgrenze, so ist die Anlage beschädigt, und es kommt entweder sofort oder erst später zu einem vollständigen Abfall des Abnutzungsvorrates, d. h. zum Ausfall der Anlage. In diesem Fall muß die Anlage instandgesetzt werden (vgl. hierzu auch *Marx*, 1988, S. 549 ff.; *Mexis*, 1981, S. 176 ff.).

4.1.2 Teilbereiche und informationelle Grundlagen der Instandhaltung

Ausgehend von der Formulierung spezifischer Ziele sind im Instandhaltungsbereich sowohl Aufgaben mit primär strategischem Charakter als auch mit operativem Charakter wahrzunehmen[1]. Zu den Aufgaben mit **primär strategischem Charakter** zählen hierbei insbesondere die **Planung der Basisstrategien der Instandhaltung** und der zu ihrer Realisierung notwendigen **Instandhaltungspotentiale** und die **Planung der Organisation der Instandhaltung**. Die Basisstrategie beinhaltet die systematische Festlegung der grundsätzlichen Organisation und Durchführung der Instandhaltung. Kernprobleme der Organisation bilden die Bestimmung der Integration der Instandhaltung in die Aufbauorganisation der Industrieunternehmung und die Gliederung innerhalb des Instandhaltungsbereiches.

Die Aufgaben der Instandhaltung mit primär operativem Charakter werden in Anlehnung an die von uns unterschiedenen Aufgabenkomplexe der integrierten Produktionsplanung, -steuerung und -kontrolle (vgl. Teil VI) in die **Instandhaltungsprogrammplanung**, die **Verbrauchsfaktorbedarfsplanung** sowie die **Instandhaltungsprozeßplanung, -steuerung und -kontrolle** unterteilt. Die wertmäßige Abbildung der einzelnen Maßnahmen der Instandhaltung erfolgt im Rahmen der **Instandhaltungskosten und -leistungsplanung und -kontrolle**.

Die **Instandhaltungsprogrammplanung** beinhaltet die anlagenorientierte Entscheidungsvorbereitung und Entscheidungsfällung über Art und Menge der in der betreffenden Periode zu leistenden Instandhaltungsarbeiten. Hieraus wird in der **Verbrauchsfaktorbedarfsplanung** der geplante und zu beschaffende Bedarf an Instandhaltungsmaterial nach Art, Menge und Zeitpunkt abgeleitet. Die **Instandhaltungsprozeßplanung** umfaßt die systematisch vorbereitete Fest-

---
[1] Eine Einteilung in Instandhaltungs-Arbeitsplanung (IAP), Instandhaltungs-Planung und -Steuerung (IPS) und Instandhaltungsanalyse (IA) findet sich bei *Klein*, der sich insbesondere bei den ersten beiden Teilgebieten der Instandhaltung eng an die Begriffe der Arbeitsplanung und Produktionsplanung und -steuerung von *Hackstein* anlehnt (vgl. hierzu *Klein*, 1988, S. 18 ff.).

legung der (kalender-)zeitlichen und örtlichen Reihenfolge von Aktionen zur Durchführung von Instandhaltungsprozessen für Produktionsanlagen, deren Bauteile oder Einzelteile. Die **Instandhaltungsprozeßsteuerung** beinhaltet die detaillierte Festlegung der Durchführung des Instandhaltungsprozesses sowie die Veranlassung der Durchführung der Instandhaltungsarbeiten. Ein wesentliches Problem stellt hier die (zeitliche) Abstimmung zwischen der Durchführung der Produktion in den Hauptbetrieben und der Durchführung der Instandhaltungsarbeiten dar (während der Produktionszeit oder während der Unterbrechungs- und/oder betrieblichen Ruhezeiten). Die **Instandhaltungsprozeßkontrolle** dient dem Soll-/Ist-Vergleich und der Ermittlung eventueller Abweichungen der durchgeführten von den geplanten Instandhaltungsprozessen. Bei Abweichungen sind Ursachen-, Verantwortlichkeits- und ggf. Konsequenzanalysen durchzuführen. Im Rahmen der **Instandhaltungskostenplanung** erfolgt die Budgetplanung des Instandhaltungsbereiches nach Kostenarten, Kostenstellen und Kostenträgern. Die Leistungsbewertung und -abrechnung unterstützt die Ermittlung von innerbetrieblichen Verrechnungspreisen bei organisatorischer Verselbständigung des Instandhaltungsbereiches (Bildung eines profit center) und die Preiskalkulation sowie Erlösermittlung und -analyse bei Durchführung von Instandhaltungsleistungen für Dritte. Schaubild VIII.41 zeigt die Aufgaben der Instandhaltung im Überblick.

Wichtige **Grundlage** für eine technisch-betriebswirtschaftlich optimale Instandhaltung stellen **Informationen über das technische Verschleiß- und Ausfallverhalten** der Produktionsanlagen, ihrer Baugruppen und Einzelteile dar. Zum **technischen Verschleiß** rechnet man hierbei die insbesondere mit dem Anlageneinsatz verbundene Veränderung der stofflich-technischen Beschaffenheit von Anlagenbestandteilen (vgl. *Männel*, 1968, S. 29; *Kroesen*, 1983, S. 17 ff.; *Middelmann*, 1977, S. 39 ff.). Dabei kann man **wahrnehmbare Zustandsveränderungen** (z.B. Abrieb, Korrosion, Porösität) und **nicht wahrnehmbare** Zustandsveränderungen (z.B. Schäden an elektrotechnischen Steuerungs-, Meß- und Regelungseinrichtungen) physikalischer und/oder chemischer Art unterscheiden. Hierbei treten insbesondere mechanischer Verschleiß (z.B. Abrieb, Materialermüdung), Ablagerungen (z.B. Kesselstein), Korrosion, Festigkeitsüberschreitungen (Formveränderungen durch Überlastungen) und sonstiger Verschleiß der Anlage auf. Verschleißbedingte Zustandsveränderungen können die qualitative und/oder quantitative Funktionserfüllung von Anlagenteilen oder der gesamten Anlage mindern oder auch vollständig aufheben. Bei **nicht wahrnehmbarem** und **nicht meßbarem** Anlagenverschleiß tritt der Funktionsabfall oder -verlust stets plötzlich und unvorhersehbar auf. Hingegen kann bei wahrnehmbarem Anlagenverschleiß die Funktionsbeeinträchtigung oder der Funktionsverlust der Anlage innerhalb bestimmter Toleranzwerte vorhergesehen werden. Hierin ist der Ansatzpunkt für die Durchführung von Inspektions- und Wartungsmaßnahmen zu sehen.

Auf das **technische Verschleißverhalten** von Produktionsanlagen wirken insbesondere folgende **Einflußfaktoren**:

– Anlagenkonstruktion (Strukturierung der Anlage, Qualität ihrer Bestandteile und Güte der Materialverarbeitung),

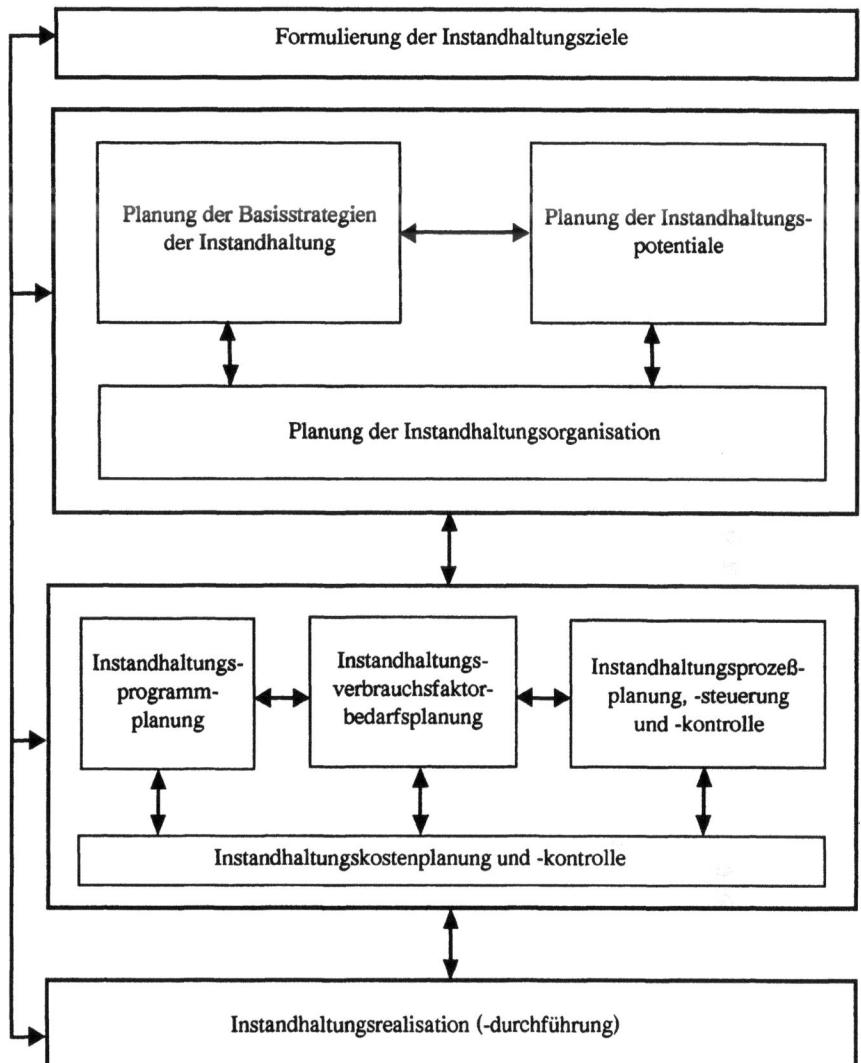

Schaubild VIII.41. Ziele und Aufgaben der Instandhaltung

- Produktprogramm (und damit Art und Menge der zu bearbeitenden Werkstoffe),
- Produktionsprozeßart und -intensität,
- Bedienungs- und Überwachungsverhalten des Personals,
- Qualität und Quantität der Instandhaltungsmaßnahmen,
- Umwelteinflüsse (z. B. Staub, Luftfeuchtigkeit, Temperaturschwankungen, Lichteinwirkungen).

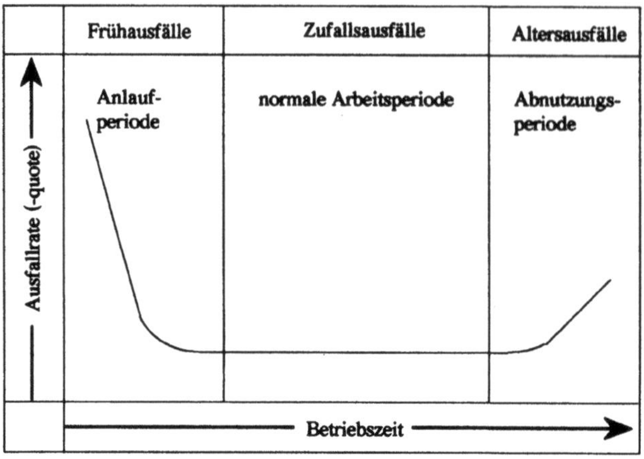

Schaubild VIII.42. Typische Ausfallcharakteristik von Verschleißteilen (*REFA*, 1985a, S. 445)

Informationen über das Verschleiß- und Ausfallverhalten von in Betrieb befindlichen gleichen oder ähnlichen Produktionsanlagen können durch technische Großversuche sowie durch Dokumentation und statistische Auswertung entsprechender Daten gewonnen werden. Bei bisher noch nicht im Produktionsprozeß eingesetzten Aggregaten können entsprechende Angaben teilweise von Lieferanten zur Verfügung gestellt (vgl. *Reichwald/Mrosek*, 1985, S. 446 f.) oder durch Erfahrungsaustausch (Kennziffernvergleiche) mit anderen Betrieben gewonnen werden. **Ausfall- oder Lebensdauerverteilungen** (vgl. *Männel*, 1968, S. 86 ff.) geben dabei an, bis zu welchem Zeitpunkt bzw. nach welcher Inanspruchnahme eine Produktionsanlage mit welcher Wahrscheinlichkeit ausfällt (vgl. *Küpper*, 1974, S. 18 ff.; *Männel*, 1979, Sp. 1479 f.). Bei dem Ausfall einer Produktionsanlage kann es sich hierbei um einen Altersausfall, Frühausfall oder Zufallsausfall handeln. Während der **Altersausfall** einer Anlage mit dem „normalen" nutzungsbedingten Verschleiß- und Ausfallverhalten begründet wird, tritt der **Frühausfall** einer Anlage aufgrund von Herstellungs-, Montage- oder auch Reparaturfehlern auf. Hiervon gedanklich zu trennen ist der **Zufallsausfall** einer Anlage, der aufgrund von außergewöhnlichem, zufällig auftretendem Verschleiß eintritt. Eine typische Ausfallcharakteristik von Verschleißteilen zeigt Schaubild VIII.42 (sog. „Badewannenkurve"). Derartige Informationen über das Ausfallverhalten von Anlagen sind jedoch in der Praxis selten bzw. nur mit relativ breiten statistischen Streubereichen verfügbar (vgl. *Voigt*, 1973).

4.1.3 Zusammenhänge zwischen Instandhaltung, Konstruktion und Modernisierung von Anlagen

Art und Umfang der an Produktionsanlagen vorzunehmenden Instandhaltungsarbeiten werden zu einem erheblichen Teil durch ihren Entwurf und ihre Konstruktion mit beeinflußt (vgl. hierzu *Lewandowski*, 1988, S. 1 ff.;

Warnecke, 1974, S. 315 ff.). Da sich für die Realisierung der jeweiligen (Teil-) Funktionen der Anlage grundsätzlich unterschiedliche Lösungskonzeptionen und Konstruktionsprinzipien heranziehen lassen, können sich auch unterschiedliche technische Verschleiß- und Ausfallverhalten ergeben. Daher sollte schon durch die Formulierung eines sogenannten **Instandhaltungspflichtenheftes** sichergestellt werden, daß eine optimale Instandhaltbarkeit der Anlage – d.h. unkomplizierte und kostengünstige Durchführbarkeit von Instandhaltungsmaßnahmen am Einsatzort – durch eine instandhaltungsgerechte Konstruktion der Produktionsanlage realisiert wird. Diese Forderung nach optimaler Instandhaltbarkeit einer Anlage läßt sich, entsprechend der inhaltlichen Abgrenzung der Instandhaltungsarbeiten, in die Forderung nach einer möglichst günstigen Wartbarkeit, Inspizierbarkeit und Instandsetzbarkeit untergliedern (vgl. *Herold*, 1988, S. 24; ferner *DKIN*, 1988; *Uetz*, 1981, S. 227 ff.).

Technischer Fortschritt und Bedarfsveränderungen am Markt sowie Konkurrenzeinflüsse können den **wirtschaftlichen Wert** von Produktionsanlagen vermindern. Technischer Fortschritt bedeutet in diesem Zusammenhang erweitertes Wissen und neue Erkenntnisse über das Werkstoffverhalten von Anlagebauteilen, über Verfahrenseinflüsse auf Anlagenkonstruktion und -leistung sowie über das Zusammenwirken von Bauteilen (etwa in einem Getriebe oder beim Zusammenspiel zwischen Steuereinrichtungen und Verrichtungsaggregaten). Für die Unternehmung besteht hier zum Teil die Möglichkeit, durch Modernisierungsmaßnahmen, die teilweise auch im Zuge von Instandhaltungsmaßnahmen abgewickelt werden können, vorhandene Produktionsanlagen an den jeweiligen Stand der Technik anzupassen. Hierbei werden z.B. in Produktionsanlagen anstelle von funktionsgestörten Baugruppen (z.B. Antriebs- oder Steuerungsaggregate) technisch effizientere eingesetzt. Dies geschieht mit dem Ziel der

- Steigerung der qualitativen und/oder quantitativen Kapazität,
- Verminderung des anlagenspezifischen Einsatzstoff- und/oder Betriebsstoffverbrauchs, verbunden mit einer Senkung der Herstellkosten des Outputs,
- Verminderung des Bedienungs-, Überwachungs- und Instandhaltungsbedarfs, ebenfalls verbunden mit einer entsprechenden Kostensenkung.

In **systematischer** Sicht sind derartige **Modernisierungsmaßnahmen prinzipiell von Instandhaltungsmaßnahmen** zur Beseitigung technischen Verschleißes **zu trennen**. Diese theoretische Unterscheidung ist jedoch für die Praxis vielfach nicht operational, weil

- Modernisierungsmaßnahmen häufig im Zuge von Instandhaltungsmaßnahmen realisiert werden (statt des reinen Bauteileersatzes wird ein Bauteil mit verändertem Leistungspotential eingebaut) und
- zusätzliche Modernisierungsmaßnahmen bei Eigeninstandhaltung häufig durch die gleichen Hilfsbetriebe bzw. Arbeitspersonen oder durch die gleichen Fremdbetriebe durchgeführt werden.

Betriebswirtschaftlich ist die Unterscheidung zwischen Instandhaltung und Modernisierung insofern von besonderer Bedeutung, als Modernisierungsaufwendungen zu den aktivierungspflichtigen Herstellkosten gehören und

Instandhaltungsaufwand unmittelbar als Aufwand in die periodische Erfolgsrechnung eingeht. Instandhaltungs- und Modernisierungsmaßnahmen können in der Praxis einem **vollständigen Anlagenersatz** auch deshalb vorgezogen werden, weil ihr Finanzmittelbedarf geringer und der Aktivierungsumfang in der Bilanz niedriger sein kann. Dies ist mit einer entsprechenden Ertragsminderung im Jahr der Maßnahmendurchführung verbunden.

Zur Erkennung von besonders störanfälligen und damit instandhaltungsintensiven Anlagen(teilen) im Betrieb dient die sog. „**Schwachstellenforschung**". Sie basiert auf der Auswertung von objektweisen Ausfall- und Instandhaltungsstatistiken. Hierdurch werden bedeutsame Hinweise für den möglichen Einsatz von Modernisierungs- und Ersatzmaßnahmen gegeben (vgl. *Meyer*, 1978, S. 30 ff.; *Mexis*, 1981, S. 151 ff.).

4.1.4 Ziele der Instandhaltung

Generelles Sachziel der Anlageninstandhaltung ist die Sicherung und ggf. Wiederherstellung der Funktionsfähigkeit von Produktionsanlagen bis zum Ende ihrer wirtschaftlichen Nutzungszeit. Konkretisiert wird dieses generelle Sachziel der Anlageninstandhaltung im wesentlichen durch folgende Teilziele (vgl. u.a. *Schelo*, 1972, S. 37 f.; vgl. *Männel*, 1978a, S. 18 ff.):

- Sicherung der erforderlichen Verfügbarkeit und Zuverlässigkeit der Produktionsanlagen, damit verbunden
- Vermeidung von Produktionsstörungen, die zu Stillstand, fehlerhaften Produkten bzw. zu Ausschuß führen, durch Vorsorgemaßnahmen,
- Herstellung der erforderlichen qualitativen und quantitativen Anlagenkapazitäten bei Funktions- und Leistungsmängeln.

Wie auch in anderen Unternehmungsbereichen hat die Sachzielerfüllung der Anlageninstandhaltung unter Beachtung des Erfolgsziels und der Human-, insbesondere Umweltanforderungen der Unternehmung zu erfolgen. Die durchzuführenden Instandhaltungsmaßnahmen und die dafür erforderlichen Potentiale sind nach Art, Menge und Einsatzzeiten so zu planen, daß sie zur maximalen Erfolgserzielung der Unternehmung optimal beitragen. Da jedoch in den meisten Fällen die aufgrund von Instandhaltungsmaßnahmen verursachten Erlösveränderungen nicht oder nicht hinreichend exakt erfaßt werden können – ausgenommen bei Instandhaltungsleistungen für Dritte –, wird als anzustrebendes erfolgswirtschaftliches Ziel in der Anlageninstandhaltung für den Regelfall die **Kostenminimierung** anzusetzen sein, wobei auch die **Finanzmittelbindung** (insbesondere bei Reserveteilen, Werkstattausstattungen u. dergl.) im Hinblick auf das finanzielle Gleichgewicht der Unternehmung zu beachten ist (vgl. auch *Mertens*, 1968, S. 809; vgl. *Schelo*, 1972, S. 39). Die zu berücksichtigenden Kosten sind

- **direkte Instandhaltungskosten**, wie z.B. Instandhaltungslöhne und -gehälter, Instandhaltungsmaterialkosten, Abschreibungen der Instandhaltungs-

sachpotentiale und Zinskosten für die Kapitalbindung in Instandhaltungssachpotentialen, Reserveteilen und sonstigem Material,
- **indirekte Instandhaltungskosten** wie z. B. Stillsetzungskosten, Stillstandskosten, Wiederanlaufkosten und sonstige **Schadensfolgekosten** etwa aus schadensbedingten Lieferzeitüberschreitungen (Pönalen).

Da durch Instandhaltungsmaßnahmen auch Produktmengen und -qualitäten und damit zugleich die Erlöse einer Bezugsperiode beeinflußt werden können, sollten derartige Erlösveränderungen – soweit sie hinreichend genau zu erfassen sind – im Zielsystem durch den Ansatz von Opportunitätskosten Berücksichtigung finden. Sofern Instandhaltungsdienste auch für Fremde geleistet werden, ist für diesen Leistungsbereich die Optimierung der Deckungsbeiträge anzustreben.

Als zu erfüllende **Human- bzw. Sozialziele** gelten in der Anlageninstandhaltung die Vermeidung und Ausschaltung von Gefährdungsrisiken für Mitarbeiter und Umwelt durch Instandhaltungsmaßnahmen (vgl. auch *Becker*, 1989, S. 163 ff.).

4.2 Aufgaben der Instandhaltung mit strategischem Charakter

4.2.1 Planung der Basisstrategien der Instandhaltung und der Instandhaltungspotentiale

4.2.1.1 Planung der Basisstrategien der Instandhaltung

Im Rahmen der Planung der Basisstrategien der Anlageninstandhaltung erfolgt die systematische Entscheidungsvorbereitung und Entscheidungsfällung über die **grundsätzliche Vorgehensweise bei der Durchführung der Instandhaltungsmaßnahmen zur Erreichung der Ziele der Instandhaltung**. In enger Verbindung hiermit steht die Ermittlung der zur Erreichung der Instandhaltungsziele erforderlichen Personen und Betriebsmittel im Rahmen der Instandhaltungspotentialplanung unter Berücksichtigung von Instandhaltungsfremdleistungen (Relation Eigenherstellung zu Fremdbezug), die im folgenden Abschnitt betrachtet wird.

Als **grundsätzliche Vorgehensweisen (Basisstrategien)** der Anlageninstandhaltung lassen sich unterscheiden (vgl. Schaubild VIII.43):

- **Präventivstrategien**: Planung und Abwicklung von Instandhaltungsmaßnahmen grundsätzlich **vor** Eintritt eines bestimmten schadensbedingten Anlagenzustandes bzw. eines ungesteuerten Anlagenausfalls (**Maßnahmen vorbeugender Instandhaltung**),
- **Ausfallbehebungsstrategien**: Durchführung der Instandhaltungsmaßnahmen **nach** Eintritt eines Anlagenausfalls bzw. eines funktionsgefährdenden Zustandes der Anlagen(teile), ohne diese im voraus nach Art und Menge geplant zu haben (**Maßnahmen ausfallbedingter Instandhaltung**). Aller-

330 Anlagenwirtschaft

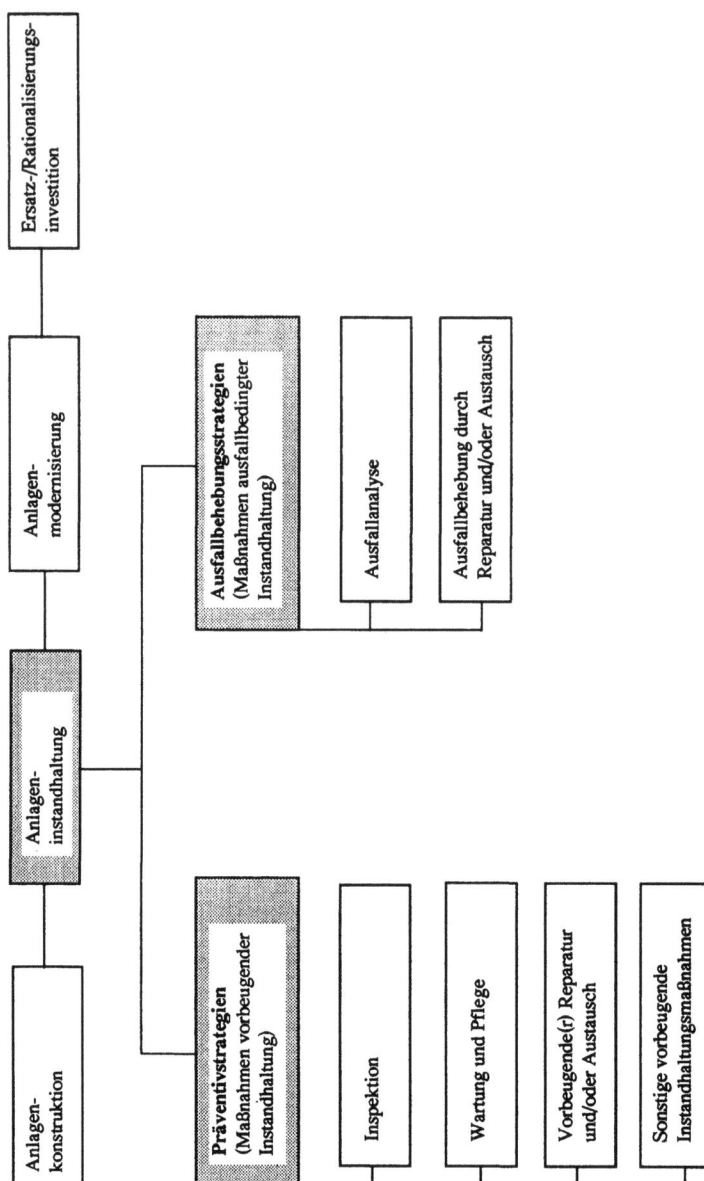

Schaubild VIII.43. Basisstrategien der Anlageninstandhaltung im Umfeld von Anlagenkonstruktion, Anlagenmodernisierung und Ersatzinvestition

dings schließt das eine Durchführungsplanung der Instandsetzungsmaßnahmen, insbesondere bei größeren Reparaturen nicht aus.

Gegenstand der vorbeugenden Instandhaltungsplanung ist die mittel- bis langfristige Festlegung des Instandhaltungsprogramms, d. h. die Vorgabe, welche Instandhaltungsaktionen zu welchem Zeitpunkt oder in welchen Zeitabständen (Grobterminierung) an welchen Anlagen bzw. Anlagenteilen durchgeführt werden sollen (vgl. *Bussmann/Kress/Kuhn*, 1968, S. 31; *Küpper*, 1974, S. 144; *Reichwald/Mrosek*, 1985, S. 299).

Die **Maßnahmen der ausfallbedingten Instandhaltung** – Feststellung und Analyse der Ausfallursache, Reparatur oder Austausch von defekten Bauteilen – sind in Ermangelung hinreichend gesicherter Informationen über den Eintritt von Anlagenstörungen, insbesondere über konkrete Informationen über Verschleißeinflüsse im Hinblick auf Art und Häufigkeit und Zeitpunkte der Funktionsstörungen nicht prognostizierbar. Hier können nur die Instandhaltungsbereitschaft bzw. -kapazität der eigenen Reparaturwerkstätten und Rahmenabkommen mit Dritten sowie zum Teil die konkreten Instandsetzungsaktionen geplant werden, insbesondere soweit es sich um Wiederholtätigkeiten handelt. Man spricht daher anschaulich auch von einer „**Feuerwehrstrategie**", wobei es auf die Bestimmung einer vor allem für Notfälle ausreichenden und wirtschaftlich tragfähigen Instandhaltungsbereitschaft ankommt.

Ziel vorbeugender Instandhaltung ist es, bestimmte Schadenszustände, insbesondere **Maschinenausfälle, durch geplante Aktionen zu verhindern**. Dabei ist anzustreben, die Reparatur- oder Austauschmaßnahmen möglichst nahe an den Ausfallzeitpunkt der verschleißgefährdeten Teile oder Baugruppen zu legen, so daß deren Nutzungspotential weitestgehend ausgeschöpft wird. Wie noch zu zeigen sein wird, kann jedoch aus übergeordneten sicherheitstechnischen und/oder wirtschaftlichen Gesichtspunkten eine frühere Durchführung von Reparatur- oder Austauschmaßnahmen nötig sein. Im einzelnen erfüllen die verschiedenen **Vorbeugemaßnahmen** die folgenden Funktionen (vgl. *Schelo*, 1972, S. 20 f.):

- **Inspektion**
  Die Inspektion dient der möglichst frühzeitigen Erkennung von potentiellen oder in absehbarer Zeit mit Sicherheit eintretenden Produktionsstörungen (Abweichungen vom Verfahrensstandard, fehlerhafte Produkte oder Produktionsunterbrechungen). Voraussetzung ist, daß der Gebrauchszustand von Anlagen(teilen) erkennbar ist, wobei heute neben Okularkontrollen die verschiedensten Meßgeräte (z. B. Röntgen, Ultraschall) und Diagnosesysteme eingesetzt werden können. Inspektionsmaßnahmen können laufend in bestimmten Zeitabständen oder unregelmäßig durchgeführt werden und aus einer vollständigen oder stichprobenweisen Überprüfung bestehen. Als Ergebnis der Inspektion sollen Instandsetzungsanforderungen aufgezeigt bzw. nach Möglichkeit Ausfallwahrscheinlichkeiten geschätzt werden, aus denen Empfehlungen für notwendige Wartungs- und/oder Instandsetzungsmaßnahmen abzuleiten sind.

- **Wartung**
  Mit Wartung und Pflegemaßnahmen soll die Funktionsfähigkeit von Produktionsanlagen erhalten werden bzw. der technische Verschleiß verhindert, zumindest aber vermindert werden.
- **Vorbeugende Reparatur**
  Mit vorbeugenden Reparatur- und/oder Austauschmaßnahmen sollen funktionsgefährdende Schäden an Anlagenteilen/Baugruppen beseitigt werden, bevor deren Funktionstüchtigkeit vollständig verloren geht und u.U. ein Ausfall der Produktionsanlage eintritt. Dabei werden Teile/Baugruppen entweder gegen funktionsfähige ausgetauscht oder repariert. Soweit ein Austausch von Teilen oder ganzen Anlagenkomponenten vorgenommen werden kann, können die eigentlichen Reparaturen unabhängig von entsprechenden Unterbrechungszeiten bei den Produktionsanlagen in spezialisierten eigenen oder fremden Werkstätten durchgeführt werden (vgl. *Wiegel*, 1973, S. 3ff.; *Westermann*, 1975, S. 339ff.). Voraussetzung ist eine Vorhaltung von entsprechenden Reserveteilen und -baugruppen, was zu einer beachtlichen Kapitalbindung führen kann, sofern man nicht mit Fremdfirmen, insbesondere den Maschinenlieferanten Sofortlieferung von Reserveteilen und Schadenersatz bei gravierenden Verzögerungen vereinbaren kann. Insoweit besteht auch für derartige Instandsetzungsmaßnahmen ein entsprechender Planungsrahmen bzw. Handlungsspielraum. Vorteilhaft ist eine Modulbauweise, die den Austausch von größeren Anlagenbauteilen zuläßt, deren Einzelkomponenten vergleichbare Standzeiten, d.h. möglichst nahe beieinanderliegende Ausfallwahrscheinlichkeiten, aufweisen (z.B. im Flugzeugbau, vgl. *Nordhoff*, 1973, S. 11ff.). Auf diese Forderung ist bereits bei der Anlagenkonstruktion Rücksicht zu nehmen, worauf bei der Anlagenauswahl und -beschaffung unbedingt geachtet werden sollte.
- **Sonstige Vorbeugungsmaßnahmen**
  Sonstige Vorbeugungsmaßnahmen stehen nicht direkt im Zusammenhang mit der Instandhaltung, sondern werden zusätzlich zur Verbesserung des Verschleißverhaltens von Produktionsanlagen durchgeführt (z.B. zusätzlicher Schutzanstrich, verschleißhemmende Umweltgestaltung, Warneinrichtungen zur Verhinderung von Folge- oder Kettenschäden).

Die Strategie der **vorbeugenden Instandhaltung** ist der Strategie der ausfallbedingten Instandsetzung **grundsätzlich vorzuziehen**, sofern (vgl. *Mertens*, 1975, Sp. 1967)

- im Zeitablauf ansteigende Ausfallwahrscheinlichkeiten gegeben sind,
- diese Ausfallwahrscheinlichkeiten datenmäßig bekannt sind bzw. der Anlagenzustand durch gezielte Inspektionsmaßnahmen jederzeit feststellbar ist,
- geringere Kosten für vorbeugende Maßnahmen als für vergleichbare ausfallbedingte Instandsetzungsmaßnahmen (einschließlich Ausfallfolgekosten) erwartet werden, insbesondere durch gezielte Vordisposition von Reserveteilen, Personal und Geräten sowie kürzere Zeiten für die Erkennung eventueller Schäden,

- ein Ausfall Leben und Gesundheit von Menschen gefährdet (z. B. beim Flugzeug),
- eine Zerstörung oder Beschädigung benachbarter Anlagenelemente durch plötzlichen Ausfall verhindert wird, insbesondere soweit diesen ein relativ hoher Wert zukommt.

Als **wirtschaftlicher Nachteil** von vorbeugenden Instandhaltungsmaßnahmen muß neben den relativ hohen Planungs- und Informationsbeschaffungskosten vor allem in Rechnung gestellt werden, daß das Nutzungspotential der Anlagen(teile) evtl. nicht vollständig ausgenutzt wird, insbesondere bei einer risikoscheuen Handhabung dieser Strategievariante und Vorliegen einer relativ flachen Ausfallverteilung. Soweit funktionskritische Anlageteile mehrfach eingebaut (z. B. Relais und Schaltungen in elektronischen Steuerungselementen für Werkzeugmaschinen) oder Überbrückungsaggregate (z. B. Notstromaggregat, DV-Prozeßrechner, elektronische Steuerungen) installiert sind – man spricht hier auch von Redundanzen (vgl. *Beichelt*, 1979, S. 24 ff.) – ist die Feuerwehrstrategie mit voller Nutzung des entsprechenden Teilepotentials bei bekanntem Schadensumfang ohne Risiko möglich. Allerdings liegt hier der Nachteil in der kostenintensiveren Anlagenkonstruktion. Redundanzen werden auch aus reinen Sicherheitsüberlegungen eingebaut, wie Navigationsgeräte in Flugzeugen (vgl. *Nordhoff*, 1973, S. 15).

Die in Schaubild VIII.44 angeführten Varianten von **Präventivstrategien** sind nur in begrenztem Maße als Alternativen zu betrachten (vgl. dazu u.a. *Bussmann/Kress/Kuhn*, 1968, S. 31 ff.; *Rinne*, 1972, S. 73 ff.; *Mertens*, 1975, Sp. 1968 f.). In Abhängigkeit von der Durchführung von Inspektionen kann man Präventivstrategien ohne Inspektion und mit Inspektion unterscheiden. Bedingung für den wirtschaftlichen Einsatz einer Präventivstrategie ohne Inspektion ist ein ständig bekannter Anlagenzustand. Diese Voraussetzung ist in der Praxis nur in Ausnahmefällen gegeben. Bei Sicherheitsteilen, deren Funktion für Leben und Gesundheit von Menschen von ausschlaggebender Bedeutung ist, kann jedoch der präventive Austausch unabhängig von dem jeweiligen Anlagenzustand behördlich vorgeschrieben sein und/oder aus Risikoüberlegungen vom Anlagenbetreiber vorgenommen werden (z. B. Flugzeugtriebwerke nach bestimmter Flugstundenzahl; vgl. *Zimmer,* 1977, S. 1198).

Bei den Präventivstrategien mit Inspektion, den **Inspektionsstrategien**, erfolgt jeweils zunächst eine Erkundung des Zustandes einer Anlage bzw. der funktionskritischen Bauteile. Das Ergebnis dieser Inspektion bestimmt die erforderlichen Instandhaltungsaktionen (insbesondere zusätzliche Wartung, vorbeugender Austausch, vorbeugende Reparatur). Inspektionsstrategien schieben sich in der Praxis immer stärker in den Vordergrund, da das Ausfallverhalten von Anlagenteilen vielfach keine hinreichend stabilen Regelmäßigkeiten aufweist.

Innerhalb der beiden Strategievarianten erfolgt eine weitere Unterscheidung nach der Abfolge der Instandhaltungsaktionen. **Periodische Strategien** zeichnen sich dadurch aus, daß die Aktionsfolge in konstanten Zeitintervallen (periodisch oder nach bestimmter Laufstundenzahl) erfolgt. Bei den **sequentiellen Strategien** wird der Zeitpunkt für Instandhaltungsmaßnahmen jeweils in

334 Anlagenwirtschaft

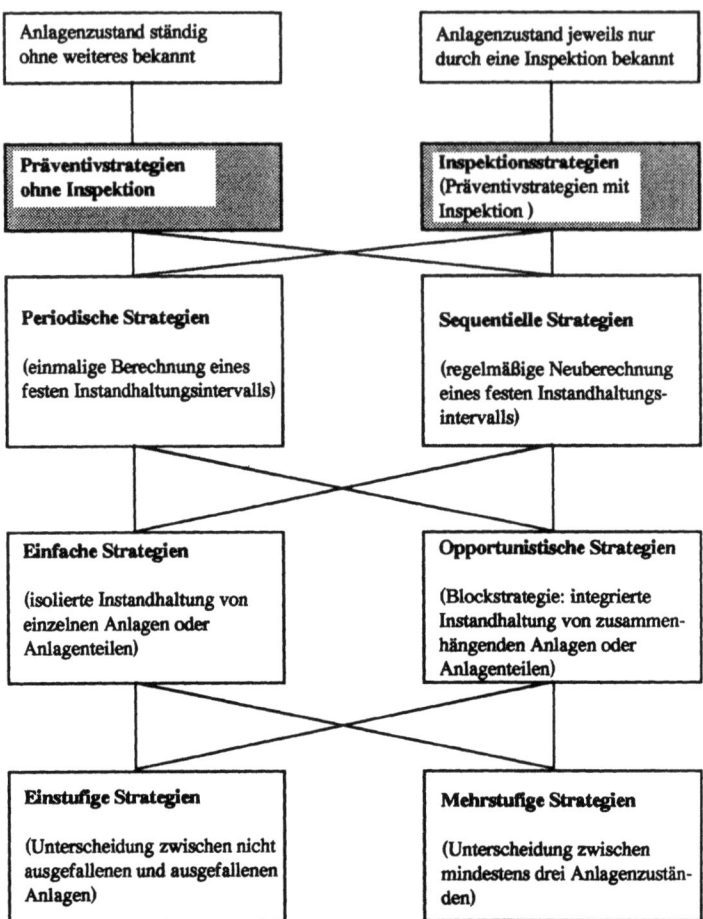

Schaubild VIII.44. Elementarvarianten vorbeugender Instandhaltungsstrategien
(in Anlehnung an *Bussmann/Kress/Kuhn*, 1968, S. 34)

Abhängigkeit vom Ergebnis einer durchgeführten Instandhaltungsaktion neu festgelegt. Dadurch weisen diese Instandhaltungsintervalle i.d.R. unterschiedliche Längen auf. Zwei weitere Untervarianten lassen sich nach der Zahl der Anlagen/Anlagenteile, auf welche sich die Instandhaltungsaktivitäten beziehen, unterscheiden. Wird jede(s) Anlage/Anlagenteil im Rahmen der Strategieplanung isoliert betrachtet, spricht man von **einfacher Strategie**. Werden zum Zwecke der Kosteneinsparung neben den betrachteten Anlagen/Anlageteilen auch andere Anlagen/Anlageteile in die Planung miteinbezogen und gleichzeitig instand gehalten, bezeichnet man dies als **opportunistische Strategie**. Zum Beispiel kann bei maschinellen Großanlagen eine Demontage zur Öffnung des Zugangs zu den schadhaften Teilen sehr zeit- und kostenaufwendig sein; hier wird es wirtschaftlich vorteilhaft sein, vorbeugend weitere nebengeordnete Teile/Baugruppen auszutauschen, die noch funktionsfähig sind, deren Wert jedoch im Vergleich zu den Demontage- und Remontagekosten wesentlich geringer ist.

Ein letztes Einteilungskriterium für vorbeugende Instandhaltungsstrategien kann nach ihrer Berücksichtigung bei der Abstufung der Beurteilung der Anlagenzustände erfolgen. Können lediglich die beiden möglichen Extremzustände „nicht ausgefallen/intakt" und „ausgefallen" unterschieden werden, handelt es sich um eine **einstufige Instandhaltungsstrategie**. Werden hingegen mehrere Zustände (z. B. „intakt", „bedingt brauchbar", „ausgefallen") unterschieden, wird von **mehrstufigen Strategien** gesprochen.

Zusammenfassend können zur **Strategieauswahl** die folgenden wesentlichen Gesichtspunkte herausgestellt werden (vgl. im einzelnen dazu auch *Kroesen*, 1983, S. 47 ff.):

Steigende Ausfallwahrscheinlichkeiten der weitaus meisten in Produktionsprozessen eingesetzten Anlagen(elemente) führen in der Praxis bei wahrnehmbarem Verschleiß zur Bevorzugung von **Inspektionsstrategien** und im übrigen von Feuerwehrstrategien bei Einbau von redundanten Anlagenteilen im Hochsicherheitsbereich und bei wirtschaftlich kritischen Folgen. I.d.R. können nur diese strategischen Vorgehensweisen die erforderlichen Verfügbarkeitsgrade der Anlagen gewährleisten und die höchste Wirtschaftlichkeit aufweisen.

Rein präventive Austauschmaßnahmen (unabhängig vom jeweiligen Anlagenzustand) erfolgen i.d.R. nur aufgrund von rechtlichen Vorschriften oder aufgrund von Auflagen der Versicherer und Berufsgenossenschaften sowie aus sonstigen Sicherheitserwägungen.

Soweit für die Durchführung von Instandhaltungsarbeiten der Herstellungsprozeß – insbesondere in Betrieben mit kontinuierlich ablaufenden Produktionsprozessen – unterbrochen werden muß, ist man bestrebt, alle notwendigen Arbeiten in Arbeitspausen und schichtbedingten Stillstandszeiten durchzuführen, nach Möglichkeit unter Zusammenlegung von verschiedenen Maßnahmen („opportunistische Blockstrategien"). Dadurch wird eine möglichst große Verfügbarkeit der Anlagen gewährleistet. Diese Aussagen sind allerdings bei Überkapazitäten im Produktionsbereich bzw. länger andauernden Phasen der Unterbeschäftigung zu relativieren. Hier kann die Durchführung von Instandhaltungsmaßnahmen während der hauptbetrieblichen Schichtzeiten unter Mitheranziehung der Maschinenbediener wirtschaftlich vorteilhafter sein.

Die **Feuerwehrstrategie** gelangt insbesondere zum Einsatz, wenn Anlagenelemente ausschließlich zufallsbedingt ausfallen (z. B. elektronische Steuerungs- und Regelungselemente). Soweit technisch möglich, aus Sicherheitsgründen geboten und wirtschaftlich vertretbar, wird der Anlagenausfall durch Einbau von identischen Bauteilen/Baugruppen zur Funktionsübernahme bei Störungen minimiert.

Im Rahmen von **Kostenvergleichsrechnungen** werden die durch die einzelnen Basisstrategien jeweils verursachten Periodenkosten ermittelt bzw. geschätzt und diejenige Alternative mit den vergleichsweise niedrigsten Kosten ausgewählt (vgl. zu Modellen zur Planung von Instandhaltungsstrategien *Scheer*, 1979, Sp. 827 ff. sowie *Sherif/Smith*, 1981, S. 47 ff.; *Bosch/Jensen*, 1983,

S. 105 ff. und S. 129 ff.). Da jedoch die Realisation einer Instandhaltungsstrategie grundsätzlich mit einer Reihe von nur einmalig anfallenden Kosten verbunden ist (z. B. Ausbildungs- und Anlernkosten, Kosten der Arbeitsvorbereitung und der Aus- bzw. Umrüstung der Instandhaltungsabteilung sowie Reorganisationskosten), ist es methodisch zweckmäßiger, bei der Beurteilung der Strategiealternativen auf die Verfahren der dynamischen **Investitionsrechnung**, insbesondere die **Kapitalwertmethode**, zurückzugreifen (vgl. *Kroesen*, 1983, S. 49 ff.). Aus der Sicht der Praxis ist allerdings zu bedenken, daß originäre Strategieentscheidungen nur selten zu treffen sind. Vielmehr geht es i.d.R. darum, daß eine vorhandene Strategie verbessert, nicht aber ganz ersetzt werden soll. Man wird daher gezielt zu überlegen haben, welche Kosten- und ggf. auch Erlösveränderungen zu erwarten sind, wenn etwa durch den Einbau von Redundanzen oder die instrumentelle Verbesserung der Inspektion eine veränderte Instandhaltungsstrategie eingeführt werden soll. Hier dürfte durch **Kostenveränderungsrechnungen** eine ausreichende Entscheidungsgrundlage gefunden werden.

Die Instandhaltungskosten bilden nur einen Teil der gesamten Kosten des Anlageneinsatzes. Von daher setzen weiterreichende Optimierungsüberlegungen z. B. bereits bei der Anlagenkonstruktion an (vgl. *Braun/Kottsieper/Schönert*, 1979, S. 471 und 476 f.). Ziel ist es hierbei, daß die **Summe aus Abschreibungs-, Zins- und Instandhaltungskosten**, d. h. die gesamten Anlagenkosten während der wirtschaftlichen Nutzungsdauer einer Anlage, bei vorgegebener Leistung ein **Minimum** annehmen. Zum Beispiel kann durch eine aufwendigere Maschinenkonstruktion, die mit einem höheren Anschaffungspreis verbunden ist, eine kostengünstigere Wartung und Instandhaltung erreicht werden, weil leicht auswechselbare Maschinenmodule verwendet, Verschleißteile ohne zeitaufwendige Demontageprozesse ausgetauscht/repariert oder automatisierte Inspektionseinrichtungen sowie bequem bedienbare Wartungspunkte installiert werden. Maschinenstillstände können auf diese Weise u.U. ganz vermieden oder aber stark zurückgedrängt werden. Derartige Ansätze zur Steigerung der Wirtschaftlichkeit von Produktionsanlagen durch Verminderung der Anlagenkosten i. e. S. erfordern ein enges Zusammenwirken von Anlagenlieferanten und Anlagenanwendern.

4.2.1.2 Planung der Instandhaltungspotentiale

Gegenstand des hier zu behandelnden Planungsprozesses ist die systematisch vorbereitete **Festlegung der qualitativen und quantitativen Instandhaltungspotentiale** (Instandhaltungspersonal und Instandhaltungsbetriebsmittel). Auf der Grundlage der ausgewählten Instandhaltungsstrategie erfolgt die Bestimmung des qualitativen und quantitativen Potentialbedarfs sowie die Festlegung von Maßnahmen zur Bedarfsdeckung. Der **qualitative Bedarf an Instandhaltungspotentialen** gibt die vom Instandhaltungspersonal und von Instandhaltungsproduktionsanlagen zu erbringenden Arten von Instandhaltungsleistungen an. Der **quantitative Bedarf an Instandhaltungspotentialen** hingegen umschreibt die von einem Potentialfaktor oder von mehreren Potentialfaktoren zu erbringende Anzahl von Instandhaltungsleistungen jeweils einer Art je Bezugszeit (Periodenkapazität). Der sich insgesamt ergebende qualitative und quantitative Potentialbedarf wird – ggf. differenziert nach den Arten der Instandhaltung und nach sonstigen Kriterien – als **Instandhaltungskapazität** bezeichnet und in **Instandhaltungsmannstunden** und **Instandhaltungsmaschinenstunden** je Bezugsperiode ausgedrückt.

Auf der Basis des mittelfristig geplanten unternehmungsinternen Instandhaltungsprogramms (vgl. *Middelmann*, 1977, S. 85 ff.) erfolgt die Dimensionierung der personellen und anlagenmäßigen Ausstattung der zentralen Instandhaltungswerkstätten und der „Instandhaltungsstützpunkte" in den Produktionsbetrieben (vgl. *Kraus*, 1981a, S. 349).

Die Ermittlung der **kostenminimalen Größe der Instandhaltungsmannschaft** stellt ein schwer lösbares Problem dar. Als wesentliche Einflußfaktoren auf die Planung des Instandhaltungspersonals können hierbei insbesondere genannt werden:

– Art und Umfang der zur Realisierung der Basisstrategien der Instandhaltung erforderlichen Instandhaltungsarbeiten;
– Art und Umfang der zufallsbedingten Instandhaltungsarbeiten;
– Qualifikation und Zuverlässigkeit des vorhandenen Pools an Instandhaltungspersonal;
– Fremdbezugsmöglichkeiten von unternehmungsexternem Instandhaltungspersonal;
– Ausstattung des Instandhaltungsbereiches mit den erforderlichen Sachpotentialen (z. B. Werkzeuge, Werkzeugmaschinen, Transportmittel) einschließlich möglicher EDV-Unterstützung (vgl. *Kraus*, 1981, S. 373).

Es muß sowohl der erforderliche Personalbestand für die vorbeugenden Instandhaltungsaktionen als auch für eventuelle Ausfallbehebungen bestimmt werden. Dieser kann grundsätzlich durch eine Kernmannschaft bereitgestellt werden. Da der Umfang der Instandhaltungsaktionen im Zeitablauf erheblichen Schwankungen unterliegen kann, ist die quantitative Auslegung der Instandhaltungsmannschaft im Sinne eines kostenoptimalen Kompromisses zwischen dem minimal und dem maximal zu erwartenden Personalbedarf zu lösen, was von *Schelo* als **„Dilemma der Kapazitätsbereitstellungsplanung"** charakterisiert wird (vgl. *Schelo*, 1972, S. 254 f.). Ein zu geringer Instandhaltungspersonalbestand führt zu erhöhten Kosten im Falle eines dadurch ausgelösten Produktionsstillstandes, sofern Fremddienste nicht jederzeit verfügbar sind; ein zu hoher Personalbestand hat erhöhte Kosten des gesamten Instandhaltungswesens zur Folge (vgl. *Ordelheide*, 1973, S. 74 ff.).

Der Auslastungsgrad der Instandhaltungskapazität kann bei fehlendem Eigenbedarf dadurch erhöht werden, daß das Instandhaltungspersonal bei der Ersatzteilherstellung eingesetzt wird oder auch entsprechende Fremdaufträge für die Teilefertigung und ggf. für Instandhaltungsleistungen übernommen werden. Ist der Minderbedarf an Instandhaltungsleistungen auf strukturelle Veränderungen in den Produktionsbetrieben zurückzuführen, so sind längerfristig orientierte Anpassungsmaßnahmen zu realisieren (vgl. *Herzig*, 1979, Sp. 821).

Bei sehr hohem Instandhaltungsbedarf kann neben zeitlicher Anpassung in den Instandhaltungsbetrieben und zusätzlicher Heranziehung von Fremddiensten auch Personal aus den Produktionsbetrieben eingesetzt werden. Hier ist in der Praxis auf die dafür erforderlichen Anlern- und Ausbildungsaktivitäten beim Bedienungspersonal zu achten. Bei höher automatisierten Produktionsanlagen hat das Bedienungs- und Überwachungspersonal vielfach genügend Zeit, die erforderlichen Inspektions- und Wartungsmaßnahmen durchzuführen sowie auch einfachere Instandhaltungsaufgaben (mit) zu übernehmen.

Neben der quantitativen Dimensionierung des Instandhaltungspersonalbestandes stellt die **qualitative Zusammensetzung der Instandhaltungsmannschaft** ein zusätzliches Problem dar. Die Verschiedenartigkeit der Instandhaltungsaktionen und -objekte stellt vielfach hohe Anforderungen an die Qualifikation der Instandhaltungsmitarbeiter. Einzusetzen sind breit ausgebildete Fachkräfte mit langjährigen Erfahrungen, zum Teil auch (unternehmungsinterne und -externe) Spezialisten. Bei zunehmender Automatisierung der Produktion ist insbesondere bei Zentrenproduktion eine Zusammenarbeit zwischen der Produktion und der Instandhaltung, aber auch zwischen z.B. den Mechanikern, Elektrikern und Elektronikern innerhalb der Instandhaltung erforderlich. Hieraus ergibt sich die Forderung nach übergreifenden Kenntnissen des Instandhaltungspersonals. Darüber hinaus muß das Instandhaltungspersonal grundsätzlich jederzeit einsatzbereit sein, d.h. es muß grundsätzlich eine Bereitschaft zur Schichtarbeit und auch Samstags- oder Sonntagsarbeit bestehen (vgl. *Waller*, 1988, S. 112).

In Abstimmung mit der Dimensionierung der Instandhaltungsmannschaft sind die notwendigen **Instandhaltungssachpotentiale** (Betriebsmittel) nach Art und Menge zu planen. Als Instandhaltungssachpotentiale sollen dabei solche Maschinen, Werkzeuge und Vorrichtungen verstanden werden, die entweder zentral in der Instandhaltungswerkstatt oder vor Ort bei der Realisation der verschiedenen Instandhaltungsmaßnahmen benötigt werden.

Neben der Durchführung der Instandhaltungsaktionen ausschließlich durch unternehmungseigene Potentiale, d.h. durch **Eigeninstandhaltung**, können die Instandhaltungsaktionen auch ausschließlich oder teilweise durch fremde Potentiale durchgeführt werden, d.h. durch **Fremdinstandhaltung** oder durch **Gemeinschaftsinstandhaltung**. In diesem Zusammenhang ist ein umfangreicher Rahmen für die Fremdinstandhaltung mit und ohne Materialgestellung durch Handwerksbetriebe oder Service-Abteilungen von Anlagenlieferanten zu fixieren. Grundsätzlich ist bei diesem Entscheidungskomplex die jeweils kostengünstigere Alternative vorzuziehen, wobei gleiche Rufbereitschaft und qualitative Äquivalenz der Instandhaltungsmaßnahmen gewährleistet sein müssen. Welche Form der Instandhaltung (interne und/oder externe) als kostenoptimal anzusehen ist, kann analog zu den strategischen und operativen Programmplanungsentscheidungen über Eigenproduktion oder Fremdbezug mit Hilfe einer Entscheidungsmatrix (vgl. Teil II, Kapitel 1.2.2) ermittelt werden. Neben den kosten-/ergebnisorientierten Gesichtspunkten sollten bei der Entscheidungsfindung auch nicht unmittelbar monetäre Aspekte Berücksichtigung finden (vgl. auch *Middelmann*, 1977, S. 107 ff. sowie Schaubild VIII.45). In der Praxis findet man meistens eine Kombination aus Eigen- und

Fremdinstandhaltung. Aus Sicherheitsgründen wird mindestens eine Grundbereitschaft für unerwartet auftretende Betriebsstörungen vorgehalten. Vielfach erweist sich der Aufbau einer darüber hinausgehenden Instandhaltungskapazität als wirtschaftlich vorteilhaft. Grundlage bildet die langfristige Prognose des Instandhaltungsbedarfs (vgl. *Middelmann*, 1977, S. 85 ff.). Neben festen Wartungsverträgen werden mit Fremdbetrieben überwiegend Rahmenvereinbarungen über spezielle Instandhaltungsleistungen abgeschlossen (vgl. auch *Daube*, 1988, S. 129). Darüber hinaus werden kurzfristig Eilaufträge an Fremdbetriebe erteilt, wenn in einer Schadenssituation die eigenen Instandhaltungskapazitäten nicht ausreichen.

	Vorteile	Nachteile
unternehmungsinternes Instandhaltungspersonal	- Vertrautheit mit den Betriebsverhältnissen - immer verfügbar (geringe Wartezeiten) - i. d. R. niedrigere variable Kosten - höhere Motivation (ggf. aufgrund von Prämien)	- Problem der Kapazitätsauslastung (hohe Fixkostenbelastung) - geringe Anpassungsflexibilität an Beschäftigungsschwankungen - Nachbesserung bei Instandhaltungsfehlern auf eigene Kosten
unternehmungsexternes Instandhaltungspersonal	- Spezialkenntnisse und Spezialwerkzeuge - vorübergehend relativ hoher Einsatz bei akutem Bedarf möglich - ggf. Gewährleistung/ Garantieübernahme - Übernahme (eines Teils) der Reserveteillagerung - keine Kosten bei Abwesenheit (z.B. wegen Urlaub, Krankheit)	- Gefährdung von Betriebsgeheimnissen - Abhängigkeit von externen Terminen

Schaubild VIII.45. Vor- und Nachteile beim Einsatz von unternehmungsinternem und unternehmungsexternem Instandhaltungspersonal

Zur Förderung der Leistungsbereitschaft des Instandhaltungspersonals bietet sich eine **leistungsorientierte Entlohnung** an. Der **Akkordlohn** eignet sich für die Instandhaltung nur sehr bedingt, da einerseits eine Akkordfähigkeit der Arbeitsaufgaben in der Instandhaltung nur vergleichsweise selten gegeben ist, und andererseits die Gefahr besteht, daß infolge des Strebens nach mengenmäßiger Leistungssteigerung die gewünschte Qualität der Instandhaltungsarbeiten nicht erreicht wird. Es bietet sich eine **Prämienentlohnung** an, bei der die Prämie sowohl an der Zeiteinsparung als auch an der Arbeitsgüte anknüpfen sollte (vgl. *Kirchenkamp*, 1989, S. 31 ff.; *Francke/Slaghuis*, o.J. sowie Teil VII, Kapitel 4.4.3 und 4.4.4).

4.2.2 Planung der Organisation der Instandhaltung

4.2.2.1 Organisatorische Integration der Instandhaltung in die Gesamtorganisation der Industrieunternehmung

Die Planung der Organisation der Instandhaltung beinhaltet im Kern die systematische Entscheidungsvorbereitung und Entscheidungsfällung über die Zuordnung des Instandhaltungspersonals und der Instandhaltungsbetriebsmittel im Hinblick auf die zu erfüllenden Aufgaben der Instandhaltung. Insbesondere zählen hierzu Entscheidungen über die organisatorische Integration der Instandhaltung in die Gesamtorganisation der Industrieunternehmung sowie über die organisatorische Gliederung innerhalb des Instandhaltungsbereiches (vgl. *Faller*, 1974, S. 293; *Kraus*, 1981a, S. 343 ff.; *Kroesen*, 1983, S. 60 ff.).

Wesentliche Planungsprobleme bei der organisatorischen Integration der Instandhaltung in die Aufbauorganisation der Industrieunternehmung stellen Entscheidungen über **Zentralisation und/oder Dezentralisation der Instandhaltung** sowie über die **Einordnung der Instandhaltung als Stabs- oder Linienstelle** dar.

In Abhängigkeit von der grundlegenden Aufbauorganisation der Industrieunternehmung lassen sich unterschiedliche organisatorische Konzepte der Integration der Instandhaltung unterscheiden. So kann eine **zentrale Instandhaltung** in eine nach Funktionen gegliederten Industrieunternehmung z.B. durch eine organisatorische Einheit im Rahmen eines integrierenden, bereichsübergreifenden organisatorischen Bereiches **Anlagenwesen** oder durch einen **zentralen Hilfsbetrieb innerhalb des Produktionsbereiches** integriert werden. Insbesondere in Großunternehmungen ist die Produktion häufig auf mehrere Werke verteilt. In diesem Fall bietet sich gegebenfalls eine **Dezentralisierung spezifischer Instandhaltungsaufgaben auf die einzelnen Werke bei gleichzeitiger Koordination über eine zentrale Instandhaltung** an. Im Falle einer nach Divisions gegliederten Industrieunternehmung besteht grundsätzlich die Möglichkeit, **neben einer zentralen Instandhaltung zusätzlich noch dezentrale Instandhaltungsbereiche für die Divisions** zu installieren. Diese dezentralen Instandhaltungsbereiche übernehmen hierbei grundsätzlich die gleichen Aufgaben wie der zentrale Instandhaltungsbereich einer funktional organisierten Unternehmung.

4.2.2.2 Organisatorische Gliederung innerhalb des Instandhaltungsbereiches

Die Aufgaben der Instandhaltung lassen sich grundsätzlich nach **Führungs- und Durchführungsaufgaben** unterscheiden. So können unterhalb der Leitung des Instandhaltungsbereiches die Bereiche Instandhaltungsplanung, Instandhaltungssteuerung und -durchführung sowie die Instandhaltungskontrolle gebildet werden.

Die Bereiche der **operativen Instandhaltungsplanung arbeiten hierbei in enger Abstimmung mit dem Bereich der Produktionsprozeßplanung** zusammen. Der Bereich der **Instandhaltungssteuerung** und **-durchführung** kann entweder eine **zentrale Instandhaltungswerkstatt und/oder mehrere dezentrale Instandhaltungswerkstätten** umfassen. Diese dezentralen Instandhaltungswerkstätten können ihrerseits nach Instandhaltungsobjekten (z. B. Anlagen einer Produktionswerkstatt oder Anlagen eines Anlagentypes) oder nach der Art der zu verrichtenden Instandhaltungstätigkeiten (z. B. Schlosser-, Elektriker-, Hydraulikwerkstatt) gegliedert werden. Mit zunehmender Automatisierung werden bei Zentrenproduktion und bei hochautomatisierter Fließproduktion vielfach **spezifische Aufgaben der Instandhaltung der jeweiligen Bedienungsmannschaft von Anlagen bzw. Anlagenbereichen mit übertragen**. Zu diesen übertragbaren (Teil-)Aufgaben der Instandhaltung an das Produktionspersonal gehören z. B. die Durchführung von Motorreinigungen, Ölwechseln oder die Kontrolle der Funktionsfähigkeit spezifischer Anlagen(teile) (vgl. *Kalaitzis*, 1988, S. 141). Darüber hinaus können aber auch z.T. die jeweils entsprechenden Planungs- und Kontrollaufgaben der Instandhaltungsaktionen an die Anlagenbediener übertragen werden. Die Entscheidung über die Verlagerung von Instandhaltungsaufgaben auf das Produktionspersonal sollte hierbei unternehmungsindividuell in Abhängigkeit von den jeweiligen Gegebenheiten in der Instandhaltung erfolgen. Grundsätzlich kann man erwarten, daß die **Übertragung von Instandhaltungsaufgaben auf das Produktionspersonal umso leichter realisierbar ist**,

- je universeller einsetzbar das Produktionspersonal ist,
- je anspruchsloser die Sicherheitsvorschriften der Anlagen sind und
- je höher die Leerzeiten der Anlagen sind (vgl. ähnlich *Kalaitzis*, 1988, S. 146).

4.3 Aufgaben der Instandhaltung mit operativem Charakter

4.3.1 Instandhaltungsprogrammplanung

Auf der Grundlage der im Rahmen der strategischen Instandhaltungsplanung festgelegten Basisstrategien der Instandhaltung erfolgt im Rahmen der Instandhaltungsprogrammplanung die **anlagenbezogene Bestimmung der innerhalb des betreffenden Planungszeitraumes durchzuführenden Instandhaltungsarbeiten nach Art, Menge und Zeit**.

Bei der Planung des Instandhaltungsprogrammes ist es zweckmäßig, ordentliche und außerordentliche Instandhaltungsleistungen zu unterscheiden. Bei den **ordentlichen Instandhaltungsleistungen** handelt es sich um laufende, sich ständig wiederholende und damit nach Art, Menge und Eintritt weitgehend genau planbare Instandhaltungsarbeiten. Dahingegen umfassen **außerordentliche Instandhaltungsleistungen** sporadisch und selten auftretende und damit insbesondere vom Eintritt her nicht planbare Instandhaltungsarbeiten.

Die Planung der ordentlichen Instandhaltungsleistungen kann hierbei grundsätzlich durch spezifische, **anlagenbezogene Verbrauchsfunktionen** unterstützt werden. In diesen Verbrauchsfunktionen werden durch statistisch abgesicherte Regelmäßigkeiten die je nach verfolgter Basisstrategie erforderlichen Wartungs-, Inspektions- und Instandsetzungsleistungen einer Periode in Abhängigkeit von ihren wesentlichen Einflußgrößen dargestellt. Als bedeutendste Einflußgröße auf den Verbrauch von ordentlichen Instandhaltungsleistungen wurde in empirischen Untersuchungen die **produktionsbedingte Inanspruchnahme der Produktionsanlage** ermittelt. Ausgedrückt durch die periodenbezogene Produktionsmenge oder Nutzungshauptzeit der Anlage wurde das Gewicht dieser Einflußgröße hierbei durch **Regressionsrechnungen** ermittelt (vgl. *Middelmann*, 1977, S. 91 ff. und S. 123 ff.). Die außerordentlichen Instandhaltungsleistungen für eine Produktionsanlage (z. B. Großüberholung eines Hallenkranes) werden häufig unregelmäßig in größeren zeitlichen Abständen durchgeführt. Ihre Planung erfolgt daher auftragsweise. Die Summe aller ordentlichen und außerordentlichen Instandhaltungsleistungen einer Periode über alle Produktionsanlagen einschließlich eines gewissen Volumens für ausfallbedingte Instandsetzungsarbeiten ergibt das **Instandhaltungsprogramm der Periode**. Zentrale Maßgröße für das Instandhaltungsprogramm stellen hierbei die Instandhaltungsstunden dar. Sie werden aufgeschlüsselt nach Wartungs-, Inspektions- und Instandsetzungsstunden für die leistenden Instandhaltungsbereiche und die empfangenden Produktionsanlagen.

Die Instandhaltungsprogrammplanung erfolgt in enger Abstimmung mit der **Planung der Eigenerstellung und/oder des Fremdbezuges der Instandhaltungsleistungen**. Im Rahmen der hier interessierenden operativen Planung erfolgt die Entscheidungsfindung **auf der Basis gegebener Potentiale und in Abhängigkeit von der jeweiligen Beschäftigungssituation** (vgl. Teil IV, Kapitel 2.6. sowie *Männel*, 1981, S. 107 ff.; ferner *Biermaier*, 1988, S. 259 ff.; *Breer/Weingärtner*, 1987, S. 47 ff.; *Weber*, 1984, S. 34 und S. 73). In der **Unterbeschäftigungssituation** ist kurzfristig aus rein wirtschaftlichen Gesichtspunkten die Eigeninstandhaltung vorzuziehen, solange die variablen entscheidungsabhängigen Kosten der Eigeninstandhaltung geringer sind als die Kosten der Fremdinstandhaltung. In der **Vollbeschäftigungssituation mit einem Engpaß** sind im Falle höherer absoluter Fremdinstandhaltungskosten als Eigeninstandhaltungskosten zunächst jene Instandhaltungsleistungen fremdzubeziehen, bei denen der Wechsel von Eigeninstandhaltung auf Fremdinstandhaltung die geringsten engpaßbezogenen Mehrkosten verursacht. **In der Vollbeschäftigungssituation mit mehreren Engpässen** sind zur Bestimmung der Aufteilung von Eigen- und/oder Fremdinstandhaltungsleistungen komplexere Rechenmodelle in Form von **Simulationsmodellen** oder **Modellen der linearen Optimie-**

rung heranzuziehen, wobei sich die Anwendung derartiger Konzepte in der Praxis als äußerst schwierig erwiesen hat (Komplexität der Planungssituation, Nichtlinearitäten u.a.m.).

4.3.2 Verbrauchsfaktorbedarfsplanung

Zu den Instandhaltungs-Verbrauchsfaktoren rechnen Ersatzteile, instandhaltungsspezifische Hilfsstoffe, Betriebsstoffe und Dienstleistungen (vgl. Schaubild VIII.46). Die instandhaltungsspezifischen Hilfs- und Betriebsstoffe fallen hierbei insbesondere bei Wartungsarbeiten an. Bei Instandsetzungsarbeiten werden darüber hinaus häufig Ersatzteile benötigt.

Ersatzteile und Instandhaltungshilfsstoffe gehen unmittelbar in die Instandhaltungsleistung ein. Ihr Bedarf kann grundsätzlich deterministisch aus dem Instandhaltungsprogramm abgeleitet werden, was insbesondere für A- und B-Teile im Rahmen vorbeugender Instandhaltungsmaßnahmen in Frage kommt. Im übrigen können nur verbrauchsbezogene statistische Bedarfsermittlungsmethoden herangezogen werden. **Instandhaltungsspezifische Betriebsstoffe und Dienstleistungen** gehen mittelbar in die Instandhaltungslei-

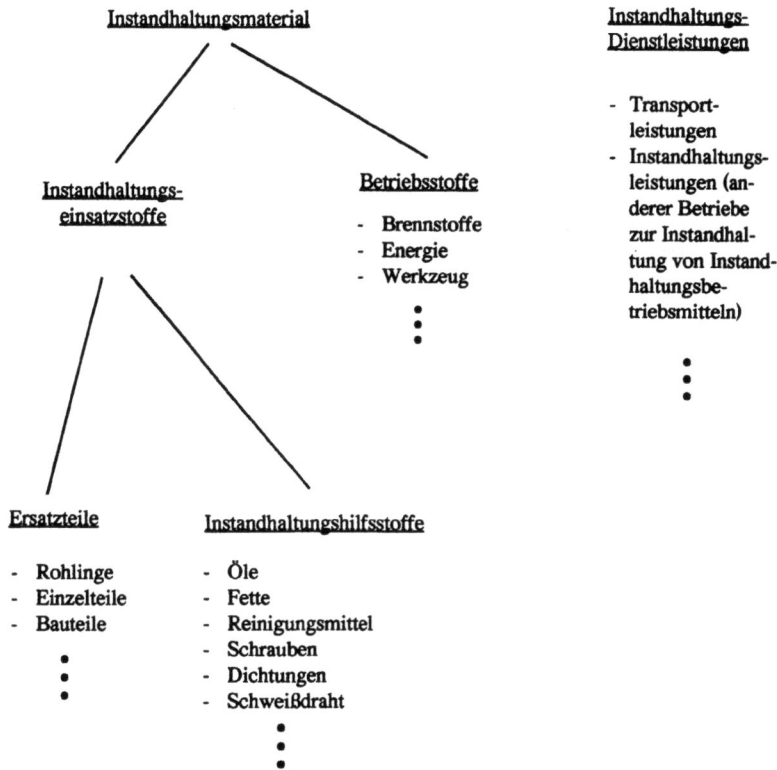

Schaubild VIII.46. Arten der Instandhaltungsverbrauchsfaktoren (*Kroesen*, 1983, S. 134)

stungen ein. Ihr Bedarf hängt von der Art und Einsatzweise der maschinellen Instandhaltungspotentiale ab. Wegen des i.d.R. geringen Anteils an den Instandhaltungskosten wird der Bedarf dieser Verbrauchsfaktoren ebenfalls anhand von (statistischen) Erfahrungswerten geplant (vgl. zu Verfahren der Bedarfsmengenermittlung von Verbrauchsfaktoren Teil V, Kapitel 2.4; ferner *Heuer*, 1981, S. 431 ff.).

Für die **Bedarfsbestimmung von Ersatzteilen** kommt es insbesondere auch darauf an, ob ausgebaute Teile repariert oder endgültig ausgeschieden und durch neue Teile ersetzt werden. Außer bei hochwertigen Bauelementen, für die eine Entscheidung über Reparatur oder Aussonderung im Einzelfall zu treffen ist, werden Erfahrungswerte aus statistischen Aufschreibungen herangezogen. Als Beispiel sei der **Schrottkoeffizient** genannt. Er spiegelt den Teil der ausgebauten Anlagenelemente an allen ausgebauten Anlagenelementen wider, deren Funktionsfähigkeit nicht durch Instandsetzungsleistungen wiederhergestellt werden soll (vgl. *Kroesen*, 1983, S. 137):

$$\text{Schrottkoeffizient} = \frac{\text{Anzahl verschrotteter Teile einer Teileart}}{\text{Anzahl ausgebauter Teile einer Teileart}}$$

Bei der Verbrauchsfaktorbedarfsplanung ist grundsätzlich zu prüfen, ob sich durch Verwendung besserer Materialqualitäten z.B. die Instandhaltungsintervalle derart verlängern lassen, daß trotz der i.d.R. zu erwartenden Materialkostensteigerungen Kosteneinsparungen bei der Instandhaltung zu erzielen sind.

Ein beachtenswerter Kostenfaktor resultiert aus der **Lagerhaltung** und der mit ihr verbundenen Bestelldisposition von **Ersatzteilen**. In betriebswirtschaftlicher Sicht sind in diesem Zusammenhang Entscheidungen über Bestellmenge, Bestellzeitpunkte und Lagerbestände für die jeweiligen Ersatzteile zu treffen. Zur Entscheidungsunterstützung können hierbei grundsätzlich die allgemeinen Rechenmodelle herangezogen werden, wie sie in der Materialwirtschaft zum Einsatz gelangen (vgl. Teil V, Kapitel 3). Als entscheidungsrelevante Größe für die **Bestimmung der optimalen Bestellmenge der Ersatzteile** ist das Minimum der Summe aus Lagerkosten und Beschaffungskosten der Ersatzteile heranzuziehen. Die Lagerkosten für Ersatzteile umfassen Zinsen auf das in den Ersatzteilbeständen gebundene Kapital, Personal- und Betriebsstoffkosten für die Lagerverwaltung sowie Kosten für Schwund und Qualitätsminderung. Besondere Beachtung verdient hierbei die Kapitalbindung für die Reserveteillagerhaltung, die z.B. in der Eisenhüttenindustrie 13% – 20% des Wertes der maschinellen Anlagen ausmacht (vgl. *Kroesen*, 1983, S. 138). Die Beschaffungskosten für Ersatzteile beinhalten die Beschaffungseinzelkosten (Beschaffungsmenge × Einstands- oder Verrechnungspreis) und die Beschaffungsnebenkosten (z.B. Personalkosten oder Abschreibungen der Einkaufsabteilung). Die Beschaffungskonditionen werden insbesondere durch die Verbrauchsfaktorqualität, die Lieferantenwahl und die Bestellmenge bestimmt. Hier kann die Verwendung von standardisierten Baugruppen und Normteilen im Anlagenpark eines Betriebes zur Kostensenkung beitragen (z.B. Abrufbestellungen für Normteile), insbesondere auch durch die damit i.d.R. verbundene Absenkung der Ersatzteilbestände. In diesem Zusammenhang können auch vielseitig verwendbare vorgearbeitete Teile (Rohlinge), die im Bedarfsfall individuell bearbeitet und zugeschnitten werden, erwähnt werden (vgl. *Tienes*, 1988, S. 160).

Die erhebliche Unsicherheit bei der Bedarfsermittlung der Verbrauchsfaktoren insbesondere in bezug auf ausfallbedingte Instandhaltungsleistungen veranlaßt viele Unternehmungen, relativ hohe **Sicherheitsbestände** zu halten. Dadurch soll vermieden werden, daß Produktionsausfälle durch zusätzliche Lieferzeiten für nicht vorrätige Reserveteile entstehen. Die Bedeutung der Sicherheitsbestände für Ersatzteile nimmt hierbei umso mehr zu, je weniger Möglichkeiten einer Substitution der benötigten Ersatzteile durch andere Maßnahmen wie z. B. Ausbesserung durch Schweißen, Kleben o.ä. gegeben sind (vgl. *Hug*, 1986, S. 99).

Grundsätzlich steht bei Instandhaltungsmaterialentscheidungen das **Kostenziel** im Vordergrund. Da in Zeiten der Vollbeschäftigung die Folgekosten bei Produktionsstillstand aufgrund fehlender Ersatzteile sehr schnell erhebliche Größenordnungen erreichen, liegt der Schwerpunkt auf der **Gewährleistung eines hohen Servicegrades** (Lieferbereitschaft) unter Inkaufnahme eines Ansteigens der Lagerkosten für die benötigten Instandhaltungsmaterialien. Unter rein wirtschaftlichen Gesichtspunkten sollte als **optimaler Sicherheitsbestand** eines Ersatzteiles diejenige Höhe gewählt werden, bei der die Summe aus Lagerkosten des Sicherheitsbestandes und Fehlmengenkosten für nicht vorrätige Ersatzteile ein Minimum ergibt. Bei der schwierigen Aufgabe, Fehlmengenkosten hinreichend genau abzuschätzen, sollte man von mehreren möglichen Fehlmengensituationen ausgehen und hierfür Eintrittswahrscheinlichkeiten ansetzen.

Da bestimmte Ersatzteile oftmals schon wenige Jahre nach dem Erwerb einer Anlage beim Hersteller nicht mehr bezogen werden können, kann es notwendig sein, solche Teile – sofern eine Herstellung in der eigenen Instandhaltungswerkstatt nicht möglich ist – bereits beim Anlagenkauf mitzuerwerben. Eine hohe Kapitalbindung als Folge einer intensiven Reserveteillagerung wird dabei bewußt akzeptiert. Problematisch ist jedoch die Festlegung der Zahl solcher Ersatzteile, wenn diese für die gesamte Nutzungsdauer ausreichen sollen (vgl. dazu *Scheer*, 1979, Sp. 833). Beim Verkauf von nicht mehr benötigten oder einsetzbaren Produktionsanlagen sind daher u.U. zugleich Restbestände an Reserveteilen zu verwerten bzw. zu vernichten. Vielfach übernehmen Maschinenhersteller heute als zusätzliche absatzfördernde Servicefunktion die Reserveteilvorhaltung bzw. bedarfsgerechte Herstellung – auch nach Übergang zu neuen Maschinentypen. Wirtschaftlich dürfte diese Konzeption für alle Beteiligten günstiger sein, da dem Maschinenhersteller viele Maschinenverwender gegenüberstehen und sich auf diese Weise beim Hersteller ein größerer, rationeller zu bedienender Ersatzteilebedarf konzentriert.

4.3.3 Instandhaltungsprozeßplanung, -steuerung und -kontrolle

4.3.3.1 Instandhaltungsprozeßplanung

Die **Instandhaltungsprozeßplanung** beinhaltet als **auftragsorientierte Instandhaltungsterminplanung** die systematisch vorbereitete Festlegung der (kalender-)zeitlichen Reihenfolge von Instandhaltungsaktionen zur Realisierung des geplanten Instandhaltungsprogrammes und zur Beseitigung unerwartet auftretender Störungen an den Produktionsanlagen. Als **instandhaltungspotentialorientierte Kapazitätsbelegungsplanung** umfaßt sie die Festlegung des (kalender)zeitlichen und örtlichen Einsatzes der Instandhaltungspotentiale sowie der damit verbundenen Instandhaltungsverbrauchsfaktoren.

Unter Berücksichtigung der anlagenbezogenen Basisstrategien der Instandhaltung und unter Berücksichtigung der Produktionsprozeßplanung strebt die Instandhaltungsprozeßplanung als generelles Wertziel eine **kostenminimale Durchführung der Arbeiten der vorbeugenden Instandhaltung und der ausfallbedingten Instandsetzung** zur Realisierung des Instandhaltungsprogrammes an. Da eine operationale Formulierung dieses Kostenzieles i.d.R. nur schwer möglich ist, werden für die Instandhaltungsprozeßplanung folgende **Ersatzziele** aufgestellt (vgl. *Schelo*, 1972, S. 173 ff.):

- Termingerechte Durchführung der vorbeugenden Instandhaltungsmaßnahmen entsprechend den Vorgaben aus den Basisstrategien der Instandhaltung;
- Einhaltung der (Netzplan)Vorgaben für auftragsweise als Projekte konzipierte Großreparaturen;
- Vollständige und gleichmäßige Auslastung der Instandhaltungsmannschaft;
- Maximierung der Anlagenverfügbarkeit;
- Einhaltung global formulierter Instandhaltungsbudgets.

Ein wesentliches **Sozialziel** der Instandhaltungsprozeßplanung stellt hierbei die **Gewährleistung der Arbeitssicherheit** der Mitarbeiter der Unternehmung dar. Z.B. sollten die instandzuhaltenden Anlagen für die Dauer der Instandhaltungstätigkeiten gegen unbeabsichtigtes Wiederanschalten abgesichert oder vor Schweißarbeiten Brandschutzvorkehrungen getroffen werden (vgl. *Jütting*, 1986, S. 21).

Grundsätzlich ist bei der Instandhaltungsprozeßplanung insbesondere das Zuordnungsproblem zu lösen, welche Instandhaltungsaktionsträger (wer) für die Ausführung spezieller Instandhaltungsaktionen (was) an bestimmten Instandhaltungsobjekten (wofür) zuständig sein sollen und in welcher Reihenfolge verschiedene Operationen durchzuführen sind. Hierbei ist bei den meisten Instandhaltungsarbeiten eine zeitweise Zusammenarbeit von Instandhaltungspersonal unterschiedlicher Qualifikationen erforderlich. Im Rahmen der Instandhaltungsprozeßplanung erfolgt daher eine zeitliche und qualifikationsmäßige Koordination der Zusammenarbeit des Instandhaltungspersonals im Hinblick auf die Ziele der Instandhaltungsprozeßplanung (vgl. *Jütting*, 1986, S. 20).

Die **auftragsorientierte Instandhaltungsterminplanung** beinhaltet im Kern die **kurzfristige Festlegung der erforderlichen Instandhaltungsaktionen sowie deren Reihenfolge und Termine in Abstimmung mit der Produktion**. Im Rahmen der **Detailplanung der Instandhaltungsaktionen** ist zu beachten, daß ein erheblicher Teil (70% – 90%) der Instandhaltungsarbeiten in den meisten Industriebranchen aus Wiederholtätigkeiten besteht (vgl. *Erdmann*, 1970, S. 87; *Kroesen*, 1983, S. 30).

Ein wichtiges Hilfsmittel zur Lösung dieser Aufgaben sind **Aktionspläne bzw. Arbeitspläne der Instandhaltung**, die für alle Instandhaltungsobjekte gesondert zu erstellen sind (vgl. *Kraus*, 1981, S. 377 f.). Sie enthalten eine detaillierte Beschreibung der Art und Reihenfolge der Instandhaltungsleistungen sowie Angaben über die qualitativen Anforderungen an die in Frage kommenden Aktionsträger (z. B. Berufsbezeichnung oder Sonderkenntnisse), des weiteren Angaben über die erforderlichen Instandhaltungssachpotentiale und -materialien. Die für die Instandhaltungsaktionen benötigten Vorgabe- bzw. Richtzeiten sollten grundsätzlich ebenfalls aus den Aktionsplänen zu entnehmen sein (vgl. *Erdmann*, 1970, S. 75 ff.; vgl. *Brocker* 1975, S. 100 ff. Vgl. ferner zur Zeitermittlung für Instandhaltungsarbeiten *Kunerth/Thomalla*, 1981, S. 508 ff.). Für Instandhaltungsarbeiten an ortsgebundenen Anlagen(teilen) fallen für das Instandhaltungspersonal auch Wegezeiten und Transportvorgänge an, die dann ebenfalls im Arbeitsplan integriert sein sollten (vgl. *Berka/Kirchenkamp*, 1981, S. 395). Die Material- und Zeitvorgaben dienen einerseits der Verbrauchs- und Leistungsüberwachung, andererseits der auftragsweisen Vorkalkulation bzw. Plankostenfixierung. Die Verwendung von Plankostensystemen im Instandhaltungsbereich ist in der Praxis allerdings bisher nicht häufig anzutreffen, obwohl sich die Voraussetzungen durch die Maßnahmen- bzw. Strategieplanung und die Zunahme von Wiederholtätigkeiten ständig verbessert haben (vgl. *Kroesen*, 1983, S. 145 f.). Den grundsätzlichen Aufbau eines tabellarischen Arbeitsplans für Instandhaltungstätigkeiten zeigt Schaubild VIII.47.

Die Festlegung der Termine, zu welchen die Instandhaltungsaufträge durchgeführt werden sollen, erfolgt **in enger Abstimmung mit der Produktionsprozeßplanung**. Hierbei können die **Ergebnisse der Produktionsprozeßplanung als Restriktionen** betrachtet werden, oder die Instandhaltungsarbeiten, die einen Maschinenstillstand erfordern, werden im Rahmen der Kapazitätsbelegungsplanung der Produktion wie Fertigungsaufträge eingeplant (vgl. *Schelo*, 1972, S. 227). Es besteht mithin ein **grundsätzlicher Zusammenhang zwischen der Produktionsplanung und -steuerung (PPS) und der Instandhaltungsplanung und -steuerung (IPS)**. Grundsätzlich sollten vorbeugende Instandhaltungsmaßnahmen so disponiert werden, daß der Produktionsprozeß in geringstmöglichem Maß gestört wird. Dies kann vor allem durch die **Ausnutzung von planmäßigen Produktionsunterbrechungen** (ablaufbedingte Stillstände, Ruhepausen etc.) erreicht werden (sog. „Leerzeitstrategien", vgl. *Ordelheide*, 1973, S. 65 f. oder „optionale Instandhaltung"). Vielfach ist allerdings eine instandhaltungsbedingte Unterbrechung der Produktion zur Durchführung von Instandhaltungsaktionen nicht zu umgehen (z. B. bei kontinuierlich ablaufenden Produktionsprozessen).

Arbeitsplan-Nr.	Arbeitsplan-Bezeichnung			Arbeitsplan-Art		Arbeitsplaner	Kostenplan
Anlagen-Nr.	Anlagen-Bezeichnung			Anlagen-Standort		Zeichnungsnummer	
Mat.-Nr.	Materialbe-zeichnung	Menge	Werkzeug-Nr.	Werkzeug-bezeichnung	Werkzeug-menge	Änderungs-stand	Bearbeiter
lfd. Nr.	Instandhaltungs-Vorgang			Instandhaltungs-Stelle		Instandhaltungs-Zeit	Instandhaltungs-Kosten

Schaubild VIII.47. Grundsätzlicher Aufbau eines Arbeitsplanes für die Instandhaltung

Im Rahmen der **potentialorientierten Kapazitätsbelegungsplanung** der Instandhaltung erfolgt die **Belegung der zur Durchführung der Instandhaltungsaufträge erforderlichen Instandhaltungsanlagen und Instandhaltungsmitarbeiter** (im Sinne der Auftragszuweisung/Maschinenbelegung und Potentialterminierung).

Aus den Instandhaltungsarbeitsplänen werden unter Berücksichtigung der Erfordernisse aus dem Produktionsbereich für alle Instandhaltungsaufträge die jeweiligen **Kapazitätsbedarfsdaten** je Kapazitätsart und Periode ermittelt. Dieser Kapazitätsbedarf wird dem **Kapazitätsangebot** pro Periode gegenübergestellt. Hierbei erfolgt eine Prüfung, ob der Kapazitätsbedarf für die Instandhaltungsaufträge durch Belegung der freien Kapazitäten je Kapazitätsträger und Periode gedeckt werden kann. Im Falle von Überlastungssituationen bzw. Engpaßsituationen oder Unterauslastungssituationen sind grundsätzlich Alternativen der intensitätsmäßigen, zeitlichen und/oder quantitativen Anpassung des Kapazitätsangebots zu prüfen (vgl. Teil VI, Kapitel 1.1; vgl. ferner *Kraus*, 1981, S. 380). Erst im Rahmen der potentialorientierten integrierten Kapazitätsbelegungsplanung können endgültige bzw. realisierbare (Anfangs- und End-)Termine für Instandhaltungsarbeiten geplant werden.

Grundsätzlich können als **Verfahren der Instandhaltungsprozeßplanung** sämtliche Verfahren eingesetzt werden, die auch im Rahmen der Produktionsprozeßplanung bei Werkstattproduktion zur Anwendung kommen (vgl. Teil VI, Kapitel 3). Soweit die Instandhaltungspotentiale bei einer unerwarteten Spitzenbelastung nicht in der Lage sind, alle Instandhaltungsaufträge kurzfristig abzuwickeln, ist eine möglichst günstige Reihenfolge für die Instandhaltungsaufträge festzulegen (vgl. z.B. *Schelo*, 1972, S. 176 ff.; vgl. *Rehwinkel*, 1976, S. 125 ff.). Praktische Bedeutung für die Reihenfolgeplanung besitzen suboptimierende **Prioritätsregeln**. Sie ordnen den einzelnen bei der Instandhaltungsprozeßplanung zu berücksichtigenden Instandhaltungsaufträgen unterschiedliche Prioritäten zu und ermöglichen somit eine Ordnung der Instandhaltungsaufträge nach ihrer jeweiligen Bedeutung. Prioritätsregeln erbringen bei einfacher Handhabung zufriedenstellende Resultate (vgl. *Küpper*, 1974, S. 167) und werden **auch im Rahmen von Simulationsmodellen** eingesetzt (vgl. *Grabow*, 1986, S. 296 ff.; *Schelo*, 1972, S. 185 ff.; *Scheer*, 1974, S. 206 ff.). Mögliche Regeln sind z. B. (ausführlich bei *Bauer/Kress*, 1968, S. 120 ff.):

- Priorität für die Anlage, die die höchsten Stillstandskosten pro Zeiteinheit hervorruft,
- Priorität für die Anlage, die die kürzeste Instandhaltungszeit in Anspruch nimmt,
- Priorität für die Anlage, die bei einem Ausfall die größten Störungen im Produktionsprozeß verursacht.

Eine geringe praktische Bedeutung kommt den in der Literatur dargestellten **analytischen Modellen** zu. Ihr Einsatz ist häufig problematisch, da sie bereits bei Reihenfolgeproblemen mittlerer Komplexität entweder mit groben, unrealistischen Vereinfachungen arbeiten müssen und dann zu unbefriedigenden Ergebnissen führen, oder anderenfalls einen erheblichen, wirtschaftlich kaum vertretbaren Rechenaufwand beanspruchen (vgl. z. B. *Schelo*, 1972, S. 178 ff. und die dort angegebene Spezialliteratur).

Mit Hilfe der **Balkendiagramm-Technik** wird eine graphische Durchführung und/oder Visualisierung der instandhaltungsbezogenen Kapazitätsbelegungs- und Terminplanungen ermöglicht. Hierbei werden über einer Zeitachse die verschiedenen durchzuführenden Instandhaltungsaufträge oder -aktionen mit Hilfe von Balken oder Linien dargestellt, deren Länge den jeweiligen Zeitverbrauch für die Aufträge oder Aktionen widerspiegeln (vgl. Teil VI, Kapitel 3).

Für die Planung und Kontrolle komplexer Instandhaltungsabläufe (insbesondere Großreparaturen) mit einer Vielzahl zu koordinierender Einzelaktivitäten, die sich über einen längeren Zeitraum erstrecken, kann die Anwendung der **Netzplantechnik** vorteilhaft sein. Neben der Vorgangsverknüpfung und Erfassung der zeitlichen Beziehungen zwischen den verschiedenen Instandhaltungsaktivitäten können hierbei Instandhaltungskapazitäts- und -kostengesichtspunkte berücksichtigt werden (vgl. dazu Teil VI, Kapitel 3; *Hahn*, 1985, S. 360 ff. sowie ein praktisches Beispiel bei *Becker*, 1978, S. 145 ff.).

4.3.3.2 Instandhaltungssteuerung und -kontrolle

Die **Instandhaltungssteuerung** beinhaltet die detaillierte endgültige Festlegung der Durchführung der Instandhaltungsarbeiten (Feinplanung und -abstimmung) sowie die Veranlassung ihrer Durchführung. Grundlage der endgültigen Festlegung der Durchführung der Instandhaltungsarbeiten sind **Informationen über Verfügbarkeit** von Instandhaltungspersonal, -betriebsmitteln und -material sowie **Rückmeldungen** über den Fortschritt der durchgeführten Instandhaltungsarbeiten. Aufbauend auf diesen Informationen erfolgt die detaillierte Zuordnung von einzelnen Instandhaltungsaufträgen oder -aktionen zu einzelnen Kapazitätsträgern innerhalb des durch die Instandhaltungsprozeßplanung vogegebenen Rahmens sowie die Auftrags- oder Aktionsfreigabe. Innerhalb dieses Planungskomplexes werden auch die ausfallbedingten Instandsetzungsarbeiten eingeplant. Die Veranlassung der Durchführung der Instandhaltungsarbeiten erfolgt durch die rechtzeitige Bereitstellung der für die Instandhaltung erforderlichen Informationen an den jeweiligen Instandhaltungsstützpunkten. Hierzu zählen im allgemeinen Arbeits- bzw. Lohnscheine, Material- und Werkzeugentnahmescheine und ggf. auch Transportscheine. Erfolgt die Informationsübermittlung mit Hilfe der EDV, werden die genannten Informationen über Peripheriegeräte (z.B. Bildschirm oder Drucker) bereitgestellt. Bei der vorbeugenden Instandhaltung wird auch oft mit sog. Tagesprogrammen gearbeitet.

Die **Instandhaltungskontrolle** als Soll-/Ist-Vergleich bezieht sich insbesondere auf input- und outputbezogene Daten nach Art und Menge, Zeitverbräuchen/Kapazitätsbeanspruchungen und Termineinhaltungen. Hierbei sind im Rahmen einer Arbeitsfortschrittskontrolle Rückmeldungen über die Ausführung der einzelnen Instandhaltungsaufträge oder -arbeiten den geplanten Werten gegenüberzustellen. Treten Abweichungen auf, sind Ursachen und Verantwortlichkeiten festzustellen und ggf. Konsequenzanalysen durchzuführen, die zu Rückkoppelungsprozessen führen können. Neben der rein **auftragsorientierten Abweichungsanalyse** erfolgt darüber hinaus auch eine **Schadens- und Schwachstellenanalyse**. Hier zeigt sich eine Schnittstelle zwischen Anlageninstandhaltung und Qualitätssicherung. Die auftretenden Anlagenschäden werden anhand von Fehlerschlüsseln klassifiziert. Hierdurch können ggf. vorhandene Schwachstellen einer Anlage oder eines Anlagenteils identifiziert werden, die ihrerseits zu Korrekturen der operativen oder auch strategischen Planungen führen können (vgl. *Klein*, 1988, S. 29 ff.; *Kraus*, 1981, S. 381 f.; vgl. ausführlich zur Schwachstellenanalyse *Mexis*, 1981, S. 176 ff.).

Im Rahmen der Informationsversorgung der Instandhaltung stellt ein leistungsfähiges **Kennzahlensystem** ein wesentliches Instrument des Berichtswesens dar, das vor allem zu einer Verbesserung der Kosten- und Leistungstransparenz beiträgt. In Kapitel 6.3 sind einige bedeutsame Kennzahlen aufgeführt (vgl. hierzu *Biedermann*, 1988, S. 305 ff.; *Biedermann*, 1990, S. 213 ff.; *Amon*, 1991, S. 16 ff.).

4.3.4 Instandhaltungskostenplanung und -kontrolle

4.3.4.1 Grundsätzliches

Instandhaltungskosten können als bewerteter Verzehr von Faktoreinsatzmengen bezeichnet werden, der zur Erstellung von Instandhaltungsleistungen sowie zur Aufrechterhaltung der Betriebsbereitschaft des Instandhaltungsbereiches erforderlich ist (vgl. allgemein *Mellerowicz*, 1981, S. 387 ff. sowie *Höhne*, 1956, S. 1273 ff. Vgl. ferner zur Diskussion unterschiedlicher Auffassungen zum Instandhaltungskostenbegriff *Heck*, 1981, S. 581 ff.; *Männel*, 1989, S. 249 ff.). Sie werden verursacht durch die Verhinderung und Beseitigung von technischen Verschleißerscheinungen an Produktionsanlagen. Deren wirtschaftliche Entwertung wird dagegen im wesentlichen in Form von **Abschreibungskosten** erfaßt, deren Höhe je Periode von dem Abschreibungsausgangswert, der zugrunde gelegten Nutzung bzw. Nutzungsdauer und dem Abschreibungsverfahren bestimmt wird (vgl. ausführlich Kapitel 6). Eine Mischform aus Instandhaltungs- und Abschreibungskosten bilden die **Modernisierungskosten** (in Abhängigkeit vom Aktivierungsumfang der zugehörigen Ausgaben). Die Summe aus Instandhaltungskosten, Abschreibungskosten und Modernisierungskosten, die sich in der Praxis i.d.R. nicht scharf voneinander trennen lassen, bildet zusammen mit den Zinskosten die „**Anlagenkosten**" (vgl. *Steffen*, 1974, S. 303 ff.; vgl ausführlich zur Anlagenkostenrechnung Kapitel 6).

Der **Instandhaltungskostenverlauf** im Zeitablauf, bezogen auf ein Potentialelement, ist bei vielen Anlagen nicht proportional, sondern progressiv ansteigend, d. h. mit zunehmender Nutzungsdauer erhöhen sich bedingt durch erhöhten Verschleiß und Teileausfall die Instandhaltungskosten pro Periode. Bei automatisierten Großanlagensystemen mit vielen hydraulischen und elektronischen Teilen tritt allerdings häufig von Anfang an ein relativ hoher Wartungsbedarf auf, verbunden mit i.d.R. nur geringfügigen Progressionen bei den Instandhaltungskosten im Zeitablauf. Dagegen verlaufen die Modernisierungskosten i.d.R. in zunehmenden Sprüngen, d.h. tendenziell progressiv im Zeitverlauf.

Bei maschinellen Anlagen erreichen die jährlichen Kosten für Wartungs- und Inspektionsarbeiten schätzungsweise 3–5% der Anlagenbeschaffungsausgaben. Bei stark belasteten und/oder wechselnden Einflüssen unterliegenden Anlagen können die Instandhaltungskosten, die während der Gesamtnutzungsdauer aufgewendet werden, die Anschaffungsausgaben um ein Vielfaches übertreffen (vgl. *Hartmann*, 1975, S. 216). Dies hängt von der Anlagenkonstruktion und -belastung ab, insbesondere aber ob und wie lange eine Ersatzinvestition durch Instandhaltungs- und Modernisierungsmaßnahmen verzögert wird (vgl. *Dahmen*, 1975, S. 20 ff.). Technisch können viele Anlagen nahezu beliebig funktionsfähig gehalten werden (wie man nicht nur aus einer Besichtigung in Maschinenmuseen erkennen kann). Wirtschaftlich können erfolgsgebotene Ersatzinvestitionen durch Finanzierungsengpässe verzögert werden. In den letzten Jahren bilden Leasingverträge einen zunehmend beschrittenen Ausweg aus diesem Dilemma.

Die Instandhaltungskosten können grundsätzlich in direkte Instandhaltungskosten (Instandhaltungskosten i.e.S.) und in indirekte Instandhaltungskosten eingeteilt werden. Die **Kostenkategorien der direkten Instandhaltung** bestehen aus Kosten für (vgl. *Giesbert*, 1962, S. 119 ff.)

- Instandhaltungspersonal (Lohn- und Lohnnebenkosten),
- Instandhaltungssachpotentiale wie Maschinen, Werkzeuge und Vorrichtungen (Abschreibungs-, Zinskosten),
- Instandhaltungsbetriebsstoffe (insbesondere Energiekosten),

- Ersatzteile und Hilfsstoffe (Materialkosten, insbesondere Reserveteilkosten),
- Instandhaltungsdisposition und -verwaltung (Gehalts- und Verwaltungskosten).

Etwa 70% der Instandhaltungskosten bestehen im groben Durchschnitt aus Personalkosten, 20% aus Ersatzteilkosten (einschl. Lagerhaltung von Reserveteilen) und 10% aus den übrigen genannten Kostenarten. Dies ist bei Maßnahmen zur Verbesserung der Wirtschaftlichkeit des Instandhaltungsbereichs zu beachten.

Zu diesen direkten Instandhaltungskosten müssen die **indirekten Instandhaltungskosten** (vgl. *Männel*, 1988, S. 33 ff.) als Folgekosten einer eventuellen Verschlechterung des Anlagenzustandes und eines Anlagenausfalles – Opportunitätskosten (entgangene Deckungsbeiträge aufgrund von Erlösschmälerungen) – addiert werden. Diese **Schadensfolgekosten** können grundsätzlich eingeteilt werden in (vgl. *REFA*, 1985b, S. 433):

- **Stillsetzungskosten**, d.h. Kosten, die bei der Produktionsunterbrechung einmalig entstehen (z.B. Dispositionsänderungskosten, zusätzliche Transportkosten);
- **Stillstandskosten**, die bei einer stillgesetzten Produktionsanlage in Abhängigkeit von der Stillstandsdauer entstehen (z.B. Anlagenkosten, Personalkosten, entgangene Deckungsbeiträge);
- **Wiederanlaufkosten**, die einmalig nach der Produktionsunterbrechung durch den Wiederanlauf der Produktionsanlage entstehen (z.B. Dispositionsänderungskosten, Reinigungs- und Rüstkosten);
- **sonstige Schadensfolgekosten**, die im Zusammenhang mit dem Schaden der Produktionsanlage entstehen (z.B. Kosten durch Leistungsabfall, erhöhte Herstellkosten auf Ausweichanlagen).

Hierbei sind Schadensfolgekosten, die durch einen unerwarteten Anlagenausfall hervorgerufen werden, zu trennen von Schadensfolgekosten, die durch die (vorbeugenden) Instandhaltungsmaßnahmen selbst verursacht werden. Letztere fallen nur an, wenn die Instandhaltungsaktionen während der Schichtzeiten durchgeführt werden. Die wertmäßige Fixierung dieser Bestandteile der Instandhaltungskosten erweist sich in der Praxis als äußerst schwierig. Trotzdem sollten sie insbesondere in Zeiten der Vollbeschäftigung nicht vernachlässigt werden, da erhebliche stillstandsbedingte Opportunitätskosten anfallen können. Demgegenüber tendieren diese Kosten bei Unterauslastung der Produktionskapazitäten gegen Null, wobei aber auch in dieser Situation z.B. Konventionalstrafen für Lieferverzögerungen auftreten können. Für die planerische Fixierung der Opportunitätskosten wird man sich mit relativ groben Schätzwerten auf der Basis von Alternativbetrachtungen begnügen müssen, worauf wir bereits hingewiesen haben.

Eine **idealtypische Ermittlung der kostenoptimalen Anzahl von qualitativ fixierten vorbeugenden Instandhaltungsmaßnahmen** im Rahmen einer Strategievariante soll graphisch veranschaulicht werden (Schaubild VIII.48). Die

Anlageninstandhaltung 353

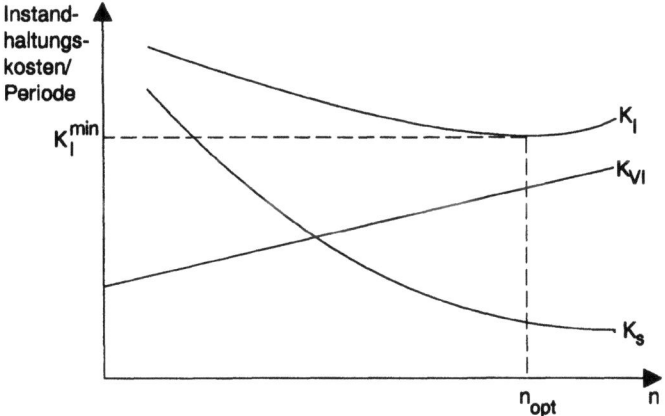

K_I = gesamte Instandhaltungskosten

K_{VI} = Kosten vorbeugender Instandhaltung
(einschließlich der Kosten für geplante Stillstände)

K_S = ausfallbedingte (unerwartete) Stillstandskosten und
(ungeplante) Instandsetzungskosten

K_I^{min} = Minimum der gesamten Instandhaltungskosten

n = Anzahl der (vorbeugenden) Instandhaltungsmaßnahmen in der Planungsperiode

n^{opt} = optimale Anzahl der vorbeugenden Instandhaltungsmaßnahmen

Schaubild VIII.48. Graphische Ableitung der kostenoptimalen Anzahl von qualitativ fixierten vorbeugenden Instandhaltungsmaßnahmen

Instandhaltungskosten als Summe aus Instandhaltungskosten für vorbeugende Maßnahmen und Stillstandskosten werden hierbei in Abhängigkeit von der Anzahl vorbeugender Instandhaltungsmaßnahmen in der Planungsperiode gezeigt. Dabei wird angenommen, daß die ausfallbedingten Stillstands- und Instandsetzungskosten (K_S) mit zunehmender Zahl vorbeugender Instandhaltungsmaßnahmen (n) stetig monoton sinken, während die Kosten vorbeugender Instandhaltung (K_{VI}) ansteigen. Die Summenkurve (K_I) nimmt dann bei derjenigen Anzahl vorbeugender Instandhaltungsmaßnahmen (n_{opt}) ein Minimum an, bei der die Steigungen der Kurven K_S und K_{VI} einander entgegengesetzt gleich sind.

Eine hinreichend genaue Erfassung der entsprechenden Anzahl von Instandsetzungsmaßnahmen ist, wie erwähnt, in der Praxis allerdings kaum möglich. Im Vorfeld dieser Entscheidung muß im übrigen bereits eine Wirtschaftlichkeitsrechnung zur Auswahl der Strategievariante durchgeführt werden. Damit wird erkennbar, daß auch im Instandhaltungsbereich keine umfassenden (integrierten) Verfahren zur optimalen Planung zur Verfügung stehen.

Schließlich ist auf die Auswahl der (partiell) kostenoptimalen Durchführungsvariante für Instandhaltungsleistungen zu verweisen, wenn die Alternative zwischen Eigen- oder Fremdinstandhaltung sowie die Alternative zwischen mehreren eigenen Instandhaltungswerkstätten (z. B. Zentralwerkstatt oder Stützpunktwerkstatt im Produktionsbetrieb) besteht. Kosten der Eigenerstellung sind wiederum (mit oder ohne Anfall von Zusatzkosten für Überstunden und Überbeanspruchung maschineller Werkstatteinrichtungen) den Kosten der Fremdinstandhaltung gegenüberzustellen.

Die Erfassung der Instandhaltungskosten ist eine unabdingbare Voraussetzung, um wertzielgerechte Instandhaltungsentscheidungen treffen zu können und um die wirtschaftliche Durchführung von Instandhaltungsmaßnahmen insgesamt planen und überwachen zu können (zur Instandhaltungsplankostenrechnung siehe *Kroesen*, 1983, S. 143 ff.). Die Planung der Instandhaltungskosten erfolgt hierbei zum einen als **periodenbezogene Kostenplanung** in Form eines Instandhaltungskostenbudgets und zum anderen als **auftragsbezogene Kostenplanung** (vgl. *Kölbel/Schulze*, 1965, S. 34 ff.).

4.3.4.2 Periodenbezogene Instandhaltungskostenplanung

Zur periodenbezogenen Planung der Instandhaltungskosten werden in der Literatur insbesondere folgende Verfahren vorgeschlagen (vgl. *Giesbert*, 1962, S. 165 ff. u. S. 219 ff.; *Heck*, 1981, S. 606 ff.; *Kalaitzis*, 1990, S. 71 ff.; *Männel*, 1984, S. 730 ff.; *Männel*, 1989, S. 255 ff.; *Männel*, 1990, S. 245 ff.; *Männel/ Heck*, 1981, S. 376 ff.; *Middelmann*, 1978, S. 207 ff.; *Schwinn*, 1984, S. 13 ff.):

1. **Planung der Instandhaltungskosten auf der Grundlage von Instandhaltungskosten vergangener Perioden**
   Dieses einfach zu handhabende Verfahren setzt voraus, daß bereits in der Vergangenheit eine weitgehend vollständige Erfassung der Instandhaltungskosten erfolgte. Hierbei besteht allerdings die Gefahr, daß das Instandhaltungsbudget fehlerhaft angesetzt wird, da zum einen Lohn- und Gehaltssteigerungen sowie Preissteigerungen bei Materialien und Fremdleistungen nicht berücksichtigt und zum anderen der i.d.R. veränderliche Instandhaltungsbedarf der Produktionsanlagen im Zeitablauf vernachlässigt werden.
2. **Planung der Instandhaltungskosten auf der Grundlage eines bestimmten Prozentsatzes der Anschaffungs- bzw. Herstellungskosten oder Wiederbeschaffungskosten der jeweiligen Produktionsanlagen**
   Bei diesem Verfahren geht man von der Annahme aus, daß die Höhe der Instandhaltungskosten proportional von den Anschaffungs- bzw. Herstellungskosten der Produktionsanlagen abhängig ist. Dem Vorteil dieses Verfahrens einer relativ schnellen und einfachen Planaufstellung stehen

mehrere Nachteile entgegen: Anlagen mit qualitativ besonders hochwertigen und widerstandsfähigen Materialien besitzen i.d.R. einen relativ hohen Anschaffungswert und werden somit automatisch mit hohen Instandhaltungskosten budgetiert. Auch erfolgt keine Berücksichtigung einer eventuell unterschiedlichen Beanspruchung und damit auch Abnutzung der einzelnen Anlagen.

3. **Planung der Instandhaltungskosten auf der Grundlage der Inanspruchnahme der Anlage**
Bei diesem Verfahren wird eine direkte Beziehung zwischen Anlagenverschleiß und dem daraus abgeleiteten Bedarf an Instandhaltungsleistungen und der Inanspruchnahme der Anlagen unterstellt. Als Maßgröße für die produktionsbedingte Nutzung der Anlagen wird i.d.R. der Umfang des Produktionsvolumens – gemessen durch die Betriebszeit oder die von den Anlagen hergestellten Produktionsmengen – zugrunde gelegt.

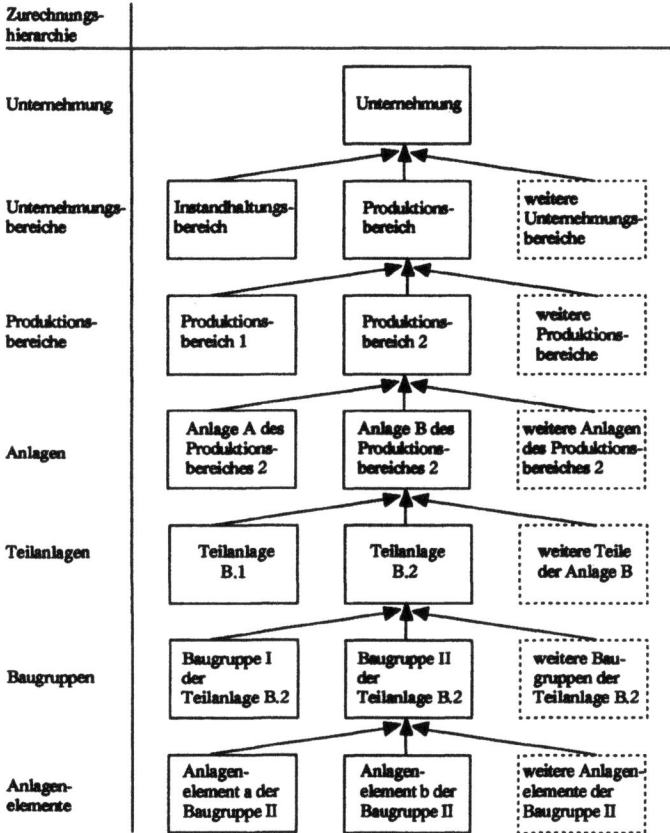

Schaubild VIII.49. Zurechnungshierarchie für periodenbezogene Instandhaltungskosten (vgl. *Männel*, 1984, S. 679)

4. **Planung der Instandhaltungskosten auf der Grundlage des geplanten Instandhaltungsprogrammes**
Bei diesem Verfahren erfolgt die Festlegung des Instandhaltungsbudgets auf der Basis der im Instandhaltungsprogramm nach Art und Menge bestimmten Instandhaltungsaufträge für vorbeugende Instandhaltungsmaßnahmen sowie auf der Basis der durchschnittlich zu erwartenden, ungeplant auftretenden ausfallbedingten Instandsetzungsmaßnahmen. Durch Verknüpfung des Instandhaltungsmengengerüstes mit den entsprechenden Planpreisen (Markt- und/oder Verrechnungspreisen) erhält man als Wertgerüst die geplanten Instandhaltungskosten als Instandhaltungsbudget.

Die Instandhaltungskosten der Planperioden können hierbei grundsätzlich für die Gesamtunternehmung, für einzelne Werke, Kostenstellen oder auch für Anlagengruppen sowie für einzelne Anlagen vorgegeben werden (vgl. *Mellerowicz*, 1981, S. 397f.). Schaubild VIII.49 zeigt in diesem Zusammenhang eine mögliche Zurechnungshierarchie zur Erfassung der periodenbezogenen Instandhaltungskosten.

4.3.4.3 Auftragsbezogene Instandhaltungskostenplanung

Die auftragsbezogene Planung der Instandhaltungskosten erfolgt aufbauend auf den Informationen aus der Instandhaltungsverbrauchsfaktorbedarfsplanung, der Instandhaltungsprozeßplanung und der Instandhaltungskostenrechnung als Kostenstellenrechnung sowie Fremdinstandhaltungsangeboten. Methodisch erfolgt die Kalkulation der Instandhaltungsaufträge hierbei in enger Anlehnung an die Kalkulationsmethode bei Einzel- und Kleinserienproduktion (vgl. *Kölbel/ Schulze*, 1965, S. 34). Grundsätzlich können Instandhaltungsaufträge entsprechend des nachfolgend dargestellten Kalkulationsschemas ermittelt werden (vgl. ähnlich *Kroesen*, 1983, S. 264; vgl. auch *Kilger*, 1987, S. 138):

    Materialeinzelkosten der Instandhaltung
        davon Ersatzteilkosten
        davon für Hilfs- und Betriebsstoffe
+ Materialgemeinkosten der Instandhaltung
___

= Materialkosten der Instandhaltung

    Fertigungseinzelkosten der Instandhaltung
        davon für Eigeninstandhaltung
        davon für Fremdinstandhaltung
+ Fertigungsgemeinkosten der Instandhaltung
+ Sondereinzelkosten der Instandhaltung
___

= Fertigungskosten der Instandhaltung

= Herstellkosten der Instandhaltung

Die auftragsbezogene Ermittlung der Instandhaltungskosten kann hierbei z. B. zur Vorkalkulation von Großreparaturen oder zur Ermittlung der entscheidungsrelevanten Kosten für strategische oder operative Entscheidungen im Hinblick auf den Eigen- und/oder Fremdbezug von Instandhaltungsleistungen sowie für die Angebotspreisbildung bei Fremdaufträgen dienen.

4.3.4.4 Instandhaltungskostenkontrolle

Im Rahmen der Instandhaltungskostenkontrolle erfolgt ein Soll-/Ist-Vergleich, d. h. ein Vergleich von geplanten Instandhaltungskosten mit den realisierten Instandhaltungskosten. Bei auftretenden Abweichungen werden hierbei Ursachen- und ggf. Konsequenzanalysen erforderlich, die zu neuen Planungsprozessen führen können. Hierbei kann eine **periodenbezogene Kontrolle der Instandhaltungskosten** im Hinblick auf die Gesamtunternehmung, einzelne Werke, Kostenbereiche oder -stellen sowie Anlagengruppen oder Einzelanlagen von einer **auftragsbezogenen Kontrolle der Instandhaltungskosten** unterschieden werden (vgl. auch *Biedermann*, 1981, S. 620ff.; *Sanfleber/Ollenschläger/Schumacher*, 1978, S. 191 ff.).

4.4 EDV-Einsatz im Rahmen der Instandhaltung

Die Datenverarbeitung zur Planung, Steuerung und Kontrolle der Instandhaltung beruht auf (auftragsunabhängigen) Stammdaten und auf (auftragsabhängigen) Bewegungsdaten. Auftragsunabhängig sind z. B. Daten zur Beschreibung des Instandhaltungspersonals und der Instandhaltungsbetriebsmittel, der Instandhaltungsverbrauchsfaktoren und -arbeitspläne sowie Informationen über die Anlagenhistorie wie z. B. Anlagenart, -alter und -verschleißverhalten sowie Ausfallverteilungen. Bewegungsdaten sind z. B. Daten der einzelnen Instandhaltungsaufträge verbunden mit den Daten der leistenden und empfangenden Kostenstellen. Zur **Erfassung und Verarbeitung** der relevanten **Instandhaltungsdaten** bestehen hierbei verschiedene Möglichkeiten:

- **Indirekte Überwachung des Anlagenzustandes**
  Die Informationsgewinnung geschieht durch Begutachtung der betreffenden Anlagen, die Dateneingabe erfolgt manuell über entsprechende Datenträger in Stapelverarbeitung (batch-processing) oder im Dialog-Betrieb mittels Terminals (Bildschirmen).
- **Direkte Überwachung des Anlagenzustandes**
  Hier besteht eine Koppelung zwischen Instandhaltungsobjekt und EDV-Anlage, so daß eine unmittelbare aktuelle Datenerfassung und -verarbeitung erfolgen kann. Diese Methode, die bisher wegen des damit verbundenen Aufwandes nur in wenigen Fällen realisiert werden konnte, stellt sicher, daß Instandhaltungsmaßnahmen unverzüglich eingeleitet werden können, bevor ein kritischer Anlagenzustand (z. B. durch Überschreitung von Grenzbereichen) bzw. ein entsprechender Leistungsabfall (z. B. durch

Abfallausstoß) erreicht wird. Die „**automatisierte Inspektion**" bedarf der Vorgabe entsprechender „Schwellenwerte" bzw. von Kennziffern zur Beurteilung der relevanten Anlageneigenschaften.

Insbesondere aufgrund der vielfältigen Beziehungen der Anlageninstandhaltung mit anderen Bereichen der Unternehmung wird heute zunehmend auf die Notwendigkeit hingewiesen, ein EDV-Konzept für die Instandhaltung zu gestalten, daß sämtliche Wechselbeziehungen zwischen Anlagenbeschaffung, Anlagenanordnung, Anlageninstandhaltung, Schwachstellenüberwachung und Anlagenveräußerung/-entsorgung einerseits sowie zwischen Instandhaltung und z.B. Produktionsbereich, Einkauf oder Betriebsabrechung andererseits berücksichtigt. D.h. es sind nicht nur „reine" Instandhaltungsprogramme zu implementieren, sondern auch sämtliche relevanten Schnittstellenprobleme i.S. eines **integrierten Anlageninformationssystems** einzubeziehen (vgl. *Kalaitzis/Weber*, 1987, S. 1 ff.; *Weber*, 1990, S. 200 f.; zu den Anforderungen an den Funktionsumfang sowie zu den Einsatzbereichen moderner Softwaresysteme vgl. *Budde*, 1991, S. 16 ff.; *Männel*, 1991, S. 4 ff.). Bei Realisierung des CIM-Konzeptes ist somit auch die Konzipierung der computergestützten Instandhaltung zu berücksichtigen.

Es hat sich gezeigt, daß **zu jeder Komponente des CIM-Konzeptes (CAD, CAP, CAM, CAQ, PPS) eine sinnvolle EDV-Kopplung mit der computergestützten Instandhaltung möglich** ist (vgl. *Hegner/Sent/Syska*, 1990, S. 74; ferner *Straube*, 1989, S. 52 ff.). Im Konstruktionsbereich können die Konstrukteure mit dem CAD-System und den hierin zur Verfügung stehenden anlagenbezogenen Instandhaltungsdaten wichtige Erkenntnisse zur Verbesserung künftiger Anlagenkonstruktionen gewinnen. Durch eine IPS-CAP-Kopplung ist eine verbesserte Arbeitsplanerstellung möglich. Eine CAM-IPS-Kopplung macht eine direkte Meldung aller Störungen der Produktionsanlagen einschließlich Montageeinrichtungen sowie Lager- und Transportmittel an das IPS-System und eine entsprechende Auslösung von störungsbedingten Instandhaltungsaufträgen möglich. Eine CAQ-IPS-Kopplung ermöglicht eine Übertragung von anlagenbezogenen Qualitätsdaten zur Erkennung von Schwachstellen auf das IPS-System. Wesentliche Bedeutung erlangt hierbei die PPS-IPS-Kopplung. Durch sie wird z.B. eine integrierte Kapazitätsbelegungsplanung im Produktions- und Instandhaltungsbereich möglich. Aber auch ein Abgleich der Materialbedarfe und -bestände wird ermöglicht. Schaubild VIII.50 verdeutlicht in diesem Zusammenhang einen Lösungsansatz zur Integration der Instandhaltung in ein CIM-Konzept.

Ein wesentliches Einsatzgebiet der EDV im Rahmen der Anlageninstandhaltung besteht in der Unterstützung der Planung der Basisstrategien der Instandhaltung. Hierbei kommen insbesondere **Simulationsmodelle** zum Einsatz (vgl. *Ordelheide*, 1973, S. 79 ff.). Sie werden zur experimentellen Berechnung der Zielwirkungen einzelner Strategiealternativen herangezogen, wobei die Berechnungsergebnisse mit als informationelle Grundlage zur Beurteilung und Auswahl der zu realisierenden Strategiealternative dienen.

Hinsichtlich der Organisation der EDV-Unterstützung ist für die Zukunft eine Tendenz zur **Dezentralisation** absehbar. Durch den Einsatz von vernetzten

Anlageninstandhaltung 359

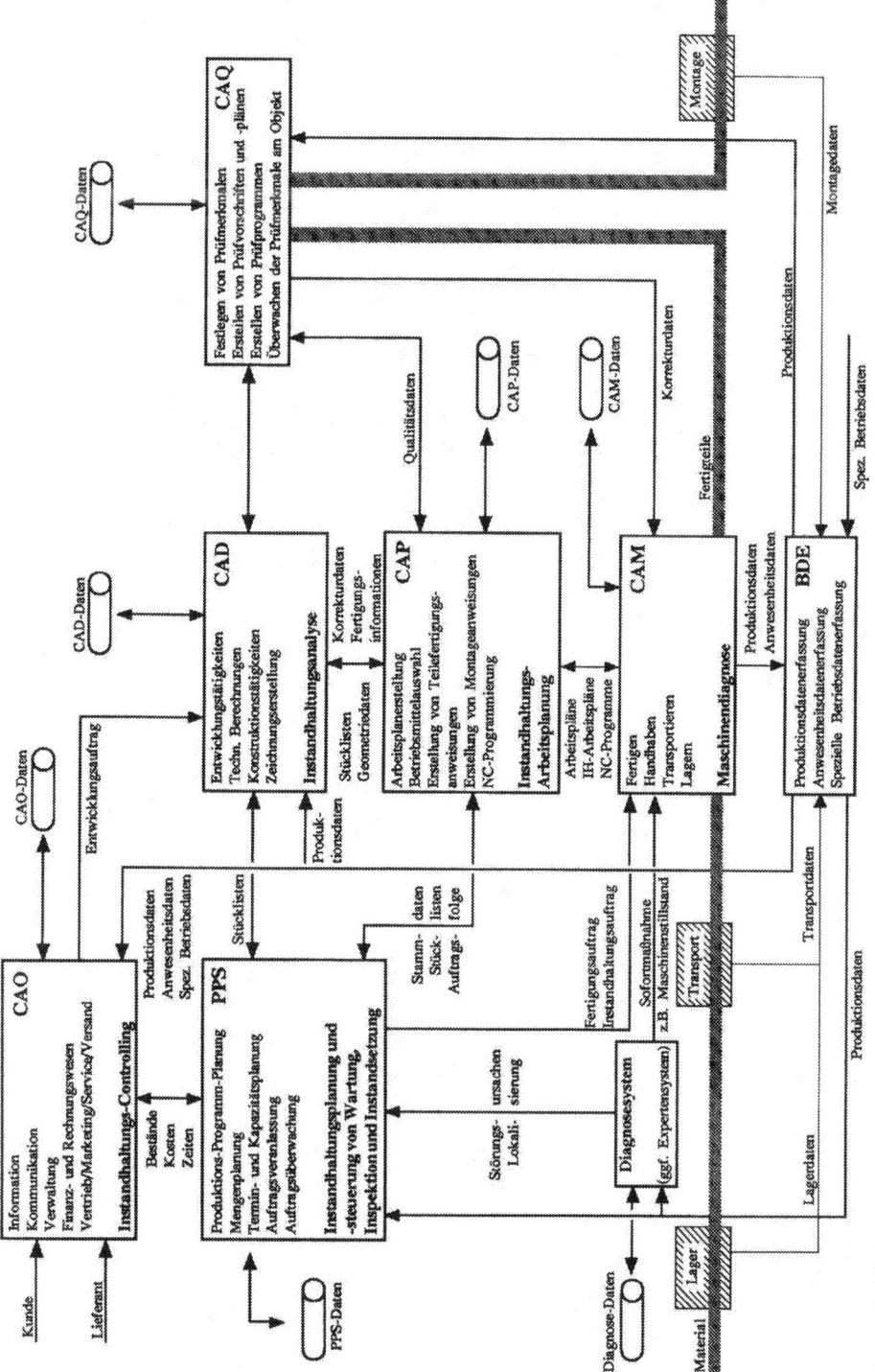

Schaubild VIII.50. Lösungsansatz zur Integration der Instandhaltung in ein CIM-Konzept (vgl. *Hegner/Sent/Syska*, 1990, S. 74)

PC-Lösungen und Workstations mit Rechnerleistungen früherer Großrechner wird eine hohe Systemverfügbarkeit und Bedienerfreundlichkeit sowie eine hohe Anpassungsflexibilität an die Erfordernisse der Instandhaltung gewährleistet (vgl. *Männel*, 1991, S. 15).

Für die Planung und Abwicklung der einzelnen Instandhaltungsaufträge werden z. B. von EDV-Herstellern spezifische **Instandhaltungsplanungs- und -steuerungssysteme (IPS-Systeme)** zur Verfügung gestellt, die in ihrer Konzeption und Anwendung den Systemen ähnlich sind, die im Produktionsbereich verwendet werden. Die Beurteilung von IPS-Systemen erfolgt hierbei analog zur Beurteilung von PPS-Systemen, unter Berücksichtigung instandhaltungsspezifischer Anforderungen (vgl. Teil VI, Kapitel 7; ferner in bezug auf IPS-Systeme *Liebstückl*, 1990, S. 60 ff.; zum Leistungsumfang der z.Z. angebotenen Instandhaltungssoftware vgl. auch *Männel*, 1991, S. 13 ff.; *o.V.*, 1991, S. 51 ff.). Zum Beispiel kann durch den Einsatz des Systems **RM-INST** der SAP AG (vgl. *SAP*, 1988) die Lösung wesentlicher Teilaufgaben der Instandhaltungsplanung und -kontrolle informationell und organisatorisch unterstützt werden (vgl. Schaubild VIII.51). Das System RM-INST stellt ein umfassendes, branchenneutrales Dialogsystem zur Unterstützung der Aufgaben der Instandhaltung und darüber hinaus auch zur Unterstützung von Investitions-, Umbau- oder Revisionsmaßnahmen dar. Es ist sowohl eigenständig einsatzfähig als auch als Modul in das R/2-Gesamtsystem integrierbar. Das System umfaßt hierbei folgende Funktionen:

- **Grunddatenverwaltung**:
  Die Grunddatenverwaltung umfaßt beim Einsatz in der Instandhaltung die Erfassung, Speicherung und Pflege der Daten der Produktionsanlagen sowie der Anlagenbauteile verbunden mit Bauteil- und Ersatzteilstücklisten, der Instandhaltungswerkstätten mit Bezug auf Kostenstellen und Verrechnungssätze, der Lieferanten und der Instandhaltungsarbeitspläne.
- **Wartungs- und Inspektionsplanung**:
  Das Modul Wartungs- und Inspektionsplanung umfaßt einerseits eine tabellengesteuerte Erfassung und Pflege von vorbeugenden Instandhaltungsstrategien. Diese Strategien können sowohl zeit- als auch leistungsabhängig definiert werden. Andererseits werden in Wartungsplänen Umfang und Termine der erforderlichen Wartungs- und Inspektionstätigkeiten festgehalten. Die Terminierung von Wartungsplänen erfolgt insbesondere in Abhängigkeit von den Instandhaltungsstrategien und kann automatisch oder manuell durchgeführt werden.
- **Abwicklung von Instandhaltungsaufträgen**:
  Die Erfassung der **Instandhaltungsanforderungen** erfolgt zum einen maschinell über die Terminierung der Wartungspläne und zum anderen manuell durch direkte Eingabe von ausfallbedingten Instandsetzungsanforderungen oder von vorbeugenden Instandhaltungsanforderungen, die sich aus Inspektionsbefunden ergeben. Alle Anforderungen gehen in eine Datei der „offenen Instandhaltungsanforderungen" ein. Alle neu eröffneten Anforderungen werden nach Fälligkeit sortiert und können nach unterschiedlichen Kriterien (z.B. Ausführungstermin, Standort, Werk, Instand-

haltungsgruppe u.ä.) selektiert werden. Auf der Basis der Instandhaltungsanforderungen werden die **Instandhaltungsaufträge** eröffnet. Sie stellen zentrales Bindeglied zu anderen SAP-Anwendungen (z. B. Kostenrechnung, Kapazitätsplanung, Materialplanung, Beschaffung) dar und dienen auch zur innerbetrieblichen Leistungsverrechnung. Für eröffnete und freigegebene Instandhaltungsaufträge erfolgt zum einen die Erstellung der erforderlichen Arbeitspapiere (z. B. Arbeitsplan, Materialentnahmeschein), zum anderen eine Reservierung der benötigten lagerfähigen Materialien. Nichtlagermaterialien und auch erforderliche Fremdleistungen werden als Bestellanforderungen automatisch an den Einkauf weitergeleitet. Die eigenen Werkstätten werden mit den jeweiligen Planzeiten belastet. Im Rahmen der Kapazitätsplanung werden diese dem Kapazitätsangebot der Arbeitsplätze gegenübergestellt. Sämtliche **Auftragsrückmeldungen** wie z. B. Materialausgaben, Waren- und Rechnungseingänge, Zeitrückmeldungen und auch technische Rückmeldungen (Schadensursachen, Meßwerte, Ausfallzeiten) können im Dialog oder per BDE erfaßt werden. Auch ist eine Übernahme der Rückmeldeergebnisse in eine Historiedatei möglich. Die **Auftragsabrechnung** rechnet die angefallenen Instandhaltungskosten bei Rückmeldung auf die jeweiligen empfangenden Stellen ab. Die **Instandhaltungshistorie** umfaßt die an einer Anlage durchgeführten Instandhaltungsmaßnahmen und Befunde aufgrund der Instandhaltungsaufträge. Auch können Meßwerte und sonstige technische Dokumentationen direkt (ohne Auftragsauslösung) aufgenommen werden. Die Instandhaltungshistorie teilt sich in eine Einzelhistorie mit einem Nachweis aller Einzelmaßnahmen einschließlich Kosten, Rückmeldeergebnissen, Texten, Ausfallzeiten etc. und in eine Jahreshistorie, in der die Kosten pro Jahr getrennt nach Kosten- und Leistungsarten aufgeführt werden. Damit ist eine Informationsbasis für gezielte Schwachstellenanalysen gegeben, aus der Impulse für Ersatz-, Rationalisierungs-, Modernisierungs- und Desinvestitionen abzuleiten sind.

- **Reporting/Berichterstattung**
Im Rahmen des Moduls Reporting können im Batch-Betrieb oder im interaktiven Dialog Standard- oder Ad-hoc-Berichte zu unterschiedlichen Fragestellungen generiert werden (z. B. anlagen- oder bauteilbezogene Schadensanalyse, Schadenshäufigkeitsanalyse einzelner Schadensarten, Rangliste der Anlagen sortiert nach Anlagenkosten, Maschinenausfallzeitenbericht u.ä.).

Insbesondere durch die dynamische Entwicklung sowohl auf dem Hardware- als auch auf dem Softwaresektor gewinnen wissensbasierte Systeme (Expertensysteme) neben den konventionellen EDV-Systemen der Instandhaltung zunehmend an Bedeutung. Expertensysteme sind spezifische Informationssysteme, die sich mit der Erfassung und Speicherung von Expertenwissen und darauf aufbauenden Methoden zur automatischen Problemlösung befassen (vgl. *Stahlknecht*, 1989, S. 372). Die Instandhaltung beinhaltet eine Vielzahl von Aufgabenstellungen, die sich für den sinnvollen Einsatz von Expertensystemen eignen. Voraussetzung dafür ist eine ausreichend große Informationsbasis in bezug auf die Historie einer Anlage. Hauptanwendungsgebiete stellen dabei vor allem die anlagenbezogene Fehlerdiagnose und Schadens-

Anlagenwirtschaft

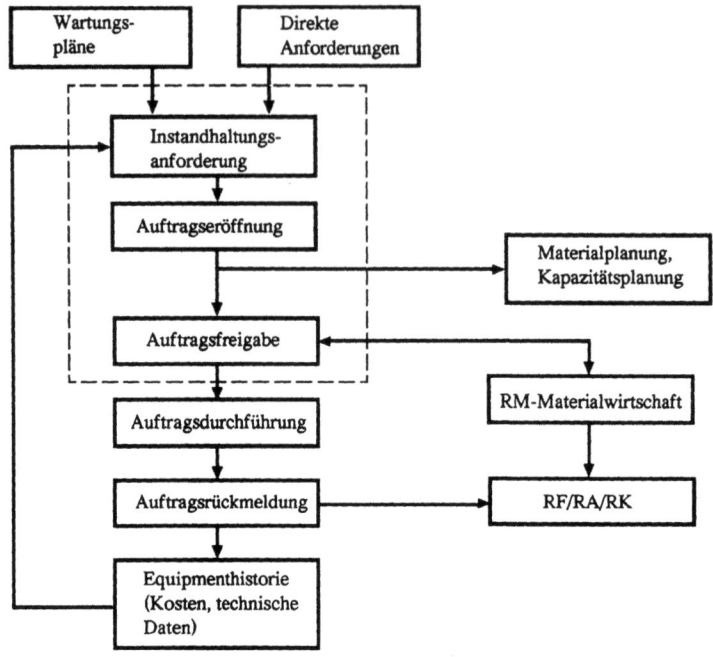

Schaubild VIII.51. System RM-INST der SAP AG (*Westhues*, 1989, S. 131)

früherkennung dar. Sie bilden hier im Kern programmierte Stör- bzw. Fehlerursachensuchsysteme. Darüber hinaus entlasten sie Fachleute von Routinetätigkeiten und sichern neu erlangtes Wissen dauerhaft (vgl. *Hegner/Sent/Syska*, 1990, S. 69; vgl zu einer Übersicht über Expertensysteme in der Instandhaltung *Weiß*, 1988, S. 539). Der Einsatzbereich von Expertensystemen erstreckt sich allerdings z.Z. auf vergleichsweise eng abgegrenzte Fragestellungen, da umfassende Lösungen für die Praxis noch nicht vorliegen (vgl. *Budde*, 1990, S. 54 ff.).

5 Anlagenentsorgung

5.1 Grundsätzliches zur Anlagenentsorgung

Die **Anlagenentsorgung** stellt – zeitlich gesehen – die letzte Teilaufgabe der Anlagenwirtschaft dar. Es handelt sich um die **technisch-wirtschaftliche Planung von Art, Menge und Zeitpunkt der Herauslösung von Produktionsanlagen aus dem bisherigen Verwendungszweck**. Technisch handelt es sich um die vollständige **Stillsetzung** einer Produktionsanlage mit anschließender **Verwertung** (Andersnutzung oder Veräußerung) oder **Beseitigung** (Verschrottung). Betriebswirtschaftlich steht die Frage im Vordergrund, ob der gleiche oder ein ähnlicher Energieumwandlungs-, Informationsverarbeitungs-, Bearbeitungs-, Verarbeitungs- und/oder Transportprozeß fortgeführt werden soll und ob daher die bisherige **Anlage durch eine gleichwertige oder eine technisch veränderte ersetzt** werden soll (Ersatz- oder Rationalisierungsinvestition). Bei Ausscheiden einer Anlage ist zudem über den Zeitpunkt sowie über eine wirtschaftlich günstige Entsorgungsalternative zu entscheiden. Im Zusammenhang mit der Anlagenentsorgung nach Beendigung der wirtschaftlichen Nutzungsdauer sind damit „Entscheidungen über das ‚Ob‘, ‚Wann‘ und ‚Wie‘" zu treffen (*Männel*, 1989a, Sp. 49).

Bei der Anlagenentsorgung unterscheidet man – wie oben dargelegt – zwischen der **Anlagenverwertung** und der **Anlagenbeseitigung**. Im Rahmen der Anlagenverwertung besteht grundsätzlich die Möglichkeit der **Anlagenweiterverwendung** und des **Anlagenverkaufs**. Wird eine Anlage nach ihrer Stillsetzung als Reservekapazität vorgehalten, so handelt es sich um eine **unmittelbare Anlagenweiterverwendung**. Grundsätzlich ist aber auch die Generierung eines neuen Lebenszyklus durch Überführung der Anlage in einen anderen, neuen Verwendungszweck denkbar (**mittelbare Anlagenweiterverwendung**). Nach dem Kriterium des Ortes der Anlagenverwertung kann zwischen einer **unternehmungsinternen** oder einer **unternehmungsexternen Anlagenverwertung** unterschieden werden. Der **Verkauf** einer Anlage im Sinne einer unternehmungsexternen Anlagenverwertung ist dabei vielfach **mit einer vorhergehenden Veränderung** der Anlage verbunden, etwa zur Vermeidung von Know-how-Verlusten oder zur Berücksichtigung landesspezifischer gesetzlicher Vorschriften.

Die **Anlagenbeseitigung** als die andere Grundform der Anlagenentsorgung erfordert vielfach die Demontage, Umwandlung, Umformung, Entleerung und/oder Komprimierung. Die Anlagen bzw. deren Einzelteile verlieren dabei ihren eigentlichen wirtschaftlichen Nutzen, soweit nicht Einzelteile als Ersatzteile oder Schrott bzw. andere Abfallstoffe vermarktet werden können. Unter

Berücksichtigung der Träger der Anlagenbeseitigung läßt sich hier eine **Eigen- oder Fremdbeseitigung** unterscheiden. Schaubild VIII.52 gibt einen Überblick über die Alternativen der Altanlagenentsorgung.

Der im Zeitablauf auftretende Werteverzehr von Anlagen, der sog. **Anlagenverzehr**, der schließlich zur Beendigung der Nutzung führt, kann grundsätzlich wirtschaftlich und/oder technisch begründet sein. In Schaubild VIII.53 sind die verschiedenen Gruppen möglicher Ursachen veranschaulicht (vgl. *Sieben/ Schildbach*, 1979, Sp. 54ff.).

Ein **technischer Verzehr** entsteht durch den Gebrauch von Anlagegegenständen. Diese Form des Anlagenverzehrs äußert sich in einem sukzessiven, leistungsabhängigen Verschleiß spezifischer Teile einer jeweiligen Anlage (vgl. *Schwinn*, 1979, Sp. 67). Damit verbunden ist i.d.R. die Abnahme der Funktionsfähigkeit der Anlage. Der Anlagenverschleiß bewirkt dabei vielfach verschlechterte Produktqualitäten sowie höhere Betriebs- und Instandhaltungskosten (vgl. *Kern*, 1990, S. 209). Die Beeinträchtigung des Nutzens einer Anlage ist grundsätzlich auch bei deren Nichtbenutzung denkbar, z.B. in Folge von Verwitterung oder Korrosion. Man spricht dann von einem sog. **natürlichen oder ruhenden Verzehr** (vgl. *Sieben/Schildbach*, 1979, Sp. 55). Der Eintritt einer technischen Funktionsuntüchtigkeit aufgrund **unvorhersehbarer Ursachen**, wie z.B. Brand- oder Wasserschäden, führt zu einem plötzlichen Wertverlust einer Anlage. Prinzipiell können technische Verschleißerscheinungen durch Instandsetzungsmaßnahmen beseitigt werden. Hier treten jedoch Grenzen der Wirtschaftlichkeit auf.

Neben den technischen Gründen, die zu einem Verschleiß oder einer Zerstörung von Anlagen führen, ist der „wirtschaftliche Verzehr" einer Anlage von größter Bedeutung. Werden aufgrund des **technischen Fortschritts** Anlagen angeboten, die gegenüber vorhandenen Anlagen vergleichbare Leistungen mit geringerem Mitteleinsatz oder höherwertige Leistungen mit gleichem Mitteleinsatz hervorbringen können, so wird die Wirtschaftlichkeit vorhandener Anlagen und damit auch deren Nutzungsmöglichkeit erheblich reduziert oder sogar aufgehoben, wenn Konkurrenzunternehmungen moderne Produktionsanlagen einsetzen (vgl. *Kern*, 1990, S. 209). Der Fall der **wirtschaftlichen Überholung** tritt ein, wenn sich die Nachfrage nach dem bisherigen, qualitativ und quantitativ spezifizierten Produktprogramm einer Industrieunternehmung aufgrund konjunktureller und/oder struktureller Verschiebungen ändert und sich die alten Anlagen nicht oder nur bedingt zur Herstellung des neuen Produktprogramms eignen (vgl. *Sieben/Schildbach*, 1979, Sp. 55). Eine weitere, **rechtlich** begründete Ursache des **Anlagenverzehrs** stellt sich aus Sicht einer Unternehmung im Ablauf zeitlich begrenzter Miet- oder Pachtverträge sowie Lizenzen dar.

Die bisher dargestellten Überlegungen zum Anlagenverzehr lassen sich auch hinsichtlich des Kriteriums der Vorhersehbarkeit der möglichen Ursachen eines Wertverlustes systematisieren. Dabei kann unterschieden werden in einen **vorhersehbaren** und damit grundsätzlich **beeinflußbaren Anlagenverzehr**, der durch den üblichen Produktionsablauf begründet ist, sowie in einen **unvorhersehbaren Anlagenverzehr**, der durch einen im Rahmen des üblichen Produktionsablaufs nicht beeinflußbaren Wertverlust gekennzeichnet ist. Danach sind der technische Verzehr, der natürliche Verzehr sowie der Verzehr

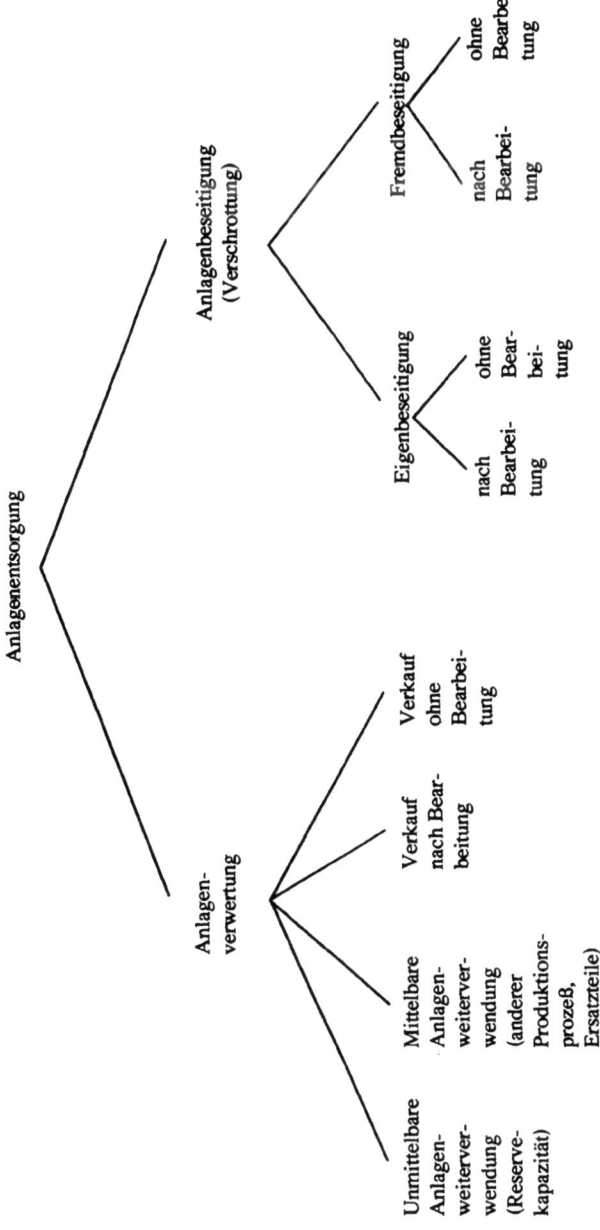

Schaubild VIII.52. Arten der Anlagenentsorgung

366 Anlagenwirtschaft

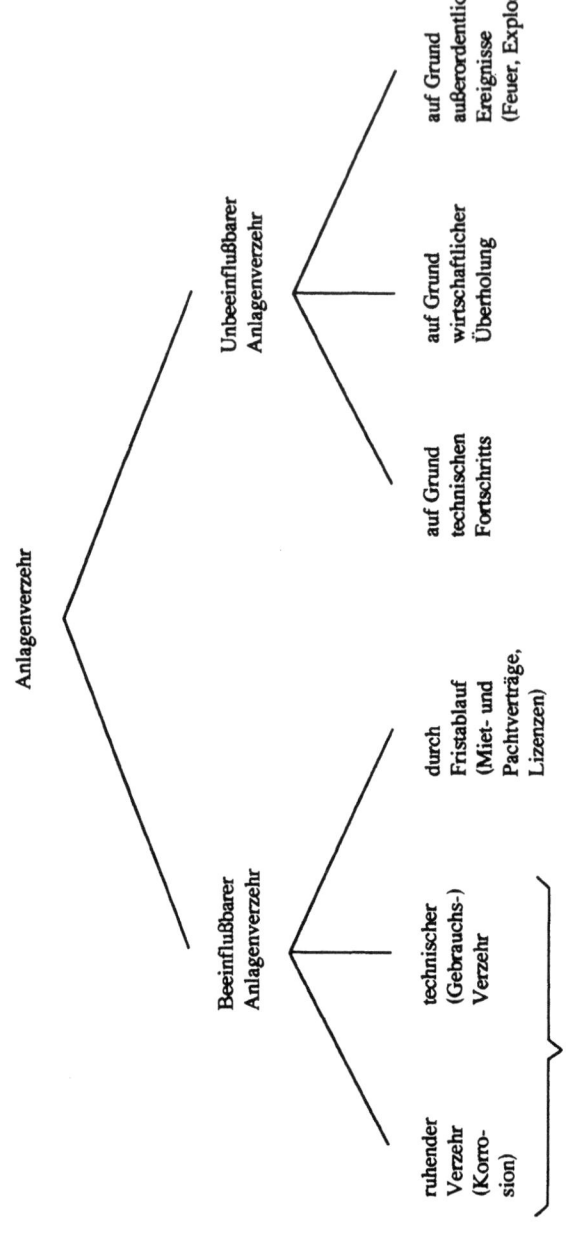

Schaubild VIII.53. Ursachen des Anlagenverzehrs (in Anlehnung an *Sieben/Schildbach*, 1979, Sp. 54 ff.)

durch Ablauf einer Leihfrist der Gruppe des vorhersehbaren Anlagenverzehrs zuzuordnen, während der Wertverzehr durch technischen Fortschritt, durch wirtschaftliche Überholung sowie durch außerordentliche Ereignisse der Gruppe der unvorhersehbaren Ursachen zuzurechnen sind.

5.2 Ziele der Anlagenentsorgung

Die Verwertung und Beseitigung von Produktionsanlagen steht in engem Zusammenhang mit der Frage der **wirtschaftlich optimalen Nutzungsdauer**. Die optimale Nutzungsdauer ist zu dem Zeitpunkt erreicht, in dem der Kapitalwert sein Maximum aufweist (vgl. hierzu Kapitel 5.3.2 sowie *Busse von Colbe/Laßmann*, 1990, S. 131 ff.; *Männel*, 1989a, Sp. 50).

Ist das Ende der wirtschaftlichen Nutzungsdauer einer Anlage erreicht, so können folgende Subziele für die Anlagenentsorgung bedeutsam sein:

- kostenminimale Planung und Durchführung der Beseitigung einer Anlage (Verschrottung);
- kostenminimale Überführung in einen anderen Produktionsprozeß (Weiterverwendung);
- kostenminimale Lagerung als Reserveanlage;
- erfolgsoptimale Veräußerung der Altanlage

    - kostenminimale Durchführung des Verkaufs einer Anlage;
    - erlösmaximaler Verkauf einer Anlage;
    - verlustminimale Beseitigung der Anlage (z.B. Nutzung von Stillegungssubventionen).

Im Prozeß der Planung, Steuerung und Kontrolle der Altanlagenentsorgung müssen auch Anforderungen aus dem **Sozial- bzw. Humanbereich** berücksichtigt werden (vgl. Teil I, Kapitel 1.2.4). Dabei geht es vor allem um die Vermeidung von gesundheitlichen Gefährdungen durch Unfälle oder Belastungen aufgrund gefährlicher Substanzen, die bei Demontageprozessen freigesetzt werden können.

Weitere Humanzielsetzungen können in spezifischen Verhaltensweisen gegenüber den Mitarbeitern begründet sein. So sind z.B. im Rahmen der Stillegung ganzer Betriebsteile sozialverträgliche Personalfreistellungspläne zu erstellen. **Gesellschaftsbezogene Humanziele** beinhalten vor allem Umweltschutzziele durch gesicherte Entsorgung nicht mehr funktionstüchtiger Anlagen.

5.3 Technisch-betriebswirtschaftliche Beurteilung der Alternativen der Anlagenentsorgung

5.3.1 Grundsätzliches

Die für eine Unternehmung im Zusammenhang mit der Altanlagenverwertung und -beseitigung in Frage kommenden Alternativen sind im Hinblick auf ihre

Zielwirkungen zu beurteilen. Hierbei können sich übergreifende Auswirkungen auf andere Unternehmungsbereiche ergeben. Unproblematisch ist dabei i.d.R. die Quantifizierung derjenigen (direkten) Auswirkungen, die sich unmittelbar als Aus- und Einzahlungen aus der Form der Anlagenentsorgung ergeben.

Weit schwieriger sind indirekte Wirkungen mit monetär quantifizierbaren Zahlungsstromänderungen zu erfassen, z.B. mögliche Einzahlungssteigerungen sowie mögliche Auszahlungsreduzierungen aufgrund von Qualitätsverbesserungen bei Fremdbezug einer „besseren" neuen Anlage.

Die Erfüllung humanzielorientierter Kriterien (z.B. Arbeitsplatzgestaltung, Emissionsbedingungen) läßt sich vielfach nicht monetär quantitativ, sondern nur qualitativ charakterisieren.

Die Ausführungen verdeutlichen, daß im Rahmen der Beurteilung von Altanlagenentsorgungsmaßnahmen wie bei allen Investitions- bzw. Desinvestitionsentscheidungen nur **kombiniert quantitative und qualitative gesamtunternehmungsbezogene Verfahren** aussagefähige Ergebnisse erwarten lassen. Neben dynamischen Wirtschaftlichkeitsrechnungen sind daher auch in diesem Bereich differenzierte Nutzwertanalysen durchzuführen.

5.3.2 Beurteilung der Anlagenentsorgung mit Hilfe von Investitionsrechnungsverfahren

Mit Hilfe von Investitionsrechnungsverfahren werden mögliche Maßnahmen der Anlagenentsorgung im Hinblick auf die Ziele Erfolg oder Kosten, Rentabilität oder diskontierter Zahlungsüberschuß beurteilt. Die Anwendung statischer oder dynamischer Investitionsrechnungsverfahren wird dabei im wesentlichen durch das zugrundeliegende Entscheidungsproblem geprägt sein (vgl. *Busse von Colbe/Laßmann*, 1990, S. 1 ff.; *Blohm/Lüder*, 1988, S. 49 ff.). Bei Entscheidungen über die Form der Anlagenentsorgung, also Entscheidungen mit primär operativem Charakter, empfiehlt sich die Anwendung **statischer Investitionsrechnungsverfahren**. Bei grundsätzlichen Entscheidungen über die Desinvestition ganzer Anlagenkomplexe, die Entscheidungen über Potentialänderungen darstellen, sind vornehmlich **dynamische Investitionsrechnungsverfahren** anzuwenden (zu näheren Erläuterungen der Investitionsrechnungsverfahren vgl. Teil VI, Kapitel 7.4.2 sowie die dort angegebene Literatur).

a) Statische Investitionsrechnungsverfahren

Im Rahmen der statischen Investitionsrechnungen werden sämtliche direkten und indirekten Kosten- und Erlöswirkungen der möglichen Alternativen einer Altanlagenentsorgung berücksichtigt, um die jeweilig günstigste Alternative zu ermitteln. Als **Kosten** werden jene bewerteten Leistungen/Verbräuche verstanden, die im Zusammenhang mit der Herauslösung einer Anlage aus ihrer ursprünglichen Funktionserfüllung entstehen. Unter primär technologischen Aspekten läßt sich folgende Gliederung der **Kostenarten** vornehmen (vgl. im folgenden *Faehndrich*, 1965, S. 201 ff.):

(1) Informationskosten

Zu den Informationskosten rechnen:

- **Inspektionskosten** für die Bestimmung des Anlagenzustandes als Informationsbasis für Desinvestitionsentscheidungen.
- **Gutachterkosten** fallen an, wenn Sachverständige oder Gutachter zu Spezialfragen bezüglich der Weiterverwendungsmöglichkeiten einer Altanlage sowie der Altanlagenbeseitigung herangezogen werden. Diese Kosten lassen sich sich i.d.R. rechentechnisch exakt abgrenzen.

(2) Destruktionskosten

Destruktionskosten entstehen für die Vorbereitung sowie Herauslösung einer Anlage aus ihrer bisherigen Faktorkombination:

- Die Vorbereitung verursacht **Kosten für Zeichnungen, Skizzen und Pläne**;
- **Arbeitsvorbereitungskosten** für die Desinvestitionsmaßnahme;
- Die **Arbeitskosten** der Herauslösung der Anlagen umfassen Löhne, Gehälter und Sozialaufwendungen;
- **Materialkosten** für Betriebsstoffe und Werkzeuge, Fremddienstleistungen;
- Der Einsatz von Betriebsmitteln zur Herauslösung der Altanlagen verursacht **Zinsen und Instandhaltungskosten**.

(3) Beseitigungskosten

Beseitigungskosten entstehen aufgrund der endgültigen Demontage, Umformung oder Komprimierung einer Altanlage. Im Kern können hier ebenfalls Arbeits-, Material- und Energiekosten unterschieden werden. Für den Fall der Fremdbeseitigung der Anlagen entstehen aus Sicht der Unternehmung **Fremdbeseitigungskosten** in vertraglich festgelegter Höhe.

(4) Kosten der Anlagenverwertung

Als **Kosten der Anlagenverwertung** können sämtliche Kosten bezeichnet werden, die erforderlich sind, um eine Altanlage ggf. einer anderen Verwendung zuzuführen. Die hier entstehenden Kosten sind in enger Betrachtungsweise nicht mehr dem hier interessierenden Entscheidungsproblem zuzurechnen. Dem Charakter nach handelt es sich hierbei bereits um eine (Re-)Investition der veränderten oder unveränderten Anlage. Gleichwohl können die durch die Anlagenentsorgung veranlaßten Kosten ggf. in Abhängigkeit des spezifischen zugrundeliegenden Entscheidungsproblems besonders zu erfassen sein:

- **Konstruktionskosten** entstehen für den Entwurf und die modellhafte Darstellung der Weiterverwendung der Altanlage;

- **Umbaukosten** für die Altanlage;
- **Einbaukosten** in den neuen Betrieb oder **Lagerkosten** bei Verwendung als Reserveanlage oder Ersatzteilspender;
- **Transport-, Vertriebs- und Werbungskosten** bei Veräußerung der Altanlage zur Weiterverwertung bei Dritten.

Neben Kostenwirkungen sind auch mögliche **Erlöswirkungen** zu erfassen in Form von Wertzuwächsen infolge der Verwertung der Altanlage. Unproblematisch dürfte die Ermittlung von Erlösen aufgrund des Verkaufs einer Altanlage sein. Die Beseitigung einer Altanlage kann z.B. unter Ausnutzung von Stillegungssubventionen oder bei Vergütung eines Schrottwertes erlöswirksam gestaltet werden. Bei einem Verbleib der Altanlage innerhalb der Unternehmung ist die Zuordnung von Erlösen mit größeren Problemen verbunden, da hierbei zum einen die mittelbare Weiterverwendung der in Einzelteile zerlegten Anlage i.S.v. Ersatzteilen denkbar ist, zum anderen kann die Altanlage als Reserveanlage vorgehalten werden. Hier kämen die Ersparnisse auf Grund der Nichtbeschaffung von Reserveteilen oder Reserveanlagen über den Markt in Betracht.

b) Dynamische Investitionsrechnungsverfahren

Die Ermittlung der optimalen Nutzungsdauer einer Anlage – bzw. bei Fortführung des Produktionsprozesses die Ermittlung des optimalen Ersatzzeitpunktes einer Anlage – basiert auf dem Kapitalwertkonzept. Die Zielgröße ist hierbei wiederum die Maximierung des Kapitalwertes in Abhängigkeit von der Laufzeit (vgl. hierzu *Laux/Liermann*, 1981, Sp. 1216ff.; *Schmidt*, 1986, S. 93ff.; *Busse von Colbe/Laßmann*, 1990, S. 131ff.).

Im folgenden soll zunächst der Fall der **Einstellung der Produktion** nach Ausscheiden der Anlage betrachtet werden. Der Kapitalwert errechnet sich gemäß der Formel:

$$C_0 = -A_0 + \sum_{t=1}^{n} (E_t - A_t) \cdot q^{-t} + R_n \cdot q^{-n}$$

C_0 = Kapitalwert
E_t = Einzahlungen der Periode t
A_t = Auszahlungen der Periode t
R_n = Restwert
t = Laufindex der Perioden, t = 0,..., n
q = Abzinsungsfaktor (1+i), i = p/100
p = Kalkulationszinssatz
n = Nutzungsdauer

Die Differenz aus $(E_t - A_t)$ kennzeichnet die periodenbezogenen Überschüsse der Einzahlungen über die Auszahlungen (Betriebs- und Instandhaltungsauszahlungen), die mit der Nutzung der Anlage verbunden sind. In einer ersten Annäherung kann unterstellt werden, daß die Einzahlungsüberschüsse zu Beginn einer Produktion relativ gering sind, in der Folge steigen und schließlich wegen steigender Reparatur- und Instandsetzungsarbeiten sowie ggf. sinkender Produktqualitäten im Zeitablauf wieder sinken. Gleichzeitig wird der zu erwartende Restwerterlös aus dem Verkauf der Anlage am Ende der Nutzungsdauer im Zeitablauf abnehmen.

Die optimale Nutzungsdauer einer Anlage ist erreicht, wenn der Kapitalwert der Anlage als Funktion der Nutzungsdauer maximal wird. Unter der Annahme **monoton sinkender Grenzeinzahlungsüberschüsse** ist die optimale Nutzungsdauer auch durch eine Grenzbetrachtung in bezug auf die Nutzungsdauer zu bestimmen. Hierbei handelt es sich nicht um ein anderes Verfahren; vielmehr kann es aus der Kapitalwertmethode abgeleitet werden. **Eine Verlängerung der Nutzungsdauer ist dabei so lange vorteilhaft, wie die dadurch ermöglichten zusätzlichen Grenzeinzahlungsüberschüsse positiv sind** (vgl. zum Grenzwertkalkül *Busse von Colbe/Laßmann*, 1990, S. 134 ff.).

Der Grenzeinzahlungsüberschuß ist im Falle diskreter Variation der Nutzungsdauer definiert als (zur entsprechenden Vorgehensweise bei kontinuierlicher Verzinsung und infinitesimal kleinen Periodenverlängerungen vgl. *Schmidt*, 1986, S. 93 ff.):

$$c_n' = (E_n - A_n) + (R_n - R_{n-1}) - R_{n-1} \cdot i \geq 0$$
mit
$(E_n - A_n)$: Zahlungsüberschuß der letzten Nutzungsperiode
$(R_n - R_{n-1})$: Minderung des Restwerterlöses (wegen $R_n < R_{n-1}$)
$R_{n-1} \cdot i$: Verzinsung des Restwerterlöses

Durch die Weiternutzung der Anlage um eine Periode verzichtet man auf die Einzahlung aus dem Verkauf der Anlage für diese Zeitspanne. Aufgrund der fallenden Restwerterlöse kann diese Einzahlung bei Verkauf in der nachfolgenden Periode nicht in voller Höhe nachgeholt werden, so daß es sich um einen endgültigen Einzahlungsverzicht handelt, der wie eine Auszahlung zu behandeln ist. Ferner verzichtet man bei Weiternutzung der Anlage um eine Periode auf die Verzinsung des Restwerterlöses, da dieser am Kapitalmarkt angelegt werden könnte. Sind die aus dem Restwert zu erzielenden Zinsen am Periodenende größer als der um die Restwertverminderung reduzierte laufende Einzahlungsüberschuß der betreffenden Periode, sollte die Produktion vor Beginn der Periode eingestellt werden.

Im **Fall der Fortführung der Produktion** und **einmaliger Reinvestition** ist die Vorgehensweise der Ermittlung der optimalen Nutzungsdauer nunmehr im Hinblick auf die Ermittlung des **optimalen Ersatzzeitpunktes** zu modifizieren. Das Ende der Nutzungsdauer der alten Anlage fällt hierbei mit dem Beginn der Nutzungsdauer der Ersatzanlage zusammen. Eine Variation des Entscheidungsproblems ergibt sich dahingehend, daß im Falle der Weiterverwendung der betrachteten Anlage um eine zusätzliche Periode neben den Zinsen auf den Restwert auch die Zinsen auf den Kapitalwert der folgenden Anlage gedeckt werden müssen (vgl. hierzu *Göppl/Wolf*, 1976, Sp. 356 ff.; *Schmidt*, 1986, S. 93 ff.; *Busse von Colbe/Laßmann*, 1990, S. 137 ff.).

In einem ersten Schritt wird die Nutzungsdauer n_2 der Ersatzanlage ermittelt. Da diese Nutzungsdauer unabhängig von der ersten Anlage ist, kann der Kapitalwert bzw. die optimale Nutzungsdauer der zweiten Anlage isoliert betrachtet und nach dem oben beschriebenen Algorithmus berechnet werden. Der Kapitalwert der Ersatzanlage fällt im Zeitpunkt n_1 an und wird dementsprechend als C_1 bezeichnet.

Die Nutzungsdauer der ersten Anlage (n_1) wird dahingegen von der Folgeinvestition beeinflußt. Durch die weitere Nutzung der Altanlage um eine Periode verzichtet der Investor auf die Nutzung der Ersatzanlage in dieser Zeit. Dieser Nutzungsverzicht drückt sich in den Zinsen auf den Kapitalwert der Nachfolgeanlage aus. Der Weiterbetrieb der alten Anlage um eine Periode und damit die Verzögerung des Ersatzzeitpunktes lohnt solange, wie der Einzahlungsüberschuß der Altanlage in einer Periode abzüglich der Restwertminderung nicht nur die Zinsen auf den Restwerterlös, sondern darüber hinaus auch die Zinsen auf den Kapitalwert der Ersatzanlage deckt, d.h.

$$(E_{n1} - A_{n1}) + (R_{n1} - R_{n1-1}) - R_{n1-1} \cdot i \geq C_1 \cdot i$$

Ein höherer Kapitalwert der Ersatzanlage – bei sonst gleichen Annahmen – bedingt folglich eine um so kürzere Nutzungsdauer der Altanlage. Als Entscheidungskriterium für den Ersatzzeitpunkt einer Anlage bei **einmaliger Wiederholung** kann somit formuliert werden, daß die erste **Anlage solange genutzt wird, wie der um die Restwertminderung reduzierte Einzahlungsüberschuß einer Periode die Zinsen auf den Restwert und auf den Kapitalwert der Folgeinvestition übersteigt.**

Modifiziert man obige Annahmen für einen theoretischen Fall dahingehend, daß man eine **Kette identischer Reinvestitionen** unterstellt, variieren die optimalen Nutzungsdauern. Da jedes Glied dieser Investitionskette die Zinsen auf die Kapitalwerte der folgenden Investitionen zu tragen hat, wird die optimale Nutzungsdauer einer Anlage umso kürzer, je weiter vorne sie in der Investitionskette steht.

Weitere Modifikationen der vorgestellten theoretischen Ableitungen sind in der Form möglich, daß Modernisierungen vorhandener Anlagen oder die Erhebung von (proportionalen) Gewinnsteuern in den Modellannahmen berücksichtigt werden (vgl. *Busse von Colbe/Laßmann*, 1990, S. 136f. sowie S. 147ff.).

Die Beurteilung von Alternativen der Anlagenentsorgung allein mit Hilfe der statischen und dynamischen Investitionsrechnungsverfahren ist unbefriedigend, wie in Kapitel 2.3.3.3 näher ausgeführt. Gleichwohl können die Ergebnisse und die Ausgangsinformationen obiger Investitionsrechnungen als informationelle Grundlagen für die Nutzwertanalyse sowie die mehrperiodige Ergebnis- und Finanzplanung (vgl. hierzu Kapitel 2.3.3.4 und 2.3.3.5) herangezogen werden. Diese bilden auch hier Beurteilungsinstrumente.

6 Anlageninformationssystem unter besonderer Berücksichtigung der Anlagenkosten

6.1 Aufgaben eines Anlageninformationssystems

6.1.1 Grundlagen eines integrierten Anlageninformationssystems

Für die Lösung der in den Kapiteln 1–5 behandelten Grundaufgaben der Anlagenwirtschaft werden spezifische Informationen benötigt. Die **Erfassung, anwendungsorientierte Aufbereitung und rationelle Speicherung dieser Informationen** für jedes Anlagenobjekt stellen die **Grundaufgaben eines Anlageninformationssystems** dar. Neben der datenbankgestützten Speicherung von Stamm- und Bewegungsdaten je Anlagenobjekt/-einheit sind die für die verschiedenen Anwendungsgebiete benötigten Methoden und Verfahrenskonzepte zur Informationsverarbeitung methodenbankgestützt verfügbar zu halten. Im Zentrum der betriebswirtschaftlichen Informationserfassungs- und -verarbeitungsprozesse steht die Lösung **erfolgs- und finanzwirtschaftlicher** Aufgaben. Darüber hinaus sollten aber auch **technische** und **personale** Aufgabengebiete, zu deren Bewältigung ebenfalls produktionsanlagenbezogene Informationen erforderlich sind, berücksichtigt werden, da bspw. Teile der Informationen aus dem Bereich der technischen Prozeßsteuerung und der Arbeitsgestaltung gleichzeitig eine wesentliche Basis für die Lösung der betriebswirtschaftlichen Aufgaben bilden. Es ist daher ein **integriertes Anlageninformationssystem** anzustreben, das die für betriebswirtschaftliche, technische und personale Aufgabenfelder benötigten Daten und methodischen Verarbeitungskonzepte enthält (vgl. ähnlich *Männel*, 1991a, S. 194 ff.).

In der Praxis findet man hierzu bisher überwiegend **Insellösungen** in Form von eigenständigen **Teilinformationssystemen** für betriebswirtschaftliche, technische und personale Aufgabengebiete. Mit zunehmender Automatisierung der Produktionsprozesse erweist es sich jedoch als notwendig, **übergreifende Informationssysteme** aufzubauen, die zur Lösung der angesprochenen Aufgabenfelder herangezogen werden können.

Anlageninformationssysteme in diesem Sinne sind wiederum ein **integraler Bestandteil des CIM-Konzepts**, das – wie an anderer Stelle erläutert (vgl. Teil II, Kapitel 2.4.2) – Produktentwicklung und -konstruktion, Qualitätssicherung, Material- und Dienstleistungsdisposition einschließlich innerbetrieblichem Transport und Auftragssteuerung (Produktionslogistik), Prozeßsteuerung einschließlich Instandhaltung sowie alle technischen Teilbereiche der Produktionsplanung und -steuerung (PPS), nicht zuletzt aber auch die betriebliche

Kostenrechnung, betriebswirtschaftliche Berichterstattung und Auftragsverwaltung sowie kurzfristige Erfolgsrechnung integrativ enthält bzw. enthalten sollte (vgl. *Steffen*, 1991, S. 359 ff.).

Im Gegensatz zur unzulänglichen Softwareentwicklung für ein integriertes Anlageninformationssystem im hier skizzierten Sinne gibt es für Personalinformationssysteme bereits differenzierte Softwareangebote; im Produktionsanlagenbereich werden bisher lediglich einzelne Bausteine angeboten – insbesondere für die Anlagenbuchhaltung in Form einer rechnergestützten Anlagenkartei als Basis der bilanziellen Aktivierung und Abschreibungsermittlung (vgl. z.B. das Modul RA (Anlagenbuchhaltung) der Software-Firma SAP). Nachdem mit zunehmender Automatisierung der **aus dem Anlageneinsatz resultierende relative Kostenanteil** (Abschreibungen, Instandhaltungs- und Zinskosten) **wesentlich an Gewicht gewonnen** hat, kann heute **eine rationale Führung** größerer Industrieunternehmungen **ohne ein übergreifendes technisch-wirtschaftliches Anlageninformationssystem nicht mehr gewährleistet** werden, wie im folgenden insbesondere für die Lösung der wichtigsten mit dem Produktionsanlageneinsatz verbundenen Planungs-, Steuerungs- und Überwachungsaufgaben näher erläutert werden soll (vgl. hierzu auch *Baumann*, 1991; *Hoitsch/Baumann*, 1992, S. 385 ff.).

6.1.2 Betriebswirtschaftliche Aufgabenfelder eines Anlageninformationssystems

6.1.2.1 Strategische Aufgabenfelder eines Anlageninformationssystems

Wie in den Kapiteln 1–5 näher dargestellt, ist im Zusammenhang mit Beschaffung und Einsatz von industriellen Produktionsanlagen eine Reihe strategischer Aufgaben zu bewältigen. An erster Stelle sind hier die **Investitionsplanung** mit Hilfe der Wirtschaftlichkeitsrechnung und die **Langfristkalkulation** zu nennen. In Kapitel 2.3.3.3 sind die wichtigsten Konzepte und Methoden der investitionsbezogenen Wirtschaftlichkeitsrechnung und der Langfristkalkulation näher erläutert worden. Basis von **Wirtschaftlichkeitsrechnungen für Investitionsobjekte** sind Prognosen über technische Leistungs- und Verbrauchsgrößen sowie Absatzmengen, die unter Berücksichtigung erwarteter Absatz- und Beschaffungspreise zur Ableitung von periodenbezogenen Prognosen für Ein-/Auszahlungen während der erwarteten Nutzungszeit herangezogen werden. Auf den selben Ausgangsdaten baut auch die **Langfristkalkulation** für die Produkte zur Ermittlung von zukünftigen Angebotspreisen und (Vollkosten-)Preisgrenzen auf. Zudem sind weitere Angaben aus der Investitionsrechnung abzuleiten (z.B. Abschreibungen). Die Ergebniskennzahlen der Wirtschaftlichkeitsrechnung wie Kapitalwert und interner Zinssatz sowie auch risikoorientiert die Pay-off-Zeit stellen wesentliche Entscheidungsgrößen in der Investitionsplanung dar.

In der Praxis werden Investitionskalküle als Sonderrechnungen einmalig vor einer Investitionsentscheidung durchgeführt und in der Regel zu einem späteren Zeitpunkt nicht mehr aufgegriffen. Diese Handhabung kann betriebswirtschaftlich nicht als ausreichend bezeichnet werden, zumal mit Investitionsentscheidungen im wesentlichen Maße über die Erfolgsentwicklung einer Unternehmung befunden wird. Es ist daher zu fordern, daß im Rahmen eines integrierten Anlageninformationssystems nach Inbetriebnahme von Produktionsanlagen die vorangehenden Wirtschaftlichkeitsplanrechnungen im Sinne betriebswirtschaftlicher Überwachung einem **Soll/Ist-Vergleich** unterzogen werden und die Bedeutung von Abweichungen für den Periodenerfolg sichtbar gemacht wird. Da bis zur Investitionsentscheidung nur Prognosewerte zugrunde liegen, sollten in eine **Investitionskontrollrechnung** nach Installation der Produktionsanlagen bzw. nach dem Produktionsanlauf für die Investitionsausgaben (Investitionssumme) Istwerte und für die verbleibenden zukünftigen Betriebsausgaben und -einnahmen nach neuestem Wissensstand berichtigte Prognosewerte einfließen. Außerdem sind diese Größen der sich später anschließenden (Plan)Kosten- und Erlösrechnung bzw. periodischen und produktbezogenen Erfolgsrechung zugrunde zu legen. Aus wissenschaftlicher Sicht ist somit eine Verzahnung der strategischen Planungsrechnungen mit den operativen Rechnungen, die den Produktionsanlageneinsatz begleiten, anzustreben.

Bei Investitionsplanungen spielt die **Festlegung der Investitionssumme** eine besondere Rolle. Dabei ist zwischen aktivierungspflichtigen/fähigen und nicht aktivierungspflichtigen/fähigen Anteilen zu unterscheiden. In der Aufwand- und Ertragrechnung bildet der effektiv aktivierte Teil der Investitionssumme die Ausgangsgröße für die periodische Verteilung der Anfangsauszahlungen einer Investition in Form von Abschreibungen auf die geplanten Nutzungsperioden.

Im Bereich der kalkulatorischen Erfolgsermittlung ist außerdem für die **nicht aktivierten objektbezogenen Vorlaufausgaben** wie insb. für Anlagenentwicklung bei Selbsterstellung, für Arbeitsplanung und Ingangsetzung, für selbsterstellte PPS-Systeme und Computersoftware bei automatisierten Produktionsanlagen, für Schulung des Bedienungs- und Instandhaltungspersonals, Probefertigungen und dergl. **eine den Abschreibungen entsprechende Periodenaufteilung** vorzunehmen. In der externen Erfolgsrechnung werden diese Vorlaufausgaben in der Regel im Zeitraum des Anfalls als Aufwand verbucht. Sowohl in der Langfristkalkulation als auch in der operativen Perioden- und Produkterfolgsrechnung ist dagegen eine Verteilung dieser Ausgaben über die Nutzungszeit der Produktionsanlagen vor allem deshalb vorzunehmen, weil diesem Teil der Investitionssumme bei höher automatisierten Produktionssystemen eine der Hardware vergleichbare Größenordnung zukommen kann (vgl. hierzu im einzelnen Kapitel 6.2.1.2).

Im Rahmen von Investitionsplanungen kommt dem Anlageninformationssystem neben der Ermittlung der Investitionssumme vor allem die Aufgabe zu, die **wirtschaftliche Nutzungsdauer** des Investitionsobjekts festzulegen. Von ihr werden die Höhe der periodischen Abschreibungen und (zum Teil auch) der kalkulatorischen Zinskosten maßgebend bestimmt. Im Rahmen der Investitionsplanung wird die wirtschaftliche Nutzungsdauer eines Anlagenobjekts bestimmt durch

- den technischen Fortschritt, d. h. die Verfügbarkeit von leistungsfähigeren/ kostengünstigeren Betriebsmitteln;
- die erwartete Lebensdauer der gefertigten Produkte, die insbes. durch die Nachfrageentwicklung und Konkurrenzangebote beeinflußt wird;
- den Fristablauf von Nutzungsrechten sowie
- die technische Haltbarkeit der einem Verschleiß ausgesetzten Anlagenteile.

Allerdings sind technische Einflüsse nur in Ausnahmefällen limitierend, da eintretender Verschleiß in den meisten Fällen durch Instandhaltungsmaßnahmen beseitigt und die Nutzungsdauer einer Anlage dadurch nahezu beliebig verlängert werden kann. Dominant für die Fixierung der wirtschaftlichen Nutzungsdauer sind ökonomische Überlegungen im Rahmen der Investitionsrechnung. Aufgrund der erwarteten Zahlungsreihen für die Ein-/Auszahlungen, die für ein Investitionsobjekt bis zum ökonomischen Horizont erwartet werden, läßt sich die **wirtschaftlich optimale Nutzungsdauer mit Hilfe der Kapitalwertmethode** abschätzen. Dazu sind – wie aus der Investitionsliteratur bekannt – Annahmen über die Nachfolgeinvestitionen nach Ausscheiden der jeweiligen Produktionsanlage einzubeziehen (vgl. im einzelnen Kapitel 5.3.2).

In der Praxis greift man allerdings auf Erfahrungswerte zurück und schätzt die Nutzungsdauer nach dem Vorsichtsprinzip in der Regel kürzer als die Nutzung der Produktionsanlagen effektiv dauert. Vielfach wird die Nutzungsdauer auch unter steuerlichen Gesichtspunkten anhand von rechtlich bindenden Vorschriften einheitlich sowohl für die Steuerbilanz, die Handelsbilanz als auch das interne Rechnungswesen festgelegt. Diese Vorgehensweise bewährt sich für die interne Erfolgsrechnung nicht, da die wirtschaftliche Nutzungsdauer zumeist wesentlich zu kurz vorgegeben wird und damit die periodische und stückbezogene Erfolgsermittlung gravierend verfälscht werden können. Auf diesen Punkt ist in Kapitel 6.2 unter der Thematik Anlagenabschreibungen und kalkulatorische Zinsen näher einzugehen.

Die wirtschaftliche Nutzungsdauer unterscheidet sich auch wesentlich von der im Zusammenhang mit der **Risikobeurteilung im Investitionskalkül** ermittelten **Pay-off-Periode** (Kapitalrückfluß- oder Amortisationsdauer); die mit einem Investitionsobjekt erzielten Einzahlungsüberschüsse werden dabei in unterschiedlicher Weise behandelt. Bei der Pay-off-Methode wird unterstellt, daß die Investitionssumme aus den nach Investitionsanlauf anfallenden **gesamten** Einzahlungsüberschüssen getilgt wird. Demnach sind in einem Investitionsobjekt nach Ablauf der Pay-off-Periode keine Finanzmittel mehr gebunden (d. h. in der Praxis meist schon nach 1/4 bis 1/3 der angenommenen wirtschaftlichen Nutzungszeit). Dieser Überlegung folgend dürften dann auch keine Kapitaldienstkosten mehr in Form von kalkulatorischen Zinsen und Abschreibungen in die Erfolgsermittlung einbezogen werden. Demgegenüber wird bei der allgemein üblichen Perioden- und Produkterfolgsrechnung unterstellt, daß die Investitionssumme periodenanteilig bis zum Ablauf der wirtschaftlichen Nutzungsdauer getilgt wird, sei es nach der Methode degressiver Abschreibungen oder aber nach der in der kalkulatorischen Rechnung vorherrschenden linearen Abschreibungsmethode. Hierbei steht die Überlegung im Vordergrund, daß ein Teil der Einzahlungsüberschüsse in Höhe des Periodengewinns für Ausschüttungen an die Eigenkapitalgeber bzw. für Risiko- und Wachstumsinvestitionen in der Unternehmung zur Verfügung stehen soll. Bei dieser Betrachtungsweise der periodischen Erfolgsrechnung **vermindert sich die** durch die Investitionssumme repräsentierte **Kapitalbindung** von Periode zu Periode **nur in Höhe der angesetzten Abschreibungen** (und ggf. Verteilungsraten der anlagenbezogenen Vorlaufausgaben über die wirtschaftliche Nutzungsdauer). Beide Versionen der Ermittlung der Kapitalbindung im Laufe der Verwendungszeit des Investitionsobjekts stellen **betriebswirtschaftliche Fiktionen** dar, deren Auswirkungen bei der Beurteilung der ermittelten Perioden- und Produkterfolge zu beachten sind. Vielfach wird dieser Gesichtspunkt bei der Interpretation von Periodengewinnen oder -verlusten vernachlässigt.

Als zweite **strategische Aufgabe** eines Anlageninformationssystems ist die Bereitstellung der für die **Layout-Planung** erforderlichen Kosten- und Leistungsgrößen sowie der sie bestimmenden Haupteinflußgrößen zu nennen. Wie in Kapitel 3.1 dargelegt wird durch die Layout-Planung die räumliche Produktionsstruktur (innerbetriebliche Anordnung der Produktionsanlagen bzw. Arbeitssysteme) bestimmt und damit eine wesentliche Voraussetzung für die Prozeß(ablauf)organisation geschaffen. Neben den vor allem zu ermittelnden innerbetrieblichen Transportkosten, Lagerkosten und Standortwechselkosten sind deren Haupteinflußgrößen sowie die gesamten für Layout-Planungen relevanten technischen und sozialen Umfeldbedingungen in diesem Teil des Anlageninformationssystems zu erfassen.

Das dritte strategische Aufgabenfeld eines Anlageninformationssystems erstreckt sich auf die Auswahl der **Instandhaltungsstrategien** sowie der Festlegung der Eigen- und Fremdinstandhaltungsanteile. Die Kapazitätsplanung der Instandhaltungsbetriebe und Werkstätten ist informatorisch und methodisch zu unterstützen. Auf die betriebswirtschaftlichen Anforderungen an ein solches Modul ist bereits in Kapitel 4 näher eingegangen worden.

Im Rahmen der behandelten strategischen Aufgabenfelder werden auch die **Grundlagen für Analysen der Anlagenkosten** nach fixen und variablen Bestandteilen gelegt. Durch Investitions-, Layout- und Instandhaltungsstrategie-Entscheidungen werden die Hauptbestimmungsgründe für fixe und variable Kostenanteile in den operativen Erfolgsrechnungen determiniert. Die Höhe der Fixkostenanteile hängt dabei wesentlich vom Planungshorizont ab. Im Rahmen **strategischer** Kalküle werden alle Ein-/Auszahlungen bzw. Kosten und Erlöse als variierbare Größen behandelt. Mit der Festlegung der Investitionssumme, wirtschaftlichen Nutzungsdauer, Abschreibungsmethode, Layout-Gestaltung und Instandhaltungsstrategie werden jedoch für die verschiedenen **operativen** Handlungshorizonte spezifische Fixkostenanteile vorbestimmt. Dies gilt nicht nur in bezug auf die Arbeitssystemkapazitäten und ihrer Nutzungsgrade bzw. jeweiligen Beschäftigung, sondern auch für die Kostenwirkungen der sonstigen betrieblichen Anpassungsmaßnahmen an wechselnde Produktionsanforderungen (vgl. hierzu die Ausführungen zur Produktprogrammplanung und zu Betriebsmodellen in Teil IV). Für die Produktionsanlagen wird damit zugleich die Grundlage für Nutz- und Leerkostenanalysen gelegt. Dies ist bei Aufbau und Konzeption der strategischen Aufgabenfelder eines Anlageninformationssystems zu berücksichtigen.

6.1.2.2 Operative Aufgabenfelder eines Anlageninformationssystems

Als **operative** Rechnungen werden die laufenden buchhalterischen und kalkulatorischen monats-, quartals-, jahres- und stück-/auftragsbezogenen Erfolgsrechnungen bezeichnet. Weiterhin gehören dazu die innerhalb der Perioden durchzuführenden begleitenden Online-Wirtschaftlichkeits-Überwachungsrechnungen im Produktionsbereich. **Aufgabenfelder eines operativen Anlageninformationssystems** stellen somit dar:

- die Anlagenbuchhaltung einschließlich Anlagenkartei,
- die Anlagenkosten- und -leistungsrechnung,
- die begleitende Wirtschaftlichkeitsrechnung,
- die laufende anlagenbezogene Kennzahlenermittlung sowie
- eine integrative Berichterstattung über diese Aufgabenbereiche.

Zwischen den angesprochenen strategischen und operativen Aufgabenfeldern findet sich bisher in der Praxis lediglich ein begrenzter Zusammenhang im Bereich der Anlagenbuchhaltung, die in der Literatur vielfach gleichgesetzt wird mit der Anlagenrechnung (vgl. *Scherrer*, 1981, Sp. 50ff.). In der dabei zugrundegelegten **Anlagenkartei** werden die wesentlichen Stammdaten der Anlagenobjekte wie Anschaffungs- oder Herstellkosten, Inbetriebnahmezeitpunkte, technische Daten (Kapazität, Leistungsgrenzen u. dergl.), Sicherheits- und Instandhaltungsanforderungen, teilweise auch Ergebnisse von Schwachstellenanalysen vermerkt. Die **Anlagenbuchhaltung** dient gleichzeitig der internen und der externen Rechnungslegung und beinhaltet die Ermittlung und Darstellung

- des Anlagevermögens in der Bilanz (sog. Anlagenspiegel),
- der bilanziellen Anlagenabschreibungen in der Aufwand- und Ertragrechnung sowie
- der kalkulatorischen Anlagenabschreibungen und -zinsen in der Kosten- und Erlösrechnung (Kapitaldienst).

Bislang umfaßt die Anlagenbuchhaltung keine **begleitenden Wirtschaftlichkeitsrechnungen zur objektweisen Investitionskontrolle**. Wie bereits erwähnt führt die Investitionsplanung mit zugehöriger Wirtschaftlichkeitsrechnung in der Praxis überwiegend ein ausgesprochenes Inseldasein. Nach Abschluß einer Investitionsplanung, die zu einer Investitionsentscheidung geführt hat, wird die Planungsrechnung in den meisten Unternehmungen zu den Akten gelegt. Nur in wenigen Unternehmungen erfolgen Investitionsobjekt-Kontrollen (vgl. z.B. das Vorgehen bei der VW AG – *Hahn*, 1985, S. 760ff.). Hier ist aus betriebswirtschaftlicher Sicht i.d.R. eine bedenkliche **Informationslücke** zu verzeichnen. Die von den Fachabteilungen vorgelegten Investitionsplanungsrechnungen weisen in der Regel relativ hohe Renditen aus. Im Zuge der Realisierung von Investitionsobjekten auftretende Differenzen zwischen Plan- und Istrenditen werden gewöhnlich nicht ermittelt und auf ihre Gründe hin untersucht. Aus Jahresabschlüssen und internen Erfolgsrechnungen sind die vielfach sehr hohen Differenzen zwischen geplanter und tatsächlicher Ergebnisentwicklung nicht zu erkennen. Ein umfassendes Anlageninformationssystem sollte diese Informationslücke schließen. Durch **objektbegleitende Wirtschaftlichkeitsrechnungen** sollte die Investitionsplanung überwacht und laufend aktualisiert werden. Aus einem **integrierten Anlageninformationssystem** sollte dazu jederzeit eine Wirtschaftlichkeitsnachrechnung abgerufen werden können, die alle bis zum Zeitpunkt der Rechnung tatsächlich für das Investitionsobjekt angefallenen sowie die bis zum Ende der geplanten wirtschaftlichen Nutzungsdauer erwarteten Ein-/Auszahlungen umfaßt, wobei neben den ursprünglichen Prognosewerten der Wirtschaftlichkeitsplanungsrechnung die nach aktuellem Prognosestand korrigierten Ein-/Auszahlungen heranzuziehen sind.

Investitionsplanungen für industrielle Anlagenobjekte, die teilweise bis zum Anlauf Jahre in Anspruch nehmen, gehen fast zwangsläufig von Fehleinschätzungen der Investitionssumme, der zukünftigen Entwicklungen auf den Absatz- und Beschaffungsmärkten sowie der erreichbaren wirtschaftlichen Nutzungsdauer aus. Vor allem in der internen Erfolgsrechnung sind derartige Prognosefehler so früh wie möglich zu korrigieren. Im Bereich der handels- und steuerrechtlichen Erfolgsrechnungen muß dagegen an den einmal festgelegten Nutzungsdauern wegen des zugrundeliegenden Nominalwertprinzips festgehalten werden, soweit diese nicht infolge von außerordentlichen Wertminderungen der Anlagenobjekte herabzusetzen sind.

Als weitere Auswirkungen von Investitionsbegleitrechnungen sind bedeutsam:

1) Plan/Ist-Abweichungsanalysen können Anregungen zur genaueren Ermittlung von Input-Daten zukünftiger Investitionsplanungen vermitteln;
2) einer bewußten Manipulation von Input-Daten („Schönrechnen") kann durch spätere Kontrolle entgegengewirkt werden;
3) sich abzeichnende Rendite-Abweichungen geben Anstösse zu Anpassungsmaßnahmen bei den noch nicht fertiggestellten Teilen von Investitionsobjekten, um ursprünglich berechnete Kapitalwerte und Renditen doch noch möglichst weitgehend zu erreichen.

Es sei noch einmal betont, daß nur durch eine Verankerung aller ursprünglichen Planungsinformationen im Anlageninformationssystem, die Aufnahme der korrespondierenden Istgrößen sowie der aktualisierten Prognosedaten die Möglichkeit besteht, zu jedem Zeitpunkt eine Wirtschaftlichkeitsnachrechnung für Investitionsobjekte mit Abweichungsanalysen durchzuführen, wobei man sich aus Gründen der Wirtschaftlichkeit des Rechnungswesens auf größere Investitionsobjekte beschränken sollte. Allerdings muß sichergestellt sein, daß die jeweils aus der Vergangenheit in die Nachrechnung eingehenden Ein-/Auszahlungen aus dem laufenden Rechnungswesen zu entnehmen sind und nicht durch Sondererhebungen gewonnen werden müssen, was ihre Zuverlässigkeit erfahrungsgemäß beeinträchtigen könnte. Lediglich die für zukünftige Perioden neu zu prognostizierenden aufgabenbezogenen Ein-/Auszahlungen sind jeweils aufgrund von Sondererhebungen vorzugeben, da sie nicht in Buchhaltung und Kosten-/Leistungsrechnung enthalten sind. Teilweise kann dabei jedoch auch z. B. auf die Auftragsbestandsführung zurückgegriffen werden.

Die wichtigsten Basisinformationen für das operative Anlageninformationssystem sind im übrigen die im folgenden zu behandelnden Anlagenkostenarten und Anlagen(Leistungs)Kennziffern. Mit ihrer Darstellung werden Komplexität und Umfang eines aussagefähigen Anlageninformationssystems weiter verdeutlicht.

6.2 Anlagenkosten

6.2.1 Direkte Anlagenkosten

6.2.1.1 Anlagenabschreibungen

Einen wesentlichen Bestandteil der Anlagenkosten, die für das Bereitstellen, Bereithalten, Nutzen und Entsorgen von Betriebsmitteln anfallen, bilden die Abschreibungen. Die Abschreibungen stellen die Verteilung (des aktivierten Teils) der Investitionssumme auf die geschätzte Nutzungsdauer einer Produktionsanlage dar. In der **Aufwand- und Ertragrechnung** gilt das Nominalprinzip, d. h. die aktivierte Summe der Anschaffungs- oder Herstellungsausgaben laut Bilanz wird nach der linearen oder einer degressiven Methode auf die einzelnen Monate bzw. Jahre der Nutzungszeit verteilt. In der Praxis wird üblicherweise aufgrund der Maßgeblichkeit der Handelsbilanz für die Steuerbilanz von den steuerlichen Vorschriften ausgegangen, wobei die Nutzungsdauern bzw. Abschreibungssätze in amtlichen **AfA-Tabellen** (Absetzung für Abnutzung) niedergelegt sind (vgl. *Ballwieser*, 1991, S. 4ff.). Soweit industrielle Großanlagen oder durch Automatisierung verbundene Anlagensysteme nicht in AfA-Tabellen verzeichnet sind, sind entsprechende Einzelfallverabredungen mit der Finanzverwaltung zu treffen.

In der **Kostenrechnung** wird die perioden- oder leistungsbezogene Abschreibung ebenfalls von der **Investitionssumme**, der **Nutzungsdauer** und dem **Verteilungsverfahren** bestimmt. Hierbei können diese Größen jedoch grundsätzlich unabhängig von steuerlichen und handelsrechtlichen Vorschriften nach rein betriebswirtschaftlichen Kriterien festgelegt werden. Die **Investitionssumme** als Abschreibungsausgangswert kann auch die **nicht aktivierungsfähigen Vorlaufausgaben** mitumfassen, was in der Praxis zumeist allerdings vernachlässigt wird. Die kalkulatorische Behandlung der überwiegend für selbsterstellte immaterielle Güter anfallenden Vorlaufausgaben wird im nachfolgenden Gliederungsabschnitt näher behandelt. Außerdem kann bei im Laufe der Nutzungsdauer veränderlichen Wiederbeschaffungspreisen für die Anlage die Investitionssumme im Laufe der Nutzungsdauer bei Preissteigerungen nach oben bzw. bei Preissenkungen nach unten angepaßt werden. Auf diese Weise soll erreicht werden, daß in den einzelnen Perioden die Anlagennutzung zu dem am Beschaffungsmarkt jeweils geltenden Preisniveau bewertet wird.

Zur tagesnahen Bewertung der Investitionsausgangssumme bzw. der Produktionsanlageeinheiten ist von pauschalen Bewertungsmethoden abzuraten.

In der Praxis herrscht vielfach die **Preisindexmethode** vor, d. h. aufgrund von Unterlagen des Statistischen Bundesamtes und von Spezialerhebungen der Unternehmungen oder ihrer Verbände wird die durchschnittliche Preisveränderung für Maschinenkategorien (z. B. Antriebsmaschinen, Werkzeugmaschinen, Textilmaschinen, für Glühöfen, Gebäudearten u.a.m.) ermittelt. Vielfach sind in den Anlagenkarteien diese Preisindices verankert, und es wird nach pauschalen Rechenmethoden jährlich einmal das Anlagevermögen auf Tageswertbasis neu bewertet. In der Anlagenkartei sind dann die nominelle Investitionssumme und die in der jeweiligen Periode gültigen Tageswiederbeschaffungswerte je Anlageneinheit verzeichnet. Für die kalkulatorische Erfolgsermittlung wird bei der Abschreibungsbestimmung von den indizierten Anlagenwerten und der aktualisierten Nutzungsdauerschätzung ausgegangen. Aus Gründen der Vereinfachung kann auch der nominelle Abschreibungsbetrag der jeweiligen Periode mit dem entsprechenden Indexwert hochgerechnet werden (bzw. auch heruntergerechnet werden, wenn die Beschaffungspreise gefallen sind).

Ein derartiges pauschales Preisindexverfahren vernachlässigt, daß vor allem bei längerlebigen Produktionsanlagen durch die Veränderung der Technologie (technische Fortschritte) die **qualitative und quantitative Leistungsfähigkeit vergrößert** wird. Am Beispiel der Automobile läßt sich leicht erkennen, daß die seit Jahrzehnten zu beobachtenden Preissteigerungen nicht allein auf Veränderungen des allgemeinen Marktpreisniveaus zurückzuführen sind, sondern daß gleichzeitig eine wesentliche Veränderung der Produktqualität i.S. veränderter Motorleistungen, Sicherheitsstandards, computerunterstützter Bedienung u. dergl. mehr stattgefunden hat. Entsprechendes gilt für den Maschinenbau, Anlagenbau, Gebäudebau usw., d. h. für den im Laufe der Zeit veränderten Preis erhält man andere Produktionsanlagen mit verändertem qualitativen und quantitativen Leistungsvermögen. In der Kalkulation soll die Nutzungseinheit – etwa eine Maschinenleistung – zu den jeweils aktuellen Preisen am Beschaffungsmarkt bewertet werden. Aus diesem Grund ist bei der Neubewertung der Produktionsanlagen neben der Preisentwicklung auch die Veränderung des qualitativen und quantitativen Leistungsvermögens mit zu berücksichtigen. Aus Sicht der Wissenschaft muß daher davor gewarnt werden, mit der Preisindexmethode die Abschreibungsausgangswerte in pauschaler Weise neu zu berechnen. Erfahrungsgemäß resultieren daraus aufgrund der in den letzten Jahrzehnten zu beobachtenden Technologiefortschritte in den meisten industriellen Bereichen der Bundesrepublik extrem überhöhte kalkulatorische Abschreibungen.

Da die Technologieveränderungen nur schwer zu quantifizieren sind, sind viele Unternehmungen dazu übergegangen, von einer Preisindizierung ganz abzusehen und auch in der Kostenrechnung nur nominelle Abschreibungen – also ausgehend von den nominellen aktivierten Anschaffungs- bzw. Herstellungsausgaben im Sinne des Handelsrechts – zu verrechnen. Diese Basisgröße der Anlagenkartei wird sowohl für die bilanzielle als auch die kalkulatorische Abschreibung zugrunde gelegt. Die einheitliche Ausgangsbasis für die Ermittlung der Abschreibungen im internen und externen Rechnungswesen erleichtert die Überleitung von den kalkulatorischen zu den bilanziellen Periodenergebnissen und die Interpretation auftretender Differenzen zwischen den Erfolgsgrößen des internen und externen Rechnungswesens. Allerdings stellt auch dieser Weg eine undifferenziert pauschale Vorgehensweise dar. Im Hinblick auf die Bedeutung der Abschreibungskosten vor allem in hochtechnisierten Industriebetrieben sollte man vielmehr alle drei bis fünf Jahre die größeren Produktionseinrichtungen einer näheren Analyse unterziehen und sich auf der Grundlage von Angeboten der Anlagenhersteller ein genaueres Bild über die aktuelle Leistungsfähigkeit und das jeweilige Preisniveau verschaffen. Anhand dieser maschinenindividuellen Unterlagen kann dann die kalkulatorische Periodenabschreibung im Sinne des **Hauptziels** – nach aktuellen Preisen des Beschaffungsmarktes bewertete Leistungen der Produktionsanlagen als Kosten zu verrechnen – ermittelt werden.

Bei der **wirtschaftlichen Nutzungsdauer** legt man überwiegend auch im internen Rechnungswesen die in der Investitionsplanung ermittelte oder prognostizierte Nutzungsdauer zugrunde, obwohl hierbei erfahrungsgemäß aus Gründen der Vorsicht vielfach zu kurze Nutzungsdauern angesetzt werden. Für die Ermittlung eines aussagefähigen kalkulatorischen Ergebnisses ist es jedoch von großer Bedeutung, die wirtschaftliche Nutzungsdauer möglichst realistisch einzuschätzen. Es sollte daher in der Kostenrechnung während der Einsatzzeit stets dann eine Anpassung der Nutzungsdauer vorgenommen werden, wenn erkennbar wird, daß die ursprünglich im Rahmen der Wirtschaftlichkeitsrechnung ermittelte Nutzungsdauer unzutreffend angesetzt worden ist.

In der Praxis werden Nutzungsdauerverlängerungen häufig erst nach Ablauf der ursprünglichen Nutzungszeit vorgenommen; man spricht in diesen Fällen auch von der sogenannten „Abschreibung über Null hinaus". Gemeint ist damit, daß auch dann noch Abschreibungen in die Kostenrechnung eingehen, wenn die Addition der im Laufe der Nutzungszeit vorgenommenen Abschreibungen der Investitionssumme entspricht. Sofern man den bisher verrechneten Periodenabschreibungsbetrag auch nach diesem Zeitpunkt ansetzt, wird das kalkulatorische Betriebs- und Produktergebnis auch weiterhin tendenziell zu niedrig ausgewiesen. Aus betriebswirtschaftlicher Sicht handelt es sich dabei um ein fehlerhaftes Vorgehen. Daher sollte jeweils im Erkennungszeitpunkt einer Fehlprognose der wirtschaftlichen Nutzungsdauer der **aktuell bewertete Abschreibungsausgangswert durch die neugeschätzte Nutzungsdauer** dividiert und daraus ein für die **Folgeperioden** besser zutreffender kalkulatorischer Abschreibungsbetrag abgeleitet werden.

Als Ergebnis erhält man die linearen Abschreibungskosten der jeweiligen Periode. Wird etwa nach einem Drittel oder der Hälfte der Nutzungszeit erkennbar, daß die Nutzungszeit der Produktionsanlage voraussichtlich um 30% oder 50% der ursprünglich angesetzten Nutzungszeit zu verlängern ist, dann ergibt sich – abgesehen von Veränderungen bei der Bewertungskomponente aufgrund von veränderten Wiederbeschaffungsausgaben – eine verminderte kalkulatorische Periodenabschreibung. Man kann in diesen Fällen zwar feststellen, daß in den vorangegangenen Perioden die Abschreibungen zu hoch angesetzt und damit die Betriebsergebnisse zu niedrig ausgewiesen worden sind. Dies sollte jedoch kein Anlaß sein, nunmehr für die zukünfigen Perioden die früher zu viel verrechneten Abschreibungskosten auch weiterhin anzusetzen. In diesem Fall würde man erneut zu fehlerhaften Ermittlungen der kalkulatorischen Periodenergebnisse gelangen.

Tritt der umgekehrte Fall einer zu lang geschätzten Nutzungsdauer ein, bei dem eine nicht mehr genutzte Anlage noch nicht vollständig abgeschrieben ist, so sind in der Kostenrechnung keine weiteren Abschreibungen für die betreffende Anlage anzusetzen. Aufgrund der zu niedrigen Periodenabschreibungsbeträge wurden in der Vergangenheit überhöhte kalkulatorische Erfolge ermittelt.

Die teilweise in der Literatur aufgestellte Forderung, daß in diesen Fällen auch die in den **abgelaufenen** Perioden kostenmäßig verrechneten Abschreibungen zu korrigieren sind oder aber bei Verkürzung der Nutzungsdauer die in der Vergangenheit zu niedrigen Periodenabschreibungen nachzuholen sind, geht am Ziel der internen Erfolgsermittlung vorbei. Die periodische – monatliche, quartalsmäßige und jahresmäßige – kalkulatorische Erfolgsermittlung soll die Differenz zwischen

- Periodenerlösen zu aktuellen Absatzpreisen und
- Produktionsfaktoreinsatz der gleichen Periode, bewertet zu tages- bzw. periodenaktuellen Beschaffungspreisen,

ausweisen, und zwar unabhängig von den (fehlerhaften) Erfolgsermittlungen vorangehender Abrechnungsperioden. Vor allem auch für die Produktkalkulation soll damit die **in der jeweiligen Periode gültige Erfolgssituation** der Unternehmung ermittelt und dokumentiert werden. In Zeiten inflationärer Entwicklung und/oder starker Preisschwankungen bei einzelnen Produktionsfaktoren oder auch bei den Produkten kommt diesem Ziel ein hoher Stellenwert zu.

Vor allem in inflationären Zeiten wäre eine Nachholrechnung über vergangene Zeiten nicht zu rechtfertigen, da grundsätzlich die Preise bzw. Zeitwerte der verschiedenen Perioden nicht addierfähig sind und derartige Additionen im Hinblick auf die verfolgte Zielsetzung der Kosten- und Erlösrechnung zu fehlerhaften betriebswirtschaftlichen Aussagen führen müßten. Es ist mit den Zielen der kalkulatorischen Periodenerfolgsermittlung somit nicht vereinbar, die Abschreibungen vergangener und zukünftiger Perioden zu addieren und mit der Investitionssumme zu vergleichen. Eine derartige Rechnung trägt nicht zur Verbesserung des Einblicks in die periodenbezogene Erfolgssituation der Unternehmung bei, zumal die in die Unternehmung fließenden Umsatzerlöse – vermindert um die laufenden Ausgaben für Material und Personal – für Investitionen in unterschiedlichen Bereichen der Unternehmung, Gewinnausschüttungen u.a.m. zur Verfügung stehen und auch verwendet werden. Eine **produktionsanlagenweise** Akkumulation von Abschreibungen mit dem Ziel der Wiederbeschaffung derartiger Anlagen i.S. der Substanzerhaltung ist in diesem Zusammenhang nicht als geboten zu betrachten, da eine Unternehmung nicht anlagenobjektweise finanzielle Mittel ansammelt und wieder ausgibt. Die Finanzrechnung erstreckt sich vielmehr über alle Vermögensgegenstände hinweg und geht insofern von einer anderen Zielsetzung als die interne periodische und produktbezogene Erfolgsrechnung aus.

Ein Sonderfall der Korrektur von in vergangenen Perioden kostenmäßig zu hoch verrechneten Abschreibungen kann dann auftreten, wenn im zwischenbetrieblichen Leistungsaustausch Verrechnungspreise auf Basis der durchschnittlichen (Zwischen)Produkt-Stückkosten gebildet und die Ergebnisse der Teilbetriebe/Sparten für Wirtschaftlichkeits- und Leistungsbeurteilungen herangezogen werden. Bei einem größenordnungsmäßig relevanten Umfang der zwischenbetrieblichen Lieferungen kann dann bei Nutzungsdaueranpassungen von (Groß)Anlagen eine Ergebniskorrektur bei liefernder und empfangender Sparte geboten sein. Hierzu ist außerhalb der laufenden Abrechnung eine Sonderrechnung für die betroffenen Perioden der Vergangenheit durchzuführen, wobei man dies auf wertmäßig bedeutsame Ausnahmefälle begrenzen sollte. In diesem Zusammenhang ist hervorzuheben, daß Verrechnungspreise nach Möglichkeit nicht auf Produktkosten, sondern vielmehr auf Produktmarktpreisen basieren sollten, soweit nicht für übergreifende Planungen auf Grenzkosten zurückgegriffen werden muß (die i.d.R. keine Abschreibungsanteile enthalten). In der Praxis gibt es jedoch Fälle, in denen keine wettbewerbsmäßig abgesicherten Marktpreise für zwischenbetrieblich ausgetauschte Leistungen existieren und dann auf die Produktkostenkalkulation zurückgegriffen werden muß (zu Verrechnungspreisen vgl. *Hahn*, 1985, S. 522 ff. sowie Teil IX, Kapitel 2.4).

Vielfach wird in der Praxis die kalkulatorische Abschreibungsverrechnung je Periode nach Ablauf der Nutzungsdauer ausgesetzt. Man vertritt hier den gerade kritisierten finanzwirtschaftlich untermauerten Standpunkt, daß die Anlagen inzwischen refinanziert sind und man daher am Absatzmarkt die Konkurrenzpreise in entsprechendem Umfang unterbieten kann. Ein derartiges Vorgehen ist nur in dem Ausnahmefall gerechtfertigt, in dem sich eine Unternehmung aus dem betreffenden Produktsektor vollständig zurückziehen will und das Produkt in der Auslaufphase noch als relativer Erfolgsträger herangezogen werden soll. Sofern sich eine Unternehmung jedoch nicht aus einem Produktmarkt zurückziehen will, ist eine Preisunterbietung in Höhe der – vielfach gewichtigen – Abschreibungskosten längerfristig in der Regel mit erheblichen Nachteilen verbunden. Es gelingt nur selten, ein einmal heruntergeschleustes Preisniveau wieder anzuheben, etwa mit dem Argument, daß modernisierte Produktionsanlagen neubeschafft werden müßten und nun infolge der wiedereinsetzenden Abschreibungsverrechnung die Vollkosten entsprechend höher seien. Eine derartige Vorgehensweise führt eine Unternehmung nach den Prinzipien der Marktwirtschaft in eine strukturelle Verlustsituation, die vielfach nur schwer wieder auszugleichen ist. Die Unternehmung sollte folglich auch bei Verwendung von Produktionsanlagen über deren ursprüngliche Nutzungszeit hinaus in der Kostenrechnung angemessene, d.h. dem jeweils erreichten technischen Leistungsniveau entsprechende und mit aktuellen Preisen bewertete Abschreibungen berücksichtigen.

Im Zusammenhang mit der Abschreibungsermittlung ergibt sich vor allem bei automatisierten Produktionssystemen die grundlegende Frage, wie die Anlagenobjektabgrenzung im Sinne der **Bildung von bilanziellen Anlageneinheiten** vorzunehmen ist. In größeren multifunktionalen Fertigungssystemen sind sehr verschiedenartige Einzelsysteme miteinander verbunden wie Antriebsaggregate, Arbeitsmaschinen, Handhabungsgeräte, Transporteinrichtungen, Steuerungscomputer, Fundamente und Installationen, die jeweils eine unterschiedliche technische Lebensdauer aufweisen können. Die Bestimmung der wirtschaftlichen Nutzungsdauer hängt nun davon ab,

- ob das **Produktionssystem** insgesamt als **eine Anlageneinheit** behandelt wird; für die Abschreibungsermittlung wäre dann von einer einheitlichen Nutzungsdauer auszugehen, oder
- ob die **einzelnen Komponenten** des Produktionssystems als **eigene Anlageneinheiten** aufgefaßt und aktiviert werden; der Abschreibungsermittlung wären dann die teilweise sehr unterschiedlichen individuellen wirtschaftlichen Nutzungsdauern zugrunde zu legen.

Für die Abgrenzung von Anlageneinheiten gibt es bisher keine objektivierbaren, d. h. allgemein anerkannte Kriterien. Praktiziert wird sowohl die Aufgliederung in Teilaggregate als auch deren Zusammenfassung zu einer übergreifenden Anlageneinheit in Form von flexiblen Fertigungssystemen oder verfahrenstechnischen Fertigungsverbunden etwa in der Chemie- oder Stahlindustrie.

Entscheidend für die Bildung einer umfassenden Anlageneinheit oder vieler unterschiedlicher Anlageneinheiten mit spezifischen technischen und wirtschaftlichen Nutzungsdauern sollte es sein, ob die Anlagenbestandteile einer individuellen Nutzung in der Unternehmung zugeführt werden können oder ob sie für die einzelne Unternehmung überwiegend nur im automatisch gesteuerten Produktions**verbund** wirtschaftlich einsatzfähig sind. Letzteres ist heute vielfach bei hochautomatisierten Produktionsstrukturen mit enger technischer Verzahnung der Einzelkomponenten festzustellen. Die für das Gesamtsystem anzusetzende Nutzungsdauer kann sich hierbei am schwächsten Glied der Kette ausrichten, d. h. das Teilaggregat mit der kürzesten Nutzungszeit kann für die Gesamtnutzungszeit des Fertigungssystems relevant sein, wenn etwa bei Ausfall dieser Teilanlage auch die Nutzung der übrigen Teilaggregate nicht mehr fortgeführt werden kann. Vorherrschend für die Nutzungsdauerbestimmung eines derartigen Fertigungssystems ist jedoch die wirtschaftliche **Vorhaltezeit der gesamten Technologie**, die in einem solchen automatisierten Fertigungssystem verankert ist, oder aber die Lebenszeit der hergestellten Produkte, soweit das Fertigungssystem nicht flexibel umstellbar ist auf eine veränderte oder neue Produktgeneration.

Soweit in der Praxis der Standpunkt vertreten wird, daß sowohl Fundamente und Gebäude als auch Produktionseinrichtungen (z. B. eines Stahlwerks) so spezifisch ausgelegt sind, daß mit dem Lebensende der Technologie etwa nach 10–15 Jahren oder aber mit einer grundlegenden Anlagenumstellung auf andere Produkte die gesamte kombinierte Produktionseinheit wirtschaftlich unbrauchbar wird, folgt daraus, daß in diesen Fällen auch Gebäude und Fundamente, die beispielsweise eine technische Haltbarkeit von 40–50 Jahren haben, bereits nach 10–15 Jahren ihren wirtschaftlichen Wert verlieren, da sie aufgrund ihres speziellen Zuschnitts für die Unterbringung von anderen Produktionsanlagen nicht geeignet sind. Hier ist es aus betriebswirtschaftlicher Sicht geboten, die gesamte Investitionssumme für das kombinierte Anlagengut als geschlossene Anlageneinheit zu behandeln und in 10–15 Jahren abzuschreiben. Mit der Abgrenzung der Anlageneinheit wird zugleich auch die **Differen-**

zierung zwischen **Abschreibungen und Instandhaltungskosten** vorgenommen, worauf in Kapitel 6.2.1.6 näher eingegangen wird.

Die Höhe der Periodenabschreibungen wird neben dem Abschreibungsausgangswert und der Nutzungsdauer schließlich von dem verwendeten **Abschreibungsverfahren** bestimmt. Durch das Abschreibungsverfahren wird festgelegt, in welcher Weise die Abschreibungssumme auf den Abschreibungszeitraum verteilt wird. Bei der in der Kostenrechnung allgemein üblichen **linearen** Abschreibung wird der Abschreibungsausgangsbetrag gleichmäßig, d. h. in konstanten jährlichen Raten, auf die Nutzungsdauer verteilt, was dem Normalisierungsstreben der Kostenrechnung gerecht wird. Die Höhe der Periodenabschreibung ergibt sich folglich aus dem Quotient von Abschreibungsausgangswert und Periodenanzahl.

Bei rein gebrauchsbedingtem Verschleiß von Anlagen werden in der Kostenrechnung teilweise auch **leistungsbezogene** Abschreibungen angesetzt. Dies erfordert zunächst eine Schätzung des Gesamtleistungsvolumens einer Anlage in Zeiteinheiten, Mengeneinheiten oder sonstigen Bezugsgrößen. Durch Division des Abschreibungsausgangswerts durch die Gesamtleistungsabgabeeinheiten erhält man den Abschreibungsbetrag pro Leistungseinheit. Dieser Quotient wird mit der Periodenleistung der Anlage multipliziert, um die Periodenabschreibungen zu ermitteln. Im Gegensatz zu den linearen Abschreibungen sind die leistungsbezogenen Periodenabschreibungen abhängig vom Beschäftigungsgrad der Periode.

In der externen Rechnungslegung findet man dagegen häufiger eine (geometrisch bzw. arithmetisch) **degressive** Abschreibung, die zu sinkenden Periodenabschreibungen im Zeitablauf führen (vgl. hierzu im einzelnen *Ballwieser*, 1991, S. 4 ff. mit dem dortigen Literaturüberblick).

6.2.1.2 Vorlaufkosten

Die **Vorlaufkosten** umfassen sämtliche immateriellen Vorleistungen, die im Vorfeld der Anlagennutzung erbracht werden müssen. Im einzelnen handelt es sich dabei um Kosten für

- Forschung und Entwicklung,
- Arbeitsvorbereitung (i.w.S.),
- Ingangsetzung sowie
- Personalaus- und -weiterbildung.

Vor allem bei automatisierten Produktionssystemen erlangen diese Vorlaufkostenarten eine der Hardware vergleichbare Größenordnung, so daß es für die Periodenerfolgsermittlung von großer Bedeutung ist, in welcher Weise deren Erfassung und Verrechnung erfolgt (vgl. zum folgenden *Laßmann*, 1984, S. 959 ff.; *Laßmann*, 1988, S. 223 ff.).

Soweit automatisierte Produktionssysteme ganz oder zu einem erheblichen Teil in einer Unternehmung selbst erstellt werden – oft im Zusammenhang mit der Erforschung und Entwicklung neuer Produkte –, entstehen vielfach nicht unbeträchtliche zusätzliche **Forschungs- und Entwicklungskosten** für das technische Verfahren und einzelne Hauptbestandteile des Produktionssystems. Hierbei handelt es sich um **selbsterstellte immaterielle Wirtschaftsgüter** in Gestalt des Verfahrens- und Konstruktions-Know-how. Bei **Fremdbezug** von Produktionsanlagen kann davon ausgegangen werden, daß auch Forschungs- und Entwicklungskosten des Herstellers mit dem Anschaffungspreis abgedeckt werden. Immaterielle Vorleistungen für Forschung und Entwicklung sind damit in dem zu aktivierenden Betrag (Abschreibungsausgangswert) im Jahresabschluß der erwerbenden Unternehmung enthalten. Bei **selbstentwickelten** Produkten und damit zusammenhängenden Produktionsverfahren und Anlagen stellen die Ergebnisse der Forschungs- und Entwicklungsaktivitäten in ihren wesentlichen Teilen **immaterielle Wirtschaftsgüter** dar, deren **Aktivierung** nach deutschem Steuer- und Handelsrecht grundsätzlich **unzulässig** ist. Aufwendungen für Forschung und Entwicklung gehen dann im Jahr der Entstehung in die Aufwandsrechnung ein, obwohl sie, ebenso wie der Herstellaufwand für die selbsterstellten materiellen Teile der Produktionsanlagen, zur Erstellung langfristig erfolgswirksamer Wirtschaftsgüter beitragen. Den Forschungs- und Entwicklungsanteil an den Herstellkosten dem „**Prinzip der Sofortabschreibung**" zu unterwerfen, führt zu erheblichen **Verfälschungen** bei der **Periodenerfolgsermittlung** und beim **Eigenkapitalausweis**.

Die Diskussion dieses Problems in der Literatur führte zu folgenden Lösungsvorschlägen:

1) Zulässigkeit der Aktivierung der zurechenbaren Herstellkosten bei konkret verwertbaren Forschungs- und Entwicklungsergebnissen.
2) Neuabgrenzung zwischen materiellen und immateriellen Wirtschaftsgütern nach betriebswirtschaftlichen, nicht nach juristischen Gesichtspunkten.
3) Zulässigkeit einer Bilanzierungshilfe, soweit den Ergebnissen von Forschungs- und Entwicklungsaktivitäten der Wirtschaftsgutcharakter abgesprochen wird.

Der deutsche Gesetzgeber hat ein entsprechendes nationales Wahlrecht bei der Umsetzung der 4. EG-Richtlinie in deutsches Recht nicht wahrgenommen und ist bei dem herrschenden Aktivierungsverbot von selbsterstellten immateriellen Wirtschaftsgütern des Anlagevermögens geblieben. Der Grund kann wohl nur in einer **Fehleinschätzung der Größenordnung** dieser Wirtschaftsgüter liegen, die mit zunehmender Automatisierung von Produktionsanlagen im Industriebetrieb weiter ansteigen dürften. Auch scheint eine **Fehlbeurteilung der Leistungsfähigkeit der heutigen Instrumente des Rechnungswesens** vorzuliegen, die eine angemessene Erfassung und Prüfung der Forschungs- und Entwicklungskosten sicherstellen kann.

Als zweite Gruppe immaterieller Vorleistungen sind die Kosten für **Arbeitsvorbereitungen** im weitesten Sinne zu nennen. Zwischen den Entwicklungsarbeiten und dem eigentlichen Anlaufen einer Produktionsanlage liegt ein aufwendiger Personal-, Computer- und Fremdleistungseinsatz, der erhebliche Vorlaufkosten verursacht. Es handelt sich dabei um Kosten für die Fertigungsorganisation und -ablaufplanung wie insbesondere

- die Erstellung von DV-Programmen für Leit- und Prozeßrechnung,
- die Erstellung von Stücklisten und die Durchführung von Zeitstudien,
- die Erstellung von Ablaufplänen für die Material- und Auftragssteuerung sowie für Zwischenlagerhaltung und Transportvorgänge,
- die Einrichtung eines Qualitätssicherungssystems sowie
- die Erstellung von Instandhaltungs- und Wartungsplänen sowie von Plänen zur Reserveteillagerhaltung.

Auch bei diesen Kosten ist ein Aktivierungsverbot nicht zu rechtfertigen, da es sich – ebenso wie die Hardware-Komponenten – um Leistungsergebnisse handelt, die in ständiger Wiederholung über viele Jahre hinweg eingesetzt werden. Aus betriebswirtschaftlicher Sicht sind sie den übrigen materiellen Bestandteilen des Produktionssystems gleichzusetzen und im Rahmen der Periodenerfolgsrechnung ebenso zu behandeln.

Die mit der **Ingangsetzung** des Produktionssystems verbundenen Aufwendungen bilden die dritte Vorlaufkostenart. Aufgrund des hohen Komplexitätsgrades automatisierter Systeme nehmen Probeläufe sowie die sich daraus ergebenden Neuabstimmungen und Mängelbeseitigungen vielfach mehrere Monate in Anspruch, bis die geplante Periodenleistung der Anlage erreicht wird. Auch die hier gewonnenen Erkenntnisse werden während der gesamten Lebensdauer einer Anlage genutzt, so daß ihnen ebenfalls der Charakter von langlebigen Wirtschaftsgütern zukommt.

Die vierte Vorlaufkostenart betrifft die **Schulung des Produktionspersonals**, die im Vorfeld der Anlageninbetriebnahme einmalig durchzuführen ist, um den Beschäftigten die zur Bedienung und Überwachung der automatisierten Anlagen erforderlichen Fähigkeiten zu vermitteln. Die im Rahmen dieser Qualifizierungsmaßnahmen erworbenen Fähigkeiten des Personals werden während der gesamten Anlagennutzungsdauer benötigt. Insofern wird auch hier eine Kosten- und Aufwandverrechnung im Jahr des Ausgabenanfalls dem Wesen dieser einmalig zu erbringenden Schulungsleistungen nicht gerecht.

Durch das Aktivierungsverbot für selbsterstellte immaterielle Wirtschaftsgüter werden hochwertige langlebige Wirtschaftsgüter, die am Gesamtwert von automatisierten Produktionssystemen einen erheblichen Anteil haben, im Jahresabschluß nicht erfaßt. Dies führt zur Bildung stiller Reserven und damit zu einem fehlerhaften Ausweis des Eigenkapitals. Dieser Fehler wird in den meisten Unternehmungen nicht dadurch geheilt, daß über viele Jahre hinweg in etwa gleich hohe Vorlaufkosten anfallen. Vielmehr zeigt sich, daß die Einführung neuer Produkte und der Aufbau neuer Produktionssysteme in den meisten Unternehmungen stoßweise erfolgen und die Anteile selbsterstellter Vorleistungen stärkeren Schwankungen unterliegen. Hinzu kommt, daß in vielen Industriebetrieben die Produktlebensdauer tendenziell kürzer wird, so daß auch aus dieser Sicht der notwendige Ausgleich aufgrund einer größeren Zahl von Projekten in annähernd gleicher Verteilung über die Zeit hinweg nicht zu erwarten ist. Es erscheint daher angebracht, die **Grenzziehung zwischen materiellen und immateriellen Wirtschaftsgütern zu überdenken**.

Betriebswirtschaftlich ist die erfolgsrechnerische Behandlung der hier erörterten immateriellen Vorleistungen bei automatisierten Produktionssystemen, die einer erfolgsversprechenden industriellen Nutzung zugeführt werden, nicht zu rechtfertigen. In der kalkulatorischen Erfolgsrechnung sind deshalb die genannten immateriellen Vorlaufkosten dem Abschreibungsausgangswert zuzurechnen und gemeinsam mit den Hardwarekosten der Anlage über deren Nutzungsdauer zu verteilen. Da sowohl die materiellen als auch die immateriellen Anlagenkosten eine unabdingbare Voraussetzung für die Nutzung von Produktionssystemen darstellen, handelt es sich dem Wesen nach um eine einzige Kostenart, die auf einheitliche Art und Weise in der Erfolgsrechnung zu berücksichtigen ist.

Allerdings wird bei dieser Vorgehensweise, die die Aussagedefizite des Jahresabschlusses innerhalb des internen Rechnungswesens aus betriebswirtschaftlicher Sicht auszugleichen vermag, der Unterschied zwischen den kalkulatorischen und den bilanziellen Monatsergebnissen weiter vergrößert. Um die Verständnisschwierigkeiten auftretender Ergebnisabweichungen zwischen interner und externer Rechnungslegung nicht noch zu verstärken, sollte auch in der Aufwand- und Ertragrechnung die Möglichkeit einer angemessenen Verteilung immaterieller Vorlaufleistungen auf die Perioden ihrer Inanspruchnahme geschaffen werden.

6.2.1.3 Instandhaltungskosten

In Kapitel 4.3.4 ist die Abgrenzung und Struktur der Instandhaltungskosten näher erläutert worden. Ist das Ziel der Abschreibungskosten die Verteilung der Investitionssumme auf die Zeit der Nutzung einer Anlage und die Verrechnung von entsprechenden Nutzungswerten in der Produktkalkulation, besteht das Ziel der Instandhaltungskostenverrechnung darin, die mit der Beseitigung der im Laufe der Zeit auftretenden Verschleißerscheinungen bei den Produktionsanlagen verursachten Kosten in der internen Erfolgsrechnung zu berücksichtigen. Instandhaltung wurde definiert als die Gesamtheit aller Maßnahmen zur Wahrung und Wiederherstellung der geforderten qualitativen und quantitativen Periodenkapazität von Produktionsanlagen. Aus Sicht der kalkulatorischen Erfolgsrechnung ist zu differenzieren zwischen periodisch wiederkehrenden und sporadisch zu erbringenden Instandhaltungsleistungen.

Die aus **periodisch wiederkehrenden Instandhaltungsleistungen** resultierenden Kosten fallen in einer in etwa gleichbleibenden Höhe an. Zugrunde liegen die Routine- und Wiederholtätigkeiten in Form von Inspektions-, Wartungs- und vorbeugenden Instandsetzungsmaßnahmen. Die Höhe dieser Kosten hängt allerdings zum Teil auch von der Nutzungsintensität und vom Alter der Produktionsanlagen ab. Mit Intensitätssteigerungen kann bei den Produktionsanlagen der Verschleiß zunehmen und damit auch ein höherer Wartungsbedarf entstehen. Es handelt sich in diesen Fällen um teilvariable Instandhaltungskosten. Bei einigen Anlagen ist auch aufgrund der Materialermüdung ein Zeitverschleiß zu beobachten, d.h. mit zunehmendem Alter sind umfangreichere Wartungs- und Instandhaltungsmaßnahmen mit entsprechend erhöhten Kosten durchzuführen. In diesen Fällen sind die laufenden Instandhaltungskosten nach einem **fixen**, über die Perioden gleichbleibenden Sockelbetrag und **maschinennutzungsabhängigen variablen** Kostenbestandteilen zu differenzieren. Dies wäre eine wichtige Aufgabe des operativen Anlageninformationssystems. Die Untersuchungen von *Kroesen* und anderen Autoren haben gezeigt, daß für laufende Instandhaltungsmaßnahmen 70% bis 90% der Tätigkeiten Wiederholaktivitäten sind, für die auch eine fundierte Kostenprognose und die Verwendung eines hinreichend genauen Plankostenansatzes möglich sind (vgl. im einzelnen *Kroesen*, 1983). Für die verbleibenden 10% bis 30% der laufenden Instandhaltungskosten sind anhand von statistischen Aufschreibungen Durchschnittswerte zu bilden und als kalkulatorische Kosten zu verrechnen (vgl. Kapitel 4.3.4.2).

Im Unterschied zu den laufenden Instandhaltungskosten sind sporadisch auftretende **Großreparaturmaßnahmen** kostenrechnerisch anders zu erfassen und zu verrechnen. Je Reparaturmaßnahme ist ein innerbetrieblicher Auftrag zu bilden und die zu erwartenden Kosten sind spezifiziert zu planen und anschließend in einer Auftragsabrechnung nach Istanfall zu erfassen, so daß eine Plan/Istgrößen-Überwachung durchgeführt werden kann (vgl. Kapitel 4.3.4.3). Eine Großreparatur ist beispielsweise die alle zwei bis drei Jahre vorkommende Neuzustellung eines Hochofens. Auch bei chemischen Großanlagen, Kraftwerken u. dergl. sind in größeren Zeitabständen anfallende Erneuerungsmaßnahmen durchzuführen. Prinzipiell handelt es sich in betriebswirtschaftlicher Sicht um partielle Ersatzinvestitionsmaßnahmen, die durch eine Ausgabenaktivierung und Verteilung des Betrages auf die Nutzungsdauer in Form von Abschreibungen bis zur nächsten Großmaßnahme zu berücksichtigen sind. In der Praxis hat sich jedoch eine derartige Handhabung nicht allgemein durchgesetzt. Vielmehr werden die Kosten, soweit sie auch unter steuerlichen Gesichtspunkten als Instandhaltungsaufwendungen und nicht als werterhöhende und damit zu aktivierende Modernisierungsmaßnahmen eingestuft werden, im Jahr des Anfalls als Aufwand ergebniswirksam verbucht. In der Kostenrechnung wird dagegen vielfach in Form der Budgetierung eine ratenweise kalkulatorische Verteilung über mehrere Perioden – betriebswirtschaftlich zweckgerechterweise bis zur Durchführung entsprechender Wiederholmaßnahmen – vorgesehen. Auch hier liegt wiederum eine wichtige Aufgabe des Anlageninformationssystems, die aus Großaufträgen gesammelten Ausgaben nach den Zielen der kurzfristigen Erfolgsrechnung auf die Nutzungsperioden zu verteilen. Dabei sollte von hinreichend genau vorkalkulierten und budgetierten Werten ausgegangen werden, um nicht Zufälligkeiten des Istausgabenanfalls in die Perioden- und die Produkterfolgsrechnung einfließen zu lassen.

6.2.1.4 Anlagenwagniskosten

In den Anlagenwagniskosten sollen sich sämtliche Wagnisse niederschlagen, die mit dem Einsatz von Betriebsmitteln verbunden sind. Soweit diese Wagnisse durch spezielle Versicherungen abgedeckt werden können (z.B. Feuer- und Diebstahlversicherungen), sind hier die entsprechenden Prämien anzusetzen. Vor allem in Produktionsbereichen, die überwiegend technisches Neuland beschreiten, wird es notwendig sein, Anlagenwagniskosten zu verrechnen. Die

Wagniskosten sollen die mit dem Einsatz von bisher noch nicht erprobten Produktionsanlagen zusammenhängenden Wagnisse/Risiken abdecken, wobei sich angesichts des beschleunigten Wandels der technischen und wirtschaftlichen Rahmenbedingungen die Schätzung der Nutzungsdauer einer Anlage als besonders risikohaft erweist. Aber auch das Risiko unerwartet hoher Ausfälle oder Wertminderungen von Anlagen können den Ansatz von Wagniskosten rechtfertigen.

Die Bemessung der Wagniskosten ist schwierig; sie erscheint jedoch zweckmäßig, um zu vermeiden, daß von vornherein zu kurze Nutzungsdauern im Zusammenhang mit den Abschreibungen als Risikoausgleich herangezogen werden. Das offene Verrechnen von Wagniskosten steigert die Transparenz in die bestehenden betriebswirtschaftlichen Zusammenhänge. Beim Einsatz von neuartigen Produktionsanlagen, über die noch keine oder geringe Erfahrungswerte bezüglich Ausfall und Wertminderungen vorliegen, können die Wagniskosten allerdings nur pauschal abgeleitet werden.

Der Ansatz von Wagniskosten erweist sich auch dann noch als zweckmäßig, wenn die Nutzungsdauerschätzung im internen Rechnungswesen extensiv vorgenommen wird und damit zu erwarten ist, daß neben zu kurzen Nutzungsdauerschätzungen auch zu lange Nutzungsdauerschätzungen vorkommen. Auf dem Wagniskonto könnten dann jeweils die entstehenden Kostendifferenzen aus den Fehleinschätzungen der Nutzungsdauer ausgewiesen werden.

6.2.1.5 Kalkulatorische Zinskosten

Zinskosten geben unabhängig von der Struktur der Eigen- und Fremdfinanzierung der Unternehmung eine Bewertung der Nutzung des im Anlagevermögen gebundenen Kapitals wieder. Eine exakte Ermittlung der Finanzmittelbindung in Produktionsanlagen ist nicht durchführbar. Es herrschen daher **zwei pauschale Schätzmethoden** für die Finanzmittelbindung je Einzelperiode (Monat, Jahr) vor: entweder geht man von den **kalkulatorischen Restbuchwerten** aus, d. h. also **volle Investitionssumme bzw. aktivierter Ausgangsbetrag minus bisher verrechnete Abschreibungen**, oder man legt für die Dauer der Nutzung einen **Durchschnittswert** in Höhe der **halben Investitionssumme bzw. des halben aktivierten Ausgangsbetrags** (50%- oder Durchschnittswert-Methode) zugrunde. Bei der erstgenannten Restbuchwertverzinsung wird unterstellt, daß in Höhe der verrechneten Abschreibungen Finanzmittel aus dem Umsatzprozeß zurückfließen und den Produktionsanlagen zugeordnet werden. An anderer Stelle wurde bereits ausgeführt, daß die Pay-off-Rechnung davon ausgeht, daß die **gesamten** Einzahlungsüberschüsse aus einem Investitionsobjekt zur Tilgung der ursprünglichen Investitionssumme verwendet werden. Die Bezugnahme auf die Nutzungsdauer – auch einer verändert geschätzten wirtschaftlichen Nutzungsdauer – geht dagegen davon aus, daß nur die den Abschreibungen entsprechenden **anteiligen** Erlösbeträge zur Tilgung des ursprünglich eingesetzten Kapitals verwendet werden und die übrigen Einzahlungsüberschüsse für andere Verwendungszwecke in der Unternehmung herangezogen oder aber als Gewinnanteile ausgeschüttet werden.

Die **Restbuchwertmethode** führt aus Sicht der kurzfristigen Erfolgsrechnung (insbesondere der Kalkulation) zu dem Nachteil, daß in den ersten Jahren der Nutzung von einer relativ hohen Kapitalbindung ausgegangen wird, die dann im Laufe der Zeit bis gegen Ende der Nutzung immer stärker absinkt. Wird ein konstanter Zinssatz, der in der Praxis meist zwischen 6% und 10% liegt, zugrunde gelegt, dann wird bei Neuanlagen zunächst in der internen Erfolgsrechnung ein wesentlich höherer Zinskostenbetrag verrechnet als gegen Ende der Nutzungszeit. Dies führt bei kapitalintensiven Produktionsanlagen dann zu einer periodenunterschiedlichen Zinskostenbelastung der kalkulatorischen Betriebs- und Produktergebnisse, wenn Unternehmungen sehr schnell wachsen bzw. in sehr vielen Produktsparten tätig sind und dort nur alle 5–10 Jahre Großinvestitionen vornehmen.

Handelt es sich dagegen um Unternehmungen mit vielen Produktionsstufen, die an der Herstellung des Produktspektrums mitwirken, so ist davon auszugehen, daß im Laufe der Zeit jeweils in verschiedenen Produktionsstufen Ersatz-, Neu- und Erweiterungsinvestitionen durchgeführt werden. Über die Gesamtunternehmung hinweg führt dies bei einem nicht gerade sprunghaften Wachstum dann zu einer insgesamt investierten Kapitalsumme, die zwischen 40% und 60% der Neuwerte aller Investitionen liegt. Dies resultiert daraus, daß in den einzelnen Zeiträumen jeweils in den verschiedenen Produktionsstufen Neuanlagen installiert werden, d.h. daß in der Unternehmung eine Mischung aus sehr alten, älteren, weniger alten und neuen Produktionsanlagen entsteht und daraus über alle Produktionsstufen hinweg eine in etwa gleichhohe Kapitalbindung resultiert; daraus folgt auch für die Produkte eine über die Zeit hinweg in etwa konstante Zinskostenverrechnung. Eine derartige Situation trifft man z.B. in der chemischen Grundstoffindustrie und in der Stahlindustrie an. In diesen Industriezweigen sind vielstufige Produktionsprozesse mit anlagenintensiven Teilbereichen zu verzeichnen, bei denen die aus dem Cash-flow stammenden Investitionsmittel jeweils in unterschiedlichen Produktionsstufen wieder eingesetzt werden. Bei dieser Ausgangssituation kann durchaus mit der Zinskostenermittlung auf Basis der Anlagenrestwerte ein vertretbares kalkulatorisches Ergebnis ermittelt werden.

Ist allerdings eine über die Gesamtunternehmung hinweg ausgeglichene Struktur von unterschiedlich alten Produktionsanlagen in der skizzierten Weise nicht gegeben, dann sollte die **50%-Methode** angewendet werden. Hierbei wird über die gesamte wirtschaftliche Nutzungszeit einer Produktionsanlage von einer fiktiven Kapitalbindung in Höhe von 50% der ursprünglichen Investitionssumme bzw. des Aktivierungsbetrags ausgegangen. Die jeweilige Investitionssumme kann, ähnlich wie bei den Abschreibungen erläutert, auf Tagespreisbasis umgerechnet werden, wenn dabei auch die Technologieveränderungen angemessen berücksichtigt werden. Die Zinskosten einer Periode ergeben sich dann aus dem Produkt von kalkulatorischem Zinskostensatz und der halben aktuell bewerteten (aktivierten) Investitionssumme. Eine entsprechende Ermittlung von Zinskosten ist auch für die vielfach nicht aktivierten anlagenbezogenen Vorlaufausgaben durchzuführen: 50% der Vorlaufausgaben mal Zinskostensatz = kalkulatorische Zinskosten der Periode für die immateriellen Vorleistungen.

Der in der Literatur teilweise vorgebrachte Einwand, man müsse in der Kostenrechnung zwischen Eigenkapital- und Fremdkapitalfinanzierung differenzieren und sollte nur für die Fremdkapitalanteile Zinskosten ansetzen, erweist sich als wenig hilfreich und führt auch nicht zu verbesserter Transparenz der Ergebnissituation der Unternehmung. Unbestritten ist, daß es sich bei den auf Eigenkapitalanteile verrechneten Zinskosten um Gewinnanteile handelt. Aber auch in der Investitionsrechnung werden der interne Zins und der Kapitalwert so berechnet, daß bei einem positiven Kapitalwert der ausgewiesene Betrag den Überschuß angibt, der bei einer Investition über die kalkulatorische Verzinsung des gesamten eingesetzten Kapitals hinaus entsteht. Für die Interpretation des kalkulatorischen Betriebs- und Produktergebnisses resultieren aus dieser Art der Ermittlung der Zinskosten keinerlei Schwierigkeiten. Die Differenz zwischen dem als Gewinn zu bezeichnenden Zinskostenanteil auf Eigenkapital und den Zinskosten auf Fremdkapital wird in der Ergebnisüberleitung zwischen kalkulatorischem Betriebsergebnis und GuV-Ergebnis erkennbar gemacht. Eine Aufteilung der Kapitalbindung je Produktionsanlage nach eigen- und fremdfinanzierten Anteilen könnte nur ohne jede empirische Grundlage erfolgen und wäre daher eine zusätzliche rechnerische Fiktion.

Bei der üblichen Zinskostenermittlung auf die durchschnittliche Kapitalbindung besagt ein kalkulatorisches Betriebsergebnis von Null ceteris paribus, daß bei einem auch für die Fremdfinanzierung ausreichend angesetzten Zinskostensatz das Eigenkapital entsprechend verzinst wird, d.h z.B. auch eine entsprechende Dividende ausgeschüttet werden könnte und damit in die Kostenermittlung eine Opportunitätskostenverrechnung in Höhe des aus einer anderweitigen Finanzinvestition entgangenen Gewinns eingegangen ist. Betriebswirtschaftlich kommt es darauf an, daß man sich dieser Definition der Zinskosten bewußt ist und damit auch in den Ergebnisanalysen zu entsprechenden Aussagen gelangen kann. Eine Änderung dieser in der Praxis vorherrschenden Konvention trägt nicht zur Verbesserung der wirtschaftlichen Transparenz bei. Aus der Sicht der **Produktkalkulation** ergibt sich bei dieser Vorgehensweise zudem der Vorteil, daß auch über die Unternehmungsgrenzen hinweg unabhängig von der mehr oder minder zufälligen Finanzstruktur einer Unternehmung methodisch und inhaltlich vergleichbare Kostenkalkulationen vorgenommen werden; bei einer Vollkostenproduktkalkulation wird dabei die der Kapitalmarktverzinsung entsprechende Eigenkapitalverzinsung angemessen berücksichtigt.

Die Zinskosten gehören ebenso wie lineare Periodenabschreibungen zu den **Bereitschaftskosten**, die gegenüber Beschäftigungsschwankungen invariant sind, d.h. sie bilden einen **wichtigen Teil der Fixkosten** bei kurz- und mittelfristigen Zeithorizonten. Ihr Ausweis erfolgt periodenbezogen in den Betrieben bzw. Kostenstellen in voller Höhe, während die Verrechnung auf die Produkte nach Nutz- und Leerkostenanteilen zu differenzieren ist. Bei der Produktkalkulation ist die erwartete oder die der vollen Kapazitätsnutzung entsprechende Beschäftigung zugrunde zu legen und auf dieser Basis der kalkulatorische Abschreibungs- und Zinskostensatz – das gleiche gilt für fixe Instandhaltungs- und Vorlaufkostenanteile – zu verrechnen (vgl. Teil III, Kapitel 4).

Aus den in den Kostenstellen bzw. Betrieben verbleibenden Beschäftigungsabweichungen kann man dann die Erfolgsauswirkungen einer nicht vollen Kapazitätsausnutzung oder auch einer Überschreitung der Kapazitätsgrenzen feststellen. Hier liegen die wesentlichen Ansatzpunkte für eine **Nutz- und Leerkostenanalyse** als weitere wichtige Aufgabe eines Anlageninformationssystems in seinem operativen Bereich mit Auswirkungen auf den strategischen Teil. So kann infolge einer andauernden Unterausnutzung von Anlagenkapazitäten die Beschäftigungsabweichung bzw. der Leerkostenausweis den Anstoß zu Desinvestitionsüberlegungen (Kapazitätsanpassungen) geben.

6.2.1.6 Zusammenhänge zwischen Abschreibungen, Vorlaufkosten, Instandhaltungskosten und Zinskosten

Aufgrund der dargestellten Ermittlungsmethoden bestehen sehr enge Interdependenzen zwischen Abschreibungen, Vorlauf-, Instandhaltungs-, Zins- und Wagniskosten. Grundsätzlich sollten diese Kostenarten daher stets im Zusammenhang gesehen und als „**Anlagenkosten**" übergreifend erfaßt und verrechnet werden.

Bei der Unterscheidung zwischen Abschreibungen und Vorlaufkosten wurde schon darauf hingewiesen, daß es sich grundsätzlich um wesensmäßig gleiche Kostenarten handelt und es lediglich aus der bisherigen bilanziellen Gepflogenheit, daß selbsterstellte immaterielle Wirtschaftsgüter nicht aktiviert werden dürfen, zu dieser Aufgliederung kommt. In der Buchhaltung wird der Anlagenkostenausweis dadurch stark verfälscht, daß die vielfach beträchtlichen Ausgaben für immaterielle selbsterstellte Wirtschaftsgüter im Jahre des Anfalls ergebniswirksam verbucht werden. Dies zeigt sich z.B. deutlich in den Bilanzen der Automobilindustrie, bei denen in den Jahren des Modellwechsels häufig trotz Hochkonjunktur und günstiger Absatzbedingungen nur geringe Gewinne oder sogar Verluste ausgewiesen werden, da die Entwicklungs-, Arbeitsvorbereitungs- und Ingangsetzungsausgaben nicht aktiviert werden (dürfen). Diese Praxis kann vermutlich auf Dauer nicht beibehalten werden, da mit zunehmender Automatisierung die relativen Wertanteile der Hardware immer stärker abnehmen und die immateriellen Güter ein relatives Ausgabenübergewicht verursachen. Bei hochautomatisierten Produktionsanlagen sind in vielen Fällen das Entwicklungs- und Bedienungs-Know-how, die Computerprogramme, Funktionsabstimmungen einschließlich Probeläufe und dergl. als höherwertige Güter gegenüber der Hardware des Anlagevermögens einer Unternehmung zu betrachten.

In der Kostenrechnung sollte daher diese betriebswirtschaftlich fehlerhafte Vorgehensweise der externen Erfolgsrechnung nicht weiterhin übernommen werden. Vorlaufkosten sollten auf jeden Fall intern aktiviert und auch nicht (mehr) als eigenständige kalkulatorische Kostenart neben den Abschreibungen angesetzt werden. Wesensmäßig handelt es sich um ein und dieselbe Kostenart, die auf Basis der gesamten Investitionssumme der Wirtschaftlichkeitsrechnung als linear oder leistungsabhängig periodisierte Investitionsprojekt-Gesamtabschreibung zu behandeln ist. Damit wird wiederum die umfassende und übergreifende Bedeutung eines Anlageninformationssystems erkennbar.

Infolge der mangelnden Eindeutigkeit bei der Bildung von Anlageneinheiten kommt es zu **Überschneidungen zwischen den Instandhaltungs- und Abschreibungskosten**. Dies wurde bei der Behandlung der Abschreibungen bereits kurz erläutert. Bei einer engen Abgrenzung von Anlageneinheiten wird die Auffassung vertreten, daß die einzelnen Komponenten bspw. eines flexiblen Fertigungssystems jeweils eigene Anlageneinheiten bilden. Im Falle des Austauschs einer solchen Komponente (z. B. ganzer Antriebsaggregate, Steuerungseinrichtungen u. dergl.) liegt somit eine Ersatzinvestition vor, die zu aktivieren und über die individuelle wirtschaftliche Nutzungsdauer abzuschreiben ist. Der Instandhaltungsaufwand wird demzufolge vergleichsweise gering ausfallen. Betrachtet man das flexible Fertigungssystem hingegen insgesamt als eine Anlageneinheit (weite Abgrenzung), so stellt der Austausch einer Anlagenkomponente Instandhaltungsaufwand zur Erhaltung der Betriebsbereitschaft dar, der jeweils im Jahre des Anfalls in voller Höhe ergebniswirksam verrechnet wird. Da der Ergebnisausweis in Einzelperioden sprunghaft erhöht bzw. erniedrigt wird, folgt daraus eine Verzerrung der periodischen Erfolgsermittlung.

Häufig werden, wie in Kapitel 4.1.3 näher erläutert, im Zuge von Instandhaltungsmaßnahmen auch **Modernisierungsmaßnahmen** vorgenommen, d.h die qualitative oder quantitative Periodenkapazität von Produktionsanlagen wird verändert. Möglicherweise wird es sich dabei um Anpassungsmaßnahmen bei eingetretenem technischen Fortschritt handeln; es kann aber auch eine Verminderung der qualitativen und/oder quantitativen Periodenkapazität angestrebt werden, wenn sich dies für die Produktion des jeweiligen Produktprogramms als ausreichend erweist. Bewirkt eine technische Verbesserungsmaßnahme an einer Produktionsanlage eine grundlegende Wertsteigerung, so ist aus steuerlicher und handelsrechtlicher Sicht die Aktivierung der angefallenen Modernisierungsausgaben vorgeschrieben. In der Praxis gibt es allerdings weitreichende **Überschneidungen zwischen Instandhaltungs- und Modernisierungsmaßnahmen**. Modernisierungen werden im Zuge von Instandhaltungsmaßnahmen durchgeführt, wenn an die Stelle eines ausgefallenen Anlagenbauteils ein technisch verändertes tritt. In diesen Fällen ist eine Trennung zwischen Instandhaltungs- und Modernisierungskostenanteilen außerordentlich schwierig. Aus Gründen der bilanziellen und steuerlichen Ergebnisgestaltung herrscht in der Praxis der Modus vor, möglichst alle entstehenden Ausgaben im Jahre des Anfalls ergebniswirksam zu verbuchen. Dies gilt insbesondere für ertragsgünstige Zeiten. Die Interessenlage kann dann eine andere sein, wenn eine Unternehmung in einer Verlustsituation ist und durch die Aktivierung von Modernisierungsaufwendungen zum Ergebnisausgleich beigetragen werden kann. Hier liegt ein Feld mit erheblichem bilanziellen Ermessens- und Gestaltungsspielraum, aber auch mit einem wesentlichen Ansatzpunkt für Verhandlungen mit der steuerlichen Betriebsprüfung. In der kalkulatorischen Rechnung sollten stoßweise Kostenverrechnungen vermieden und eine kalkulatorische Verteilung von Modernisierungsausgaben auf die Vorhalte- bzw. Nutzungszeit vorgenommen werden.

Im Zusammenhang mit Instandhaltungs- und Abschreibungskosten ist auch darauf hinzuweisen, daß häufig Anlagen, die weit über die ursprüngliche Nutzungsdauer hinweg genutzt werden, nur noch mit entsprechend erhöhten Instandhaltungskosten verwendbar sind, weil die Verschleißauswirkungen bei Überalterung zunehmen. In diesen Fällen ist ein weiterer Zusammenhang zwischen Abschreibungen und Instandhaltungskosten festzustellen. Man kann dann betriebswirtschaftlich eine Abschreibung über Null mit Indizierung nach der Preisindexmethode plus den entstehenden erhöhten Instandhaltungskosten nicht mehr rechtfertigen. Nach Untersuchungen in der Praxis können hierbei in manchen Fällen die **Instandhaltungskosten voll an die Stelle der Abschreibungen treten**, da damit eine ausreichende kostenmäßige Berücksichtigung der Anlagennutzung erreicht wird. Hier wird deutlich, daß die erörterten Elemente der Anlagenkosten als interdependente Größen zu betrachten sind und nach der Zielsetzung der periodischen Erfolgsermittlung aufeinander abgestimmte Kostenerfassungen und -verrechnungen zu erfolgen haben. In vielen Unternehmungen werden heute noch Abschreibungen, Wagniskosten, Instandhaltungskosten und Zinskosten völlig getrennt und ohne gegenseitige Abstimmung nach pauschalen Methoden verrechnet. Eine derartige rein kumulative Vorgehensweise kann zu sehr fehlerhaften Kostenansätzen führen. Dabei wird andererseits der Ansatz von kalkulatorischen Vorlaufkosten vielfach noch völlig vernachlässigt.

Auch die **Zinskosten** sind stark von den aktivierten bzw. insgesamt entstandenen Investitionssummen und den zugrundegelegten Nutzungsdauern abhängig (soweit nicht die 50%-Methode für den Ansatz der Finanzmittelbindung angewendet wird). Hier liegt eine bedeutsame Aufgabe des Anlageninformationssystems, diese Interdependenzen offenzulegen und die verschiedenen Anlagenkostenarten im Zusammenhang transparent zu machen. Nur auf dieser Basis kann ein zielgerichtetes und **effizientes Anlagencontrolling** durchgeführt werden.

Aus diesen Überlegungen wird auch deutlich, wie bedeutsam eine übergreifende Behandlung von strategischen und operativen Aufgabenbereichen in einem (integrativen) Anlageninformationssystem ist. Hier sind vor allem die DV-Software-Hersteller aufgefordert, sich dieser umfassenden und komplexen Aufgabenstellung anzunehmen und Lösungen vergleichbar zu Personalinformationssystemen zu entwickeln.

6.2.2 Indirekte Anlagenkosten

Mit dem Einsatz von Produktionsanlagen ist die Entstehung von Betriebsstoffverbrauchskosten (insbesondere Energiekosten, Kosten des Werkzeugverschleißes), Umstell- und Umrüstkosten einschließlich entgangener Deckungsbeiträge durch Stillstand und Nutzungsnebenzeiten, Abfall- und Ausschußkosten sowie von Kosten für das Bedienungs- und Überwachungspersonal verbunden. Da die Beschaffenheit einer Anlage die Höhe dieser Kostenarten in wesentlichem Umfang beeinflußt, werden sie als **indirekte Anlagenkosten** bezeichnet. Wenngleich diese indirekten Anlagenkosten gleichzeitig auch in

Informationssystemen für andere Kostenarten, etwa den Personal-, Material- und Logistikkostensystemen, erfaßt werden, sollten sie dennoch in einem Anlageninformationssystem **nachrichtlich** mit enthalten sein, soweit ihnen ein bedeutsames Gewicht zukommt. Dabei sind nach Möglichkeit die wesentlichen Bestimmungsgrößen und Abhängigkeiten in Form von (multivariaten) Kosteneinflußgrößenfunktionen anzugeben. Aus den Analysen in der laufenden Plankostenrechnung sind in bestimmten Zeitabständen (Quartalen oder Halbjahren) die wichtigsten Kostenkennziffern zu entnehmen, so daß im Laufe der Zeit entstehende wirtschaftliche Schwachstellen oder auch günstige Veränderungen erkennbar werden. Insbesondere für Ersatzinvestitionsüberlegungen müssen nicht nur die direkten, sondern auch die indirekten Anlagenkosten herangezogen werden, um Investitionsalternativen mit unterschiedlichem Material-, Personal-, Instandhaltungsbedarf u. dergl. wirtschaftlich vergleichen und beurteilen zu können. Will das Anlageninformationssystem den Anforderungen einer umfassenden Informationsbasis für anlagenbezogene Entscheidungen gerecht werden, so sind darin auch die mittelbar durch Anlagen beeinflußten Kosten sowie die mit dem Vorhalten von Anlagen verbundenen Steuern aufzunehmen.

6.3 Anlagenleistungs-Kennzahlen

Neben Kostengrößen sind für die betriebswirtschaftliche Dokumentation und Analyse im Anlagenbereich Leistungskennzahlen von großer Bedeutung. In einem Anlageninformationssystem sind daher technisch-wirtschaftliche Kennzahlen über Kapazität, Leistung, Produktionsqualität, Ausschußanteile, Anlagenverfügbarkeit bzw. Relationen zwischen Nutzungshaupt-, -neben- und Stillstandszeiten, Reparaturanfälligkeiten bzw. Instandhaltungskennzahlen insbesondere für Schwachstellenanalysen (vgl. Kapitel 4.3.3.2), Energiewirkungsgrade, Werkzeugverschleißkoeffizienten und ähnliche Kennzahlen aufzunehmen. Ergänzend zur Darstellung der Hauptkostenarten werden damit zugleich die Hauptursachen der Kostenentstehung und qualitativen sowie quantitativen Leistungsabgabe der Produktionsanlagen transparent gehalten.

Anlagenkennzahlen dienen vor allem der Unterstützung und Kontrolle von Entscheidungen, die den Anlageneinsatz betreffen. Dabei wird im wesentlichen auf **Zeitgrößen** abgestellt, aus denen Nutzungs-, Bereitstellungs- und Beschäftigungsgrade abgeleitet werden können. Je nach Zustand der Anlage kann man drei verschiedene Zeitarten unterscheiden (vgl. *REFA*, 1978, S. 28 ff.; *Kaiser*, 1991, S. 138 ff.):

- Stillstand,
- Betriebsbereitschaft und
- Nutzung.

Hieraus ableitbare Anlagenkennzahlen können prinzipiell für jede einzelne Anlage oder für Anlagengruppen gebildet werden. Die Untergliederung nach verschiedenen Zeitarten verdeutlicht die wirtschaftliche Situation des

Anlageneinsatzes. Die Anteile der jeweiligen Zeitarten an der Gesamtzeit zeigen – vor allem in ihrer historischen Entwicklung – Schwachstellen beim Anlageneinsatz sowie ggf. Anknüpfungspunkte für eine verbesserte Potentialfaktornutzung auf. Probleme und Vorgehensweise bei der Ermittlung der Kapazität sowie der Kapazitätsnutzung wurden bereits in Kapitel 2.2.2 behandelt.

Besonders im Bereich der Instandhaltung spielen Kennzahlen zur Steuerung und Überwachung der Instandhaltungsaktivitäten eine zentrale Rolle. In

---

1) Kennzahlen für die Leistungsfähigkeit der Instandhaltung und zur Kostenstruktur

$$\text{I+R - Kostenanteil} = \frac{\text{I+R - Kosten}}{\text{Produktionsgesamtkosten}} \; \%$$

$$\text{Materialkostenanteil} = \frac{\text{I+R - Materialkosten}}{\text{I+R - Gesamtkosten}} \; \%$$

$$\text{Fremdarbeitsanteil} = \frac{\text{I+R - Fremdarbeitskosten}}{\text{I+R - Gesamtkosten}} \; \%$$

$$\text{Personalkostenanteil} = \frac{\text{I+R - Personalkosten}}{\text{I+R - Gesamtkosten}} \; \%$$

$$\text{I+R - Intensität (d. Anlageneinheit)} = \frac{\text{I+R - Kosten}}{\text{Wiederbeschaffungswert}} \; \%$$

$$\text{Störquote (d. Anlageneinheit)} = \frac{\text{störungsbed. Produktionsausfallzeit}}{\text{verfügbare Produktionszeit}} \; \%$$

$$\text{I+R - Effektivität} = \frac{\text{I+R - Zeiten}}{\text{verfügbare Produktionszeit}} \; \%$$

Schaubild VIII.54. Kennzahlen in der Instandhaltung (in Anlehnung an *Winck*, 1988, 205)

2) Kennzahlen für die Schwachstellenanalyse der Anlagen

$$\text{I+R - Quotient} = \frac{\text{Ist - I+R - Kosten}}{\text{Soll - I+R - Kosten}} \, \%$$

$$\text{Schadensquotient} = \frac{\text{effektive Schadensrate}}{\text{Normalschadensrate}} \, \%$$

$$\text{Mehrarbeitsanteil} = \frac{\text{I+R - Mehrarbeitsstunden}}{\text{I+R - Gesamtarbeitsstunden}} \, \%$$

3) Kennzahlen der Aufbauorganisation

$$\text{Führungsdichte} = \frac{\text{Leitungspersonal}}{\text{Zahl der Mitarbeiter}} \, \%$$

$$\text{Aufsichtsdichte} = \frac{\text{Anzahl Meister}}{\text{Vorarbeiter und Lohnempfänger}} \, \%$$

$$\text{I+R - Personalquote} = \frac{\text{I+R - Belegschaft}}{\text{Gesamtbelegschaft}} \, \%$$

Schaubild VIII.54. (2)

Schaubild VIII.54 sind beispielhaft einige wesentliche Kennzahlen zur Instandhaltung dargestellt (vgl. hierzu ausführlich *Biedermann*, 1988, S. 305 ff.; *Biedermann*, 1990, S. 213 ff.; *Amon*, 1991, S. 16 ff.).

Während die **I+R-Intensität** sowie die **Störquote** eine instandhaltungsorientierte Beurteilung von Produktionsanlagen ermöglichen, stellen die **I+R-**

Effektivität sowie der **I+R-Koeffizient** auf die Leistungsfähigkeit der Instandhaltung an sich ab. Die Kennzahlen zur **Instandhaltungskostenstruktur** gewinnen insbesondere in ihrer zeitlichen Entwicklung an Aussagekraft. Die Kennzahlen zur **Schwachstellenanalyse** zielen auf eine Identifizierung und Beseitigung von Schwachstellen in der Instandhaltung ab. Der Bedarf und die Prioritäten der Instandhaltungsaktivitäten werden sichtbar, so daß die Ergebnisse der Schwachstellenanalyse eine wesentliche Basis für die Planung der Instandhaltungsleistungen und somit der bedarfsgerechten Instandhaltungskostenbudgetierung darstellen. Aufsichtsdichte und die I+R-Personalquote geben wichtige Aufschlüsse im Hinblick auf die **Leistungsfähigkeit der Instandhaltungsorganisation**. Hier kann ein Handlungsbedarf vor allem durch Betriebsvergleiche sichtbar werden.

6.4 Integrationen zwischen Anlageninformationssystem und technischem Prozeßinformationssystem im Rahmen von CIM

Schaubild VIII.55 gibt einen zusammenfassenden Überblick über die wichtigsten Aufgabenfelder und Kerninformationen eines Anlageninformationssystems.

Wie deutlich zu erkennen ist, geht der Umfang des hier dargestellten Anlageninformationssystems weit über die Aufgaben der Anlagenbuchhaltung hinaus, wie sie üblicherweise in der Literatur dargestellt werden. Es wurde einleitend bereits darauf hingewiesen, daß aufgrund der engen Interdependenzen zwischen anlagenbezogenen Entscheidungen und den produktions- bzw. prozeßbezogenen Entscheidungen eine Integration beider Planungsbereiche im Rahmen eines integrierten Anlageninformationssystems erforderlich ist. Die engen wechselseitigen Abhängigkeiten zwischen der Anlagennutzung und der Produktion machen eine DV-technische Verknüpfung der technisch-betriebswirtschaftlichen Informationskreise im Rahmen von CIM-Konzepten notwendig. Vor allem technische Daten wie Kapazitäts- oder Leistungswerte einzelner Anlagen stellen wesentliche Basisinformationen von PPS-Systemen dar. Bspw. setzten die auftragsorientierte Terminplanung und die periodenbezogene Kapazitätsbelegungsplanung die Kenntnis der verfügbaren Periodenkapazitäten der einzelnen Anlagen unter Berücksichtigung der geplanten Instandhaltungsaktivitäten voraus (vgl. Teil VI, Kapitel 1.1).

Die Integration des Anlageninformationssystems mit dem eher technisch orientierten Prozeßinformationssystem stellt für die Softwareentwicklung in Zukunft ein wesentliches Aufgabenfeld dar, da bisher überwiegend Insellösungen für einzelne technische und wirtschaftliche Aufgabenfelder existieren.

Kennzahlen der Anlagenwirtschaft bilden Bestandteile einerseits des operativen Prozeßcontrolling (vgl. Teil IX, Kapitel 4), andererseits des Kennzahlensystems des Produktionsbereiches insgesamt (vgl. Teil IX, Kapitel 5.2 und Kapitel 5.3).

Aufgabenfelder	Kerninformationen
1. Strategische Aufgabenfelder	
Investitionsplanung/-wirtschaftlichkeitsrechnung Langfristkalkulation	Investitionssumme/Vorlaufausgaben, wirtschaftliche Nutzungszeit, durchschnittliche Produktionsstückzahl pro Periode, Kapitalwert, Interner Zinsfuß, Pay-off-Periode; Produkt-/Auftragsvollkosten und -ergebnis, kostenorientierte Preisgrenzen, Einzel-/Gemeinkostenanteile, Primärkosten
Layout-Kosten-/Nutzenrechnung	Transportkosten/-intensitäten, Zwischenlagerkosten, Standortwechselkosten (und Haupteinflußgrößen dieser Kosten)
Instandhaltungskosten-/-leistungsrechnung, Budgetierung	Instandhaltungs(voll)kosten, Fremdleistungskosten Instandhaltungsverrechnungspreise, Instandhaltungsbudgets
Kostenanalysen nach Strategievarianten zur Bestimmung von fixen und variablen Kostenkomponenten nach relevanten kurz- und mittelfristigen Einflußgrößenvariationen	Fixkostenanteile, variable Kostenanteile in Abhängigkeit von relevanten Kosteneinflußgrößenveränderungen (insb. aufgrund von Entscheidungen über Investitionen, Layout-Gestaltung und Instandhaltungskapazitäten/-strategien), Leer- und Nutzkostenaufteilungen für Anlagenfixkosten
2. Operative Aufgabenfelder	
begleitende Wirtschaftlichkeits(nach)rechnungen mit Plan-/Ist-Vergleichen gegenüber der strategischen Investitionsplanung	aktualisierte Werte für Investitionssumme/Vorlaufausgaben, wirtschaftliche Nutzungszeit, Kapitalwert, Interner Zinsfuß, Pay-off-Periode; Plan-/Ist-Abweichungsanalyse nach Ursachen/ Verantwortlichkeiten
aktualisierte Langfrist(begleit)kalkulationen	aktualisierte Auftragsvollkosten und -ergebnisse sowie -preisgrenzen
Anlagenbuchhaltung	aktivierte Anschaffungs-/Herstellausgaben je Investitionsobjekt bzw. Anlageneinheit; Abschreibungsdauer und -verfahren, Restwerte
Anlagenkosten- und -leistungsrechnung, periodische und Stück-/Auftrags-Erfolgsrechnung	<u>direkte Anlagenkosten</u>: kalkulatorische Abschreibungen, periodisierte Vorlaufausgaben, Wagniskosten, Zinskosten, Instandhaltungskosten, Modernisierungskosten <u>indirekte Anlagenkosten</u>: Betriebsstoffverbrauchskosten, Werkzeugverschleißkosten, Umrüstkosten, Ausschußkosten/Abfallkosten, Bedienungs- und Überwachungskosten
Anlagenkennzahlenrechnung und betriebswirtschaftliche Anlagenberichterstattung	Anlagenleistungs-Kennzahlen, Kapazitätsgrenzen, -auslastungen, Instandhaltungskennzahlen

Schaubild VIII.55. Betriebswirtschaftliche Aufgabenfelder und Kerninformationen eines Anlageninformationssystems

Literaturverzeichnis

Adam, D.: Produktionsdurchführungsplanung, in: Industriebetriebslehre, Hrsg. H. Jacob, 2. Aufl., Wiesbaden 1983, S. 647 ff.
Adolphi, G. und *H. V. Adolphi*: Grundzüge der Verfahrenstechnik, Leipzig 1974.
AEG-Telefunken (Hrsg.): Logistat CP 80 – Leittechnik, Seligenstadt 1984.
Aggteleky, B.: Fabrikplanung, Bd. 1: Grundlagen – Zielplanung, Vorarbeiten, Unternehmerische und systemtechnische Aspekte, München und Wien 1981.
–: Fabrikplanung, Bd. 2: Betriebsanalyse und Feasibility-Studie, München und Wien 1982.
–: Fabrikplanung, Bd. 3: Ausführungsplanung und Projektmanagement in der Realisationsphase, München und Wien 1990.
Agthe, K., Blohm, H. und *E. Schnaufer* (Hrsg.): Industrielle Produktion, Baden-Baden und Bad Homburg v.d.H. 1967.
Albach, H. (Hrsg.): Kostenrechnung der beruflichen Bildung, Wiesbaden 1978.
Alewell, K.: Einführung in die Absatzwirtschaft, Gießen 1991.
Alewell, K. und *D. Hahn*: Mitbestimmung leitender Angestellter, in: ZfB, 42, 1972, S. 871 ff.
Amon, M.: Instandhaltungs-Controlling mit Kennzahlen, in: REFA-Nachrichten, 44, 1991, Heft 1, S. 16 ff.
Aneke, N. A. G. und *A. S. Carrie*: A comprehensive flowline classification scheme, in: International Journal of Production Research, 22, 1984, S. 281 ff.
Arbeitskreis „Das Unternehmen in der Gesellschaft" der Schmalenbach-Gesellschaft: Das Unternehmen in der Gesellschaft, in: DB, 28, 1975, S. 161 ff.
Arbeitskreis „Anlagenwirtschaft" der Schmalenbach-Gesellschaft (Hrsg.): Instandhaltung – Ein Managementproblem der Anlagenwirtschaft, 2. Aufl., Köln 1978.
Arbeitskreis „Integrierte Unternehmungsplanung" der Schmalenbach-Gesellschaft/Deutsche Gesellschaft für Betriebswirtschaft e. V.: Integrierte Führungskräfteplanung, in: Betriebliche Aus- und Weiterbildung von Führungskräften, Hrsg. A. G. Coenenberg, ZfbF-Sonderheft 24, 41, 1989, S. 121 ff.
Arning, A.: Die wirtschaftliche Bewertung der Zentrenfertigung, dargestellt am Beispiel einer Fertigungsinsel, Wiesbaden 1987.
Aschoff, C.: Betriebliches Humanvermögen, Wiesbaden 1978.
Aschoff, C. und *H. Kellermann*: Personalinformationen als Voraussetzung zielorientierter Führung, in: Betriebswirtschaftliche Führungslehre, Hrsg. E. Heinen, Wiesbaden 1978, S. 189 ff.
Autorenkollektiv: Lehrbuch technische Chemie, 2. Aufl., Leipzig 1979.
Axer, H.: Neue Technologien und Entgeltfindung, in: Personalwirtschaftliche Aspekte neuer Technologien, Hrsg. K. J. Zink, Berlin 1985, S. 63 ff.
Baehr, H. D.: Thermodynamik, Berlin u.a. 1981.
Baierl, F.: Lohnanreizsysteme, 5. Aufl., München 1974.
Baierl, F. und *J. Staude*: Prämienentlohnung, in: HWP, Hrsg. E. Gaugler, Stuttgart 1975, Sp. 1744 ff.
Baisch, G.: Prämienmodelle für die Entlohnung an CNC-Maschinen, in: Personal, 38, 1986, S. 149 ff.

Balduin, S.: Umbruchperiode und zukünftige Mitbestimmungs- und Tarifpolitik – Neue Phase der Auseinandersetzung um Arbeit – Leistung – Entgelt, in : AFA-Informationen, 37, 1987, Heft 1, S. 16 ff.

Ballwieser, W.: Abschreibungen, in: Lexikon des Rechnungswesens, 2. Aufl., Hrsg. W. Busse von Colbe, München und Wien 1991, S. 4 ff.

Bauer, R. und *H. Kress*: Prioritätsregeln für die Instandhaltungsablaufplanung, in: Operations Research und Datenverarbeitung bei der Instandhaltungsplanung, Hrsg. K. F. Bussmann und P. Mertens, Stuttgart 1968, S. 120 ff.

Baumann, F.: Industrielles Anlagen-Controlling, Berlin 1991.

Baus, J.: Die materielle Erfolgsbeteiligung – ein Instrument zur Unterstützung des gewinnsteuernden Controllings, in: Arbeit und Personal. Beiträge zu aktuellen Problemen der Personalwirtschaft, Hrsg. J. Deppe, N. Scharfenkamp und J. Voß, München und Mering 1989, S. 197 ff.

Baybars, I.: A survey of exact algorithms for the simple assembly line balancing problem, in: Management Science, 32, 1986, S. 909 ff.

Becker, E.: Netzplantechnik in der Instandhaltung, in: Instandhaltung – Ein Managementproblem der Anlagenwirtschaft, Hrsg. Arbeitskreis „Anlagenwirtschaft" der Schmalenbach-Gesellschaft, 2. Auflage, Köln 1978, S. 145 ff.

Becker, F.: Innovationsfördernde Anreizsysteme, in: Zeitschrift für Personalforschung, 1, 1987, S. 27 ff.

Becker, W.: Motive und Strategien zur Schaffung von Arbeitssicherheit in der Instandhaltung, in: Perspektiven, Führungskonzepte und Instrumente der Anlagenwirtschaft, Hrsg. W. Männel, Köln 1989, S. 149 ff.

Beichelt, F.: Effektive Planung prophylaktischer Maßnahmen in der Instandhaltung, Berlin 1979.

Bender, W. und *H. Wolski*: Stand und Entwicklungstendenzen der CAD-Anwendungen in der Anlagenplanung, in: Chemie-Ingenieur-Technik, 56, 1984, S. 395 ff.

Berka, G. und *W. Kirchenkamp*: Arbeitsvorbereitung in der Instandhaltung, in: Instandhaltung, Hrsg. H. J. Warnecke, Köln 1981, S. 384 ff.

Berndt, W. und *H. Weissenborn*: SIMPRO – ein universelles Simulationspaket zur Untersuchung des dynamischen Verhaltens komplexer Produktionssysteme, in: VDI Berichte 719: Tagungsbericht der VDI-Gesellschaft Produktionstechnik (ADB), Rechnergestützte Fabrikplanung: Erfahrungen und Erkenntnisse, Hrsg. VDI (Verein Deutscher Ingenieure), Düsseldorf 1988, S. 79 ff.

Bernecker, G.: Planung und Bau verfahrenstechnischer Anlagen, 2. Aufl., Düsseldorf 1980.

Berning, R.: Bedarfs- und Bereitstellungsplanung für Betriebsstoffe und -dienstleistungen unter besonderer Berücksichtigung von schnell verschleißenden Betriebsmittelkomponenten und Energieträgern, Diss. Bochum 1986.

Berthel, J.: Betriebliche Informationssysteme, Stuttgart 1975.

–: Betriebliche Personal-Fortbildung in Theorie und Praxis, in: ZfbF, 29, 1977, S. 80 ff.

–: Personal-Management, 2. Aufl., Stuttgart 1989.

Beste, T.: Fertigungswirtschaft und Beschaffungswesen, in: HdW, Bd. I: Betriebswirtschaft, Köln und Opladen 1966, S. 111 ff.

Beyer, H.-T.: Betriebliche Arbeitszeitflexibilisierung, München 1986.

Bichler, K.: Beschaffungs- und Lagerwirtschaft, 4. Aufl., Wiesbaden 1988.

Biedermann, H.: Kontrolle der Instandhaltungskosten, in: Instandhaltung, Hrsg. H. J. Warnecke, Köln 1981, S. 620 ff.

–: Instandhaltungs-Controlling mittels Kennzahlen, in: Integrierte Anlagenwirtschaft, Hrsg. W. Männel, Köln 1988, S. 305 ff.

–: Instandhaltungs-Controlling durch Kennzahlen und Kennzahlensysteme, in: Instandhaltungs-Controlling, Hrsg. D. Kalaitzis, Köln 1990, S. 213 ff.

Bieding, F. und *A. Döring*: Analytische Arbeitsbewertung von Angestelltentätigkeiten, 3. Aufl., Köln 1974.

Bieding, F. u.a.: Leistungsbewertung und Leistungsentlohnung für Angestellte, Köln 1971.
Biermaier, W.: Fremdinstandhaltung komplexer Fertigungsanlagen als Alternative oder Notwendigkeit aus der Warte der Gemeinkosten-Wertanalyse, in: Integrierte Anlagenwirtschaft, Hrsg. W. Männel, Köln 1988, S. 245 ff.
Bihl, G.: Anreizaspekte einer Wertorientierten Personalpolitik in einem neuen Automobilwerk der BMW AG, in: Handbuch Anreizsysteme in Wirtschaft und Verwaltung, Hrsg. G. Schanz, Stuttgart 1991, S. 933 ff.
Bisani, F.: Personalwesen, Opladen 1976.
–: Betriebliche Sozialindikatoren aus der Arbeitswirtschaft als Bestandteil der Humanvermögensrechnung, in: Humanvermögensrechnung, Hrsg. H. Schmidt, Berlin und New York 1982, S. 577 ff.
Bittelmeyer, G., Hegner, F. und U. Kramer: Bewegliche Zeitgestaltung im Betrieb, 2. Aufl., Köln 1987.
Bleicher, K. und D. Hahn: Führungsprozeß und Führungsformen, in: WISU, 3, 1974, S. 151 ff. und 213 ff.
Bleicher, K. und E. Meyer: Führung in der Unternehmung, Reinbek 1976.
Bloch, W.: Arbeitsbewertung, in: HWP, Hrsg. E. Gaugler, Stuttgart 1975, Sp. 142 ff.
–: Leistungsbewertung, in: HWP, Hrsg. E. Gaugler, Stuttgart 1975a, Sp. 1164 ff.
Blohm, H. und K. Lüder: Investition, 6. Aufl., München 1988.
Blohm, H., u.a.: Produktionswirtschaft, Herne und Berlin 1987.
Böhrs, H.: Arbeitsleistung und Arbeitsentlohnung, in: Die Wirtschaftswissenschaften, Hrsg. E. Gutenberg, Wiesbaden 1958.
–: Leistungslohn, Wiesbaden 1959.
–: Normalleistung, in: HWP, Hrsg. E. Gaugler, Stuttgart 1975, Sp. 1423 ff.
–: Leistungslohngestaltung, Wiesbaden 1980.
Böhrs, H., Bramesfeld, E., Euler, H. und K. Pentzlin: Einführung in das Arbeits- und Zeitstudium, in: Grundlagen des Arbeits- und Zeitstudiums, Bd. 1, Hrsg. E. Bramesfeld, H. Euler und K. Pentzlin, 2. Aufl., München 1954, S. 60 ff.
Bosch, K. und U. Jensen: Instandhaltungsmodelle – eine Übersicht, in: OR-Spektrum, 5, 1983, S. 105 ff. und S. 129 ff.
Bracht, U., Oelker, K.-C. und M. Huber: Ergonomische Gestaltung von Arbeitssystemen mit CAD, in: FB/IE, 39, 1990, S. 164 ff.
Bramesfeld, E., Euler, H. und K. Pentzlin (Hrsg.): Grundlagen des Arbeits- und Zeitstudiums, Bd. 1, 2. Aufl., München 1954.
Braun, E., Kottsieper, H. und D. Schönert: Die Auswirkung systemtechnischer Denkweisen auf Betrieb und Instandhaltung, in: Stahl und Eisen, 1979, S. 470 ff.
Breer, U. und J. Weingärtner: Instandhaltungsplanung, in: PPS-Fachmann, Bd. 3: Planung, Hrsg. RKW (Rationalisierungskuratorium der Deutschen Wirtschaft e.V.), Köln 1987.
Bremer, J.-G.: Die Layoutplanung in der Fabrikplanung, München 1979.
Brink, H.-J. und P. Fabry: Die Systeme vorbestimmter Zeiten und ihre Bedeutung für die betriebliche Planung in deutschen Unternehmungen, in: ZfB, 40, 1970, S. 533 ff.
Brinkmann, E. P.: Zielorientiertes Ideenmanagement, in: BVW, 12, 1986, S. 6 ff.
–: Betriebliches Vorschlagswesen auf dem Weg zum Ideenmanagement?, in: BVW, 13, 1987, S. 112 ff.
Brinkmann, E. P. und O. J. Böhme: Besseres Vorschlagswesen durch Teamarbeit, Teamvorschläge als neuer Rationalisierungsweg der achtziger Jahre, in: REFA-Nachrichten, 33, 1980, S. 253 ff.
Brinkmann, E. P. und C. Heidack: Betriebliches Vorschlagswesen, Bd. 1: Stand in Wirtschaft und Verwaltung, Freiburg 1982.
Brinkmann, M.: Rechnergestützte Groblayoutplanung von Fabrikanlagen mit integrierter statischer und dynamischer Bewertung, in: VDI Berichte 719: Tagungsbericht der VDI-

Gesellschaft Produktionstechnik (ADB), Rechnergestützte Fabrikplanung: Erfahrungen und Erkenntnisse, Hrsg. VDI (Verein Deutscher Ingenieure), Düsseldorf 1988, S. 93 ff.
Brocker, H.: Planzeitermittlung für handwerkliche Tätigkeiten, in: Arbeitsvorbereitung, 12, 1975, S. 100 ff. und S. 139 ff.
Brockhaus-Enzyklopädie: Band 14, 19. Aufl. des großen Brockhaus, Wiesbaden 1991.
Budde, R.: Ist der Einsatz von Expertensystemen in der Instandhaltung sinnvoll?, in: Management-Zeitschrift io, 59, 1990, S. 54 ff.
–: Rechnergestützte Instandhaltung, in: CIM-Management, 7, 1991, Heft 2, S. 16 ff.
Bühner, R.: Arbeitsbewertung und Lohnfindung bei neuen Fertigungstechniken, in: WiSt, 14, 1985, S. 433 ff.
–: Arbeitsstrukturierung und Personaleinsatz in Fertigungsinseln, in: WISU, 15, 1986, S. 493 ff.
Bullinger, H.-J. (Hrsg.): Systematische Montageplanung, München und Wien 1986.
Bunk, G. P.: Einführung in die Arbeits-, Berufs- und Wirtschaftspädagogik, Heidelberg 1982.
Busch, E.: Entlohnung bei moderner Technik, in: angewandte Arbeitswissenschaft, o.Jg., 1985, Nr. 104, S. 2 ff.
–: Analytische Arbeitsbewertung zur Förderung der Qualifikation und des flexiblen Arbeitseinsatzes, in: REFA-Aktie: Flexible Arbeitszeitmodelle und Entlohnungssysteme, Deutsches IE Jahrbuch 1988, Darmstadt 1988, Referat Nr. 10.
Büsch, K.-H. und N. Thom: Kooperations- und Konfliktfelder von Unternehmungsleitung und Betriebsrat beim Vorschlagswesen – Ergebnisse einer empirischen Untersuchung in Industriebetrieben, in: BVW, 8, 1982, S. 163 ff.
Büschgen, H. E. (Hrsg.): Handwörterbuch der Führung (HWF), Stuttgart 1976.
Busse von Colbe, W. (Hrsg.): Lexikon des Rechnungswesens, 2. Aufl., München und Wien 1991.
– (Hrsg.): Lexikon des Rechnungswesens, 3. Aufl., München und Wien 1993.
Busse von Colbe, W. und G. Laßmann: Betriebswirtschaftstheorie, Bd. 3: Investitionstheorie, 3. Aufl., Berlin u.a. 1990.
–: Betriebswirtschaftstheorie, Bd. 1: Grundlagen, Produktions- und Kostentheorie, 5. Aufl., Berlin u.a. 1991.
Bussmann, K. F., Kress, H. und M. Kuhn: Instandhaltungsstrategien als Mittel zur Senkung der Instandhaltungskosten und zur Steigerung der Kapazitätsausnutzung industrieller Fertigungsanlagen, in: Operations Research und Datenverarbeitung bei der Instandhaltungsplanung, Hrsg. K. F. Bussmann und P. Mertens, Stuttgart 1968, S. 31 ff.
Bussmann, K. F. und P. Mertens (Hrsg.): Operations Research und Datenverarbeitung bei der Instandhaltungsplanung, Stuttgart 1968.
Buzacott, J. A. und D. D. Yao: Flexible manufacturing systems: A review of analytical models, in: Management Science, 32, 1986, S. 890 ff.
Carrie, A. S.: Computer-aided layout planning – the way ahead, in: International Journal of Production Research, 18, 1980, S. 283 ff.
Clar, P.: Die Kapazitätsausnutzung in der Industrieunternehmung, Berlin 1964.
Coenenberg, A. G. und R. Kleine-Doepke: Sozialbilanz, in: HWR, Hrsg. E. Kosiol, K. Chmielewicz und M. Schweitzer, 2. Aufl., Stuttgart 1981, Sp. 1498 ff.
Cohen, B., Moses, J. L. und W. C. Byham: The Validity of Assessment Centers: A Literature Review, Pittsburgh 1974.
Coleman, R. M.: Shiftwork Scheduling for the 1990s, in: Personnel, 66, 1989, Heft 1, S. 10 ff.
Collins, P. R., Krause, P. und S. Machida: Making child care an employee benefit, in: Management Accounting, 13, 1990, April, S. 26 ff.
Dahmen, U.: Die wirtschaftliche Nutzungsdauer von Anlagen unter Berücksichtigung von Instandhaltungsmaßnahmen, Meisenheim 1975.
Dahrendorf, R.: Industrie- und Betriebssoziologie, Berlin 1956.

Dangelmaier, W.: Algorithmen und Verfahren zur Erstellung innerbetrieblicher Anordnungspläne, Berlin u.a. 1986.
–: Interaktive Anordnungsplanung, in: wt – Zeitschrift für industrielle Fertigung, 76, 1986a, S. 25 ff.
Dansereau, F. D., Grean, G. und *W. J. Haga*: A vertical dyad linkage approach to leadership within formal organizations, in: Organizational Behavior and Human Performance, 13, 1975, S. 46 ff.
Daube, H.: Dienstleistungen gezielt einkaufen, in: Instandhaltungsmanagement der 90er Jahre, Hrsg. W. Schulte und G. Küffner, Frankfurt/M. 1988, S. 127 ff.
Deelen von, H.: Kostenoptimale Arbeits- und Betriebszeiten, Berlin 1987.
Deutsches Institut für Normung e. V. (Hrsg.): DIN 19 233: Automat, Automatisierung, Berlin und Köln 1972.
–: Fachbericht 12, Einteilungsschema für technische Systeme – Anlagen, Apparate, Maschinen, Geräte und vergleichbare funktionsfähige Gebilde, Berlin 1987.
Deutsches Komitee Instandhaltung e. V. (DKIN): Instandhaltung und Konstruktion, Köln 1988.
Deutschmann, Ch. und *G. Dybowski-Johannson*: Wirtschaftliche und soziale Determinanten der Arbeitszeitpolitik, in: Mitteilungen aus der Arbeitsmarkt-und Berufsforschung, Stuttgart 1979.
DGfP (Hrsg.): Personalzusatzaufwand, Freiburg i. Br. 1980.
Dielmann, K.: Betriebliches Personalwesen, Stuttgart 1981.
Dolezalek, C. M. und *G. Ropohl*: Ansätze zu einer produktionswissenschaftlichen Systematik der industriellen Fertigung, in: VDI-Zeitschrift, 109, 1967, S. 636 ff. und S. 715 ff.
Dolezalek, C. M. und *H. J. Warnecke*: Planung von Fabrikanlagen, Berlin u.a. 1981.
Domsch, M.: Personaleinsatzplanung, in: HWP, Hrsg. E. Gaugler, Stuttgart 1975, Sp. 1513 ff.
–: Systemgestützte Personalarbeit, Wiesbaden 1980.
Domsch, M., Eisenführ, F., Ordelheide, D. und *M. Perlitz* (Hrsg.): Unternehmungserfolg. Planung – Ermittlung – Kontrolle, Festschrift zum 60. Geburtstag von W. Busse von Colbe, Wiesbaden 1988.
Domschke, W. und *A. Drexl*: Logistik: Standorte, 3. Aufl., München und Wien 1990.
Domschke, W. und *W. Stahl*: Standorte, innerbetriebliche, in: HWProd, Hrsg. W. Kern, Stuttgart 1979, Sp. 1885 ff.
Drukarczyk, J.: Was kosten betriebliche Altersversorgungszusagen?, in: DBW, 50, 1990, S. 333 ff.
Drumm, H. J.: Personalwirtschaftslehre, Berlin 1989.
Drumm, H. J. und *C. Scholz*: Personalplanung, 2. Aufl., Bern und Stuttgart 1988.
Dunette, D. (Hrsg.): Handbook of Industrial and Organizational Psychology, Chicago 1976.
Ebers, W., Albaum, K., Euler, H., Sierigk, B. und *H. Stevens*: Begriffsbestimmungen aus Lohntechnik und Arbeits- und Zeitstudien, Düsseldorf 1976.
Eckardstein von, D.: Partizipative Aspekte einer Entlohnung nach Qualifikation, in: BFuP, 38, 1986, S. 55 ff.
–: Entlohnung im Wandel – Zur veränderten Rolle industrieller Entlohnung in personalpolitischen Strategien, in: ZfbF, 38, 1986a, S. 247 ff.
–: Von der anforderungsabhängigen zur qualifikationsorientierten Entlohnung?, in: Handbuch Anreizsysteme für Wirtschaft und Verwaltung, Hrsg. G. Schanz, Stuttgart 1991, S. 215 ff.
Ehmann, M. und *B. Eßlinger*: Ein ganzheitlicher Ansatz – Das Mitarbeiterberatungsprogramm bei Hewlett Packard, in: Personalführung, o.Jg., 1988, S. 832 ff.
Ehmer, H.-J., Eversheim, W. und *W. Müller*: Fabrikplanung, in: HWPlan, Hrsg. N. Szyperski, Stuttgart 1989, Sp. 487 ff.
Ehreiser, H.-J. und *P. Reisch*: Personal- und Sozialstatistik, betriebliche, in: HWP, Hrsg. E. Gaugler, Stuttgart 1975, Sp. 1673 ff.
Eidt, A, Wegner, N. und *G. Stönner*: Praxisorientierte Layoutplanung von Fabrikanlagen – Untersuchung der rechnerunterstützten Optimierungsmethoden, in: ZwF, 72, 1977, S. 332 ff.

Ekere, N. N. und *R. G. Hannam*: An evaluation of approaches to modelling and simulating manufacturing systems, in: International Journal of Production Research, 27, 1989, S. 599 ff.
Ellinger, Th. und *K.-H. Winter*: Humanisierung der Arbeit, in: HWProd, Hrsg. W. Kern, Stuttgart 1979, Sp. 712 ff.
Enghardt, W.: Grob-Layout-Entwicklung und -bewertung als Baustein der rechnerintegrierten Produktion, Berichte aus dem Institut für Fabrikanlagen Universität Hannover (IFA), Fortschritt-Berichte VDI, Reihe 2: Fertigungstechnik, Nr. 144, Düsseldorf 1987.
Erdmann, W.: Zeitvorgabe bei Instandhaltungsarbeiten, Berlin u.a. 1970.
Erkes, K. F., Schönheit, M. und *U. Wiegershaus*: Flexible Fertigung, in: VDI-Zeitschrift, 130, 1988, S. 62 ff.
Ernst, W.: PLADIS – Ein Verfahren zur Fabrikplanung im Mensch-Rechner-Dialog am Bildschirm, Diss. Stuttgart 1978.
Euler, H. und *H. Stevens*: Die analytische Arbeitsbewertung als Hilfsmittel zur Bestimmung der Arbeitsschwierigkeit mit besonderer Berücksichtigung der Fortschritte in der Mechanisierung, 4. Aufl., Düsseldorf 1965.
Euler, H., Stevens, H., Schilling, F. und *R. Schoppe*: Analyse und Bewertung von Angestelltentätigkeiten, 2. Aufl., Düsseldorf 1959.
Eversheim, W. und *W. Fromm*: Planung und Simulation flexibler, automatisierter Fertigungssysteme, in: ZwF, 81, 1986, S. 541 ff.
Eyer, E.: Verknüpfung von Kleingruppenarbeit und Betrieblichem Vorschlagswesen, in: angewandte Arbeitswissenschaft, o.Jg., 1990, Nr. 124, S. 33 ff.
–: Individuelle Entlohnung in Fertigungsinseln, in: angewandte Arbeitswissenschaft, o.Jg., 1990a, Nr. 126, S. 11 ff.
Eyer, E. und *A. Schulte*: Neue Fertigungssysteme und Entlohnung, in: REFA-Nachrichten, 43, 1990, Heft 4, S. 19 ff.
Faehndrich, H.: Die Ausmusterung von Betriebsmitteln als betriebswirtschaftliches Problem, in: Industrielle Organisation, 34, 1965, S. 193 ff.
Faller, S.: Die Eingliederung der Instandhaltung in die Unternehmensorganisation, in: Industrial Engineering, 23, 1974, S. 293 ff.
Finkle, R. B.: Managerial Assessment Centers, in: Handbook of Industrial and Organizational Psychology, Hrsg. M. D. Dunette, Chicago 1976, S. 861 ff.
Fitting, K., Auffroth, F. und *H. Kaiser*: Betriebsverfassungsgesetz: Handkommentar, München 1984.
Flamholtz, E.: Rechnungslegung über Kosten und Wert des Humankapitals, in: Humanvermögensrechnung, Hrsg. H. Schmidt, Berlin und New York 1982, S. 73 ff.
–: Human Resource Accounting, 2. Aufl., San Francisco 1985.
Flohr, B. und *F. Niederfeichtner*: Zum gegenwärtigen Stand der Personalentwicklungsliteratur: Inhalte, Probleme und Erweiterungen, in: Personalentwicklung, Hrsg. H. Kossbiel, ZfbF-Sonderheft 14, 34, 1982, S. 11 ff.
Fowler, A.: Proving the personnel department earns its salt, in: Personnel Management, 1983, Heft 5, S. 26 ff.
Francke, H.: Managementaufgaben des Instandhalters, in: REFA-Nachrichten, 45, 1992, Heft 4, S. 4 ff.
Francke, H. und *H. Slaghuis* (Hrsg.): Zeitdatenermittlung und Leistungsentlohnung in der Instandhaltung – Ausgewählte Beiträge, Kreuztal o.J.
Franz, A.: Personalinformationssysteme und Betriebsverfassung, Köln 1983.
Fremmer, H.: Prämienentlohnung in einem flexiblen Fertigungssystem, in: angewandte Arbeitswissenschaft, o.Jg., 1989, Nr. 122, S. 29 ff.
Frey, H.: Flexible Arbeitszeit, München 1985.
Frey, S. R.: Plant Layout, München und Wien 1975.

Friedman, B. A. und *R. W. Mann*: Employee Assessment Methods Assessed, in: Personnel, 58, 1981, Heft 6, S. 69 ff.
Friese, G.: Personal-Leasing – kurzfristiges Mittel der Personalplanung, in: BFuP, 34, 1982, S. 375 ff.
Gast, W.: Gedanken zum gerechten Arbeitsentgelt, in: Betriebs-Berater, 46, 1991, S. 1053 ff.
Gaugler, E.: Die Darstellung des Arbeitsaufwandes im betrieblichen Rechnungswesen, München 1954.
–: Betriebswirtschaftlich-soziologische Grundprobleme bei der Gewährung betrieblicher Sozialleistungen, in: Betriebliche Sozialleistungen, Hrsg. T. Tomandl, Wien und Stuttgart 1974, S. 1 ff.
– (Hrsg.): Handwörterbuch des Personalwesens (HWP), Stuttgart 1975.
–: Personalwesen, betriebliches, in: HWB, Hrsg. E. Grochla und W. Wittmann, Bd. 2, 4. Aufl., Stuttgart 1975a, Sp. 2956 ff.
–: Erfolgsbeteiligung, in: HWP, Hrsg. E. Gaugler, Stuttgart 1975b, Sp. 794 ff.
–: Vorschlagswesen, betriebliches, in: HWB, Bd. 3, 4. Aufl., Hrsg. E. Grochla und W. Wittmann, Stuttgart 1976, Sp. 4294 ff.
–: Neue Maßstäbe für die Erfolgsbeteiligung der Mitarbeiter, in: Der zweite Lohn – Personalzusatzleistungen, Hrsg. H. Knebl und E. Zander, Bonn 1982, S. 128 ff.
–: Die Rolle der betrieblichen Altersversorgung aus personalwirtschaftlicher Sicht, in: ZfbF, 39, 1987, S. 860 ff.
Gaugler, E., Huber, K. H. und *C. Rummel*: Betriebliche Personalplanung, Göttingen 1974.
Gaugler, E. und W. Weber (Hrsg.): Handwörterbuch des Personalwesens (HWP), 2. Aufl., Stuttgart 1992.
Gehle, F.: Internationale Tagung über Arbeitsbewertung in Genf, in: REFA-Nachrichten, 3, 1950, S. 32 ff.
Geisler, G.: Das Betriebliche Vorschlagswesen der Stahlwerke Peine-Salzgitter AG, in: Handbuch Anreizsysteme in Wirtschaft und Verwaltung, Hrsg. G. Schanz, Stuttgart 1991, S. 615 ff.O
Generalverwaltung der Max-Planck-Gesellschaft (Hrsg.): Max-Planck-Gesellschaft – Jahrbuch 1989, Göttingen 1989.
Gentz, M.: Leistung und Vergütung in der Personalpolitik, in: Personal, 42, 1990, S. 118 ff.
Gerhardt, J.: Arbeitswissenschaft als Mittel zur humanitären und wirtschaftlichen Arbeitsgestaltung, Berlin 1983.
Gerlach, H.-H. und *M. Rickert*: DV-System zur Planung und Bewertung moderner Fertigungsstrukturen – Konzept und praktische Erfahrungen, in: VDI Berichte 824: Tagungsbericht der VDI-Gesellschaft Produktionstechnik (ADB), Rechnergestützte Fabrikplanung '90: Vom Werkzeug zum ganzheitlichen Ansatz, Hrsg. VDI (Verein Deutscher Ingenieure), Düsseldorf 1990, S. 231 ff.
Gerlach, H.-H. u.a.: Rechnergestützte dialoggeführte Werkstättenplanung für Klein- und Mittelbetriebe, in: REFA-Nachrichten, 40, 1987, Heft 6, S. 11 ff.
Giesbert, H.: Instandhaltungskostenplanung, in: KRP, o.Jg., 1962, S. 115 ff., S. 163 ff., S. 219 ff. und S. 277 ff.
Glaubrecht, H. und *D. Wagner* (Hrsg.): Humanität und Rationalität in Personalpolitik und Personalführung, Freiburg 1987.
Glöckler, J.: Leistung soll sich lohnen – Leistungsentlohnung an kapitalintensiven Betriebsmitteln, in: Arbeitsvorbereitung, 28, 1991, S. 89 ff.
Goebel, H.-D.: Leistungslohn bei Klöckner-Humboldt-Deutz, in: Personal, 38, 1986, Heft 4, S. 157 ff.
Gohout, W.: Ein Simulationsmodell zur technischen Zuverlässigkeit flexibler Fertigungssysteme, Diss. Gießen 1990.
Göhs, W.: Begriffe und Erläuterungen zur Kostenvergleichsrechnung und zur Prämienbemessung von Verbesserungsvorschlägen, in: BVW, 6, 1980, S. 151 ff.

Göppl, H. und *E. Wolf*: Ersatztheorie, in: HWF, Hrsg. H. E. Büschgen, Stuttgart 1976, Sp. 356 ff.

Gossens, H.: Personalleiter-Handbuch, 6. Aufl., München 1974.

Götz, E.: Automatisierung industrieller Gesamtsysteme mit funktionsmodularer, dezentraler Struktur, in: Logistat CP 80 – Leittechnik, Hrsg. AEG-Telefunken, Seligenstadt 1984, S. 53 ff.

Grabow, B.: Betriebliche Instandhaltung und Simulation, Hain 1986.

Graf, O.: Arbeitsablauf und Arbeitsrhythmus, in: Handbuch der gesamten Arbeitsmedizin, Bd. 1, Hrsg. G. Lehmann, München, Berlin und Wien 1961, S. 789 ff.

Grassmann, P.: Physikalische Grundlagen der Verfahrenstechnik, 3. Aufl., Frankfurt/M. 1983.

Grassmann, P. und *F. Widmer*: Einführung in die thermische Verfahrenstechnik, 8. Aufl., Berlin 1974.

Greißel, T. und *H. Lewandrowski*: Prämienentlohnung bei automatischer Montage, in: angewandte Arbeitswissenschaft, 1989, Nr. 122, S. 39 ff.

Grochla, E.: Ursprünge und Entwicklungslinien des Betrieblichen Vorschlagswesens, in: Stand und Entwicklung des Vorschlagswesens in Wirtschaft und Verwaltung, Hrsg. E. Grochla, E. P. Brinkmann und N. Thom, Dortmund 1978, S. 5 ff.

–(Hrsg.): Handwörterbuch der Organisation (HWO), 2. Aufl., Stuttgart 1980.

Grochla, E., Brinkmann, E. P. und N. Thom (Hrsg.): Stand und Entwicklung des Vorschlagswesens in Wirtschaft und Verwaltung, Dortmund 1978.

Grochla, E. und *N. Thom*: Das betriebliche Vorschlagswesen als Führungs- und Personalentwicklungsinstrument, in: ZfbF, 32, 1980, S. 769 ff.

Grochla, E. und *W. Wittmann* (Hrsg.): Handwörterbuch der Betriebswirtschaft (HWB), 4. Aufl., Bd. 1, Stuttgart 1974, Bd. 2, Stuttgart 1975, Bd. 3, Stuttgart 1976.

Grossmann, R. und *F. Schneider*: Arbeitsrecht, 2. Aufl., Bonn 1974.

Großeschallau, W. und *A. Kuhn*: Simulation und Computergrafik in der Materialflußtechnik, in: f+h – fördern und heben, 35, 1985, S. 253 ff., S. 446 ff., S. 641 ff. und S. 758 ff.

Grünefeld, H-G.: Personalzusatzaufwand – Begriffe, Inhalt, Berechnungsmethoden, in: ZfbF, 30, 1978, S. 413 ff.

–: Personal-Kennzahlensystem, Wiesbaden 1981.

–: Personalberichterstattung mit Informationssystemen, Wiesbaden 1987.

Gruppe, G.: Betriebswirtschaftliche Aspekte des Personalwesens, in: ZfbF, 29, 1977, S. 715 ff.

Günter, H.-O.: Produktionsplanung bei flexibler Personalkapazität, Stuttgart 1989.

Günther, H.-O. und *C. Schneeweiß*: Kapazitative Wirkungen der Arbeitszeitflexibilisierungen, in: ZfbF, 40, 1988, S. 915 ff.

Gutenberg, E. (Hrsg.): Die Wirtschaftswissenschaften, Wiesbaden 1958.

Gutenberg, E.: Grundlagen der Betriebswirtschaftslehre, Bd. 1: Die Produktion, 24. Aufl., Berlin u.a. 1983.

Haberkorn, K.: Zeitgemäße betriebliche Sozialleistungen, München 1973.

Hack, H.-J.: Bewertungsmethoden im BVW – Herleitung einer systematischen Darstellung der unterschiedlichen Methoden, in: BVW, 3, 1977, S. 162 ff.

Hackstein, R.: Arbeitswissenschaft, in: HWB, Bd. 1, Hrsg. E. Grochla und W. Wittmann, 4. Aufl., Stuttgart 1974, Sp. 272 ff.

–: Arbeitswissenschaft im Umriß, Bd. 1, Essen 1977.

–: Arbeitswissenschaft im Umriß, Bd. 2, Essen 1977a.

Hackstein, R. und *F.-J. Heeg*: Arbeitswissenschaft, in: HWP, Hrsg. E. Gaugler und W. Weber, 2. Aufl., Stuttgart 1992, Sp. 429 ff.

Hackstein, R., Nüssgens, K.-H. und *P. H. Uphus*: Personalentwicklung im System Personalwesen, in: Fortschrittliche Betriebsführung, 21, 1972, S. 85 ff.

Hahn, D.: Industrielle Fertigungswirtschaft in entscheidungs- und systemorientierter Sicht, in: ZfO, 41, 1972, S. 269 ff., S. 369 ff. und S. 427 ff.

–: Planungs- und Kontrollrechnung – PuK, Wiesbaden 1974.
–: Planungs- und Kontrollrechnung – PuK, 3. Aufl., Wiesbaden 1985.
–: Controlling – Stand und Entwicklungstendenzen unter besonderer Berücksichtigung des CIM-Konzeptes, in: Rechnungswesen und EDV, 8. Saarbrücker Arbeitstagung 1987, Hrsg. A.-W. Scheer, Heidelberg 1987, S. 3 ff.
–: Führung und Führungsorganisation, in: ZfbF, 40, 1988, S. 112 ff.
–: Prozeßwirtschaft – Grundlegung, in: Produktionswirtschaft – Controlling industrieller Produktion, Bd. 2, Hrsg. D. Hahn und G. Laßmann, Heidelberg 1989, S. 7 ff.
–: Anlagenplanung und Anlagenrechnung, in: Lexikon des Rechnungswesens, Hrsg. W. Busse von Colbe, 2. Aufl., München und Wien 1991, S. 20 ff.
–: Strategische Führung und Strategisches Controlling, in: ZfB-Ergänzungsheft 3, 61, 1991a, S. 121 ff.
–: Zweck und Entwicklung der Portfolio-Konzepte in der strategischen Unternehmungsplanung, in: Strategische Unternehmungsplanung – Strategische Unternehmungsführung, Hrsg. D. Hahn und B. Taylor, 6. Aufl., Heidelberg 1992, S. 221 ff.
–: Integrierte Organisations- und Führungskräfteplanung im Rahmen der strategischen Unternehmungsplanung, in: Strategische Unternehmungsplanung – Strategische Unternehmungsführung, Hrsg. D. Hahn und B. Taylor, 6. Aufl., Heidelberg 1992a, S. 401 ff.
–: Strategische Planung und Mitbestimmung, in: Strategische Unternehmungsplanung – Strategische Unternehmungsführung, Hrsg. D. Hahn und B. Taylor, 6. Aufl., Heidelberg 1992b, S. 558 ff.
–: Automatisierung, in: Lexikon der Betriebswirtschaftslehre, Hrsg. H. Corsten, München und Wien 1992c, S. 88 ff.
–: PuK – Controllingkonzepte, 4. Aufl., Wiesbaden 1993, in Vorbereitung.
Hahn, D., Hanshold, V. und U. Gräb: Lohnfindung in Industrieunternehmungen der Bundesrepublik Deutschland, in: Lohnfindung in Industrieunternehmungen der Bundesrepublik Deutschland und der Volksrepublik Polen, Hrsg. D. Hahn und L. Martan, Gießen 1988, S. 2 ff.
Hahn, D. und G. Laßmann (Hrsg.): Produktionswirtschaft – Controlling industrieller Produktion, Bd. 2, Heidelberg 1989.
–: Produktionswirtschaft – Controlling industrieller Produktion, Bd. 1, 2. Aufl., Heidelberg 1990.
Hahn, D. und J. Link: Motivationsfördernde Arbeitsfeldstrukturierung in der Industrie, in: ZfO, 1975, S. 65 ff.
Hahn, D. und L. Martan (Hrsg.): Lohnfindung in Indutrieunternehmungen der Bundesrepublik Deutschland und der Volksrepublik Polen, Gießen 1988.
Hahn, D. und B. Taylor (Hrsg.): Strategische Unternehmungsplanung – Strategische Unternehmungsführung, 6. Aufl., Heidelberg 1992.
Hahn, D. und R. Wagner: Informationssysteme für die Materialwirtschaft, in: HWProd, Hrsg. W. Kern, Stuttgart 1979, Sp. 783 ff.
Hahn, D. und H. G. Willers: Unternehmungsplanung und Führungskräftevergütung, in: Strategische Unternehmungsplanung – Strategische Unternehmungsführung, Hrsg. D. Hahn und B. Taylor, 6. Aufl., Heidelberg 1992, S. 494 ff.
Hahn, D. u.a.: Vergleich und Entwicklungstendenzen der Lohnfindung in der Bundesrepublik Deutschland und der Volksrepublik Polen, in: Lohnfindung in Industrieunternehmungen der Bundesrepublik Deutschland und der Volksrepublik Polen, Hrsg. D. Hahn und L. Martan, Gießen 1988, S. 253 ff.
Hahn, D.: Interaktive Planung und Beurteilung von Layoutalternativen im Rahmen des Fabrikplanungsprozesses mit Hilfe eines CAD-Systems, Düsseldorf 1984.
Hall, D. T. und J. G. Goodale: Human Resource Management, Glenview und London 1986.
Hammer, E.: Industriebetriebslehre, München 1973.
Hanke, K.: Materialflußgestaltung, Modelle zur, in: HWProd, Hrsg. W. Kern, Stuttgart 1979, Sp. 1225 ff.

Hardeck, W.: Raumplanung im Dialog mit graphischen Bildschirmsystemen, Diss. Erlangen 1977.
Hartmann, W.: Instrumente zur Risikoabschätzung in der Instandhaltung, in: Management-Zeitschrift io, 44, 1975, S. 216 ff.
Haupt, R. und *I. Hartung*: Arbeitszeitflexibilisierung in der Metallindustrie, in: WISU, 17, 1988, S. 467 ff.
Hax, A. C. und *D. Candea*: Production and Inventory Management, Englewood Cliffs 1984.
Hax, K.: Personalpolitik in der Unternehmung, Reinbek/Hamburg 1977.
Heck, K.: Begriff, Wesen, Arten und Systematisierung der Instandhaltungskosten, in: Instandhaltung, Hrsg. H. J. Warnecke, Köln 1981, S. 581 ff.
Hegner, K., Sent, B. und *A. Syska*: Instandhaltung, in: VDI-Zeitschrift, 132, 1990, S. 65 ff.
Heinen, E. (Hrsg.): Betriebswirtschaftliche Führungslehre, Wiesbaden 1978.
-(Hrsg.): Industriebetriebslehre, 8. Aufl., Wiesbaden 1985.
Heissner, T., Maschmann-Schulz, B. und *W. Kilian*: Datenquellen, in: Personalinformationssysteme in deutschen Großunternehmen, Hrsg. W. Kilian, Berlin, Heidelberg und New York 1981, S. 62 ff.
Helms, W., Lay, K. und *R. Menges*: Planungssystem zur ergonomischen Gestaltung und Optimierung manueller Arbeitssysteme, in: REFA-Nachrichten, 43, 1990, Heft 4, S. 25 ff.
Hemmer, E.: Personalzusatzkosten im Produzierenden Gewerbe und im Dienstleistungsbereich, in: IW-trends, 1991, Heft 1.
Henn, W.: Industriebauten, in: HWProd, Hrsg. W. Kern, Stuttgart 1979, Sp. 743 ff.
Hennecke, A.: Die Verfahren der Arbeitsbewertung, Düsseldorf 1965.
-: Das Gutachten von Rohmert/Rutenfranz aus der Sicht der Arbeitsbewertung, in: Mitteilungen des IfaA, 1976, S. 2 ff.
Hentschel, B., Klement, H. und *H. Gliss*: Ablauf der Lohn- und Gehaltsabrechnung, Köln 1976.
Hentze, J.: Personalwirtschaftslehre 1, 4. Auflage, Bern 1989.
-: Personalwirtschaftslehre 2, 4. Auflage, Bern 1990.
Hentze, J. und *P. Brose*: Unternehmungsführung und Mitbestimmung, Würzburg 1985.
Heragu, S. S. und *A. Kusiak*: Machine layout problem in flexible manufacturing systems, in: Operations Research, 36, 1988, S. 258 ff.
Herbert, W.: Wertewandel und Anreizattraktivität, in: Handbuch Anreizsysteme für Wirtschaft und Verwaltung, Hrsg. G. Schanz, Stuttgart 1991, S. 53 ff.
Herold, H. H.: Abhängigkeit der Instandhaltung von der Konstruktion, in: Instandhaltung und Konstruktion, Hrsg. Deutsches Komitee Instandhaltung e.V. (DKIN), Köln 1988, S. 21 ff.
Herzig, N.: Instandhaltung, Grundlagen der, in: HWProd, Hrsg. W. Kern, Stuttgart 1979, Sp. 814 ff.
Hettinger, T.: Arbeitswissenschaft, in: HWP, Hrsg. E. Gaugler, Stuttgart 1975, Sp. 416 ff.
Hettinger, T., Kaminsky, G. und *H. Schmale*: Ergonomie am Arbeitsplatz, 2. Aufl., Ludwigshafen 1980.
Heuer, G.: Ersatzteilwesen und Lagerhaltung, in: Instandhaltung, Hrsg. H. J. Warnecke, Köln 1981, S. 431 ff.
Heyman, H. H. und *I. J. Seiwert*: Flexible Pensionierung, Grafenau 1984.
Hinterhuber, H. H. und *T. Kritzler*: Technologiewirkungsanalyse, in: HWProd, Hrsg. W. Kern, Stuttgart 1979, Sp. 1930 ff.
Hoff, A.: Betriebliche Arbeitszeitpolitik zwischen Arbeitszeitverkürzung und Arbeitszeitflexibilisierung, München 1983.
Hoffmann, F.: Entwicklung der Organisationsforschung, Wiesbaden 1973.
Hofmann, J.: Personalinformationssysteme, Frankfurt/M. 1982.
Höhne, E.: Die Instandhaltungs- und Reparaturkosten, in: Stahl und Eisen, 1956, S. 1273 ff.
Hoitsch, H.-J.: Produktionswirtschaft, München 1985.

Hoitsch, H.-J. und *F. Baumann*: Industrielles Anlagen-Controlling, in: DBW, 52, 1992, S. 385 ff.
Holenweger, T.: Die Jahresarbeitszeit – eine neue Form betrieblicher Arbeitszeitgestaltung, in: Management-Zeitschrift io, 57, 1988, S. 479 ff.
Hopfenbeck, W.: Allgemeine Betriebswirtschafts- und Managementlehre, München 1989.
Horn, V. und *J. Hein*: Komplexe Produktionssysteme planen, in: ZwF, 85, 1990, S. 300 ff.
Hueck, A. und *H. C. Nipperdey*: Grundriß des Arbeitsrechts, Berlin und Frankfurt 1968.
Hug, W.: Optimale Ersatzteilwirtschaft, Köln 1986.
Humm, F. A.: Die Ermittlung von Ausbildungsbedürfnissen für Führungskräfte als Grundlage von Schulungsmaßnahmen, Diessenhofen 1978.
Hungenberg, H.: Planung eines Führungskräfteentwicklungssystems, Diss. Gießen 1990.
Industriegewerkschaft Metall (Hrsg.): Tarifreform 2000 – Ein Gestaltungsrahmen für die Industriearbeit der Zukunft, Frankfurt/M. 1991.
Institut der deutschen Wirtschaft (iw) (Hrsg.): Informationsdienst des Instituts der deutschen Wirtschaft (iwd), 17, 1991.
-(Hrsg.): Zahlen zur wirtschaftlichen Entwicklung der Bundesrepublik Deutschland, Ausgaben 1988 bis 1991.
Institut für Arbeitsmarkt- und Berufsforschung der Bundesanstalt für Arbeit (IAB): Arbeitszeit und Arbeitsvolumen in der Bundesrepublik Deutschland 1960–1986, Datenlage-Struktur-Entwicklung, Beiträge zur Arbeitsmarkt- und Berufsforschung, o.J., Nr. 123.
IPK-Berlin (Hrsg.): Planungssystem MOSYS, Beschreibung, Version 2.0, Berlin 1988.
Jacob, H. (Hrsg.): Industriebetriebslehre, 2. Aufl., Wiesbaden 1983.
Jacobs, F. R.: A note on SPACECRAFT for multi-floor layout-planning, in: Management Science, 30, 1984, S. 648 f.
Janßen, M.: Ein Kriterienkatalog für die Mensch-Maschine-Schnittstelle, in: Computerwoche, 17, 1990, Heft 9, S. 36 ff.
Johnson, R. V.: SPACECRAFT for multi-floor layout planning, in: Management Science, 28, 1982, S. 407 ff.
Jünemann, R.: Lagerhaltung, Technik und Steuerung der, in: HWProd, Hrsg. W. Kern, Stuttgart 1979, Sp. 1073 ff.
Jütting, W.: Wirtschaftliche Arbeitsplanung in der Instandhaltung, Berlin u.a. 1986.
Kaiser, K.: Kosten- und Leistungsrechnung bei automatisierter Produktion, Wiesbaden 1991.
Kalaitzis, D.: Den Informationsfluß zurück zum Instandhalter sichern, in: Instandhaltungsmanagement der 90er Jahre, Hrsg. W. Schulte und G. Küffner, Frankfurt 1988, S. 140 ff.
-(Hrsg.): Instandhaltungs-Controlling, Köln 1990.
Kalaitzis, D. und *J. Weber*: Voraussetzungen des Einsatzes der EDV in der Instandhaltung, in: Praxiskonzepte EDV-gestützter Instandhaltung, Hrsg. W. Männel, Köln 1987, S. 1 ff.
Kammann, K. und *P. Meisel*: Arbeitsrechtliche Grundzüge für die betriebliche Praxis, 2. Aufl., Köln 1973.
Kerkhoff, H.: Zeitwirtschaft und Leistungslohn in indirekten Bereichen, in: angewandte Arbeitswissenschaft, o.Jg., 1989, Nr. 122, S. 60 ff.
Kern, W.: Die Messung industrieller Fertigungskapazitäten und ihrer Ausnutzung, Köln und Opladen 1962.
-(Hrsg.): Handwörterbuch der Produktionswirtschaft (HWProd), Stuttgart 1979.
–: Industrielle Produktionswirtschaft, 4. Aufl., Stuttgart 1990.
Kettner, H., Schmidt, J. und *H.-R. Greim*: Leitfaden der systematischen Fabrikplanung, München und Wien 1984.
Kieser, A., Reber, G. und *R. Wunderer* (Hrsg.): Handwörterbuch der Führung (HWFü), Stuttgart 1987.
Kilger, W.: Einführung in die Kostenrechnung, 3. Aufl., Wiesbaden 1987.

Kilian, W. (Hrsg.): Personalinformationssysteme in deutschen Großunternehmen, Berlin, Heidelberg und New York 1981.

Kim, K. und *D. Organ*: Determinants of leader-subordinate exchange relationships, in: Group and Organizational Studies, 7, 1982, S. 77 ff.

Kirchenkamp, W.: Möglichkeiten der Entlohnung in der Instandhaltung, in: REFA-Nachrichten, 42, 1989, Heft 3, S. 31 ff.

Kirchner, J.-H. und *W. Rohmert*: Ergonomische Leitregeln zur menschengerechten Arbeitsgestaltung, München 1974.

Klein, W.: Informationswesen in der Instandhaltung, Berlin u.a. 1988.

Klemmer, P.: Bildungspolitik und Arbeitsmarktgestaltung – Fragen der Zielbildung und der Koordination, in: Arbeit und Beschäftigung, Hrsg. P. Klemmer, Limburg 1980.

–(Hrsg.): Arbeit und Beschäftigung, Limburg 1980a.

Klötzl, G.: Formen der betrieblichen Altersversorgung, in: Personal, 37, 1985, S. 281 ff.

Knebel, H.: Arbeitsbewertung ist wieder gefragt, in: REFA-Nachrichten, 41, 1988, Heft 5, S. 24 ff.

Knebel, H. und *E. Zander* (Hrsg.): Der zweite Lohn – Personalzusatzleistungen, Bonn 1982.

Kolb, M. und *C. Hillengaß*: Betriebliche Sozialpolitik im Wandel, in: Personal, 42, 1990, S. 60 ff.

Kölbel, H. und *J. Schulze*: Wirtschaftlichkeitskontrolle der Instandhaltung in Industriebetrieben, in: ZfB, 35, 1965, S. 29 ff.

Kosiol, E.: Anlagenrechnung. Theorie und Praxis der Abschreibungen, 2. Aufl., Wiesbaden 1955.

–: Leistungsgerechte Entlohnung, 2. Aufl., Wiesbaden 1962.

Kosiol, E., Chmielewicz, K. und *M. Schweitzer* (Hrsg): Handwörterbuch des Rechnungswesens (HWR), 2. Aufl., Stuttgart 1981.

Krasemann, B. J.: Grundlagen, Möglichkeiten und Grenzen der Stellenbeschreibung als Führungsinstrument des kooperativen Führungsstils, Darmstadt 1971.

Kraus, R.: Gleitende Arbeitszeit im Schichtbetrieb, in: Personalwirtschaft, 15, 1988, S. 255 ff.

Kraus, Th.: Ablauforganisation, in: Instandhaltung, Hrsg. H. J. Warnecke, Köln 1981, S. 352 ff.

–: Aufbauorganisation, in: Instandhaltung, Hrsg. H. J. Warnecke, Köln 1981a, S. 343 ff.

Kreher, R. und *G. Hailer*: Zur Integration von EDV-Anwendungen im Anlagenbau, in: Chemie-Ingenieur-Technik, 58, 1986, S. 344 ff.

Kreikebaum, H.: Humanität in der Arbeitswelt. Eine kritische Betrachtung, in: ZfB, 47, 1977, S. 481 ff.

–: Humanisierung der Arbeit – Arbeitsgestaltung im Spannungsfeld ökonomischer, technologischer und humanitärer Ziele, Wiesbaden 1988.

–: Strategische Unternehmensplanung, 4. Aufl., Stuttgart u.a. 1991.

Krengel, J.: Der Beschäftigungseffekt von Arbeitszeitverkürzungen im sekundären Sektor Deutschlands 1871–1913 – Ein historisches Beispiel, in: Konjukturpolitik, 29, 1983, S. 314 ff.

Kreutzfeldt, H.-F. und *H.-G. Odwody*: Rechnerunterstützte Fabrikplanung unter Berücksichtigung planungssystematischer Ansätze, in: ZwF, 84, 1989, S. 436 ff.

Kroesen, A.: Instandhaltungsplanung und Betriebsplankostenrechnung, Wiesbaden 1983.

Kruse, J. J.: Möglichkeiten der Layoutplanung mit Hilfe mathematischer Methoden am Beispiel der Aggregatzuordnung innerhalb einer Fabrikhalle, Diss. Hamburg 1986.

Krüger, W.: Organisation der Unternehmung, Stuttgart u.a. 1984.

Kugland, G.: Neue Tendenzen in der analytischen Arbeitsbewertung, in: REFA-Nachrichten, 33, 1980, Sonderheft Mai, S. 33 ff.

Kunerth, W. und *M. Thomalla*: Zeitwirtschaft in der Instandhaltung, in: Instandhaltung, Hrsg. H. J. Warnecke, Köln 1981, S. 508 ff.

Küpper, H.-U.: Ablauforganisation, Stuttgart und New York 1981.

Küpper, W.: Planung der Instandhaltung, Wiesbaden 1974.

Kupsch, P. U.: Lager, in: HWProd, Hrsg. W. Kern, Stuttgart 1979, Sp. 1029 ff.
Kupsch, P. U. und *T. Lindner*: Materialwirtschaft, in: Industriebetriebslehre, Hrsg. E. Heinen, 8. Aufl., Wiesbaden 1985, S. 269 ff.
Kupsch, P. U. und *R. Marr*: Personalwirtschaft, in: Industriebetriebslehre, Hrsg. E. Heinen, 8. Aufl., Wiesbaden 1985, S. 623 ff.
Kusiak, A. und *S. Heragu*: The facility layout problem, in: European Journal of Operations Research, 29, 1987, S. 229 ff.
Lamers, N.: Einführung und erste Anwendung der Simulation flexibler Fertigungssysteme, in: ZwF, 84, 1989, S. 451 ff.
Landau, K.: Das Arbeitswissenschaftliche Erhebungsverfahren zur Tätigkeitsanalyse – AET, Darmstadt 1978.
–: Zur Veränderung der Arbeitsanforderungen durch neue Technikgenerationen, in: REFA-Nachrichten, 39, 1986, Heft 3, S. 18 ff.
Landau, K. und *W. Rohmert*: Stellenbeschreibung mit dem AET, in: ZfO, 49, 1980, S. 169 ff.
Lang, G., Kreher, R. und *H. Wolski*: Erfahrungen mit der Auswahl, Einführung und Anwendung von CAD-Systemen in der Anlagenplanung, in: Chemie-Ingenieur-Technik, 56, 1984, S. 91 ff.
Langmoen, R. und *P. Acél*: Layout Tools für die rechnergestützte Fabrikplanung, in: VDI Berichte 824: Tagungsbericht der VDI-Gesellschaft Produktionstechnik (ADB), Rechnergestützte Fabrikplanung '90: Vom Werkzeug zum ganzheitlichen Ansatz, Hrsg. VDI (Verein Deutscher Ingenieure), Düsseldorf 1990, S. 139 ff.
Langner, D.: Entwicklung der rechnergestützten Fabrikplanung, in: ZwF, 85, 1990, S. 321 ff.
Laßmann, G.: Betriebswirtschaftliche Aspekte der Humanisierung industrieller Arbeit, in: ZfbF, 28, 1976, S. 767 ff.
–: Aktuelle Probleme der Kosten- und Erlösrechnung sowie des Jahresabschlusses bei weitgehend automatisierter Serienfertigung, in: ZfbF, 36, 1984, Kontaktstudium, S. 959 ff.
–: Besonderheiten der Ermittlung des Periodenerfolgs beim Einsatz von automatisierten Produktionssystemen im Industrieunternehmen, in: Unternehmungserfolg. Planung – Ermittlung – Kontrolle, Festschrift zum 60. Geburtstag von W. Busse von Colbe, Hrsg. M. Domsch, F. Eisenführ, D. Ordelheide und M. Perlitz, Wiesbaden 1988, S. 223 ff.
Laßmann, G., Maßberg, W. und *M. Rademacher*: Entwicklungsstand und Wirtschaftlichkeit der CNC-Technik unter besonderer Berücksichtigung der Arbeitszeitflexibilisierung, in: Humanität und Rationalität in Personalpolitik und Personalführung, Festschrift zum 60. Geburtstag von Ernst Zander, Hrsg. H. Glaubrecht und D. Wagner, Freiburg 1987, S. 331 ff.
Laux, H. und *F. Liermann*: Nutzungsdauer von Anlagen, in: HWR, Hrsg. E. Kosiol, K. Chmielewicz und M. Schweitzer, 2. Aufl., Stuttgart 1981, Sp. 1215 ff.
Lay, K.: Die Arbeitsraumgestaltung manueller Montagearbeitsplätze mit graphischen und wissensbasierten Methoden, Berlin 1988.
Layer, M.: Kapazität: Begriff, Arten, Messung, in: HWProd, Hrsg. W. Kern, Stuttgart 1979, Sp. 871 ff.
Lehmann, G. (Hrsg.): Handbuch der gesamten Arbeitsmedizin, Bd. 1, München, Berlin und Wien 1961.
–: Praktische Arbeitsphysiologie, 2. Aufl., Stuttgart 1972.
Lewandowski, K.: Instandhaltung und Konstruktion – Grundlagen, Begriffe und Konzepte –, in: Instandhaltung und Konstruktion, Fachtagung Instandhaltung '88, Schriftenreihe Deutsches Komitee Instandhaltung e.V., Köln 1988, S. 1 ff.
Liebstückl, K.: Kosten-Nutzen-Analyse von Standard-Software zur Instandhaltung, in: KRP, o.Jg., 1990, S. 60 ff.
Lochmann, H.-O.: Layout Planning, Diss. Bonn 1975.
Lorenz, R.: Leistungsentlohnung bei extremer Einzelfertigung am Beispiel des Sondermaschinenbaus, in: REFA-Nachrichten, 41, 1988, Heft 4, S. 10 ff.
Löwisch, M.: Tarifvertragsrecht, in: HWP, Hrsg. E. Gaugler, Stuttgart 1975, Sp. 1924 ff.

Lübben, H.: Kritische Betrachtungen der herkömmlichen Arbeitsbewertungsmethoden, in: REFA-Nachrichten, 32, 1979, S. 223 ff.

–: Qualifikation und Tarifvertrag, in: AFA-Informationen, 33, 1983, Heft 4, S. 17 ff.

–: Tarifpolitische Perspektiven der Entlohnung an modernen Produktionsanlagen, in: Handbuch Anreizsysteme in Wirtschaft und Verwaltung, Hrsg. G. Schanz, Stuttgart 1991, S. 245 ff.

Lüder, K.: Standortwahl, in: Industriebetriebslehre, Hrsg. H. Jacob, 2. Aufl., Wiesbaden 1983, S. 23 ff.

Lueg, H.: Von der statischen Fabrikplanung zur dynamischen Simulation gesamthafter Produktionsprozesse, in: ZwF, 84, 1989, S. 444 ff.

Mag, W.: Einführung in die betriebliche Personalplanung, Darmstadt 1986.

Mahlert, A.: Die Abschreibungen in der entscheidungsorientierten Kostenrechnung, Opladen 1976.

Malakooti, B. und *A. Tsurushima*: An expert system using priorities for solving multiple-criteria facility problems, in: International Journal of Production Research, 27, 1989, S. 793 ff.

Männel, W.: Wirtschaftlichkeitsfragen der Anlagenerhaltung, Wiesbaden 1968.

–: Anlagen und Anlagenwirtschaft, in: HWB, Hrsg. E. Grochla und W. Wittmann, 4. Aufl., Stuttgart 1974, Sp. 138 ff.

–: Abgrenzung und organisatorische Einordnung der Anlagenwirtschaft im Industriebetrieb, in: ZfbF, 30, 1978, Kontaktstudium, S. 51 ff.

–: Die Stellung der Instandhaltung im Rahmen der Anlagenwirtschaft, in: Instandhaltung – Ein Managementproblem der Anlagenwirtschaft, Hrsg. Schmalenbach-Gesellschaft, 2. Aufl., Köln 1978a, S. 17 ff.

–: Produktionsanlagen, Eignung von, in: HWProd, Hrsg. W. Kern, Stuttgart 1979, Sp. 1465 ff.

–: Die Wahl zwischen Eigenfertigung und Fremdbezug, 2. Aufl., Stuttgart 1981.

–: Erfassung, Planung und Kontrolle von Instandhaltungskosten, in: DB, 37, 1984, S. 677 ff. und S. 730 ff.

–(Hrsg.): Praxiskonzepte EDV-gestützter Instandhaltung, Köln 1987.

–: Integrierte Anlagenwirtschaft, in: Integrierte Anlagenwirtschaft, Hrsg. W. Männel, Köln 1988, S. 1 ff.

–(Hrsg.): Integrierte Anlagenwirtschaft, Köln 1988a.

–: Methoden zur Planung von Instandhaltungskosten, in: Perspektiven, Führungskonzepte und Instrumente der Anlagenwirtschaft, Hrsg. W. Männel, Köln 1989, S. 249 ff.

–: Anlagenplanung, in: HWPlan, Hrsg. N. Szyperski, Stuttgart 1989a, Sp. 42 ff.

–(Hrsg.): Perspektiven, Führungskonzepte und Instrumente der Anlagenwirtschaft, Köln 1989b.

–(Hrsg.): Standardsoftware für Instandhaltung und Anlagenwirtschaft, Lauf 1989c.

–: Planung und Budgetierung der Instandhaltungskosten, in: KRP, o.Jg., 1990, S. 245 ff.

–: Softwaresysteme für die Instandhaltung, in: CIM-Management, 7, 1991, Heft 2, S. 4 ff.

–: Anlagencontrolling, in: ZfB-Ergänzungsheft 3, 61, 1991a, S. 193 ff.

Männel, W. und *K. Heck*: Ansätze zur Planung von Instandhaltungskosten, in: WISU, 10, 1981, S. 376 ff. und S. 429 ff.

Marburger, H.: Entgeltfortzahlung bei Arbeitsunfähigkeit, in: Personalwirtschaft, 15, 1988, Heft 4, S. 168 ff.

Marciniak, F.: Anreizeigenschaften von VW-Zirkeln, in: Handbuch Anreizsysteme in Wirtschaft und Verwaltung, Hrsg. G. Schanz, Stuttgart 1991, S. 667 ff.

Marr, R.: Humanvermögensrechnung – Entwicklung von Konzepten für eine erweiterte Rechenschaftslegung der Unternehmen, in: Humanvermögensrechnung, Hrsg. H. Schmidt, Berlin und New York 1982, S. 45 ff.

–(Hrsg.): Arbeitszeitmanagement, Münster 1987.

Marr, R. und *M. Stitzel*: Personalwirtschaft – ein konfliktorientierter Ansatz, München 1979.

Martens, H.: Grundlagen und Formen der Entlohnung, Berlin 1958.
Martin, H.: Verfahren zur Bestimmung der optimalen Fertigungsform, in: VDI-Berichte 1975, Nr. 249, S. 79 ff.
Marx, A.: Die Personalplanung in der modernen Wettbewerbswirtschaft, Baden-Baden 1963.
Marx, H.-J.: Instandhaltung und Qualität, in: Handbuch der Qualitätssicherung, Hrsg. W. Masing, 2. Auflage, München und Wien 1988, S. 547 ff.
Masing, W. (Hrsg.): Handbuch der Qualitätssicherung, 2. Auflage, München und Wien 1988.
Maslow, A. H.: A theory of human motivation, in: Psychological Review, 1943, Juli, S. 370 ff.
May, K. und *E. Mohr*: Probleme und Realisierungschancen individueller Arbeitszeitmodelle, München 1985.
May, K. A.: Problemfelder und Konzeptionen der Bewerberauswahl, Krefeld 1986.
Meffert, H.: Marketing, 7. Aufl., Wiesbaden 1986.
Meffert, H., Bruhn, M., Schubert, F. und *T. Walther*: Marketing und Ökologie, in: DBW, 46, 1986, S. 140 ff.
Meine, H. und *K. Ohl*: Leistungsbezogene Entlohnung bei neuen Produktionssystemen, in: REFA-Nachrichten, 43, 1990, Heft 2, S. 19 ff.
Meinert, R.: Die Entwicklung der Arbeitszeit in der deutschen Industrie 1820–1956, Diss. Münster 1958.
Meisner, M., Wagner, D. und *E. Zander*: Arbeitsbewertung bei neuen Technologien, in: Management-Zeitschrift io, 56, 1987, S. 234 ff.
–: Personal und neue Technologien, München und Wien 1991.
Mellerowicz, K.: Personal- und Sozialaufwand, in: HWP, Hrsg. E. Gaugler, Stuttgart 1975, Sp. 1662 ff.
–: Betriebswirtschaftslehre der Industrie, Bd. 1, 7. Aufl., Freiburg/Br. 1981.
–: Betriebswirtschaftslehre der Industrie, Bd. 2, 7. Aufl., Freiburg/Br. 1981a.
Mentzel, W.: Unternehmenssicherung durch Personalentwicklung, 4. Aufl., Freiburg 1989.
Mertens, P.: Die gegenwärtige Situation der betriebswirtschaftlichen Instandhaltungstheorie, in: ZfB, 38, 1968, S. 805 ff.
–: Instandhaltungsplanung, in: HWB, Hrsg. E. Grochla und W. Wittmann, 4. Aufl., Stuttgart 1975, Sp. 1966 ff.
Mertins, K.: Entwicklungsstand flexibler Fertigungssysteme – Linien-, Netz- und Zellenstrukturen, in: ZwF, 80, 1985, S. 249 ff.
Merz, E.: Betriebliches Vorschlagswesen, Landsberg/Lech 1988.
Mexis, N. D.: Instandhaltungstechnische Schwachstellenanalyse, in: Instandhaltung, Hrsg. H. J. Warnecke, Köln 1981, S. 176 ff.
Meyer, F. W.: Die vorbeugende Instandhaltung in der chemischen Industrie, Köln 1978.
Meyer, H.-O.: Kommt die Abkehr von der anforderungsbezogenen Grundlohndifferenzierung, in: REFA-Nachrichten, 32, 1979, S. 219 ff.
Middelmann, U.: Planung der Anlageninstandhaltung, Wiesbaden 1977.
–: Grundlagen der Planung und Kontrolle von Instandhaltungskosten in der Eisen- und Stahlindustrie, in: Instandhaltung – Ein Managementproblem der Anlagenwirtschaft, Hrsg. Schmalenbach-Gesellschaft, 2. Aufl., Köln 1978, S. 207 ff.
Minten, B.: MODULAP – Modularprogramm für die Layout-Planung zum Optimieren des Materialflusses, in: VDI-Zeitschrift, 117, 1975, S. 1041 ff.
Möller, W.: Arbeitsbewertung in Industrieunternehmungen, München 1974.
Müller, A.: Lohn- und Gehaltszulagen, in: HWP, Hrsg. E. Gaugler, Stuttgart 1975, Sp. 1282 ff.
Müller, H.: Industrielle Abfallbewältigung. Entscheidungsprobleme aus betriebswirtschaftlicher Sicht, Wiesbaden 1991.
Müller-Limmroth, W.: Arbeitsphysiologie, in: HWP, Hrsg. E. Gaugler, Stuttgart 1975, Sp. 268 ff.

Müller-Merbach, H.: Arbeitskosten im internationalen Vergleich, in: technologie & management, 39, 1990, Heft 4, S. 41 ff.

Neubauer, R.: Die Assessment Center Technik: Ein verhaltensorientierter Ansatz zur Führungskräfteauswahl, in: Handbuch der Angewandten Psychologie, Bd. 1, Hrsg. R. Neubauer und L. von Rosenstiel, München 1980, S. 122 ff.

Neubauer, R. und L. von Rosenstiel (Hrsg.): Handbuch der angewandten Psychologie, Bd. 1, München 1980.

Neuberger, O.: Theorien der Arbeitszufriedenheit, Stuttgart 1974.

Nick, F. R.: Management durch Motivation, Stuttgart 1974.

Niedereichholz, C.: Innerbetriebliche Materialflußplanung, Darmstadt 1979.

Niefer, H.: Planung, Einführung und Optimierung von Gruppenarbeit in der Teilefertigung, München 1993.

Nordhoff, G.: Instandhaltung von Flugzeugen bei der Deutschen Lufthansa AG, in: Werkstattstechnik, 63, 1973, S. 11 ff.

Norton, D. S.: The Empirical and Content Validity of Assessment Centers vs. Traditional Methods of Predicting Managerial Success, in: Academy of Management Review, 2, 1977, S. 442 ff.

Nowak, H.: Auswertung zur Sondererhebung über BVW-Prämiensysteme, in: BVW, 5, 1979, S. 15 ff.

Oechsler, W.: Personal und Arbeit, 3. Aufl. München und Wien 1988.

Ohl, B.: Veränderte Anforderungen durch neue Technik, in: angewandte Arbeitswissenschaft, o.Jg., 1986, Nr. 109, S. 8 ff.

Onken, U.: Thermische Verfahrenstechnik, München 1975.

Opaschowski, H. W.: Von der Geldkultur zur Zeitkultur, in: Handbuch Anreizsysteme für Wirtschaft und Verwaltung, Hrsg. G. Schanz, Stuttgart 1991, S. 35 ff.

Ordelheide, D.: Instandhaltungsplanung, Wiesbaden 1973.

Organ, D. und T. Bateman: Organizational Behavior – An Applied Psychological Approach, 3. Aufl., Plano 1986.

o. V.: Was Instandhaltungssoftware heute leistet, in: CIM-Management, 7, 1991, Heft 2, S. 51 ff.

o. V.: Produktbeschreibung PC-INTALA, o.O. und o.J.

Paasche, J.: Aus der Praxis der Arbeitsbewertung, Kassel 1953.

–: Zeitgemäße Entlohnungssysteme, Essen 1978.

–: Zeitgemäße Lohngestaltung, Essen 1981.

Pahl, G. und W. Beitz: Konstruktionslehre, 2. Aufl., Berlin 1986.

Panne, H. und G. Schult: Personalwesen, Bielefeld 1978.

Pfeiffer, W. und R. Dögl: Das Technologie-Portfolio-Konzept zur Beherrschung der Schnittstelle Technik und Unternehmensstrategie, in: Strategische Unternehmungsplanung – Strategische Unternehmungsführung, Hrsg. D. Hahn und B. Taylor, 6. Aufl., Heidelberg 1992, S. 254 ff.

Pfeiffer, W., Dörrie, U. und E. Stoll: Menschliche Arbeit in der industriellen Produktion, Göttingen 1977.

Pfeiffer, W. und E. Staudt: Arbeitsgruppen, teilautonome, in: HWO, Hrsg. E. Grochla, 2. Aufl., Stuttgart 1980, Sp. 112 ff.

Pham, T. T. und M. Prestel: Vom CAD-Layout zum Simulationsmodell, in: ZwF, 85, 1990, S. 296 ff.

Pleiss, U.: Sozialleistungen, betriebliche, in: HWP, Hrsg. E. Gaugler, Stuttgart 1975, Sp. 1821 ff.

Polke, M. und F. Portele: Stand und Entwicklung der Prozeßleittechnik für die Textilindustrie, in: Melliand Textilberichte, 65, 1984, S. 291 ff.

Popp, W.: Simultane strategische Planung betrieblicher Funktionsbereiche, in: Strategische Unternehmungsplanung – Strategische Unternehmungsführung, Hrsg. D. Hahn und B. Taylor, 6. Aufl., Heidelberg 1992, S. 718 ff.

Post, H. und *N. Thom*: Verbesserung und Ausbau des Betrieblichen Vorschlagswesens, in: BVW, 6, 1980, S. 114 ff.
Potthoff, E.: Betriebliches Personalwesen, Berlin und New York 1974.
Potthoff, E. und *K. Trescher*: Controlling in der Personalwirtschaft, Berlin und New York 1986.
Quick, J. H., Duncan, J. H. und *J. A. jr. Malcolm*: Das Work-Factor-Buch, München 1965.
Rademacher, M.: Arbeitszeitverkürzung und -flexibilisierung, Wiesbaden 1990.
Rant, Z.: Exergie, ein neues Wort für „technische Arbeitsfähigkeit", in: Forsch Ing.-Wes., 22, 1956, S. 36 f.
Rationalisierungskuratorium der Deutschen Wirtschaft e. V. (RKW) (Hrsg.): RKW-Handbuch – Praxis der Personalplanung, Neuwied und Darmstadt 1978.
Rausch, J.: Entlohnungstendenzen bei Volkswagen, in: Personal, 42, 1990, S. 153 ff.
–: Auswirkungen neuer Fertigungstechniken auf die Entlohnung bei Volkswagen, in: Handbuch Anreizsysteme in Wirtschaft und Verwaltung, Hrsg. G. Schanz, 1991, S. 233 ff.
REFA e. V. (Hrsg.): Methodenlehre des Arbeitsstudiums, Teil 5, München 1974.
– (Hrsg.): Methodenlehre des Arbeitsstudiums, Teil 2, 6. Aufl., München 1978.
– (Hrsg.): Methodenlehre des Arbeitsstudiums, Teil 1, 7. Aufl., München 1984.
– (Hrsg.): Methodenlehre des Arbeitsstudiums, Teil 3, 7. Aufl., München 1985.
– (Hrsg.): Methodenlehre der Planung und Steuerung, Teil 5, 4. Aufl., München 1985a.
– (Hrsg.): Methodenlehre der Planung und Steuerung, Teil 2, 4. Aufl., München 1985b.
– (Hrsg.): Methodenlehre der Planung und Steuerung, Teil 3, 4. Aufl., München 1985c.
– (Hrsg.): Fachbuchreihe Betriebsorganisation: Methoden der Produktionsplanung und -steuerung, Bd. 3, 2. Aufl., München 1987.
– (Hrsg.): Methodenlehre der Betriebsorganisation. Anforderungsermittlung (Arbeitsbewertung), München 1989.
– (Hrsg.): Methodenlehre der Betriebsorganisation. Entgeltdifferenzierung, München 1989a.
– (Hrsg.): Methodenlehre der Betriebsorganisation. Arbeitspädagogik, München 1989b.
Rehwinkel, G.: Optimale Bearbeitungsreihenfolge von Instandhaltungsprojekten, in: KRP, o.Jg., 1976, S. 125 ff.
Reiche, H.-J.: Zehn Jahre rechnergestützte Fabrikplanung in einem Automobilunternehmen, in: VDI Berichte 824: Tagungsbericht der VDI-Gesellschaft Produktionstechnik (ADB), Rechnergestützte Fabrikplanung '90: Vom Werkzeug zum ganzheitlichen Ansatz, Hrsg. VDI (Verein Deutscher Ingenieure), Düsseldorf 1990, S. 151 ff.
Reichmann, T.: Lagerhaltungspolitik, in: HWProd, Hrsg. W. Kern, Stuttgart 1979, Sp. 1060 ff.
–: Controlling mit Kennzahlen – Grundlagen einer systemgestützten Controlling-Konzeption, 2. Aufl., München 1990.
Reichwald, R. und *D. Mrosek*: Produktionswirtschaft, in: Industriebetriebslehre, Hrsg. E. Heinen, 8. Aufl., Wiesbaden 1985, S. 361 ff.
Remer, A.: Personalmanagement, Berlin 1978.
Remppel, N.: Was ist ein Tarifvertrag?, in: Industriegewerkschaft Metall (Hrsg.), Arbeitsheft 920, o.O. 1968.
Reuter, E.: Möglichkeiten und Grenzen betrieblicher Vermögensrechnung und Berichterstattung im Bereich des Humankapitals aus der Sicht der Praxis, in: Humanvermögensrechnung, Hrsg. H. Schmidt, Berlin und New York 1982, S. 241 ff.
Richardi, R.: Betriebsvereinbarung, in: HWP, Hrsg. E. Gaugler, Stuttgart 1975, Sp. 714 ff.
–: Mitbestimmungsgesetze, in: HWP, Hrsg. E. Gaugler und W. Weber, 2. Aufl., Stuttgart 1992, Sp. 1419 ff.
Rickert, M.: Strukturdesign moderner Fabriken, in: VDI-Zeitschrift, 131, 1989, Heft 12, S. 77 ff.
Rieper, B.: Hierarchische Entscheidungsmodelle in der Produktionswirtschaft, in: ZfB, 55, 1985, S. 770 ff.
Rinne, H.: Strategien der Instandhaltung, Meisenheim 1972.
Rohmert, W.: Arbeitsgestaltung, Heidelberg 1968.

Rohmert, W. und *K. Landau*: Das arbeitswissenschaftliche Erhebungsverfahren zur Tätigkeitsanalyse (AET), Bern, Stuttgart und Wien 1979.
Rosenstiel von, L.: Grundlagen der Organisationspsychologie, 2. Aufl., Stuttgart 1987.
Rudolf, B.: Rahmenvereinbarung über flexible Arbeitszeitsysteme – Flexibilität grossgeschrieben, in: Asea Brown Boveri Hauszeitung, 49, 1991, Heft 6, S. 18 ff.
Sämann, W., Pischetsrieder, B. und *B. Schaible*: Erfahrungen mit der Arbeitsstrukturierung in der Automobilindustrie, in: ZfB, 48, 1978, Diskussionsforum, S. 76 ff.
Sanfleber, H., Ollenschläger, G. und *J. Schumacher*: Kosten der Instandhaltung, in: Instandhaltung – Ein Managementproblem der Anlagenwirtschaft, Hrsg. Schmalenbach-Gesellschaft, 2. Aufl., Köln 1978, S. 163 ff.
SAP AG (Hrsg.): System RM-INST Instandhaltung – Funktionsbeschreibung, Walldorf 1988.
– (Hrsg.): System RP – Funktionsbeschreibung, Walldorf 1990.
Schanz, G. (Hrsg.): Handbuch Anreizsysteme für Wirtschaft und Verwaltung, Stuttgart 1991.
Scharf, D.: Eigenkapitalbeteiligung der Mitarbeiter über eine Gewinnbeteiligung, Thun und Frankfurt/M. 1981.
Schaub, G.: Arbeitsrechts-Handbuch, 6. Aufl. München 1987.
–: Die Altersarbeitszeit, in: Betriebs-Berater, 44, 1989, S. 1751 ff.
Scheer, A.-W.: Instandhaltungspolitik, Wiebaden 1974.
–: Instandhaltung, strategische Modelle zur, in: HWProd, Hrsg. W. Kern, Stuttgart 1979, Sp. 823 ff.
– (Hrsg.): Rechnungswesen und EDV, 8. Saarbrücker Arbeitstagung 1987, Heidelberg 1987.
–: Wirtschaftsinformatik, 3. Aufl., Berlin u.a. 1990.
–: CIM – Der computergesteuerte Industriebetrieb, 4. Aufl., Berlin u.a. 1990a.
Scheffold, A. und *K. Schröter*: Entgelt 2000 – Grundkonzeption zukünftiger Systeme der leistungsorientierten Entgeltdifferenzierung, in: FB/IE, 38, 1989, S. 310 ff.
Scheidl, K.: Lohngerechtigkeit, in: HWP, Hrsg. E. Gaugler, Stuttgart 1975, Sp. 1215 ff.
–: Die Bedeutung der Entgeltgerechtigkeit für die Leistungsmotivation, in: Handbuch Anreizsysteme in Wirtschaft und Verwaltung, Hrsg. G. Schanz, 1991, S. 257 ff.
Schelo, J.: Integrierte Instandhaltungsplanung und -steuerung mit elektronischer Datenverarbeitung, Berlin 1972.
Scherrer, G.: Anlagenrechnung, in: HWR, Hrsg. E. Kosiol, K. Chmielewicz und M. Schweitzer, 2. Aufl., Stuttgart 1981, Sp. 50 ff.
Schildknecht, M.: Wie man flexible Arbeitszeiten plant und einführt, Zürich 1986.
Schlaich, K.: Akkordlohn, in: HWP, Hrsg. E. Gaugler, Stuttgart 1975, Sp. 1 ff.
–: Systeme vorbestimmter Zeiten, in: HWP, Hrsg. E. Gaugler, Stuttgart 1975a, Sp. 1900 ff.
Schmalenbach-Gesellschaft (Hrsg.): Instandhaltung – Ein Managementproblem der Anlagenwirtschaft, 2. Aufl., Köln 1978.
Schmidbauer-Jurascheck, B.: Arbeitsphysiologische Probleme im Betrieb, Wiesbaden 1961.
Schmidt, H. (Hrsg.): Humanvermögensrechnung, Berlin und New York 1982.
Schmidt, R. H.: Grundzüge der Investitions- und Finanzierungstheorie, 2. Aufl., Wiesbaden 1986.
Schmied, V.: Alternativen der Arbeitsgestaltung und ihre Bewertung, Wiesbaden 1982.
Schmigalla, H.: Methoden zur optimalen Maschinenanordnung, Berlin 1970.
Scholz, C.: Personalmanagement, 2. Aufl., München 1991.
Scholz, K. und *W. Steiner*: Leistungsbewertung und Leistungsentlohnung für Angestellte, Frankfurt/M. 1968.
Schonberger, R.J.: World Class Manufacturing, New York und London 1986.
Schönfeld, H.-M.: Führungskräfte, Aus- und Weiterbildung, in: HWP, Hrsg. E. Gaugler, Stuttgart 1975, Sp. 889 ff.
–: Personalkostenplanung, in: HWP, Hrsg. E. Gaugler und W. Weber, 2. Aufl., Stuttgart 1992, Sp. 1735 ff.

Schuchert, M.: Gleiches muß auch gleich besteuert werden – VV gegenüber Arbeitnehmererfindung diskriminiert, in: Blick durch die Wirtschaft, 26, 1983, Nr. 120 vom 25.07.1983, S. 4.
Schuh, S., Schultes-Jaskolla, G. und *U. Stitzel*: Alternative Arbeitszeitstrukturen, in: Arbeitszeitmanagement, Hrsg. R. Marr, Münster 1987, S. 92 ff.
Schulte, A.: Leistungsbezogene Entlohnung als Teil der Planung und Gestaltung des Einsatzes von CNC-Werkzeugmaschinen, in: angewandte Arbeitswissenschaft, o.Jg., 1989, Nr. 122, S. 1 ff.
Schulte, B.: Arbeitsstudium, in: HWP, Hrsg. E. Gaugler, Stuttgart 1975, Sp. 369 ff.
Schulte, Ch.: Personal-Controlling mit Kennzahlen, München 1989.
Schulte, W.: Ausfallzeiten vermeiden – den Sollzustand wieder herstellen, in: Instandhaltungsmanagement der 90er Jahre, Hrsg. W. Schulte und G. Küffner, Frankfurt/M. 1988, S. 11 ff.
Schulte, W. und *G. Küffner* (Hrsg.): Instandhaltungsmanagement der 90er Jahre, Frankfurt/M. 1988.
Schulze, H.-W.: Lohn- und Gehaltsabrechnung, in: HWP, Hrsg. E. Gaugler, Stuttgart 1975, Sp. 1238 ff.
Schumann, W.: Layoutplanung bei automatisierter Einzelproduktion, Diss. Gießen 1985.
Schuster, H.: Betriebliche Vermögensbeteiligung durch Belegschaftsaktien bei der Hoechst AG, in: Personalführung, o.Jg., 1988, S. 606 ff.
Schwab, B.: Das Mitbestimmungsrecht des Betriebsrats (Personalrats) im Bereich des Betrieblichen Vorschlagswesens, in: BVW, 13, 1987, S. 150 ff.
–: Rechtliche Probleme des Betrieblichen Vorschlagswesens, in: Personal, 42, 1990, S. 214 ff.
Schwalbe, H.-P. und *G. Koch*: Investitions-Wertanalyse, in: technologie & management, 37, 1988, Heft 1, S. 24 ff.
Schwarz, H.: Stellenbeschreibung, in: HWP, Hrsg. E. Gaugler, Stuttgart 1975, Sp. 1879 ff.
–: Betriebsorganisation als Führungsaufgabe, 9. Aufl., Landsberg/Lech 1983.
Schwinn, R.: Anlagenwirtschaft, in: HWProd, Hrsg. W. Kern, Stuttgart 1979, Sp. 62 ff.
–: Grundlagen der Instandhaltungsplanung und -politik, in: BFuP, 36, 1984, S. 1 ff.
Scriabin, M. und *R. C. Vergin*: A cluster-analytic approach to facility layout, in: Management Science, 31, 1985, S. 33 ff.
Seidel, E. und *H. Menn*: Ökologisch orientierte Betriebswirtschaft, Stuttgart 1988.
Seliger, G.: Wirtschaftliche Planung automatisierter Fertigungssysteme, München 1983.
Seliger, G. u.a.: Integrierte Montageplanung – vom Produkt zum Anlagenlayout, in: VDI Berichte 824: Tagungsbericht der VDI-Gesellschaft Produktionstechnik (ADB), Rechnergestützte Fabrikplanung '90: Vom Werkzeug zum ganzheitlichen Ansatz, Hrsg. VDI (Verein Deutscher Ingenieure), Düsseldorf 1990, S. 175 ff.
Sherif, Y. S. und *M. L. Smith*: Optimal Maintenance Models for Systems subject to Failure – A Review, in: Naval Research Logistics Quarterly, 28, 1981, Heft 1, S. 47 ff.
Sieben, G. und *Th. Schildbach*: Anlagenverzehr, in: HWProd, Hrsg. W. Kern, Stuttgart 1979, Sp. 53 ff.
Siebke, J.: Gewinnbeteiligung, in: Management-Enzyklopädie, Bd. 4, 2. Aufl., Landsberg/Lech 1983, S. 247 ff.
Siemens AG (Hrsg.): TELEPERM M, Das Prozeßleitsystem, o.O., o.J.
Söllner, A.: Grundriß des Arbeitsrechts, 9. Auflage, München 1987.
Sonntag, K.: Auswirkungen neuer Produktionstechniken auf die Personalentwicklung, in: Personalwirtschaft, 13, 1986, Heft 8, S. 301 ff.
Spur, G.: Optimierung des Fertigungssystems Werkzeugmaschine, München 1972.
–: Entwicklungstendenzen von spanenden Werkzeugmaschinen, in: ZwF, 71, 1976, S. 83 ff.
–: Neue Technologie und Arbeitsorganisation, in: REFA-Nachrichten, 38, 1985, Heft 3, S. 10 ff.
–: CIM – Die informationstechnische Herausforderung an die Produktionstechnik, in: Vortragsband zum Produktionstechnischen Kolloquium, Berlin 1986, S. 5 ff.

–: Einführung in die Montagetechnik, in: Handbuch der Fertigungstechnik, Bd. 5, Hrsg. G. Spur, München und Wien 1986a, S. 591 ff.

–: Fertigungstechnik, ZWF-Sonderdruck, Lehrblatt 002, Einführung in die Fertigungstechnik, München o.J.

Spur, G., Viehweger, B. und *B. Wieneke-Toutaoui*: Simulationssystem für flexible Fertigungssysteme mit automatisiertem Werkzeugfluß, in: ZwF, 83, 1988, S. 269 ff.

Spur, G. u.a.: Modellierung von Informations- und Materialflüssen für die Auslegungsplanung, in: ZwF, 85, 1990, S. 8 ff.

Staehle, W. und *J. Sydow*: Führungsstiltheorien, in: HWFü, Hrsg. A. Kieser, G. Reber und R. Wunderer, Stuttgart 1987, Sp. 661 ff.

Stahlknecht, P. (Hrsg.): Einführung in die Wirtschaftsinformatik, 4. Aufl., Berlin u.a. 1989.

Statistisches Bundesamt (Hrsg.): Statistisches Jahrbuch 1990 für die Bundesrepublik Deutschland, Stuttgart 1990.

Staudt, E. u.a.: Anreizsysteme als Instrument des betrieblichen Innovationsmanagements, in: ZfB, 60, 1990, S. 1138 ff.

Steffen, R.: Ermittlung von Anlagenkosten auf der Grundlage betriebswirtschaftlicher Instandhaltungsstrategien, in: ZwF, 69, 1974, S. 303 ff.

–: Produktionsplanung bei Fließbandfertigung, Wiesbaden 1977.

–: Die Bestimmung von Kapazitäten und ihrer Nutzung in der industriellen Fertigung, in: ZfbF, 32, 1980, S. 173 ff.

–: Verbindung computergestützter Erzeugniskonstruktion (CAD) mit der Kosten- und Erlösrechnung in CIM-Konzeptionen, in: ZfbF, 43, 1991, Kontaktstudium, S. 359 ff.

Steger, U.: Umweltmanagement, Wiesbaden 1988.

Steinmann, H. und *G. Schreyögg*: Management, Wiesbaden 1990.

Stobbe, A.: Volkswirtschaftslehre I, 6. Aufl., Berlin, Heidelberg und New York 1984.

Straube, F.: Die integrierte Instandhaltung, in: CIM-Management, 5, 1989, Heft 1, S. 52 ff.

Stüdemann, K.: Rechtsvorschriften für die Produktion, in: HWProd, Hrsg. W. Kern, Stuttgart 1979, Sp. 1776 ff.

Szyperski, N. unter Mitarbeit von *U. Winand* (Hrsg.): Handwörterbuch der Planung (HWPlan), Stuttgart 1989.

Talbot, F. B., Patterson, J. H. und *W. V. Gehrlein*: A comparative evaluation of heuristic line balancing techniques, in: Management Science, 32, 1986, S. 430 ff.

Tannenbaum, R. und *W. H. Schmidt*: How to choose a leadership pattern, in: Harvard Business Review, 36, 1958, S. 95 ff.

Tempelmeier, H.: Kapazitätsplanung für flexible Fertigungssysteme, in: ZfB, 58, 1988, S. 963 ff.

–: Konfigurierung flexibler Fertigungssysteme auf dem Personal Computer, in: ZwF, 84, 1989, S. 448 ff.

Tempelmeier, H., Kuhn, H. und *U. Tetzlaff*: Analytische Leistungsabschätzung von Flexiblen Fertigungssystemen mit begrenzten lokalen Puffern: Teil A – Serviceblockierung, Arbeitspapier, TH Darmstadt 1988.

–: Analytische Leistungsabschätzung von Flexiblen Fertigungssystemen mit begrenzten lokalen Puffern: Teil B – Transportblockierung, Arbeitspapier, TH Darmstadt 1989.

Teriet, B.: Zeitsouveränität, in: Personal, 33, 1981, S. 94 ff.

Thom, N.: Vorschlagswesen, betriebliches, in: HWProd, Hrsg. W. Kern, Stuttgart, 1984, Sp. 2223 ff.

–: Betriebliches Vorschlagswesen – ein Instrument zur Betriebsführung, 2. Aufl., Bern, Frankfurt/M. und New York 1985.

–: Anreizaspekte im Betrieblichen Vorschlagswesen, in: Handbuch Anreizsysteme in Wirtschaft und Verwaltung, Hrsg. G. Schanz, Stuttgart 1991, S. 595 ff.

Tienes, E.-C.: In „Schwarzen Lägern" schmoren riesige Vermögen, in: Instandhaltungsmanagement der 90er Jahre, Hrsg. W. Schulte und G. Küffner, Frankfurt 1988, S. 153 ff.
Tomandl, T. (Hrsg.): Betriebliche Sozialleistungen, Wien und Stuttgart 1974.
Tönshoff, H. K. u.a.: Wissensbasierte Planung von flexiblen Fertigungsanlagen, in: ZwF, 84, 1989, S. 635 ff.
Tosi, H. und *L. Tosi*: What Managers Need to know About Knowledge-based Pay, in: Organizational Dynamics, 14, 1986, Heft 3, S. 52 ff.
Trefflich, M. L.: Job Sharing – Erhöhung der Produktivität durch mehr Flexibilität und Arbeitszufriedenheit, in: ZfB, 54, 1984, S. 462 ff.
Tritschler, E.: Betriebliches Vorschlagswesen als Prüfungsgegenstand der Internen Revision, in: DBW, 34, 1981, S. 1145 ff.
Tuffentsammer, K. u.a. (Hrsg.): Flexibles Fertigungssystem, Beiträge zur Entwicklung des Produktionsprinzips, Ergebnisse aus dem Sonderforschungsbereich „Fertigungstechnik" der Universität Stuttgart, Weinheim 1988.
Uetz, H.: Instandhaltungsorientierte Planung und Gestaltung bei der Produktentwicklung, in: Instandhaltung, Hrsg. H. J. Warnecke, Köln 1981, S. 227 ff.
Ulrich, E. und *A. Alioth*: Einige Bemerkungen zur Arbeit in teilautonomen Gruppen, in: FB/IE, 26, 1977, S. 159 ff.
Vauck, R. A. und *H. A. Müller*: Grundoperationen chemischer Verfahrenstechnik, 7. Aufl., Dresden 1988.
Verein Deutscher Ingenieure (VDI) (Hrsg.): VDI Berichte 719: Tagungsbericht der VDI-Gesellschaft Produktionstechnik (ADB), Rechnergestützte Fabrikplanung: Erfahrungen und Erkenntnisse, Düsseldorf 1988.
– (Hrsg.): VDI Berichte 824: Tagungsbericht der VDI-Gesellschaft Produktionstechnik (ADB), Rechnergestützte Fabrikplanung '90: Vom Werkzeug zum ganzheitlichen Ansatz, Düsseldorf 1990.
Verwoert, C.: Verknüpfung topologischer Werksstruktur-Istdaten mit dem Simulationsprogramm ASI zur rechnergestützten Fabrikplanung, in: VDI Berichte 719: Tagungsbericht der VDI-Gesellschaft Produktionstechnik (ADB), Rechnergestützte Fabrikplanung: Erfahrungen und Erkenntnisse, Hrsg. VDI (Verein Deutscher Ingenieure), Düsseldorf 1988, S. 71 ff.
Vogt, A.: Dispositionsgrundlage von Personalkosten in Industriebetrieben, Bochum 1983.
–: Personalkostenerfassung und -analyse für Planungs- und Kontrollzwecke, in: ZfbF, 36, 1984, Kontaktstudium, S. 861 ff.
Voigt, J.-P.: Erfassung, Auswertung und Nutzung von Schadendaten in der Eisen- und Stahlindustrie, Braunschweig 1973.
Wagner, D.: Anreizpotentiale und Gestaltungsmöglichkeiten von Cafeteria-Modellen, in: Handbuch Anreizsysteme für Wirtschaft und Verwaltung, Hrsg. G. Schanz, Stuttgart 1991, S. 91 ff.
Waldraff, F.: Sozialleistungen im Betrieb, in: Management-Enzyklopädie, Bd. 8, 2. Aufl., Landsberg/Lech 1984, S. 533 ff.
Waller, N.: Anforderungen an das Bedienungs- und Wartungspersonal, in: Arbeitsvorbereitung, 25, 1988, S. 110 ff.
Warnecke, H. J.: Instandhaltungsgerechte Konstruktion, in: Industrial Engineering, 23, 1974, S. 315 ff.
–: Automatisierung von Fertigungs- und Montageprozessen, in: HWProd, Hrsg. W. Kern, Stuttgart 1979, Sp. 267 ff.
– (Hrsg.): Instandhaltung, Köln 1981.
–: Der Produktionsbetrieb, Berlin u.a. 1984.
Warnecke, H. J. und *W. Dangelmaier*: Layoutplanung – der Stand der Technik, OR-Spektrum, 3, 1981, S. 1 ff.

Warnecke, H. J. und *W. Ernst*: Bildschirmunterstützte Layout-Konstruktion für Fabrikanlagen, in: wt-Zeitschrift für industrielle Fertigung, 66, 1976, S. 39 ff.
Warnecke, H. J. und *H. P. Lentes*: Arbeitsbereicherung, in: Werkstattstechnik, 63, 1973, S. 572 ff. und S. 687 ff.
Wäscher, G.: Innerbetriebliche Standortplanung bei einfacher und mehrfacher Zielsetzung, Wiesbaden 1982.
Wäscher, G. und *P. Chamoni*: MICROLAY: An interactive computer program for factory layout planning on microcomputers, in: European Journal of Operational Research, 31, 1987, S. 185 ff.
Weber, J.: Engpaßplanung im Instandhaltungsbereich, in: KRP, o.Jg., 1984, S. 34 und S. 73.
–: Einführung in das Controlling, 2. Aufl., Stuttgart 1990.
Weck, M.: Werkzeugmaschinen, Bd. 1, Maschinenarten, Bauformen und Anwendungsbereiche, 3. Aufl., Düsseldorf 1988.
Weichardt, H.: Arbeitsmedizin, in: HWP, Hrsg. E. Gaugler, Stuttgart 1975, Sp. 220 ff.
Weil, R.: Prämienlohn und persönliche Zulage, in: Personal, 38, 1986, S. 138 ff.
Weiß, H.: Expertensysteme in der Instandhaltung, in: ZwF, 83, 1988, S. 537 ff.
Wemmerlöv, U. und *N. L. Hyer*: Research issues in cellular manufacturing, in: International Journal of Production Research, 25, 1987, S. 413 ff.
Westermann, H.: Möglichkeiten und Grenzen der Instandsetzung von Betriebsmitteln in Typenwerkstätten, in: REFA-Nachrichten, 4, 1975, S. 339 ff.
Westhues, R. P.: Unterstützung der Instandhaltung durch ein integriertes, umfassendes und branchenneutrales Dialogsystem (RM-INST), in: Standardsoftware für Instandhaltung und Anlagenwirtschaft, Hrsg. W. Männel, Lauf 1989, S. 116 ff.
Wibbe, J.: Leistungsbeurteilung und Lohnfindung, München und Wien 1974.
Wiegel, H.: Modell einer geplanten Instandhaltung, in: Werkstattstechnik, 63, 1973, S. 3 ff.
Wiendahl, H.-P.: Betriebsorganisation für Ingenieure, 2. Aufl., München und Wien 1986.
Wiendahl, H.-P. und *D. Birnkraut*: Ganzheitliche Fabrikplanung – Herausforderung und Chance für Produktionsunternehmen, in: VDI Berichte 824: Tagungsbericht der VDI-Gesellschaft Produktionstechnik (ADB), Rechnergestützte Fabrikplanung '90: Vom Werkzeug zum ganzheitlichen Ansatz, Hrsg. VDI (Verein Deutscher Ingenieure), Düsseldorf 1990, S. 1 ff.
Wiendahl, H.-P. und *W. Enghardt*: Logistikgerechte Fabrik, rechnergestützt geplant, in: ZwF, 80, 1985, S. 131 ff.
Wieneke-Toutaoui, B.: Rechnerunterstütztes Planungssystem zur Auslegung von Fertigungsanlagen, München und Wien 1987.
Wiese, G.: Arbeitsvertrag (I), in: HWP, Hrsg. E. Gaugler, Stuttgart 1975, Sp. 394 ff.
Wieser, G.: 12 Jahre Erfahrung mit der analytischen Arbeitsbewertung, Mitteilungen des IfaA, 1980, Heft 83, S. 3 ff.
Wild, J.: Organisation und Hierarchie, in: ZfO, 42, 1973, S. 45 ff.
Wildemann, H.: Strategische Investitionsplanung für neue Technologien in der Produktion, in: ZfB-Ergänzungsheft 1, 56, 1986, S. 1 ff.
–: Strategische Investitionsplanung – Methoden zur Bewertung neuer Produktionstechnologien, Wiesbaden 1987.
–: Fabrik in der Fabrik durch Fertigungssegmentierung, in: Fabrikplanung, Hrsg. H. Wildemann, Frankfurt/M. 1989, S. 13 ff.
– (Hrsg.): Fabrikplanung, Frankfurt/M. 1989a.
–: Kundennahe computerintegrierte Produktion durch Fertigungssegmentierung, in: Gestaltung CIM-fähiger Unternehmen, Hrsg. H. Wildemann, München o.J., S. 223 ff.
– (Hrsg.): Gestaltung CIM-fähiger Unternehmen, München o.J.
Wille, K.: Kapazitätsermittlung in der Unternehmung, Diss. Gießen 1985.
Winck, P.: Die „Kostenart Instandhaltung" optimieren, in: Instandhaltungsmanagement der 90er Jahre, Hrsg. W. Schulte und G. Küffner, Frankfurt/M. 1988, S. 197 ff.

Wirth, H.: Der Handel mit Sozialleistungen; in: DBW, 45, 1985, S. 236 ff.
Wöhe, G.: Einführung in die Betriebswirtschaftslehre, 17. Aufl., München 1990.
Wollert, A.: Replik zu: Dieter Sadowski, Der Handel mit Sozialleistungen – Zur Ökonomie und Organisation der betrieblichen Sozialpolitik, in: DBW, 45, 1985, S. 234 ff.
Womack, J., Jones, D. und *D. Roos*: The Machine that Changed the World, New York u.a. 1990 (deutsch: Die zweite Revolution in der Autoindustrie, Frankfurt 1991).
Wunderer, R. und *W. Grundwald*: Führungslehre, Bd. 1, Berlin 1980.
Wunderer, R. und *M. Sailer*: Instrumente und Verfahren des Personal-Controlling (II), in: Personalführung, o.Jg., 1987, S. 600 ff.
Wysocki, K. von: Sozialbilanzen, in: HWP, Hrsg. E. Gaugler und W. Weber, 2. Aufl., Stuttgart 1992, Sp. 2025 ff.
Zander, E.: Arbeits- und Leistungsbewertung, Heidelberg 1970.
–: Ziele der betrieblichen Zusatzleistungen im Wandel der Personal- und Sozialpolitik, in: Der zweite Lohn – Personalzusatzleistungen, Hrsg. H. Knebel und E. Zander, Bonn 1982, S. 16 ff.
–: Entgeltformen bei veränderten Technologien, Arbeitszeitstrukturen, und Arbeitszeitregelungen, in: ZfbF, 38, 1986, S. 289 ff.
Zander, E. und *H. Knebel*: Taschenbuch für Arbeitsbewertung, Heidelberg 1978.
–: Taschenbuch für Leistungsbeurteilung und Leistungszulagen, Heidelberg 1980.
Zangemeister, C.: Nutzwertanalyse in der Systemtechnik, 4. Aufl., München 1976.
Zäpfel, G.: Taktisches Produktionsmanagement, Berlin und New York 1989.
Zeh, K.-P.: Rechnergestützte Planung flexibler Fertigungssysteme, in: Flexibles Fertigungssystem, Beiträge zur Entwicklung des Produktionsprinzips, Ergebnisse aus dem Sonderforschungsbereich „Fertigungstechnik" der Universität Stuttgart, Hrsg. K. Tuffentsammer u.a., Weinheim 1988, S. 53 ff.
Zentralverband Elektrotechnik- und Elektronikindustrie e.V. (ZVEI): Personalzusatzaufwand, Mindelheim 1979.
Zimmer, Th. J. M.: Instandhaltung – mehr als ein notwendiges Übel, in: Industrie-Anzeiger, 1977, S. 1197 ff.
Zink, K. J. (Hrsg.): Personalwirtschaftliche Aspekte neuer Technologien, Berlin 1985.
Zinnecker, K.-H. und *L. J. Heinrich*: Systeme vorbestimmter Zeiten, in: Industrielle Produktion, Hrsg. K. Agthe, H. Blohm und E. Schnaufer, Baden-Baden und Bad Homburg v.d.H. 1967, S. 253 ff.
Zmarzlik, J.: Gesetzlicher Rahmen für flexible Arbeitszeitmodelle, in: FB/IE, 38, 1989, S. 10 ff.
Zwickel, K.: Leistung und Vergütung aus der Sicht der Arbeitnehmerinnen und Arbeitnehmer, in: Personal, 42, 1990, S. 100 ff.

Verwendete Abkürzungen für Zeitschriften und Sammelbände

BFuP	Betriebswirtschaftliche Forschung und Praxis
BVW	Betriebliches Vorschlagswesen
DB	Der Betrieb
DBW	Die Betriebswirtschaft
FB/IE	Fortschrittliche Betriebsführung/Industrial Engineering
HWB	Handwörterbuch der Betriebswirtschaft
HWF	Handwörterbuch der Führung
HWO	Handwörterbuch der Organisation
HWP	Handwörterbuch des Personalwesens
HWPlan	Handwörterbuch der Planung
HWProd	Handwörterbuch der Produktionswirtschaft
HWR	Handwörterbuch des Rechnungswesens
KRP	Kostenrechnungspraxis
NB	Neue Betriebswirtschaft
WiSt	Wirtschaftswissenschaftliches Studium
WISU	Das Wirtschaftsstudium
ZfB	Zeitschrift für Betriebswirtschaft
ZfbF	Zeitschrift für betriebswirtschaftliche Forschung
ZfhF	Zeitschrift für handelswissenschaftliche Forschung
ZfO	Zeitschrift für Organisation / Zeitschrift Führung und Organisation
ZwF	Zeitschrift für wirtschaftliche Fertigung

Sachverzeichnis

Abfall(kosten) 283, 396, 401
Ablaufarten 80 f.
Ablauforganisation der Produktion 309
Abnutzung 322 f.
– svorrat 322 f.
Abschreibung 351, 375, 380 ff., 394 ff., 401
– degressive 386
– leistungsbezogene 386
– lineare 386
– sausgangswert 381 f.
– sdauer 401
– sverfahren 351, 386, 401
– sverrechnung je Periode,
  kalkulatorische 384
– über Null hinaus 382, 395
Abweichungsanalyse, auftragsorientierte 350
Akkord 167
– entlohnung 165, 185
– fähigkeit 160
– lohn 110 f., 149 f., 158 ff., 185, 340
– reife 160
– revision 163
– richtlohn 162
Aktivierung 395
Altersversorgung
– betriebliche 173
– und Unterstützung 193 f.
Amortisationsrechnung 259, 261, 376 f.
– statische 259
Amortisationszeit 259, 261, 376 f.
Analytische Arbeitsbewertung 131 ff., 136, 141, 151
Anergie 223
Anforderung
– arbeitsplatzbezogen 115
– sarten 118 ff., 132 f.
– sorientierte Entlohnung 109 ff., 113 ff.
– sprofil 118
– sschemata 116

Angebotspreisbildung 245
Anlagen 211, 218 ff.
– anordnung 213, 267 ff., 358
– arten 218 ff.
– automatisierung 228
– beschaffung 213, 217 ff., 358
– beseitigung 363 ff.
– betriebskosten 257 f.
– beurteilung 246 ff.
– buchhaltung 374, 378, 400 f.
– controlling 396
– einheit, bilanzielle 321, 384 ff., 395
– energietechnische 222 f.
– entsorgung 358, 363 ff.
– ersatz 321 f.
– fertigungstechnische 225 ff.
– fördertechnische 229 ff.
– handhabungstechnische 231
– informationssystem 213, 358, 373 ff.
  – betriebswirtschaftliche
    Aufgabenfelder 374 f., 401
  – Kerninformationen eines -s 401
– informationstechnische 233 f.
– instandhaltung 213, 319 ff., 358
– kapazität 234 ff.
– kartei 378, 381
– kennzahlenrechnung 401
– kosten 336, 351, 377, 380 ff., 394, 401
– lagertechnische 231 ff.
– Layout 267 ff.
– leistungs-Kennzahlen 397 ff.
– materialflußtechnische 229 ff.
– montagetechnische 229
– produktionstechnische 242
– rechnung 378
– statistik 213
– veräußerung 358, 363
– verfahrenstechnische 223 ff., 312
– verfügbarkeit 319, 397
– verwertung 363, 369 f.

– verzehr 364 ff.
– wagniskosten 390 f.
– wirtschaft 211 ff.
Anordnungsprinzip (Layout) 277 f.
Anreiz
– immaterieller 54 f., 179 ff.
– materieller 54 f., 179 ff.
Anreizsystem
– produktionsbereichsbezogenes 112, 179
– Gestaltung des -s 53 f.
Anthropometrik 64 ff.
Äquivalenzprinzip 149
Arbeits- bzw. Stellenbeschreibungen 116
Arbeits- und Betriebszeitgestaltung 85 ff.
Arbeitsanforderungen 140, 195
Arbeitsbedingungen, menschengerechte 60
Arbeitsbereicherung 70 f.
Arbeitsbeschreibung 116
Arbeitsbewertung 111, 115 ff., 122 ff., 157, 205
– analytische 131 ff., 134, 136, 141, 151
– Grundverfahren der 122
– Methoden der 122 ff.
– summarische 122 ff., 136
– sverfahren 140
– von Arbeitsbereichen 142
Arbeitsentgeltgestaltung 22, 104 ff.
– anforderungsorientiert 113, 137 ff.
– leistungsorientiert 148 ff., 158 ff., 167 ff.
– aktuelle Probleme 167 ff.
– qualifikationsorientiert 143 ff.
– sozialorientiert 171 ff.
Arbeitserweiterung 70 f.
Arbeitsfeldgestaltung 68 ff., 75
– gruppenbezogene 68, 70, 72 f.
– personenbezogene 68 ff.
– und Fertigungsorganisation 73
Arbeitsgeschichte 20
Arbeitsgestaltung 57 ff., 64 ff.
– Aktionsvariablen der 76
– menschengerechte 59
– organisatorische 67
– technologische 67 f.
– Wirkungsbereiche der 62
Arbeitsgruppe 141
Arbeitskosten 104 ff.
– je Stunde 104
– erhebung 198
Arbeitsmedizin 17 ff.
Arbeitspädagogik 19

Arbeitspathologie 17 ff.
Arbeitsphysiologie 11 ff.
Arbeitsplatzwechsel 72 f.
Arbeitspsychologie 15 ff.
Arbeitsrecht 22 ff.
Arbeitsschutzgesetze 58 ff.
Arbeitssicherheit 346
Arbeitssituation, Merkmale der 76 f.
Arbeitssoziologie 19
Arbeitsstation 308
Arbeitsstättenverordnung 60
Arbeitsstudium 10 f.
Arbeitssystem 141, 241 ff., 267, 308
– gestaltung 11, 22
Arbeitsteilung
– horizontale 63
– vertikale 63
Arbeitsvertrag 29 f.
Arbeitswert 111, 115, 133, 136 ff.
– studium 11
Arbeitswissenschaft 3, 10 ff.
Arbeitswissenschaftliches Erhebungsverfahren zur Tätigkeitsanalyse (AET) 116 f.
Arbeitszeit 85 ff.
– bestimmungen 89 ff.
– chronometrisch variable 94 f.
– differenzierung 99
– doppelt flexible 103
– flexibilisierung 86, 91 ff.
– flexible 92 ff.
– gestaltung 22, 85 ff.
– individuelle 85, 91 f.
– ordnung 89 f.
– starre 86, 91 f.
– struktur 89
– studium 11
– vorschriften, gesetzliche und tarifliche 90
Assembly Line Balancing 309
Aufbauorganisation 340 f.
– Kennzahlen der 399
Auftrag
– sabrechnung 361, 390
– srückmeldung 361
Ausfall 326
– behebungsstrategie 329 ff.
– verhalten 324, 326
– verteilungen 326
– wahrscheinlichkeiten 331 f., 335
Ausschuß
– anteil 397
– kosten 396, 401

Sachverzeichnis

Auszahlungskapitalwert 260
Automatisierung 8 f., 140, 227 f., 319, 338, 351, 394
Autonome Arbeitsgruppe 168

Bearbeitungszentrum 226, 314
Bedürfnispyramide 16 f.
Bereitschaftskosten 393
Bereitstellungsgrad 397
Beschäftigungsabweichungen 394
Beschäftigungsgrad 238, 393 f., 397
Bestellmenge, optimale 344
Betriebliches Vorschlagswesen 177 ff.
– Organisation des 179 ff.
Betriebs- und Arbeitszeitstruktur 195
Betriebsbereitschaft 397
Betriebsergebnis, kalkulatorisches 393
Betriebsmittelanordnung (Layout) 313
Betriebsmittelgestaltung 64 ff.
Betriebsmodelle 197
Betriebsplankostenrechnung 197
Betriebsrat 34 ff.
Betriebsstoffe 343 f.
Betriebsstoffkosten 396
Betriebsvereinbarung 28 f.
Betriebsverfassungsgesetz von 1972 59
Betriebszeit 85 ff., 101 ff.
– Flexibilisierung der 86, 101 ff.
– gestaltung 85 ff., 101 ff.
– starre 101
– verkürzung 101 ff.
– verlängerung 101 f.
Blocklayout 285, 287
Blockstrategien, opportunistische 335
Branch-and-bound 295
Bruttolohn/-gehalt 184 ff.
Bundesdatenschutzgesetz (BDSG) 207
BVW s. Betriebliches Vorschlagswesen

CAD (Computer Aided Design) 313, 358
CAL (Computer Aided Layout-Planning) 278 f.
CANQ (Computer Analysis of Networks of Queues) 316
Chargenproduktion 312
CIM (Computer Integrated Manufacturing) 278, 319, 358 ff., 373 f., 400 f.
CNC (Computerized Numerical Control)-System 226
Computeranimation 317

CORELAP (COmputerized RElationship LAyout-Planning) 298 ff.
CRAFT (Computerized Relative Allocation of Facilities Technique) 300 ff.

Desinvestition 368, 394
Destruktionskosten 369
Direktentgelt 104 ff.
Dispositive Arbeit 8
DNC (Direct Numerical Control)-System 226
Dreiecksverfahren 296 ff.

EASYLAY 292 ff.
Ecklohn 109
Effektivlohn 111
Eigenbeseitigung 363 ff.
Einflußgrößen 401
Einflußgrößenanalyse (f. Personalkosten) 195 ff.
Eingangslager 292
Einigungsstelle 34
Einschichtbetrieb 240
Einzelproduktion 319
Einzweckmaschine 226
Energie (Anergie, Exergie) 222 f.
Engpaßkapazität 242 f.
Entgelt (s.a. Entlohnung)
– bestandteile 109
– differenzierung 167
– formen 158 ff.
Entlohnung 104 ff., 113, 340
– anforderungsorientierte 109 ff., 113 ff.
– betriebliche 106 ff.
– gerechte 107 f.
– leistungsorientierte 148 ff., 340
– marktorientierte 111 ff.
– qualifikationsorientierte 111, 143 ff.
– skriterien 107
– sozialorientierte 171 ff.
– ssystem 11
– zeitabhängige 113 ff.
– Zielsystem der betrieblichen 107 f.
Entscheidungsmatrix 263 f., 279 ff.
Entsorgung 283, 285, 363 ff.
Erfolgsbeteiligung 113, 174 ff.
Erfolgsermittlung, kalkulatorische 381, 383
Erfolgsrechnung, operative 377
Erfolgsvergleichsrechnung 258
Erfolgsziel 328

Ergebnis- und Finanzplanung, mehrperiodige 372
Ergebnis- und Liquiditätsanalyse, gesamtunternehmungsbezogene 265 f.
ERGOMAS (Ergonomische Gestaltung und Optimierung manueller Arbeitssysteme) 66
Ergonomie 19, 64 ff.
Erholungszeit 85, 153 f.
Ersatzinvestition 321 f., 351, 363, 390, 397
Ersatzteile 343 ff.
Ersatzzeitpunkt, optimaler 371 f.
Exergie 223
Expertensystem 184, 313, 361 f.

Fabrikplanung 267
Factor Comparison Method 133
Fahrerlose Transportsysteme (FTS) 229
Fehlerdiagnose 361 f.
Fehlmengenkosten 345
Feinlayout-Planung 275, 295 ff.
Fertigungssegmentierung 287 f.
Fertigungssystem
– flexibles 314 ff., 395
– handwerkliches 227
– multifunktionales 384 f.
– Strukturvarianten flexibler -e 316 f.
Fertigungstechnik 223, 225 ff.
Fertigungstechnologie 144
Feuerwehrstrategie 331, 333, 335
Finanzmittelbindung 391, 396
Finanzrechnung 383
Fixkosten 309 f., 393 f., 401
Flachbauten 220 ff.
Flexibilität 94, 245, 249, 290, 311
Fließband 309 ff.
– abstimmung 309
– produktion 270
Fließproduktion 74, 270, 280 f., 290, 308 ff.
– fertigungsorganisatorische 308
– ssystem 311
– zeitlich gekoppelte/nicht gekoppelte 308
Fließstrecke 310 ff.
Fluktuationsrate 200 f.
Fördermittel 230, 292
Fördertechnik 229 ff.
Forschungs- und Entwicklungskosten 386 f.
Fortschritt, technischer 327, 364, 381, 395
Fremdbeseitigung 363 ff.

Führungsdichte 399
Führungsprofil 82 ff.
Führungsstil 63, 81 ff.
Fünfzig-%-Methode 392, 396

Gebäude 220 ff.
– abschreibung 221
Gefährdungen, arbeitsbedingte 61 ff.
Gehalt 107
– anforderungsorientiertes 109
– sgruppen 124
Geisterschichten 9
Geldfaktor
– je Arbeitswerteinheit 137
– je Mengeneinheit 160 ff.
– je Vorgabezeiteinheit 162
Geldprämien 180
Genfer Schema 118 f.
– erweitertes 121
Geschäftsfeldplanung 246 f., 250 ff.
Geschoßbauten 221 f.
Gewerbeordnung (GewO) 58
Gleitzeit 92, 95 ff.
– arbeit, Modelle der 95
– in Schichtsystemen 103
– modelle mit Zeitübertragung 97
– regelung 91
Grenzwertkalkül 371 f.
Groblayout 285 f.
– Planung 275, 281 ff.
Großreparatur 319, 357, 390
Grundgehalt 159
Grundlohn 115, 137, 159
– anforderungsorientiert 109, 158
– bei Normalleistung 110
Grundstücke 211, 213, 219 f.
Grundzeit 152 ff.
Gruppenautonomie 74

Hallenbauten 220 f.
Harmonisierung der Teilkapazitäten 243
Herstellkosten
– aktivierungspflichtige 327 f.
Heuristiken 277, 295
Human Resource Accounting 202
Human-Relations-Bewegung 19
Humanisierung 5, 57
Humanziele 214 f., 248 f., 271, 328 f., 346, 367
Hybridfacharbeiter 145

Ideallayout 302, 304 f.
– Idealplanungsverfahren 279, 296
Industriebauten 220 ff.
Industrieroboter 231 f.
Informationskosten 369
Informationssystem
– anlagenwirtschaftliches 373 ff.
Informationstechnik 233 f.
Ingangsetzungsaufwendungen 388
Inspektion 320 ff., 331, 336, 351, 358, 360
– automatisierte 357 f.
Inspektionskosten 369
Inspektionsstrategie 333 ff.
Instandhaltung 237, 239 f., 319 ff., 398
– Aufgaben der 325, 329 ff.
– ausfallbedingte 329 ff.
– Basisstrategien der 323, 329 ff., 377
– Dezentralisation der 340
– DV-gestützte 357 ff.
– Eigen- oder Fremd- 320, 338 f., 342, 354
– informationelle Grundlagen der 323 ff.
– Kennzahlen in der 398
– Organisation der 340 f.
– optionale 347
– sarbeitsplanung 359
– sauftrag 350, 356 f., 360 f.
– sbudget 354 ff.
– scontrolling 359
– sdienstleistungen 343 f.
– seffektivität 398, 400
– seinsatzstoffe 343
– shilfsstoffe 343
– shistorie 361
– sintensität 398, 400
– skapazität 336 ff., 401
– skontrolle 320 f., 350
– skosten 328 f., 336, 344, 350 ff., 356, 364, 386, 389 f., 395 f., 401
 – budget 354
 – planung 324, 350 ff., 354 ff.
  – auftragsbezogene 356 f.
  – periodenbezogene 354 ff.
– sleistungen 342, 355
– smaterial 343
– spersonal 337 f.
– splankostenrechnung 354, 401
– splanung 320, 336 ff.
 – operative 341 ff.
 – und -steuerung (IPS) 347, 360
– sprozeßplanung 346 ff., 356
– ssteuerung 320; 341, 349 f.

– sstrategien 329 ff.
– sterminplanung 346 ff.
– szeiten 243
– vorbeugende 320, 329 ff., 352 ff.
– Zentralisation der 340
– Ziele der 325, 328 f.
Instandsetzung 319 ff., 331 f.
INTALA (INTerAktive LAyoutplanung) 306 f.
Interne Zinsfußmethode 260, 401
– modifizierte 260
Investitionsbegleitrechnung 379
Investitionsentscheidung 374 f.
Investitionskette 372
Investitionskontrolle 375, 378 ff.
Investitionsplanung 374 ff., 378
Investitionsrechnung 336, 368 ff., 374 ff.
– dynamische 246, 259 ff., 367 ff., 370 ff.
– statische 257 ff., 368 ff.
Investitionssumme 375, 380, 382, 394, 396, 401

Jahresarbeitszeit 87 f.
– modelle 92, 98
Jahressollarbeitszeit 88
Jahresurlaub 88
Job Enlargement 70 f., 73 f.
Job Enrichment 71 ff.
Job Rotation 70, 72 ff.
Job Sharing 91, 99

Kalkulation 356 f.
Kalkulatorische Verzinsung 259
Kapazität 234 ff., 397
– Determinanten der 241 ff.
– eines Arbeitssystems 235
– eines Potentialfaktors 235
– Perioden- 237
– qualitative 236, 248 f., 319, 329
– quantitative 236, 248 f., 319, 328
– sabbau 245
– sangebot 348
– sbedarf 217, 348
– sbelegungsplanung, instandhaltungspotentialorientierte 346 ff.
– sdefinition 235
– smessung 235 ff.
– snutzung 238, 393 f.
 – Determinanten der 241 ff.
 – Messung der 235 ff.
– sgrad 237 f.

– splanung 361
– srestriktionen 237
– Total- 237
Kapitalbindung 344 f., 376 f., 391 ff., 214
Kapitalrückflußzeit 376 f.
Kapitalverzinsung, effektive 259
Kapitalwert 259, 367, 370 ff., 401
– methode 259, 336, 376
KAPOVAZ (Kapazitätsorientierte variable Arbeitszeit) 92, 98 f., 103
Kennzahlen 279, 284, 350, 397 ff.
– ermittlung, anlagenbezogene 378
– system 350
Kernarbeitszeit 95
Kirchensteuerabzug 184
Konstruktion 326 f.
– skosten 369
Kontibetrieb 95, 101
Kontraktlohn 168
Kooperationsgrad 287
Kosteneinflußgrößen 401
– funktionen 397
Kostenvergleichsrechnung 257 f., 335 f.
Krankenversicherung 187
Kuppelproduktion 239
Kurzarbeit 92, 95

Lageplan 281
Lager 231 ff., 288, 291 f.
– anordnung 291 f.
– haltung 291 f., 344 f.
– kosten 344 f., 377
Langfristkalkulation 246, 261 f., 374, 401
Lastgrad 238
Layout 63, 267 ff.
– abhängige Kosten 272 ff.
– Gestaltung 218, 285, 288, 401
– Kosten 272 ff., 401
– Planung 213, 267 ff., 377
 – analytische Verfahren der 295
 – bei Fließproduktion 308 ff.
 – bei Werkstattproduktion 295 ff.
 – bei Zentrenproduktion 314 ff.
 – dynamische 278 f.
 – EDV-unterstützte 278 f., 292 ff., 298 ff., 313, 318
 – Eröffnungsverfahren der 296 ff.
 – heuristische Verfahren der 295 f.
 – interaktive 305 ff.
 – Ziele der 271 ff.

– Zuordnungsverfahren der 275, 277 f.
Lean production 74, 81, 245, 308
Lebensdauer
– technische 237
– verteilungen 326
Leer
– kapazität 241
– kosten 245, 272 f., 309 f., 393, 401
 – analyse 394
– zeiten 243, 341
– zeitstrategie 347
Leistung 149, 167, 169, 238 f., 397
– sabstimmung 309
– sbeurteilung 151
– sbewertung 115 f., 151 ff.
 – analytische 158
 – qualitative 149, 151, 157
 – quantitative 151 ff.
 – summarische 158
– sfaktor 153, 156
– sgrad 148 f., 151 ff., 163, 169, 238 f.
 – individueller 152
 – intensitätsmäßiger 152
– skennzahlen 297 ff.
– slohn 110 f.
 – individueller 158
– smerkmale 157 f.
– sorientierte Entlohnung 148 ff.
– sverrechnung, innerbetriebliche 361
– swert 157
– szulage 159, 161
Line Balancing 309
Liquiditätsanalyse 265 f.
Logistikkosten 396 f.
Lohn 107
– findung 110
– formen 150, 158 ff., 195
– gerechtigkeit 107
– gruppe 123 f., 142
– gruppenverfahren 123 ff.
– gleichung 137
– kosten
 – für geleistete Arbeitszeit 193
 – für Ausfallzeiten 193
– linie 111, 137 ff.
– niveau 142
– rahmentarifvertrag 123
– schlüssel 124
– steuerabzug 184
– stückkosten 159 f., 163 ff.
Lohn-/Gehaltsabrechnung 182 ff.

Sachverzeichnis 433

Management by Exception (MbE) 168
Management by Objectives (MbO) 168
Markt-, Technologie- und Ökologieportfolio, dynamisches 254
Marktportfolio 250
Maschine 225 ff.
Maschinenschutzgesetz 59
Maschinisierung 227
Materialfluß 229, 281 ff.
– diagramm 283, 306
– matrix 299
Maximalintensität 238
Measured-Day-Work 169 f.
Mechanisierung 140
Mehrarbeit 92, 94 f., 115
Mehrfaktorenprämienlöhne 164
Mehrmaschinensysteme 226 f.
Mehrschichtarbeit 95
Mehrschichtbetrieb 240
Mehrzweckmaschine 226
Methods-Time-Measurement-Verfahren 155
MICROLAY 306
Mindestentgelt 137
Mindestlohn 137
Minutenfaktor 162
Mitbestimmung 30 ff.
– betriebliche 30 ff.
– der leitenden Angestellten 38
– Ebenen der 32
– sinstitutionen 34
– sorgane 34
– srechte 33 ff.
  – des Betriebsrates 36
– und Führungsprozeß 31
Modernisierung 327 f., 351, 372, 390, 395
– saufwendungen/-kosten 327 f., 351, 401
Modifizierte interne Zinsfußmethode 260
MODULAP (MODUlarprogramm für die LAyoutPlanung) 302 ff.
Montage 229
Motivationstheorien 15 ff.
MVA (Mean-Value Analysis) 316

Nachtarbeit 114
NC (Numerical Control)-System 226
Nettolohn/-gehalt 186
Netzplantechnik 349
Netzwerkmodelle 206
Normalarbeitszeit 85 f.
– starre 93

Normalgrundzeit 153 ff.
Normalleistung 115, 137, 149, 156, 159, 162
Normallohn (NL) 137
Normalzeit 152 ff.
– ermittlung nach REFA 152 ff.
Nutzkosten 393, 401
– analyse 394
Nutzungsdauer
– optimale 367, 370 ff.
– wirtschaftliche 237, 314, 319, 375 f., 382, 385, 396
– verlängerung 382
Nutzungsgrad 165 f., 397
Nutzungshauptzeit 397
Nutzungsnebenzeit 397
Nutzungspotential 331, 333
Nutzungszeit, verfügbare 239 f.
Nutzwertanalyse 246 f., 256, 263 ff., 279 ff., 367 f., 372

Ökologie
– attraktivität 252 f.
– portfolio 251 ff.
– stärke 252 f.
– strategie 246, 251 ff.
Opportunitätskosten 329, 352, 393
Optimierungsmodelle zur Betriebsmittelanordnung 313 f.

Pauschallöhne 169
Pay-off
– Periode 376 f., 401
– Rechnung 391
Periodenerfolgsermittlung, kalkulatorische 383, 386 f., 396
Periodenkapazität 237, 395
– sgrößen 237
Personal-Controlling 183
Personal-Informationssystem 6 f., 22, 182 ff., 203 ff.
Personal-Kennzahlen 200
Personalaufwandarten 189 ff.
– Einflußgrößen der 189 ff.
Personalbasisaufwand/-kosten 188 f., 194
Personalbedarf 6, 39 ff., 200
Personalbeschaffung 6, 44 ff., 200
– Planung der 44 ff.
Personaldatenbank 203 ff.
Personaleinsatz 6, 48 f., 200
– Planung des -es 48 f., 144

434 Sachverzeichnis

Personalentwicklung 6, 49 ff., 200
- Maßnahmen der 53
- Planung der 49 ff.
Personalerhaltung 6, 53 ff., 200
Personalfreistellung 6, 55 f., 200
Personalführung 5 f.
Personalkosten 187 ff.
- analyse 197
- arten 193 f.
- direkte 193
- Dokumentation der 197
- einflußgrößen 195 f., 199
- planung 198 f.
  - modellgestützte 199
- primäre 187 f.
- rechnung 187 ff.
- sekundäre 188
Personalleasing 45 f.
Personalnebenkosten 194
Personalplanung 38 ff.
Personalstatistik 199 ff.
Personalverwaltung 6, 182 ff.
Personalwesen 6
Personalwirtschaft 3 ff.
- Teilbereiche der 6 ff.
Personalzusatzaufwand/-kosten 104 ff.
188 ff., 194
- betrieblich 192
- gesetzlich 189 f.
- tariflich 191
Physiologische Leistungsfähigkeit 13 f.
Plankostenrechnung 197
Planung
- hierarchische 274, 314
- simultane 274
Point Rating Method 133
Portfolioanalyse 246, 250 ff.
Potentialplanung, strategische 246 f., 250 ff.
Präferenzmatrix 298 ff.
Prämie 167, 179
Prämienlohn 110 f., 149 f., 158, 163 ff., 185, 340
- linie 166
Prämienobergrenze 166
Prämienuntergrenze 166
Präventivstrategie 329 f., 333 ff.
Preisindexmethode 381, 396
Preiskalkulation 384
Prioritätsregeln 348 f.
Produktionsablaufschema 281

Produktionsanlagen 211, 218 ff.
- aktive 218 f., 222 ff.
- automatisierte 338
- ortsgebundene 275
- passive 218 ff.
- Systematik der 219
Produktionsinsel 75, 314
Produktionsorganisation 242
Produktionspersonal 341
Produktionsplanung und -steuerung (PPS) 347, 400
Produktionsprozeßplanung 347
Produktionsstufen 242 f.
Produktionssystem, flexibles 227
Produktionstiefe 243
Produktionsverfahren 242
Produktionswabe 311
Produktionszelle, flexible 227, 314
Produktkalkulation 261 f., 374, 383, 393
Produktprogramm 217, 241
Programmlohn 169 f.
Programmplanung
- strategische 246
Projektmanagement 275
Prozeßcontrolling, operatives 400
Prozeßinformationssystem 400
Pufferlager 308 f.

Qualifikation 49 f., 140
- sorientierte Entlohnung 111, 143 ff.
- sprofil 140
Qualitätssicherung 350
Quantenfaktoren 214

Rangfolgeverfahren 122 f., 131
Rangreihenverfahren 133
Ranking System 123
Rationalisierungsinvestition 363
Redundanzen 333, 335 f.
REFA 10 f.
REFA-Normalleistung 238 f.
Regelarbeitszeit 85
Reihenfertigung 308
Rentenversicherung 187
Reparatur 319, 321, 332
- anfälligkeit 397
- vorbeugende 332
Reserveteilhaltung 344 f.
Restbuchwertmethode 391 f.
Return on Investment 258

Risiko 391
- beurteilung 259, 261
Ruhepausen 85
Ruhezeit 85

Sachprämien 180
Santa-Clara-Modell 95
Schadens
- analyse 350
- folgekosten 329, 352
- früherkennung 361 f.
Schichtarbeit 92, 95 f.
Schichtplan für den Zweischichtbetrieb 96
Schwachstellen
- analyse 350, 361, 397, 399
- forschung 328, 350, 358, 361, 399 f.
Sensitivitätsanalyse 262
Servicegrad 345
Shedbauweise 221 f.
Sicherheitsbestand 345
Sicherheitsvorschriften 341
Simulation 278 f., 265, 293, 317, 342 f., 349, 358
- des Produktionsprozesses 317
Sofortabschreibung, Prinzip der 387
Soll-Leistung 168
Sollpersonalkosten 197
Sonderzahlungen 193
Sorten- und Massengüterproduktion 319
Sozialbericht 202
Sozialbilanz 202 f.
Sozialleistungen 171 ff.
- betriebliche 171 ff.
- freiwillige 173
- gesetzliche 172
- monetäre 171 ff.
- nichtmonetäre 171 ff.
- tarifliche 172 f.
Sozialorientierte Entlohnung 171 ff.
Sozialrechnung 203
Sozialversicherung 193
- sbeiträge 187
Sozialziele 248 f., 271, 329, 346, 367
Spätarbeit 114
Spezialmaschine 226
Sprecherausschuß 38
Standort 219 f., 267 ff.
- planung 267
- wechselkosten 272 f., 296, 377, 401
Stellendatenbank 205

Steuerung 226
- CNC (Computerized Numerical Control)- 226
- DNC (Direct Numerical Control)- 226
- NC (Numerical Control)- 226
Stillsetzungskosten 352
Stillstand 397
- entgangene Deckungsbeiträge durch 396
- skosten 352 f.
- szeit 397
Störquote 398, 400
Strategien der Instandhaltung
- einfache 334
- einstufige 334 f.
- mehrstufige 334 f.
- opportunistische 334 f.
- periodische 333 f.
- sequentielle 333 f.
Stückakkord 160
Stückfaktor 162
Stufenwertzahlverfahren 133 ff.
Summarische Arbeitsbewertung 122 ff.
Systeme vorbestimmter Zeiten (SvZ) 152, 155 f.

Taktfertigung 308
Taktzeit 308 f.
Tarifvertrag 26 ff., 90
Tätigkeitsmerkmale 125 ff.
Technischer Fortschritt 327, 364, 381, 395
Technologie 217, 381
- attraktivität 250 f.
- portfolio 250 f.
- strategie 246, 250 f.
- veränderungen 392
- Vorhaltezeit der 385
Technologiefolgenabschätzung 255 f.
Technologiewirkungsanalyse 255 f.
teilautonome Gruppe 73 ff.
Teilzeit
- arbeit 92 f., 95, 195
- modelle 91
- starre 93
- zusatzschichten 95, 102
Thermodynamik, 2. Hauptsatz der 223
Totalkapazität 237
Transferstraße, flexible 311
Transport
- blockierung 315
- intensität 295 f.
- kosten 272, 295 f., 370, 377

– matrix 281 f., 287, 291 f., 296 f.
– wege, minimale 313
Umbaukosten 370
Umgebungseinflüsse 67 f.
Umrüst
– kosten 396, 401
– vorgänge 236, 239
– zeiten 240
Umstellkosten 396
Umwelt
– einflüsse 118
– schutz 214
– wirkungen 252
Unfallverhütungsmaßnahmen 58
Unterbeschäftigung 342

Verantwortung 118
Verbesserungsvorschläge 177 ff.
Verbrauchsfaktorbedarfsplanung 323, 343 ff.
Verbrauchsfunktionen, anlagenbezogene 342
Verbundprämienlöhne 164
Verfahrenstechnik 223 ff., 312
Verfahrenstechnische Grundoperationen 224
Verrechnungspreise 383 f.
Verschleiß 319, 324 ff., 351, 355, 364, 389
– technischer 324 ff.
Verschrottung 363 ff., 367
Verteilzeit 153 f.
– sachliche 153
– persönliche 154
Vertragslohn 169 f.
Verzehr, technischer von Anlagen 364
Verzinsung, kalkulatorische 259
Vollzeitarbeit 91
Vorbeugemaßnahmen 331 f.
Vorgabezeitermittlung nach REFA 152 ff.
Vorgang(selemente) 80
Vorkalkulation 245
Vorlaufausgaben/-kosten 375, 380, 386 ff., 392, 394 ff., 401
Vorleistungen, immaterielle 392
Vorleistungskosten 257
Vorschlagsprämie 180

Vorschlagswesen
– betriebliches 177 ff.
– Organisation des 179 ff.
VW-Entlohnungsmodell 141 ff.

Wagniskosten 390 f., 401
Wahlschichtmodelle 95
Wartung 320 ff., 332, 351, 358, 360
Wechselschicht 95
Weiterbildung 146
Werkstattproduktion 286 f., 290, 295 ff.
Werkstückspektrum 226
Werkzeugmaschine 225 ff.
Wertanalyse 246, 254
Wertschöpfungsrechnung 203
Wertziele 213 f., 249, 272, 346, 367
Wiederanlaufkosten 352
Wirtschaftlichkeitsnachrechnung 378 ff.
Wirtschaftlichkeitsrechnung 321 f., 368, 374 ff.
– dynamische 368
– objektbegleitende 378 ff.
Wirtschaftsausschuß 37
Wirtschaftsgüter
– immaterielle 387 ff., 394
– materielle 388
Wissensbasiertes System 313, 361 f.
Wochenarbeitszeit 87
Work-Faktorverfahren 155

Zeitabhängige Entlohnung 113 ff.
Zeitakkord 162
Zeitengliederung nach REFA 154
Zeitgrad 238
Zeitlohn 110 f., 159 f., 185
– mit Leistungszulage 111, 149 f., 158
Zentralisation 340
Zentrenproduktion 74 f., 286, 290, 314 ff.
Zinsen, kalkulatorische 391 ff.
Zinskosten 375, 391 ff., 396, 401
Zusatzdividende 174
Zusatzschichten 103
Zuschlagsätze, tarifliche 114
Zwei- oder Dreischichtbetrieb 95
Zwei-Säulen-Prinzip 146 f.
Zwischenlagerungskosten 272 f., 296

RECHNUNGSWESEN und EDV
SAARBRÜCKER ARBEITSTAGUNGEN

Wer heute Verantwortung für Rechnungswesen und Controlling trägt, bewegt sich im Spannungsfeld zwischen Betriebswirtschaft und Informatik. Er muß sich mit beiden Disziplinen auseinandersetzen. Hier bietet die Saarbrücker Arbeitstagung ein Forum, um die neuesten Entwicklungen in diesen Bereichen zu diskutieren.

A.-W. Scheer (Hrsg.)
14. Saarbrücker Arbeitstagung 1993
Controlling bei fließenden
Unternehmensstrukturen
1993. XIV, 514 S. 154 Abb. Geb.
DM 168,– ISBN 3-7908-0725-7

A.-W. Scheer (Hrsg.)
13. Saarbrücker Arbeitstagung 1992
Spannungsfeld zwischen Integration
und Dezentralisierung
1992. XVI, 606 S. 184 Abb. 5 Tab.
Geb. DM 178,– ISBN 3-7908-0649-8

A.-W. Scheer (Hrsg.)
11. Saarbrücker Arbeitstagung 1990
Wandel der Kalkulationsobjekte
1990. X, 644 S. Brosch. DM 128,–
ISBN 3-7908-0498-3

A.-W. Scheer (Hrsg.)
10. Saarbrücker Arbeitstagung 1989
Rechnungswesen im Unternehmen der
90er Jahre
1989. X, 491 S. Brosch. DM 98,–
ISBN 3-7908-0444-4

A.-W. Scheer (Hrsg.)
9. Saarbrücker Arbeitstagung 1988
Integrierte Informationsverarbeitung
1988. X, 509 S. Brosch. DM 98,–
ISBN 3-7908-0410-X

A.-W. Scheer (Hrsg.)
8. Saarbrücker Arbeitstagung 1987
Controlling-Anwenderberichte-Neue
Konzepte-Controlling-Systeme-
Systemerfahrungen
1987. VIII, 640 S. Brosch. DM 98,–
ISBN 3-7908-0383-9

W. Kilger, A.-W. Scheer (Hrsg.)
7. Saarbrücker Arbeitstagung 1986
Kostenträgerrechnung – Standardsoftware – Neue Bilanzrichtlinien – CIM
1986. 639 S. Brosch. DM 98,–
ISBN 3-7908-0358-8

W. Kilger, A.-W. Scheer (Hrsg.)
6. Saarbrücker Arbeitstagung 1985
Personal Computing – Kostenrechnung
und Controlling – Forschung und
Entwicklung – Standardsoftware – Erfahrungsberichte
1985. 519 S. Brosch. DM 98,–
ISBN 3-7908-0337-5

W. Kilger, A.-W. Scheer (Hrsg.)
5. Saarbrücker Arbeitstagung 1984
Einsatz von Personalcomputern
1984. 610 S. Brosch. DM 98,–
ISBN 3-7908-0322-7

W. Kilger, A.-W. Scheer (Hrsg.)
3. Saarbrücker Arbeitstagung
Rationalisierung
1982. 487 S. Brosch. DM 86,–
ISBN 3-7908-0290-5

Physica-Verlag
Ein Unternehmen des Springer-Verlags

Bitte bestellen Sie bei Ihrem Buchhändler oder bei Physica-Verlag,
c/o Springer-Verlag GmbH & Co. KG, Auftragsbearbeitung, Postfach 31 13 40, D-10643 Berlin, FRG

D. Hahn, Universität Gießen,
G. Laßmann, Ruhr-Universität Bochum
Produktionswirtschaft –
Controlling industrieller Produktion

Teilband 3.1: Personal, Anlagen
1993. XXIV, 438 S. 136 Abb.
Geb. DM 148,– ISBN 3-7908-0348-0
Brosch. DM 65,– ISBN 3-7908-0697-8

Teilband 3.2: Informationssystem
1993. XIII, 429 S. 97 Abb.
Geb. DM 128,– ISBN 3-7908-0696-X
Brosch. DM 49,80 ISBN 3-7908-0698-6

Die **Produktionswirtschaft** liegt jetzt in drei Bänden vor. Die Teilbände 3.1 und 3.2 vermitteln den aktuellen Erkenntnisstand auf den Gebieten Personalwirtschaft, Anlagenwirtschaft und Informationswirtschaft. Im Mittelpunkt steht hierbei die Sicht des Controlling – der ergebnisorientierten Unternehmungsführung.

Hierzu lieferbar:
– Bd. **1**: Grundlagen, Führung und Organisation, Produkte und Produktprogramm, Material und Dienstleistungen
2. Aufl. 1990. Brosch. DM 65,– ISBN 3-7908-0484-9
– Bd. **2**: Produktionsprozesse, Grundlegung zur Produktionsprozeßplanung, -steuerung und -kontrolle und Beispiele aus der Wirtschaftspraxis
1989. Brosch. DM 65,– ISBN 3-7908-0409-6

K.-P. Kistner, Universität Bielefeld
Produktions- und Kostentheorie
2., vollst. überarb. u. erw. Aufl. 1993. XII, 293 S. 61 Abb. 6 Tab.
Brosch. DM 45,– ISBN 3-7908-0644-7
(Physica-Lehrbuch)

Das Lehrbuch gibt einen Überblick über die betriebswirtschaftliche Produktions- und Kostentheorie. Es behandelt insbesondere die neoklassische Produktionstheorie, die lineare Aktivitätsanalyse und die Theorie der Anpassungsformen. Weiter werden komplexe Produktionsstrukturen, die Theorie der Betriebsmittel und Umweltwirkungen der Produktion behandelt.

K.-P. Kistner
Optimierungsmethoden
2. Aufl. 1993. Brosch. DM 37,50
ISBN 3-7908-0639-0

K.-P. Kistner/M. Steven
Produktionsplanung
2., vollst. überarb. u. erw. Aufl. 1993. Brosch. DM 45,–
ISBN 3-7908-0644-7

A.-W. Scheer, Universität des Saarlandes, Saarbrücken (Hrsg.)
Rechnungswesen und EDV
14. Saarbrücker Arbeitstagung 1993
Controlling bei fließenden Unternehmensstrukturen
1993. XIV, 514 S. 154 Abb. Geb. DM 168,–
ISBN 3-7908-0725-7

Wer heute Verantwortung für Rechnungswesen oder Controlling trägt, bewegt sich im Spannungsfeld zwischen Betriebswirtschaft und Informatik. Er muß sich mit beiden Disziplinen auseinandersetzen. Hier bietet die Saarbrücker Arbeitstagung ein Forum, um die neuesten Entwicklungen in diesen Bereichen zu diskutieren. Themen dieser Tagung sind: Informationsmanagement, Verteilung/Dezentralisierung, kostenorientiertes Prozeßmanagement, empfängerorientiertes Controlling, Finanz-/Konzerncontrolling, Globalisierung.

Ein Unternehmen des Springer-Verlags

Bitte bestellen Sie bei Ihrem Buchhändler oder bei Physica-Verlag, c/o Springer-Verlag GmbH & Co.KG, Auftragsbearbeitung, Postfach 31 13 40, D-10643 Berlin, F.R. Germany

A. Taudes, Universität Wien; J. A. Reepmeyer, F. Bensberg,
Universität Münster

UNIX

Einstieg für DOS-Anwender

1993. XIV, 232 S. 8 Abb. Brosch. DM 40,– ISBN 3-7908-0700-1

Dieses Lehrbuch gibt eine kompakte Einführung in die wichtigsten UNIX-Kommandos für Anwender mit DOS-Erfahrung. Aufgrund vieler Beispiele ist es ideal zum Selbststudium am Computer und als Schulungsunterlage.

W. Frisch, A. Taudes, Wirtschaftsuniversität Wien (Hrsg.)

Informationswirtschaft

Aktuelle Entwicklungen und Perspektiven

1993. XX, 408 S. 87 Abb. 4 Tab. Brosch. DM 120,–
ISBN 3-7908-0727-3

Die Beiträge dieses Bandes gehen auf die veränderte Rolle der Informatik in der Wirtschaft ein. Sie beschreiben die aktuellen Entwicklungen und Perspektiven der genannten Fachbereiche in den Sektionen: Informationsbeschaffung, Informationsmanagement und -organisation sowie Informationsverwertung.

H. R. Hansen, R. Mühlbacher, G. Neumann,
Wirtschaftsuniversität Wien

Begriffsbasierte Integration von Systemanalysemethoden

1992. XXVI, 434 S. 130 Abb. Brosch. DM 120,– ISBN 3-7908-0653-6
(Betriebs- und Wirtschaftsinformatik, Bd. 53)

In diesem Buch wird der Gedanke der „**begriffsbasierten Integration von Systemanalysemethoden**" verfolgt, wobei in einem gemeinsamen System methodenspezifische Begriffe neben anwendungsspezifischen Begriffen definiert und maschinell abarbeitbar verwaltet werden.

O. Petrovic, Universität Graz

Workgroup Computing – Computergestützte Teamarbeit

Informationstechnologische Unterstützung für teambasierte Organisationsformen

1993. XVI, 272 S. 30 Abb. 31 Tab. Brosch. DM 90,–
ISBN 3-7908-0705-2
(Beiträge zur Wirtschaftsinformatik, Bd. 8)

D. Steinmann, Fachhochschule Rheinland-Pfalz, Trier

Einsatzmöglichkeiten von Expertensystemen in integrierten Systemen der Produktionsplanung und -steuerung (PPS)

1993. XII, 217 S. 51 Abb. Brosch. DM 78,– ISBN 3-7908-0665-X
(Beiträge zur Wirtschaftsinformatik, Bd. 6)

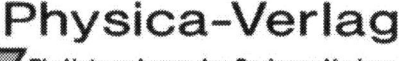

Physica-Verlag
Ein Unternehmen des Springer-Verlags

Bitte bestellen Sie bei Ihrem Buchhändler oder bei Physica-Verlag,
c/o Springer-Verlag GmbH & Co.KG, Auftragsbearbeitung,
Postfach 31 13 40, D-10643 Berlin, F.R. Germany

MIX
Papier aus verantwortungsvollen Quellen
Paper from responsible sources
FSC® C105338

If you have any concerns about our products,
you can contact us on
ProductSafety@springernature.com

In case Publisher is established outside the EU,
the EU authorized representative is:
**Springer Nature Customer Service Center GmbH
Europaplatz 3, 69115 Heidelberg, Germany**

Printed by Libri Plureos GmbH
in Hamburg, Germany